文/白/对/照

资治通鑑

第十二册

〔宋〕司马光　　编撰

〔清〕康熙　乾隆　御批

〔清〕申涵煜　　点评

　　　萧祥剑　　主编

　中华文化讲堂　译

团结出版社

目　录

资治通鉴卷第一百三十六　齐纪二

起阏逢困敦，尽屠维大荒落，凡六年。

【译文】起甲子（公元484年），止己巳（公元489年），共六年。

【题解】本卷记录了公元484年至489年，即齐武帝萧赜永明二年至永明七年共六年间南齐与北朝魏等国的大事。记录了魏、齐两国发生边境摩擦，各有胜负；记录了魏国的政治改革，给官员颁发俸禄，力禁贪污、严禁图谶、实行均田制，实行三长制，清查户口、设置州郡、兴建学校、建立常平仓、招揽人才等；记录了南齐茹法亮、吕文显、纪僧珍等因武帝萧赜宠信而掌控朝权，引发群臣不满；虞玩之、吕文度等人审查户籍，编订人丁，激发民变；此外还记录了刺勒进攻柔然，在西漠被打败，以及魏国儒臣高允死，南齐重臣王俭死等等事件。

世祖武皇帝上之下

永明二年（甲子，公元四八四年）春，正月，乙亥，以后将军柳世隆为尚书右仆射；竟陵王子良为护军将军兼司徒，领兵置佐，镇西州。子良少有清尚，倾意宾客，才俊之士，皆游集其门。开西邸，多聚古人器服以充之。记室参军范云、萧琛、乐安任昉、法曹参军王融、卫军东阁祭酒萧衍、镇西功曹谢朓、步兵校尉沈约、扬州秀才吴郡陆倕，并以文学，尤见亲待，号曰八友。法曹参

1

军柳恽、太学博士王僧孺、南徐州秀才济阳江革、尚书殿中郎范缜、会稽孔休源亦预焉。琛，惠开之从子；恽，元景之从孙；融，僧达之孙；衍，顺之之子；朓，述之孙；约，璞之子；僧孺，雅之曾孙；缜，云之从兄也。

子良笃好释氏，招致名僧，讲论佛法，道俗之盛，江左未有。或亲为众僧赋食、行水，世颇以为失宰相体。

【译文】永明二年（甲子，公元484年）春季，一月，乙亥日（初二日），将军柳世隆被任命为尚书右仆射，竟陵王萧子良被任命为护军将军和司徒，统率军队，安置佐官，镇守西州。萧子良年少时就高风亮节，广纳宾客，才华横溢的人都聚集在他的门下。萧子良将西邸开放，收集了很多古人用的器皿服饰来充实装点它。记室参军范云、萧琛、乐安人任昉、法曹参军王融、卫军东阁祭酒萧衍、镇西功曹谢朓、步兵校尉的沈约、扬州吴郡秀才陆倕，这些人都因为在文学方面有特殊造诣，得到萧子良的亲自接待，他们并称为竟陵八友。法曹参军柳恽、太学博士王僧孺、南徐州济阳秀才江革、尚书殿中郎范缜、会稽人孔休源都在这些宾客之中。萧琛是萧惠开的侄儿；而柳恽是柳元景的侄孙；王融是王僧达的孙儿；萧衍是萧顺之的儿子；谢朓是谢述的孙儿，沈约是沈璞的儿子；王僧孺是王雅的曾孙；范缜是范云的堂兄。

萧子良非常喜爱佛家学说，请来有名的僧人，给他讲述讨论佛法，当时信仰佛学的风气兴盛，是江左一带从来没有过的。萧子良有时还亲自替众多僧人分发派送食物，平常就递送茶水，这种做法让当时很多人认为他有失宰相身份。

范缜盛称无佛。子良曰："君不信因果，何得有富贵、贫贱？"

缜曰："人生如树花同发，随风而散：或拂帘幌坠茵席之上，或关篱墙落粪溷之中。坠茵席者，殿下是也；落粪溷者，下官是也。贵贱虽复殊途，因果竟在何处！"子良无以难。缜又著《神灭论》，以为："形者神之质，神者形之用也。神之于形，犹利之于刀；未闻刀没而利存，岂容形亡而神在哉！"此论出，朝野喧哗，难之，终不能屈。太原王琰著论讥缜曰："呜呼范子！曾不知其先祖神灵所在！"欲以杜缜后对。缜对曰："呜呼王子！知其先祖神灵所在而不能杀身以从之！"子良使王融谓之曰："以卿才美，何患不至中书郎；而故乖剌为此论，甚可惜也！宜急毁弃之。"缜大笑曰："使范缜卖论取官，已至令、仆矣，何但中书郎邪！"

【译文】范缜极力强调在人世间没有佛的存在，所以萧子良说："你既然不相信有因果报应，那你怎么解释人间会有富贵、贫贱这些不同的遭遇呢？"范缜说："人生就像树上的花朵一样会同时绽放，并一起随着风飘散。有的拂过帘幕坠落在床上，有的穿过篱笆掉落在粪厕。那些坠落床席上的，就比如是殿下您；掉落粪厕里的，就比如是下官我。那些富贵贫贱虽然说起作用的途径不同，但是因果又是在哪里呢？"萧子良没办法再和他辩论下去。范缜又写了《神灭论》一书，他认为："形体，是精神的本质，精神是形体的作用。精神对于形体，就好像锋利对于刀子一样，如果刀子没有了而锋利就不能存在，那又怎么能容许形体死亡了，而精神还能存在呢？"这个议论发出后，引起了朝廷内外的喧哗争论，于是就有很多人和范缜辩论，但却始终没办法让他理屈词穷并折服。太原人王琰写了一篇论文来讥笑嘲讽范缜，说："哎呀！范先生竟然不知道他的先祖神灵在的地方是哪里！"想以此来反驳范缜以后的回复和辩论。范缜回答并辩论说："哎呀！王先生竟然知道他的先祖神灵所在的地方，但他却不能自杀去追随服侍他的先祖神灵！"萧子良嘱咐王融传话给范缜说："凭借你横溢的才华，还怕官职不能做到中书侍郎吗？但是你却故意用它来作这种怪异的文章，真是可惜了你的才华呀！你现在应该赶快把那文章销毁了丢掉。"范缜大笑说："要是我范缜用出卖论文来换取官职的话，我恐怕早已经做到尚书令、尚书仆射了，又何止是中书侍郎呢？"

【乾隆御批】范云观获之对，自是恒语耳。至以萧衍西邸旧交，竟致与谋篡逆，晚节有亏，则平日所为切、直者，特欺世盗名耳。

【译文】范云观看收割时的对答，自然是恒久不变的言论。作为萧衍西邸的旧友，竟然参与阴谋篡逆，晚节有亏，那么平时做出恳切、直率的样子，只不过是欺世盗名罢了。

【申涵煜评】缜盛称无佛，不信因果，又著《神灭论》。当时无以难之。予以为此事渺茫，言必有与必无者皆惑也。夫子不语怪神，斯得之矣。

【译文】范缜极力地号称世上没有佛祖，不相信因果报应的关系，而且著述了《神灭论》。在当时没有人能够驳难倒他。我以为这件事情是模糊不清的，说世上一定有佛祖和说世上一定没有佛祖都是受到迷惑的人啊。孔子不谈论怪力和鬼神，范缜相当于得到了孔子的精髓。（编者注：对于怪力乱神，孔子是不谈，范缜说没有，差别大矣。怎么能说范缜得到孔子之道呢？申涵煜此语甚谬。）

萧衍好筹略，有文武才干，王俭深器异之，曰："萧郎出三十，贵不可言。"

壬寅，以柳世隆为尚书左仆射，丹杨尹李安民为右仆射，王俭领丹杨尹。

夏，四月，甲寅，魏主如方山；戊午，还宫；庚申，如鸿池；丁卯，还宫。

【译文】萧衍善于筹谋划策，拥有文、武两方面的才干，王俭对他的才华很惊异，非常器重他，说："萧衍三十岁后，他所拥有的地位将尊贵得不得了。"

壬寅日（二十九日），齐武帝萧赜任命柳世隆为尚书左仆射，任命曾经的丹杨尹李安民为尚书右仆射，王俭则担任丹杨尹。

夏季，四月，甲寅日（十二日），北魏孝文帝拓跋宏到方山；戊午日（十六日），返回皇宫。庚申日（十八日），北魏孝文帝拓跋宏到鸿池；丁卯日（二十五日），回到皇宫。

五月，甲申，魏遣员外散骑常侍李彪等来聘。

六月，壬寅朔，中书舍人吴兴茹法亮封望蔡男。时中书舍人四人，各住一省，谓之"四户"，以法亮及临海吕文显等为之；既总重权，势倾朝廷，守宰数迁换去来，四方饷遗，岁数百万。法亮尝于众中语人曰："何须求外禄！此一户中，年办百万。"盖约言之也。后因天文有变，王俭极言"文显等专权徇私，上天见异，祸由四户"。上手诏酬答，而不能改也。

【译文】同年五月，甲申日（十二日），北魏孝文帝拓跋宏派员外散骑常侍李彪等人来齐慰问。

同年六月，壬寅朔日（初一日），齐国中书舍人吴兴人茹法亮被封为望蔡男。当时的中书舍人有四个人，各在一个省当值，叫作"四户"，齐国朝廷任命茹法亮和临海人吕文显等人去担任"四户"，但在当时他们总揽当地大权，势力影响朝廷上下。镇守各地的主管几次更换，四方这个走了那个又来，其间送给他们的礼品，一年就有好几百万。茹法亮曾经当着很多人的面说："何必再向皇上请求增加俸禄呢？这里的一'户'中，我们每年都可以从中得到好几百万。"这种说法也只是大略说说。后来天体的运行有些不合规则，王俭极力劝谏齐武帝萧赜说："吕文显等人专揽大权，徇私枉法，上天之所以出现异象，就是因为灾祸都来自'四户'。"齐武帝萧赜针对王俭的建议亲自下达命令，但不能改正"四户"所固有的缺点。

魏旧制：户调帛二匹，絮二斤，丝一斤，谷二十斛；又入帛一匹二丈，委之州库，以供调外之费；所调各随土之所出。丁卯，诏曰："置官班禄，行之尚矣；自中原丧乱，兹制中绝。朕宪章旧典，始班俸禄。户增调帛三匹，谷二斛九斗，以为官司之禄；增调外帛二匹。禄行之后，赃满一匹者死。变法改度，宜为更始，其大赦天下。"

【译文】北魏以前的封建制度：每户户税征收两匹帛、两斤絮、一斤丝、二十斛谷；此外还缴送一匹二丈的帛，这些放在州库里把它们作为户税之外的费用，所征收的户税就各自按照当地出产物品的多少来决定。丁卯日（二十六日），北魏孝文帝拓跋宏下诏说："安置官吏，颁发俸禄，这项措施已经施行很久了。自从中原战乱，这个制度就被中断了。朕从以前的典礼制度中取有用的礼法，经过深思熟虑后才有办法施行俸禄这个制度。每户增加户税三匹布、二斛九斗粮食，将它们作为我朝官吏的俸禄；增加户税之外的两匹帛。如果俸禄制度颁发以后，官吏胆敢贪赃枉法，布贪污满一匹者就处以死刑。现在制度刚变更，朝廷上下应该重新开始，因此大赦天下。"

秋，七月，甲申，立皇子子伦为巴陵王。

乙未，魏主如武州山石窟寺。

九月，魏诏，班禄以十月为始，季别受之。旧律，枉法十匹，义赃二十匹，罪死；至是，义赃一匹，枉法无多少，皆死。仍分命使者，纠按守宰之贪者。

【译文】秋季，七月，甲申日（十三日），皇子萧子伦被封为巴陵王。

乙未日（同月二十四日），北魏孝文帝拓跋宏去了武州山的石窟寺。

九月，北魏孝文帝拓跋宏下诏颁布施行俸禄制，从十月开始，将三个月作为一个季节，每个季节派发一次俸禄。以前旧的制度是，官员歪曲法律制度和上级命令，贪污受贿十匹布帛的，将处以死刑；官员因为人情而接受赠送的礼品，若接受的礼品有二十匹布帛，也被判处死刑。现在法律制度修改为：如果有官员因为人情而接受别人的礼品，收受布帛一匹，也要被处以死刑；官员要是歪曲法律命令去办事，无论接受多少贿赂，都会被处以死刑。还命令巡察使者分别到各州纠察贪污受贿的官员。

秦、益二州刺史恒农李洪之以外戚贵显，为治贪暴，班禄之后，洪之首以赃败。魏主命锁赴平城，集百官亲临数之；犹以其大臣，听在家自裁。自馀守宰坐赃死者四十馀人。受禄者无不跼蹐，赇赂殆绝。然吏民犯它罪者，魏主率宽之，疑罪奏谳多减死徙边，岁以千计。都下决大辟，岁不过五六人，州镇亦简。

久之，淮南王佗奏请依旧断禄，文明太后召群臣议之。中书监高闾以为："饥寒切身，慈母不能保其子。今给禄，则廉者足以无滥，贪者足以劝慕；不给，则贪者得肆其奸，廉者不能自保。

淮南之议，不亦谬乎！"诏从间议。

【译文】 秦、益两州的刺史弘农（北魏避讳改称恒农）人李洪之，认为自己是外戚非常尊贵，他处理政务对百姓贪婪凶暴，北魏孝文帝拓跋宏颁行俸禄制后，李洪之成为第一个贪赃枉法的人。北魏孝文帝拓跋宏命令把他套上枷锁押送到平城，召集朝廷百官，孝文帝拓跋宏亲自在现场列举他所犯下的罪行，但还是顾念他是朝廷大臣，让他在家里自杀。各地主管的人员因为贪赃枉法被判处死刑的有四十几人。朝廷接受俸禄的官员没有不诚惶诚恐的，经过这次事件后，接受贿赂的恶劣行径几乎不再发生。那些小官吏、百姓触犯了其他罪刑的，北魏孝文帝拓跋宏大多都从宽处理；有疑问的案件，经过官员的上表奏明，一般都免去死罪发配戍边，这样的犯人每年都有上千人。在京师被处死的犯人，每年不超过五六个。

过了很长时间，淮南王拓跋佗上奏请求像以前一样不实行俸禄制度，文明太后冯氏于是召集群臣来商议此事。中书监高间认为："饥饿与寒冷，是亲身经历过的感受，在饥饿寒冷的情况下，慈爱的母亲不能保护她的儿女周全。皇上现在颁布的俸禄制，使清廉的官员因为俸禄足够维持生活，就不用去滥用职权夺取百姓；那些贪婪的官员因为俸禄制得到警醒告诫，他们就会被规劝勉励而向善；如果朝廷要是不支付供给俸禄，贪婪的官员就会更肆无忌惮地做坏事，清廉的官员在这种大势下却不能自我保全。由此看来淮南王拓跋佗的提议，不是很荒谬吗？"于是文明太后冯氏就下诏命令依从高间的建议，保留并颁行俸禄制度。

间又上表，以为："北狄悍愚，同于禽兽。所长者野战，所短者攻城。若以狄之所短夺其所长，则虽众不能成患，虽来不能深入。又，狄散居野泽，随逐水草，战则与家业并至，奔则与畜牧俱逃，不赍资粮而饮食自足，是以历代能为边患。六镇势分，倍众不斗，互相围逼，难以制之。请依秦、汉故事，于六镇之北筑长城，择要害之地，往往开门，造小城于其侧，置兵扦守。狄既不攻城，野掠无获，草尽则走，终必惩艾。计六镇东西不过千里，一夫一月之功可城三步之地，强弱相兼，不过用十万人，一月可就；虽有暂劳，可以永逸。凡长城有五利：罢游防之苦，一也；北部放牧无抄掠之患，二也；登城观敌，以逸待劳，三也；息无时之备，四也；岁常游运，永得不匮，五也。"魏主优诏答之。

【译文】 高闾又奉上奏表，认为："北边的蛮族柔然强壮愚昧，他们的生活跟禽兽一样。他们擅长在空旷的野外作战，这种作战方法不足以攻取城池。我们如果利用蛮族柔然不足的地方，来消减弱化他们的长处，那么即使他们人数再多，也不能形成灾祸忧患了，即使柔然来侵犯骚扰我们，他们也没法深入了。再说，蛮族柔然分散居住在荒野有沼泽的地方，他们跟着水草的生长更换住所。如果双方作战，柔然必须把家业一起带来；如果战败奔逃，他们就得连带家畜一起赶着逃跑。因为他们作战时不必随时携带钱财粮米，他们吃的喝的都能自己供应充足，所以柔然一族历朝历代都能对边境构成灾患祸害。我朝现在六个镇压边境的地区，力量分散，但敌人军队的人数却在成倍增加，以至我方镇守边疆的将兵不敢和敌军上阵拼搏，最终只能被敌军围困并被迫投降。所以我军很难制伏敌军。我请求皇上遵循秦朝、汉朝旧有的制度，在边境六镇的北边修筑长城，选择在地势险要的地方开建城门，在城门的旁边建造小城，在小城中安置军队用来防守城门捍卫领土。那样蛮人既不能攻夺城池，又不能在原野掠夺食物，他们不能有收获，他们的牛马把野草吃完，就会走了，如果我们这样做，他们一定会受到惩戒。仔细算来边境六镇东西的距离不超过一千里，一个工人一个月可以建造长一丈八尺的城墙，每个工人的力量有大有小，大致合算一下，建造城墙的人数不过十万人，按照这个速度城墙一个月就能造好；虽然百姓暂时辛苦一下，但可以换来永远的安逸。只要将长城修好就会有五种利益：第一，可以免除防守人员来回活动的辛苦；第二，百姓在北部放牲口，就免除了被掠夺的祸患；第三，将士登上高城，就可以观察敌人的活动，一劳永逸；第四，我朝就可以从此停下随时准备战斗的紧张状态；第五，每年就可以运送粮米补给边境，边境粮食就不致匮乏。"北魏孝文帝拓跋宏对高闾礼遇有加，下诏答应他的建议。

冬，十月，丁巳，以南徐州刺史长沙王晃为中书监。初，太祖临终，以晃属帝，使处于辇下或近藩，勿令远出。且曰："宋氏若非骨肉相残，它族岂得乘其弊！汝深诫之！"旧制：诸王在都，唯得置捉刀左右四十人。晃好武饰，及罢南徐州，私载数百人仗还建康，为禁司所觉，投之江水。帝闻之，大怒，将纠以法，豫章王嶷叩头流涕曰："晃罪诚不足宥；陛下当忆先朝念晃。"帝亦垂泣，由是终无异意，然亦不被亲宠。论者谓帝优于魏文，减于汉明。

【译文】冬季，十月，丁巳日（十八日），齐武帝萧赜任命南徐州刺史长沙王萧晃为中书监。起初，齐高帝萧道成临终前，把萧晃托付给齐武帝萧赜，希望齐武帝萧赜能让萧晃待在他身旁或者待在距离他近的藩国之中，不要将萧晃放任在远的地方，并且说："宋氏内部如果不是骨肉相互残杀，其他的氏族哪会有机会复兴繁盛起来？你要引以为戒！"以前的制度是：诸侯王在都城的时候，只能在左右两边安置持刀保卫自己的卫士四十人。萧晃喜欢在武器力量方面讲究排场，等到他被罢除南徐州刺史的职务，私自运载足够几百人使用的兵器回都城建康，中途被防禁诸王的禁司发现，萧晃就命人把兵器全丢进江中。齐武帝萧赜得知这件事非常生气，打算用法令来惩罚他。豫章王萧嶷在齐武帝萧赜面前叩头哭着说："萧晃的罪行确实不能被原谅，但是陛下要想想先帝临终之时是如何记挂萧晃的呀！"齐武帝萧赜听后也掉泪了，最终打消杀萧晃的意图，却不宠爱萧晃。对此议论的人认为齐武帝萧赜优越于魏文帝曹丕，但逊色于汉明帝刘庄。

武陵王晔多才艺而疏婞，亦无宠于帝。尝侍宴，醉伏地，貂抄肉拌。帝笑曰："肉污貂。"对曰："陛下爱羽毛而疏骨肉。"帝不悦。晔轻财好施，故无畜积；名后堂山曰"首阳"，盖怨贫薄也。

高丽王琏遣使入贡于魏，亦入贡于齐。时高丽方强，魏置诸国使邸，齐使第一，高丽次之。

益州大度獠恃险骄恣，前后刺史不能制。及陈显达为刺史，遣使责其租赙。獠帅曰："两眼刺史尚不敢调我，况一眼乎！"遂杀其使。显达分部将吏，声言出猎，夜往袭之，男女无少长皆斩之。

【译文】武陵王萧晔才艺兼备，个性狂放率直，因此也不得齐武帝萧赜的宠爱。曾经在宴席上陪侍齐武帝萧赜，萧晔因为醉酒，趴在地上，帽上的貂尾沾到了盘子里的肉，齐武帝萧赜笑着说："肉弄脏了貂尾。"萧晔却回答说："陛下因爱惜羽毛却疏远了亲生骨肉。"齐武帝萧赜听后很不高兴。萧晔不重视钱财，喜爱施舍，所以没有积蓄；他把后院的山取名叫"首阳"，这是在抱怨贫穷，抱怨齐武帝萧赜待自己不够亲切。

高丽国王高琏派遣使者到北魏进献贡品，也到齐国进献贡品。高丽正值强盛，在北魏安置各国使者的官邸中，齐国使臣的待遇居于第一，高丽国使臣其次。

益州居住在大渡河的獠人，倚仗益州地势险要，骄傲放纵，前任和后来任命的刺史都无法管束他们。等到陈显达做益州刺史，派遣使者督促责令獠人缴纳租金税费，让他们用钱财物件补赎曾经犯下的罪过。獠人的统帅说："两个眼睛的刺史还不敢动我，何况你这一个眼睛的刺史！"獠人统帅杀了陈显达派来的使者。后来陈显达部署将士小吏，扬言他要去外面打猎，到了夜里，陈显达带军队偷袭獠人，下令不分男女老少全都杀死。

资治通鉴

晋氏以来，益州刺史皆以名将为之。十一月，丁亥，帝始以始兴王鉴为督益、宁诸军事、益州刺史，徵显达为中护军。先是，劫帅韩武方聚党千馀人断流为暴，郡县不能禁。鉴行至上明，武方出降，长史虞悰等咸请杀之。鉴曰："杀之失信，且无以劝善。"乃启台而宥之，于是巴西蛮夷为寇暴者皆望风降附。鉴时年十四，行至新城，道路籍籍，云"陈显达大选士马，不肯就徵。"乃停新城，遣典签张昙晳往观形势。俄而显达遣使诣鉴，咸劝鉴执之。鉴曰："显达立节本朝，必自无此。"居二日，昙晳还，具言"显达已迁家出城，日夕望殿下至。"于是乃前。鉴喜文学，器服如素士，蜀人悦之。

【译文】晋朝之后，益州刺史都被著名将领担任。冬季，十一月，丁亥日（十八日），齐武帝萧赜打破旧例任命始兴王萧鉴担任都督益宁诸军事、益州刺史，征发调用陈显达做中护军。起初，强盗土匪首领韩武方集聚党羽一千多人，阻断流水，做一些凶残的事，郡县官员都没有办法阻止。萧鉴担任刺史来到上明，韩武方就出来投降了，长史虞悰等人都请求把韩武方杀了。但是萧鉴说："杀了他就会丢失信用，以后就不能规劝他人向善了。"于是萧鉴就向台省禀报了这件事，齐武帝萧赜宽恕了他们所犯的罪行。于是当时巴西一带，行事凶残暴虐的蛮夷人见此都来归降朝廷了。萧鉴当时十四岁，到达新城的时候，听到百姓纷纷议论，说："陈显达大肆挑选士兵、马匹，不肯接受征发调派。"于是萧鉴在新城停了下来，派遣典签张昙皙去调查当时的形势。没多长时间陈显达就派遣使者来看望萧鉴，萧鉴手下的人都规劝萧鉴把陈显达派来的使者抓起来。萧鉴说："陈显达在本朝做官的时候，很有名声气节，他一定不会做这样的事。"两天后，张昙皙回来将陈显达的事情详细说明："陈显达已经将全家人都搬出益州府城，每天每夜盼望着殿下到来。"于是萧鉴不再逗留继续向前走。萧鉴爱好文学，他所用的器皿、穿的衣服都像个清寒素雅的人士，蜀地的百姓都很喜欢他。

乙未，魏员外散骑常侍李彪等来聘。

是岁，诏增豫章王嶷封邑为四千户。宋元嘉之世，诸王入斋阁，得白服、帢帽见人主；唯出太极四庙，乃备朝服。自后此制遂绝。上于嶷友爱，宫中曲宴，听依元嘉故事。嶷固辞不敢，唯车驾至其第，乃白服、乌纱帽以侍宴。至于衣服、器服制度，动皆陈启，事无专制，务从减省。上并不许。嶷常虑盛满，求解扬州，以授竟陵王子良。上终不许，曰："毕汝一世，无所多言。"嶷长七尺八寸，善修容范，文物卫从，礼冠百僚，每出入殿省，瞻望者无不肃然。

交州刺史李叔献既受命，而断割外国贡献；上欲讨之。

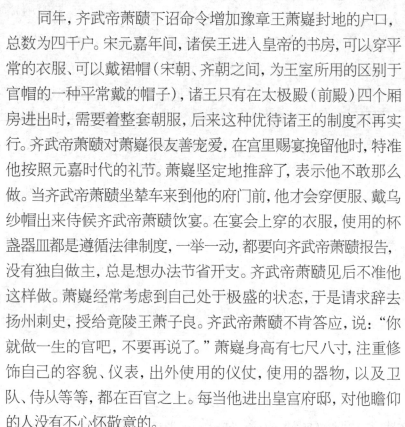

【译文】 乙未日（二十六日），北魏员外散骑常侍李彪等人来了解问候。

同年，齐武帝萧赜下诏命令增加豫章王萧嶷封地的户口，总数为四千户。宋元嘉年间，诸侯王进入皇帝的书房，可以穿平常的衣服、可以戴裙帽（宋朝、齐朝之间，为王室所用的区别于官帽的一种平常戴的帽子），诸王只有在太极殿（前殿）四个厢房进出时，需要着整套朝服，后来这种优待诸王的制度不再实行。齐武帝萧赜对萧嶷很友善宠爱，在宫里赐宴挽留他时，特准他按照元嘉时代的礼节。萧嶷坚定地推辞了，表示他不敢那么做。当齐武帝萧赜坐辇车来到他的府门前，他才会穿便服、戴乌纱帽出来侍候齐武帝萧赜饮宴。在宴会上穿的衣服，使用的杯盏器皿都是遵循法律制度，一举一动，都要向齐武帝萧赜报告，没有独自做主，总是想办法节省开支。齐武帝萧赜见后不准他这样做。萧嶷经常考虑到自己处于极盛的状态，于是请求辞去扬州刺史，授给竟陵王萧子良。齐武帝萧赜不肯答应，说："你就做一生的官吧，不要再说了。"萧嶷身高有七尺八寸，注重修饰自己的容貌、仪表，出外使用的仪仗，使用的器物，以及卫队、侍从等等，都在百官之上。每当他进出皇宫府邸，对他瞻仰的人没有不心怀敬意的。

交州刺史李叔献接受任命以来，竟然截断周边小国对朝廷进献的贡品，齐武帝萧赜想讨伐他。

永明三年（乙丑，公元四八五年）春，正月，丙辰，以大司农刘楷为交州刺史，发南康、庐陵、始兴兵以讨叔献。叔献闻之，遣使乞更申数年，献十二队纯银兜鍪及孔雀毦；上不许。叔献惧为楷所袭，间道自湘（川）〔州〕还朝。

戊寅，魏诏曰："图谶之兴，出于三季，既非经国之典，徒为妖邪所凭。自今图谶、秘纬，一皆焚之，留者以大辟论！"又严禁诸巫觋及委巷卜筮非经典所载者。

【译文】永明三年（乙丑，公元485年）春季，正月，丙辰日（正月无此日），齐武帝萧赜任命大司农刘楷担任交州的刺史，派他调动南康、庐陵、始兴三地的军队去征讨李叔献。李叔献听到征讨他的消息，派遣使者请求齐武帝萧赜把自己的任期延长几年，并说他愿意向齐武帝萧赜进献十二队纯银打铸的头盔和用孔雀羽毛做的装饰物，齐武帝萧赜不答应。李叔献害怕遭到刘楷的进攻，就选择走偏僻的小路，从湘州返回都城。

同月戊寅日（初十日），北魏孝文帝拓跋宏下达诏命说："用隐语来预示吉凶风尚的兴起，是在夏朝、商朝、周朝的晚期，这些隐语既然不是用来治理国家的典礼书籍，只能被妖怪邪魔之人利用。从现在开始，隐喻寓言、玄秘纬书，这些全都烧毁，胆敢保留这样种类的图籍的人，都按死刑定罪！"又严令禁止男巫女巫进行祈祷和小巷占卜算命等不是旧有经典所记录的种种行为。

魏冯太后作《皇诰》十八篇，癸未，大飨群臣于太华殿，班《皇诰》。

辛卯，上祀南郊，大赦。

诏复立国学；释奠先师用上公礼。

二月，己亥，魏制皇子皇孙有封爵者，岁禄各有差。

辛丑，上祭北郊。

三月，丙申，魏封〔皇弟〕禧为咸阳王，干为河南王，羽为广陵王，雍为颍川王，勰为始平王，详为北海王。文明太后令置学馆，选师傅以教诸王。勰于兄弟最贤，敏而好学，善属文，魏主尤奇爱之。

【译文】北魏冯太后编著了《皇诰》十八篇，癸未日（十五日），冯太后在太华殿摆宴宴请众臣，并颁布《皇诰》。

辛卯日（二十三日），齐武帝萧赜在南郊拜祭上天，下诏大赦天下。

齐武帝萧赜下达诏书重新开办国学，用周公之礼祭奠先师孔子。

同年，二月，已亥日（初二日），北魏规定封赐有爵位的皇子、皇孙，每年俸禄不一样。

辛丑日（初四日），齐武帝萧赜在北郊祭祀大地。

春季，三月，丙申日（二十九日），北魏孝文帝拓跋宏封赏皇弟拓跋禧为咸阳王，拓跋干为河南王，拓跋羽为广陵王，拓跋雍为颖川王，拓跋勰为始平王，拓跋详为北海王。文明太后下令开设学馆，仔细挑选好的师傅来教育这些王爷。拓跋勰在众多王爷中，是最贤德聪慧和爱好学习的，他擅长写文章，北魏孝文帝拓跋宏对他的习性非常诧异，格外喜爱他。

夏，四月，癸丑，魏主如方山；甲寅，还宫。

初，宋太宗置总明观以集学士，亦谓之东观。上以国学既立，五月，乙未，省总明观。时王俭领国子祭酒，诏于俭宅开学士馆，以总明四部书充之。又诏俭以家为府。

【译文】夏季，四月，癸丑日（十七日），北魏孝文帝拓跋宏去方山；同月甲寅日（十八日），返回宫里。

起初，宋太宗明帝刘彧开设总明观来聚集有志之士，总明观也叫作东观。齐武帝萧赜因为国学已经开设了，五月，乙未日

（二十九日），就去了总明观视察。当时王俭担任国子祭酒一职，齐武帝萧赜下诏命令在王俭的府邸里设置学士馆，从总明观里拿了四部书籍来充实学士馆，齐武帝萧赜又下诏，嘱咐王俭将府邸用作办公的地方。

自宋世祖好文章，士大夫悉以文章相尚，无以专经为业者。俭少好《礼》学及《春秋》，言论造次必于儒者，由是衣冠翕然，更尚儒术。俭撰次朝仪、国典，自晋、宋以来故事，无不谙忆，故当朝理事，断决如流。每博议引证，八坐、丞、郎无能异者。令史谘事常数十人，宾客满席，俭应接辨析，傍无留滞，发言下笔，皆有音彩。十日一还学监试诸生，巾卷在庭，剑卫、令史，仪容甚盛。作解散髻，斜插簪，朝野慕之，相与仿效。俭常谓人曰："江左风流宰相，唯有谢安。"意以自比也。上深委仗之，士流选用，奏无不可。

六月，庚戌，〔魏〕进河南王度易侯为车骑将军，遣给事中吴兴丘冠先使河南，并送柔然使。

辛亥，魏主如方山。丁巳，还宫。

【译文】自从宋孝武帝刘骏喜欢文章以来，朝廷的士大夫都拿文章来相互切磋，不将专门精通某一部经典当作自己的工作。王俭少年时喜欢《礼学》和《春秋》，所说言论，行为举止，都一定要合乎儒家学者的行为原则，因此官宦人家都跟他学习，对儒家学说更加推崇。王俭杜撰有关朝廷的礼节，国家的典礼法制，对晋、宋以来典制，没有不清楚的，所以他在处理朝廷事务时，裁决判断都明快利落。他经常广博地论述，从典制中引出证据，从官员八坐到左右丞、诸曹郎，没人对他有什么异议的。令史、谘问政事的经常有几十个人，座位没有空的，王俭对待辩解剖析，从不拖泥带水，发表言论及写作，都有声有色。每十天返回国学一次，监察考试学生，满园都是头戴葛巾、手拿经卷的学生，佩剑的卫士和令史，着装都很正式。王俭发明了一种"解散髻"，将发簪斜斜地插着，朝廷上下都仰慕他的风采，争着模仿学习他的打扮。王俭经常对别人说："江左称得上是风流倜傥宰相的，只有谢安一个人。"王俭的话是将自己和谢安比。齐武帝萧赜对他非常信任依赖，对关于士人的选录，只要是王俭担保上奏，齐武帝萧赜没有不应允的。

六月，庚戌日（十五日），北魏加封河南王度易侯为车骑将军，并派给事中吴兴人丘冠先出使河南，在路上保护柔然的使者。

辛亥日（十六日），北魏孝文帝拓跋宏到方山，二十二日，回转宫廷。

【乾隆御批】谢安矫情镇物已无实际。散髻斜簪持，较围棋折屐，又一蟹不如一蟹已。

【译文】谢安克制感情表示镇定已没有实际意义。王俭在监试时散开发髻斜插簪子，比起谢安装作下围棋，实际上高兴得折断木屐前齿，又是一蟹不如一蟹了。

秋，七月，癸未，魏遣使拜宕昌王梁弥机兄子弥承为宕昌王。初，弥机死，子弥博立，为吐谷浑所逼，奔仇池。仇池镇将穆亮以弥机事魏素厚，矜其灭亡；弥博凶悖，所部恶之；弥承为众所附，表请纳之。诏许之。亮帅骑三万军于龙鹄，击走吐谷浑，立弥承而还。亮，崇之曾孙也。

戊子，魏主如鱼池，登青原冈；甲午，还宫；八月，己亥，如弥泽；甲寅，登牛头山；甲子，还宫。

【译文】 秋季，七月，癸未日（十八日），北魏封赐宕昌王梁弥机哥哥的儿子弥承做宕昌王。起初，弥机死了，弥机的儿子弥博继承爵位，但遭到吐谷浑的威逼胁迫，潜逃投奔仇池。在仇池镇守的将领穆亮认为弥机侍奉北魏皇帝向来谨慎宽厚，对他国亡身死很哀痛，但考虑到弥博以前凶狠残暴不讲理，他的部下都嫌弃厌恶他，所以弥承被他的部众拥护，于是穆亮向上请求自己带领部队护送弥承返回原地，北魏孝文帝拓跋宏答应了。穆亮领率三万骑兵，在龙鹄驻扎，将吐谷浑的军队击退，把弥承立为宕昌王，自己才调兵返回了仇池。穆亮是穆崇的曾孙。

戊子日（二十三日），北魏孝文帝拓跋宏去鱼池，上了青原冈；甲午日（二十九日），返回皇宫。八月，己亥日（初五日），北魏孝文帝拓跋宏去了弥泽；甲寅日（二十日），登上了牛头山；甲子日（三十日），返回宫廷。

魏初，民多荫附；荫附者皆无官役，而豪强徵敛倍于公赋。给事中李安世上言："岁饥民流，田业多为豪右所占夺；虽桑井难复，宜更均量，使力业相称。又，所争之田，宜限年断，事久难明，悉归今主，以绝诈妄。"魏主善之，由是始议均田。冬，十月，丁未，诏遣使者循行州郡，与牧守均给天下之田：诸男夫十五以上受露田四十亩，妇人二十亩，奴婢依良丁；牛一头，受田三十亩，限止四牛。所授之田，率倍之；三易之田，再倍之，以供耕作及还受之盈缩。人年及课则受田，老免及身没则还田。奴婢、牛随有无以还受。初受田者，男夫给二十亩，课种桑五十株；桑田皆为世业，身终不还。恒计见口，有盈者无受无还，不足者受种如法，盈者得卖其盈。诸宰民之官，各随近给公田有差，更代相付；

卖者坐如律。

【译文】 北魏建国初期，百姓大多数都归附豪强请求他们保护，那就可以为官府服役了，但是豪强对他们征收的土地赋税比朝廷还多几倍。给事中李安世向北魏孝文帝拓跋宏奏明说："每年百姓收获的粮食很少，颠沛流离，田地家业多数被豪强强占；既然说井田制度规定的种桑耕织很难恢复，那就该重新平均衡量，让劳动力与产业相称。再说，豪强强占的百姓土地，就应该规定年数裁决判断，如果隔的年数久了，不清楚了，将土地都归现在的田主，那也就好杜绝欺上瞒下了。"北魏孝文帝拓跋宏很赞同他的意见，从此开始商议怎样将土地平均。冬季，十月，丁未日（十三日），北魏孝文帝拓跋宏下诏派遣使者到各州郡巡视，使者和州郡首长将天下的田地平均出来给予百姓：那些十五岁以上的男子，领受田地四十亩，只能种粮食不能种树，在一定时候要还给官府，成年妇女每人领受田地二十亩，奴婢和成丁的普通人一样；养一头牛，分给三十亩田地，牛的数量限制到四头。百姓被颁给的田地，一般都是规定数量的两倍，如果是耕种三年需要轮休的贫瘠田地，就在原来的基础上再增加一倍，用来补充耕种和还田领田的差额。有人到了可以承担耕作的年龄就能领受田地，年老免税和人死了的时候朝廷就收回田地。对于奴婢与牛的数量，就看看有没有，以此决定时归还朝廷还是授予他人。起初，领受田地的男人，朝廷给予二十亩田地，朝廷监督他要种植五十株桑树，桑树田是自家世代承袭的产业，即使死了也不归还朝廷。田地的授予是根据当时的人口来计算，哪一家有多出的土地便不再颁授田地，也不归还田地；如果哪一家田地不足够，他们就依照前面的办法，去官府领受颁授田地，有多余的土地人家可以出卖土地。那些管理百姓的官员，都可以在他任职的地方根据官职得到不同的公田，来更换替代朝廷支付的俸禄；若官员离职胆敢变卖公有田产，按照法律判刑。

【乾隆御批】夺彼与此，既启争端。受田还官，徒滋扰累。因时立制，井田且不可复，况均田哉！

【译文】夺走一个人的给另一个人，就会发生争端。接受田地把它还给官家，白白滋生骚扰和累赘。应当根据时机建立制度，井田制尚且不可恢复，更何况均田制呢？

辛酉，魏魏郡王陈建卒。

魏员外散骑常侍李彪等来聘。

十二月，乙卯，魏以侍中淮南王佗为司徒。

柔然犯魏塞，魏任城王澄帅众拒之，柔然遁去。澄，云之子也。氐、羌反，诏以澄为都督梁、益、荆三州诸军事、梁州刺史。澄至州，讨叛柔服，氐、羌皆平。

【译文】辛酉日（二十七日），北魏的魏郡王陈建死了。

北魏员外散骑常侍李彪等人来吊唁慰问。

冬季，十二月，乙卯日（二十二日），北魏孝文帝拓跋宏任命侍中淮南王拓跋佗为司徒。

夷族柔然入侵北魏边境，北魏任城王拓跋澄带领军队抵抗，柔然人战败逃走。拓跋澄是任城王拓跋云的儿子。氐、羌二族叛逆，北魏孝文帝拓跋宏下诏命令拓跋澄任都督梁益荆三州诸军事、梁州刺史。拓跋澄到了梁州等地，征讨叛逆，安抚慰问归顺者，氐、羌安定下来。

初，太祖命黄门郎虞玩之等检定黄籍。上即位，别立校籍官，置令史，限人一日得数巧。既连年不已，民愁怨不安。外监会稽吕文度启上，籍被却者悉充远戍，民多逃亡避罪。富阳民唐寓之因以妖术惑众作乱，攻陷富阳，三吴却籍者奔之，众至三万。

文度与茹法亮、吕文显皆以奸谄有宠于上。文度为外监，专制兵权，领军守虚位而已。法亮为中书通事舍人，权势尤盛。王俭常曰："我虽有大位，权寄岂及茹公邪！"

是岁，柔然部真可汗卒，子豆仑立，号伏名敦可汗，改元太平。

【译文】 起初，齐高帝萧道成命令黄门郎虞玩之等人检察登录户口的名册。齐武帝萧赜即位后，又开设了校籍官，安置令史，限定每人每天都要查几件违法案件，连续不间断，百姓对此很是担忧怨恨，内心不安。任命的外监会稽人吕文度向齐武帝萧赜上奏说：百姓户籍被撤销的都派往远的边城充军，百姓大多数也因此逃走，以此来躲避罪罚。富阳有一个叫唐寓之的人用妖邪之术蛊惑百姓作乱，已经将富阳攻陷，吴兴、吴郡、会稽等地被撤销户籍的百姓都去投奔唐之的乱军，军队有三万多人。

吕文度与茹法亮、吕文显等都靠着谄媚得到了齐武帝萧赜的宠爱。吕文度担任外监，控制兵权，以致领军一职徒有虚名。茹法亮担任中书通事舍人，权力和势力很大。王俭经常说："我虽然有很高的官职，但我执掌的权力怎么能比得上茹法亮呢？"

同年，柔然族可汗死，可汗的儿子豆仑继位，称作伏名敦可汗，将年号改为太平。

永明四年(丙寅，公元四八六年)春，正月，癸亥朔，魏高祖朝会，始服衮冕。

壬午，柔然寇魏边。

【译文】 永明四年 (丙寅，公元486年) 春季，正月，癸亥朔日(初一日)，北魏高祖孝文帝拓跋宏面见众臣，开始穿中国历史上的天子的冠服——衮冕。

正月，壬午日(二十日)，柔然侵犯骚扰北魏边境。

唐寓之攻陷钱唐，吴郡诸县令多弃城走。寓之称帝于钱唐，立太子，置百官；遣其将高道度等攻陷东阳，杀东阳太守萧崇之。崇之，太祖族弟也。又遣其将孙泓寇山阴，至浦阳江，峡口戍主汤休武击破之。上发禁兵数千人，马数百匹，东击寓之。台军至钱唐，寓之众乌合，畏骑兵，一战而溃，擒斩寓之，进平诸郡县。

【译文】 钱塘被唐之攻陷，吴郡几个县的县令大多数弃城逃走。唐寓之在钱塘自立为帝，册封太子，设置朝廷百官；唐寓之又派遣部将高道度等人将东阳攻陷，杀东阳的太守萧崇之。萧崇之是齐太祖萧道成的堂弟。唐寓之又派遣部将孙泓攻打山阴，孙泓到了浦阳江，屯戍峡口的戍主汤休武把他击垮。齐武帝萧赜调派了几千禁军，数百匹马，向东攻打唐寓之。朝廷军队来到钱塘，唐寓之的乌合之众很害怕骑兵，作了一次战就被击溃。把唐寓之虏获斩杀，军队又进一步将几个郡县都平定。

台军乘胜，颇纵抄掠。军还，上闻之，丁酉，收军主前军将军陈天福弃市；左军将军刘明彻免官、削爵，付东冶。天福，上宠将也，既伏诛，内外莫不震肃。使通事舍人丹杨刘系宗随军慰劳，遍至遭贼郡县，百姓被驱逼者悉无所问。

【译文】朝廷军队趁着胜利，行为放纵，惊扰百姓。军队调回之后，齐武帝萧赜知道这件事，将军队的前锋将军陈天福抓起来处以死刑；左军将军刘明彻被罢除官职、除去封爵，交给东冶亭处理。陈天福是齐武帝萧赜喜欢的将领，他死后，朝堂上下没有不震惊警觉的。齐武帝萧赜派通事舍人丹阳人刘系宗到军队慰问，刘系宗走遍被贼寇侵犯的郡县，却没有慰问遭到驱散调遣的百姓。

闰月，癸巳，立皇子子贞为邵陵王，皇孙昭文为临汝公。

氐王杨后起卒。丁未，诏以白水太守杨集始为北秦州刺史、武都王。集始，文弘之子也。后起弟后明为白水太守。魏亦以集始为武都王。集始入朝于魏，魏以为南秦州刺史。

辛亥，上耕藉田。

二月，己未，立皇弟鱼鏦为晋熙王，铉为河东王。

【译文】二月，闰月，癸巳日（初一日），齐武帝萧赜封赐皇子萧子贞为邵陵王，任命皇孙萧昭文为临汝公。

氐王杨后起死了。丁未日（十五日），齐武帝萧赜下诏命令白水太守杨集始任北秦州刺史、武都王。杨集始是杨文弘的儿子。杨后起的弟弟杨后明被任命为白水太守。杨集始也被北魏任命为武都王，杨集始入北魏献贡，北魏孝文帝拓跋宏将他任命为南秦州刺史。

正月，辛亥日（十九日），齐武帝萧赜在藉田耕作。

二月，己未日（二月无此日），齐武帝萧赜封赐皇弟萧鏦为晋熙王，萧铉为河东王。

魏无乡党之法，唯立宗主督护；民多隐冒，三五十家始为一户。内秘书令李冲上言："宜准古法：五家立邻长，五邻立里长，五里立党长，取乡人强谨者为之。邻长复一夫，里长二夫，党长三夫；三载无过，则升一等。其民调，一夫一妇，帛一匹，粟二石。大率十匹为公调，二匹为调外费，三匹为百官俸。此外复有杂调。民年八十已上，听一子不从役。孤独、癃老、笃疾、贫穷不能自存者，三长内迭养食之。"书奏，诏百官通议。中书令郑羲等皆以为不可。太尉丕曰："臣谓此法若行，于公私有益。但方有事之月，校比户口，民必劳怨。请过今秋，至冬乃遣使者，于事为宜。"冲曰："'民可使由之，不可使知之。'若不因调时，民徒知立长校户之勤，未见均徭省赋之益，心必生怨。宜及课调之月，令知赋税之均，既识其事，又得其利，行之差易。"群臣多言："九品差调，为日已久，一旦改法，恐成扰乱。"文明太后曰："立三长则课调有常准，苞荫之户可出，侥幸之人可止，何为不可！"甲戌，初立党、里、邻三长，定民户籍。民始皆愁苦，豪强者尤不愿。既而课调省费十馀倍，上下安之。

【译文】北魏无乡党邻里组织的制度，只是设置宗主督察将其保护，百姓大多数都隐瞒、假冒，三五十家才算作是一户。内秘书令李冲向北魏孝文帝拓跋宏上奏："我朝应该以以前的制度为标准：每五家设置邻长，每五邻开设里长，每五里设置党长，这些职位从乡里选取身体好并谨慎的人担任。每个邻长能免除一个壮丁的兵役，每个里长能免除两个壮丁的徭役，每个党长能免除三个壮丁的徭役。这些在职的人，只要三年没有过失，就能晋升一级。对百姓永调法收税：一夫一妇的缴纳一匹布，两石粮食，大约有十匹做公调，二匹作为调外的费用，三匹作为官员的俸禄。此外，还有杂调。百姓年纪八十岁以上的人，允许有一个儿子不服兵役，那些孤儿、独老头、残障、病重、贫穷等不能靠自己谋取生活的人，让邻长、里长、党长这些人轮流养活他们。"文书上奏之后，北魏孝文帝拓跋宏下诏命令百官共同研究讨论。中书令郑羲等认为方法不行；太尉拓跋丕说："臣想这个办法如果实行的话，于公于私都有利。但是现在正是征收赋税的时候，如果审核户口，劳民伤财，百姓肯定会抱怨。我请求过了今年秋季，到冬季后，再派遣使者去做这件事，那就比较合适了。"李冲说："'可以让百姓按照规定做，很难让他们了解为什么这样做。'如果不趁着征收赋税的时候，将新的办法施行，百姓就会只知道设置邻、里、党长和核对户口不容易，而看不到将力役平均、赋税减轻，到时百姓心中肯定会有怨恨。所以我们应该趁着征收赋税时，让百姓了解赋税均等的好处。百姓既能明白这套办法，又能享受到利益，这样实行起来会较容易的。"百官大多数说九品等差的租调法，已经施行很久了，一旦更改，恐怕滋生扰乱。文明太后说："设置邻、里、党三个职位，那么征收赋税就有了一定的准则，可以查出来被包庇的人家，也不会有侥幸的百姓了，那为什么不施行呢？"甲戌日（十三日），开始设置党、里、邻三长，确认了百姓的户籍。百姓起初忧愁苦闷，尤其是那些富强土豪都不愿意。不久，征收赋税节省了十多倍的费用，于是朝廷上下都安心遵循新办法了。

三月，丙申，柔然遣使者牟提如魏。时敕勒叛柔然，柔然伏名敦可汗自将讨之，追奔至西漠。魏左仆射穆亮等请乘虚击之，中书监高闾曰："秦、汉之世，海内一统，故可远征匈奴。今南有吴寇，何可舍之深入虏庭！"魏主曰："'兵者凶器，圣人不得已而

资治通鉴

用之.'先帝屡出征伐者,以有未宾之虏故也。今朕承太平之业,奈何无故动兵革乎!"厚礼其使者而归之。

【译文】三月,丙申日(初五日),柔然派使臣牟提出使北魏。当时敕勒反叛柔然,柔然伏名敦可汗亲自率军去讨伐他,追击到大漠西边。北魏左仆射穆亮等请求趁机偷袭柔然,中书监高闾说:"秦朝和汉朝时期,因为平定了四海,所以才能远征匈奴。现在我朝南边有吴地倭寇祸患,又怎能不考虑其他而深入柔然的核心地带呢?"北魏孝文帝拓跋宏说:"行军打仗,是最危险的事,圣贤之人只有在迫不得已时才会用。先帝献文帝拓跋弘多次出征,是因为夷族不来朝贡。现在朕接承太平的伟业,为什么要无故发动战争呢?"于是就用优厚待遇对待柔然使者,并遣护他返回柔然。

夏,四月,辛酉朔,魏始制五等公服;甲子,初以法服、御辇祀南郊。

癸酉,魏主如灵泉池。戊寅,还宫。

湘州蛮反,刺史吕安国有疾不能讨;丁亥,以尚书左仆射柳世隆为湘州刺史,讨平之。

六月,辛酉,魏主如方山。

己卯,魏文明太后赐皇子恂名,大赦。

【译文】夏季,四月,辛酉朔日(初一日),北魏开始制造朱、紫、绯、绿、青五等朝服。甲子日(初四日),北魏孝文帝拓跋宏第一次穿了朝服登上御辇,去南郊祭祀上天。

四月,癸酉日(十三日),北魏孝文帝拓跋宏到灵泉池。戊寅日(十八日),返回皇宫。

湘州蛮夷造反,刺史吕安国因病不能带兵。丁亥日(二十七日），齐武帝萧赜任命尚书左仆射柳世隆为湘州刺史，带兵讨伐蛮夷，平定了乱事。

同年六月，辛酉日（初二日），北魏孝文帝拓跋宏去方山。

已卯日（二十日），北魏的文明太后给皇子拓跋恂命名，大赦天下。

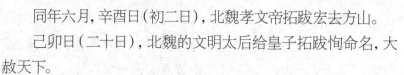

秋，七月，戊戌，魏主如方山。

八月，乙亥，魏给尚书五等爵已上朱衣、玉佩、大小组绶。

九月，辛卯，魏作明堂、辟雍。

冬，十一月，魏议定民官依户给俸。

十二月，柔然寇魏边。

是岁，魏改中书学曰国子学。分置州郡，凡三十八州，二十五在河南，十三在河北。

【译文】秋季，七月，戊戌日（初九），北魏孝文帝拓跋宏到方山。

八月，乙亥日（十七日），北魏赏赐朱衣、玉佩、大小不同的有纹彩的丝织带，赏赐给尚书和五等爵位的官员。

同年九月，辛卯日（初三日），北魏兴修建造明堂、辟雍。

冬季，十一月，北魏颁定，治理百姓的官员把所管理百姓户口的多少，作为分发俸禄的依据。

十二月，柔然入侵滋扰北魏边境。

同年，北魏把中书学更改为国子学。分别设置州郡，总共设置三十八州，黄河以南有二十五州，黄河以北有十三州。

五年（丁卯，公元四八七年）春，正月，丁亥朔，魏主诏定乐章，非雅者除之。

戊子，以豫章王嶷为大司马，竟陵王子良为司徒，临川王映、卫将军王俭、中军将军王敬则并加开府仪同三司。方良启记室范云为郡，上曰："闻其恒相卖弄，朕不复穷法，当宥之以远。"子良曰："不然。云动相规诲，谏书具存。"遂取以奏，凡百馀纸，辞皆切直。上叹息，谓子良曰："不谓云能尔；方使弼汝，何宜出守！"文惠太子尝出东田观获，顾谓众宾曰："刈此亦殊可观。"众皆唯唯，云独曰："三时之务，实为长勤。伏愿殿下知稼穑之艰难，无徇一朝之宴逸！"

【译文】 五年（丁卯，公元487年）春季，正月，丁亥朔日（初一日），北魏孝文帝拓跋宏下诏命令审查乐章，除去不雅致的。

戊子日（初二日），齐武帝萧赜将豫章王萧嶷任命为大司马，任命竟陵王萧子良为司徒，加封临川王萧映、卫将军王俭、中军将军王敬则三人为开府仪同三司。萧子良向齐武帝萧赜奏明：想将记室范云外放做郡守。齐武帝萧赜说："朕得知他喜欢向你卖弄，但是朕不想严格按照法律制度，你看在他长期以来的努力上就原谅他吧。"萧子良回复说："不是这样的，范云有时候勉励教诲我，他给我一些规劝进谏的书信，我都保留着呢。"于是将信拿来给齐武帝萧赜，信件有一百多张纸，言辞非常真诚恳切。齐武帝萧赜叹息着对萧子良说："没想到他能这样做！我正想让他辅佐你，那又怎么能让他外放做郡守呢？"文惠太子萧长懋曾外出去东宫东边的东田楼上，观看百姓收割粮食，文惠太子萧长懋转身对宾客说："收割也是可以用来观赏的呀！"宾客都答："是！是！"只有范云说："春季耕种、夏季耕耘、秋季收割，其实是在长时间地辛勤努力。希望殿下能明白百姓耕种收割的艰辛，不要只贪图一天的享乐。"

荒人桓天生自称桓玄宗族，与雍、司二州蛮相扇动，据南阳故城，请兵于魏，将入寇。丁酉，诏假丹杨尹萧景先节，总帅步骑，直指义阳，司州诸军皆受节度；又假护军将军陈显达节，帅征虏将军戴僧静等水军向宛、叶，雍、司众军皆受显达节度，以讨之。

【译文】流落到荒野的桓天生，自称是桓玄的族人，桓天生向雍州、司州的蛮夷蛊惑煽动，带领他们占据南阳旧城，向北魏请求派兵支援，将要进犯齐国。丁酉日（十一日），齐武帝萧赜下诏授予丹杨尹萧景先符节，率领步兵和骑兵，直接进军义阳，司州境内各军都要受调派约束；又授予护军将军陈显达符节，率领征虏将军戴僧静等水军进军宛县、叶县，雍、司两州各军都接受陈显达的安排调度，去征讨桓天生。

魏光禄大夫咸阳文公高允，历事五帝，出入三省，五十馀年，未尝有谴；冯太后及魏主甚重之，常命中黄门苏兴寿扶侍。允仁恕简静，虽处贵重，情同寒素；执书吟览，昼夜不去手；诲人以善，恂恂不倦；笃亲念故，无所遗弃。显祖平青、徐，悉徙其望族于代，其人多允之婚媾，流离饥寒；允倾家赈施，咸得其所，又随其才行，荐之于朝。议者多以初附间之，允曰："任贤使能，何有新旧！必若有用，岂可以此抑之！"允体素无疾，至是微有不适，犹起居如常，数日而卒，年九十八。赠侍中、司空，赙襚甚厚；魏初以来，存亡蒙赉，皆莫及也。

【译文】北魏光禄大夫咸阳文公高允，一连辅助过北魏五个皇帝，出任尚书、中书、秘书三省。任职五十几年来，从未被责罚；冯太后以及北魏孝文帝拓跋宏都对他很器重，经常命令中黄门苏兴寿搀扶高允。高允性行仁爱、宽恕、清简、宁静，虽然身居高位，但他的心境好像清寒的志士；高允拿着书本吟诵浏览，书日夜不离手；他教育人向善好学，诚恳而不懈怠；优待亲属，想念朋友，这些教诲从没有背弃。刘宋时，显祖献文帝拓跋弘平定青、徐二州，把两州的有名望的家族都搬到代城，那些人大多数是高允的亲戚，饥寒交迫，流离失所；高允就把家财全拿出来救济他们，让他们都受到照顾。高允又按照每个人的才能、德行，将他们推荐给朝廷。谈论的人大多数因为这些人刚归附就出言离间挑衅，高允说："任用有贤德有才能的人，哪能分什么新旧！人才要讲求合用，怎能用新旧这种理由来压抑他们？"高允一直以来没有得过病，到了这时候有点不舒服，还是按照往常的起居作息，高允几天以后就去世了，享年九十八岁。北魏孝文帝拓跋宏追念赐赠他为侍中、司空，并赠予丰厚的财物来帮家属办丧事。北魏建国以来，不论是生前还是死后所能接受的赏赐，都没有人比得上他。

桓天生引魏兵万馀人至沘阳，陈显达遣戴僧静等与战于深桥，大破之，杀获万计。天生退保沘阳，僧静围之，不克而还。荒人胡丘生起兵悬瓠以应齐，魏人击破之，丘生来奔。天生又引魏兵寇舞阴，舞阴戍主殷公愍拒击破之，杀其副张麒麟，天生被创退走。三月，丁未，以陈显达为雍州刺史。显达进据舞阳城。

【译文】桓天生带领几万北魏军队到达沘阳，陈显达派戴僧静等人在深桥和桓天生打了一仗，桓天生被打败，陈显达杀死、俘虏了好几万人。桓天生撤退军队保住池阳，戴僧静率兵围攻池阳，没有攻陷，就撤回军队。流落到荒野的胡丘生在悬瓠起兵响应齐国，北魏军队将他打败，胡丘生来投奔陈显达。桓天生又带领北魏军队侵犯舞阴，舞阴戍主殷公愍抵抗还击，打败北魏军队，将副统领张麒麟斩杀，桓天生被伤，就率军撤退。三月，丁未日（二十二日），齐武帝萧赜任命陈显达为雍州刺史，陈显达率军占领了舞阳城。

夏，五月，壬辰，魏主如灵泉池。

癸巳，魏南平王浑卒。

甲午，魏主还平城。诏复七庙子孙及外戚缌麻服已上，赋役无所与。

魏南部尚书公孙邃、上谷公张儵帅众与桓天生复寇舞阴，殷公愍击破之；天生还窜荒中。邃，表之孙也。

【译文】夏季，五月，壬辰日（初八日），北魏孝文帝拓跋宏去灵泉池。

癸巳日（初九日），北魏南平王拓跋浑死。

甲午日（初十日），北魏孝文帝拓跋宏返回平城，下诏命令七庙的子孙和缌麻服以上的外姓亲戚，免除赋税徭役和租税力役。

北魏南部尚书公孙邃、上谷公张儵率领军队和桓天生又来侵犯舞阴，殷公愍击退了他们。桓天生返还逃窜到荒郊野外。公孙邃是公孙表的孙子。

魏春夏大旱，代地尤甚；加以牛疫，民馁死者多。六月，癸未，诏内外之臣极言无隐。齐州刺史韩麒麟上表曰："古先哲王，储积九稔；逮于中代，亦崇斯业，入粟者与斩敌同爵，力田者与孝悌均赏。今京师民庶，不田者多，游食之口，叁分居二。自承平日久，丰穰积年，竞相矜夸，遂成侈俗。贵富之家，童妾袨服，工商之族，仆隶玉食，而农夫阙糟糠，蚕妇乏短褐。故耕者日少，田有荒芜；谷帛罄于府库，宝货盈于市里；衣食匮于室，丽服溢于路。饥寒之本，实在于斯。愚谓凡珍异之物，皆宜禁断，吉凶之礼，备为格式；劝课农桑，严加赏罚。数年之中，必有盈赡。往年校比户贯，租赋轻少。臣所统齐州，租粟才可给俸，略无入仓，虽于民为利而不可长久，脱有戎役，或遭天灾，恐供给之方，无所取济。可减绢布，增益谷租；年丰多积，岁俭出赈。所谓私民之谷，寄积于官，官有宿积，则民无荒年矣。"秋，七月，己丑，诏有司开仓赈贷，听民出关就食。遣使者造籍，分遣去留，所过给粮廪，所至三长赡养之。

【译文】北魏春、夏两季大旱，代地尤其严重；加上牛闹瘟疫，很多百姓饿死。六月，癸未日（二十九日），北魏孝文帝拓跋宏下诏朝廷众臣尽心想办法，不要有所顾忌隐瞒。齐州刺史韩麒麟奉上奏表说："以前贤德的君王，就会储存九年的粮食；到两汉时期，也看重农业，进献粮食和斩杀敌人的人都能封爵，努力耕种田地的和孝亲友爱的人都有赏赐。现在京都有很多百姓，不种田，闲游混饭吃的人就占三分之二之多。太平日子过久了，每年都丰收，大家争着矜持互夸，形成了奢华的习惯。富有的人家，童仆、侧室都穿精美的衣服，工匠、商人人家，奴仆也吃美味的食物；而耕种田地的农夫连酒糟米糠都吃不饱，养蚕的妇人都穿很短的粗布衣服。所以耕种田地的人越来越少，田地出现荒芜；五谷、丝帛，朝廷官府府库里都没有，而珍贵的货物却充满民间；很多百姓家里没有衣服穿食物吃，路上却充满了穿着华丽服饰的人。百姓饥饿冻寒的根本原因，就在于此。臣以为只要是珍奇特异的物品，都该禁止，对于吉庆凶灾的礼节，都应备有相当的规格，朝廷应该劝导督求百姓致力于农耕养蚕，对其要有严格的奖赏处罚。几年之后，国库一定能得到充盈。以前核对的户籍，百姓缴纳的租赋很少，臣所管辖的齐州，租税得到的粮食刚好够官吏的俸禄，没有多出来的可以存入仓库，这对百姓虽有好处，但却不是长久的计策。朝廷要是有什么军事活动，或者遇到天灾，只怕粮食不能得到供应。以后可以减少丝绢粗布的征收，增加粮食的租税；遇到丰收就多积存一些，收成少时，就发粮食救济百姓。百姓个人的粮食，存放在官府，官府有很多的存粮，那么百姓就不会有荒年所遇的灾祸了。"秋季，七月，己丑日（初六日），北魏孝文帝拓跋宏下诏命令主事的官员打开官仓借贷救济百姓，让百姓自己出城谋生。并派遣使臣编造名册，分别安排留住或离去的百姓，离开的百姓供给粮米，留下来的由党、邻、里三长供养。

柔然伏名敦可汗残暴，其臣侯医垔石洛候数谏止之，且劝其与魏和亲。伏名敦怒，族诛之，由是部众离心。八月，柔然寇魏边，魏以尚书陆叡为都督，击柔然，大破之。叡，丽之子也。

初，高车阿伏至罗有部落十馀万，役属柔然。伏名敦之侵魏也，阿伏至罗谏，不听。阿伏至罗怒，与从弟穷奇帅部落西走，至前部西北，自立为王。国人号曰"候娄匐勒"，夏言天子也；号穷奇曰"候倍"，夏言太子也。二人甚亲睦，分部而立，阿伏至罗居北，穷奇居南。伏名敦追击之，屡为阿伏至罗所败，乃引众东徙。

【译文】柔然的伏名敦可汗凶残不仁，他的大臣侯医垔、石洛候多次向他劝谏，建议他与北魏来往和亲。伏名敦很生气，诛灭了他们的家族，从此伏名敦可汗渐失人心。八月，柔然入侵北魏边境，北魏孝文帝拓跋宏任命尚书陆叡为都督，和柔然交战，柔然大败。陆叡，是陆丽的儿子。

起初，高车的阿伏至罗拥有十万多的部落，归属柔然，听柔然命令。伏名敦可汗入侵北魏侯，阿伏至罗劝说阻止，伏名敦不听他的。阿伏至罗很生气，与他的堂弟穷奇率领部落向西方走了，在车师前部王都城的西北边，自封为王。百姓都叫他为"候娄匐勒"，就是中国的天子；尊敬地称穷奇为"候倍"，就是中国的太子。他们两人关系很好，分别管辖一些部落。阿伏至罗在部落北边，穷奇在部落南边。伏名敦率兵追杀他们，都被阿伏至罗打败，伏名敦于是率领军队往东搬走。

九月，辛未，魏诏罢起部无益之作，出宫人不执机杼者。冬，十月，丁未，又诏罢尚方锦绣、绫罗之工；四民欲造，任之无禁。是时，魏久无事，府藏盈积。诏尽出御府衣服珍宝、太官杂器、太仆乘具、内库弓矢刀钤十分之八，外府衣物、缯布、丝纩非供国用者，以其太半班赉百司，下至工、商、皂隶，逮于六镇边戍，畿内鳏、寡、孤、独、贫、癃，皆有差。

魏秘书令高祐、丞李彪奏请改《国书》编年为纪、传、表、志，魏主从之。祐，允之从祖弟也。十二月，诏彪与著作郎崔光改修《国书》。光，道固之从孙也。

【译文】九月，辛未日（十九日），北魏孝文帝拓跋宏下诏命令罢免起部（掌百工之事）没有好处的劳作，解散皇宫中不从事机杼纺织的人。冬季，十月，丁未日（二十六日），北魏孝文帝拓跋宏又下令解散尚方执掌的制作锦绣、绫罗的工匠，如果士、农、工、商想制造的，可以从事，不加限制。此时，北魏很长时间都平安无事，物品将官府的库房都堆满了。北魏孝文帝拓跋宏下诏把宫里库房的衣服、宝物、吃饭的器皿、乘马车的工具、内务府的弓箭刀剑等的大多数，全部拿出来，外族官吏的衣物、丝绸布匹、丝絮，只要是朝廷用不上的，把一大半赏赐给众官和工人、商人、衙役，赏赐遍及武川、抚冥、怀朔、怀荒、柔远、御夷这六个边城戍守的地方，北魏孝文帝拓跋宏管辖内的鳏夫、寡妇、孤儿、没有儿女的人、贫穷的人、残疾人，都有不同程度的赏赐。

北魏秘书令高祐、秘书丞李彪上表请求将《国书》编年体更改为纪、传、表、志，北魏孝文帝拓跋宏答应了。高祐是高允同曾祖父的弟弟。冬季，十二月，北魏孝文帝拓跋宏下诏李彪与著作郎崔光修改《国书》。崔光，是崔道固的兄弟的孙子。

【乾隆御批】官有宿积，则民无荒年。固祖耿寿昌常平之意，然常平亦不过数什伯于千万耳，曾力行之，终无实效。譬之，减人一日之食而与其半，曰为汝收之，以待汝他日不得食而与之。卒未得他日之感，而先致目前之怨矣。然则常平终不可行？叹曰：何不可？利不什，不变法：废之，而其怨者将益众。毋宁仍旧贯，而不为其已甚斯可耳。服御珍器，或可济冻馁，弓矢刀钤，民间何所用之？且非救饥之物也。当时特用美言市人尔。

【译文】官家有隔年的存粮，那么百姓就没有荒年。这固然是效法西汉耿寿昌建立常平仓的意思，然而常平仓只不过能从千万个灾民中救活十个、百个而已，曾经努力施行，最终却没有实效。譬如，把一个人一天的食物减去一半，只给他半天的食物，说另一半替你收起来，等你他日没东西吃时再给你。最终也没等到他日的感激，却先导致目前的怨恨。那么常平仓终究不能施行吗？感叹说：怎么不能呢？得到的利益不到十分之一，就不能变法把它废除，那么怨恨的人就会更多。不如照旧贯彻施行，只要别做得太过分了。衣服、车马、珍宝、用具，也许可以救济寒冷饥饿的人，弓箭刀剑，民间要它们有什么用呢？况且它们也不是救饥的物品。当时只不过是用好听的话来收买人心罢了。

魏主问高祐曰："何以止盗？"对曰："昔宋均立德，猛虎渡河；卓茂行化，蝗不入境。况盗贼，人也，苟守宰得人，治化有方，止之易矣。"祐又上疏言："今之选举，不采识治之优劣，专简年劳之多少，斯非尽才之谓。宜停此薄艺，弃彼朽劳，唯才是举，则官方斯穆。又勋旧之臣，虽年勤可录而才非抚民者，可加之以爵赏，不宜委之以方任，所谓王者可私人以财，不私人以官者也。"帝善之。

祐出为西兖州刺史，镇滑台。以郡国虽有学，县、党亦宜有之，乃命县立讲学，党立小学。

【译文】 北魏孝文帝拓跋宏问高祐："怎么才能没有盗窃的事发生呢？"高祐回应说："汉明帝刘庄时期宋均很讲究以德服人，因此就连老虎都过河走了；汉平帝刘衎时期卓茂教化众人，连蝗虫都不去他管辖的地区。又何况是盗贼呢？对于人，只要选好治理管辖的官吏，教化有好的方法，要使盗贼灭绝就容易了。"高祐还上奏，说："当下选举人才，不看重才华的好坏，只考虑资历的深浅，这不是才有所用的办法呀。我们应该停止这种只看表面取才的方法，丢掉资历，只要有才能的就任用，那么官场上自然就清明了。对于以前有功劳的臣子，虽然说他们多年在任的辛苦是值得提的，但他们的才华有的并不适合管辖百姓，皇上可以对他们追加爵位赏赐，但不可以将当地的行政大权交给他们。这就是所说的在天下称王的人，私下可以将财富送人，却不能私下将官职作为人情送人啊！"北魏孝文帝拓跋宏很欣赏他。

高祐担任西兖州刺史，坐镇滑台，他认为郡里有学校，县、党也应该设置学校，他下令县设置讲学，党设置小学。

【乾隆御批】古之弥盗者，若龚遂之守渤海，虞诩之宰朝歌，皆有实政可纪。虎渡蝗避即非夸诞，亦奚足称举？

【译文】古代能够制止盗贼的人，好像西汉的龚遂镇守渤海，东汉虞诩主管朝歌，都有实际的政绩可以记录。老虎渡河，蝗虫远避即使不是言词夸大虚妄，又何足称赞举荐呢？

六年（戊辰，公元四八八年）春，正月，乙未，魏诏："犯死刑者，父母、祖父母年老，更无成人子孙，旁无期亲者，具状以闻。"

初，皇子右卫将军子响出继豫章王嶷；嶷后有子，表留为世子。子响每入朝，以车服异于诸王，每拳击车壁。上闻之，诏车服与皇子同。于是，有司奏子响宜还本。三月，己亥，立子响为巴东王。

角城戍将张蒲，因大雾乘船入清中采樵，潜纳魏兵。戍主皇甫仲贤觉之，帅众拒战于门中，仅能却之。魏步骑三千馀人已至堑外，淮阴军主王僧庆等引兵救之，魏人乃退。

【译文】六年（戊辰，公元488年）春季，正月，乙未日（十五日），北魏下诏："犯死罪的人，有父母、祖父母年纪大，除了罪犯外没有成人的儿子、孙子，也没有期服的亲戚的，详细写好交上来，让朝廷知道。"

以前，齐武帝萧赜把担任右卫将军的儿子萧子响过继给豫章王萧嶷做儿子，萧嶷后来有自己的儿子，奉上奏表想将萧子响留下来做世子。萧子响每次上朝，马车服饰和其他王爷的不一样，他就用拳头击打车壁。齐武帝萧赜得知这件事后，下诏特准他的马车服饰和其他皇子一样。管理这种事的官吏上奏，说萧子响应该回到皇室。三月，己亥日（二十日），齐武帝萧赜封赐萧子响为巴东王。

在角城守卫的将领张蒲，在有大雾天气乘船进入清水河砍柴，背地里却接纳北魏的士兵。城主皇甫仲贤发觉情况有变，率领军队在城门中和魏兵交战，勉强击退北魏兵。此时北魏的步兵、骑兵三千多人来到护城河，淮阴军主王僧庆等率领军队来救援，北魏军队才撤退。

夏，四月，桓天生复引魏兵出据隔城，诏游击将军下邳曹虎督诸军讨之。辅国将军朱公恩将兵蹋伏，遇天生游军，与战，破之，遂进围隔城。天生引魏兵步骑万馀人来战，虎奋击，大破之，俘斩二千馀人。明日，攻拔隔城，斩其襄城太守帛乌祝，复俘斩二千馀人。天生弃平氏城走。

陈显达侵魏；甲寅，魏遣豫州刺史拓跋斤将兵拒之。

【译文】夏季，四月，桓天生又率领北魏军队占领隔城，齐武帝萧赜下诏游击将军下邳人曹虎率领各路军队征讨桓天生。辅国将军朱公恩率领军队侦察埋伏的敌兵，碰到北魏巡逻的士兵，双方交战，打败了北魏军队，朱公恩率军包围了隔城。桓天生带领北魏步兵和骑兵共万余人来作战，曹虎拼命反击，将敌军攻破，虏获、击杀两千多人。第二日，曹虎将隔城攻破，杀北魏襄城太守帛乌祝，又虏获、击杀了两千多人。桓天生最后舍弃平氏城逃跑。

陈显达入侵北魏；甲寅日（初五日），北魏孝文帝拓跋宏派豫州刺史拓跋斤率领军队对抗陈显达。

甲子，魏大赦。

乙丑，魏主如灵泉池；丁卯，如方山；己巳，还宫。

魏筑城于醴阳，陈显达攻拔之，进攻沘阳。城中将士皆欲出战，镇将韦珍曰："彼初至气锐，未可与争，且共坚守，待其力攻疲弊，然后击之。"乃凭城拒战，旬有二日，珍夜开门掩击，显达还。

【译文】甲子日（十五日），北魏大赦天下。

乙丑日（十六日），北魏孝文帝拓跋宏去灵泉池；丁卯日（十八日），到达方山；己巳日（二十日），返回皇宫。

北魏在醴阳修筑城池，醴阳被陈显达攻陷，陈显达又进攻沘阳。城里的将士都想出去迎战，沘阳守将韦珍说："敌军刚来，士气正高，不能和他们对抗；暂且守城，等他们疲惫不堪的时候，我们再出兵反击。"于是众将士凭借城墙抵抗，十二天后，韦珍在夜里打开城门进攻，出其不意，陈显达的军队撤退了。

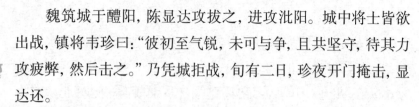

五月，甲午，以宕昌王梁弥承为河、凉二州刺史。

秋，七月，己丑，魏主如灵泉池，遂如方山；己亥，还宫。

九月，壬寅，上如琅邪城讲武。

癸卯，魏淮南靖王佗卒。魏主方享宗庙，始荐，闻之，为废祭，临视哀恸。

冬，十月，庚申，立冬，初临太极殿读时令。

闰月，辛酉，以尚书仆射王奂为领军将军。

辛未，魏主如灵泉池；癸酉，还宫。

【译文】夏季，五月，甲午日（十五日），北魏孝文帝拓跋宏任命宕昌王梁弥承为河、凉两州刺史。

秋季，七月，己丑日（十一日），北魏孝文帝拓跋宏去灵泉池，又到方山。己亥日（二十一日），返回皇宫。

九月，壬寅日（二十五日），齐武帝萧赜去琅琊城宣讲武艺。

同月，癸卯日（二十六日），北魏淮南靖王拓跋佗去世。北魏孝文帝拓跋宏正在宗庙祭祀，祭祀才开始，就听到消息，于是取消祭祀，去探望拓跋佗，孝文帝非常伤心。

冬季，十月，庚申日（十四日），立冬，孝文帝返回太极殿下令宣读冬季的时令。

第二年，闰月，辛酉日（闰月无此日），齐武帝萧赜将尚书仆射王奂任命为领军将军。

辛未日（闰月无此日），北魏孝文帝拓跋宏去灵泉池；癸酉日（闰月无此日），返回皇宫。

十二月，柔然伊吾戍主高羔子帅众三千以城附魏。

上以中外谷帛至贱，用尚书右丞江夏李珪之议，出上库钱五千万及出诸州钱，皆令籴买。

西陵戍主杜元懿建言：“吴兴无秋，会稽丰登，商旅往来，倍多常岁。西陵牛埭税，官格日三千五百；如臣所见，日可增倍。并浦阳南北津、柳浦四埭，乞为官领摄一年，格外可长四百许万。西陵戍前检税，无妨戍事；馀三埭自举腹心。”

【译文】冬季，十二月，柔然的伊吾戍主高羔子率领军队三千人，将城池进献给北魏以表愿归附。

齐武帝萧赜了解到京都和外藩的五谷丝帛价格都很低，就采取了尚书右丞江夏人李珪的提议，用国库中拨出的五千万的银钱和各州拨出的钱，命令买进五谷与丝帛。

戍守西陵的官员杜元懿提议说：“吴兴今年没有收成，会稽今年大丰收，买卖的客商来往，比往年多了一倍。西陵牛埭的关税，规定每天的税收是三千五百，依臣看来，每天多增加一倍都不为过，加上浦阳的南、北渡口、柳浦的四个水坝，我请求代替朝廷管理一年，在官家规定的关税之外还可以增加四百多万。在西陵戍前查收税收，对戍守的事并不妨害；至于其他的三个关口，陛下可以自己推举有能力可靠的人来把守，这样一来戍守和税收两不误，还能充实国库。”

上以其事下会稽，会稽行事吴郡顾宪之议以为：“始立牛埭之意，非苟逼蹴以取税也，乃以风涛迅险，济急利物耳。后之监领者不达其本，各务己功，或禁遏佗道，或空税江行，案吴兴频岁失稔，今兹尤甚，去之从丰，良田饥棘。埭司责税，依格弗降，旧格新减，尚未议登，格外加倍，将以何术！皇慈恤隐，振廪蠲调；而元懿幸灾榷利，重增困瘼，人而不仁，古今共疾！若事不副言，惧贻谴诘，必百方侵苦，为公贾怨。元懿禀性苛刻，已彰往效；任以物土，譬以狼将羊，其所欲举腹心，亦当虎而冠耳。书云：‘与其有聚敛之臣，宁有盗臣。’此言盗公为损盖微，敛民所害乃大也。愚又以便宜者，盖谓便于公，宜于民也。窃见顷之言便宜者，非能于民力之外，用天分地；率皆即日不宜于民，方来不便于公。名与实反，有乖政体。凡如此等，诚宜深察。”上纳之而止。

【译文】齐武帝萧赜把这个提议吩咐下去，会稽行事吴郡人顾宪之把此事和他人商量之后，认为：“设置牛埭的本意，不是为了逼迫百姓交付税收，而是因为河里的风浪湍急危险，设置牛埭不仅可以救急，而且可以便利物品通畅。现在监理统领牛埭的人，不了解设置牛埭的本意，只顾各自寻求自己的功劳，有官员禁止通行别的道路，使商人旅客不得不经过牛埭，以便借此机会来征收关税；甚至有的规定：只要在船江中航行，即便没有货物，也要缴纳关税。这几年吴兴连年歉收，今年更加严重，众多百姓流离失所，大多都离开空乏的家乡而迁往丰收的地方，实在是为饥饿所迫才不得不远离自己的家乡迁来此地，但是主管关口征税的官吏责问他们并索要税款，并且依照规定一分一毫都不肯减少。以前律法规定凡是刚迁来的百姓可以依照他们的家庭状况征收税款，只是还没有和众位大臣公开商议此事也就迟迟没有公布，现在要在规定以外加倍征收税款，这算是什么方略？陛下慈爱，体谅百姓的苦痛，开放仓库分发米粮，免去赋税，但杜元懿却幸灾乐祸，只知道衡量自己的利益，增加人民的困苦。一个人如果没有仁爱之心，不管是在古代还是在如今，都一定会被人们憎恨！假如事情和我们事先预料的不一样，额外增加的税款没有事先预算的多，他为了不被陛下谴责，一定会用尽残酷的方法侵犯骚扰百姓，让人民怨恨朝廷。杜元懿这个人本性苛刻，他过去所做的事情就是最明显的证据；假如把统辖牛埭的责任交给他，让他来管理牛埭的人民，那就犹如让狼去带领羊群；而他所说的为陛下推举得力可靠的人，也不过是老虎戴帽子伪装一下罢了，它残暴的本性是不会因此而消失的！古书《礼记·大学》说：‘与其有专事搜刮的家臣，宁可有盗窃公家财物的家臣。’这是说国家因为盗窃财物而造成的损失还算是微小的，但是搜刮人民的财物所遗留的祸害才是最大的。我个人又认为，方便适宜的意思，是对朝廷方便，对百姓有好处。而我看这几天来和陛下谈方便适宜的人，并不能在用好民力的同时，合理地利用天时地利，他们的想法大多都是眼前对人民有害，将来对朝廷也没有一点好处的，最后本来是为人民着想却适得其反，遭人民怨恨，违背朝廷的政治体制，但凡有可能造成这样情形的事情，就该深入考察，不能怠慢。"齐武帝萧赜再三思索后觉得他说得有理，就采纳了他的议论，不再考虑杜元懿的建议。

资治通鉴

【乾隆御批】饥地不亟赈民，丰壤则筹增课，是真幸灾权利。南朝政令如此，安得不屡亡？

【译文】闹饥荒的地方不急着赈济百姓，丰收的地方却筹划增加客税，这真是庆幸灾祸，以独享专利。南朝的政令是这样，怎能不屡次灭亡呢？

魏主访群臣以安民之术。秘书丞李彪上封事，以为："豪贵之家，奢僭过度，第宅车服，宜为之等制。

"又，国之兴亡，在冢嗣之善恶；冢嗣之善恶，在教谕之得失。高宗文成皇帝尝谓群臣曰：'朕始学之日，年尚幼冲，情未能专；既临万机，不遑温习。今日思之。岂唯予咎，抑亦师傅之不勤。'尚书李䜣免冠谢。此近事之可鉴者也。臣谓宜准古立师傅之官，以训导太子。

【译文】北魏孝文帝拓跋宏一直忧心如何安定民心，让百姓安居乐业，就将此事在朝堂上探问群臣的意见。丞相李彪呈上密封的奏书，他认为："当地有钱有势显赫富贵的人家，生活过度奢华，已经和他们的身份不相适宜，所以我觉得应该给他们的住所、配车和服饰区分等级，以此来约束他们过度奢华。

"其次，国家的兴亡，关键在于嫡长子品性的好坏；而嫡长子的好坏，在于老师教导的好坏。高宗文成皇帝拓跋濬以前曾对众臣说：'朕刚刚开始学习的时候，年龄还小，心思不能集中；等到朕真正即位，开始处理朝廷大事以后，又没多少空余时间来学习。现在想起来，难道仅仅是朕一个人的过错吗？这恐怕也是因为教师、辅相教诲得不够认真吧。'尚书李诉听后立马脱下帽子谢罪。这是最可以用以借鉴的事情啊。臣以为应该按照古时的方法，增设教师、辅相的官职来教导太子。

"又，汉置常平仓以救匮乏。去岁京师不稔，移民就丰，既废营生，困而后达，又于国体，实有虚损。曷若豫储仓粟，安而给之，岂不愈于驱督老弱糊口千里之外哉！宜析州郡常调九分之二，京师度支岁用之馀，各立官司，年丰籴粟积之于仓，俭则加私之二粜之于人。如此，民必力田以取官绢，积财以取官粟。年登则常积，岁凶则直给。数年之中，谷积而人足，虽灾不为害矣。

"又，宜于河表七州人中，擢其门才，引令赴阙，依中州官比，随能序之。一可以广圣朝均新旧之义，一可以怀江、汉归有道之情。

【译文】 "再者，汉朝设置常平仓来救济收成匮乏的地方。去年京都的收成也不好，官府将百姓迁到收成好的地方，这样的方法，一方面荒废了百姓引以为生的农田，另一方面，百姓经过艰难困苦以后，平白无故亨运通达，这对国家的法制，在实际上是有害的。为什么不预先在仓库里储备米粮，这样在需要的时候不仅可以安抚百姓，必要时发放米粮供应也可以暂时解决百姓的燃眉之急，这难道不比驱赶敦促年老体弱的百姓到千里之外糊口好得多？把州郡每年九分之二的税收提出来，京都每年把支出用度多余的也提出来，各自设官专门管理，遇到丰收的年岁，就买米将它储存在仓库里，遇到粮食歉收的年份，就增加两分的利息卖给百姓。这样一来，百姓一定会努力耕种田地，用多余的粮食取得官家的丝绢，并存钱购买官家的米粮。年岁丰登时，每年都储积米粮；年岁歉收时，就直接供应粮食以解百姓的燃眉之急，这样用不了几年就能做到米粮存积，百姓供养充足，即便有灾害，也不会成为使百姓流离失所的祸患了。

"还有，朝廷还应该在大河之外的荆州、兖州、豫州、洛州、青州、徐州、齐州七州的百姓之中，选拔人才，按照他们的门第，考察审核他的才情，然后选拔优秀的人才来都城，依照历代都城任用官员的例子，给他们安排官职。这样就可以把朝廷对现在和以前百姓拥有同等待遇的意思以实际行动推广，二来可以安抚长江、汉水一带百姓归附。

"又，父子兄弟，异体同气；罪不相及，乃君上之厚恩。至于忧惧相连，固自然之恒理也。无情之人，父兄系狱，子弟无惨惕之容；子弟逃刑，父兄无愧恧之色；宴安荣位，游从自若，车马衣冠，不变华饰；骨肉之恩，岂当然也！臣愚以为父兄有犯，宜令子弟素服肉袒，诣阙请罪。子弟有坐，宜令父兄露板引咎，乞解所司；若职任必要，不宜许者，慰勉留之。如此，足以敦厉凡薄，使人知所耻矣。

【译文】"再者，父子兄弟，虽然不是一个身体，血脉却一样，犯了罪不相互牵连，这是皇上很大的恩典；害怕犯罪连坐，本来就是自古以来永恒的事。没有亲情的人，父亲兄长关在监狱里，作为儿子兄弟的丝毫没有悲痛警惕的表情；儿子兄弟逃避刑罚，作为父亲兄长的丝毫没有惭愧羞赧的样子；安心享受显赫富荣的地位，带着随从悠闲自得，乘坐的马车，穿戴的衣服帽子，也不改平常奢华的装饰；依照骨肉亲情的恩情义气的关系，怎能这个模样？臣愚蠢地建议，父亲兄弟要是犯了罪，应该命令儿子兄弟穿朴素的衣服，赤裸着上身，到皇宫中请罪。儿子兄弟要是犯法，应该命令父亲兄长上奏表明，引咎反省，请求辞去官职；若是朝廷上有必要的话，不应该答应他辞官，安慰劝勉他，并挽留他。这样做，足够来激励俗世之人，让浅薄的风俗变敦厚，使人们了解哪些是真正可耻的事情。

"又，朝臣遭亲丧者，假满赴职。衣锦乘轩，从郊庙之祀；鸣玉垂缕，同庆赐之燕。伤人子之道，亏天地之经。愚谓凡遭大父母、父母丧者，皆听终服；若无其人，职业有旷者，则优旨慰喻，起令视事，但综司出纳、敷奏而已，国之吉庆，一令无预。其军旅之警，墨缞从役，虽愆于礼，事所宜行也。"魏主皆从之。由是公私丰赡，虽时有水旱，而民不困穷。

魏遣兵击百济，为百济所败。

【译文】 "再者，朝中官员遇到双亲生病去世，丧期满了，赶紧去担任官职；穿着华丽的衣裳，乘着有篷帘的车，参加君王祭天祭祖的大型祭祀；玉佩碰响，低着帽带，和别的大臣一起参加赏赐庆贺的宴席；这样做真是损害了为人子的操守，损伤了天地间的纲常。臣以为：只要遭遇祖父母、父母丧事的大臣，都让他们把丧期服完；如果当时的官职没有适合的人选，无人能替代的，就另外颁旨，优待宽厚地劝慰暗示他，任用他做事，但只大致地执掌出纳、上奏而已，关于国家喜庆吉祥的事，一律不准他参与。对于在军事上有警戒紧急的情况，他穿着丧服，参加战斗，虽不合礼节，但也应该就事论事。"北魏孝文帝拓跋宏都答应照做。此后魏国公家私人都丰富充足，即使经常有水灾、旱灾，但百姓并不穷困。

北魏调派军队去攻打百济，百济大败北魏。

七年(己巳，公元四八九年)春，正月，辛亥，上祀南郊，大赦。

魏主祀南郊，始备大驾。

壬戌，临川献王映卒。

【译文】七年（乙巳，公元489年）春季，正月，辛亥日（初七日），齐武帝萧赜在南郊祭祀上天，大赦天下。

北魏孝文帝拓跋宏在南郊祭祀上天，出行时开始乘坐最隆重的车驾。

壬戌日（十八日），齐国临川献王萧映逝世。

初，上为镇西长史，主簿王晏以倾谄为上所亲，自是常在上府。上为太子，晏为中庶子。上之得罪于太祖也，晏称疾自疏。及即位，为丹杨尹，意任如旧，朝夕进见，议论朝事；自豫章王嶷及王俭皆降意接之。

二月，壬寅，出为江州刺史；晏不愿外出，复留为吏部尚书。

三月，甲寅，立皇子子岳为临贺王，子峻为广汉王，子琳为宣城王，子珉为义安王。

【译文】起初，齐武帝萧赜担任镇西长史，主簿王晏擅长献媚，被齐武帝萧赜亲近信任，经常在齐武帝萧赜府邸走动。齐武帝萧赜做了太子，王晏就担任中庶子。齐武帝萧赜得罪齐高帝萧道成时，王晏说自己得了病，齐武帝萧赜就疏远了他。等到齐武帝萧赜登位，王晏担任丹杨尹，和以前一样意气风发，受齐武帝萧赜信任，早晚朝见齐武帝萧赜一次，讨论朝廷大事时，连豫章王萧嶷和王俭都降下身份，有意接近他。

春季，二月，壬寅日（二十八日），王晏担任江州刺史。但不想外放，齐武帝萧赜就将他留在京都，担任吏部尚书。

春末，三月，甲寅日（十一日），册立皇子萧子岳为临贺王，萧子峻为广汉王,萧子琳为宣城王,萧子珉为义安王。

夏,四月,丁丑,魏主诏曰:“升楼散物以赉百姓,至使人马腾践,多有伤毁;今可断之,以本所费之物,赐老疾贫独者。”

丁亥,魏主如灵泉池,遂如方山;己丑,还宫。

上优礼南昌文宪公王俭,诏三日一还朝,尚书令史出外谘事。上犹以往来烦数,复诏俭还尚书下省,月听十日出外。俭固求解选。诏改中书监,参掌选事。

【译文】夏季,四月,丁丑日(初四日),北魏孝文帝拓跋宏下诏说:“以前建造楼阁,散发物品,赏赐给百姓,甚至弄得人仰马翻,很多人物受伤损毁;现在可以去除老式做法,把原本的费用拿去赏赐给年老、有病、贫穷、无子嗣的百姓。”

丁亥日(十四日),北魏孝文帝拓跋宏去灵泉池,又去方山;己丑日(十六日),返回皇宫。

齐武帝萧赜厚待礼遇南昌文宪公王俭,下诏命令王俭三天上一次朝,如果有事让尚书令史外出向他请教咨询。齐武帝萧赜还认为王俭来回的次数太多,又下诏命令王俭返回尚书下省,每个月接听十日左右的事务。王俭坚持请求辞职改选他人。齐武帝萧赜下诏命令他改任中书监,参加掌管择官的事务。

五月,乙巳,俭卒。王晏既领选,权行台阁,与俭颇不平。礼官欲依王导,谥俭为文献。晏启上曰:“导乃得此谥;但宋氏以来,不加异姓。”出,谓亲人曰:“‘平头宪’事已行矣。”

徐湛之之死也,其孙孝嗣在孕得免,八岁,袭爵枝江县公,尚宋康乐公主。及上即位,孝嗣为御史中丞,风仪端简。王俭谓人曰:“徐孝嗣将来必为宰相。”上尝问俭:“谁可继卿者?”俭曰:

“臣东都之日，其在徐孝嗣乎！”俭卒，孝嗣时为吴兴太守，徵为五兵尚书。

【译文】夏季，五月，乙巳日（初三日），王俭逝世。王晏担任礼部尚书，权力很大，与王俭过不去。礼官想依照王导的事例，给王俭追加谥号文献。王晏上奏齐武帝萧赜说：“以王导的才干能够获得这个谥号；但自从宋氏以来，这个谥号向来不加封给异姓臣子。”王晏走出了皇宫，对身边的人说：“‘平头宪’（姓王的谥个‘宪’字）的事情已经定了。”

徐湛死时，他孙子徐孝嗣还在娘的肚子里，因此免去了死罪，他的孙子八岁时承袭封爵做了枝江县公，和刘宋的康乐公主成婚。等到齐武帝萧赜登位，徐孝嗣担任御史中丞，性行端庄简朴。王俭向别人说：“徐孝嗣将来肯定会做宰相。”齐武帝萧赜曾经问王俭说：“谁将来可以继承你宰相的位子？”王俭说：“臣去除相权时，对徐孝嗣有很高的期望！”王俭逝世，徐孝嗣正担任吴兴太守，齐武帝萧赜下诏让他担任五兵尚书。

庚戌，魏主祭方泽。

上欲用领军王奂为尚书令，以问王晏。晏与奂不相能，对曰：“柳世隆有勋望，恐不宜在奂后。”甲子，以尚书左仆射柳世隆为尚书令，王奂为左仆射。

【译文】庚戌日（初八日），北魏孝文帝拓跋宏在沼泽地带开辟建筑方形的小丘作为祭祀的地方。

齐武帝萧赜想要任命领军王奂担任尚书令，询问王晏。王晏不想推举王奂，应答说：“柳世隆有名望功勋，只怕不应该将他安置在王奂后面。”甲子日（二十二日），让尚书左仆射柳世隆担任尚书令，王奂担任左仆射。

六月，丁亥，上如琅邪城。

魏怀朔镇将汝阴灵王天赐，长安镇都大将、雍州刺史南安惠王桢，皆坐脏当死。冯太后及魏主临皇信堂，引见王公，太后令曰："卿等以为当存亲以毁令邪？当灭亲以明法邪？"群臣皆言："二王，景穆皇帝之子，宜蒙矜恕。"太后不应。魏主乃下诏，称："二王所犯难恕，而太皇太后追惟高宗孔怀之恩；且南安王事母孝谨，闻于中外，并特免死，削夺官爵，禁锢终身。"

【译文】夏季，六月，丁亥日（十五日），齐武帝萧赜前往琅琊城。

北魏怀朔镇的镇守将领汝阴灵王拓跋天赐，长安镇的都大将兼雍州刺史南安惠王拓跋桢，两人犯了贪赃的罪行，应该处以死刑。冯太后和北魏孝文帝拓跋宏去了皇信堂，接见王公大臣，太后发问说："你们觉得应该保存亲人而破坏法度呢？还是应该杀了亲人而伸张制度？"众臣都说："两个王爷都是景穆皇帝拓跋晃的儿子，应该可怜宽恕他们。"太后不应答。北魏孝文帝拓跋宏于是下达诏书，声称："两位王爷所犯之错本不可原谅，但太皇太后追念高宗文成皇帝拓拔濬，顾念手足仁义，并且南安王拓跋桢对母亲温厚孝顺，天下有名，现在特地下旨免去死罪，剥夺官爵，一生不能再为官。"

初，魏朝闻桢贪暴，遣中散闾文祖诣长安察之，文祖受桢赂，为之隐；事觉，文祖亦抵罪。冯太后谓群臣曰："文祖前自谓廉，今竟犯法，以此言之，人心信不可知。"魏主曰："古有待放之臣。卿等自审不胜贪心者，听辞位归第。"宰官、中散慕容契进曰："小人之心无常而帝王之法有常；以无常之心奉有常之法，非所克堪，乞从退黜。"魏主曰："契知心不可常，则知贪之可恶矣，何必求退！"迁宰官令。契，白曜之弟子也。

【译文】起初，北魏朝廷得知拓跋桢凶暴贪婪，命中散大夫闾文祖去长安监督勘察，闾文祖收受拓跋桢的贿赂，帮他遮掩；事情被发现之后，闾文祖也被同罪判刑。冯太后对众臣说："闾文祖曾经为人清廉，现在竟犯法。这样来说，的确不能知道人心呀。"北魏孝文帝拓跋宏说："以前有等待外放的臣子。你们审视看看，如果有人无法抵御贪婪的诱惑的，我允许辞官，回到自己的府中。"宰官、中散大夫慕容契上言说："我们的心是不会永远不变的，但是君王的法度是固定不变的，拿不会永远不变的心去遵守永远不变的法度，我想不是我能承受的，我请求辞官！"北魏孝文帝拓跋宏说："慕容契明白人心不能永久不变，那么就明白贪婪是让人厌恶的了，又何必请求辞官呢！"加封他做了宰官令。慕容契，是慕容白曜弟弟的儿子。

【申涵煜评】魏主令贪者辞位，契即自请退黜。朔漠之人质直乃尔，若中国狡猾者必自饰廉隅，以耸主听。而方寸实不可问者多矣。

【译文】北魏孝文帝拓跋宏命令贪污的人辞去官职，慕容契就自行请求罢退。北漠的人质朴直率到这样的地步，如果是中原狡诈奸猾的人一定把自己粉饰成廉洁的人，来惊动皇上的听闻。然而他们的内心不能审问的确实太多了。

秋，七月，丙寅，魏主如灵泉池。

魏主使群臣议，"久与齐绝，今欲通使，何如？"尚书游明根曰："朝廷不遣使者，又筑醴阳深入彼境，皆直在萧赜。不复追

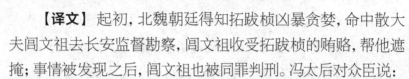

资治通鉴

使,不亦可乎!"魏主从之。八月,乙亥,遣兼员外散骑常侍邢产等来聘。

【译文】秋季,七月,丙寅日(二十五日),北魏孝文帝拓跋宏到灵泉池。

北魏孝文帝拓跋宏让众臣商量:"长久地和齐国断交,现在想派遣使者和齐相交,该怎么做呢?"尚书游明根进言:"朝廷不派使者告知齐国,就在醴阳兴建城池,深深地进入齐的国境,这都是齐主萧赜的责任。现在就让我们再派遣使臣出使齐,不是也说得过去吗?"北魏孝文帝拓跋宏同意他的提议。秋季,八月,乙亥日(初四日),调派兼员外散骑常侍的邢产等人到齐国访问。

九月,魏出宫人以赐北镇人贫无妻者。

冬,十一月,己未,魏安丰匡王猛卒。

十二月,丙子,魏河东王苟颓卒。

平南参军颜幼明等聘于魏。

魏以尚书令尉元为司徒,左仆射穆亮为司空。

豫章王嶷自以地位隆重,深怀退素,是岁,启求还第;上令其世子子廉代镇东府。

【译文】秋季,九月,北魏派出宫女,赏赐给北镇穷苦没有妻子的人。

冬季,十一月,己未日(十九日),北魏安丰匡王拓跋猛逝世。

冬季,十二月,丙子日(初七日),北魏河东王苟颓逝世。

齐国平南参军颜幼明等到北魏访问。

北魏将尚书令尉元任命为司徒,左仆射穆亮任命为司空。

豫章王萧嶷自己认为地位太高，有很大的归隐心理。这年，上奏请求回归家园。齐武帝萧赜任命他的世子萧子廉代替他镇守东府。

太子詹事张绪领扬州中正，长沙王晃属用吴兴闻人邕为州议曹，绪不许。晃使书佐固请，绪正色曰："此是身家州乡，殿下何得见逼！"

侍中江斅为都官尚书。中书舍人纪僧真得幸于上，容表有士风，请于上曰："臣出自本县武吏，邀逢圣时，阶荣至此；为儿昏得荀昭光女，即时无复所须，唯就陛下乞作士大夫。"上曰："此由江斅、谢瀹，我不得措意，可自诣之。"僧真承旨诣斅，登榻坐定，斅顾命左右曰："移吾床远客！"僧真丧气而退，告上曰："士大夫故非天子所命！"斅，湛之孙；瀹，朏之弟也。

柔然别帅叱吕勤帅众降魏。

【译文】太子詹事张绪，掌管扬州中正，长沙王萧晃嘱咐他让吴兴人闻人邕担任州议曹从事史，张绪不肯答应。萧晃指使书佐上求，张绪严肃地说："这个州郡是我出生成长的家乡，殿下怎么能够逼我呢？"

侍中江斅担任都官尚书。中书舍人纪僧真得到齐武帝萧赜的宠爱，仪表容态都有志士的风采，他向齐武帝萧赜请求说："臣本来的出身是县武吏，幸运地身在圣明的年代，荣誉地位能到这个地步，为儿子娶到荀昭光的女儿，我不再有什么需求了，我只想向皇上请求，任命让我为士大夫！"齐武帝萧赜说："这事得由江斅、谢瀹决定，我不能增加一点意见，你自己去寻找他们。"纪僧真接纳了齐武帝萧赜的旨意去拜访江斅，在矮榻上坐好后，江斅回过头命令身边的人说："搬动我的床，远离客人点。"纪僧真泄气沮丧告退，告诉齐武帝萧赜说："士大夫原来不是皇上任命的呀！"江敩是江湛的孙子；谢瀹是谢朏的弟弟。

柔然另一支系的领袖叱吕勤，带领军队归顺北魏。

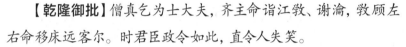

【乾隆御批】僧真乞为士大夫，齐主命诣江敩、谢瀹，敩顾左右命移床远客尔。时君臣政令如此，直令人失笑。

【译文】纪僧真乞求做士大夫，齐武帝就让他到江敩、谢瀹那儿去，江敩环顾左右命人把床移开远离客人。那时候君臣之间政合令竟然如此，真令人失笑。

资治通鉴卷第一百三十七　齐纪三

起上章敦牂，尽玄黓涒滩，凡三年。

【译文】起庚午（公元490年），止壬申（公元492年），共三年。

【题解】本卷记录了公元490年至492年，即齐武帝萧赜永明八年至永明十年共三年间南朝齐、北朝魏两国的大事。主要记录了梁武帝萧赜四子荆州刺史萧子响因谋反而被诛杀的经过，萧赜事后痛悔不已；魏国冯太后死，孝文帝悲伤过度，颇显孝心；魏主将拓跋珪、拓跋焘定为祖宗，以魏国为水德，敬老亲养；宋牟出使南齐，回国后禀明南齐的处境危险，并预言萧赜子孙传承不久；齐臣萧琛、范云出使北魏，受魏主喜爱，但被魏臣李元凯嘲笑，等等。

世祖武皇帝中

永明八年（庚午，公元四九〇年）春，正月，诏放隔城俘二千馀人还魏。

乙丑，魏主如方山；二月，辛未，如灵泉；壬申，还宫。

地豆干频寇魏边，夏，四月，甲戌，魏征西大将军阳平王颐击走之。颐，新城之子也。

甲午，魏遣兼员外散骑常侍邢产等来聘。

【译文】永明八年（庚午，公元490年）春季，正月，齐武帝萧赜下诏放了隔城监禁的俘虏两千多人，让他们返回北魏。

乙丑日（二十六日），北魏孝文帝拓跋宏去方山；二月，辛未日（初三日），去灵泉池；壬申日（初四日），返回皇宫。

地豆干经常侵犯滋扰北魏边境，夏季，四月，甲戌日（初七日），北魏征西大将军阳平王拓跋颐将敌军击退。拓跋颐是拓跋新城的儿子。

夏季，甲午日（二十七日），北魏调派兼员外散骑常侍邢产等人前来询问。

五月，己酉，库莫奚寇魏边，安州都将楼龙儿击走之。

秋，七月，辛丑，以会稽太守安陆侯缅为雍州刺史。缅，鸾之弟也。缅留心狱讼，得劫，皆赦遣，许以自新，再犯乃加诛；民畏而爱之。

癸卯，大赦。

【译文】五月，己酉日（十二日），库莫奚侵犯滋扰北魏边境，安州都将楼龙儿将敌军击退。

秋季，七月，辛丑日（初五日），齐武帝萧赜任命会稽太守安陆侯萧缅为雍州刺史。萧缅是萧鸾的弟弟。萧缅对诉讼的问题很细心，调查到有被迫劫持而犯罪的人，就将他们都放了回去，应允他们改过自新，再次犯罪的就增加惩罚；老百姓很害怕他，也很尊敬他。

癸卯日（初七日），齐国大赦天下。

丙午，魏主如方山；丙辰，遂如灵泉池；八月，丙寅朔，还宫。

河南王度易侯卒；乙酉，以其世子伏连筹为秦、河二州刺史，遣振武将军丘冠先拜授，且吊之。伏连筹逼冠先使拜，冠先不从，伏连筹推冠先坠崖而死。上厚赐其子雄；敕以丧委绝域，不可复寻，仕进无嫌。

【译文】丙午日（初十日），北魏孝文帝拓跋宏去方山；丙辰日（二十日），去灵泉池；八月，丙寅朔日（初一日），返回皇宫。

河南王度易侯逝世；乙酉日（二十日），他的世子伏连筹担任秦、河两州刺史，调派振武将军丘冠先予以封赐，并安慰抚问丧事。伏连筹逼迫丘冠先跪祭，丘冠先不肯顺从，伏连筹用手推丘冠先，丘冠先坠崖而死。齐武帝萧赜赏赐他的儿子丘雄丰厚的财物，敕令：人已经死在了很远很难通行的地区，不能寻找了，事情过去就够了，你尽职做官，将来一定会升官，不要存有猜疑的心理。

资治通鉴

荆州刺史巴东王子响，有勇力，善骑射，好武事，自选带仗左右六十人，皆有胆干；至镇，数于内斋以牛酒犒之。又私作锦袍、绛袄，欲以饷蛮，交易器仗。长史高平刘寅、司马安定席恭穆等连名密启。上敕精检。子响闻台使至，不见敕，召寅、恭穆及谘议参军江悆、典签吴修之、魏景渊等诘之，寅等秘而不言；修之曰："既已降敕，政应方便答塞。"景渊曰："应先检校。"子响大怒，执寅等八人，于后堂杀之，具以启闻。上欲赦江悆，闻皆已死，怒，壬辰，以随王子隆为荆州刺史。

【译文】荆州刺史巴东王萧子响，勇猛威武有力气，擅长骑马射箭，喜欢武艺，自己挑取六十人，让他们带着兵器，在身边守护，这些人都有才干胆量；到了镇守的地方，在里进的房子里多次用好酒好肉安抚款待他们。又私底下制造锦绣袍子，红色短袄，想送给蛮夷之人，用来交换兵器。长史高平人刘寅、司马安定人席恭穆一起秘密上奏。齐武帝萧赜下令仔细核对检查。萧子响得知朝廷使者来了，不接受诏令，集合刘寅、席恭穆及谘议参军江悆、典签吴修之、魏景渊等，指责询问他们，刘寅等人守密，不肯说；吴修之说："皇帝既然已经下了圣旨，我们应该斟酌情形，搪塞过去。"魏景渊说："应该先核对检查。"萧子响很生气，在后堂逮捕刘寅等八个人，将他们杀害，又详尽地向齐武帝萧赜上奏报告。齐武帝萧赜想赦免江悆，得知他们全死了，不由生气，壬辰日（二十七日），改封随王萧子隆担任荆州刺史。

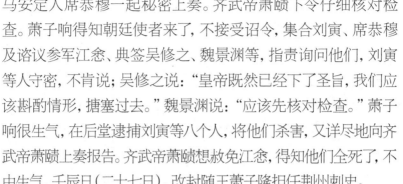

上欲遣淮南太守戴僧静将兵讨子响，僧静面启曰："巴东王年少，长史执之太急，忿不思难故耳。天子儿过误杀人，有何大罪！官忽遣军西上，人情惶惧，无所不至。僧静不敢奉敕。"上不答而心善之。乃遣卫尉胡谐之、游击将军尹略、中书舍人茹法亮帅斋仗数百人诣江陵，检捕群小，敕之曰："子响若束手自归，可全其命。"以平南内史张欣泰为谐之副。欣泰谓谐之曰："今段之行，胜既无名，负成奇耻。彼凶狡相聚，所以为其用者，或利赏逼威，无由自溃。若顿军夏口，宣示祸福，可不战而擒也。"谐之不从。欣泰，兴世之子也。

【译文】齐武帝萧赜想调派淮南太守戴僧静带军队征讨萧子响，戴僧静面对面上奏说："巴东王萧子响年纪还小，长史刘寅等人密谋告发逮捕他，做得太急切了，巴东王萧子响一时生气，不顾及以后的艰难苦处，以致到了这个地步罢了。皇上的儿子一时失误杀了人，这不是什么了不起的大罪。皇上突然调军向西出发，百姓诚惶诚恐，结果令人担忧。僧静不敢领旨。"齐武帝萧赜不回应但认为他的话很有理。于是分派卫尉胡谐之、游击将军尹略、中书舍人茹法亮率领皇宫内几百个武功高手去江陵，搜查逮捕那些犯法的武士，皇上下赦令说："萧子响如果自己投降回京，还可以保住性命。"齐武帝萧赜将平南内史张欣泰任命为胡谐之的助手。张欣泰向胡谐之说："这次的任务，如果成功没什么名声，失败了便有了很大的耻辱。敌方都是聚合在一起的凶暴狡猾的小人，巴东王萧子响之所以利用他们，可能是因为赏赐的利益、权势的逼迫，不能自己散了。我们的军队在夏口停下来，给他们说明好坏的道理，便可不战而擒获巴东王了！"胡谐之不听从这个提议。张欣泰是张兴世的儿子。

谐之等至江津，筑城燕尾洲。子响白服登城，频遣使与相闻，曰："天下岂有儿反！身不作贼，直是粗疏。今便单舸还阙，受杀人之罪，何筑城见捉邪！"尹略独答曰："谁将汝反父人共语！"子响唯洒泣；乃杀牛，具酒馔，饷台军，略弃之江流。子响呼茹法亮；法亮疑畏，不肯往。又求见传诏；法亮亦不遣，且执录其使。子响怒，遣所养勇士收集府、州兵二千人，从灵溪西渡；子响自与百馀人操万钧弩，宿江堤上。明日，府、州兵与台军战，子响于堤上发弩射之，台军大败；尹略死，谐之等单艇逃去。

【译文】胡谐之到达了江津，在燕尾洲建筑城池。萧子响穿着白色的衣服登上城楼，派使者传达了自己的心思说："天底下哪有儿子反叛父亲的！我没有想谋反，只是有些粗疏罢了。现在就乘船返回朝廷，接受死刑的惩罚，为什么兴建城池来捕捉我呢？"尹略自己回应说："谁和你这个反叛父亲的人说话！"萧子响落泪哭泣。萧子响于是宰牛，准备酒和菜，慰劳士兵，尹略将饭菜丢在江水里。萧子响大喊茹法亮，茹法亮惊疑害怕，不愿意前来。萧子响又请求见传达诏命的使者，茹法亮也不愿让使者去，又绑架了萧子响的使者。萧子响难忍气愤，便调派私养的士兵召集府、州的兵丁两千人，从灵溪向西渡过长江；萧子响带着一百多人带着强弩，驻扎在长江岸边。第二天，府州士兵和官府战斗，萧子响在岸上放箭射击，官府军战败，尹略战死，胡谐之等人乘小船逃跑。

上又遣丹杨尹萧顺之将兵继至，子响即日将白衣左右三十人，乘舴艋沿流赴建康。太子长懋素忌子响，顺之之发建康也，太子密谕顺之，使早为之所，勿令得还。子响见顺之，欲自申明；顺之不许，于射堂缢杀之。

【译文】齐武帝萧赜又调派丹杨尹萧顺之率军赶去，萧子响在当日率领穿白衣服的三十个护卫，乘着小舟往建康顺流而去。太子萧长懋一直以来对萧子响猜忌，萧顺之从建康出发时，太子萧长懋私下嘱咐萧顺之，让他早做安排，不能让萧子响回京城。萧子响见到萧顺之后，萧子响申请叙述表明自己的心思；萧顺之不答应，在射室将他缢杀。

子响临死，启上曰：“臣罪逾山海，分甘斧钺。敕遣谐之等至，竟无宣旨，便建旗入津，对城南岸筑城守。臣累遣书信呼法亮，乞白服相见；法亮终不肯。群小惧怖，遂致攻战，此臣之罪也。臣此月二十五日，束身投军，希还天阙，停宅一月，臣自取尽，可使齐代无杀子之讥，臣免逆父之谤。既不遂心，今便命尽。临启哽塞，知复何陈！”

【译文】萧子响死前，向齐武帝萧赜上奏说：“臣的罪行大过山海，我心甘情愿接受死罪。您下令派胡谐之等来，他们竟不宣说旨意，撑起旗号挺进渡口，向荆州城南岸修筑的城池准备攻击。臣多次派人带去书信招呼茹法亮，请白衣求见，茹法亮一直不愿意见我。我手下的人害怕惊恐，于是才进攻应战，这是臣的过错。臣在这个月二十五日，束缚自己，投降于朝廷，臣希望能返回朝廷。臣若能在府邸生活一个月，就会了结自己的生命，让齐国不至于有杀害儿子的讽刺评价，臣也可以除去叛逆父亲的罪孽。无可奈何的是这并不能如人愿，现在我的生命就要结束了。面临奏表，哭泣得没有声音，哪里知道究竟说了些什么！"

有司奏绝子响属籍，削爵土，易姓蛸氏；诸所连坐，别下考论。

久之，上游华林园，见一猿透掷悲鸣，问左右，曰："猿子前日坠崖死。"上思子响，因呜咽流涕。茹法亮颇为上所责怒，萧顺之惭惧，发疾而卒。豫章王嶷表请收葬子响；不许，贬为鱼复侯。

【译文】掌管这件事的官员上奏请求在宗族里去除萧子响，收回爵位封地，改姓为蛸氏，受牵连的人，再考察审核，讨论判定罪罚。

很久之后，齐武帝萧赜游走观看华林园，看见一只蹦跳着将自己摔在地上的猿猴，悲痛地叫，就问身旁的人，身旁的人回应说："前天小猿猴坠崖摔死了。"齐武帝萧赜很思念萧子响，于是哽咽落泪了。茹法亮被齐武帝萧赜愤怒地责备一顿，萧顺之自责害怕，生病死了。豫章王萧嶷奉上奏表请求埋葬萧子响；齐武帝萧赜不答应，将萧子响贬为鱼复侯。

子响之乱，方镇皆启子响为逆，兖州刺史垣荣祖曰："此非所宜言。正应云：'刘寅等孤负恩奖，逼迫巴东，使至于此。'"上省之，以荣祖为知言。

台军焚烧江陵府舍，官曹文书，一时荡尽。上以大司马记室南阳乐蔼屡为本州僚佐，引见，问以西事。蔼应对详敏，上悦，用为荆州治中，敕付以修复府州事。蔼缮修廨舍数百区，顷之咸毕，而役不及民，荆部称之。

【译文】 萧子响作乱时，州郡长官都上奏说萧子响是谋逆，兖州的刺史垣荣祖说："这不是应该说的话。应当说：'刘寅等人辜负皇上的赏赐，逼迫巴东王，使他发展到了这种地步。'"齐武帝萧赜仔细想想，认为垣荣祖说的话很有见解。

朝廷军队烧毁了江陵官府的房子，官府的文书，一时间全都烧毁。大司马记室南阳人乐蔼因为做过多次荆州的佐贰官员，齐武帝萧赜下旨接见，咨询他西边的事。乐蔼详细应答，回答灵敏，齐武帝萧赜很高兴，让他担任荆州治中，交代他修建府州的事情。乐蔼修整几百区的官舍，没多久都修复了，用到的劳动力并没有打扰到百姓，荆州百姓都对他称颂赞扬。

九月，癸丑，魏太皇太后冯氏殂；高祖勺饮不入口者五日，哀毁过礼。中部曹华阴杨椿谏曰："陛下荷祖宗之业，临万国之重，岂可同匹夫之节以取僵仆！群下惶灼，莫知所言。且圣人之礼，毁不灭性；纵陛下欲自贤于万代，其若宗庙何！"帝感其言，为之一进粥。

【译文】 九月，癸丑日（十八日），北魏太皇太后冯氏逝世，高祖孝文帝拓跋宏不吃不喝，已经有五天了，伤痛对身体很有害，程度超过了礼节。中部法曹华阴人杨椿向孝文帝拓跋宏劝谏说："陛下继承祖宗的伟业，身负万国的重担，怎么能像个匹夫一样为了个人的小节而枉顾身体呢！众臣害怕着急，不知道应该说些什么。再说圣人的礼仪哀伤但不灭绝人性；即使陛下想尽自己的节行，流芳万世，无奈还有宗庙的重大责任！"他的话将孝文帝拓跋宏感动了，因此孝文帝吃了一碗粥。

于是，诸王公等皆诣阙上表，"请时定兆域，及依汉、魏故事，并太皇太后终制，既葬，公除。"诏曰："自遭祸罚，慌惚如昨，奉侍梓宫，犹希髣髴。山陵迁厝，所未忍闻。"冬，十月，王公复上表固请，诏曰："山陵可依典册；衰服之宜，情所未忍。"帝欲亲至陵所，戊辰，诏："诸常从之具，悉可停之；其武卫之官，防侍如法。"癸酉，葬文明太皇太后于永固陵。甲戌，帝谒陵，王公固请公除。诏曰："比当别叙在心。"己卯，又谒陵。

【译文】诸位王公都来到皇宫呈上奏表，请求及时将太皇太后入葬，遵循汉、北魏的旧制以及太皇太后死前的懿旨，下葬以后，按照礼制将丧服去除。孝文帝拓跋宏下令说："自从遭遇殃祸惩罚以来，朦胧间就像是昨天一样，侍候太皇太后的棺枢，还希望好像能见到太皇太后一样。要是谈到择定山陵搬移奉安，是我不忍心听到的。"冬季，十月，王公又奉上奏表坚定请求，孝文帝拓跋宏下令说："选择判定山陵，可以按照礼法办；对于为天下着想着而免去丧服，于私是不忍心这样做的。"孝文帝拓跋宏想亲自去墓陵，戊辰日（初四日），下令外出跟从用的仪仗都停止使用，对于武装保卫的侍卫，按照平常的法制护卫侍候。癸酉日（初九日），将文明太皇太后安葬在了永固陵。甲戌日（初十日），孝文帝拓跋宏参拜墓陵，众王公坚持请求孝文帝免去丧服。孝文帝拓跋宏下诏说："我会将这个另外安置在心头。"己卯日（十五日），孝文帝再次参拜墓陵。

庚辰，帝出至思贤门右，与群臣相慰劳。太尉丕等进言曰："臣等以老朽之年，历奉累圣；国家旧事，颇所知闻。伏惟远祖有大讳之日，唯侍送梓宫者凶服，左右尽皆从吉；四祖三宗，因而无改。陛下以至孝之性，哀毁过礼，伏闻所御三食不满半溢，昼夜不释绖带。臣等叩心绝气，坐不安席。愿少抑至慕之情，奉行先朝旧典。"帝曰："哀毁常事，岂足关言！朝夕食粥，粗可支任，诸公何足忧怖！祖宗情专武略，未修文教；朕今仰禀圣训，庶习古道，论时比事，又与先世不同。太尉等国老，政之所寄，于典记旧式或所未悉，且可知朕大意。其馀古今丧礼，朕且以所怀别问尚书游明根、高闾等，公可听之。"

【译文】庚辰日（十六日），孝文帝拓跋宏出宫去思贤门右首，和众臣相互慰劳。太尉拓跋丕等觐见说："我等以衰败腐朽的身体，事奉了多位君主，对国家以前的事情，非常熟悉。臣等想起先祖去世的时候，只有侍候灵柩的官员有司穿着丧服，身旁的人都穿着吉祥的衣服；四祖（高祖昭成帝、高帝道武帝、武帝太武帝、显祖献文帝）与三宗（太宗明元帝、恭宗景穆帝、高宗文成帝）沿承祖制，没改变什么。陛下天性孝顺，哀痛伤害身体超过了礼节，臣等得知陛下一日三餐，不超过半碗饭，白天夜晚不松衣带，因此臣等屏气捶心，不安地坐在席上。希望陛下最孺慕的真情能稍稍克制下，遵奉实行以前的典制。"孝文帝拓跋宏回应说："悲伤毁体是经常有的事，哪值得你们关心上言？早晚喝粥，体力上大概可以支撑，你们何必担忧害怕呢？祖宗的心思专注武略，对文教不讲究，朕现在秉承圣训，学习古人的道理，讨论当时局势，对事理比较，和先祖又不一样。太尉等国家元老，是政治依靠的重要人才，关于经典传记所记录的旧的丧礼礼仪，也许并不了解，还能明白朕下旨的意思。其他有关古今丧礼，朕把心中所想的另外咨询尚书游明根、高闾等人，你们可以细心听他们议论。"

帝因谓明根等曰："圣人制卒哭之礼，授服之变，皆夺情以渐。今则旬日之间，言及即吉，特成伤理。"对曰："臣等伏寻金册遗旨，逾月而葬，葬而即吉；故于下葬之初，奏练除之事。"帝曰："朕惟中代所以不遂三年之丧，盖由君上违世，继主初立，君德未流，臣义不洽，故身袭衮冕，行即位之礼。朕诚不德，在位过纪，足令亿兆知有君矣。于此之日而不遂哀慕之心，使情礼俱失，深可痛恨！"高闾曰："杜预，晋之硕学，论自古天子无有行三年之丧者，以为汉文之制，暗与古合，虽叔世所行，事可承踵。是以臣等偻偻干请。"帝曰："窃寻金册之旨，所以夺臣子之心，令早即吉者，虑废绝政事故也。群公所请，其志亦然。朕今仰奉册令，俯顺群心，不敢暗默不言以荒庶政；唯欲衰麻废吉礼，朔望尽哀诚，情在可许，故专欲行之。如杜预之论，于孺慕之君，谅阇之主，盖亦诬矣。"秘书丞李彪曰："汉明德马后保养章帝，母子之道，无可间然，及后之崩，葬不淹旬，寻已从吉。然汉章不受讥，明德不损名。愿陛下遵金册遗令，割哀从议。"帝曰："朕所以眷恋衰绖，不从所议者，实情不能忍，岂徒苟免嗤嫌而已哉！今奉终俭素，一已仰遵遗册；但痛慕之心，事系于予，庶圣灵不夺至愿耳。"高闾曰："陛下既不除服于上，臣等独除服于下，则为臣之道不足。又亲御衰麻，复听朝政，吉凶事杂，臣窃为疑。"帝曰："先后抚念群下，卿等哀慕，犹不忍除，奈何令朕独忍之于至亲乎！朕今逼于遗册，唯望至期；虽不尽礼，蕴结差申。群臣各以亲疏、贵贱、远近为除服之差，庶几稍近于古，易行于今。"高闾曰："昔王孙裸葬，士安去棺，其子皆从而不违。今亲奉遗令而有所不从，臣等所以频烦干奏。"李彪曰："三年不改其父之道，可谓

大孝。今不遵册令，恐涉改道之嫌。"帝曰："王孙、士安皆诲子
以俭，及其遵也，岂异今日！改父之道，殆与此殊。纵有所涉，甘
受后代之讥，未忍今日之请。"群臣又言："春秋烝尝，事难废阙。"
帝曰："自先朝以来，恒有司行事；朕赖蒙慈训，常亲致敬。今昊
天降罚，人神丧悖，赖宗庙之灵，亦辍歆祀。脱行飨荐，恐乖冥
旨。"群臣又言："古者葬而即吉，不必终礼，此乃二汉所以经纶
治道，魏、晋所以纲理庶政也。"帝曰："既葬即吉，盖季欲多乱，
权宜救世耳。二汉之盛，魏、晋之兴，岂由简略丧礼、遗忘仁孝
哉！平日之时，公卿每称当今四海晏然，礼乐日新，可以参美唐、
虞，比盛夏、商。及至今日，即欲苦夺朕志，使不逾于魏、晋。如
此之意，未解所由。"李彪曰："今虽治化清晏，然江南有未宾之
吴，漠北有不臣之虏，是以臣等犹怀不虞之虑。"帝曰："鲁公带
经从戎，晋侯墨衰败敌，固圣贤所许。如有不虞，虽越绋无嫌，
而况衰麻乎！岂可于晏安之辰豫念军旅之事，以废丧纪哉！古人
亦有称王者除衰而谅闇终丧者，若不许朕衰服，则当除衰拱默，
委政冢宰。二事之中，唯公卿所择。"游明根曰："渊默不言，则不
政将旷；仰顺圣心，请从衰服。"太尉丕曰："臣与尉元历事五帝，
魏家故事，尤讳之后三月，必迎神于西，禳恶于北，具行吉礼，自
皇始以来，未之或改。"帝曰："若能以道事神，不迎自至；苟失仁
义，虽迎不来。此乃平日所不当行，况（吾）〔居〕丧乎！朕在不言
之地，不应如此喋喋；但公卿执夺朕情，遂成往复，追用悲绝。"
遂号恸，群官亦哭而辞出。

【译文】孝文帝拓跋宏向游明根等人说："古人制造不定时
中止的大哭的礼制，对于丧服的变更，都依顺着人之常情，从重
到轻，不会勉强突然。现在太皇太后去世不足十天，就想免去

丧服，就只成了伤情害礼的事。"游明根等人回应说："臣等尊敬地寻求文明太后遗留在金册的圣旨，想要一个月后就下葬，葬礼后就脱去丧服。所以一开始下葬，就上奏除去丧服。"孝文帝拓跋宏说："朕想以前没有三年的丧期，大概是君王去世，继位的君主刚刚登位，国君的仁德还没有布流，大臣的道德仁义不能分辨，所以才身穿衮袍，戴着冠冕，施行登位的礼制。朕的德行实在不够，登位已经超过了一纪（十二年），足以让众臣百姓了解皇位上有君王！在这种情况下，却不能做悲哀孺慕的想法，是朕不能顾及真情和礼制，真是让人悲痛。"高闾说："杜预为晋朝的渊博人士，他谈及从古至今的皇帝，没有实施三年服丧的，以为汉文帝对丧事的规定，与古制非常吻合，虽是近代才开始实行，但可以按照他的样子做。所以臣等才恭敬谨慎地请求陛下这样做。"孝文帝拓跋宏说："我暗地寻求太后留在金册上的旨意，所以才按照大臣的心情，下令提早去除丧服，是考虑到可能因这中断或废弛政务的处理。诸位王公大臣请求我，也是这种想法。朕现在对上奉行金册的遗命，对下顺从众臣的真心，不能沉默不说，导致荒废政务；只想穿衰麻，除去即吉的礼制，能尽诚恳地在初一、十五思念，感情在可以允许的范围之内，所以想一心这样做。像杜预那样谈论，对于深深怀有孺慕的思念，沉寂不语的服丧的国君，可以说是过分请求了！"秘书丞李彪奏道："汉明帝的马皇后，养育呵护章帝，他们两人，子孝母慈，没有嫌隙。马皇后逝世，下葬不足十天，就能因吉去除丧服。但汉章帝并没有被讥讽评论，明德马后也并没损伤名声。望陛下遵循遗留在金册的谕旨，去除哀思，依照臣等的提议。"孝文帝拓跋宏说："朕之所以贪恋衰经，不按照提议，实在是因为感情上不能压制太皇太后逝去的悲伤，哪里是因为要暂且避免嫌恶嗤

资治通鉴

笑呢?现在送终奉安,朴素俭省,已经完全遵守遗册的谕旨;只因为伤痛孺慕,事情联系在朕的身上。但愿太皇太后灵魂不要压制朕最大的愿望!"高闾上奏说:"陛下既不想除去丧服,臣等去除丧服,那么就嫌我们做臣子的仁义不够。陛下亲自穿着丧服,再处理朝廷政务,各种吉凶混杂的事情,臣私底下很担忧。"孝文帝拓跋宏说:"先太皇太后爱怜顾虑大臣,你们思慕悲哀,不忍心除去丧服,怎么忍心请求作为至亲的朕呢?朕现在被先太皇太后遗旨逼迫,只希望服丧到期限,虽然不完全遵守礼制,纠结在内心的思慕悲痛可以稍微改善了。众位大臣根据亲远、穷富、远近作为去除丧服的差别,这样和古制差不多,而现在也方便实行了。"高闾上奏说:"以前杨王孙要赤裸埋葬,皇甫士安不用棺材,他们的儿子都遵循遗愿,没有违反。现在陛下遵守太皇太后的谕旨,但仍有不遵从的地方,臣等才打扰皇上,上述请求。"李彪上奏:"服丧的三年,不改父亲生前的行为,可以说是大孝。现在皇上不遵守太后遗命,只怕有改变的嫌疑被人讥笑。"孝文帝拓跋宏说:"杨王孙、皇甫士安都将勤俭的道理教育儿子,儿子们遵守了,与朕现在的做法有什么不同?对于说更改父亲生前的行为,那就与这个不一样。即使有嫌疑,朕甘愿接受后世的讥讽,不忍应允众位今天的请求。"众臣再次说:"春季烝,秋季尝,宗庙各种祭祀,难以空缺或废除。"皇帝说:"从建朝以来,春季烝秋季尝,一直是有司做这件事,朕经受母后慈爱的教训,经常去表明敬意。现在上天降下惩罚,人神失去依仗,想到宗庙的灵魂,也要停下祭祀歆飨,如果朕去进献祭祀,反而违反圣灵的旨意。"众臣再次进言:"以前安葬了就去除丧服,不用依照礼制有三年丧期,这是两汉经纬治国的道理,曹魏、两晋用来治理各种政务的法制。"孝文帝拓跋宏又说："下葬以后就除去丧服，大多是末世混乱，暂时救世罢了！两汉繁盛，曹魏、两晋的兴盛，哪里是简单地实行丧礼、忘记孝顺仁爱而得到的呢？平日里，王公众臣经常称颂四海安宁，礼制渐新，可以与唐、虞媲美，和夏、商比繁盛。等到现在，就苦苦想更改朕的心意，让朕不至于超过曹魏、两晋，这种心思，朕真不能明白原因在哪儿。"李彪上奏说："现在虽然政治清明教化平静，但江南有没有服宾的齐国，在漠北有不愿意臣服的夷族，所以臣等还是担心有意外的灾祸发生。"孝文帝拓跋宏说："鲁公伯禽向东除去夷族，戴着麻布腰带去参军；晋襄公向西和秦军作战，穿着黑白色丧服战胜敌人，这原是圣人所称赞的。如果有不测的变化，即使跨过拉棺的绳索也不忌讳，更何况是穿丧服呢！怎能在晏安太平之时，首先想到军队紧急大事，以至怠慢丧事！古代也有君王去除丧服，而不说话一直到丧事办完的，如果不允许朕穿着丧服，那么应该除去丧服拱手不言，将政事托付给冢宰。两种事之间，只看你们的选择了。"游明根上奏说："沉默不言，那么政事将荒废，仰顺陛下心思，请穿着丧服！"太尉拓跋丕上奏："臣与尉元事奉过五位皇帝。北魏以前的惯例，大讳（逝世）以后的三个月，一定在西方前去接应神祇，在北边将恶物禳祓，都实行吉礼，自从道武帝拓跋珪始皇年间以来，从没改变过。"孝文帝拓跋宏说："用好的行为侍奉神祇，不必前去接应，神祇自然就来；如果丢失仁义，虽前去接应，神仙也不会来，这是日常都不应该做的事，何况在服丧期时呢？朕在服丧，本来不该说话，不应该这样话语不停，但你们坚持要改变朕遵守制度思亲的心情，变为来回辩论的情形，想想真让人悲痛了。"于是放声悲痛大哭，群臣也大哭着告退出来。

初，太后忌帝英敏，恐不利于己，欲废之，盛寒，闭于空室，绝其食三日；召咸阳王禧，将立之。太尉东阳王丕、尚书右仆射穆泰、尚书李冲固谏，乃止。帝初无憾意，唯深德丕等。泰，崇之玄孙也。

又有宦者谮帝于太后，太后杖帝数十；帝默然受之，不自申理；及太后殂，亦不复追问。

甲申，魏主谒永固陵。辛卯，诏曰："群官以万机事重，屡求听政。但哀慕缠绵，未堪自力。近侍先掌机衡者，皆谋猷所寄，且可委之；如有疑事，当时与论决。"

【译文】起初，太皇太后嫉妒孝文帝拓跋宏英明聪慧，害怕孝文帝对自己有害，想废去他，在寒冷的冬季，将他关在空房里，三天不给吃喝；太皇太后征召咸阳王拓跋禧，将要册立他为皇帝。太尉东阳王拓跋丕、尚书右仆射穆泰、尚书李冲坚持劝谏，太后才作罢，但孝文帝拓跋宏一点也没有怨恨的心思，只是非常感谢拓跋丕等人。穆泰是建国功臣穆崇的玄孙。

有宦官在太皇太后面前诋毁拓跋宏，孝文帝被太皇太后用木杖责打，打了几十下，孝文帝将责打默默接受，不为自己理论申辩。等太皇太后逝世，孝文帝也不再追究这件事。

甲申日（二十日），北魏孝文帝拓跋宏在永固陵参拜。辛卯日（二十七日），孝文帝下诏说："众臣因为事务繁重，几次要朕听政。但朕思念哀慕的心结还没解开，凭自己的力量还不能担任。近侍以前管理尚书事务的，都是能发挥谋算的人，暂时交托给他们，若有疑惑的事，朕随时和他们讨论做决定。"

【申涵煜评】孝文丧礼复古，纯孝实由天性。廷臣谓欲自贤于万代，似沽名者。然夫帝尝见忌于冯后矣，绝食受杖，毫无憾意，岂尽矫强？且受禅时五岁，即知啼泣，又谁教之？不谓之纯孝不可也。

【译文】北魏孝文帝拓跋宏恢复古代丧礼，他的纯孝是从本性而来。廷臣说他想要在历史上标榜贤名，好像是为了要获取名声。然而魏孝文帝曾经被冯太后猜忌，断绝饮食，甘受杖打，丝毫没有后悔的意思，难道也是勉强装出来的？况且接受皇位的时候他才五岁，就知道哭泣，又有谁能够教导他？他要不是纯孝道是不可能的。

交州刺史清河房法乘，专好读书，常属疾不治事，由是长史伏登之得擅权，改易将吏，不令法乘知。录事房季文白之，法乘大怒，系登之于狱十馀日。登之厚赂法乘妹夫崔景叔，得出，因将部曲袭州，执法乘，谓之曰："使君既有疾，不宜烦劳。"囚之别室。法乘无事，复就登之求书读之，登之曰："使君静处，犹恐动疾，岂可看书！"遂不与。乃启法乘心疾动，不任视事。十一月，乙卯，以登之为交州刺史。法乘还，至岭而卒。

【译文】交州刺史清河人房法乘爱好读书，经常称病，不理事务，长史伏登之就专揽权力，更改将领官员，不使房法乘知晓。录事房季文对房法乘禀报伏登之的所作所为，房法乘很生气，将伏登之关押在监狱中十多天。伏登之用厚礼贿赂房法乘的妹夫崔景叔，逃出监狱，率领下属偷袭衙门，捉住了房法乘，向他说："使君（长官）生病了，不适合忧劳。"将他关押在另外的房间。房法乘无事可做，请求伏登之供给图书让他读。伏登之说："你安静地待着，还害怕引发疾病，怎么能看书呢？"就不把书给房法乘。伏登之还上奏，说房法乘的心病发了，不能担任管理公务。冬季，十一月，乙卯日（二十一日），齐武帝萧赜任命伏登之为交州刺史，房法乘返回建康途中在大庾岭去世。

资治通鉴

【申涵煜评】读书所以明理，明理所以致用。法乘以好读书旷职。及被囚，犹就人求书读之，可谓读死书者矣，后来王安石亦是读死书人。

【译文】读圣贤书是用来明白事理的，明白事理是用来做事情的。房法乘因为喜好读书而旷废职守。等到遭到别人囚禁的时候，依旧向别人索求书籍来阅读，可以说是"读死书"的人，后来的王安石也是"读死书"的人。

十二月，己卯，立皇子子建为湘东王。

初，太祖以南方钱少，更欲铸钱。建元末，奉朝请孔顗上言，以为："食货相通，理势自然。李悝云：'籴甚贵伤民，甚贱伤农。'甚贱甚贵，其伤一也。三吴，国之关奥，比岁时被水潦而籴不贵，是天下钱少，非谷贱，此不可不察也。铸钱之弊，在轻重屡变。重钱患难用，而难用为累轻；轻钱弊盗铸，而盗铸为祸深。民所以盗铸，严法不能禁者，由上铸钱惜铜爱工也。惜铜爱工者，意谓钱为无用之器，以通交易，务欲令质轻而数多，使省工而易成，不详虑其为患也。夫民之趋利，如水走下。今开其利端，从以重刑，是导其为非而陷之于死，岂为政欤！汉兴，铸轻钱，民巧伪者多。至元狩中，始惩其弊，乃铸五铢钱，周郭其上下，令不可磨取鋊，而民计其费不能相偿，私铸益少，此不惜铜不爱工之效也。王者不患无铜乏工，每令民不能竞，则盗铸绝矣。宋文帝铸四铢，至景和，钱益轻，虽有周郭，而镕冶不精，于是盗铸纷纭而起，不可复禁。此惜铜爱工之验也。凡铸钱，与其不衷，宁重无轻。自汉铸五铢至宋文帝，历五百馀年，制度世有废兴，而不变五铢者，明其轻重可法、得货之宜故也。案今钱文率皆五铢，异钱时有耳。自文帝铸四铢，又不禁民剪凿，为祸既博，钟弊于今，岂不悲哉！晋氏不铸钱，后经寇戎水火，耗散沈铄，所失岁多，譬犹磨砻砥砺，不见其损，有时而尽，天下钱何得不竭！钱竭则士、农、工、商皆丧其业，民何以自存！愚以为宜如旧制，大兴镕铸，钱重五铢，一依汉法。若官铸者已布于民，便严断剪凿，轻小破缺无周郭者，悉不得行。官钱细小者，称合铢两，销以为大，利贫良之民，塞奸巧之路。钱货既均，远近若一，百姓乐业，市道无争，衣食滋殖矣。"太祖然之，使诸州郡大市铜炭。会晏驾，事寝。

资治通鉴

【译文】冬季，十二月，己卯日（十六日），齐武帝萧赜册立皇子萧子建为湘东王。

当初，齐太祖萧道成因为南方的货币少，想要再次铸钱。建元末年，奉朝请孔顗上奏，认为："食物和货物交换，在情势道理上是最平常不过的事。李悝说：'粮食的价格非常昂贵，对百姓有害，太廉价又对农民有害。'粮食价格太贵和太廉价，产生的害处是一样的。国家重要的地区是三吴（吴郡、吴兴、会稽），这些年经常被大水淹没，但是米价并不太贵，这是因为天下的铜钱很少，并不是粮食廉价，这事不可不明白。铸钱的坏处，在于铜钱轻重经常更改。铜钱重量重，坏处在于很难使用推广，而很难使用推广，所带来的坏处还不算大；铜钱的重量轻，害处在于易被人私铸，而易被私铸，所引发的灾祸就大了。百姓私铸货币，严格的法律都不能阻止，那是因为朝廷铸造钱币不够分量，粗制滥造。铸造钱币不够分量，粗制滥造，意思是说：钱是无用的东西，用来交换沟通，一定要使它质量轻但数量大，节省时间而易铸造，没有仔细思考它可能带来的灾祸。说到百姓趋于利益，就和水向低的地方流一样。现在给他们开了私铸铜钱的路子，随后严厉治行，这如同指导他们做坏事却又陷害他们于死地，哪是当政者应该做的行为呢？汉代兴盛铸造重量轻的铜币，百姓多做欺诈的事。汉武帝元狩年间，才制止这个坏处，于是制造五铢钱，铜币的上下两面和边缘都处理加工，使不能随意磨坏获取铜屑。计算花费的金钱时间，不能与利益相抵，私自铸造货币的情况就减少，这是不吝惜铜，不怕花费时间的结果。治理天下的君王，不害怕花费，不怕花费时间，经常做到让百姓无法追逐利益，那么私铸货币的事就不会再发生了。宋文帝刘义隆制造四铢钱，到宋前废帝刘子业景和年间，货币更轻了，即使在上下两面和货币边缘做处理，但是熔冶技术不好，私铸铜币的事慢慢产生，没法阻止，这是不舍得铜，不肯多费时间的后果。铸造货币，如果不能轻重正好，宁愿重不能轻。自从汉代制造五铢的货币，到宋文帝刘义隆，历经五百多年每个时代，法制上都有兴废，然而一直不更改五铢钱，因为它轻重合适，交易方便。依据考核：现在的货币大多都是五铢，不同重量的也偶尔有。从宋文帝刘义隆制造四铢钱，不阻止百姓挖凿销割，造成的灾祸很大，坏处累积到现在，怎么能不悲伤？晋王朝不制造货币，后来历经火灾、耗损、贼寇、戎马、水灾、散失、沉没、销融，每年损耗的都很多，比如磨石消磨，看不见它损伤，最终有消磨损耗尽的一天。天下铜币怎能不消费完呢？铜币用完，士、农、工、商都丢失了职业，百姓怎么生活？我认为应该像以前，熔铸重五铢的铜币，完全按照汉代的方法。如果朝廷铸造的铜币已经向民间发行，就严格阻止挖凿削割，小的轻的，缺口破损，边缘没加工的铜币，都不允许通行。官钱很小，重新称量，聚集多了，做成标准大的钱币，方便善良贫穷的百姓，将奸诈偷巧的门径阻塞。均衡货币货物，使近远都一样，百姓安居乐业，交易场上没有争夺，百姓衣食就越来越富足。"齐太祖萧道成认为孔颛说得有理，嘱托各州郡大量购进铜矿、煤炭；齐太祖逝世了，事情就耽搁下来。

是岁，益州行事刘悛上言："蒙山下有严道铜山，旧铸钱处，可以经略。"上从之，遣使入蜀铸钱。顷之，以功费多而止。

自太祖治黄籍，至上，谪巧者戍缘淮各十年，百姓怨望。乃下诏："自宋升明以前，皆听复注；其有谪役边疆，各许还本；此后有犯，严加翦治。"

【译文】这年，益州行事刘悛上书："在蒙山下面的严道县有铜山，是以前铸造货币的地方，可以继续铸造。"齐武帝萧赜听从他的提议，派使者去四川铸造货币。不久，劳力花费过多就停止不做了。

自齐太祖萧道成整理户籍，划分户口以来，到了齐武帝萧赜，将奸诈巧伪的官吏贬到淮水沿岸戍守已有十年，百姓非常不满。齐武帝萧赜下令说："从宋顺帝刘准升明年间犯罪的，都听随想法重新填入户籍，其中有贬到边城服劳役的，允许返回家乡，如果以后再犯，就要严格处罚。"

长沙威王晃卒。

吏部尚书王晏陈疾自解，上欲以西昌侯鸾代晏领先，手敕问之。晏启曰："鸾清干有馀；然不谙百氏，恐不可居此职。"上乃止。

以百济王牟大为镇东大将军、百济王。

高车阿伏至罗及穷奇遣使如魏，请为天子讨除蠕蠕，魏主赐以绣袴褶及杂彩百匹。

【译文】 长沙威王萧晃逝世。

吏部尚书王晏上书说自己有病，愿意辞职。齐武帝萧赜想任用西昌侯萧鸾代王晏，亲手写便条咨询王晏的建议。王晏上奏说："萧鸾能干清廉，却不了解朝廷上数百家氏族，只怕不能担任这个官职。"齐武帝萧赜于是去除了这个想法。

齐武帝萧赜任命百济王牟大担任镇东大将军、百济王。

高车首领阿伏至罗和穷奇派遣使者出使北魏，请求替孝文帝拓跋宏征讨清除蠕蠕。孝文帝拓跋宏将一百匹各色绸布和一袭精绣的罩甲赏赐给了他们。

九年（辛未，公元四九一年）春，正月，辛丑，上祀南郊。

丁卯，魏主始听政于皇信东室。

诏太庙四时之祭：荐宣皇帝，起面饼、鸭臛；孝皇后，笋、鸭卵；高皇帝，肉脍、菹羹；昭皇后，茗、粣、炙鱼：皆所嗜也。上梦太祖谓己："宋氏诸帝常在太庙从我求食，可别为吾致祠。"乃命豫章王妃庾氏四时祠二帝、二后于清溪故宅。牲牢、服章，皆用家人礼。

【译文】 九年（辛未，公元491年）春季，正月，辛丑日（初八日），齐武帝萧赜在南郊祭祀上天。

丁卯日（正月无此日），北魏孝文帝拓跋宏开始在皇信堂东边的房间处理政务。

齐武帝萧赜下诏颁布祭祀太庙的四季祭品：献给宣皇帝萧承之的是鸭肉羹和发面饼，献给太祖萧道成生母孝皇后的是鸭卵和笋，献给高皇帝萧道成的是酢菜汤和细切的肉脍，献给昭皇后的是馓子、茗茶和烤鱼，这些都是他们以前喜欢的食物。齐武帝萧赜梦见高帝萧道成对自己说："常在太庙的那些皇帝向我要东西吃，你可以另外为我设祭祀。"于是齐武帝萧赜下令豫章王妃庾氏在清溪萧家以前的府邸一年都祭祀两帝、两后，所用祭品，穿的祭服，都用祭祀亲人的礼制。

◆臣光曰："昔屈到嗜芰，屈建去之，以为不可以私欲干国之典，况子为天子，而以庶人之礼祭其父，违礼甚矣！卫成公欲祀相，宁武子犹非之；而况降祀祖考于私室，使庶妇尸之乎！◆

初，魏主召吐谷浑王伏连筹入朝，伏连筹辞疾不至，辄修洮阳、泥和二城，置戍兵焉。二月，乙亥，魏枹罕镇将长孙百年请击二成，魏主许之。

【译文】◆臣司马光说：以前屈到喜欢吃菱角，遗命要用菱角做祭品，屈到的儿子屈建将其去除，认为不能因个人的私心扰乱国家的法制；更何况作为儿子的萧赜是天子，竟用百姓平民的礼制来拜祭父亲，太违反礼节了！卫成公想要对夏帝相祭祀，宁武子还对此议论；何况降等在自己府邸祭祀祖父、父亲，让旁系的媳妇做主祭祀啊！◆

起初，北魏孝文帝拓跋宏命令吐谷浑王伏连筹进朝献贡，伏连筹以有病推辞不来，建造了洮阳、泥和两座城池，驻扎军队把守。春季，二月，乙亥日（十二日），北魏枹罕镇将领长孙百年请求攻打两个吐谷浑把守的洮阳、泥和，孝文帝拓跋宏答应了他。

散骑常侍裴昭明、散骑侍郎谢竣如魏吊，欲以朝服行事。魏主客曰："吊有常礼，何得以朱衣入凶庭！"昭明等曰："受命本朝，不敢辄易。"往返数四，昭明等固执不可。魏主命尚书李冲选学识之士与之言，冲奏遣著作郎上谷成淹。昭明等曰："魏朝不听使者朝服，出何典礼？"淹曰："吉凶不相厌。羔裘玄冠不以吊，此童稚所知也。昔季孙如晋，求遭丧之礼以行。今卿自江南远来吊魏，方问出何典礼；行人得失，何其远哉！"昭明曰："二国之礼，应相准望。齐高皇帝之丧，魏遣李彪来吊，初不素服，齐朝亦不以为疑，何至今日独见要逼！"淹曰："齐不能行亮阴之礼，逾月即吉。彪奉使之日，齐之君臣，鸣玉盈庭，貂珰曜目。彪不得主人之命，敢独以素服厕其间乎？皇帝仁孝，侔于有虞，执亲之丧，居庐食粥，岂得以此方彼乎？"昭明曰："三王不同礼，孰能知其得失！"淹曰："然而虞舜、高宗皆非邪？"昭明、竣相顾而笑曰："非孝者无亲，何可当也！"乃曰："使人之来，唯赍袴褶，此既戎服，不可以吊，唯主人裁其吊服！然违本朝之命，返必获罪。"淹曰："使彼有君子，卿将命得宜，且有厚赏。若无君子，卿出而光国，得罪何妨！自当有良史书之。"乃以衣、帕给昭明等，使服以致命。己丑，引昭明等入见，文武皆哭尽哀。魏主嘉淹之敏，迁侍郎，赐绢百匹。昭明，驷之子也。

始兴简王鉴卒。

【译文】散骑常侍裴昭明、散骑侍郎谢竣去北魏拜祭冯太后，想穿着朝服直接做事。北魏招待外国宾客的人员说："拜祭不变的一定的礼制，穿着大红衣服怎能进入祭祀的灵堂！"裴昭明等人回应说："我们在我朝接受命令，不敢变更。"跑了四个来回，裴昭明等坚持不肯放弃。孝文帝拓跋宏下令尚书李冲挑选博学渊识的人士，去与他们辩论，李冲进言可以调派著作郎上谷人成淹。裴昭明等回答说："使者不允许在北魏穿朝服拜祭，这是从什么礼制中得出来的呢？"成淹回答说："吉凶两种礼制不能相互掺杂使用，羔裘、玄冠是吉祥的衣服，穿了不能去拜祭，这是小孩都明白的浅显的道理。以前季孙去晋国，首先访求遇到丧事的礼制才出发。现在贵客从江南来到北魏拜祭，还问我们从什么礼节中得到的；使臣的好坏，怎么相距这么多！"裴昭明回应说："两国之间来往的礼制，应该相互参考仿照，以求一样。对齐高帝萧道成的丧事，北魏派李彪来拜祭，不曾穿丧服，齐朝也不会想到有什么怀疑担忧的，现在怎么却只逼迫我们呢？"成淹回应说："齐国没有实施亮阴三年的礼制，一月过去就去除丧服。李彪奉命去时，齐国的君王大臣，整个朝堂玉佩四处鸣响，装饰帽子的貂尾和黄金珰非常耀眼，李彪没有皇上的指令，怎敢独自穿了丧服掺杂在中间？我们君主孝顺仁爱，能与虞舜相比，遵照母亲的丧礼，居平房，喝稀粥，拿这个怎能与那个相比较呢！"裴昭明回答说："夏、商、周三朝的君王，礼节不一，谁能判断谁好谁坏呢？"成淹说："这样说，虞舜和殷高宗难道服三年丧期都错了？"裴昭明和谢竣相互看了一眼，笑着回应说："不是说的孝亲，而是心里没有敬爱的意思，我们怎么承担得了？"于是回答说："我们奉命而来，只穿了罩甲，这既然是兵服，穿了不能去拜祭，希望你们判断我们应该穿什么衣服拜祭！但我们违反了我朝的使命，返国一定会被判罪惩罚。"成淹回答说："如果那边朝堂上有君子，您奉旨前来，行为适宜，还会有很高的赏赐。假使朝堂没有君子，您出使使国家光耀，即便被判罪也没什么损失！这一定会有好的史官照实记录的。"于是将衣服、发巾给了裴昭明等人，让他们穿了去做成使命。已丑日（二十六日），带领裴昭明等人进宫朝见孝文帝拓跋宏，文武众臣都放声大哭，表尽哀伤思念。魏孝文帝拓跋宏嘉奖成淹的聪慧，将他升任为侍郎，奖赏他丝绢一百匹。裴昭明，是裴驷的儿子。

齐国始兴简王萧鉴逝世。

三月，甲辰，魏主谒永固陵。夏，四月，癸亥朔，设荐于太和庙。魏主始进蔬食，追感哀哭，终日不饭；侍中冯诞等谏，经宿乃饭。甲子，罢朝夕哭。乙丑，复谒永固陵。

【译文】三月，甲辰日（十二日），孝文帝拓跋宏去永固陵拜祭。夏季，四月，癸亥朔日（初一日），在太和庙准备进献祭品。孝文帝拓跋宏从这时开始吃蔬菜，感伤追思，痛哭哀伤，一整天都不吃饭；侍中冯诞等进言，一夜过后才吃饭。甲子日（初二日），早晚大哭的礼节停止了。乙丑日（初三日），孝文帝又去永固陵祭拜。

魏自正月不雨至于癸酉，有司请祈百神，帝曰："成汤遭旱，以至诚致雨，固不在曲祷山川。今普天丧恃，幽显同哀，何宜四气未周，遽行祀事！唯当责躬以待天遣。"

甲戌，魏员外散骑常侍李彪等来聘，为之置燕设乐。彪辞乐，且曰："主上孝思罔极，兴坠正失。去三月晦，朝臣始除衰绖，犹以素服从事，是以使臣不敢承奏乐之赐。"朝廷从之。彪凡六奉使，上甚重之。将还，上亲送至琅邪城，命群臣赋诗以宠之。

己卯，魏作明堂，改营太庙。

【译文】北魏从一月开始，一直都没有雨，到了癸酉日（十一日），有司向众神祈祷，孝文帝拓跋宏回答说："成汤时遇到旱灾，凭借最虔诚的态度获得降雨，上天下不来雨，关键不在于是否真诚地向山川的神灵祈求。现在天下的国母丧失，阴阳两界一同哀伤，怎么适合在丧期未满一年时，就做祭祀祈求的事情！应该自己反省，等着上天的责罚。"

甲戌日（十二日），北魏员外散骑常侍李彪等人来齐访问，齐国为他们安置了音乐和酒席。李彪将音乐撤走了，并说："我国君主非常孝顺，他对太皇太后的哀思非常的深，正在复兴以前王朝灭亡的丧礼典制，改正以前的缺失。上个月（三月）月末，朝廷中大臣才去除了衰绖，还穿着丧服做事情，所以我不敢接受贵国赏赐的乐舞。"齐国遵照了他的意愿。李彪总共六次奉命来江南，齐武帝萧赜很看重他。李彪将回北魏时，齐武帝亲自送他到达了琅琊城，下令众臣写诗，来表达对他的宠爱。

己卯日（十七日），北魏建造了明堂，改造了太庙。

【乾隆御批】昭明辈欲以朝服行事，本属非礼。成淹之对大义侃然。尚欲强辩，遂非无识甚矣。

【译文】裴昭明等人穿着朝服去出使北魏吊丧，本来就属于非礼之举。成淹和他们的对话大义凛然。但是裴昭明还要强辩，已经不只是太无知了。

五月，己亥，魏主更定律令于东明观，亲决疑狱；命李冲议定轻重，润色辞旨，帝执笔书之。李冲忠勤明断，加以慎密，为帝所委，情义无间；旧臣贵戚，莫不心服。中外推之。

乙卯，魏长孙百年攻洮阳、泥和二戍，克之，俘三千馀人。

丙辰，魏初造五辂。

【译文】夏季，五月，己亥日（初八日），北魏孝文帝拓跋宏在东明观改变条令，亲自决断有疑点的上诉案件；下令李冲判定罪犯量刑的轻重，将言辞加以润色，孝文帝拿了笔记录下来。李冲忠诚聪明勤勉果断，周密谨慎，孝文帝信任他，感情真诚，亲密无间，以前的臣子，显耀的宗亲，对他没有不信服的。朝廷内外对他都很推崇。

乙卯日（二十四日），北魏长孙百年攻克吐谷浑的洮阳、泥和两城，将三千多人俘虏。

丙辰日（二十五日），北魏首次制造玉、金、象、革、木等五种皇帝的车具。

六月，甲戌，以尚书左仆射王奂为雍州刺史。

丁未，魏济阴王郁以贪残赐死。

秋，闰七月，乙丑，魏主谒永固陵。

己卯，魏主诏曰："烈祖有创业之功，世祖有开拓之德，宜为祖宗，百世不迁。平文之功少于昭成，而庙号太祖，道武之功高于平文，而庙号烈祖，于义未允。朕今奉尊烈祖为太祖，以世祖、显祖为二祧，馀皆以次而迁。"

【译文】六月，甲戌日（十三日），齐武帝萧赜任命尚书左仆射王奂为雍州刺史。

丁未日（六月无此日），北魏济阴王拓跋郁残暴贪婪，孝文帝拓跋宏赐他自尽。

秋季，闰七月，乙丑日（初五日），孝文帝拓跋宏到永固陵拜祭。

己卯日（十九日），孝文帝拓跋宏下令说："烈祖道武帝拓跋珪有开创基业的功劳，世祖太武帝拓跋焘有开疆拓土的功勋，应该把他们一起列为祖宗，百年不变。平文帝拓跋郁律的功劳比昭成帝拓跋什翼键的少，但庙称是太祖，道武帝拓跋珪的功劳比平文帝拓跋郁律的高，但庙称是烈祖，在道理上不够公正。朕现在敬奉烈祖道武帝拓跋珪为太祖，将世祖太武帝拓跋焘、显祖献文帝拓跋弘作为太祖的继承者庙，其他人都按顺序更改。”

八月，壬辰，又诏议养老及禋于六宗之礼。先是，魏常以正月吉日于朝廷设幕，中置松柏树，设五帝座而祠之。又有探策之祭。帝皆以为非礼，罢之。戊戌，移道坛于桑干之阴，改曰崇虚寺。

【译文】秋季，八月，壬辰日（初三日），孝文帝拓跋宏下令讨论关于养老三和祭祀自然界六位大神的礼仪。以前，北魏经常在一月挑选吉日于朝堂设置帐幕，把松树柏树摆置在中间，设置五帝座位来祭祀。又有为寻求方略而摆置的祭祀，孝文帝拓跋宏认为与礼节不合，停下不再做了。戊戌日（初九日），孝文帝将道坛转移到桑干河的北面，改成崇虚寺。

乙巳，帝引见群臣，问以“‘禘祫’，王、郑之义，是非安在？”尚书游明根等从郑，中书监高闾等从王。诏：“圜丘、宗庙皆有禘名，从郑；禘祫并为一祭，从王；著之于令。”戊午，又诏：“国家缯祀诸神，凡一千二百馀处；今欲减省群祀，务从简约。”又诏：“明堂、太庙，配祭、配享，于斯备矣。白登、崞山、鸡鸣山庙，唯遣有司行事。冯宣王庙在长安，宜敕雍州以时供祭。”又诏：“先有水火之神四十馀名及城北星神，今圜丘之下既祭风伯、雨师、司中、司命，明堂祭门、户、井、灶、中雷，四十神悉可罢之。”甲寅，诏曰：“近论朝日、夕月，皆欲以二分之日于东、西郊行礼。然月有馀闰，行无常准。若一依分日，或值月于东而行礼于西，序情即理，不可施行。昔秘书监薛谓等以为朝日以朔，夕月以朏。卿等意谓朔朏、二分，何者为是？”尚书游明根等请用朔朏，从之。

【译文】乙巳日（十六日），孝文帝接见众臣，探问说：“解

资治通鉴

说禘祭、祫祭，王肃和郑玄说的好坏是非究竟在哪里呢？"尚书游明根等人按照郑玄的理解，中书监高闾等人依照王肃的解释。孝文帝下诏命令："皇帝在圜丘祭祀，宗庙的大型祭祀，名称都是'禘'，这能按照郑玄的解释；祫和禘总为一种祭祀，这能按照王肃的诠释，将这个结果撰写到法令里。"戊午日（二十九日），孝文帝再次下诏令："朝廷拜祭的各种神仙的地方，共有一千两百多处；如今想节省各种祭祀，仪式一定要简单。"又下令："明堂、太庙、配祭、配享，将这些都备齐了。白登山的宣武庙、崞山太武帝保母的窦氏祠、鸡鸣山的鸡鸣山庙和文成帝保母的常氏祠，只任命有司按照规定祭祀。冯宣王庙在长安，应该下令雍州刺史依照时间祭祀供奉。"又下令："以前祭祀的水火之神四十几名以及城北的星神，现在在圜丘的下面已经拜祭风伯、雨师、司中、司命，又明堂拜祭门、户、井、灶、中雷之神，四十几名水火之神都能停下祭祀。"甲寅日（二十五日），孝文帝拓跋宏下令说："近来讨论旦阳、夕月的拜祭事情，都主张在春季、秋季分别在东郊、西郊拜祭。但每个月有留下来置闰的时间，并没有永久的法则。如果完全依照春季秋季，也许正赶上月亮在东边，却在西郊拜祭，于情于理都不可实施。以前秘书监薛谓等人以为：祭祀晨阳于朔日，祭祀夕月在每月初三。众卿以为初三与朔日两种划分方法，哪一种更好？"尚书游明根等上奏祭祀日、月的办法用朔日与初三，孝文帝采纳了这个提议。

　　丙辰，魏有司上言，求卜祥日。诏曰："筮日求吉，既乖敬事之志，又违永慕之心；今直用晦日。"

　　九月，丁丑夜，帝宿于庙，帅群臣哭已，帝易服缟冠、革带、黑屦，侍臣易服黑介帻、白绢单衣、革带、乌履，遂哭尽乙夜。戊子晦，帝易祭服，缟冠素纰、白布深衣、麻绳履，侍臣去帻易帼。既祭，出庙，帝立哭。久之，乃还。

【译文】丙辰日（二十七日），北魏有司上奏，请求占卦决定服丧满一年去除丧服的小祥的日子。孝文帝拓跋宏下令说："卜卦问日子请求吉祥，一方面违反了行事谨敬的意思，也违反了永远思念的心愿，干脆就将时间定在月末。"

秋季，九月，丁丑日（十八日）晚上，孝文帝在太庙过夜，率领众臣大哭，礼毕，孝文帝换下孝服，戴素绢帽子，腰束皮带，脚穿黑麻鞋，众臣也更换衣服，戴黑色的皮带子，长发巾，穿白绢的单衣，黑鞋子，在二更天又开始哭泣，整整哭了一个更次。戊子晦日（二十九日），孝文帝换上祭祀的衣服，戴着生绢镶边的白帽子，身穿白布做的连体衣裳，脚穿麻绳编的鞋子；众臣去除了帻（黑色的长发巾），更换帼（白纱做的发巾）。拜祭完后，君臣走出宗庙，孝文帝立着哭了很久，才返回皇宫。

冬，十月，魏明堂、太庙成。

庚寅，魏主谒永固陵，毁瘠犹甚。司空穆亮谏曰："陛下祥练已阕，号慕如始。王者为天地所子，为万民父母，未有子过哀而父母不戚，父母忧而子独悦豫者也。今和气不应，风旱为灾，愿陛下袭轻服，御常膳，銮舆时动，咸秩百神，庶使天人交庆。"诏曰："孝悌之至，无所不通。今飘风、旱气，皆诚慕未浓，幽显无感也。所言过哀之咎，谅为未衷。"十一月，己未朔，魏主禫于太和庙，衮冕以祭。既而服黑介帻，素纱深衣，拜陵而还。癸亥，冬至，魏主祀圜丘，遂祀明堂，还，至太和庙，乃入。甲子，临太华殿，服通天冠，绛纱袍，以飨群臣。乐县而不作。丁卯，服衮冕，辞太和庙，帅百官奉神主迁于新庙。

【译文】冬季，十月，北魏的明堂、太庙建成。

同月，庚寅日（初二），北魏孝文帝拓跋宏到永固陵祭拜，哀痛消瘦得很厉害。穆亮规劝说："皇上行小祥的礼节已经过了，增加了练冠，但哀伤思念还和当初的时候一样。天子是天地的儿子，是百姓的另一父母；从来没有儿子非常哀伤但父母不悲伤的，也没有父母担忧而儿女独自安乐高兴的！如今阴阳失调，发生风灾和旱灾，希望皇上能穿着平常的衣服，吃正常的饭菜，车驾经常走动，按照时节祭祀众神，使天地和百姓一同为陛下庆贺。"孝文帝下诏说："孝道的实施，没有不够畅通的，现在发生旱灾、风灾，都因为我思念亲人不够真诚，天地众神和黎民百姓不能感受到。你说朕太过哀痛而引来灾害，这是不很合理的说法。"冬季，十一月，己未朔日（初一日），孝文帝拓跋宏在太和庙做去除丧服的祭祀，穿戴着衮袍礼帽拜祭，拜祭完成，更换黑色的长发巾，素纱做的连体的衣服；拜祭永固陵后才返回皇宫。癸亥日（初五日），冬至，孝文帝拓跋宏在圜丘拜祭上天，又拜祭明堂，返回太和庙，进入殿内。甲子日（初六日），孝文帝去太华殿，戴着通天冠，穿绛纱袍子，摆宴招待众臣，乐器悬置，没有演奏音乐。丁卯日（初九日），孝文帝将礼冠戴上，穿着衮袍，辞别太和庙，带领百官，尊奉神主，迁移到新建的太庙。

【乾隆御批】孝文忘父仇，而尽孝祖母，且非本生祖母也，是其所为不无好名之意。至穆亮所言，亦属矫枉过正。此与后汉建初时言事者以大旱为不对外戚之故，同一支离无据。

【译文】北魏孝文帝忘记父亲被祖母毒死的仇恨，而尽力孝敬祖母，而且冯太后并不是他的亲生祖母，所以他的所作所为不无爱好虚名的意思。至于穆亮所说的话，也属于矫枉过正。这与东汉建初年间言事者认为大旱为不封赏外戚的缘故，同样支离不全、没有根据。

乙亥，魏大定官品。戊戌，考诸牧守。

魏假通直散骑〔常侍〕李彪等来聘。

魏旧制，群臣季冬朝贺，服袴褶行事，谓之小岁；丙戌，诏罢之。

【译文】乙亥日（十七日），北魏隆重确定大臣的官级。戊戌日（二十日），北魏朝廷考察各地方的官员。

北魏代理的通直散骑常侍李彪等人来齐国进行访问。

按照北魏旧有的法度，众臣在冬季朝贺，穿裤褶（戎衣）行礼节，这叫小岁；丙戌日（二十八日），孝文帝下令禁止这项礼制。

十二月，壬辰，魏迁社于内城之西。

魏以安定王休为太傅，刘郡王简为太保。

高丽王琏卒，寿百馀岁。魏主为之制素委貌，布深衣，举哀于东郊；遣谒者仆射李安上策赠太傅，谥曰康。孙云嗣立。

乙酉，魏主始迎春于东郊。自是四时迎气皆亲之。

【译文】冬季，十二月，壬辰日（初五日），北魏将社庙搬移到内城西边。

北魏任命安定王拓跋休为太傅，齐郡王拓跋简为太保。

高丽王高琏去世，享年一百多岁。孝文帝拓跋宏为此制造了浅色的委貌帽子，布质的深衣，在东郊致哀；派谒者仆射李安前往高丽册封高琏为太傅，谥号为康。高琏的孙子高云继承他的爵位，被册封为高丽王。

乙酉日（二十二日），孝文帝拓跋宏首次在东郊举行迎接春天的典礼，自此，一年的迎接气节典礼孝文帝都亲自主持。

　　初，魏世祖克统万及姑臧，获雅乐器服工人，并存之。其后累朝无留意者，乐工浸尽，音制多亡。高祖始命有司访民间晓音律者议定雅乐，当时无能知者。然金、石、羽旄之饰，稍壮丽于往时矣。辛亥，诏简置乐官，使修其职，又命中书监高闾参定。

　　【译文】 起初，北魏世祖拓跋焘打败了统万及姑臧，获得乐器、衣服首饰和乐工，一直保留下来。以后的几个君主没有留心，乐工慢慢减少，音谱大多丢失。魏高祖拓跋宏就命令有司在民间察访精通音律的人，让他们商量确定音乐；那时没有人知晓。然而用金、石、羽毛、旌旗做修饰的乐器，比起以前稍微好点了。辛亥日（二十四日），孝文帝拓跋宏下诏安排挑选乐官，让他管理这方面的事务；又下令让中书监高闾参与审核。

　　初，晋张斐、杜预共注《律》三十卷，自泰始以来用之。《律》文简约，或一章之中，两家所处，生杀顿异，临时斟酌，吏得为奸。上留心法令，诏狱官详正旧注。七年，尚书删定郎王植集定二注，表奏之。诏公卿、八座参议考正，竟陵王子良总其事；众议异同不能壹者，制旨平决。是岁，书成。廷尉山阴孔稚珪上表，以为：“《律》文虽定，苟用失其平，则法书徒明于袠里，冤魂犹结于狱中。窃寻古之名流，多有法学；今之士子，莫肯为业。纵有习者，世议所轻，将恐此书永沦走吏之手矣。今若置《律》助教，依《五经》例，国子生有欲读者，策试高第，即加擢用，以补内外之官，庶几士流有所劝慕。”诏从其请。事竟不行。

【译文】起初，晋朝的张斐、杜预一起诠释了《律》三十卷，从晋武帝司马炎泰始以后都应用它。《律》的言辞简洁，一章里面，有时两人对犯人该杀还是该放的注解不一样，由执法官吏临时决定，有的官员就枉法为奸。齐武帝萧赜留意法制，下令狱官仔细改正以前的注解。用了七年，尚书矫正郎王植集校确定两人的解释，奉上奏表呈奏。齐武帝萧赜下诏公卿、八座参与考察，让竟陵王萧子良掌管这件事。如果说法不同，无法贯串统一，就奏请齐武帝萧赜下旨判断。这一年，完成了新律书。廷尉山阴人孔稚珪奉上奏表，以为："《律》的言辞虽然裁定，如果在用的时候有失公平，法律只能留在条文的文字上，冤死者的冤魂还是在监狱中郁结。我私底下探找自古的名士，大多数都学习法家；现在的人，都不愿意将它当事业。即使有学习的人，一般的谈论也看轻他，只怕将来这书要永久在供差使的小官的手中了。如果现在安置《律》学课程，遵循《五经》的例子，国子生如果有想研习法律的，只要经考试中了高榜，立即加以提拔任用，以增补朝堂的官员，这样就能对世人有所劝勉。"齐武帝萧赜同意了孔稚珪的请求，但事情最终没有实施。

【乾隆御批】明刑正以弼教，然用律则视乎其人。圣门以折狱许仲氏，惟忠信明决为本初，非谓其素能读律也。国子议置律助教，是即以吏为师，安得云不沦胥吏之手哉？

【译文】明确刑罚正是为了辅弼教化，然而运用法律却要看执法的人。孔子的门下因为仲由善于断案而赞扬他，其实仲由只以忠实诚信明确判案为基本，并不是说他平时能够读懂法律。国子学议论设立法律助教，就是以吏为师，怎能说法律不沦入小吏手中呢？

初，林邑王范阳迈，世相承袭，夷人范当根纯攻夺其国，遣使献金簟等物。诏以当根纯为都督缘海诸军事、林邑王。

魏冀州刺史咸阳王禧入朝。有司奏："冀州民三千人称禧清明有惠政，请世莋冀州。"魏主诏曰："利建虽古，未必今宜；经野由君，理非下情。"以禧为司州牧、都督司、豫等六州诸军事。

【译文】 起初，林邑王范阳迈，世代传承，世袭爵位，夷族人范当根纯进攻掠取林邑国，调派使者出使齐国进献金簟等礼品。齐武帝萧赜下诏任命范当根纯为都督缘海诸军事、林邑王。

北魏冀州刺史咸阳王拓跋禧回平城朝见孝文帝。有关官员上书："冀州三千百姓说拓跋禧清正廉洁，施行仁政，请求让他世世代代担任冀州刺史。"孝文帝拓跋宏下令说："分封功臣为诸侯的做法虽然很古老，未必适合现在；治理国家，管理国土的职责在君王，不是由百姓提出请求。"孝文帝将拓跋禧任命为司州牧、都督司豫等六州军事。

初，魏文明太后宠任宦者略阳苻承祖，官至侍中，知都曹事，赐以不死之诏。太后殂，承祖坐赃应死，魏主原之，削职禁锢于家，仍除悖义将军，封伧浊子，月馀而卒。承祖方用事，亲姻争趋附以求利。其从母杨氏为姚氏妇独否，常谓承祖之母曰："姊虽有一时之荣，不若妹有无忧之乐。"姊与之衣服，多不受；强与之，则曰："我夫家世贫，美衣服使人不安。"不得已，或受而埋之。与之奴婢，则曰："我家无食，不能饲也。"常著弊衣，自执劳苦。承祖遣车迎之，不肯起；强使人抱置车上，则大哭曰："尔欲杀我！"由是苻氏内外号为"痴姨"。及承祖败，有司执其二姨至殿廷。其一姨伏法。帝见姚氏姨贫弊，特赦之。

【译文】起初，北魏文明太后冯氏相信宠爱宦官略阳人苻承祖，提拔他为侍中，管理尚书都曹的事务，赏赐给他一张不死的诏令。文明太后去世，苻承祖因贪赃枉法被判死刑，孝文帝拓跋宏赦免原谅了他，夺取官职，囚禁在家里，封苻承祖为悖义将军，册封为佞浊子，一个多月后他逝世了。苻承祖掌权时，亲戚都争着攀附他，以便取得利益。唯独做了姚家媳妇的姨妈杨氏，不这样做。杨氏经常对苻承祖母亲说："姐姐即使拥有一刻的荣华，比不上我享有无忧的欢乐。"苻承祖母亲送她的衣裳，大多数她不接纳；强迫送给她，她就说："我丈夫世代贫困，华丽的衣服让人担忧。"有时情不得已，就接纳了，将衣裳埋了。送给她的伺候婢女，她就说："我家中没有粮食，不能喂养她们。"杨氏经常穿破旧的衣服，自己做辛苦的事务。苻承祖派马车前去接她，她不愿起来，刚将她抱上车，她就号哭说："你想害我！"苻氏家族都给她取名为"痴姨"。等到苻承祖事情败露，官吏捉拿了他的两个姨妈到朝堂，其中一个姨妈被判处死刑。孝文帝见到苻承祖的姨妈杨氏，穿衣破烂，特地赦免了她。

【申涵煜评】承祖既有罪，诛之可也。乃废弃于家，仍除悖义将军佞浊子之号。魏帝事事认真，此举却甚儿戏。

【译文】苻承祖既然有犯法的行为，诛杀他就可以了。居然被抛弃在家中而不被任用，魏孝文帝依旧任命他悖义将军和封赏佞浊子的名号。魏孝文帝每件事情都很认真，这件事情却等同儿戏。

李惠之诛也，思皇后之昆弟皆死。惠从弟凤为安乐王长乐主簿，长乐坐不轨，诛，凤亦坐死。凤子安祖等四人逃匿获免，遇赦乃出。既而魏主访舅氏存者，得安祖等，皆封候，加将军。

既而引见，谓曰："卿之先世，再获罪于时。王者设官以待贤才，由外戚而举者，季世之法也。卿等既无异能，且可还家。自今外戚无能者视此。"后又例降爵为伯，去其军号。时人皆以为帝待冯氏太厚，待顾氏太薄；太常高闾尝以为言，帝不听。及世宗尊宠外家，乃以安祖弟兴祖为中山太守，追赠李惠开府仪同三司、中山公，谥曰庄。

【译文】青州刺史李惠遭到冯太后的忌恨被杀时，李慧的女儿献文帝拓跋弘的思皇后的兄弟都被杀了。李惠的堂弟李凤是安乐王拓跋长乐的主簿，拓跋长乐以图谋不轨的罪名被杀，李凤也被牵连杀害。李安祖等四人逃跑保住性命，等到特赦才敢出面。之后孝文帝拓跋宏探寻舅家幸存的亲人，寻到了李安祖等人，都赐封侯爵，加封将军爵位。不久孝文帝接见他们，对他们说："你们的祖先李惠、李凤，两次被强加罪名。君主设置官职来挑选人才，在外系亲戚中举荐做官，是将亡之国的做法。你们没有特殊的才能，就回去吧！此后外戚没有才干的人，就按照这个为例。"之后又贬低他们的爵位为伯，去除将军的称号。当时的人都以为孝文帝对冯氏太恩厚，对李氏太尖刻；太常高闾以前以此进谏孝文帝，孝文帝不肯听从。等到孝文帝的儿子世宗元恪显示出宠爱外戚，才让李安祖的弟弟李兴祖担任中山太守，追加李惠为开府仪同三司、中山公，谥号是庄。

十年（壬申，公元四九二年）春，正月，戊午朔，魏主朝飨群臣于太华殿，悬而不乐。

己未，魏主宗祀显祖于明堂以配上帝，遂登灵台以观云物，降居青阳左个，布政事。自是每朔依以为常。

散骑常侍庾荜等聘于魏，魏主使侍郎成淹引荜等于馆南瞻望行礼。

辛酉，魏始以太祖配南郊。

【译文】十年（壬申，公元492年）春季，一月，戊午朔日（初一日），孝文帝拓跋宏早晨在太华殿摆宴招待众臣，乐队悬挂不演奏。

同月，己未日（初二日），孝文帝拓跋宏用他父亲显祖拓跋弘的灵位做配享来祭祀上帝，于是孝文帝登上灵台勘察气象云物，下来停留在东堂北侧的房间，批改政务。此后，每月朔日就按照这个方法，变成了惯例。

齐国散骑常侍庾荜等人去北魏访问，孝文帝拓跋宏派遣侍郎成淹带领庾荜等人去客馆的南边，观看孝文帝祀明堂、登灵台的礼节。

辛酉日（初四日），北魏开始在南郊用太祖道武帝拓跋珪配享祭祀上天。

魏主命群臣议行次。中书监高闾议，以为："帝王莫不以中原为正统，不以世数为与夺，善恶为是非。故桀、纣至虐，不废夏、商之历；厉、惠至昏，无害周、晋之录。晋承魏为金，赵承晋为水，燕承赵为木，秦承燕为火。秦之既亡，魏乃称制玄朔；且魏之得姓，出于轩辕；臣愚以为宜为土德。"秘书丞李彪、著作郎崔光等议，以为："神元与晋武往来通好，至于桓、穆，志辅晋室，是则司马祚终于郏鄏，而拓跋受命于云代。昔秦并天下，汉犹比之共工，卒继周为火德；况刘、石、苻氏，地褊世促，魏承其弊，岂可舍晋而为土邪？"司空穆亮等皆请从彪等议。壬戌，诏承晋为水德，祖申、腊辰。

【译文】孝文帝拓跋宏下令众臣商定北魏在五行继统上

的顺序。中书监高闾建议，以为："君主没有不把占据中原作为正统，不将传世时间的长短作为根据，不将帝王的善恶看作标准。虽然桀、纣残暴，但并不以此去除夏代、商代的礼法；周厉王姬胡、晋惠帝司马衷无能，也不妨碍他们进入周朝、晋朝的君主名单。晋代继续曹魏，算作金德；赵国继续晋国，算作水德；燕国继承赵国，算作木德；秦国继承燕国，算作火德。秦成为灭亡之国，北魏统一天下，更改历法；北魏的姓氏起源，出自轩辕，臣愚蠢的建议，以为应该算作土德。"秘书丞李彪、著作郎崔光等建议，以为："魏国始祖神元帝拓跋力微和晋武帝司马炎关系密切，来往不绝，对于桓帝拓跋猗迤、穆帝拓跋猗卢，全心全意辅佐晋室，所以司马氏建立的晋王朝的灭亡应该从洛阳被攻克开始，而这时拓跋氏在云、代接受上天的任命。以前秦统一天下，汉朝还将它比作共工，直接承接周朝，算作火德；更何况是前赵刘氏、后赵石氏、前秦苻氏，地方狭小，传世短暂，北魏将他们的乱局结束，怎么将晋朝舍去成为土德呢？"司空穆亮等都请求按照李彪的建议。壬戌日（初五日），孝文帝下令：承接晋朝，算作水德，在申日祭祀祖神，在辰日行岁最终祭祀。

【乾隆御批】五德之运始于嬴秦陋妄。后世不察，从而傅会之。至纷辨于水、土之间，益复无谓。

【译文】以五行作为五德匹配国运开始于秦始皇嬴政的陋习妄说。后世没有认真观察，从而跟着附会五德学说。至于在水德、土德之间纷纷辩驳，更是毫无价值的举动。

甲子，魏罢租课。

魏宗室及功臣子孙封王者众，乙丑，诏："自非烈祖之胄，徐王皆降为公，公降为候，而品如旧。"蛮王桓诞亦降为公；唯上党王长孙观，以其祖有大功，特不降。丹杨王刘昶封齐郡公，加号宋王。

【译文】甲子日（初七日），北魏下令不准裸露身体。

北魏的宗室和功勋大臣的子孙被赐封为王的有很多，乙丑日（初八日），孝文帝下诏："除烈祖拓跋珪的后代以外，其他的封王都降成公，公降成侯，品阶和旧例一样。"蛮王桓诞也降为公；只有上党王长孙观，因他的祖父有很大的功勋，特许不降品级。丹杨王刘昶被册封为齐郡公，加封宋王。

魏旧制，四时祭庙皆用中节，丙子，始诏用孟月，择日而祭。

以竟陵王子良领尚书令。

魏主毁太华殿，为太极殿。二月，戊子，徙居永乐宫。以尚书李冲领将作大匠，与司空穆亮共营之。

辛卯，魏罢寒食飨。

甲午，魏主始朝日于东郊。自是朝日、夕月皆亲之。

【译文】北魏旧有制度：祭祀宗庙都在中节，丙子日（十九日），孝文帝下令开始在每个季度的第一个月，挑选好日子来拜祭。

齐武帝萧赜任命竟陵王萧子良为尚书令。

北魏孝文帝拓跋宏拆毁太华殿，改造为太极殿。二月，戊子日（初二日），孝文帝迁移到永乐宫。任命尚书李冲为带领掌管宫庙土木工程的将作大匠，与司空穆亮一起经营。

辛卯日（初五日），北魏废除寒食节祭祀祖先的礼节。

甲午日（初八日），孝文帝拓跋宏首次在东郊举行祭天礼节。自此春季早晨祭天，秋季夜晚祭祀月亮，君主都亲自主持。

丁酉，诏祀尧于平阳，舜于广宁，禹于安邑，周公于洛阳，皆令牧守执事；其宣尼之庙，祀于中书省。丁未，改谥宣尼曰文圣尼父，帝亲行拜祭。

魏旧制，（气）〔每〕岁祀天于西郊，魏主与公卿从二千馀骑，戎服逄坛，谓之蹋坛。明日，复戎服登坛致祀，已又绕坛，谓之绕天。三月，癸酉，诏尽省之。

辛巳，魏以高丽王云为督辽海诸军事、辽东公、高句丽王，诏云遣其世子入朝。云辞以疾，遣其从叔升干随使者诣平城。

【译文】丁酉日（十一日），孝文帝下诏：在平阳祭祀尧，在广宁祭祀舜，在安邑祭祀禹，在洛阳祭祀周公，任命当地的州郡官员管理祭祀事务。让中书省掌管在宣尼庙祭祀孔子的事务。丁未日（二十一日），改宣尼的谥号为文圣尼父，孝文帝亲自进行祭祀。

北魏旧有制度，每年在西郊祭祀上天，孝文帝拓跋宏与公卿带着两千多名骑兵，穿着兵服围着祭坛走，这就是"踏坛"。第二天，又穿着兵服登坛祭祀，祭祀完又围坛走，这是"绕天"。三月，癸酉日（十七日），孝文帝下令将这些礼节都简略了。

辛巳日（二十五日），北魏将高丽王高云任命为都督辽海诸军事、辽东公、高句丽王，孝文帝下诏高云派遣世子入北魏进贡。高云推辞太子生病，命他的堂叔高升干跟随使者去了平城。

夏，四月，丁亥朔，魏班新律令，大赦。

辛丑，豫章文献王嶷卒，赠假黄钺、都督中外诸军事、丞相，丧礼皆如汉东平献王故事。嶷性仁谨廉俭，不以财贿为事。

斋库失火，烧荆州还资，评直三千馀万，主局各杖数十而已。疾笃，遗令诸子曰："才有优劣，位有通塞，运有贫富，此自然之理，无足以相陵侮也。"上哀痛特甚，久之，语及嶷，犹歔欷流涕。嶷卒之日，第库无见钱，上敕月给嶷第钱百万；终上之世乃省。

【译文】夏季，四月，丁亥朔日（初一日），北魏颁发新的律令，大赦天下。

辛丑日（十五日），齐国豫章文献王萧嶷逝世。齐武帝萧赜追授黄钺、都督中外诸军事、丞相，丧礼按照汉代东平献王刘苍的礼节。萧嶷性格仁爱、廉洁、谨慎、节俭，不看重钱财。府邸的库房着火了，将他从荆州调回扬州带来的物品都烧坏了，价值大约有三千万，那些管理的人只是每人鞭打数十大板。他得了很严重的病，叮嘱几个儿子："才干有好，有坏；地位有畅通，有阻塞；时运有坏，有好。这是不变的常理，不要以此为依仗去欺负别人。"他刚去世，齐武帝萧赜很悲痛，时间长了，提到萧嶷，还歔欷不住地掉泪。萧嶷逝世时，家宅的府库没有现金，齐武帝萧赜下令每月拨出一百万钱赐给萧嶷的府邸，一直到齐武帝去世才停止。

【乾隆御批】前云斋库失火，评直三千余万，继云第库无见钱，矛盾已甚，安得谓信史？

【译文】前面说收藏财物的仓库失火，估计损失价值三千万的财物，接着又说府第仓库都没有发现钱，前后特别矛盾，怎么称得上是可信的史书呢？

五月，己巳，以竟陵王子良为扬州刺史。

魏文明太后之丧，使人告于吐谷浑。吐谷浑王伏连筹拜命不恭，群臣请讨之，魏主不许；又请还其贡物，帝曰："贡物乃人臣之礼。今而不受，是弃绝之，彼虽欲自新，其路无由矣。"因命归洮阳、泥和之俘。

【译文】 夏季，五月，己巳日（十四日），齐武帝任命竟陵王萧子良为扬州刺史。

北魏文明太后去世时，曾经派人去吐谷浑报丧，吐谷浑王伏连筹跪受皇命时不够尊敬，众臣请求征讨他；孝文帝拓跋宏不应允。众臣再次请求将吐谷浑的贡品退回，孝文帝说："贡品是臣子的礼节，如今不接纳，就是和他断绝来往，嫌弃他，他虽想要改过自新，却无路可走。"于是下令将获得的吐谷浑的战俘送回洮阳、泥和。

秋，七月，庚申，吐谷浑遣其世子贺虏头入朝于魏。诏以伏连筹为都督西垂诸军事、西海公、吐谷浑王，遣兼员外散骑常侍张礼使于吐谷浑。伏连筹谓礼曰："曩者宕昌常自称名而见谓为大王，今忽称仆，又拘执使人；欲使偏师往问，何如？"礼曰："君与宕昌皆为魏藩，比辄兴兵攻之，殊违臣节。离京师之日，宰辅有言，以为君能自知其过，则藩业可保；若其不悛，祸难将至矣。"伏连筹默然。

【译文】 秋季，七月，庚申日（初六日），吐谷浑首领伏连筹派他的世子贺虏头去北魏进贡。孝文帝下诏任命伏连筹为都督西垂诸军事、西海公、吐谷浑王，派遣员外散骑常侍张礼到吐谷浑出使。伏连筹向张礼回应说："以前宕昌王经常自称其名，并称我为大王；如今自己称臣，又关押我的使者，我想派偏师去兴师问罪，你觉得怎样？"张礼回应说："大王与宕昌王都是北魏的附属国，如果调派军队去攻击他，就违反臣子的礼制。离开京城那天，丞相嘱托我，如果你要能知错，则可以保全屏藩的伟业；如果你不肯改错，灾祸就将来了。"伏连筹沉默不言。

甲戌，魏遣兼员外散骑常侍广平宋弁等来聘。及还，魏主问弁："江南何如？"弁曰："萧氏父子无大功于天下，既以逆取，不能顺守；政令苛碎，赋役繁重；朝无股肱之臣，野有愁怨之民。其得没身幸矣，非贻厥孙谋之道也。"

【译文】甲戌日（二十日），孝文帝拓跋宏调派兼员外散骑常侍广平人宋弁等人来齐国访问。等到返回北魏，孝文帝询问宋弁："江南怎么样？"宋弁回答说："对于天下萧氏父子没有大功劳，用背叛的方法夺取天下，却不能顺应民情守护它；政治琐碎苛刻，徭役赋税很多；朝堂没有重要的辅佐大臣，下面却有担忧愤恨的百姓。萧赜在世的时候要是有好结果，那就是幸运了，没有为后代子孙好好筹谋的样子。"

八月，乙未，魏以怀朔镇将阳平王颐、镇北大将军陆叡皆为都督，督十二将，步骑十万，分为三道以击柔然：中道出黑山，东道趣士卢河，西道趣侯延河。军过大碛，大破柔然而还。

初，柔然伏名敦可汗与其叔父那盖分道击高车阿伏至罗，伏名敦屡败，那盖屡胜。国人以那盖为得天助，乃杀伏名敦而立那盖，号候其伏代库者可汗，改元大安。

【译文】夏季，八月，乙未日（十一日），孝文帝拓跋宏任命怀朔镇将阳平王拓跋颐、镇北大将军陆叡为都督，率领十二个将军，十万步兵和骑兵，划分三条路去攻打柔然。中路的军队从黑山出发，西路的军队攻向侯延河，东路的军队攻向士卢河。大军徒步走过大沙漠，打败柔然返回。

起初，柔然伏名敦可汗与他的叔父那盖分开去攻打高车的阿伏至罗，伏名敦多次被打败，那盖多次胜利。柔然百姓认为那盖得到上天的帮助，就杀死伏名敦而立那盖做可汗，将其称为伏代库者可汗，改年号为太安。

魏司徒尉元、大鸿胪卿游明根累表请老，魏主许之。引见，赐元玄冠、素表，明根委貌、青纱单表，及被服杂物等而遣之。魏主亲养三老、五更于明堂。己酉，诏以元为三老，明根为五更。帝再拜三老，亲袒割牲，执爵而馈；肃拜五更；且乞言焉，元、明根劝以孝友化民。又养国老、庶老于阶下。礼毕，各赐元、明根以步挽车及衣服，禄三老以上公，五更以元卿。

【译文】北魏司徒尉元、大鸿胪卿游明根多次奉上奏表请求辞官归隐，孝文帝拓跋宏应允。孝文帝接见他们，赏赐尉元黑色的帽子和白色的单衣，赏赐游明根黑色的委貌冠青色的单衣以及被褥、衣服、各色杂物等，安排他们回家养老。孝文帝拓跋宏在明堂亲自接待三老、五更。己酉日（二十五日），下诏命令任命尉元为三老，游明根为五更。孝文帝向三老拜了两拜，将袖子亲自挽起割下祭肉，端着酒杯劝酒；对着五更参拜，并请求告诫。尉元、游明根规劝皇上用孝顺友爱的品行来教化百姓。又在明堂台阶下面，赡养百姓中的老人。行完礼后，分别赐给尉元、游明根衣服和用人力拉的车子。把上公的俸禄赏赐给三老，用元卿的奉银赐给五更。

九月，甲寅，魏主序昭穆于明堂，祀文明太后于玄室，辛未，魏主以文明太后再期，哭于永固陵左，终日不辍声，凡二日不食。甲戌，辞陵，还永乐宫。

武兴氐王杨集始寇汉中,至白马。梁州刺史阴智伯遣军主桓卢奴、阴(冲)〔仲〕昌等击破之,俘斩数千人。集始走还武兴,请降于魏;辛巳,入朝于魏。魏以集始为南秦州刺史、汉中郡侯、武兴王。

【译文】秋季,九月,甲寅日(初一日),孝文帝拓跋宏在明堂排定昭穆的顺序,在北堂祭祀文明太后。辛未日(十八日),文明太后去世一周年,孝文帝在永固陵左边大哭,一整天没停下,连续两天没吃饭。甲戌日(二十一日),孝文帝离开永固陵,返回永乐宫。

武兴的氐王杨集始入侵汉中,到达白马。梁州刺史阴智伯调派将领桓卢奴、阴冲昌等回击,将氐人打败,击杀了几千人。杨集始大败返回武兴,向北魏请求归顺。辛巳日(二十八日),杨集始向北魏献贡,北魏任命杨集始为南秦州刺史、汉中郡侯、武兴王。

冬,十月,甲午,上殷祭太庙。

庚戌,魏以安定王休为大司马,特进冯诞为司徒。诞,熙之子也。

魏太极殿成。

【译文】冬季,十月,甲午日(十一日),齐武帝萧赜在太庙进行祭祀。

庚戌日(二十七日),北魏任命安定王拓跋休为大司马,特进冯诞担任司徒。冯诞是冯熙的儿子。

北魏的太极殿建成。

十二月,司徒参军萧琛、范云聘于魏。魏主甚重齐人,亲与谈论。顾谓群臣曰："江南多好臣。"侍臣李元凯对曰："江南多好臣，岁一易主；江北无好臣，百年一易主。"魏主甚惭。

上使太子家令沈约撰《宋书》，疑立《袁粲传》，审之于上。上曰："袁粲自是宋室忠臣。"约又多载宋世祖、太宗诸鄙渎事。上曰："孝武事迹，不容顿尔。我昔经事明帝，卿可思讳恶之义。"于是，多所删除。

【译文】冬季，十二月，司徒参军萧琛、范云到北魏访问，孝文帝拓跋宏对齐人很敬重，亲自与他们商谈，孝文帝转头对众臣说："很多好臣子在江南。"大臣李元凯回应说："在江南很多好臣子，每年都更换君王；在江北没有好臣子，一百年才更换君王。"孝文帝拓跋宏觉得自责。

齐武帝萧赜嘱咐太子家令沈约撰写《宋书》。沈约考虑着能不能为袁粲立传记，奏请齐武帝决定。齐武帝说："袁粲是宋朝的忠臣，应该立传。"沈约记录了许多宋世祖孝武帝刘骏、宋太宗明帝刘彧的各种鄙陋事。齐武帝萧赜说："孝武帝刘骏的事情，不能是这样。我以前服侍过明帝刘彧，你可以想想为长者隐瞒的道义。"于是就删除了许多有损他们形象的内容。

【乾隆御批】魏主特好名，且慕南朝浮伪之习，宜元凯正言讽刺之。其惭实自取耳。

【译文】北魏孝文帝特别喜好虚名，并且羡慕南朝轻浮虚伪的习气，就应让季元凯义正词严地讽刺他。孝文帝的惭愧实在是他自找的。

是岁，林邑王范阳迈之孙诸农，帅种人攻范当根纯，复得其国。诏以诸农为都督缘海诸军事、林邑王。

魏南阳公郑羲与李冲婚姻，冲引为中书令。出为西兖州刺史，在州贪鄙。文明太后为魏主纳其女为嫔，徵为秘书监。及卒，尚书奏谥曰宣。诏曰："盖棺定谥，激扬清浊。故何曾虽孝，良史载其缪丑；贾充有劳，直士谓之荒公。羲虽宿有文业，而治阙廉清。尚书何乃情遗至公，愆违明典！依《谥法》：'博闻多见曰文，不勤成名曰灵。'可赠以本官，加谥文灵。"

【译文】这一年，林邑王范阳迈的孙子诸农，带领族人攻打范当根纯，重夺国家。齐武帝萧赜下诏任命诸农为林邑王、都督缘海诸军事。

北魏南阳公郑羲和李冲联姻，李冲推举郑羲为中书令。孝文帝任命郑羲为西兖州刺史，郑羲枉法贪污。文明太后为孝文帝拓跋宏召他的女儿做妃嫔，升调他为秘书监。等到郑羲逝世，尚书上奏赐赠他谥号为"宣"。孝文帝下诏说："人死以后，盖棺既定，赐赠谥号，就比如水被激起，难免混淆清浊。因此何曾孝顺，史书却记录他的荒谬和丑陋；贾充有功劳，士人也称他为荒公。郑羲即使有文治功劳，但做事不够清明廉洁。尚书怎么只考虑人情，违反至公的大义，断言荒唐，违反明正的制度？按照《谥法》：'博识广博（见闻广博）称为文；不勤恳成就名声（不勤勉，却能享有名声）称为灵。'能够封赠他以前的官职，增加谥号，称为文灵。"

资治通鉴卷第一百三十八　齐纪四

昭阳作噩，一年。

【译文】起止癸酉（公元493年），共一年。

【题解】本卷记录了公元493年，即齐武帝萧赜永明十一年一年间南朝齐、北朝魏两国的大事。主要记录了齐武帝萧赜病亡，其子萧长懋早死，其孙萧昭业为帝，萧子良不愿处理俗务，萧鸾独揽大权；萧昭业杀中书郎王融，猜忌萧子良；接着记录了小皇帝萧昭业的一系列恶行；魏主拓跋弘借南伐之名迁都洛阳，令穆亮、李冲等人修建城池，营造宫室，委任于烈驻守平城，管理政务；齐国雍州刺史王奂之子王肃逃奔魏国，在北魏汉化过程中出力；此外还记录了魏国境内发生大叛乱，被讨平等等。

世祖武皇帝下

永明十一年（癸酉，公元四九三年）春，正月，以骠骑大将军王敬则为司空，镇军大将军陈显达为江州刺史。显达自以门寒位重，每迁官，常有愧惧之色，戒其子勿以富贵陵人；而诸子多事豪侈，显达闻之，不悦。子休尚为郢府主簿，过九江。显达曰："麈尾蝇拂是王、谢家物，汝不须捉此！"即取于前烧之。

【译文】永明十一年（癸酉，公元493年）春季，一月，齐武帝萧赜任命骠骑大将军王敬则为司空，镇军大将军陈显达为江

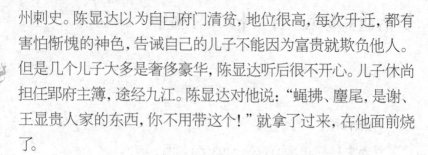

州刺史。陈显达以为自己府门清贫，地位很高，每次升迁，都有害怕惭愧的神色，告诫自己的儿子不能因为富贵就欺负他人。但是几个儿子大多是奢侈豪华，陈显达听后很不开心。儿子休尚担任郢府主簿，途经九江。陈显达对他说："蝇拂、麈尾，是谢、王显贵人家的东西，你不用带这个！"就拿了过来，在他面前烧了。

初，上于石头造露车三千乘，欲步道取彭城。魏人知之，刘昶数泣诉于魏主，乞处边戍，招集遗民，以雪私耻。魏主大会公卿于经武殿，以议南伐，于淮、泗间大积马刍。上闻之，以右卫将军崔慧景为豫州刺史以备之。

魏遣员外散骑侍郎邢峦等来聘。峦，颖之孙也。

【译文】 起初，齐武帝萧赜在石头城兴建三千辆没有帐篷的马车，想从小路偷袭彭城，北魏人打探到这个消息。刘昶多次向孝文帝拓跋宏哭诉，请求到边城守护据点，集齐宋室的臣民，来雪洗自家的仇恨。孝文帝拓跋宏在经武殿召见大臣，商讨南伐事务，在淮水、泗水之地准备大量的养马饲料。齐武帝萧赜听到消息，任命右卫将军崔慧景为豫州刺史，以防北魏入侵。

北魏派员外散骑侍郎邢峦这些人来访问齐国。邢峦是邢颖的孙子。

丙子，文惠太子长懋卒。太子风韵甚和，上晚年好游宴，尚书曹事分送太子省之，由是威加内外。

太子性奢靡，治堂殿、园囿过于上宫，费以千万计，恐上望见之，乃傍门列修竹；凡诸服玩，率多僭侈。启于东田起小苑，使东宫将吏更番筑役，营城包巷，弥亘华远。上性虽严，多布耳目，太子所为，人莫敢以闻。上尝过太子东田，见其壮丽，大怒，收监作主帅；太子皆藏之，由是大被诮责。

【译文】丙子日（二十五日），文惠太子萧长懋逝世。太子外表态度都很温和，齐武帝萧赜老年喜欢出游作乐，将尚书各部门的事交给太子审定，太子萧长懋的威信从此就存于朝堂上下了。

太子萧长懋性行奢华浪费，建造自己的宫殿、花园和狩猎场所，比齐武帝萧赜的宫殿都要讲究，花了几千万，他害怕齐武帝萧赜在远处看见，就在宫殿门前种下成排的细长竹子；所拥有的衣服玩意，大多奢侈得超过了太子的官阶。他上奏齐武帝萧赜，请求在东田兴建小苑，调派东宫的将士轮流监工修筑，建造城墙，包含小巷，非常华丽，持续很远。齐武帝萧赜性行虽然严厉，在多个地方安排眼线，太子所为，却无人敢向齐武帝萧赜禀告。齐武帝萧赜曾走过太子的东田，见它雄伟壮丽，非常生气，下令收押看管做事的官吏将领；太子将他们都藏匿起来，被齐武帝萧赜狠狠地责骂。

【乾隆御批】鸾曾维持子业，得即君位不可谓挟仇。其后诛锄宗支，乃因谋废立，自取大位耳。史家所见小矣。

【译文】萧鸾曾维持文惠太子萧长懋的基业，他能够当皇帝不能不说是心里怀着仇恨。萧鸾后来诛杀铲除宗族支系，是因为想谋划废立，自己取得皇位罢了。史家的见识太狭小了。

又使嬖人徐文景造辇及乘舆御物；上尝幸东宫，匆匆不暇藏辇，文景乃以佛像内辇中，故上不疑。文景父陶仁谓文景曰："我正当扫墓待丧耳！"仍移家避之。后文景竟赐死，陶仁遂不哭。

及太子卒，上履行东宫，见其服玩，大怒，敕有司随事毁除。以竟陵王子良与太子善，而不启闻，并责之。

太子素恶西昌侯鸾，尝谓子良曰："我意中殊不喜此人，不解其故，当由其福薄故也。"子良为之救解。及鸾得政，太子子孙无遗焉。

【译文】太子萧长懋又派遣宠信的嬖人徐文景制造銮驾与皇帝才能用的东西；齐武帝萧赜曾经去东宫，太子仓促之间来不及把辇车藏起来，徐文景就将佛像安置到辇车里，齐武帝萧赜因此没有起疑心。徐文景的父亲徐陶仁和徐文景说："我现在应该打扫墓地等着办丧事！"于是搬家来躲避嫌疑。徐文景最终被赐死，徐陶仁也不哭。

太子萧长懋逝世之后，齐武帝萧赜走到东宫，看见太子的衣服玩意，很生气，下令主管的官员看到不合适的就拆除毁坏。竟陵王萧子良与太子萧长懋关系好，这种逾越的大事不对齐武帝萧赜禀奏，就与太子萧长懋一起被责备。

太子萧长懋一直厌烦西昌侯萧鸾，曾经对萧子良说："我心中对这个人很不喜欢，不知什么原因，是他福气少的缘故吧！"萧子良为萧鸾说好话辩解。在萧鸾谋篡大权后，太子萧长懋的子孙被杀，一个也没有幸存。

二月，魏主始耕藉田于平城南。

雍州刺史王奂恶宁蛮长史刘兴祖，收系狱，诬其构扇山蛮，欲为乱，敕送兴祖下建康；奂于狱中杀之，诈云自经。上大怒，遣中书舍人吕文显、直阁将军曹道刚将斋仗五百人收奂，敕镇西司马曹虎从江陵步道会襄阳。

【译文】春季，二月，北魏孝文帝拓跋宏首次在平城南边亲自耕耘田地。

雍州刺史王奂厌烦宁蛮府长史刘兴祖，将他囚禁收押在监狱中，污蔑他鼓动山区的夷族，想要叛乱。齐武帝萧赜下令将刘兴祖押送到建康；王奂在狱中杀了刘兴祖，谎称刘兴祖自杀。齐武帝萧赜很生气，调派中书舍人吕文显、直阁将军曹道刚率领皇宫内五百精锐将士，去捉拿王奂，下令镇西司马曹虎走江陵小道去襄阳会合。

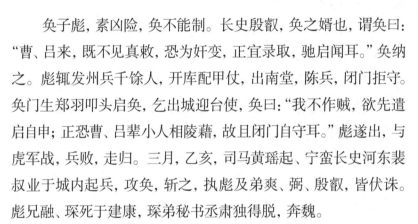

奂子彪，素凶险，奂不能制。长史殷叡，奂之婿也，谓奂曰："曹、吕来，既不见真敕，恐为奸变，正宜录取，驰启闻耳。"奂纳之。彪辄发州兵千馀人，开库配甲仗，出南堂，陈兵，闭门拒守。奂门生郑羽叩头启奂，乞出城迎台使，奂曰："我不作贼，欲先遣启自申；正恐曹、吕辈小人相陵藉，故且闭门自守耳。"彪遂出，与虎军战，兵败，走归。三月，乙亥，司马黄瑶起、宁蛮长史河东裴叔业于城内起兵，攻奂，斩之，执彪及弟爽、弼、殷叡，皆伏诛。彪兄融、琛死于建康，琛弟秘书丞肃独得脱，奔魏。

【译文】王奂的儿子王彪，一向狡诈凶狠，王奂没法掌控他。长史殷叡，是王奂的女婿，向王奂说："吕文显和曹虎到来，我们并没见真的敕令，害怕被他们使计祸乱，应该想办法收留他们，另派人快去向齐武帝萧赜陈述事情。"王奂接纳他的提议。王彪就调派一千多个雍州士兵，打开库房配备铠甲武器，走出南堂，调派军队，将城门关了防守抵抗。门生郑羽磕头对王奂表示，请求出城门前去接应官家使臣，王奂回答说："我不是要背叛朝廷，只是想派人送信表明自己的清白；害怕曹虎、吕文显等小人糟蹋欺负我，所以暂时关闭城门自己守卫罢了。"王彪走出城，迎战曹虎的大军，大败而逃。春季，三月，乙亥日（二十五日），宁蛮府长史河东人裴叔业、司马黄瑶起在城内反叛，进攻王奂，将他杀害，逮获王彪和弟弟王爽、王弼、殷叡，都认罪被杀。在建康，王彪的哥哥王融、王琛死了，唯独王琛的弟弟秘书丞王肃幸运地逃了，投奔了北魏。

夏，四月，甲午，立南郡王昭业为皇太孙，东宫文武悉改为太孙官属，以太子妃琅邪王氏为皇太孙太妃，南郡王妃何氏为皇太孙妃。妃，戢之女也。

魏太尉丕等请建中宫，戊戌，立皇后冯氏。后，熙之女也。魏主以《白虎通》云："王者不臣妻之父母"，下诏令太师上书不称臣，入朝不拜；熙固辞。

光城蛮帅征虏将军田益宗帅部落四千馀户叛，降于魏。

【译文】夏季，四月，甲午日（十四日），南郡王萧昭业被赐封做皇太孙，东宫的文武大臣都更改成太孙官吏，册封太子妃琅琊人王氏为皇太孙太妃，南郡王妃何氏被册封为皇太孙妃。何皇太孙妃为何戢的女儿。

北魏太尉拓跋丕等请求册封皇后，戊戌日（十八日），册封皇后冯氏。皇后为冯熙的女儿。孝文帝拓跋宏因为《白虎通》记录："称皇帝的人不将妻子的父母亲看作大臣对待。"就下诏命令，允许太师上奏之时不用称臣，进朝见皇帝时不用叩拜。冯熙坚决推脱。

光城蛮族的首领征虏将军田益宗带领部落四千多人反叛，归降北魏。

五月，壬戌，魏主宴四庙子孙于宣文堂，亲与之齿，用家人礼。

甲子，魏主临朝堂，引公卿以下决疑政，录囚徒。帝谓司空穆亮曰："自今朝廷政事，日中以前，卿等先自论议；日中以后，朕与卿等共决之。"

丙子，以宜都王铿为南豫州刺史。先是庐陵王子卿为南豫州刺史，之镇，道中戏部伍为水军；上闻之，大怒，杀其典签，以铿代之。子卿还第，上终身不与相见。

襄阳蛮首雷婆思等帅户千馀求内徙于魏，魏人处之沔北。

【译文】夏季，五月，壬戌日（十三日），北魏孝文帝拓跋宏在宣文堂款待四庙后人，与他们亲自按年龄论辈分，对待他们用家人的礼节。

甲子日（十五日），孝文帝拓跋宏回到朝堂，指导公卿以下的大臣办理有疑惑的政事，记载犯罪的案犯。孝文帝对司空穆亮说："从此之后，朝堂的政务，中午之前，你们先自己商量讨论；中午以后，朕和你们一起做决定。"

丙子日（二十七日），齐武帝萧赜任命宜都王萧铿为南豫州刺史。以前，庐陵王萧子卿担任南豫州刺史，前往镇守的地方，在路上让属下扮成水军玩闹。齐武帝萧赜听了，非常生气，将他的典签杀了，让萧铿代替他的官职。萧子卿返回府邸，齐武帝一直不想与他相见。

襄阳的蛮族族长雷婆思等人率领一千多人，请求搬迁到北魏的内地，北魏将他们安置在沔水北边。

魏主以平城地寒，六月雨雪，风沙常起，将迁都洛阳；恐群臣不从，乃议大举伐齐，欲以胁众。斋于明堂左个，使太常卿王谌筮之，遇"革"，帝曰："'汤、武革命，顺乎天而应乎人。'吉孰大焉！"群臣莫敢言。尚书任城王澄曰："陛下弈叶重光，帝有中土；今出师以征未服，而得汤、武革命之象，未为全吉也。"帝厉声曰："繇云：'大人虎变'，何言不吉！"澄曰："陛下龙兴已久，何得今乃虎变！"帝作色曰："社稷我之社稷，任城欲沮众邪！"澄曰："社稷虽为陛下之有，臣为社稷之臣，安可知危而不言！"帝久之乃解，曰："各言其志，夫亦何伤！"

【译文】北魏孝文帝拓跋宏因平城很冷，在六月也有雪，经常风沙飞扬，于是想将都城迁到洛阳；害怕群臣不顺从，于是商量派大军讨齐，想以此来威胁众臣。孝文帝拓跋宏在明堂的大寝南堂东边的偏房斋戒，下令太常卿王谌卜卦，遇到"革"的卦象，孝文帝说："'商、汤、周武王更改，顺应天意，符合民心。'还有比这更大的吉祥吗？"众臣没有人敢进谏。尚书任城王拓跋澄回答说："陛下积累下来的伟业再次发扬，拥有中原；现在出兵去讨伐尚未归降的敌人，但有汤、武变更的卦象，这不完全算是吉祥啊。"孝文帝拓跋宏用严肃的口气说："爻辞说'做君主的，改革创新，文章彪炳，像虎毛的变化'，怎能说是不一定吉祥？"拓跋澄回答说："皇上像龙一样崛起，已经有很长时间了，现在怎么竟向虎变更？"孝文帝拓跋宏沉下脸色说："天下是我的天下，你们想顿挫百姓吗？"拓跋澄进言说："天下虽然是皇上所有，但臣是天下的臣子，怎能明知危险却不说呢？"过了好一会儿，孝文帝拓跋宏的脸色才缓和，说："大家谈论一下各自的心思，这又存在什么伤害呢？"

既还宫，召澄入见，逆谓之曰："向者《革卦》，今当更与卿论之。明堂之忿，恐人人竞言，沮我大计，故以声色怖文武耳。想识朕意。"因屏人，谓澄曰："今日之举，诚为不易。但国家兴自朔土，徙居平城；此乃用武之地，非可文治。今将移风易俗，其道诚难，朕欲因此迁宅中原，卿以为何如？"澄曰："陛下欲卜宅中土以经略四海，此周、汉之所以兴隆也。"帝曰："北人习常恋故，必将惊扰，奈何？"澄曰："非常之事，故非常人之所及。陛下断自圣心，彼亦何所能为！"帝曰；"任城，吾之子房也！"

【译文】 从明堂返回皇宫之后，孝文帝拓跋宏诏令拓跋澄进宫见圣，孝文帝走上来向他说："刚刚'革'卦的卦象，现在应该再与你说说。在明堂我生气，是怕大家抢着说话，破坏我的大计，所以用严厉的口吻来让文武众臣害怕。我想你应该明白朕的心思。"于是让两旁退下，对拓跋澄说："现在朕要行之事，的确不容易做成。但国家源起于北边，搬迁到平城；这是施展武力之地，不能施行文化。如今要更改习俗，的确有困难，朕想以此机会搬迁到中原地带，你认为怎么样？"拓跋澄回答说："陛下想在中原选择都城安顿下来，这是周、汉繁盛之时的做法。"孝文帝说："北方人习惯依赖于以前的事物，假使宣布这个决断，一定会让他们吃惊困扰，怎么办？"拓跋澄说："非常之事，本就非常人能理解。皇上的决定出自贤德之心，他们还能做什么？"孝文帝拓跋宏回答说："任城王，你就是朕的张良（子房）啊！"

六月，丙戌，命作河桥，欲以济师。秘书监卢渊上表，以为："前世承平之主，未尝亲御六军，决胜行陈之间；岂非胜之不足为武，不胜有亏威望乎！昔魏武以弊卒一万破袁绍，谢玄以步兵三千摧苻秦，胜负之变，决于须臾，不在众寡也。"诏报曰："承平之主，所以不亲戎事者，或以同轨无敌，或以懦劣偷安。今谓之同轨则未然，比之懦劣则可耻，必若王者不当亲戎，则先王制革辂，何所施也？魏武之胜，盖由仗顺，苻氏之败，亦由失政；岂寡必能胜众，弱必能制强邪！”丁未，魏主讲武，命尚书李冲典武选。

建康僧法智与徐州民周盘龙等作乱，夜，攻徐州城，入之；刺史王玄邈讨诛之。

【译文】夏季，六月，丙戌日（初七日），孝文帝拓跋宏下令在河上建造桥梁，用来传送军队。秘书监卢渊奉上奏表，以为：“以前承平时期的君王，没有亲自率领六军，与敌人决一胜败的；假使皇上这么做，那不是战胜不算勇武，战败却损了您的名望吗？以前魏武帝曹操凭借一万个疲劳的将士打败袁绍，谢玄凭借三千步兵打败苻秦，胜败之变，决定于一时，不在于军队人数的多少。”孝文帝下诏回应说：“承平的君主不亲自参加军务，有的是因为车步同规，天下大统，无敌对国家；有的只是愚劣、懦弱、苟且偷安。如果如今已是大统一，那就不能亲自参加军务；要和愚劣、懦弱、苟且偷生的人相比，那就是无耻。假使王者一定不能亲自参加军务，那么先王规定变革，又是来做什么呢？魏武帝曹操的战胜，可以说是仗打得很好；苻秦的战败，也由于策略不当。哪里是因人数少的一定能战胜人数多的呢？”丁未日（二十八日），孝文帝拓跋宏谈论军务，下令尚书李冲主管甄选英勇的将士。

建康和尚法智与徐州人周盘龙等叛乱，夜晚攻破徐州城，进入城中；刺史王玄邈派兵征讨，将他们杀了。

秋，七月，癸丑，魏立皇子恂为太子。

戊午，魏中外戒严，发露布及移书，称当南伐。诏发扬、徐州民丁，广设召募以备之。

中书郎王融，自恃人地，三十内望为公辅。尝夜直省中，抚案叹曰：“为尔寂寂，邓禹笑人！”行逢朱雀桁开，喧溅不得进，捶车壁叹曰:"车前无八驺,何得称丈夫!"竟陵王子良爱其文学,特亲厚之。

【译文】秋季,七月,癸丑日(初五日),北魏册立皇子拓跋恂为太子。

戊子日(初十日),北魏全城戒严,散发露布和信件,说应该南下讨伐齐国。孝文帝拓跋宏下诏调派扬州、徐州的百姓,大规模地招兵,以备征讨。

中书郎王融,依着自己有才华,门第又高,三十岁之前希望能做辅佐的宰相。曾经晚上在中书省中值班,按着桌子感慨着说:"我为什么这么寂寞冷清,邓禹二十四岁做汉司徒就能讥讽人了。"走路遇到朱雀桁开放道路,百姓喧闹,浮桥窄小,无法前行,王融敲打车墙感慨说:"在车前前导的士兵没有八个,怎能叫大丈夫?"竟陵王萧子良怜惜他的才干,特地与他亲近,优待于他。

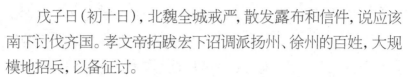

【乾隆御批】不念平城根本之地乃欲袭周、汉故迹,其后土宇分裂。虽由政事不纲,亦轻率迁都自失形势所致。昔娄敬谏汉高以汉取天下,与周室异,不可效成周之事。孝文可谓厥鉴不远。

【译文】不考虑平城是根本之地却想因袭周、汉过去的行迹,后来国土分裂。虽然由于政事没有纲要,也是轻率迁都自己失去有利形势所致。从前娄敬劝谏汉高祖刘邦依靠汉取得天下,与周朝不同,不可效法成周的旧事。孝文帝失败的借鉴可以说已经不远了。

融见上有北伐之志,数上书奖劝,因大习骑射。及魏将入寇,子良于东府募兵,版融宁朔将军,使典其事。融倾意招纳,得江西伧楚数百人,并有干用。

会上不豫，诏子良甲仗入延昌殿侍医药；子良以萧衍、范云等皆为帐内军主。戊辰，遣江州刺史陈显达镇樊城。上虑朝野忧遑，力疾召乐府奏正声伎。子良日夜在内，太孙间日参承。

【译文】 王融见齐武帝萧赜有北伐的心意，多次上奏鼓励劝勉，因此全军认真学习射箭骑马。等到北魏入侵，萧子良在东府招兵，任命王融为宁朔将军，令他管理招兵的事情。王融尽职尽责，招到江西之地几百个卑贱的楚国人，他们都有才能，可以任用。

适逢齐武帝萧赜不舒服，下令萧子良手拿兵器身穿战甲去延昌殿侍候吃药；萧子良任命萧衍、范云等为军营主帅。戊辰日（二十日），齐武帝萧赜调派江州刺史陈显达守护樊城。齐武帝考虑朝廷忧急，勉强召来音乐，令他们上演清商的技艺，萧子良在内日夜伺候，太孙萧昭业每隔一天来参拜承奉。

戊寅，上疾亟，暂绝；太孙未入，内外惶惧，百僚皆已变服。王融欲矫诏立子良，诏草已立。萧衍谓范云曰："道路籍籍，皆云将有非常之举。王元长非济世才，视其败也。"云曰："忧国家者，唯有王中书耳。"衍曰："忧国，欲为周、召，欲为竖刁邪？"云不敢答。及太孙来，王融戎服绛衫，于中书省阁口断东宫仗不得进。顷之，上复苏，问太孙所在，因召东宫器甲皆入，以朝事委尚书左仆射西昌侯鸾。俄而上殂，融处分以子良兵禁诸门。鸾闻之，急驰至云龙门，不得进，鸾曰："有敕召我！"排之而入，奉太孙登殿，命左右扶出子良；指麾部署，音响如钟，殿中无不从命。融知不遂，释服还省，叹曰："公误我！"由是郁林王深怨之。

【译文】 戊寅日（三十日），齐武帝萧赜病情很重，一时没气了。太孙萧昭业还没有进皇宫，宫廷内外很害怕，众臣都穿了丧服。王融想改诏书册立萧子良为皇帝，诏书的草稿已写成，萧衍和范云说："路上百姓纷纷议论，都说将有不平常的事。王元长（王融）不是救世之才，只能观看他败了。"范云说："担心国家大事的人，就只有王融啊。"萧衍回答说："担心国事，他是想成为周公、召公呢，还是想成为竖刁呢？"范云不敢回应。太孙萧昭业回来后，王融穿着紫红衫的官服，在中书省门口阻挡他的车驾，不让太孙进去。不一会儿，齐武帝萧赜又醒了，问太孙萧昭业在什么地方，于是让东宫车驾随从都进了宫，将朝廷事务嘱托给尚书左仆射西昌侯萧鸾。不久，齐武帝萧赜逝世，王融让萧子良的军队把守几个宫门，禁止出入。萧鸾得到消息，赶快骑马跑到云龙门，萧鸾不能进去，他大声说："皇帝下令召见我！"拨开士兵进入，让太孙萧昭业进殿中，命令旁边的人将萧子良扶出；萧鸾安排指挥，话音像钟声一样响，殿里的人没有不服从他的命令的。王融明白册立萧子良的事情不成了，脱下兵服返回中书省，感慨地说："主公耽误了我！"从此郁林王萧昭业对他很怨恨。

　　遗诏曰："太孙进德日茂，社稷有寄。子良善相毗辅，思弘治道，内外众事，无大小悉与鸾参怀，共下意！尚书中事，职务根本，悉委右仆射王晏、吏部尚书徐孝嗣；军旅之略，委王敬则、陈显达、王广之、王玄邈、沈文季、张瑰、薛渊等。"

　　【译文】齐武帝萧赜遗令说："太孙萧昭业学习德行，越来越好，可以担负天下人了。萧子良认真辅助他，要想着怎样去弘扬治国的道理，内外各种事情，不论大小都与萧鸾商量决定，降低身份谦虚谨慎，为国事努力！尚书中的事情，官职之本，都交付给吏部尚书徐孝嗣、右仆射王晏；军事的谋略，交付给王敬则、陈显达、王广之、王玄邈、沈文季、张瑰、薛渊等人。"

世祖留心政事，务总大体，严明有断，郡县久于其职，长吏犯法，封刃行诛。故永明之世，百姓丰乐，贼盗屏息。然颇好游宴，华靡之事，常言恨之，未能顿遣。

郁林王之未立也，众皆疑立子良，口语喧腾。武陵王晔于众中大言曰："若立民，则应在我；立嫡，则应在太孙。"由是帝深凭赖之。直阁周奉叔、曹道刚素为帝心膂，并使监殿中直卫；少日，复以道刚为黄门郎。

【译文】 世祖齐武帝萧赜对政事很上心，讲究总揽大况，严谨有决断，郡县的官员都能长久地任职，品阶高的官员如果犯了法，就用大刀行使惩罚。所以永明之时，百姓安乐富裕，盗贼藏匿踪迹。但齐武帝萧赜很喜好游玩设宴和奢侈华丽的事物，经常说很厌恶这些却没能立即除去这些缺点。

郁林王萧昭业还没登位，大家都猜测齐武帝萧赜会册立萧子良，口口相传，喧哗热闹。武陵王萧晔在人群里大声地说："假使册立年龄大的，那么就应该册立我；假使册立嫡系，那么就该册立太孙。"所以齐武帝萧赜对他很依赖。直阁曹道刚、周奉叔一直是齐武帝萧赜的心腹，让他们都监视殿中值勤和护卫之事；不久之后，又任命曹道刚为黄门郎。

初，西昌侯鸾为太祖所爱，鸾性俭素，车服仪从，同于素士，所居官名为严能，故世祖亦重之。世祖遗诏，使竟陵王子良辅政，鸾知尚书事。子良素仁厚，不乐世务，乃更推鸾，故遗诏云"事无大小，悉与鸾参怀"，子良之志也。

帝少养于子良妃袁氏，慈爱甚著。及王融有谋，遂深忌子良。大行出太极殿，子良居中书省，帝使虎贲中郎将潘敞领二百人仗屯太极西阶以防之。既成服，诸王皆出，子良乞停至山陵，不许。

【译文】 起初，高帝萧道成很喜爱西昌侯萧鸾，萧鸾一直朴素节俭，车子、仪仗、衣服、随从，都和普通人一样，所在的官职，因能干、严厉出名，所以齐武帝萧赜对他很看重。齐武帝萧赜遗令，让竟陵王萧子良帮助他处理政事，萧鸾管理尚书省事务。萧子良一向仁厚，不喜世间杂事，于是更加推举萧鸾，所以遗命说"无论事情大小，都和鸾商量决定"，这是萧子良的意愿啊！

萧昭业幼时被萧子良的妃子袁氏抚养成人，袁氏对他非常疼爱。当王融有推荐萧子良称帝的想法时，萧昭业对萧子良很忌惮。齐武帝萧赜的棺木搬移出太极殿，萧子良在中书省，萧昭业调派虎贲中郎将潘敞率领两百人守护在太极殿的西阶预防他。出敛以后，换上丧服，诸位王爷都出宫了，萧子良请求留在中书省，等齐武帝萧赜下葬以后再出来，萧昭业不应允。

壬午，称遗诏，以武陵王晔为卫将军，与征南大将军陈显达并开府仪同三司；尚书左仆射、西昌侯鸾为尚书令；太孙詹事沈文季为护军。癸未，以竟陵王子良为太傅；蠲除三调及众逋，省御府及无用池田、邸冶，减关市征税。先是，蠲原之诏，多无事实，督责如故。是时西昌侯鸾知政，恩信两行，众皆悦之。

魏山阳景桓公尉元卒。

【译文】 壬午日（八月初四），遵奉遗诏，任命武陵王萧晔为卫将军，和征南大将军陈显达一起做开府仪同的三司；任命太孙詹事沈文季为护军、尚书左仆射西昌侯萧鸾为尚书令。任命竟陵王萧子良为太傅。将调粟、杂调、调帛和各种拖欠的税都免除了,节约皇帝的库藏和所属没有用处的池田冶铸、宅第所在,减少关市税收。以前,蠲免和恕宥的诏命,大部分不符合实际,下属一样催逼督促。西昌侯萧鸾管理政务,恩德和信用兼顾,百姓非常高兴。

北魏山阳景桓公尉元逝世。

魏主使录尚书事广陵王羽持节安抚六镇,发其突骑。丁亥,魏主辞永固陵;己丑,发平城,南伐,步骑三十馀万;使太尉丕与广陵王羽留守平城,并加使持节。羽曰:"太尉宜专节度,臣正可为副。"魏主曰:"老者之智,少者之决,汝无辞也。"以河南王干为车骑大将军、都督关右诸军事,又以司空穆亮、安南将军卢渊、平南将军薛胤皆为干副,众合七万出子午谷。胤,辩之曾孙也。

郁林王性辩慧,美容止,善应对,哀乐过人;世祖由是爱之。而矫情饰诈,阴怀鄙愿,与左右群小共衣食,同卧起。

【译文】北魏孝文帝拓跋宏下令录尚书事广陵王拓跋羽掌管符节安定六镇,调动突击骑兵。丁亥日(初日九),孝文帝拓跋宏离开永固陵;己丑日(十一日),从平城向南出征,步兵和骑兵一共三十多万;下令广陵王拓跋羽和太尉拓跋丕留下守护平城,增加称号"使持节"。拓跋羽说:"太尉应专门管理节度事务,臣正能做副手。"孝文帝拓跋宏说:"老人的聪慧,年少的判断,正好互补,你不要推脱了。"任命河南王拓跋干为车骑大将军、都督关右诸军事,又任命司空穆亮、平南将军薛胤都、安南将军卢渊为拓跋干的副手,军队一共有七万人,从子午谷出发。薛胤是薛辩的曾孙。

郁林王萧昭业聪明善辩,外貌俊美,行为优雅,擅长对答,悲喜的情感都超越平常人,因此齐武帝萧赜喜欢他。但他掩饰情感，虚伪狡诈，心里有鄙陋邪恶的想法，与两旁的小人一起吃穿，一起睡觉起床。

始为南郡王，从竟陵王子良在西州，文惠太子每禁其起居，节其用度。王密就富人求钱，无敢不与。别作钥钩，夜开西州后阁，与左右至诸营署中淫宴。师史仁祖、侍书胡天翼相谓曰："若言之二宫，则其事未易；若于营署为异人所殴及犬物所伤，岂直罪止一身，亦当尽室及祸。年各七十，馀生岂足吝邪！"数日间，二人相继自杀，二宫不知也。所爱左右，皆逆加官爵，疏于黄纸，使囊盛带之，许南面之日，依此施行。

【译文】萧昭业开始担任南郡王，在西州跟着竟陵王萧子良，文惠太子萧长懋经常管理他的吃住，限制他的吃用。他私下找富人要钱，没人敢不给。额外配了钥匙，将西州后面的阁楼打开，跟旁边的人到各个军营去淫欢作乐。他的师傅史仁祖与侍书胡天翼私下商量说："假使将这事向齐武帝萧赜和太子萧长懋奏报，事情就不易了；假使王爷被特异的人在营地殴打，或者被咬伤，那我们何止是要获罪，家人都会跟着遭殃的。我们都七十岁了，剩下的时间还有什么值得留恋的呢？"在几天里，两个人相继自杀了，齐武帝萧赜和太子萧长懋都不知道详细情况。王爷对旁边喜欢的人，任意加官晋爵，写在黄纸上，嘱咐用袋子装好随身带着，应允将来在南面登基之时，按照这个做。

侍太子疾及居丧，忧容号毁，见者呜咽；裁还私室，即欢笑酣饮。常令女巫杨氏祷祀，速求天位。及太子卒，谓由杨氏之力，倍加敬倍。既为太孙，世祖有疾，又令杨氏祷祀。时何妃犹在西州，世祖疾稍危，太孙与何妃书，纸中央作一大喜字，而作三十六小喜字绕之。

【译文】萧昭业伺候生病的太子和服丧，满面忧伤，大哭哀痛，观看之人都不禁哭了；刚返回自己的房间，就开心饮酒作乐。他经常让女巫杨氏祭祀祈祷，尽快得到皇帝之位。太子萧长懋逝世后，萧昭业认为是因杨氏的力量，更加信赖敬重她了。萧昭业做了太孙，齐武帝萧赜得病，他又令杨氏祭祀祈祷。那时何妃还在西州，齐武帝萧赜刚病危，太孙就给何妃写信，一个很大的喜字写在了纸中间，另外三十六个小喜字写在了大喜字周围。

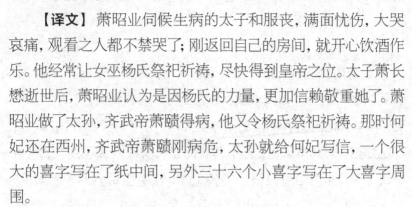

侍世祖疾，言发泪下。世祖以为必能负荷大业，谓曰："五年中一委宰相，汝勿措意；五年外勿复委人。若自作无成，无所多恨。"临终，执其手曰："若忆翁，当好作！"遂殂。大敛始毕，悉呼世祖诸伎，备奏众乐。

即位十馀日，即收王融下廷尉，使中丞孔稚珪奏融险躁轻狡，招纳不逞，诽谤朝政。融求援于竟陵王子良，子良忧惧，不敢救。遂于狱赐死，时年二十七。

【译文】萧昭业在齐武帝萧赜得病时侍候，一说话眼泪就会掉下来。齐武帝萧赜认为他一定能够担负祖宗的伟业，对他说："在五年里将政务托付给宰相，你不要添加建议；五年之后，你再主政，不要再托付别人。如果你自己的做法没有成就，希望不会增加愤恨。"齐武帝萧赜死前，拉着他的手说："假使记着我这个老祖父的话，就认真做！"话完就去世了。丧礼才完成，萧昭业就唤来了齐武帝的歌妓，准备表演各种各样的音乐。

萧昭业登位十多天，就将王融收押交给廷尉，嘱咐中丞孔稚珪上奏王融狡猾轻浮阴险暴躁，在边疆招纳士兵，没能如意，就胡乱议论朝廷政务。王融向竟陵王萧子良求救，萧子良害怕担忧，不敢救援，王融就在监牢中被赐自尽，年仅二十七岁。

【申涵煜评】融三十内便望作公辅，一片热中，那得不妄想作贼？然赐死时，年甫二十七，则三十内尚未为早也，大都功名心太重，便是蹭蹬种子。

【译文】王融三十岁就想能做辅助君主的三公，沉迷其中，哪能没有非分的想法？然而他被赐死的时候，才二十七岁，所以三十岁以内做三公还不算早，大都是因为求取功名的心太重，就种下不顺利的因。

初，融欲与东海徐勉相识，每托人召之。勉谓人曰："王君名高望促，难可轻敝衣衣裾。"俄而融及祸。勉由是知名。太学生会稽魏准，以才学为融所赏；融欲立子良，准鼓成其事。太学生虞羲、丘国宾窃相谓曰："竟陵才弱，王中书无断，败在眼中矣。"及融诛，召准入舍人省诘问，惶惧而死，举体皆青，时人以为胆破。

壬寅，魏主至肆州，见道路民有跛、眇者，停驾慰劳，给衣食终身。

【译文】起初，王融想与东海人徐勉结识，经常托人去叫他。徐勉对人说："王融名声大，得利的时间短，不能与他有深交。"不久王融遭殃了，徐勉因此出名。太学生会稽人魏准，凭借才能被王融欣赏，王融册立萧子良，魏准勉励他好好完成这事。太学生虞羲、丘国宾私底下议论说："竟陵王萧子良才能很少，王融无决断力，他们失败，就在现在。"王融被诛杀后，萧昭业召唤魏准到舍人官署责问，魏准因害怕死了，全身都泛青，那时人们认为他一定是被吓破了胆。

壬寅口（二十四日），北魏孝文帝拓跋宏去肆州，见到路上

百姓有瞎眼的、瘸腿的，停下马车下来慰问，嘱咐供给他们一生的食物衣服。

资治通鉴

大司马安定王休执军士为盗者三人以徇于军，将斩之。魏主行军遇之，命赦之，休不可，曰："陛下亲御六师，将远清江表，今始行至此，而小人已为攘盗，不斩之，何以禁奸！"帝曰："诚如卿言。然王者之体，时有非常之泽。三人罪虽应死，而因缘遇朕，虽违军法，可特赦之。"既而谓司徒冯诞曰："大司马执法严，诸君不可不慎。"于是，军中肃然。

◆臣光曰："人主之于其国，譬犹一身，视远如视迩，在境如在庭。举贤才以任百官，修政事以利百姓，则封域之内无不得其所矣。是以先王黈纩塞耳，前旒蔽明，欲其废耳目之近用，推聪明于四远也。彼废疾者宜养，当命有司均之于境内，今独施于道路之所遇，则所遗者多矣，其为仁也，不亦微乎！况赦罪人以桡有司之法，尤非人君之体也。惜也！孝文，魏之贤君，而犹有是乎！◆

【译文】大司马安定王拓跋休捉到了三个盗窃的士兵，在军队中示众，将要杀他们。孝文帝拓跋宏行军遇见了，下令安定王拓跋休放了他们，拓跋休不愿应允，说："皇上亲自率领六军，将去遥远的江南，剿灭敌人，现在刚到这里，小人已经成了盗窃东西的人，不杀他们，怎能禁止邪恶？"孝文帝说："事情确实如你所说。但君王的制度，经常有非比平常的恩典。这三个人的罪行虽然该死，但因为缘分遇到了朕，即使违反军法，可以特赦他们。"接着对司徒冯诞说："大司马严厉执法，你们必须谨慎。"于是在军队中对大司马非常恭敬，一点也不敢懈怠。

◆臣司马光说：作为君王对待他的国家，好像一个身体，看远处就像看近处的，在边境之内就像在朝堂。推举有才之人来担任官职，整治政务来为百姓谋利，那么国境内的人，没有不赞扬他的。所以先王阻塞耳朵用黄绵作丸，在帽前将冕旒垂下来遮挡眼睛，是想抛开耳目浅显的用途，将自己敏锐的听力视力推广到遥远的四方。应该供养那些残疾得病的人，那应该下令有司将平均地推广到全国，如今只是施给在路上偶然碰到的少数不幸的人，那么遗漏的不幸的人一定很多，孝文帝拓跋宏所施舍的恩泽，不是太少了吗？况且特赦有罪的人来干涉主事官员的执法，更不是君王应当的表现，真是可惜啊！孝文帝是北魏有德的君王，竟还有这样做法呀！◆

戊申，魏主至并州。并州刺史王袭，治有声迹，境内安静，帝嘉之。袭教民多立铭置道侧，虚称其美；帝闻而问之，袭对不以实。帝怒，降袭号二等。

【译文】戊申日（三十日），北魏孝文帝拓跋宏到达并州。并州的刺史王袭，政治举措很有效果和名声，境内安定，孝文帝奖赏了他。王袭教人在路旁多地立下刻了铭文的碑，表扬他的优点；孝文帝听到消息就问他，王袭回答碑文并不符实。孝文帝生气了，把他所享的封号降了两级。

【申涵煜评】袭为刺史，教民置铭称美，魏帝怒降其号，甚快人意。今有司于通衢要路遍布歌谣，乃知亦有所本。然史称袭治有声，迹犹贤，于后世，相反也。

【译文】王袭担任刺史时，教导民众设立碑铭来称赞他的美德，魏孝文帝大怒并降低他的名号等级，让人痛快。现在有的官员在主要道路上到处分布歌谣，才知道这也是有来由的。然而史书上称赞王袭治理地方有声名，事迹也很出色，和后世的人刚好相反。

九月，壬子，魏遣兼员外散骑常侍勃海高聪等来聘。

丁巳，魏主诏车驾所经，伤民秋稼者，亩给谷五斛。

辛酉，追尊文惠太子为文皇帝，庙号世宗。

世祖梓宫下渚，帝于端门内奉辞，辒辌车未出端门，亟称疾还内。裁入阁，即于内奏胡伎，鞞铎之声，响震内外。丙寅，葬武皇帝于景安陵，庙号世祖。

戊辰，魏主济河；庚午，至洛阳；壬申，诣故太学观《石经》。

乙亥，邓至王像舒彭遣其子旧朝于魏，且请传位于旧；魏主许之。

【译文】九月，壬子日（初四日），北魏派兼员外散骑常侍渤海人高聪等人来访问齐国。

丁巳日（初九日），北魏孝文帝拓跋宏下诏：车马所经过的地方，损害百姓庄稼的，每亩赔给五斛谷。

辛酉日（十三日），郁林王萧昭业追封文惠太子萧长懋为文皇帝，庙号世宗。

齐武帝萧赜的棺木搬移至秦淮河边的沙洲，皇帝萧昭业在正南面的端门辞别。丧车还没离开端门，皇帝萧昭业就说有病急着返回大内。刚入大殿，里面就上演胡人的音乐，鼙鼓、大铃的声音，响彻皇宫内外。丙寅日（十八日），萧昭业将齐武帝萧赜安葬于景安陵，庙号世祖。

秋季，戊辰日（二十日），北魏孝文帝拓跋宏渡过黄河；庚午日（二十二日），到了洛阳；壬申日（二十四日），到以前的太学观看《石经》。

乙亥日（二十七日），邓至王像舒彭让自己的儿子旧去北魏献贡，并且将王位传给旧，孝文帝拓跋宏答应了他的请求。

魏主自发平城至洛阳，霖雨不止。丙子，诏诸军前发。丁
丑，帝戎服，执鞭乘马而出。群臣稽颡于马前。帝曰："庙算已
定，大军将进，诸公更欲何云？"尚书李冲等曰："今者之举，天下
所不愿，唯陛下欲之；臣不知陛下独行，竟何之也！臣等有其意
而无其辞，敢以死请！"帝大怒曰："吾方经营天下，期于混壹，而
卿等儒生，屡疑大计；斧钺有常，卿勿复言！"策马将出，于是安
定王休等并殷勤泣谏。帝乃谕群臣曰："今者兴发不小，动而无
成，何以示后！朕世居幽朔，欲南迁中土；苟不南伐，当迁都于
此，王公以为何如？欲迁者左，不欲者右。"安定王休等相帅如
右。南安王桢进曰："'成大功者不谋于众。'今陛下苟辍南伐之
谋，迁都洛邑，此臣等之愿，苍生之幸也。"群臣皆呼万岁。时旧
人虽不愿内徙，而惮于南伐，无敢言者；遂定迁都之计。

【译文】孝文帝拓跋宏从平城到洛阳，一路上风雨不停。丙
子日（二十八日），下诏各路军队向前进发。丁丑日（二十九日），
孝文帝拓跋宏穿着兵服，骑马出来，手拿马鞭，众臣在马前磕头
碰地。孝文帝说："朝堂的策略已经决定，大军将要向前出发，
你们还想讲些什么？"尚书李冲等人回答说："如今的行为，天
下人都不想做，只有皇上愿做；臣不知道皇上一人前去，将要去
哪里？臣等心中不知应该说什么，胆敢冒死请求皇上别再想着
做了。"孝文帝拓跋宏生气地说："朕治理天下，盼望天下统一，
但你们这些学儒，多次质疑朕的谋略；如刀斧有一定的应用范
围，你们不要再说！"孝文帝用马鞭策马，就要走。安定王拓跋
休等人都掉眼泪委婉地进言。孝文帝拓跋宏这才告诉众臣说：
"如今大举南伐，不是小事，有行动却无成果，怎么给后代人做

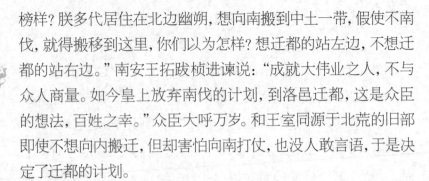

榜样?朕多代居住在北边幽朔,想向南搬到中土一带,假使不南伐,就得搬移到这里,你们以为怎样?想迁都的站左边,不想迁都的站右边。"南安王拓跋桢进谏说:"成就大伟业之人,不与众人商量。如今皇上放弃南伐的计划,到洛邑迁都,这是众臣的想法,百姓之幸。"众臣大呼万岁。和王室同源于北荒的旧部即使不想向内搬迁,但却害怕向南打仗,也没人敢言语,于是决定了迁都的计划。

李冲言于上曰:"陛下将定鼎洛邑,宗庙宫室,非可马上行游以待之。愿陛下暂还代都,俟群臣经营毕功,然后备文物、鸣和鸾而临之。"帝曰:"朕将巡省州郡,至邺小停,春首即还,未宜归北。"乃遣任城王澄还平城,谕留司百官以迁都之事,曰:"今日真所谓革也。王其勉之!"

帝以群臣意多异同,谓卫尉卿、镇南将军于烈曰:"卿意如何?"烈曰:"陛下圣略渊远,非愚浅所测。若隐心而言,乐迁之与恋旧,适中半耳。"帝曰:"卿既不唱异,即是肯同,深感不言之益。"使还镇平城,曰:"留台庶政,一以相委。"烈,栗䃵之孙也。

【译文】李冲对孝文帝拓跋宏说:"皇上将在洛邑建都,以此夺取天下,宗庙宫室,不是在马上奔驰游动着等待获得的。希望皇上暂时返回代郡,等众臣将这里治理好了,皇上准备好东西,开响鸾铃再来。"孝文帝说:"朕将视察州郡,在邺稍事停留,明年春季开始就回,不合适返回北边。"于是调派任城王拓跋澄返回平城,对留下的众官下旨迁都的事,说:"如今应照'革'卦所说'去旧'之意,众位王爷多加努力!"

孝文帝拓跋宏因众臣有很多不同的心思,对卫尉卿、镇南将军于烈说:"你的意思如何?"于烈回答说:"皇上圣明的谋略想得长远，不是臣浅近愚陋能明白的。假使猜测心思，喜欢迁徙与留恋过去，正好各是一半了。"孝文帝拓跋宏说："你既不说不一样的说法，就是同意了，朕对你深深感谢。"调派他返回平城去守护，说："留在各机构的各种政务，就全托付给你了。"于烈，是于栗磾的孙子。

先是，北地民支酉聚众数千，起兵于长安城北石山，遣使告梁州刺史阴智伯，秦州民王广亦起兵应之，攻执魏刺史刘藻，秦、雍间七州民皆响震，众至十万，各守堡壁以待齐救。魏河南王干引兵击之，干兵大败；支酉进至咸阳北浊谷，穆亮与战，又败；阴智伯遣军主席德仁等将兵数千与相应接。酉等进向长安，卢渊、薛胤等拒击，大破之，降者数万口。渊唯诛首恶，馀悉不问，获酉、广，并斩之。

【译文】以前，北地的百姓支酉聚集几千人，在长安城的北石山造反，调派使者告知梁州刺史阴智伯；秦州百姓王广也造反回应他，攻打北魏刺史刘藻，秦、雍一带七州的人民都震惊跟着回应，士兵达到十万人，各自守护城池据点，等着齐国的支援。北魏河南王拓跋干率领军队攻打，拓跋干大败；支酉进攻咸阳北边的山谷，穆亮与他战斗，又大败；阴智伯调派军主席德仁等人率领军队几千人接应他们。支酉等人向长安进军，卢渊、薛胤等反抗攻击，将他们打败，归降的人有好几万。卢渊仅斩杀了为首之人，其余的都没责罚，俘虏了支酉、王广，将他们斩杀。

冬，十月，戊寅朔，魏主如金墉城，徵穆亮，使与尚书李冲、将作大匠董尔经营洛都。己卯，如河南城；乙酉，如豫州；癸巳，舍于石济。乙未，魏解严，设坛于滑台城东，告行庙以迁都之意。

大赦。起滑台宫。任城王澄至平城，众始闻迁都，莫不惊骇。澄援引古今，徐以晓之，众乃开伏。澄还报于滑台，魏主喜曰："非任城，朕事不成。"

【译文】冬季，十月，戊寅朔日（初一日），北魏孝文帝拓跋宏去金墉城，召唤穆亮，命他与尚书李冲、将作大匠董尔一同管理洛都。己卯日（初二日），孝文帝拓跋宏到达河南城；乙酉日（初八日），到达豫州；癸巳日（十六日），在石济留宿。乙未日（十八日），北魏除去戒严，在滑台城东开设祭坛，将迁都之意祭告跟随供奉的神仙，大赦天下。兴建滑台宫。任城王拓跋澄到达平城，众人得知要迁都，无不惊讶。拓跋澄以古论今，向他们慢慢解释，众人才明白服从。拓跋澄返回滑台上奏，孝文帝拓跋宏很开心地说："没有任城王，朕迁都之事不成。"

壬寅，尊皇太孙太妃为皇太后；立妃为皇后。

癸卯，魏主如邺城。王肃见魏主于邺，陈伐齐之策。魏主与之言，不觉促席移晷。自是器遇日隆，亲旧贵臣莫能间也。魏主或屏左右与肃语，至夜分不罢，自谓君臣相得之晚。寻除辅国将军、大将军长史。时魏主方议兴礼乐，变华风，凡威仪文物，多肃所定。

【译文】壬寅日（二十五日），册封皇太孙太妃为皇太后，册封太孙妃做皇后。

癸卯日（二十六日），孝文帝拓跋宏到达邺城。王肃在邺城面见孝文帝拓跋宏，述说伐齐的计划。孝文帝拓跋宏和他商谈，不自觉地将座席拉近，也没觉察时间的流逝。自此王肃慢慢被礼遇看重，就算以前亲近的臣子都无人能挑拨。孝文帝拓跋宏有时让旁人退下与王肃谈论，到了半夜还不停下，自以为君臣相见恨晚。不久任命王肃为辅国将军、大将军长史。那时孝文帝拓跋宏正商谈兴起礼乐，更改效仿华夏的习俗，大凡威仪东西，多数为王肃所制定。

乙巳，魏主遣安定王休帅从官迎家于平城。

辛亥，封皇弟昭文为新安王，昭秀为临海王，昭粲为永嘉王。

魏主筑宫于邺西，十一月，癸亥，徙居之。

御史中丞江淹劾奏前益州刺史刘悛、梁州刺史阴智伯赃货巨万，皆抵罪。初，悛罢广、司二州，倾赀以献世祖，家无留储。在益州，作金浴盆，馀物称是。及郁林王即位，悛所献减少。帝怒，收悛付廷尉，欲杀之；西昌侯鸾救之，得免，犹禁锢终身。悛，勔之子也。

【译文】 乙巳日（二十八日），孝文帝拓跋宏派安定王拓跋休率领跟随的人到平城前去接应家属。

辛亥日（十月无此日），皇帝萧昭业册立皇弟萧昭文为新安王，萧昭秀为临海王，萧昭粲为永嘉王。

孝文帝拓跋宏在邺城西边修筑宫殿；十一月，癸亥日（十六日），孝文帝搬迁到那里。

御史中丞江淹上奏前益州刺史刘悛、梁州刺史阴智伯贪赃的东西价值上万，他们都按律获罪。起初，刘悛由广、司两州免职，将全部的财物都进献给齐武帝萧赜，家中没有留下财物。担任益州刺史，造黄金之盆，其余物品也与它一样。等郁林王上位，刘悛进献的比以前少了。郁林王很生气，将刘悛抓起来，交给廷尉，要杀死他；西昌侯萧鸾救他，才能不死，但还是监禁终身，不能任职。刘悛是刘勔的儿子。

资治通鉴卷第一百三十九 齐纪五

阏逢阉茂，一年。

【译文】起止甲戌（公元494年），共一年。

【题解】本卷记录了公元494年，即齐明帝萧鸾建武元年一年间南朝齐、北朝魏两国大事。记录了小皇帝萧昭业的斑斑劣迹；萧鸾以萧衍为心腹，收买大臣；典签权势日益膨胀，控制齐室诸王，诸王深受其害；萧鸾杀萧昭业改立萧昭文，控制朝权，诛尽齐国宗室，又杀萧昭文，即位称帝；谢朓、谢瀹兄弟闻皇室噩耗不为所动；魏录尚书事拓跋羽上奏魏主考核朝官，以此进行奖惩；还记录了魏主迁都洛阳；魏主乘萧鸾弑主篡位，齐国雍州刺史曹虎声投降的时机，统兵攻齐，在赭阳、南阳一带相持的情景，等等。

高宗明皇帝上

建武元年（甲戌，公元四九四年）春，正月，丁未，改元隆昌；大赦。

雍州刺史晋安王子懋，以主幼时艰，密为自全之计，令作部造仗；征南大将军陈显达屯襄阳，子懋欲胁取以为将。显达密启西昌侯鸾，鸾征显达为车骑大将军；徙子懋为江州刺史，仍令留部曲助镇襄阳，单将白直、侠毂自随。显达过襄阳，子懋谓曰："朝廷令身单身而返，身是天王，岂可过尔轻率！今犹欲将二三千人自随，公意何如？”显达曰：“殿下若不留部曲，乃是大违敕旨，其事不轻；且此间人亦难可收用。”子懋默然。显达因辞出，即发去。子懋计未立，乃之寻阳。

【译文】建武元年（甲戌，公元494年）十月始将年号改为建武。春季，一月，丁未日（初一日），郁林王将年号改为隆昌，大赦天下。

雍州刺史晋安王萧子懋，因君主年小，形势艰难，私下做些保全自己的计策，让主管制造的部门制造兵器。征南大将军陈显达在襄阳驻扎，萧子懋想胁迫他让他担任自己的将领。陈显达私下对西昌侯萧鸾汇报，萧鸾任命陈显达为车骑大将军，调派萧子懋为江州刺史，下令保留下属守护襄阳，只能带着少量的侍从及随车护卫。陈显达途经襄阳，萧子懋对陈显达说："朝廷让我一人返回，我作为皇室亲王，怎能太轻率？我现在想带着两三千人跟随我，您怎样看呢？"陈显达回答说："殿下若不留下部属，那是违反皇上的圣旨，这事论罪的话不轻；况且这里的人也不见得能收为己用。"萧子懋没话说了。于是陈显达告辞而出，起身走了。萧子懋的计划没成，就到江州刺史治理的寻阳。

西昌侯鸾将谋废立，引前镇西谘议参军萧衍与同谋。荆州刺史随王子隆，性温和，有文才；鸾欲征之，恐其不从。衍曰："随王虽有美名，其实庸劣。既无智谋之士，爪牙唯仗司马垣历生、武陵太守卞白龙耳。二人唯利是从，若啖以显职，无有不来；随王止须折简耳。"鸾从之。徵历生为太子左卫率，白龙为游击将军；二人并至。续召子隆为侍中、抚军将军。豫州刺史崔慧景，高、武旧将，鸾疑之，以萧衍为宁朔将军，戍寿阳。慧景惧，白服出迎；衍抚安之。

【译文】西昌侯萧鸾计划将郁林王萧昭业废除,他把前镇西咨议参军萧衍请来,与他一起谋划。荆州刺史随王萧子隆,有才华,性格温和;萧鸾想召唤他,怕他不服从。萧衍回答说:"随王萧子隆虽有好的声誉,其实愚劣平常。既无有智谋的谋士,爪牙仅依靠武陵太守卜白龙、司马垣历生罢了。这两人喜利,假使拿高职引诱他们,没有不来的道理;对于随王萧子隆,只要写信召唤,自己就会来的。"萧鸾按照他的话做了。调派垣历生为太子左卫率,卜白龙为游击将军;两个人应召前来。接着征召萧子隆担任侍中、抚军将军。豫州刺史崔慧景是齐高帝萧道成、齐武帝萧赜的下属,萧鸾对他产生猜疑,委任萧衍为宁朔将军,守卫寿阳。崔慧景害怕,穿着白服出城前去接应,好像获罪述职的人;萧衍安抚他。

辛亥,郁林王祀南郊;戊午,拜崇安陵。

癸亥,魏主南巡;戊辰,过比干墓,祭以太牢,魏主自为祝文曰:"乌呼介士,胡不我臣!"

帝宠幸中书舍人綦母珍之、朱隆之、直阁将军曹道刚、周奉叔、宦者徐龙驹等。珍之所论荐,事无不允;内外要职,皆先论价,旬月之间,家累千金;擅取官物及役作,不俟诏旨。有司至相语云:"宁拒至尊敕,不可违舍人命。"帝以龙驹为后阁舍人,常居含章殿,著黄纶帽,被貂裘,南面向案,代帝画敕;左右侍直,与帝不异。

【译文】辛亥日(初五日),郁林王萧昭业在南郊祭祀;戊午日(十二日),在文惠太子世宗萧长懋下葬的崇安陵祭拜。

癸亥日(十七日),北魏孝文帝拓跋宏去南方视察。戊辰日(二十二日),途经比干的墓地,用太牢祭拜,孝文帝拓跋宏自己写祷文说:"耿直的人呀,为什么不是朕的大臣呢?"

皇帝萧昭业宠爱中书舍人綦毋珍之、朱隆之、直阁将军曹道刚、周奉叔、宦官徐龙驹等人。綦毋珍之所讨论举荐的事,没有不应允的;朝堂上下重要的官职,都先讨论好价钱,不到一个月,綦毋珍之的财产积累到千金;他自行用官府的物品,调用百姓给自己服役,不等皇帝萧昭业下诏。管事的官员甚至相互交谈:"宁愿违反皇帝萧昭业的命令,也不能违反中书舍人綦毋珍之的命令。"皇帝萧昭业任命徐龙驹为后阁舍人,他经常住在含章殿,披着貂裘,戴着黄帽,向着书桌脸朝南,为皇帝下令;两边之人当值伺候,和对待皇帝没有两样。

帝自山陵之后,即与左右微服游走市里,好于世宗崇安陵隧中掷涂、赌跳,作诸鄙戏,极意赏赐左右,动至百数十万。每见钱,曰:"我昔思汝一枚不得,今日得用汝未?"世祖聚钱上库五亿万,斋库亦出三亿万,金银布帛不可胜计;郁林王即位未期岁,所用垂尽。入主衣库,令何后及宠姬以诸宝器相投击破碎之,用为笑乐。烝于世祖幸姬霍氏,更其姓曰徐。朝事大小,皆决于西昌侯鸾。鸾数谏争,帝多不从;心忌鸾,欲除之。以尚书右仆射鄱阳王锵为世祖所厚,私谓锵曰:"公闻鸾于法身如何?"锵素和谨,对曰:"臣鸾于宗戚最长,且受寄先帝;臣等皆年少,朝廷所(损)〔赖〕,唯鸾一人,愿陛下无以为虑。"帝退,谓徐龙驹曰:"我欲与公共计取鸾,公既不同,我不能独办,且复小听。"

【译文】自从皇帝萧昭业登位,就与两边的人穿了平常的衣服在市中里弄玩乐;喜爱在世宗文惠太子萧长懋的崇安陵隧道之中丢泥块,比赛跳高,行多种浅陋的游戏,随意赏赐旁人,动则达到几十万数百万。他每次见到钱都说:"我以前想要一个

135

都得不到，如今可以用你了吧？"齐世祖武帝萧赜在位时累积钱币，在国库储备有五亿万的铜钱，供君主用的私库也超越三亿万铜钱，布帛金银，数也数不完。郁林王萧昭业登位不足一年，就花得差不多了。他进入为皇帝准备衣物及各种玩赏物品的库房，下令何后和宠妃用各种宝器相互投玩，将宝器弄得破碎。他又和齐世祖武帝萧赜（《齐书》作世宗）宠爱的宫人霍氏通奸，将她的姓氏更改为徐氏。朝堂的政务，无论大小都让西昌侯萧鸾裁决。萧鸾多次进谏争取，皇帝萧昭业都不愿听；萧昭业心里猜疑萧鸾，想将他除去。尚书右仆射鄱阳王萧锵是齐武帝萧赜宠爱的臣子，萧昭业私下对萧锵说："你知不知道萧鸾对法身（郁林王小字法身）如何？"萧锵一向谨慎温和，回应说："萧鸾在亲属同宗中，年龄最大，而且接纳先帝萧赜的嘱咐；臣等人年少，朝廷所能依靠的，只有萧鸾，希望皇上不要为此担心。"皇帝萧昭业出去，对徐龙驹说："朕想与公（萧锵）一起商量制伏萧鸾，他既然不同意，朕不能独自做成，暂且再让萧鸾专横一些时间。"

资治通鉴

卫尉萧谌，世祖之族子也，自世祖在郢州，谌已为腹心。及即位，常典宿卫，机密之事，无不预闻。徵南谘议萧坦之，谌之族人也，尝为东宫直阁，为世宗所知。帝以二人祖父旧人，甚亲信之。谌每请急出宿，帝通夕不寐，谌还乃安。坦之得出入后宫。帝亵狎宴游，坦之皆在侧。帝醉后，常裸袒，坦之辄扶持谏谕。西昌侯鸾欲有所谏，帝在后宫不出，唯遣谌、坦之径进，乃得闻达。

【译文】卫尉萧谌，是齐武帝萧赜同族的子弟，自从齐武帝萧赜行郢州事时，萧谌已是萧赜心腹。齐武帝萧赜登位后，萧谌管理京城宿卫，机密之事，无不预先知道。征南咨议萧坦之，是萧谌的族人，曾担任过东宫直阁，被世宗萧长懋欣赏。皇帝萧昭业因为两人是祖父萧赜的旧部，对他们很信任。萧谌每次有急事请假出去过夜，皇帝萧昭业都一夜不睡，萧谌返回了才安心。萧坦之能进出后宫，皇帝萧昭业玩乐，萧坦之都在旁伺候。萧昭业喝醉后，经常裸着不穿衣服，萧坦之就扶着他，进言让他明白。西昌侯萧鸾想陈述些什么事，萧昭业不出后宫，只有派萧谌、萧坦之直接进去，才能将事情传给他听到。

何后亦淫泆，私于帝左右杨珉，与同寝处如伉俪；又与帝相爱狎，故帝恣之。迎后亲戚入宫，以耀灵殿处之。斋阁通夜洞开，外内淆杂，无复分别。西昌侯鸾遣坦之入奏诛珉，何后流涕覆面曰："杨郎好年少，无罪，何可枉杀！"坦之附耳语帝曰："外间并云杨珉与皇后有情，事彰遐迩，不可不诛。"帝不得已许之；俄敕原之，已行刑矣。鸾又启诛徐龙驹，帝亦不能违，而心忌鸾益甚。萧谌、萧坦之见帝狂纵日甚，无复悛改，恐祸及己，乃更回意附鸾，劝其废立，阴为鸾耳目，帝不之觉也。

【译文】萧昭业的皇后何氏也很放荡，一度贪求享乐，与在皇帝萧昭业旁边伺候的杨珉通情，与他一起相处睡觉，就像配偶一样；她又与皇帝萧昭业互相亲昵关爱，皇帝萧昭业放任她，前去接应何后的家人进宫，将他们安置在耀灵殿。书斋和后阁的房门一晚上大开，内外杂乱，没有分别。西昌侯萧鸾调派萧坦之进言杀了杨珉，何后哭着，手挡着脸说："杨郎是好人，没有犯罪，怎能不顾法律杀他？"萧坦之在皇帝萧昭业耳边小声说："在外都说皇后与杨珉有私情，事情瞒不住，都知道了，不能留他。"皇帝萧昭业不得已应允了他，不久下令释放杨珉，他已经被处以极刑了。萧鸾又上奏诛杀徐龙驹，皇帝萧昭业也不能违反，但心中更加猜疑萧鸾。萧谌、萧坦之见萧昭业放纵，一日比一日厉害，没有悔改的意思，害怕祸患牵连到自己；于是更加附和萧鸾，规劝他废除郁林王萧昭业，私下做萧鸾的眼线，萧昭业没有察觉。

周奉叔恃勇挟势，陵轹公卿。常翼单刀二十口自随，出入禁闼，门卫不敢诃。每语人曰："周郎刀不识君！"鸾忌之，使萧谌、萧坦之说帝出奉叔为外援。己巳，以奉叔为青州刺史，曹道刚为中军司马。奉叔就帝求千户侯；许之。鸾以为不可，封曲江县男，食三百户。奉叔大怒，于众中攘刀厉色；鸾说谕之，乃受。奉叔辞毕，将之镇，部伍已出。鸾与萧谌称敕，召奉叔于省中，殴杀之，启云："奉叔慢朝廷。"帝不获已，可其奏。

【译文】 周奉叔依仗勇敢和皇帝萧昭业的恩宠，欺负公卿。经常佩戴二十口刀，排成两个翅膀的形状。进出皇宫小门，守门的士兵不敢呵斥。他经常对人说："周郎的刀子不认识你！"萧鸾对他忌讳，嘱咐萧谌、萧坦之劝说皇帝萧昭业将周奉叔调派外地做支援。己巳日（二十三日），任命周奉叔为青州刺史，曹道刚为中军司马。周奉叔请求做千户侯；皇帝萧昭业应允了他。萧鸾认为不能，令他担任曲江县男，俸禄为三百户的税收。周奉叔很生气，在人群中拿刀怒形于色；萧鸾对他解释，他才接纳。周奉叔辞别后，将去镇守之地，军队已经出发。萧鸾与萧谌说奉皇帝萧昭业口谕，在尚书省官府召见周奉叔，令人将他打死。萧鸾向皇帝萧昭业上奏说："周奉叔懈怠军务。"皇帝萧昭业不得已，应允了奏折。

溧阳令钱唐杜文谦，尝为南郡王侍读，前此说綦毋珍之曰："天下事可知，灰尽粉灭，匪朝伊夕；不早为计，吾徒无类矣。"珍之曰："计将安出？"文谦曰："先帝旧人，多见摈斥，今召而使之，谁不慷慨！近闻王洪范与宿卫将万灵会等共语，皆攘袂捶床；君其密报周奉叔，使万灵会等杀萧谌，则宫内之兵皆我用也。即勒兵入尚书，斩萧令，两都伯力耳。今举大事亦死，不举事亦死；二死等耳，死社稷可乎！若迟疑不断，复少日，录君称敕赐死，父母为殉，在眼中矣。"珍之不能用。及鸾杀奉叔，并收珍之、文谦，杀之。

【译文】 溧阳令钱塘人杜文谦，曾经担任南郡王萧昭业的陪读，之前劝綦毋珍之说："天下之事大约能知道，灰被吹尽粉散灭，不是一朝一夕之事；假使不尽早筹谋，我们这些人就不能活了。"綦毋珍之说："谋略怎么用？"杜文谦回答说："先帝萧赜以前的人，多数遭排斥，现在征召来任使，有谁不尽心效力？最近得知王洪范与宿卫将万灵会等人一同闲聊，都捶击床铺、卷起袖子，您能给周奉叔报告，使万灵会等人杀害萧谌，那么皇宫的士兵都能被我们任用了。率士兵进尚书省，将萧令（尚书令萧鸾）杀了，不过是两个刽子手的力气罢了。如今发动大业是死，不反叛也是死；两种一样的死法，不如为天下死吧！假使犹豫不能决定，再过一些时间，录君（录尚书事的萧鸾）谎称皇帝萧昭业的命令来让我们自杀，父母都得死，灾祸就在眼前了。"綦毋珍之不采纳。萧鸾将周奉叔杀害后，同时将綦毋珍之、杜文谦收押，将他们杀了。

乙亥，魏主如洛阳西宫。中书侍郎韩显宗上书陈四事：其一以为："窃闻舆驾今夏不巡三齐，当幸中山。往冬舆驾停邺，当农隙之时，犹比屋供奉，不胜劳费。况今蚕麦方急，将何以堪命！且六军涉暑，恐生疹疫。臣愿早还北京，以省诸州供张之苦，成洛都营缮之役。"其二以为："洛阳宫殿故基，皆魏明帝所造，前世已讥其奢。今兹营缮，宜加裁损。又，顷来北都富室，竞以第舍相尚；宜因迁徙，为之制度。及端广衢路，通利沟渠。"其三以为："陛下之还洛阳，轻将从骑。王者于闱闼之内犹施警跸，况涉履山河而不加三思乎！"其四以为："陛下耳听法音，目玩坟典，口对百辟，心虞万机，景昃而食，夜分而寝；加以孝思之至，随进而深；文章之业，日成篇卷；虽睿时所用，未足为烦，然非所以啬神养性，保无疆之祚也。伏愿陛下垂拱司契而天下治矣。"帝颇纳之。显宗，麒麟之子也。

【译文】乙亥日（二十九日），北魏孝文帝拓跋宏到洛阳西宫，中书侍郎韩显宗上奏四件事，第一件说："我得知君主的御驾今年夏季不巡视三齐，就要到中山一带。去年冬季，御驾停在邺城，正是农闲之时，百姓还得家家户户去进行供奉，辛苦不已，费用无法计算。如今养蚕播种，农事正忙，百姓怎能接受供奉的指令？再者六军冒着酷暑行军，恐怕会感染瘟疫。臣希望皇上尽早返回京城（平城），来节约各州供奉的辛苦，完成洛都管理修复的工作。"第二件说："洛阳皇宫以前的基础，都是魏明帝曹叡所兴建的，前代人嘲讽宫殿修建得太奢侈。如今管理整建，应加以减损淘汰。再者，最近北都的富人，拿豪华的住宅相互攀比；应趁迁都之时，制定制度。还要将道路铺得宽广笔直，河道也要便利通畅。"第三件说："皇上返回洛阳，只简单地带领几个随身骑兵。君王即使在皇宫门闱以内，也要施行清道，阻隔闲杂人等，况且远走山河却不谨慎多加考虑呢？"第四件说："皇上听的是优雅的音乐，欣赏的是《三坟》《五典》，与诸侯口里应对,心中担心万种政事,夕阳西下才吃饭,半夜了才睡;加上思念孝顺之情,随着时间流失而加深;文章的伟业,总得每天凑成多少卷或多少篇。即使是皇上贤明颖睿,这些事情,还不觉烦恼,但这绝不是怡养心性、爱护心神,保证有无边福气的方法啊!希望皇上垂旒拱手,管理契要,那天下就能管理好了!"孝文帝拓跋宏采纳了他的一些建议。韩显宗是韩麒麟的儿子。

显宗又上言,以为:"州郡贡察,徒有秀、孝之名,而无秀、孝之实;朝廷但检其门望,不复弹坐。如此,则可令别贡门望以叙士人,何假冒秀、孝之名也!夫门望者,乃其父祖之遗烈,亦何益于皇家!益于时者,贤才而已。苟有其才,虽屠、钓、奴、虏,圣王不耻以为臣;苟非其才,虽三后之胤,坠于皂隶矣。议者或云'今世等无奇才,不若取士于门',此亦失矣。岂可以世无周、邵,遂废宰相邪!但当校其寸长铢重者先叙之,则贤才无遗矣。

【译文】韩显宗又进谏,说:"州郡推荐孝廉、秀才,而向皇上推荐,白白有秀才、孝廉的名声,却没有秀才、孝廉的本质;朝堂只检查那些人的名望门第,不会对监察不实的州郡弹劾判刑。如此,就下令地方官员按照门第给这些士人排出等级进献给朝廷另外推举名望门第来拴住,何必冒充秀才、孝廉的名声呢?说到名望门第,是祖父、父亲留下的业绩,这对国家又有什么好处?对当代形势有好处的,只是人才罢了!假使真有才能,即便是钓鱼、屠牛、为人奴隶的人,皇上都不觉得任用他们做臣子有羞耻感受的;假使没什么才能,即便是三代圣王的后代,也和卑贱的奴仆一般!讨论的大臣们有人说:'如今没有奇才,不如依照门第来选拔士人。'这话也有缺点。怎能因现代无邵公、周公一流的奇才,就将宰相的职位废除呢?应比较衡量,只要多一铢之重、一寸之长的，就先录用他，那么奇才就不会遗漏了。

"又，刑罚之要，在于明当，不在于重。苟不失有罪，虽捶挞之薄，人莫敢犯；若容可侥幸，虽参夷之严，不足惩禁。今内外之官，欲邀当时之名，争以深酷为无私，迭相敦厉，遂成风俗。陛下居九重之内，视人如赤子；百司分万务之任，遇下如亿雠。是则尧、舜止一人，而桀、纣以千百；和气不至，盖由于此。谓宜敕示百僚，以惠元元之命。

【译文】 "再者，惩罚刑狱的要点，在于恰当明确，不在重罚。假使犯罪之人都难逃法律，仅仅是小的鞭挞杖击，人们也不敢触犯法律；假使幸运逃脱，即便是夷诛三族那样严重的罪行，也不足禁止人们犯法。现在内外的官员，想得到好名声，将苛刻森严当作无私，相互鼓励敦促，于是形成了风气。皇上在九重宫闱以内，将百姓看作子女；众臣分担万种政事的职责，对百姓就像敌人。这样，舜、尧那样的只有一个人，但桀、纣那样的却有成百上千个；和睦风气不来，大概就是这个缘由。臣以为应告示百官，要爱护百姓。

"又，昔周居洛邑，犹存宗周；汉迁东都，京兆置尹。案《春秋》之义，有宗庙曰都，无曰邑。况代京，宗庙山陵所托，王业所基，其为神乡福地，实亦远矣，今便同之郡国，臣窃不安。谓宜建畿置尹，一如故事，崇本重旧，光示万叶。

【译文】 "再有，以前周迁都洛邑，还保留旧都，将丰称作宗周；汉迁都洛阳，长安依然安设京兆尹。《春秋》的说法，有宗庙称为都，没有宗庙称为邑。况且平城，为宗庙和祖先坟墓所依存之地，君王伟业根基立定之地，即便神仙的家乡，求福的地方，也还实在差很远呢，如今竟就将它归于郡县封国，臣心里觉得不安。臣认为该设立王畿安置郡尹，和以前的事例一样，推举根本，看重旧地，光耀之事，能够告知后代子孙。

　　"又，古者四民异居，欲其业专志定也。太祖道武皇帝创基拨乱，日不暇给，然犹分别士庶，不令杂居，工伎屠沽，各有攸处；但不设科禁，久而混殽。今闻洛邑居民之制，专以官位相从，不分族类。夫官位无常，朝荣夕悴，则是衣冠、皂隶不日同处矣。借使一里之内，或调习歌舞，或讲肆诗书，纵群儿随其所之，则必不弃歌舞而从诗书矣。然则使工伎之家习士人风礼，百年难成；士人之子效工伎容态，一朝而就。是以仲尼称里仁之美，孟母勤三徙之训。此乃风俗之原，不可不察。朝廷每选人士，校其一婚一宦以为升降，何其密也！至于度地居民，则清浊连甍，何其略也！今因迁徙之初，皆是公地，分别工伎，在于一言，有何可疑，而阙盛美！

　　【译文】 "再者，以前士、农、工、商四种百姓，分居异地，希望他们可以专一职业，坚定志向。太祖道武皇帝拓跋珪创建伟业，平定乱局，每天都很忙，但还是将士大夫与庶人等区别开，不准他们住在一起，工匠、屠夫、艺伎、商人，各有各的居处之地，但没有设立科罚禁令，时间长就混杂一起了。现在得知洛邑居民的规划制度，全按照官职，不按照种族分类。官职没有永远不变的，开始发达，后来可能退却，穿官衣官帽的显贵与低下的小贩，不久就同住了。如果一里以内，有的教导学习歌舞，有的讲述学习诗书，放任孩子们任意学习，那他们一定不会舍弃歌舞去研习诗书了。这样说来，要使工匠技艺的人学习读书人的礼仪风尚，百年也难见成果；要使上人子弟去仿效工匠技艺的容貌姿态，只要一天就能够了。因此孔子说乡里有宽厚的习俗是好的，孟母迁徙三次来教育儿子。这是习俗的根源，不能不明白。朝堂每次挑选人才，总是以婚姻和当官的条件作为衡量升迁的标准，这是何等周密啊！对于衡量处所安排百姓，士庶混杂，这是怎样地疏忽！如今趁着开始搬迁，到处都有空地，想要划分工匠技艺人，只是一句话罢了，有什么可犹豫的而使美好的事业有缺憾呢？

"又，南人昔有淮北之地，自比中华，侨置郡县。自归附圣化，仍而不改，名实交错，文书难辨。宜依地理旧名，一皆厘革，小者并合，大者分置，及中州郡县，昔以户少并省，今民口既多，亦可复旧。

"又，君人者以天下为家，不可有所私。仓库之储，以供军国之用，自非有功德者不当加赐。在朝诸贵，受禄不轻；比来颁赉，动以千计。若分以赐鳏寡孤独之民，所济实多；今直以与亲近之臣，殆非'周急不断富'之谓也。"帝览奏，甚善之。

【译文】"再者，南边的人以前在淮河以北，以自己为中心，经常借旧地名安设郡县。有了圣朝教育以后，仍旧不改，名实相互错乱，很难办理公文书信。应按照地方上的旧名，全部更改，小的合在一起，大的分别安设。中州郡县，以前因为人家少就俭省合并，现在百姓数量增加，也能将以前的规划恢复了。

"再者，统治百姓的君王，以天下为家，不能有偏袒。国库储存的东西，要供给军队和国家使用，没有功勋的人不能随意赏赐。在朝堂的显贵，接受的俸禄很多；身边赏赐，每次以千的数量计算。假使将赏赐分给鳏夫、孤儿、无儿女者、寡妇等贫苦的百姓，实际上所救援的人会更多。如今直接用来赐给身边的大臣，这可不是'救济需要帮助之人，不必接济富有之人'的说法啊！"孝文帝拓跋宏看了奏折，很赞赏他的见解。

二月，乙丑，魏主如河阴，规方泽。

辛卯，帝祀明堂。

司徒参军刘敫等聘于魏。

丙申，魏徙河南王干为赵郡王，颍川王雍为高阳王。

【译文】春季，二月，乙丑日（二月无此日），北魏孝文帝拓跋宏到达河阴，划分土地，再划定方丘方便祭祀。

辛卯日（十六日），齐国皇帝萧昭业在明堂祭拜。

司徒参军刘敫等人去北魏访问。

丙申日（二十一日），北魏调派河南王拓跋干为赵郡王，颍川王拓跋雍为高阳王。

壬寅，魏主北巡；癸卯，济河；三月，壬申，至平城。使群臣更论迁都利害，各言其志。燕州刺史穆罴曰："今四方未定，未宜迁都。且征伐无马，将何以克？"帝曰："厩牧在代，何患无马！今代在恒山之北，九州之外，非帝王之都也。"尚书于果曰："臣非以代地为胜伊、洛之美也。但自先帝以来，久居于此，百姓安之；一旦南迁，众情不乐。"平阳公丕曰："迁都大事，当（迅）〔讯〕之卜筮。"帝曰："昔周、邵圣贤，乃能卜宅。今无其人，卜之何益！且卜以决疑，不疑何卜；黄帝卜而龟焦，天老曰'吉'，黄帝从之。然则至人之知未然，审于龟矣。王者以四海为家，或南或北，何常之有！朕之远祖，世居北荒，平文皇帝始都东木根山，昭成皇帝更营盛乐，道武皇帝迁于平城。朕幸属胜残之运，何为独不得迁乎!"群臣不敢复言。罴, 寿之孙; 果, 烈之弟也。癸酉, 魏主临朝堂, 部分迁留。

【译文】壬寅日(二十七日), 孝文帝拓跋宏去北边视察, 癸卯日(二十八日), 过了黄河。三月, 壬申日(二十七日), 到达平城。让众臣再商讨迁都的好坏, 谈谈各自的想法。燕州刺史穆罴进言:"如今天下还没安定, 迁都不适合, 而且征战没有马匹, 凭靠什么击败敌人?"孝文帝拓跋宏说:"马棚与饲养的人都在代郡, 还担心无马匹? 现在代郡位于恒山的北边, 在九州以外, 不合适做君主的都城。"尚书于果回应说:"臣并不是以为代地比伊河、洛水好。但从先帝以后, 长期住在这里, 百姓在这个环境很安定; 只要向南搬迁, 众人的心里不会高兴。"平阳公拓跋丕回答说:"搬迁是很大的事, 应让卜筮来观看吉凶。"孝文帝说:"以前周公、召公是贤臣, 才敢占卜哪里能定居。如今没有贤德的人, 卜卦有什么好的? 并且占卜是为了决定担忧之事, 假使无担心还有什么好占卜的? 黄帝占卜的龟甲烧焦不可显示征兆, 天老说这是'吉瑞', 黄帝按照它做决定。现在看来, 最圣贤的人能先知未来之事, 比占卜还灵。君王以天下为家, 有时在南边, 有时在北边, 哪有什么永久居住之地! 朕的先祖, 世代住在北边的原野, 平文皇帝拓跋郁律才将都城建在东木根山。昭成皇帝拓跋什翼键又管理盛乐, 道武皇帝拓跋珪搬迁到平城。朕有幸生在百年以后, 为什么不能搬迁?"众臣不敢再言。于果, 是于烈的弟弟; 穆罴, 是穆寿的孙子。癸酉日(二十八日), 孝文帝拓跋宏亲临朝堂, 安排一部分人迁移一部分人留守。

夏, 四月, 庚辰, 魏罢西郊祭天。

辛巳, 武陵昭王晔卒。

戊子，竟陵文宣王子良以忧卒。帝常忧子良为变，闻其卒，甚喜。

◆臣光曰：孔子称“鄙夫不可与事君，未得之，患得之；既得之，患失之。苟患失之，无所不至。”王融乘危徼幸，谋易嗣君。子良当时贤王，虽素以忠慎自居，不免忧死。迹其所以然，正由融速求富贵而已。轻躁之士，乌可近哉！◆

己亥，魏罢五月五日、七月七日飨祖考。

【译文】夏季，四月，庚辰日（初六），北魏取消了在西郊祭天的习俗。

夏季，辛巳日（初七日），武陵昭王萧晔逝世。

戊子日（十四日），竟陵文宣王萧子良因为担心而逝世。皇帝萧昭业常担心萧子良会叛乱，得知他逝世，很开心。

◆臣司马光说：孔子曾说：“卑鄙小人，不能与他一同侍奉君王，还没得到荣华时，就害怕得不到；得到荣华之后，又害怕丢掉。假使害怕丢掉荣华，没有什么事他做不出。”王融在国家危难的时候，谋划更换嗣位的君王来换取自己的功名利禄。萧子良是当时贤德的王爷，一直以谨慎忠心自比，到后来不免担心而死。他之所以这样，正因为王融急着寻求荣华罢了。急躁轻浮的人士，怎能近身呢？◆

己亥日（二十五日），北魏将五月五日、七月七日祭祀父祖的礼制取消了。

魏录尚书事广陵王羽奏：“令文：每岁终，州镇列属官治状，及再考，则行黜陟。去十五年京官尽经考为三等，今已三载。臣辄准外考，以定京官治行。”魏主曰：“考绩事重，应关朕听，不可轻发；且俟至秋。”

闰月，丁卯，镇军将军鸾即本号，开府仪同三司。

戊辰，以新安王昭文为扬州刺史。

【译文】北魏录尚书事广陵王拓跋羽上奏："按照制度：每年年末，州镇官员要开列属官治理的成绩，等到再次审核，就加以升官和贬职。上次太和十五年京官经审核是三等，到如今已三年了。臣想将州镇审核官吏的方法，用来判定京官功绩的好坏。"孝文帝拓跋宏说："考核之事很重要，应让朕知道，不能随意发令实施，暂时等到秋季再说。"

闰月，丁卯日（二十三日），镇军将军萧鸾恢复原来的封号，加开府仪同三司。

戊辰日（二十四日），皇帝萧昭业任命新安王萧昭文为扬州刺史。

五月，申戌朔，日有食之。

六月，己巳，魏遣兼员外散骑常侍卢昶、兼员外散骑侍郎王清石为聘。昶，度世之子也。清石世仕江南，魏主谓清石曰："卿勿以南人自嫌。彼有知识，欲见则见，欲言则言。凡使人以和为贵，勿迭相矜夸，见于辞色，失将命之体也。"

【译文】五月，甲戌朔日（初一日），发生日食。

六月，己巳日（六月无此日），北魏派兼员外散骑侍郎王清石、兼员外散骑常侍卢昶来齐国访问。卢昶是卢度世的儿子。王清石世代在江南任官，孝文帝拓跋宏对王清石说："你不能因是江南之人，自己讨厌自己。对方有学识，想与他见面就见面，想与他说话就说话。只要是使者都以气为贵，不要相互夸耀矜持，表现在言语脸色上，丢失了奉命出使的礼节。"

秋，七月，乙亥，魏以宋王刘昶为使持节、都督吴、越、楚诸军事、大将军，镇彭城。魏主亲饯之。以王肃为昶府长史。昶至镇，不能抚接义故，卒无成功。

壬午，魏安定靖王休卒。自卒至殡，魏主三临其第；葬之如尉元之礼，送之出郊，恸哭而返。

壬戌，魏主北巡。

【译文】秋季，七月，乙亥日（初三日），北魏让宋王刘昶担任使持节，都督吴、越、楚诸军事、大将军，镇守彭城。孝文帝拓跋宏亲自为他送行，任命王肃为刘昶府中的长史。刘昶到达镇守之地，不能很好地招纳以前的故旧，没有取得预期效果。

壬午日（初十日），北魏安慰靖王拓跋休逝世。从他死到出殡，孝文帝拓跋宏三次到他的府宅，依照安葬尉元的礼制安葬他，将他送出了城，放声悲痛大哭返回。

壬戌日（二十日），孝文帝拓跋宏去北边巡视。

西昌侯鸾既诛徐龙驹、周奉叔，而尼媪外入者，颇传异语。中书令何胤，以后之从叔，为帝所亲，使直殿省。帝与胤谋诛鸾，令胤受事；胤不敢当，依违谏说，帝意复止。乃谋出鸾于西州，中敕用事，不复关咨于鸾。

是时，萧谌、萧坦之握兵权，左仆射王晏总尚书事。谌密召诸王典签，约语之，不许诸王外接人物。谌亲要日久，众皆惮而从之。

【译文】西昌侯萧鸾将徐龙驹、周奉叔杀了之后，从宫外进宫的尼姑、老妇人，传出了西昌侯萧鸾想造反的话。中书令何胤，因为是何后的堂叔，被皇帝萧昭业信任亲近，使他在殿省任职。皇帝萧昭业与何胤计划杀害萧鸾，让何胤去做这件事，何胤不敢，犹豫不决，劝谏解释，皇帝萧昭业杀萧鸾之意停下来了。于是计划派萧鸾去西州，皇宫下令决定大事，不再通知萧鸾，询问他的意愿。

这时，萧谌、萧坦之将兵权掌握，左仆射王晏管理尚书的职务。萧谌私下征召各王府的典签，交代他们，不允许诸王爷见外面的人。萧谌自己威胁这些人，时间长了，大家对他很忌惮。

鸾以其谋告王晏，晏闻之，响应；又告丹杨尹徐孝嗣，孝嗣亦从之。票骑录事南阳乐豫谓孝嗣曰："外传籍籍，似有伊、周之事。君蒙武帝殊常之恩，荷托（附）〔付〕之重，恐不得同人此举。人笑褚公，至今齿冷。"孝嗣心然之而不能从。

帝谓萧坦之曰："人言镇军与王晏、萧谌欲共废我，似非虚传。卿所闻云何？"坦之曰："天下宁当有此，谁乐无事废天子邪！朝贵不容造此论，当是诸尼姥言耳，岂有信邪！官若无事除此二人，谁敢自保！"直阁将军曹道刚疑外间有异，密有处分，谋未能发。

【译文】 萧鸾将废帝的计划告知王晏，王晏听后就回应他，又告知丹杨尹徐孝嗣，徐孝嗣顺从了他。骠骑录事南阳人乐豫向徐孝嗣说："外面传论纷纷，好像是伊尹、周公之事。您承受齐武帝萧赜特殊的恩惠，承担嘱托的重任，怕与其他人不好参加这件事。人们都讥讽褚公（褚渊），到现如今还笑话他，牙都冷掉了。"徐孝嗣心中认同他的话，但不能遵从。

皇帝萧昭业同萧坦之说："大家说镇军将军和王晏、萧谌要一同废除我，好像不是传言，你听说的是怎样？"萧坦之回答说："天下怎会有这样的事？有谁闲得没事就废除皇帝呢？朝堂达官不允许传播这种言论，应该是那些尼姑、老妇的话吧，怎能信呢？假使官家（陛下）无故杀掉他们三个，谁还能担保不会丢掉性命？"直阁将军曹道刚怀疑外面有特殊的情况，暗中有杀掉萧鸾等人的计划，却没行动。

时始兴内史萧季敞、南阳太守萧颖基皆内迁，谌欲待二人至，藉其势力以举事。鸾虑事变，以告坦之，坦之驰谓谌曰："废天子，古来大事。比闻曹道刚、朱隆之等转已猜疑，卫尉明日若不就事，无所复及。弟有百岁母，岂能坐听祸败，正应作馀计耳！"谌惶遽从之。

【译文】当时始兴内史萧季敞、南阳太守萧颖基都被调往京内，萧谌想等到两个人来到，凭借他们的权力来反叛。萧鸾考虑到事情有变，告知萧坦之，萧坦之骑快马去找萧谌说："废除皇帝，是从古至今的大事。最近得知曹道刚、朱隆之等已慢慢怀疑，卫尉明天不行事，以后就没有时机了。我有百岁母亲，怎能失败坐着让灾祸降临？应该做别的打算啊！"萧谌害怕，就答应了他。

壬辰，鸾使萧谌先入宫，遇曹道刚及中书舍人朱隆之，皆杀之。直后徐僧亮盛怒，大言于众曰："吾等荷恩，今日应死报！"又杀之。鸾引兵自尚书入云龙门，戎服加朱衣于上，比入门，三失履。王晏、徐孝嗣、萧坦之、陈显达、王广之、沈文季皆随其后。帝在寿昌殿。闻外有变，犹密为手敕呼萧谌，又使闭内殿诸房阁。俄而谌引兵入寿昌阁，帝走趋徐姬房，拔剑自刺，不入，以帛缠颈，舆接出延德殿。谌初入殿，宿卫将士皆操弓楯欲拒战。谌谓之曰："所取自有人，卿等不须动！"宿卫素隶服于谌，皆信之，及见帝出，各欲自奋，帝竟无一言。行至西弄，弑之。舆尸出殡徐龙驹宅，葬以王礼。徐姬及诸嬖幸皆伏诛。鸾既执帝，欲作太后令；徐孝嗣于袖中出而进之，鸾大悦。癸巳，以太后追废帝为郁林王，又废何后为王妃，迎立新安王昭文。

【译文】壬辰日（二十日），萧鸾让萧谌先进宫，见到曹道刚和中书舍人朱隆之，将他们斩杀。在皇帝萧昭业车后担任侍卫的徐僧亮非常生气，对众人大声说："我们受皇上的恩德，如今应用死来回报。"萧谌又将徐僧亮斩杀。萧鸾率领士兵从尚书省到云龙门，把红色的官服穿在兵服上，快到云龙门时，害怕得三次掉了鞋子，王晏、徐孝嗣、陈显达、萧坦之、王广之、沈文季都在后面跟着他。皇帝萧昭业在寿昌殿，得知有叛变，还私下召见萧谌，又嘱咐将殿内各门关了。不久，萧谌率领士兵进了寿昌阁，皇帝萧昭业逃进徐姬的房间，自己拿剑刺自己，没刺进身体；用布绑脖子，被人用轿子迎进了延德殿。萧谌刚进殿，守卫的士兵都拿着盾牌弓箭想反抗战斗，萧谌向他们说："我们所要捕捉的另有其人，你们不用劳累。"侍卫向来归属萧谌管理，很敬佩他，都依赖他。再看见皇帝萧昭业出来，都想全力一战，但是萧昭业不发一言，在他走到延德殿西边门廊时，这些人就将他杀了，将他的尸体用轿子抬出去，留在徐龙驹官邸，以王爷的礼节安葬，徐姬与一些侥幸的人都认罪伏诛。萧鸾将皇帝萧昭业捉住后，想制造太后的谕旨，徐孝嗣从袖子里拿出给了他，萧鸾非常高兴。癸巳日（二十一日），萧鸾借太后的谕旨，追封皇帝萧昭业为郁林王，又将何后废除做王妃，前去接应新安王萧昭文，册立为皇帝。

吏部尚书谢瀹方与客围棋，左右闻有变，惊走报瀹。瀹每下子，辄云"其当有意"，竟局，乃还斋卧，竟不问外事。大匠卿虞惊窃叹曰："王、徐遂缚袴废天子,天下岂有此理邪！"惊,啸父之孙也。朝臣被召入宫。国子祭酒江敩至云龙门,托药发,吐车中而去。西昌侯鸾欲引中散大夫孙谦为腹心,使兼卫尉给甲仗百人。谦不欲与之同,辄散甲士；鸾亦不之罪也。

丁酉,新安王即皇帝位,时年十五。以西昌侯鸾为票骑大将军、录尚书事、扬州刺史、宣城郡公。大赦,改元延兴。

辛丑,魏主至朔州。

【译文】吏部尚书谢瀹正在下围棋,身边的人听说有政变,慌张地跑去报告给谢瀹。谢瀹每下一步棋,就会说："恐怕应该有意义吧！"下完棋,就返回房间躺下来,竟然不问外面的事。管理宗庙土木工程的大匠卿虞惊私下感慨着说："王晏、徐孝嗣竟武装叛乱,将皇帝萧昭业废除,天下哪有这样的道理呢？"虞惊是虞啸父的孙子。大臣被征召进皇宫,国子祭酒江敩在云龙门祭祀,找借口说药力发作,在车内吐了,就走了。西昌侯萧鸾想让中散大夫孙谦为心腹,任命他为卫尉,将一百个装备齐全的卫士给了他。孙谦不想和他处事,就将武装卫士解散,萧鸾也不责备他。

丁酉日（二十五日）,新安王萧昭文登位,那时他十五岁。萧昭文让西昌侯萧鸾担任骠骑大将军、扬州刺史、宣城郡公、录尚书事。大赦天下,改年号为延兴。

辛丑日（二十九日）,孝文帝拓跋宏去了朔州。

【乾隆御批】瀹、敩素负盛名,既至仓皇闻变,一则对客围棋,一则托言药发。身为大臣,置国事于膜外。南朝士大夫之习害人深矣！或尚以此为高,真乱臣贼子之流《春秋》所必诛。

【译文】谢瀹、江敩平时都身负盛名,等到仓皇之中听说发生政变，一个是和客人下棋，一个是假说药物发作。身为大臣，竟把国家大事置身事外。南朝士大夫的陋习害人太深了！有人还认为这是清高，真是乱臣贼子一类人！《春秋》对这种人一定会口诛笔伐。

【申涵煜评】瀹官冢宰，是朝廷大臣。闻郁林之废，围棋竟局，还斋高卧，若秦越人之不相关。当时以为达。予谓败坏名教正坐，此辈与朏却是伯仲。

【译文】谢瀹担任冢宰的官职，是朝廷之中的大臣。听闻郁林王萧昭业被废，在下完围棋之后，回到家中垫高枕头而卧下睡觉，就像秦越地区的人和这件事不相关一样。当时的人认为谢瀹是阔达。我认为他是破坏圣贤教化，和谢朏不分上下。

八月，甲辰，以司空王敬则为太尉。鄱阳王锵为司徒，车骑大将军陈显达为司空，尚书左仆射王晏为尚书令。

魏主至阴山。

以始安王遥光为南郡太守，不之官。遥光，鸾之兄子也。鸾有异志，遥光赞成之，凡大诛赏，无不预谋。戊申，以中书郎萧遥欣为兖州刺史。遥欣，遥光之弟也。鸾欲树置亲党，故用之。

癸丑，魏主如怀朔镇；己未，如武川镇；辛酉，如抚宜镇；甲子，如柔玄镇；乙丑，南还；辛未，至平城。

【译文】八月，甲辰日(初二日)，萧昭文任命车骑大将军陈显达为司空，鄱阳王萧锵为司徒，任命司空王敬则为太尉，尚书左仆射王晏为尚书令。

孝文帝拓跋宏去了阴山。

萧昭文任命始安王萧遥光为南郡太守，萧遥光没有去任职。萧遥光是萧鸾哥哥的儿子。萧鸾有谋反的想法，萧遥光赞同他，只要是大的赏杀，没有不参加和预先筹谋的。戊申日(初六日），萧昭文任命中书郎萧遥欣为兖州刺史。萧遥欣为萧遥光的弟弟。萧鸾想安插亲信党派，所以起用萧遥欣。

癸丑日（十一日），北魏孝文帝拓跋宏到怀朔镇；己未日（十七日），到达武川镇；辛酉日（十九日），到达抚宜镇；甲子日（二十二日），去了柔玄镇。乙丑日（二十三日），返回南边；辛未日（二十九日），到了平城。

九月，壬申朔，魏诏曰："三载考绩，三考黜陟；可黜者不足为迟，可进者大成赊缓。朕今三载一考，即行黜陟，欲令愚滞无妨于贤者，才能不拥于下位。各令当曹考其优劣为三等，其上下二等仍分为三。六品已下，尚书重问；五品已上，朕将亲与公卿论其善恶，上上者迁之，下下者黜之，中者守其本任。"

魏主之北巡也，留任城王澄铨简旧臣。自公侯已下，有官者以万数，澄品其优劣能否为三等，人无怨者。

【译文】九月，壬申朔日（初一日），北魏孝文帝拓跋宏下诏说："三年审核政绩，三次审核才决定升迁或贬黜。对于该贬黜的官吏来说九年的时间不算晚，对于该升职的官吏来说九年的时间过于漫长。朕如今三年审核一次，实行升迁或贬黜，目的是想让那些迟钝愚拙的人不要阻碍贤才的路，有才干的人不被耽搁在很低的官位上。下令各部门管事的官吏，审核下属的好坏，划分三等，其中的上下两等再划分三级。六品以下，被尚书省严格查问，在五品之上，朕将亲身和你们评价他们的优劣，最优等的就升职，最劣等的就贬职，中等的坚守原来的官职。"

孝文帝拓跋宏在北边巡视时，留下任城王拓跋澄选拔以前的臣子，官位在公侯以下的就有好几万人，拓跋澄评价他们的好坏，是否有才干，划分三等，无人怨恨。

壬午，魏主临朝堂，黜陟百官，谓诸尚书曰："尚书，枢机之任，非徒总虚务，行文书而已；朕之得失，尽在于此。卿等居官，年垂再期，未尝献可替否，进一贤退一不肖，此最罪之大者。"又谓录尚书事广陵王羽曰："汝为朕弟，居机衡之右，无勤恪之声，有阿党之迹。今黜汝录尚书、廷尉，但为特进、太子太保。"又谓尚书令陆叡曰："叔翻到省之初，甚有善称；比来偏颇懈怠，由卿不能相导以义。虽无大责，宜有小罚；今夺卿禄一期。"又谓左仆射拓跋赞曰："叔翻受黜，卿应大辟；但以咎归一人，不复重责；今解卿少师，削禄一期。"又谓左丞公孙良、右丞乞伏义受曰："卿亦应大辟；可以白衣守本官，冠服禄恤尽从削夺。若三年有成，还复本任；无成，永归南亩。"又谓尚书任城王澄曰："叔神志骄傲，可解少保。"又谓长兼尚书于果曰："卿不勤职事，数辞以疾，可解长兼，削禄一期。"其馀守尚书尉羽、卢渊等，并以不职，或解任，或黜官，或夺禄，皆面数其过而行之。渊，昶之兄也。

【译文】壬午日（十一日），孝文帝拓跋宏上朝，升迁、罢黜众官，对尚书省的官吏说："尚书省，掌管主要政事的职责，不仅是管理各种政务，颁布文书而已；朕施政的得失，都在尚书省。各位所在官位，已快两年了，没有进言可靠的方法，去除不好的行径，推举一位贤才，贬黜一个不贤的人，这是最大的罪行。"又向录尚书事广陵王拓跋羽说："你是朕的皇弟，权力在尚书省诸位长官之上，没有勤恳谨慎的名誉，却有结党阿谀的现象，现在将你录尚书和廷尉的官职废黜，只担任特进、太子太保。"孝文帝拓跋宏对尚书令陆叡说："叔翻（拓跋羽的字）开始去尚书省，有很高的名誉，最近不够公平，处事怠慢松懈，都因为你不能拿义去教育他。即使无大的惩罚，也应有小的惩处；如今剥夺你一年的俸禄。"孝文帝拓跋宏又对左仆射拓跋赞说："叔翻被废除，你应被杀，但我将错误归咎于他一人，不会严格惩处你；如今去除你少师的官职，剥夺一年的俸禄。"孝文帝对左丞公孙良、右丞乞伏义受说："你们的罪行应该被杀；让你们穿便服，遵奉以前的官位，礼服礼帽和安抚家人的俸禄，全被剥削。假使三年有成果，还让你复原以前的官位；没有成果，就永久返回家乡去吧！"孝文帝对尚书任城王拓跋澄说："叔父神色骄傲，我解除你少保的官职。"孝文帝又与长兼尚书于果说："你治理政务不够勤快，好多次称病请假，可去除长期的官职，剥去一年的俸禄。"其他守尚书尉羽、卢渊等人，全因不称职，有的解除任守，有的除去官职，有的剥削俸禄，都当着他们的面指责罪行，然后实施惩罚。卢渊是卢昶的哥哥。

帝又谓陆睿曰："北人每言'北俗质鲁，何由知书！'朕闻之，深用怃然！今知书者甚众，岂皆圣人！顾学与不学耳。朕修百官，兴礼乐，其志固欲移风易俗。朕为天子，何必居中原！正欲卿等子孙渐染美俗，闻见广博；若永居恒北，复值不好文之主，不免面墙耳。"对曰："诚如圣言。金日磾不入仕汉朝，何能七世知名！"帝甚悦。

【译文】孝文帝拓跋宏又对陆叡说："北边人经常说：'北方风气粗俗笨拙，怎么能知书达礼呢？'朕听见了，深切感到怅惘失意！如今读书人很多，难道都为圣人！不过是不学与学的区分罢了。朕管制众官，兴盛礼乐，本就在于改变习俗，更改风气。朕做皇帝，为何要居住中原？想让你们的后代能渐渐感染美好的习俗，博闻强识。假使永久居住恒山之北，再见到不爱好文事的君王，不就面对着墙壁，什么也看不见了。"陆叡回应说："确实如皇上圣明的言辞，金日磾假使不在汉朝为官，怎会七代享有好名声。"孝文帝听了很开心。

郁林王之废也，鄱阳王锵初不知谋。及宣城公鸾权势益重，中外皆知其蓄不臣之志。锵每诣鸾，鸾常屣履至车后迎之；语及家国，言泪俱发，锵以此信之。宫台之内皆属意于锵，劝锵入宫发兵辅政。制局监谢粲说锵及随王子隆曰："二王但乘油壁车入宫，出天子置朝堂，夹辅号令；粲等闭城门、上仗，谁敢不同！东城人正共缚送萧令耳。"子隆欲定计。锵以上台兵力既悉度东府，且虑事不捷，意甚犹豫。马队主刘巨，世祖时旧人，诣锵，请间，叩头劝锵立事。锵命驾将入，复还内，与母陆太妃别，日暮不成行。典签知其谋，告之。癸酉，鸾遣兵二千人围锵第，杀锵，遂杀子隆及谢粲等。于时太祖诸子，子隆最壮大，有才能，故鸾尤忌之。

【译文】郁林王萧昭业被罢黜时，鄱阳王萧锵并不知晓计划。宣城公萧鸾权力越来越大，上下都知他有不服之心。萧锵每次返回建康见萧鸾，萧鸾都拿着鞋子匆匆赶到车后去接应他；谈及萧家和国运，一边擦泪一边说话，萧锵于是相信他。省内、宫里之人都将希望寄托在萧锵身上，劝勉萧锵进宫率领军队辅助政务。制局监谢粲规劝萧锵和随王萧子隆说："两位王爷只乘油壁车进宫，将皇上带出来安排在大殿上，一起帮助他下令；我将城门关了，侍卫都武装起来，没人不同心！东城的人正等着将萧鸾绑起来送到朝堂。"萧子隆想要制订计划。萧锵以为上台的军队已经归属镇守东府的萧鸾，而且考虑事情不够全面，面色不定。马队主帅刘巨，是齐武帝萧赜以前的部下，参见萧锵，请求多给一点时间，磕头规劝萧锵拿意见办事。萧锵下令车驾进宫，又到内院，与母亲陆太妃告辞，直到黄昏没有走。

典签了解他的计划，将他告发了。癸酉日（初二日），萧鸾命两千士兵将萧锵的府邸围住，杀死萧锵，又杀了萧子隆和谢朓等人。当时，在齐太祖萧道成的几个儿子当中，萧子隆最有才，魁梧，所以萧鸾尤其顾忌他。

　　江州刺史晋安王子懋闻鄱阳、随王死，欲起兵，谓防阁吴郡陆超之曰："事成则宗庙获安，不成犹为义鬼。"防阁丹阳董僧慧曰："此州虽小，宋孝武尝用之。若举兵向阙以请郁林之罪，谁能御之！"子懋母阮氏在建康，密遣书迎之，阮氏报其同母兄于瑶之为计。瑶之驰告宣城公鸾；乙亥，假鸾黄钺，内外纂严，遣中护军王玄邈讨子懋，又遣军主裴叔业与于瑶之先袭寻阳，声云为郢府司马。子懋知之，遣三百人守湓城。叔业溯流直上，至夜，回袭湓城；城局参军乐贲开门纳入。子懋闻之，帅府州兵力据城自守。子懋部曲多雍州人，皆勇跃愿奋。叔业畏之，遣于瑶之说子懋曰："今还都必无过忧，正当作散官，不失富贵也。"子懋既不出兵攻叔业，众情稍沮。中兵参军于琳之，瑶之兄也，说子懋重赂叔业，可以免祸。子懋使琳之往，琳之因说叔业取子懋。叔业遣军主徐玄庆将四百人随琳之入州城，僚佐皆奔散。琳之从二百人，拔白刃入斋，子懋骂曰："小人！何忍行此！"琳之以袖鄣面，使人杀之。王玄邈执董僧慧，将杀之，僧慧曰："晋安举义兵，仆实预其谋；得为主人死，不恨矣！愿至大敛毕，退就鼎镬。"玄邈义之，具以白鸾；免死配东冶。子懋子昭基，九岁，以方二寸绢为书，参其消息，并遗钱五百，行金得达，僧慧视之曰："郎君书也！"悲恸而卒。于琳之劝超之逃亡，超之曰："人皆有死，此不足惧！吾若逃亡，非唯孤晋安之眷，亦恐田横客笑人！"玄邈等欲囚以还都，超之端坐俟命。超之门生谓杀超之当得赏，密自后斩之，头坠而身不僵。玄邈厚加殡敛。门生亦助举棺，棺坠，压其首，折颈而死。

【译文】江州刺史晋安王萧子懋得知鄱阳王萧锵、随王萧子隆被害，想反叛，向防阁吴郡人陆超之说："事情办成，宗庙就得到安宁；事情办不成，还能做个有义之鬼。"防阁丹阳人的董僧慧说："虽然江州小，宋孝武帝刘骏以前用它兴兵铲除元凶。我们兴兵指向皇宫，指责萧鸾杀害郁林王萧昭业的罪行，谁能抵挡得了我们？"萧子懋的母亲阮氏居住建康，萧子懋私下遣人送信前去接应她，阮氏将此事告知她一母的哥哥于瑶之，向他商讨意见。于瑶之骑快马向宣城公萧鸾告发；乙亥日（初四日），朝廷将金斧头给予萧鸾，内外戒备。调派中护军王玄邈征讨萧子懋，又调派军主裴叔业和于瑶之首先去偷袭寻阳，声称郢府司马路过此地。萧子懋听到了消息，调派三百人镇守溢城。裴叔业沿长江逆袭向上，在半夜，回返攻打溢城，城局参军乐贲打开城门接纳裴叔业的军队。萧子懋得知溢城落到裴叔业手中，就率府州军队，占城镇守寻阳。萧子懋的下属多数为雍州人，都很积极，愿意奋勇战斗。裴叔业害怕他，将瑶之派去劝萧子懋说："如今回都城，一定没什么担忧的，应该做个安闲的官吏，还是能享受荣华！"萧子懋不出兵攻打裴叔业，手下士兵的心志渐渐丧失。于瑶之的哥哥，是中兵参军于琳之，劝说萧子懋用钱财贿赂裴叔业，免去灾祸。萧子懋派遣于琳之见裴叔业，于琳之规劝裴叔业攻打萧子懋。裴叔业派军主徐玄庆率领四百人跟随于琳之进州城，萧子懋的谋士将佐都逃命去了。于琳之跟随两百人，拿着刀剑进书斋，萧子懋叫骂他说："你这个小人！怎狠心做这样的事！"于琳之将袖子遮挡了脸，命人杀害萧子

资治通鉴

懋。王玄邈将董僧慧捉住，要斩杀他，董僧慧回应说："晋安王萧子懋起兵，我的确参与了他的计划，能替主上去死，没有埋怨的！希望等主上下葬之后，我再接受罪罚。"王玄邈对他的大义很欣赏，将情况向萧鸾禀报，免除他的死刑，发配去了东冶。萧昭基是萧子懋的儿子，当年九岁，用二寸见方的丝绢写信，禀报他自己的信息，并加送了五百个钱，钱和信都送去了，董僧慧见了，说："这是昭基的信啊！"痛苦悲伤致死。于琳之规劝陆超之逃跑。陆超之回答说："人都会死，这没有好恐惧的！我如果逃跑，不仅将晋安王萧子懋的宠信辜负，就怕在田野的门客也要笑我！"王玄邈等人想将他收押起来遣回都城，陆超之坐着等待上天的安排。陆超之的门客以为将陆超之杀了能得到奖赏，私下在后面杀害了他，陆超之的头掉下但身体不倒。王玄邈优厚地将他收棺出殡。那个杀害他的门客也帮着抬棺殡，棺材落地，压在门客的头上，将他的脖子折断死了。

鸾遣平西将军王广之袭南兖州刺史安陆王子敬。广之至欧阳，遣部将济阴陈伯之先驱。伯之因城开独入，斩子敬。

鸾又遣徐玄庆西上害诸王。临海王昭秀为荆州刺史，西中郎长史何昌寓行州事。玄庆至江陵，欲以便宜从事。昌寓曰："仆受朝廷意寄，翼辅外藩。殿下未有愆失，君以一介之使来，何容即以相付邪！若朝廷必须殿下，当自启闻，更听后旨。"昭秀由是得还建康。昌寓，尚之之弟子也。

【译文】萧鸾命平西将军王广之攻打南兖州刺史安陆王萧子敬。王广之到达欧阳，调派属下济阴人陈伯之在前头当先锋。陈伯之因城门打开，独自进城，斩杀了萧子敬。

萧鸾又命令徐玄庆从西沿江直上，想法去谋害诸王爷。临海王萧昭秀担任荆州刺史，西中郎长史何昌寓实际管理政务。徐玄庆到达江陵，见情形方便就采取动作。何昌寓说："我接受皇上嘱咐，将责任托付给我，帮助外藩。殿下无罪行，只有你一个使者到来，我答应将把一切权力交给你！假使皇上要殿下，我会亲自上奏，再等待殿下的命令。"因此萧昭秀能安全返回建康。何昌寓是何尚弟弟的儿子。

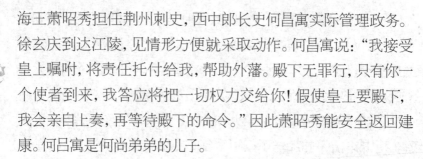

鸾以吴兴太（宗）〔守〕孔琇之行郢州事，欲使之杀晋熙王銶。琇之辞，不许，遂不食而死。琇之，靖之孙也。

裴叔业自寻阳仍进向湘州，欲杀湘州刺史南平王锐，防阁周伯玉大言于众曰："此非天子意。今斩叔业，举兵匡社稷，谁敢不从！"锐典签叱左右斩之。乙酉，杀锐；又杀郢州刺史晋熙王銶、南豫州刺史宜都王铿。

丁亥，以庐陵王子卿为司徒，桂阳王铄为中军将军、开府仪同三司。

【译文】 萧鸾命吴兴太守孔琇之管理郢州政务，想叫他杀害晋熙王萧銶。孔琇之推脱，萧鸾不应允，于是孔琇之绝食死了。孔琇之是孔靖的孙子。

裴叔业从寻阳继续向前进军，直到湘州，欲杀湘州刺史南平王萧锐。防阁周伯玉在众人面前大声地说："这不是皇上的旨意。如今杀掉裴叔业，兴兵匡扶大义，谁敢不顺从？"萧锐的典签呵责两边的人杀死周伯玉。乙酉日（十四日），南平王萧锐被杀死；又将郢州刺史晋熙王萧銶、南豫州刺史宜都王萧铿杀了。

丁亥日（十六日），朝廷任命庐陵王萧子卿为司徒，桂阳王萧铄为中军将军、开府仪同三司。

冬，十月，丁酉，解严。

以宣城公鸾为太傅、领大将军、扬州牧、都督中外诸军事，加殊礼，进爵为王。

宣城王谋继大统，多引朝廷名士与参筹策。侍中谢朏心不愿，乃求出为吴兴太守。至郡，致酒数斛遗其弟吏部尚书瀹，为书曰："可力饮此，勿豫人事！"

◆臣光曰：臣闻"衣人之衣者怀人之忧，食人之食者死人之事。"二谢兄弟，比肩贵近，安享荣禄，危不预知；为臣如此，可谓忠乎！◆

【译文】冬季，十月，丁酉日（十月无此日），齐国去除戒严。

齐国朝廷任命宣城公萧鸾为太傅、领大将军、都督中外诸军事、扬州牧，增加特殊的礼遇，加封为王。

宣城王萧鸾计划继承大业，多方面引荐朝堂的名士参加筹谋计划。侍中谢朏心里不愿，于是请求担任吴兴太守。去了郡城，送了几壶酒给他的弟弟吏部尚书谢瀹，写信说："你可以认真喝这些酒，不要参加他人之事！"

◆臣司马光说：臣得知："穿别人的衣服，为别人的得失担忧操心；吃别人的粮食，为别人的事情效力。"谢朏、谢瀹两兄弟，一起享受国家的荣华富贵，国家的危亡不愿参加了解，像这个样子做臣子，能说是忠诚吗？◆

宣城王虽专国政，人情犹未服。王胛上有赤志，票骑谘议参军考城江祐劝王出以示人。王以示晋寿太守王洪范，曰："人言此是日月相，卿幸勿泄！"洪范曰："公日月在躯，如何可隐，当转言之！"王母，祐之姑也。

戊戈，杀桂阳王铄、衡阳王钧、江夏王锋、建安王子真、巴陵王子伦。

【译文】宣城王萧鸾把持国家大权，人心还没有顺服。宣城王萧鸾肩膀上有个红色痣，骠骑咨议参军考城人江祏规劝宣城王将肩膀上的红痣露出让人看。宣城王将红痣露出让晋寿太守王洪范看，说："民间说这是君王之相，但愿你不要将秘密泄露！"王洪范回应说："您身体上有君王的显象，怎么能藏着，我辗转告诉他人！"江祏的姑妈，是宣城王萧鸾的母亲。

戊戌日（十月无此日），宣城王萧鸾将桂阳王萧铄、江夏王萧锋、衡阳王萧钧、建安王萧子真、巴陵王萧子伦杀了。

铄与鄱阳王锵齐名；锵好文章，铄好名理，时人称为"鄱、桂"。锵死，铄不自安，至东府见宣城王，还，谓左右曰："向录公见接慇勤，流连不能已，而面有惭色，此必欲杀我。"是夕，遇害。

宣城王每杀诸王，常夜遣兵围其第，斩关逾垣，呼噪而入，家赀皆封籍之。江夏王锋，有才行，宣城王尝与之言"遥光才力可委"，锋曰："遥光之于殿下，犹殿下之于高皇；卫宗庙，安社稷，实有攸寄。"宣城王失色。及杀诸王，锋遗宣城王书，诮责之；宣城王深惮之，不敢于第收锋，使兼祠官于太庙，夜，遣兵庙中收之。锋出，登车，兵人欲上车，锋有力，手击数人皆仆地，然后死。

【译文】萧铄和鄱阳王萧锵名声一样，萧铄喜欢名言，萧锵喜欢文学，那时人叫他们为鄱、桂。萧锵被害后，萧铄心里不安，去东府看宣城王萧鸾，返回家中，对身边的人说："刚刚录公（萧鸾以太傅录尚书事）对我很好，挽留我，可是面上有羞愧的神色，这样的情形定会杀害我。"当天夜晚，他就被萧鸾杀死。

宣城王萧鸾每次杀害那些王爷，都在夜晚派兵去包围王爷的住宅，斩断门锁，翻过短墙，一大堆人叫嚷闯入，全部的家产都被封锁没收。江夏王萧锋，德才兼备，宣城王萧鸾以前对他说："萧遥光有才能托付重任。"萧锋说："萧遥光对待殿下，就像殿下对待高皇帝萧道成一般；保护宗庙，安定天下，就有所托付了。"宣城王萧鸾震惊得变了脸。萧鸾杀害诸王爷后，萧锋给宣城王萧鸾送了封信指责他；宣城王害怕他，不敢在府宅将萧锋收押，让萧锋担任太庙的祠官，在夜晚，调派人在太庙将他收押。萧锋走出太庙，登上车马，武装侍卫要登车抓捕萧锋，萧锋勇力过人，空手将几个进攻的人都摔倒在地上，后因寡不敌众，被杀死。

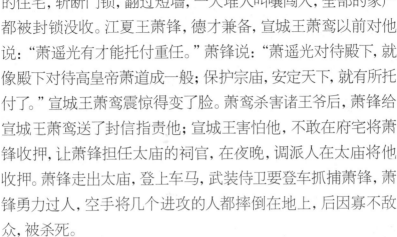

宣城王遣典签柯令孙杀建安王子真，子真走入床下，令孙手牵出之；叩头乞为奴，不许而死。

又遣中书舍人茹法亮杀巴陵王子伦。子伦性英果，时为南兰陵太守，镇琅邪城，有守兵。宣城王恐不肯就死，以问典签华伯茂。伯茂曰："公若以兵取之，恐不可即办。若委伯茂，一夫力耳。"乃手自执鸩逼之。子伦正衣冠，出受诏，谓法亮曰："先朝昔灭刘氏，今日之事，理数固然。君是身家旧人，今衔此使，当由事不获已。此酒非劝酬之爵。"因仰之而死，时年十六。法亮及左右皆流涕。

【译文】宣城王萧鸾调派典签柯令孙将建安王萧子真杀了，萧子真躲藏在床下面，柯令孙用手将他拉出来，萧子真磕头请求做奴仆，柯令孙不应允，杀害了他。

宣城王萧鸾再次令中书舍人茹法亮杀害巴陵王萧子伦。萧子伦生性果断英明，正担任南兰陵太守，守护琅琊，在城里有士兵。宣城王萧鸾害怕他不愿束手就擒，咨询典签华伯茂。华伯茂回答说:"你如果用兵力攻打,害怕不行。假使托付给伯茂,只有一个人的能力就行了。"华伯茂于是拿着毒酒威逼萧子伦,萧子伦将礼帽衣服按伦理端正,出来接了诏令,他向茹法亮说:"我朝以前将刘氏灭了,现在的事,应该原本就是这样。你是我家以前的人,如今奉着诏令,因为事情不能自己决断,这酒不是应酬规劝的酒。"于是抬头将毒酒喝后死了,那时他十六岁。茹法亮与旁边的人都哭了。

初,诸王出镇,皆置典签,主帅一方之事,悉以委之。时入奏事,一岁数返,时主辄与之间语,访以州事,刺史美恶专系其口。自刺史以下莫不折节奉之,恒虑弗及。于是威行州部,大为奸利。武陵王晔为江州,性烈直,不可干;典签赵渥之谓人曰:"今出都易刺史!"及见世祖,盛毁之;晔遂免还。

南海王子罕戍琅邪,欲暂游东堂,典签姜秀不许。子罕还,泣谓母曰:"儿欲移五步亦不得,与囚何异!"邵陵王子贞尝求熊白,厨人答典签不在,不敢与。

【译文】起初,诸王在外镇守,都安置了典签,一方的政务,全部托付给他们。那时典签经常进京上奏军务,一年来往好多次,君王就与他们暗地交谈询问州镇事务,刺史好坏全靠他们的一张嘴判定,刺史之下无不谦虚地伺候他们的,经常害怕照顾得不周全。这些典签八面威风,势力可以畅通整个州部,搜刮了很多违法的财产。武陵王萧晔担任江州刺史,性格正直刚烈,无法向他寻求什么益处,典签赵渥之向别人说:"如今出了都城更换刺史!"在见齐世祖武帝萧赜后,诽谤萧晔,于是萧晔被卸职返京。

南海王萧子罕镇守琅琊,欲去东堂玩耍,典签姜秀不答应。萧子罕返京，哭着对母亲说："孩儿随意走五步都不行，这与犯人有何不同？"邵陵王萧子贞以前请求要熊白（熊的脂肪，色白如玉，滋味很美，俗叫熊白），厨子回应说典签不在，不敢将它给他。

永明中，巴东王子响杀刘寅等，世祖闻之，谓群臣曰："子响遂反！"戴僧静大言曰："诸王都自应反，岂唯巴东！"上问其故，对曰："天生无罪，而一时被囚，取一挺藕，一杯浆，皆诣签帅；签帅不在，则竟日忍渴。诸州唯闻有签帅，不闻有刺史。何得不反！"

竟陵王子良尝问众曰："士大夫何意诣签帅？"参军范云曰："诣长史以下皆无益，诣签帅立有倍本之价。不诣谓何！"子良有愧色。

【译文】永明中，巴东王萧子响将刘寅等人杀了，齐武帝萧赜听后，对众臣说："萧子响竟反叛！"戴僧静大声说："诸王都反叛，哪里只有巴东王而已！"齐武帝萧赜问原因，戴僧静进言说："诸王无罪行，却被一时囚禁，取一杯汁，一节藕，必须问典签，典签不在，就忍受饥渴一整天。各州只得知有签帅，不知有刺史，怎会不反叛？"

竟陵王萧子良以前问众人说："士大夫都去参拜签帅有何用意？"参军范云回答说："拜见长史之下的人都无好处，拜见签帅能立即获得多出本钱几倍的收益。不拜见他又该怎样？"萧子良有羞愧的脸色。

及宣城王诛诸王，皆令典签杀之，竟无一人能抗拒者。孔珪闻之，流涕曰："齐之衡阳、江夏最有意，而复害之；若不立签帅，故当不至于此。"宣城王亦深知典签之弊，乃诏："自今诸州有急事，当密以奏闻，勿复遣典签入都。"自是典签之任浸轻矣。

◆萧子显论曰：帝王之子，生长富厚，（期）〔朝〕出闺阃，暮司方岳，防骄戒逸，积代常典。故辅以上佐，简自帝心；劳旧左右，用为主帅，饮食游居，动应闻启；处地虽重，行己莫由。威不在身，恩未下及，一朝艰难总至，望其释位扶危，何可得矣！斯宋氏之馀风，至齐室而尤弊也。◆

【译文】宣城王萧鸾杀害诸王时，都下令典签去斩杀，诸王竟无人能抵抗。孔珪听后，哭着说："齐的衡阳王萧钧、江夏王萧锋最忠心要帮助皇室，但皇上还是杀害了他们，假使那时不安设签帅，应该不会到这种地步。"宣城王萧鸾深深明白典签一职的弊端，于是下诏说："从此刻开始，各州有很急的政事，应暗地上奏让皇上知道，不用再派典签入京了。"以后典签权力慢慢小了。

◆萧子显谈论说：皇帝的儿子，生长在优厚富裕的环境里，清晨走出闺房，傍晚管理一方的政务，预防和消除他们的骄横，那是历朝不变的法制。所以派遣最好的辅佐人才去帮助他，让君王亲自选拔；烦劳以前身边的人，任用主帅，起居饮食，有所行动都一定禀告知闻；诸王所在虽是重要之地，行为都不能任由自己。权势不在自己，恩德也不会向下遍及属下，患难困苦一旦来到，但愿他们放弃权力，救于危难，怎能做到呢？这是宋氏留下的风俗，在齐室就更加显示了缺点。◆

癸卯，以宁朔将军萧遥欣为豫州刺史，黄门郎萧遥昌为郢州刺史，辅国将军萧诞为司州刺史。遥昌，遥欣之弟；诞，谌之兄也。

甲辰，魏以太尉东阳王丕为太傅、录尚书事，留守平城。

戊申，魏主亲告太庙，使高阳王雍、于列奉迁神主于洛阳；辛亥，发平城。

【译文】癸卯日（初二日），朝廷任命宁朔将军萧遥欣为豫州刺史，黄门侍郎萧遥昌为郢州刺史，辅国将军萧诞为司州刺史。萧遥昌是萧遥欣的弟弟；萧诞是萧谌的哥哥。

甲辰日（初三日），北魏任命太尉东阳王拓跋丕为太傅、录尚书事，镇守平城。

戊申日（初七日），北魏孝文帝拓跋宏亲自去太庙拜祭，嘱咐高阳王拓跋雍、于列遵奉神主迁到洛阳太庙；辛亥日（初十日），从平城出发，前往洛阳。

海陵王在位，起居饮食，皆谘宣城王而后行。尝思食蒸鱼菜，太官令答无录公命，竟不与。辛亥，皇太后令曰：“嗣主冲幼，庶政多昧；且早婴尪疾，弗克负荷。太傅宣城王，胤体宣皇，钟慈太祖，宜入承宝命。帝可降封海陵王，吾当归老别馆。”且以宣城王为太祖第三子。癸亥，高宗即皇帝位，大赦，改元。以太尉王敬则为大司马，司空陈显达为太尉，尚书令王晏加骠骑大将军，左仆射徐孝嗣加中军大将军，中领军萧谌为领军将军。

【译文】海陵王萧昭文在位时，饮食起居，都请教宣城王萧鸾后才做。他以前想吃蒸鱼，太官令回应说录公萧鸾没有下令，竟不给做。辛亥日（初十日），皇太后下命说：“嗣主太小，政务大多不了解；而且以前得病，身体虚弱，不能担负重任。太傅宣城王萧鸾，为宣皇帝萧承之的后代，一直为高帝萧道成所疼爱，理应承袭皇位。皇上能降职封赐为海陵王，我就返回他苑养老。”并且使宣城王过继做高帝萧道成的第三个儿子。癸亥日（二十二日），高宗萧鸾登皇位，大赦天下，将年号改为建武。任命太尉王敬则为大司马，尚书令王晏进封骠骑大将军，司空陈显达为太尉，左仆射徐孝嗣进封中军大将军，中领军萧谌为领军将军。

度支尚书虞悰称疾不陪位。帝以悰旧人，欲引参佐命，使王晏赍废立事示悰。悰曰："主上圣明，公卿戮力，宁假朽老以赞惟新乎! 不敢闻命!"因恸哭。朝议欲纠之，徐孝嗣曰："此亦古之遗直。"乃止。

【译文】度支尚书说得病不愿陪伴在位。高宗萧鸾因虞悰是老臣，想引荐他参加辅佐的大任，嘱咐王晏将太后废立的旨意给他看，虞悰说："皇上英虞悰明贤圣，你们同心齐力，难道还要借我这老朽人的手来扶助统一的事吗? 我不敢听令。"于是悲伤痛哭。大臣讨论要弹劾他，徐孝嗣说："这是以前留下的正直的风范。"就停止了弹劾虞悰。

帝与群臣宴会，诏功臣上酒。王晏等兴席，谢瀹独不起，曰："陛下受命，应天顺人；王晏妄叨天功以为己力!"帝大笑，解之。座罢，晏呼瀹共载还令省，欲相抚悦，瀹正色曰："君巢窟在何处!"晏甚惮之。

丁卯，诏："藩牧守宰，或有荐献，事非任土，悉加禁断。"

己巳，魏主如信都。庚午，诏曰："比闻缘边之蛮，多窃掠南土，使父子乖离，室家分绝。朕方荡壹区宇，子育万姓，若苟如此，南人岂知朝德哉! 可诏荆、郢、东荆三州，禁勒蛮民，勿有侵暴。"

【译文】齐高宗萧鸾和大臣饮宴，下诏功臣喝酒。王晏等人都依次离席，谢瀹独自不离开，说："皇上接受上天称帝，顺应天理，顺从民心，王晏乱来，占领功劳当作自己的功劳!"高宗萧

鸾笑了，为他们解释。宴席完了，王晏召唤谢瀹一同乘车返回尚
书省办事地。谢瀹严肃地说："你在哪里剿敌的？"王晏很害怕
他。

丁卯日（二十六日），高宗萧鸾下诏："藩王、州牧、郡守
等地方官吏，偶尔有朝奉，若不是本地所产出的，全部禁止进
献。"

己巳日（二十八日），北魏孝文帝拓跋宏到达信都。庚午日
（二十九日），下令说："近来得知南边疆域上的蛮族，大多偷
偷侵犯齐国疆域，以至那些地方的百姓父子离散，夫妻分隔两
地。朕正打算一统天下，安抚恩赐百姓，假使这样，南边人怎能
知道朝堂的恩德呢？下诏命令荆、郢、东荆三州，禁止逼迫蛮族
百姓，不要有侵犯残暴之事。"

十一月，癸酉，以始安王遥光为扬州刺史。

丁丑，魏主如邺。

庚辰，立皇子宝义为晋安王，宝玄为江夏王，宝源为庐陵
王，宝寅为建安王，宝融为随郡王，宝攸为南平王。

甲申，诏曰："邑宰禄薄，虽任土恒贡，自今悉断。"

乙酉，追尊始安贞王为景皇，妃为懿后。

【译文】十一月，癸酉日（初三日），高宗萧鸾任命始安王萧
遥光为扬州刺史。

丁丑日（初七日），北魏孝文帝拓跋宏到达邺城。

庚辰日（初十日），高宗萧鸾册封皇子宝义为晋安王，宝源
为庐陵王，宝寅为建安王，宝玄为江夏季王，宝攸为南平王，宝
融为随郡王。

甲申日（十四日），高宗萧鸾下诏说："县令的俸禄很少，即

便是任地产出的常规贡品，从现在开始完全禁止。"

乙酉日（十五日），高宗萧鸾追尊始安贞王为景皇，王妃为懿后。

丙戌，以闻喜公遥欣为荆州刺史，丰城公遥昌为豫州刺史。时上长子晋安王宝义有废疾，诸子皆弱小，故以遥光居中，遥欣镇抚上流。

戊子，立皇子宝卷为太子。

魏主至洛阳，欲澄清流品，以尚书崔亮兼吏部郎。亮，道固之兄孙也。

魏主敕后军将军（宁）〔宇〕文福行牧地。福表石济以西，河内以东，距河凡十里。魏主自代徙杂畜置其地，使福掌之；畜无耗失，以为司马监。

【译文】丙戌日（十六日），高宗萧鸾任命丰城公萧遥昌为豫州刺史，闻喜公萧遥欣为荆州刺史。高宗萧鸾的长子萧宝义患长久难治的病，几个儿子都幼小虚弱，所以使萧遥光在朝廷内部掌权，萧遥欣安抚镇守上流一带。

戊子日（十八日），高宗萧鸾册封皇子萧宝卷为太子。

北魏孝文帝拓跋宏到了洛阳，想解释官员的品阶高低，派尚书崔亮兼任吏部郎。崔亮是崔道固哥哥的孙子。

孝文帝拓跋宏下令后军将军宇文福勘察放牧之地。宇文福奉上奏表划分河内以东，石济以西，大约距离黄河十里。孝文帝拓跋宏从代都搬移各种家畜安放在那里，令宇文福管事；畜业没有丧失耗损，就命令他担任司卫监。

初，世祖平统万及秦、凉，以河西水草丰美，用为牧地，畜甚蕃息，马至二百馀万匹，橐驼半之，牛羊无数。及高祖置牧场于河阳，常畜戍马十万匹，每岁自河西徙牧并州，稍复南徙，欲其渐习水土，不至死伤，而河西之牧愈更蕃滋。及正光以后，皆为寇盗所掠，无孑遗矣。

【译文】起初，北魏世祖拓跋焘统一秦地、凉州，因为河西水草肥美丰厚，用它来放牧，繁殖的牲口很多，马的数量达到两百多万匹，骆驼一百多万头，牛羊多得数不清。到高祖孝文帝拓跋宏将河阳设为牧地后，常年饲养着十万匹战马，从河西每年移送到并州饲养，之后又向南转送，想要牲口能慢慢适应水土，万一发生战斗，也不用有死伤，但河西的畜牧繁殖更兴盛。等到孝明皇帝元诩正光年间之后，都被盗贼夺取，再没有留下来的了。

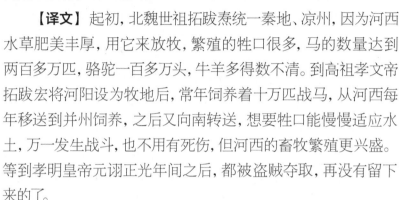

永明中，御史中丞沈渊表，百官年七十，皆令致仕，并穷困私门。庚子，诏依旧铨叙。上辅政所诛诸王，皆复属籍，封其子为侯。

上诈称海陵恭王有疾，数遣御师瞻视，因而殒之，葬礼并依汉东海恭王故事。

【译文】在永明年间，御史中丞沈渊给齐武帝萧赜奉上奏表：朝官年龄满七十岁，都应辞官回乡，并想法让豪门权贵困穷窘迫。庚子日（三十日），下令按照老办法权衡挑选。高宗萧鸾辅政之时所杀害的诸王，都再次登了籍贯，赐他们的儿子侯爵。

高宗萧鸾谎称海陵恭王萧昭文有病，多次派御医去看他，他因此死了，葬礼全按照汉代东海恭王刘庄以前的礼节。

魏郢州刺史韦珍，在州有声绩，魏主赐以骏马、谷帛。珍集境内孤贫者，悉散与之，谓之曰："天子以我能绥抚卿等，故赐以谷帛，吾何敢独有之！"

魏主以上废海陵王自立，谋大举入寇。会边将言，雍州刺史下邳曹虎遣使请降于魏，十一月，辛丑朔，魏遣行征南将军薛真度督四将向襄阳，大将军刘昶、平南将军王肃向义阳，徐州刺史拓跋衍向钟离，平南将军广平刘藻向南郑。真度，安都从祖弟也。以尚书卢渊为安南将军，督襄阳前锋诸军。渊辞以不习军旅，不许。渊曰："但恐曹虎为周鲂耳。"

【译文】北魏郢州刺史韦珍，在郢州很有政绩，孝文帝拓跋宏奖赏他骏马、丝帛、谷物。韦珍集聚境内贫穷孤单之人，将奖赏的东西都分给他们，并对他们说："皇上因我能抚恤安慰你们，就赏赐我谷物、丝帛，我怎敢一人用它们？"

北魏孝文帝拓跋宏因为齐国高宗萧鸾废掉海陵王萧昭文自封为王，谋划大举进攻。适逢镇守的将领说，雍州刺史下邳人曹虎派使者请求归降。十一月，辛丑朔日（初一日），北魏派行征南将军薛真度监督四个将领攻打襄阳，大将军刘昶、平南将军王肃进攻义阳，徐州刺史拓跋衍进攻钟离，平南将军广平人刘藻进攻南郑。薛真度是薛安一个曾祖父的弟弟。任命尚书仆射卢渊为安南将军，监督襄阳前锋各军。卢渊以不熟悉军务为由推辞，孝文帝拓跋宏不答应。卢渊说："只是害怕曹虎成为周鲂罢了。"

魏主欲变易旧风，壬寅，诏禁士民胡服。国人多不悦。

通直散骑常侍刘芳，缵之族弟也，与给事黄门侍郎太原郭祚，皆以文学为帝所亲礼，多引与讲论及密议政事；大臣贵戚皆以为疏己，怏怏有不平之色。帝使给事黄门侍郎陆凯私谕之曰：

"至尊但欲广知古事，询访前世法式耳，终不亲彼而相疏也。"众意乃稍解。凯，馛之子也。

魏主欲自将入寇。癸卯，中外戒严。戊申，诏代民迁洛者复租赋三年。相州刺史高闾上表称："洛阳草创，曹虎既不遣质任，必非诚心，无宜轻举。"魏主不从。

【译文】 孝文帝拓跋宏想更改以前的风俗，壬寅日（初二日），下令严禁士民穿胡服，在北荒的鲜卑大族大多不愿意。

通直散骑常侍刘芳是刘缵同族的弟弟，和给事黄门侍郎太原人郭祚，靠着文采被孝文帝礼遇亲近，多次召见商讨秘密政事；大臣权贵都认为孝文帝把自己疏远了，都快快的有不服的脸色。孝文帝嘱咐给事黄门侍郎陆凯暗中对他们说："朕只是想要多知道以前的事，咨询以前的方法罢了，不会疏远自己的亲戚而亲近他们。"众人的担忧才有点缓解。陆凯是陆馛的儿子。

孝文帝拓跋宏想亲自率军进攻南齐。癸卯日（初三日），在城内外戒严。戊申日（初八日），下诏当地百姓肯搬迁到洛阳的免去三年赋税。相州刺史高闾奉上奏表说："洛阳刚建设完，曹虎既然请降却不派人质前来，肯定没有诚意，我们不应轻举妄动。"孝文帝拓跋宏不听从。

久之，虎使竟不再来，魏主引公卿议行留之计，公卿或以为宜止，或以为宜行。帝曰："众人纷纭，莫知所从。必欲尽行留之势，宜有客主，共相起发。任城、镇南为留议，朕为行论，诸公坐听得（矣）〔失〕，长者从之。"众皆曰："诺。"镇南将军李冲曰："臣等正以迁都草创，人思少安；为内应者未得审谛，不宜轻动。"帝曰："彼降款虚实，诚未可知。若其虚也，朕巡抚淮甸，访民疾苦，使彼知君德之所在，有北向之心；若其实也，今不以时应接，则失乘时之机，孤归义之诚，败朕大略矣。"任城王澄曰："虎无质任，又使不再来，其诈可知也。今代都新迁之民，皆有恋本之心。扶老携幼，始就洛邑，居无一椽之室，食无甔石之储。又冬月垂尽，东作将起，乃'百堵皆兴'、'俶载南亩'之时，而驱之使擐甲执兵，泣当白刃，殆非歌舞之师也。且诸军已进，非无应接。若降款有实，待既平樊、沔，然后銮舆顺动，亦可晚之有！今率然轻举，上下疲劳；若空行空返，恐挫损天威，更成贼气，非策之得者也。"司空穆亮以为宜行，公卿皆同之。澄谓亮曰："公辈在外之时，见张旗授甲，皆有忧色，平居论议，不愿南征，何得对上即为此语！面背不同，事涉欺佞，岂大臣之义、国士之体乎！万一倾危，皆公辈所为也。"冲曰："任城王可谓忠于社稷。"帝曰："任城以从朕者为佞，不从朕者岂必皆忠！夫小忠者，大忠之贼，无乃似诸！"澄曰："臣愚暗，虽涉小忠，要是竭诚谋国；不知大忠者竟何所据！"帝不从。

【译文】 时间久了，曹虎派的使者竟不再到北魏，孝文帝拓跋宏延请大臣咨询应行还是应留的计策，众人有的以为该留，有的以为该行。孝文帝说："大臣议论纷纷，不知道该听谁的。如果必须要完全了解行动和停留的局势，应该是主客双方，一起讨论引起议论。任城王拓跋澄、镇南将军李冲代表留守的一方，朕同意南征的一方，各位坐着仔细听好坏，看哪一方考虑长远，就征用哪方的建议。"众人都说："行。"镇南将军李冲回答说："臣正认为迁都时间不长，刚建设一切，人人都想稍稍整顿；做内应的情况又不知道，不适合随意行动。"孝文帝说："他投降的誓言是真是假，确实不得而知。假使是假，朕安抚巡查淮水郊外，访问民间疾苦，让他们了解君主的性行所在，有北来归顺之心；假使是真的，如今不及时接应，就丢失应用时机的机遇，孤寒对方归顺的赤诚，让朕的计划失败了。"任城王拓跋澄回答说："曹虎无人质，使者又不来，他的狡诈是能肯定的。如今京都迁移来的百姓，都有思念家乡的心思。携带幼儿扶持老者，刚到达洛邑，住在只有一根屋椽的房子里，吃的粮食也没有两石米。再则冬季就快来了，春季耕种就要开始，是'建筑百个房屋''开始耕种在南亩'的时候，然而竟催促他们穿着铠甲持着兵器，对着刀落泪，实在不会是武王伐纣时那样'前歌后舞'的大军啊！并且诸军已出发，并不是无接应。假使曹虎的归降誓言是真的，等将樊、沔平定，皇上的銮车随着发动，也不算晚！如今草率地轻易行动，上下疲惫，假使徒劳往返，恐怕要损害皇上天子的威严，增加敌人的气势，这不是好的计划。"司空穆亮以为理应南伐，众人都支持他。拓跋澄对穆亮说："你们这些人在外之时，见了张开旗帜，交接兵甲，都有担忧的面色，往常议论，总不喜欢南征；怎么能对着陛下就说这些呢？你们当面一套背后一套，涉嫌欺君罔上，哪里是臣子的大义、国士的表现呢？万一南征让国家危险颠覆，都是你们这些人造成的。"李冲附应说："任城王拓跋澄可以说是效忠国家。"孝文帝说："任城王以为顺从朕的是小人，不顺从朕的那些都是忠臣！小忠是迫害大忠的，恐怕就是这样吧？"拓跋澄回答说："臣无知愚昧，虽涉及小忠，主要是为了尽力为国家筹谋，不明白大忠究竟是依据些什么！"孝文帝不听从他的提议。

辛亥，发洛阳，以北海王详为尚书仆射，统留台事；李冲兼仆射，同守洛阳。给事黄门侍郎崔休为左丞，赵郡王幹都督中外诸军事，始平王勰将宗子军宿卫左右。休，逞之玄孙也。戊辰，魏主至悬瓠。己巳，诏寿阳、钟离、马头之师所获男女皆放还南。曹虎果不降。

【译文】辛亥日（十一日），孝文帝拓跋宏率军从洛阳出发，任命北海王拓跋详为尚书仆射，治理镇守各机构的事务；李冲兼任仆射，和北海王拓跋详一同镇守洛阳。任命给事黄门侍郎崔休为左丞，赵郡王拓跋幹为都督中外诸军事，始平王拓跋勰统率宗室宗子组建宿卫军守卫两旁。崔休为崔逞的玄孙。戊辰日（二十八日），孝文帝拓跋宏到达悬瓠。己巳日（二十九日），下诏将寿阳、钟离、马头的士兵掳夺的男女放回南方。曹虎果真不归降北魏。

魏主命卢渊攻南阳。渊以军中乏粮，请先攻赭阳以取叶仓，魏主许之。乃与征南大将军城阳王鸾、安南将军李佐、荆州刺史韦珍共攻赭阳。鸾，长寿之子；佐，宝之子也。北襄城太守成公期闭城拒守。薛真度军于沙堨，南阳太守房伯玉、新野太守刘思忌拒之。

先是，魏主遣中书监高闾治古乐；会闾出为相州刺史，是岁，表荐著作郎韩显宗、太乐祭酒公孙崇参知钟律，帝从之。

【译文】孝文帝拓跋宏下令卢渊进攻南阳。卢渊因军队缺少粮食，请求先进攻赭阳，方便夺取叶县的粮仓，孝文帝拓跋宏应允他的请求。卢渊与征南大将军城阳王拓跋鸾、安南将军李佐、荆州刺史韦珍一起进攻赭阳。李佐是李宝的儿子，拓跋鸾为拓跋长寿的儿子。北襄城太守成公期将城门紧闭严守抵抗。薛真度驻扎在沙堨，南阳太守房伯玉、新野太守刘思忌抵抗他。

以前，孝文帝拓跋宏调派中书监高闾钻研古乐；恰巧高闾被任命为相州刺史，今年，奉上奏表举荐著作郎韩显宗、大乐祭酒公孙崇参加编订音律，孝文帝顺从了他的意见。

资治通鉴卷第一百四十　齐纪六

齐纪六起旃蒙大渊献，尽柔兆困敦，凡二年。

【译文】 起乙亥（公元495年），止丙子（公元496年），共二年。

【题解】 本卷记录了公元495年至496年，即齐明帝萧鸾建武二年至建武三年两年间南齐与北魏两国的大事。主要记录了齐朝与北魏激战，魏军在赭阳、沙场大败；魏主在鲁城亲祭孔子，告于洛阳太庙，行饮至礼节；魏主孝文帝施行汉化，学汉语、穿汉服、建立太学，国子学，四门学、铸造五铢钱、使用中原的度量衡、命北来之人安葬洛阳、筑圜丘，方泽，祭祀天地、改汉姓，把拓跋氏改为元氏，以土德为王；魏主推行门阀制度，以门第选官，李冲、李彪、韩显宗都表示反对，魏主不从；魏太子拓跋恂杀中庶子而被魏主废黜；孝文帝平定穆泰叛乱；齐明帝萧鸾诛杀亲信萧谌，及萧谌兄弟萧诞、萧诔；以及萧鸾假装节俭，制度烦琐，躬亲细务，无人君之度，等等。

高宗明皇帝中

建武二年（乙亥，公元四九五年）春，正月，壬申，遣镇南将军王广之督司州、右卫将军萧坦之督徐州、尚书右仆射沈文季督豫州诸军以拒魏。

癸酉，魏诏："淮北之人不得侵掠，犯者以大辟论。"乙未，

179

拓跋衍攻钟离，徐州刺史萧惠休乘城拒守，间出袭击魏兵，破之。惠休，惠明之弟也。刘昶、王肃攻义阳，司州刺史萧诞拒之。肃屡破诞兵，招降万馀人。魏以肃为豫州刺史。刘昶性褊躁，御军严暴，人莫敢言。法曹行参军北平阳固（若）〔苦〕谏；昶怒，欲斩之，使当攻道。固志意闲雅，临敌勇决，昶始奇之。

资治通鉴

【译文】建武二年（乙亥，公元495年）春季，一月，壬申日（初二日），齐明帝萧鸾调派镇南将军王广之督导司州、右卫将军萧坦之督导徐州、尚书右仆射沈文季督导豫州各项军务，以抵抗北魏的入侵。

癸酉日（初三日），孝文帝拓跋宏下令：“不能掠夺侵扰淮河之北的百姓，违令者斩。”乙未日（二十五日），拓跋衍进攻钟离，徐州刺史萧惠休登城抵抗，利用时机出城偷袭北魏士兵，将他们打败。萧惠休是萧惠明的弟弟。刘昶、王肃进攻义阳，司州刺史萧诞抗击他们。王肃多次将萧诞的军队打败，一万多人归顺了北魏。北魏任命王肃为豫州刺史。刘昶性格暴躁褊急，率领的军队严格残暴，百姓都不敢说他。法曹行参军北平人阳固多次劝说；刘昶生气，想要杀了他，把他安置在战况最猛烈的地方。阳固神色悠闲，举止文雅，面对敌人果敢又勇决，刘昶这才感觉他奇特，不敢懈怠。

丁酉，中外纂严。以太尉陈显达为使持节、都督西北讨诸军事，往来新亭、白下以张声势。

己亥，魏主济淮；二月，至寿阳，众号三十万，铁骑弥望。甲辰，魏主登八公山，赋诗。道遇甚雨，命去盖；见军士病者，亲抚慰之。

【译文】丁酉日（二十七日），齐国内外戒严。齐明帝萧鸾命太尉陈显达担任使持节、都督西北征讨诸军事，来往于新亭、白下之间，扩大声势。

己亥日（二十九日），孝文帝拓跋宏将渡过淮河；二月，到达寿阳，号称军队三十万，满眼都是穿铠甲的骑兵。甲辰日（初五日），孝文帝拓跋宏登上八公山，作诗。路上遇到大雨，下令将伞盖撤除，见到士兵得病的，亲自安抚他们。

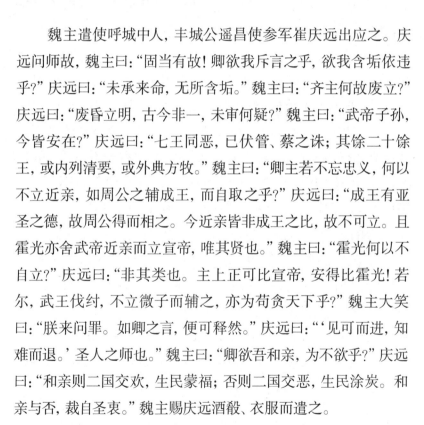

魏主遣使呼城中人，丰城公遥昌使参军崔庆远出应之。庆远问师故，魏主曰："固当有故！卿欲我斥言之乎，欲我含垢依违乎？"庆远曰："未承来命，无所含垢。"魏主曰："齐主何故废立？"庆远曰："废昏立明，古今非一，未审何疑？"魏主曰："武帝子孙，今皆安在？"庆远曰："七王同恶，已伏管、蔡之诛；其馀二十馀王，或内列清要，或外典方牧。"魏主曰："卿主若不忘忠义，何以不立近亲，如周公之辅成王，而自取之乎？"庆远曰："成王有亚圣之德，故周公得而相之。今近亲皆非成王之比，故不可立。且霍光亦舍武帝近亲而立宣帝，唯其贤也。"魏主曰："霍光何以不自立？"庆远曰："非其类也。主上正可比宣帝，安得比霍光！若尔，武王伐纣，不立微子而辅之，亦为苟贪天下乎？"魏主大笑曰："朕来问罪。如卿之言，便可释然。"庆远曰："'见可而进，知难而退。'圣人之师也。"魏主曰："卿欲吾和亲，为不欲乎？"庆远曰："和亲则二国交欢，生民蒙福；否则二国交恶，生民涂炭。和亲与否，裁自圣衷。"魏主赐庆远酒殽、衣服而遣之。

【译文】 孝文帝拓跋宏派使者将城中之人唤出，丰城公萧遥昌将崔庆远派出应对。崔庆远咨询出兵的原因，孝文帝拓跋宏说："肯定有原因！你要我直接指责出来呢，还是要我忍着罪行, 敷衍犹豫呢? "崔庆远回答说: "我没有接受来这儿的任务, 没什么好忍着的罪行。"孝文帝拓跋宏说: "齐的君王为何将天子废除, 另立新皇? "崔庆远回答说: "将昏君废黜, 另立贤君, 古今方法不一定都相同, 不知有何怀疑的? "孝文帝拓跋宏说: "齐武帝萧赜的后代, 如今都在哪里? "崔庆远回答说: "七个儿子一同为恶, 已接受管、蔡的刑罚。其他二十几个, 有的在长塘担任清高的显位, 有的在外面管理一方百姓。"孝文帝拓跋宏说: "你的君王若不忘记忠义, 为何不册封近亲, 就像周公帮助成王, 却自取大权呢? "崔庆远回答说: "成王有圣人的操守, 周公才会好好辅佐帮助他。如今近亲都不比成王, 所以不可册立为君王。而且霍光也放弃汉武帝刘彻的儿子昌邑王刘贺而另册立汉宣帝刘询, 只是看他们是否贤明罢了。"孝文帝拓跋宏说: "霍光为何不自立称帝? "崔庆远回答说: "霍光不是刘氏啊! 齐明帝萧鸾正可以比作宣帝, 怎能与霍光相比? 假使这样, 武王讨伐纣, 不册立微子辅佐帮助他, 也算是苟且贪图天下吗? "孝文帝拓跋宏笑着说: "朕来治罪, 如你这么说, 就可以安心了。"崔庆远回答说: "'可行就去做, 明白困难就退却', 是圣人的师傅啊! "孝文帝拓跋宏说: "你想与朕联姻, 假使朕不肯呢? "崔庆远回答说: "联姻就两国各自联络和睦, 百姓蒙受利益; 不然两国关系恶化, 百姓遭受困苦。联姻与不联姻, 由皇上圣心决定。"孝文帝拓跋宏将酒肉、衣服赏赐给崔庆远, 将他打发走了。

【申涵煜评】庆远废立之对, 至比萧鸾为武王强词, 足以夺理。以魏主明辨, 岂竟为彼屈? 盖意中原不欲南伐, 故且依违答之耳。

【译文】崔庆远对废除旧主另立新君的回答, 和萧鸾替齐武帝萧赜给出的强行说辞相比，更有道理。凭借魏孝文帝的明辨能力，怎能居然被他说服？大概是魏孝文帝不想向南征伐，因此暂且违心回答他而已。

戊申，魏主循淮而东，民皆安堵，租运属路。丙辰，至钟离。

上遣左卫将军崔慧景、宁朔将军裴叔业救钟离。刘昶、王肃众号二十万，堑栅三重，并力攻义阳，城中负楯而立。王广之引兵救义阳，去城百馀里，畏魏强，不敢进。城中益急，黄门侍郎萧衍请先进，广之分麾下精兵配之。衍间道夜发，与太子率萧谌等径上贤首山，去魏军数里。魏人出不意，未测多少，不敢逼。黎明，城中望见援军至，萧诞遣长史王伯瑜出攻魏栅，因风纵火，衍等众军自外击之，魏不能支，解围去。己未，诞等追击，破之。谌，谌之弟也。

【译文】 戊申日（初九日），孝文帝拓跋宏顺淮水向东进攻，淮北的百姓都放心居住，运输的车辆络绎不绝。丙辰日（十七日），孝文帝到达钟离。

齐明帝萧鸾调遣左卫将军崔慧景、宁朔将军裴叔业去援救钟离。刘昶、王肃号称军队二十万，修建深壕和栅栏一共三层，齐力攻打义阳，城里的人背着盾牌才敢站起来。王广之率领军队去救援义阳，距城一百余里，害怕北魏的兵力强盛，不敢行进，城里之人更加急切。黄门侍郎萧衍请求率先行进，王广之将旗下的精锐部队派给他。萧衍夜晚从小路进发，和太子右卫率萧谌等直接上到贤首山，离北魏军队几里远。这完全出乎魏军的预料，不能断定敌军来了多少，不敢靠近。黎明之时，城里远远看见援军来到，萧诞调派长史王伯瑜出城进攻北魏，顺风纵火，萧衍等士兵从外边进攻，北魏军队不可支撑，解除包围撤离。己未日（二十日），萧诞等人追打北魏军队，将他们打败。萧诔是萧谌的弟弟。

先是，上以义阳危急，诏都督青、冀二州诸军事张冲出军攻魏以分其兵势。冲遣军主桑系祖攻魏建陵、驿马、厚丘三城，又遣军主杜僧护攻魏虎阬、冯时、即丘三城，皆拔之。青、冀二州刺史王洪范遣军主崔延袭魏纪城，据之。

魏主欲南临江水，辛酉，发钟离。司徒长乐元懿公冯诞病，不能从，魏主与之泣诀，行五十里，闻诞卒。时崔慧景等军去魏主营不过百里，魏主轻将数千人夜还钟离，拊尸而哭，达旦，声泪不绝。壬戌，敕诸军罢临江之行，葬诞依晋齐献王故事。诞与帝同年，幼同砚席，尚帝妹乐安长公主。虽无学术，而资性淳笃，故特有宠。丁卯，魏主遣使临江，数上罪恶。

【译文】以前，齐明帝萧鸾因义阳情形危急，下诏令都督青、冀二州中军政张冲出兵进攻北魏，来分解北魏的兵力。张冲调派军主桑系祖进攻北魏的建陵、驿马、厚丘三座城池，又调派军主杜僧护进攻北魏的虎坑、冯时、即丘三个城池，都攻占了。青、冀二州刺史王洪范调派军主崔延进攻北魏的纪城，将它占领。

孝文帝拓跋宏想向南去江水边，辛酉日（二十二日），从钟离进发。司徒长乐元懿公冯诞得了重病，不能跟随，孝文帝拓跋宏与他落泪告别，进军五十里，得知冯诞去世。那时崔慧景等军距离北魏的主营仅仅一百里，孝文帝拓跋宏率领几千士兵入夜后轻装返回钟离，触摸着冯诞的尸体痛哭，一直到天亮，哭声和眼泪没有停过。壬戌日（二十五日），孝文帝下令各军停止莅临江水的进程，将冯诞下葬，按照晋朝吴迪司马炎的胞弟齐献王司马攸旧例安葬。冯诞和孝文帝同年，小时同用笔砚，坐在一起，与孝文帝的妹妹乐安长公主相配。即使没有很深的学识，但资格朴实醇厚，所以很受宠爱。丁卯日（二十八日），孝文帝拓跋宏派遣使者去江边，数说齐明帝萧鸾的罪行。

　　魏久攻钟离不克，士卒多死。三月，戊寅，魏主如邵阳，筑城于洲上，栅断水路，夹筑二城。萧坦之遣军主裴叔业攻二城，拔之。魏主欲筑城置戍于淮南，以抚新附之民。赐相州刺史高闾玺书，具论其状。闾上表，以为："《兵法》：'十则围之，五则攻之。'向者国家止为受隆之计，发兵不多，东西辽阔，难以成功；今又欲置戍淮南，招抚新附。昔世祖以回山倒海之威，步骑数十万，南临瓜步；诸郡尽降，而盱眙小城，攻之不克。班师之日，兵不戍一城，土不辟一廛。夫岂无人？以为大镇未平，不可守小故也。夫壅水者先塞其原，伐木者先断其本；本原尚在而攻其末流，终无益也。寿阳、盱眙、淮阴，淮南之本原也；三镇不克其一，而留守孤城，其不能自全明矣。敌之大镇逼其外，长淮隔其内；少置兵则不足以自固，多置兵则粮运难通。大军既还，士心孤怯；夏水盛涨，救援甚难。以新击旧，以劳御逸，若果如此，必为敌擒，虽忠勇奋发，终何益哉！且安土恋本，人之常情。昔彭城之役，既克大镇，城戍已定，而不服思叛者犹逾数万。角城蕞尔，处在淮北，去淮阳十八里。五固之役，攻围历时，卒不能克。以今准昔，事兼数倍。天时尚热，雨水方降，愿陛下蹈世祖之成规，旋辕返斾，经营洛邑，蓄力观衅，布德行化，中国既和，远人自服矣。"尚书令陆叡上表，以为："长江浩荡，彼之巨防。又南土昏雾，暑气郁蒸，师人经夏，必多疾病。而迁鼎草创，庶事甫尔，台省无论政之馆，府寺靡听治之所。百僚居止，事等行路，沈雨炎阳，自成疠疫。且兵徭并举，圣王所难。今介胄之士，外攻寇仇，羸弱之夫，内勤土木，运给之费，日损千金。驱罢弊之兵，讨坚城之虏，将何以取胜乎！陛下去冬之举，正欲曜武江、汉耳；今自春几夏，理宜释甲。愿早还洛邑，使根本深固，圣怀无内顾之忧，兆民休斤板之役，然后命将出师，何忧不服。"魏主纳其言。

资治通鉴

【译文】北魏长时间进攻钟离，不能攻陷，将士伤亡很大。三月，戊寅日（初九日），孝文帝拓跋宏到邵阳，在水洲上建造城池，在水中将栅栏竖起，阻断水路，两座城在淮水两岸夹着。萧坦之派军主裴叔业进攻两座城，最终攻陷。孝文帝拓跋宏想在淮水南边建造城池，安排士兵把守，来安抚最近归顺的百姓，赐给相州刺史高闾印玺文书，详细谈论自己的计策。高闾奉上奏表，以为："《兵法》云：'有十分军力就将他围困，有五分军力就攻打他。'以前朝廷只为了接纳曹虎归降而实施计策，兵力不多，东西相距很远，很难成功；如今又想在淮南安排据点派兵镇守，招来安抚最近归顺的百姓。以前魏世祖拓跋焘有回山倒海的气势，骑兵步兵几十万，南边到瓜步山，一些郡州都归降了，但小城池盱眙，却攻击不下。班师返回北边之时，不留士兵守城，土地没有开辟出来。难道是没有将领吗？是因为大的镇守地没有平定，不能单守小的据点。想堵住水的人首先堵塞水的源泉，砍倒树木的人首先砍断树根。本原还存在，而专门攻尾部，最终无用处。寿阳、盱眙、淮阴，是淮南的源头，没能将三镇攻陷，而镇守单独的小城，那不能守住是很显然了。对方的大镇被从外面威逼，长江、淮水从里面隔绝；少安排士兵就不能自保，多安排军队粮食运输就很难通畅。大军返回之后，镇守的士兵孤独害怕；夏季河水大涨，很难救援。齐人以新兵进攻我们的老兵，守军的功劳在于防守，齐人等待时机进攻，以静制动。假使真的这样，一定被敌人抓住，即使守军忠勇果敢，最终有何好处呢？安于家乡，留恋故土，是人之常情。以前彭城的战争，已经攻陷徐州这个大的守卫地，城中据守的士兵已确定，但不归降想背叛的还是有几万人。角城是小地方，位于淮水北边，距离淮阳十八里。五固之战，进攻围困经历一些时间，最终不能战胜。拿如今与以前比，事情多出好多倍！天气很热，雨水很多，希望皇上继承世祖拓跋焘以前的规矩，将车辕掉转，把旌旗返回北方，管理洛邑，储备实力，来等待对方的嫌隙，传播德惠实施教育，内外和谐以后，远处的百姓自然就归降了。"尚书令陆叡奉上奏表，以为："长江的水波很大，是他们天然的防线。南方大雾弥漫，热气聚集向上，士兵们经过夏季，肯定会生病。而迁都开始之时，各种事情才开始进行，朝廷各个机构还没谈论政事的地方，地方官府无听取政事的地方，百官的生活条件，跟过路的人一般，阴霾多雨，炎炎夏日，自然会流行疾病。征讨的军务和建城的兵役一起发动，贤圣的君王也很难照顾的。现在武装的士兵，在外进攻敌人，虚弱的百姓，在内修建土木工程，攻击运输的费用，每天要花费千金。驱逐疲劳的士兵，去征讨坚固城墙中的敌军，将怎样战胜呢？皇上去年冬季的行动，只是在江汉一带显示武力罢了！从春季就快到夏季了，按照道理应解除兵务。只希望早早返回洛邑，让根本深刻坚固，皇上内心没有内顾的担忧，百姓将斤斧板筑的徭役停止，命令将帅作战，还担心有什么不能归服的？"孝文帝拓跋宏接受了他的进谏。

崔慧景以魏人城邵阳，患之。张欣泰曰："彼有去志，所以筑城者，外自夸大，惧我蹑其后耳。今若说之以两愿罢兵，彼无不听矣。"慧景从之，使欣泰诣城下语魏人，魏主乃还。

济淮，馀五将未济，齐人据渚邀断津路。魏主募能破中渚兵者以为直阁将军，军主代人奚康生应募，缚筏积柴，因风纵火，烧齐船舰，依烟直进，飞刀乱斫，中渚兵遂溃。魏主假康生直阁将军。

【译文】 崔慧景因北魏兴建邵阳城，对它很担心。张欣泰说："他们有离开之意，所以建城，是对外夸大军威，其实是害怕我们在后面追打罢了！如今拿两方停战去劝说他们，他们无不顺从！"崔慧景答应他的提议，调派张欣泰去城下告诉魏军，孝文帝拓跋宏于是派兵返回。

北魏军队渡过淮河，还剩下五个将领没渡过，齐兵占领沙洲斩断渡河的路口，孝文帝拓跋宏召集能打破水中沙洲上齐兵拦挡的将领，任命他为直阁将军。军主代地人奚康生答应了，他将木筏捆绑，将木柴堆积，顺风放火，将齐国战船焚烧，依循浓烟火焰向前，投掷刀一番乱砍，水中沙洲的齐兵溃散，孝文帝拓跋宏任命奚康生为直阁将军。

魏主使前将军杨播将步卒三千、骑五百为殿。时春水方长，齐兵大至，战舰塞川。播结陈于南岸以御之，诸军尽济。齐兵四集围播，播为圆阵以御之，身自搏战，所杀甚众。相拒再宿，军中食尽，围兵愈急。魏主在北岸望之，以水盛不能救，既而水稍减，播引精骑三百历齐舰大呼曰："我今欲渡，能战者来！"遂拥众而济。播，椿之兄也。

魏军既退，邵阳洲上馀兵万人，求输马五百匹，假道以归。崔慧景欲断路攻之，张欣泰曰："归师勿遏，古人畏之，兵在死地，不可轻也。今胜之不足为武，不胜徒丧前功；不如许之。"慧景从之。萧坦之还，言于上曰："邵阳洲有死贼万人，慧景、欣泰纵而不取。”由是皆不加赏。甲申，解严。

【译文】北魏孝文帝拓跋宏派前将军杨播率领三千步兵、五百骑兵殿后。当时春季河流正涨，齐兵大量涌进，战舰阻塞河川，杨播在南岸扎好军队来抵抗他们。各军都已过河，齐兵四面集聚将杨播包围，杨播摆出圆的阵势防守，自己力战不止，杀了很多敌军。相互支撑经过两夜，军中食物吃完了，包围的齐兵攻打得更紧急。孝文帝拓跋宏在北岸远望，因水很大，不能救援。不久之后，水渐渐下了，杨播带领三百个精练的骑兵将齐兵的战船冲过，大声喊叫着说：“我如今要过河，能战斗的过来！”于是众多的骑兵拥着过河。杨播是杨椿的哥哥。

北魏军队撤离以后，邵阳沙洲上留守一万多名魏国士兵，请求运输五百匹马，借道返回北方。崔慧景想斩断路进攻他们，张欣泰说：“返回的军队不能阻挡，古人忌讳这样的事，将士置于死地，是不能轻率的。现在胜了他们不能说有勇，败的话，白白丢失以往的功劳，不如应允他们。”崔慧景顺从他的建议。萧坦之回朝向齐明帝萧鸾说：“邵阳沙洲上有上万贼人，崔慧景、张欣泰放纵他们却不逮捕。”齐明帝萧鸾因此不奖赏两人。甲申日（十五日），齐国将戒严解除。

【乾隆御批】魏主兴师问罪，兵出有名。城下责言，词严义正。庆远虽欲为其主掩饰，岂能夺理？适足形其词遁。魏主大笑行赐，复何谓哉？

【译文】北魏孝文帝兴师问罪，兵出有名。城下责备齐明帝萧鸾的话，义正词严。崔庆远虽然想为齐主萧鸾掩饰，岂能强词夺理？正足以表现出他想用言词回避。北魏孝文帝大笑并对他进行赏赐，还有什么可说的呢？

初，上闻魏主欲饮马于江，惧，敕广陵太守行南兖州事萧颖胄移居民入城。民惊恐，欲席卷南渡。颖胄以魏寇尚远，不即施行；魏兵竟不至。颖胄，太祖之从子也。

上遣尚书右仆射沈文季助丰城公遥昌守奉阳。文季入城，止游兵不听出，洞开城门，严加守备。魏兵寻退。

魏之入寇也，卢昶等犹在建康，齐人恨之，饲以蒸豆。昶怖惧，食之，泪汗交横。谒者张思宁辞气不屈，死于馆下。及还，魏主让昶曰："人谁不死，何至自同牛马，屈身辱国! 纵不远惭苏武，独不近愧思宁乎!"乃黜为民。

【译文】当初，齐明帝萧鸾得知北魏孝文帝拓跋宏要到长江饮马，很害怕，下令广陵太守南兖州事萧颖胄将百姓搬移入城。百姓害怕惊慌，想渡江将全部的财产都搬到南方来。萧颖胄以为北魏入侵还很远，没有即刻施行，北魏军最终没有到来。萧颖胄是高帝萧道成的侄儿。

齐明帝萧鸾派尚书左仆射沈文季帮助丰城公萧遥昌镇守寿阳。沈文季进入寿阳城，下令禁止游兵散勇入城，将城门打开，严密地加以防备。北魏军队不久就撤退了。

北魏进入边境入侵时，卢昶等人还留在建康，齐人对他们很愤恨，把喂牛马的蒸豆拿给他们吃。卢昶害怕齐人杀他，将蒸豆吃了，汗水和眼泪布满脸。另一个谒者张思宁神色自若，言语表示不投降，死在客栈。在返回洛邑之后，北魏孝文帝拓跋宏责骂卢昶说："做人哪有不会死的，何至于自我糟蹋，与牛马一般? 委屈自己，污蔑国家，即使不能与古人苏武相比，也不愧对身边的张思宁吗?"于是把他贬为平民。

戊子，魏太师京兆武公冯熙卒于平城。

乙未，魏主如下邳；夏，四月，庚子，如彭城；辛丑，为冯熙举哀。太傅、录尚书事平阳公丕不乐南迁，与陆叡表请魏主还临熙葬。帝曰："开辟以来，安有天子远奔舅丧者乎！今经始洛邑，岂宜妄相诱引，陷君不义！令、仆以下，可付法官贬之。"仍诏迎熙及博陵长公主之枢，南葬洛阳，礼如晋安平献王故事。

【译文】戊子日（十九日），北魏太师京兆武公冯熙在平城逝世。

乙未日（二十六日），孝文帝拓跋宏到达下邳。夏季，四月，庚子日（初二日），孝文帝到达彭城。辛丑日（初三日），拜祭冯熙（高声哭泣以致哀）。录尚书事平阳公、太傅拓跋丕对南迁不喜，和陆叡一同奉上奏表，请求孝文帝拓跋宏返回平城参加冯熙的丧礼。孝文帝说："自有天地以后，哪有皇帝为舅父远来奔丧的呢？如今刚开始管理洛邑，怎么可以乱来相互引诱，陷君王于不义？守护平城的令、仆之下的官吏，可以交给执法官员加以贬黜。"依旧下诏接应冯熙和博陵长公主的棺木，向南来在洛阳下葬，一切礼节都效仿晋朝安平献王司马攸的礼节。

魏主之在钟离也，仇池镇都大将、梁州刺史拓跋英请以州兵会刘藻击汉中，魏主许之。梁州刺史萧懿遣部将尹绍祖、梁季群等将兵二万，据险，立五栅以拒之。英曰："彼帅贱，莫相统壹。我选精卒并攻一营，彼必不相救；若克一营，四营皆走矣。"乃引兵急攻一营，拔之，四营俱溃，生擒梁季群，斩三千馀级，俘七百馀人，乘胜长驱，进逼南郑，懿又遣其将姜修击英，英掩击，尽获之。将还，懿别军继至；将士皆已疲，不意其至，大惧，欲走。英故缓辔徐行，神色自若，登高望敌，东西指麾，状若处分，然后整列而前。懿军疑有伏兵，迁延引退，英追击，破之，遂围南郑。禁将士毋得侵暴，远近悦附，争供租运。懿婴城自守，军主范絜先将三千馀人在外，还救南郑，英掩击，尽获之。围城数十日，城中恟惧。录事参军新野庾域封题空仓数十，指示将士曰："此中粟皆满，足支二年，但努力坚守！"众心乃安。会魏主召英还，英使老弱先行，自将精兵为后拒，遣使与懿告别。懿以为诈，英去一日，犹不开门；二月，乃遣将追之。英与士卒下马交战，懿兵不敢逼，行四日四夜，懿兵乃返。英入斜谷，会天大雨，士卒截竹贮米，执炬火于马上炊之。先是，懿遣人诱说仇池诸氐，使起兵断英运道及归路。英勒兵奋击，且战且前，矢中英颊，卒全军还仇池，讨叛氐，平之。英，桢之子；懿，衍之兄也。

【译文】孝文帝拓跋宏在钟离之时，仇池镇都大将、梁州刺史拓跋英请求以梁州的军队和刘藻汇合一起进攻汉中，孝文帝拓跋宏应允了他的请求。梁州刺史萧懿调派部将尹绍祖、梁季群等人，率领两万士兵，占守险要之地，将五处栅栏立起来抵挡北魏军队。拓跋英说："他们的帅领官职很低，不能互相统一，我挑选精兵一起进攻一个营，他们肯定不会互相援救，打垮一个营，其他四个营的士兵都会溃散了。"于是率领士兵猛烈进攻一个营，攻取了，其他四营都被击溃，将梁季群活捉了，斩杀三千多人，俘获七百多人，乘胜向前进发，向南郑进攻。萧懿又调派部将姜修攻打拓跋英，拓跋英趁其不备还击，将他们都虏获。将返回时，萧懿的另外一支军队赶来，士兵都很疲劳，没想到有敌军来到，非常胆怯，想逃跑。拓跋英特意将缰绳放松慢慢地走，脸色悠闲，攀登到高地，远眺敌军，在东西方向将军旗挥动，像是有安排一般，然后再调整军队进发。萧懿的军队怀疑有伏兵，犹豫着率领军队原路返回。拓跋英在后面追打，击溃了他们,乘势围困南郑。禁止将士肆虐侵扰,远近的百姓高兴归降,争着供给军队粮食,帮着运送物资。萧懿围绕城防御,军主范絜率先带领三千多人返回救援南郑,拓跋英突袭,把他们全俘虏了。拓跋英将城池包围几十天,城里恐惧害怕。录事参军新野人庾域将几十个空仓都粘上封条,题字在上头,将它指给将士们看,说:"这些仓库的粮食都装得很满,足以应付两年,众位只要努力坚守就行了。"众人心里才稳定下来。恰巧孝文帝拓跋宏征召拓跋英率领军队返回,拓跋英嘱咐老弱士兵先走,自己带领精兵在后抵抗追兵。调派使者与萧懿辞别。萧懿以为拓跋英使诈,拓跋英离开一天,还不将门打开,拓跋英走了两天才调派将士追击,拓跋英与士兵下马作战,萧懿的士兵不敢逼近。行进四天四夜,萧懿的士兵才返回南郑。拓跋英走进斜谷,恰巧天下大雨,士兵们将竹子斩断,盛了米,拿了火把立刻做饭。以前,萧懿派人引诱仇池的氐族,让他们发兵截断拓跋英运输粮食的道路和军队撤退的路线。拓跋英尽力反击,一边前进一边作战,氐人的箭将拓跋英的脸射中,最终所有军队返回仇池,征讨叛贼的氐族,平定他们。拓跋英是拓跋桢的儿子;萧懿是萧衍的哥哥。

英之攻南郑也,魏主诏雍、泾、岐三州发兵六千人戍南郑,俟克城则遣之。侍中兼左仆射李冲表谏曰:"秦川险厄,地接羌、夷。自西师出后,饷援连续,加氐、胡叛逆,所在奔命,运粮擐甲,迄兹未已。今复豫差戍卒,悬拟山外,虽加优复,恐犹惊骇。脱终攻不克,徒动民情,连胡结夷,事或难测。辄依旨密下刺史,待军克郑城,然后差遣。如臣愚见,犹谓未足。何者?西道险厄,单径千里,今欲深戍绝界之外,孤据群贼之中,敌攻不可猝援,食尽不可运粮。古人有言，'虽鞭之长，不及马腹。'南郑于国，实为马腹也。且魏境所掩，九州过八；民人所臣，十分而九；所未民者，唯漠北之与江外耳。羁之在近，岂汲汲于今日也！宜待疆宇既广，粮食既足，然后置邦树将，为吞并之举。今钟离、寿阳，密迩未拔；赭城、新野，跬步弗降。东道既未可以近力守，西藩宁可以远兵固！若果欲置者，臣恐终以资敌也。又，建都土中，地接寇壤，方须大将死士，平荡江会，若轻遣单寡，弃令陷没，恐后举之日，众以留守致惧，求其死效，未易可获。推此而论，不成为上。"魏主从之。

【译文】 拓跋英进攻南郑时，孝文帝拓跋宏下诏命令雍、泾、岐三州派兵六千镇守南郑，等城北攻陷就率兵过去。侍中兼左仆射李冲奉上奏表劝勉说："秦川地势险要，土地连接羌、夷，自从派出西边的军队，粮食军援连接不断，加上氐、胡反叛，各地军队奔命疲劳，运输粮食、穿着铠甲，到如今还没停过。如今又要调遣戍守的士兵，孤军征发，使他们在南山之南悬绝，即便加以优厚抚恤，应允去除徭役，还是会恐慌害怕。要是不能将南郑攻陷，白白惊动百姓，去与胡人、夷人接应，事情或许难以预测。如今就按照旨意秘密嘱托刺史，等到大军将南郑攻克，然后率兵去把守。照臣的建议，光改变这一点还不行，为什么呢？西边路途险要，允许单人匹马通行的通径有千里远，现在想在隔绝的地方之外多加防守，在许多敌军包围之中单独据守，敌方要是攻打，不能立即援救，米粮用尽，不能运送米粮。古人有云：'鞭子即使再长，马的腹部也打不到。'南郑于我国，事实就是马的肚子。并且北魏的辖区，天下九州包括八州，天下百姓，北魏十分中占有九分，还没有臣服的百姓只有江南的齐与漠北的柔然罢了！要约束他们的君王，也是不远之事了，何必急切地赶在今日呢? 应该等到疆域拓广, 米粮充足以后, 再安设邦城, 派入将帅, 做吞并之举。如今钟离、寿阳, 距离洛邑很近, 却还没攻陷; 赭城、新野, 就几步的路, 却还没归降。东边的路既然不能全力防守, 难道西边藩镇可以远远地凭借兵力固守? 假使真要设置士兵镇守汉中, 臣恐怕最终要放弃, 反而帮助敌军。再有, 在领土中心建设都城, 土地接壤敌国, 正须大力征收敢死的勇士, 将长江的都会建康平定, 假使轻易派遣少数军队, 放弃他们, 让他们牺牲攻陷, 恐怕以后大事起兵之时, 将士们因为镇守而害怕, 想请求他们拼死效力, 是不易达到的。因此推断, 不在南郑留军才是上策。" 孝文帝拓跋宏依从了他的劝谏。

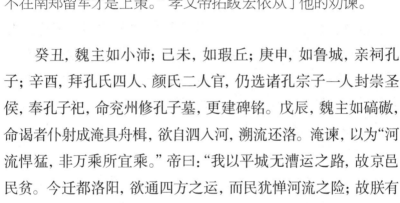

癸丑, 魏主如小沛; 己未, 如瑕丘; 庚申, 如鲁城, 亲祠孔子; 辛酉, 拜孔氏四人、颜氏二人官, 仍选诸孔宗子一人封崇圣侯, 奉孔子祀, 命兖州修孔子墓, 更建碑铭。戊辰, 魏主如碻磝, 命谒者仆射成淹具舟楫, 欲自泗入河, 溯流还洛。淹谏, 以为"河流悍猛, 非万乘所宜乘。"帝曰: "我以平城无漕运之路, 故京邑民贫。今迁都洛阳, 欲通四方之运, 而民犹惮河流之险; 故朕有此行, 所以开百姓之心也。"

魏城阳王鸾等攻赭阳, 诸将不相统壹, 围守百馀日, 诸将欲案甲不战以疲之。李佐独昼夜攻击, 士卒死者甚众, 帝遣太子右卫率垣历生救之。诸将以众寡不敌, 欲退, 佐独帅骑二千逆战而败。卢渊等引去, 历生追击, 大破之。历生, 荣祖之从弟也。南阳太守房伯玉等又败薛真度于沙堨。

【译文】癸丑日(十五日), 北魏孝文帝拓跋宏到达小沛; 己未日(二十一目), 到达瑕丘; 庚申日(二十二日), 到达鲁城, 亲自拜祭孔子。辛酉日(二十三日), 任命孔氏四个人、颜氏两个人为官，遴选孔姓嫡长子，册封为崇圣侯，任命为祭祀孔子政事。下令兖州修整孔子寺庙，重新刻铭立碑。戊辰日（三十日），孝文帝拓跋宏去碻磝，下令谒者仆射成淹准备船只楫桨，欲从泗水进入黄河，逆流而上返回洛邑。成淹上谏，以为：“黄河水流很猛，万乘之主不适合乘船。”孝文帝说：“朕认为平城无水运运输货物，所以京邑百姓穷困。如今迁都洛阳，想使四方的交通通畅，而百姓害怕黄河流水的凶猛，朕所以有这次路程，目的是解除百姓害怕的心理啊！”

北魏城阳王拓跋鸾等人进攻赭阳。将领不能统一，围困了一百多天没有攻下，诸位将领想按兵不动来使对方疲惫。李佐日夜进攻，士兵伤亡很大，齐明帝萧鸾派太子右卫率垣历生去救援。北魏将领以为兵力悬殊不能匹敌，想撤退，李佐一人带领两千骑兵迎，被打败。卢渊等人带兵离开，垣历生在后面追赶，大败魏军。垣历生为垣荣祖同祖父的弟弟。南阳太守房伯玉等人又在沙堨打败薛真度。

鸾等见魏主于瑕丘。魏主责之曰：“卿等沮辱威灵，罪当大辟；朕以新迁洛邑，特从宽典。”五月，己巳，降封鸾为定襄县王，削户五百；卢渊、李佐、韦珍皆削官爵为民，佐仍徙瀛州。以薛真度与其从兄安都有开徐方之功，听存其爵及荆州刺史，馀皆削夺，曰：“进足明功，退足彰罪矣。”

魏广川刚王谐卒。谐，略之子也。魏主曰：“古者，大臣之丧有三临之礼；魏、晋以来，王公之丧，哭于东堂。自今诸王之丧，期亲三临；大功再临；小功、缌麻一临；罢东堂之哭。广川王于朕，大功也。”将大敛，素服、深衣往哭之。

【译文】拓跋鸾等人在瑕丘参拜北魏孝文帝拓跋宏，孝文帝责怪他们说："你们侮辱北魏的威灵，按罪应斩首，朕因为最近搬迁洛邑，特地放宽处理。"五月，己巳朔日（初一日），将拓跋鸾降级为定襄县王，消减五百户俸禄。韦珍、卢渊、李佐等都被剥夺官位，贬为平民，李佐还被流放到瀛州。因为薛真度与他同祖父的哥哥薛安都有带着徐州投降，并在徐州打败刘宋军队的功勋，让他保留了爵位及荆州刺史，其他的官职都被夺取，说："升迁的人要表明他的功劳，罢官的人要彰显他的罪行。"

北魏广川刚王拓跋谐逝世，拓跋谐是拓跋略的子嗣。孝文帝拓跋宏说："以前的君王对于大臣的丧礼，有三临的礼制。魏晋之后，王公大臣的丧事，君王都在东堂拜祭，从今往后，众王的丧礼，服丧一年的亲人，君王就临丧吊唁三次；服丧九个月的亲人，君王就临丧吊唁两次；服丧五个月和服丧三个月的亲人，君王就临丧吊唁一次；废除东堂吊唁的形式。广川王拓跋谐于朕，为有大功勋的亲人。"将下葬之时，孝文帝拓跋宏穿着素服、深衣（朝祭的制服）去丧居吊唁。

甲戌，魏主如滑台；丙子，舍于石济。庚辰，太子出迎于平桃城。

赵郡王幹在洛阳，贪淫不法，御史中尉李彪私戒之，且曰："殿下不悛，不敢不以闻。"幹悠然不以为意。彪表弹之。魏主诏幹与北海王详俱从太子诣行在。既至，见详而不见幹，阴使左右察其意色，知无忧悔，乃亲数其罪，杖之一百，免官还第。

癸未，魏主还洛阳，告于太庙。甲申，减冗官之禄以助军国之用。乙酉，行饮至之礼。班赏有差。

【译文】甲戌日（初六日），北魏孝文帝拓跋宏到达滑台；丙子日（初八日），在石济留宿。庚辰日（十二日），太子拓跋恂从平桃城出来接驾。

赵郡王拓跋干在洛阳，贪赃淫乱，御史中尉李彪私下规劝他，而且说："殿下如果不改正，我不得不向皇帝上奏了。"拓跋干悠闲自在，一点不在意，李彪奉上奏表弹劾他。孝文帝拓跋宏下诏拓跋干和北海王拓跋详都跟着太子拓跋恂去他临时居住的地方。他们到了后，皇上召见拓跋详，不召见拓跋干，私下让旁边的人观看他的神色态度，知道他没有懊悔的心思，于是亲自数落他，打了他一百大板，剥夺官职遣回。

癸未日（十五日），北魏孝文帝拓跋宏返回洛阳，去太庙拜祭先祖。甲申日（十六日），精简多余的俸禄来支持国防军务的花销。乙酉日（十七日），举办征伐回朝告庙饮酒的"饮至"礼节，随大小功勋奖赏南伐有功之臣。

甲午，魏太子冠于庙。魏主欲变北俗，引见群臣，谓曰："卿等欲朕远追商、周，为欲不及汉、晋邪？"咸阳王禧对曰："群臣愿陛下度越前王耳。"帝曰："然则当变风易俗，当因循守故邪？"对曰："愿圣政日新。"帝曰："为止于一身，为欲传之子孙邪？"对曰："愿传之百世。"帝曰："然则必当改作，卿等不得违也。"对曰："上令下从，其谁敢违！"帝曰："夫'名不正，言不顺，则礼乐不可兴。'今欲断诸北语，一从正音。其年三十已上，习性已久，容不可猝革。三十已下，见在朝廷之人，语音不听仍旧；若有故为，当加降黜。各宜深戒！王公卿士以为然不？"对曰："实如圣旨。"帝曰："朕尝与李冲论此，冲曰："四方之语，竟知谁是；帝者言之，即为正矣。'冲之此言，其罪当死！"因顾冲曰；'卿负社稷，当令御史牵下！"冲免冠顿首谢。又责留守之官："昨望见妇女犹服夹领小袖，卿等何为不遵前诏！"皆谢罪。帝曰："朕言非是，卿等当庭争。如何入则顺旨，退则不从乎!"六月，己亥，下诏："不得为北俗之语于朝廷，违者免所居官。"

【译文】甲午日（二十六日），北魏太子拓跋恂在宗庙行冠礼。孝文帝拓跋宏想要改变北地风俗，接见众臣，对他们说："你们想要朕追比商、周呢，还是想要朕不如晋、汉呢？"咸阳王拓跋禧回应说："众臣都想要陛下超过以前的君王。"孝文帝说："这样说，应该移风易俗呢？还是因循守旧呢？"咸阳王拓跋禧回应说："希望君王日日革新。"孝文帝说："是远望功业只到朕一人停止呢？还是想要流传后代呢？"拓跋禧回应说："希望流传到一百代。"孝文帝说："这样说，必须要有所创新改革，你们不能违背旨令。"拓跋禧回应说："皇上下令臣下遵循，谁敢违抗？"孝文帝说："'旗号不正，言语就不顺畅，礼乐制度就不能兴盛。'如今朕要禁止北方的语言，全部遵循中华的正音。年纪三十岁之上的，已经养成习惯很久了，不容易一下子改变。三十岁之下，如今在朝廷做官的人，语言不能按照以前说北方话；假使有故意说北方言语的，就要降职罢官。你们应深刻警戒！王公众臣以为对不对？"拓跋禧回应说："的确像皇上所说。"孝文帝说："朕以前与李冲商讨这个事情，李冲说：'四方的人言语不一，不知最终该以谁说的作为标准；皇上说的语言，就是标准！'李冲此话，照罪应死。"于是孝文帝转头对李冲说："你对不起国家，应让御史令拉下去斩首。"李冲摘了帽子磕头谢罪。孝文帝拓跋宏又指责留守洛邑的官吏说："昨天远见妇女们还穿有夹领小袖的衣服，你们为何不遵守诏令？"那些官吏都说有罪，请求原谅。孝文帝说："朕说错了，你们应在朝廷争取；为何进朝就听从，退了朝就不遵守呢？"六月，己亥日（初二日），孝文帝下诏："在境内不准说北方习惯的语言，违令者革职查办。"

癸卯，魏主使太子如平城赴太师熙之丧。

癸丑，魏诏求遗书，秘阁所无，有益时用者，加以优赏。

魏有司奏："广川王妃葬于代都，未审以新尊从旧卑，以旧卑就新尊?"魏主曰："代人迁洛者，宜悉葬邙山。其先有夫死于代者，听妻还葬；夫死于洛者，不得还代就妻。其馀州之人，自听从便。"丙辰，诏："迁洛之民死，葬河南，不得还北。"于是，代人南迁者悉为河南洛阳人。

戊午，魏改用长尺、大斗，其法依《汉志》为之。

【译文】 癸卯日（初六日），孝文帝拓跋宏派太子拓跋恂去平城参加太师冯熙的丧礼。

癸丑日（十六日），北魏下令征求失散的书籍，殿阁所没有的、对现实政治有好处的书籍，献书的人多加封赏。

北魏有司进言："广川王拓跋谐的王妃在代都平城埋葬，我等不知道是应将先死的王妃和新死的广川王安葬到洛阳来，还是将才死的广川王和先死的王妃埋葬在代都平城?"孝文帝拓跋宏说："代人搬迁到洛阳来的，理应全都安葬东北方的邙山。其中假使有丈夫在代死的，听任妻子转移回代下葬；假使丈夫在洛阳死的，不返回代地跟着先死的妻子下葬。其他各州的人听由各自自便。"丙辰日（十九日），孝文帝下诏搬迁到洛阳的百姓，死后就在河南下葬，不能返回北地。于是代地的人搬迁到洛阳的全都变成河南洛阳人。

戊午日（二十一日），北魏更改长尺与大斗，它的计算方法按照《汉书·律历志》的记录去做。

上之废郁林王也，许萧谌以扬州；既而除领军将军、南徐州刺史。谌恚曰："见炊饭，推以与人。"谌恃功，颇干预朝政，所欲选用，辄命尚书使为申论。上闻而忌之，以萧诞、萧谏方将兵拒魏，隐忍不发。壬戌，上游华林园，与谌及尚书令王晏等数人宴，尽欢；坐罢，留谌晚出，至华林阁，仗身执还入省。上遣左右莫智明数谌曰："隆昌之际，非卿无有今日。今一门二州、兄弟三封，朝廷相报，止可极此。卿恒怀怨望，乃云炊饭已熟，合甑与人邪！今赐卿死！"遂杀之，并其弟谏；以黄门郎萧衍为司州别驾，往执诞，杀之。谌好术数，吴兴沈文猷常语之曰："君相不减高帝。"谌死，文猷亦伏诛。谌死之日，上又杀西阳王子明、南海王子罕、邵陵王子贞。

【译文】 齐明帝萧鸾将郁林王萧昭业废除时，应允将扬州奖赏给萧谌，不久改派萧谌为领军将军、南徐州刺史。萧谌生气地说："做熟的饭，给了别人。"萧谌依仗有功，干涉朝廷政务，所要选择的人，就下令尚书代他们申辩理由。齐明帝萧鸾听后，心中忌讳，因为萧诞、萧谏正率兵抵抗北魏的入侵，忍着不发作。壬戌日（二十五日），齐明帝萧鸾游玩华林园，和萧谌与尚书令王晏等多人饮宴，尽兴作乐；坐了一会儿后，齐明帝萧鸾将萧谌留下，晚些步出华林阁，拿兵器的守卫将他逮捕，押送到尚书省。齐明帝萧鸾派旁边伺候的莫智明数落萧谌的错处，说："郁林王萧昭业隆昌年间，不是你的话，就没有我的今天。现在你一家人占有两个州，兄弟有三个封侯，朝廷报答你们，只能到这个程度了。你常怀怨恨之心，竟说饭做熟了，连做饭的工具都给别人！如今我要赐死你！"于是将萧谌斩杀，将他的弟弟萧谏杀了；任命黄门侍郎萧衍为司州别驾，去捕捉萧诞，杀害了他。萧谌喜爱钻研人事吉凶、阴阳五行的道理，吴兴人沈文猷经常

对他说："你的外貌不比高帝萧道成差。"萧谌死后，沈文猷也
认罪被斩。萧谌死的那天，齐明帝萧鸾又杀了西阳王萧子明、南
海王萧子罕、邵陵王萧子贞。

乙丑，以右卫将军萧坦之为领军将军。

魏高闾上言："邺城密皇后庙颓圮，请更葺治；若谓已配飨
太庙，即宜罢毁。"诏罢之。

魏拓跋英之寇汉中也，沮水氐杨馥之为齐击武兴氐杨集始，
破之。秋，七月，辛卯，以馥之为北秦州刺史、仇池公。

【译文】乙丑日（二十八日），齐明帝萧鸾任命右卫将军萧
坦之为领军将军。

北魏高闾进言："邺城密皇后的庙毁坏崩颓，请再修整治
理；如果已在太庙配飨了，就该将邺城的庙取消拆除。"孝文帝
下诏将邺城密皇后庙拆除。

北魏拓跋英入侵汉中时，沮水的氐人杨馥之代齐攻打武兴
的氐人杨集始，打败了他。秋季，七月，辛卯日（二十四日），齐国
任命杨馥之为北秦州刺史、仇池公。

八月，乙巳，魏选武勇之士十五万人为羽林、虎贲以充宿
卫。

魏金墉宫成，立国子、太学、四门小学于洛阳。

魏高祖游华林园，观故景阳山，黄门侍郎郭祚曰："山水者，
仁智之所乐，宜复修之。"帝曰："魏明帝以奢失之于前，朕岂可袭
之于后乎！"帝好读书，手不释卷，在舆、据鞍，不忘讲道。善属
文，多于马上口占，既成，不更一字；自太和十年以后，诏策皆自为
之。好贤乐善，情如饥渴，所与游接，常寄以布素之意，如李冲、

李彪、高闾、王(萧)〔肃〕、郭祚、宋弁、刘芳、崔光、邢峦之徒，皆以文雅见亲，贵显用事；制礼作乐，郁然可观，有太平之风焉。

【译文】 秋季，八月，乙巳日（初九日），北魏选挑勇敢善武的人士十五万为羽林、虎贲，充当护卫。

北魏金墉宫建成，在洛阳开设国子、太学、四门小学。

北魏高祖孝文帝拓跋宏游玩华林园，观赏以前的景阳山，黄门侍郎郭祚进言说："山水，是有智慧之人所爱的，应再加以整修。"孝文帝拓跋宏说："魏明帝曹叡因奢侈在前已有错误，朕怎能继续他的过失呢？"孝文帝喜欢读书，爱不释手，在马上、在车上，都不忘记讲论之理。擅长做文章，多数在马上口述，令他人记录，写完以后，不更改一个字；孝文帝从太和十年后，下诏计策都是自己所做。喜爱贤德，喜欢行善，急切的情势就像饥饿口渴一样，所交谈款待的一些人，经常以普通人的身份相交，像李冲、李彪、高闾、王肃、郭祚、宋弁、刘芳、崔光、邢峦这些人，都因文章高雅交谈，制礼作乐，贵显任事。一时兴盛，很有看头，有太平文治之风。

治书侍御史薛聪，辨之曾孙也，弹劾不避强御，帝或欲宽贷者，聪辄争之。帝每曰："朕见薛聪，不能不惮，何况诸人也！"自是贵戚敛手。累迁直阁将军，兼给事黄门侍郎、散骑常侍，帝外以德器遇之，内心以膂为寄，亲卫禁兵，悉聪管领，故终太和之世，恒带直阁将军。群臣罢朝之后，聪恒陪侍帷幄，言兼昼夜，时政得失，动辄匡谏，事多听允；而重厚沉密，外莫窥其际。帝欲进以名位，辄苦让不受。帝亦雅相体悉，谓之曰："卿天爵自高，固非人爵之所能荣也。"

【译文】 治书侍御史薛聪，是薛辩的曾孙，弹劾奸佞，不避讳强大的势力，孝文帝拓跋宏想要原谅犯错的人，薛聪就力谏。孝文帝经常说："朕见到薛聪，不能不害怕，况且其他人呢？"后显贵的戚族都将坏意收敛，不行违法的事。薛聪多次升官到直阁将军和散骑常侍、给事黄门侍郎。孝文帝拓跋宏因为薛聪德才兼备而礼遇他，内心将他当成心腹和脊骨一般倚托，亲卫禁兵，全让薛聪管理率领，所以在太和时期，薛聪一直任命直阁将军。众臣下朝以后，薛聪经常陪伴在帷幄里，和孝文帝拓跋宏不分白天黑夜地交谈，时政得失，动不动就劝勉匡扶，他所提及之事，孝文帝大多都能答应；而有多层帷幔，厚实隐秘深沉，从外面没人能窥探其中的情形。孝文帝想升迁他的地位，薛聪就苦苦推辞不愿接纳，孝文帝也很能体谅他的心思，对他说："你的性情品质一直就很高，而不是世俗官爵能光耀的。"

九月，庚午，魏六宫、文武悉（还）〔迁〕于洛阳。

丙戌，魏主如邺，屡至相州刺史高闾之馆，美其治效，赏赐甚厚。闾数请本州，诏曰："闾以悬车之年，方求衣锦，知进忘退，有尘谦德；可降号平北将军。朝之老成，宜遂情愿，徙授幽州刺史，令存劝两修，恩法并举。"以高阳王雍为相州刺史，戒之曰："作牧亦易亦难：'其身正，不令而行，'所以易；'其身不正，虽令不从，'所以难。"

【译文】九月，庚午日（初四日），北魏六宫的嫔御、后妃、夫人和文武官吏都搬迁到洛阳。

丙戌日（二十日），北魏孝文帝拓跋宏到达邺，多次去相州刺史高闾的官邸，赞赏他治理的功绩，给予很多奖赏。高闾多次请求管理家乡幽州，孝文帝下诏说："高闾已经到了辞官归乡的

204

年纪，才请求衣锦回乡，只知道向前却忘记后退，对谦恭德行有害，可降职为平北将军。他是我朝的老臣，应该完成他的心愿，任命他为幽州刺史，使劝善示恩和降号存法都兼顾到，恩德和法律并行。"任命高阳王拓跋雍为相州刺史，警告他说："担任州牧，也算易事也算难事：'本人刚正，不用发号施令，百姓就会照做'，所以就易；'自身不刚正，即便有号令，百姓也不照做'，所以困难。"

己丑，徙南平王宝攸为郡陵王，蜀郡王子文为西阳王，广汉王子峻为衡阳王，临海王昭季为巴陵王，永嘉王昭粲为桂阳王。

乙未，魏主自邺还；冬，十月，丙辰，至洛阳。

壬戌，魏诏："诸州牧精品属官，考其得失为三等以闻。"又诏："徐、兖、光、南青、荆、洛六州，严篡戎备，应须赴集。"

【译文】己丑日（二十三日），齐明帝萧鸾调任南平王萧宝攸为邵陵王，改封蜀郡王萧子文为西阳王，广汉王萧子峻为衡阳王，临海王萧昭秀为巴陵王，永嘉王萧昭粲为桂阳王。

乙未日（二十九日），孝文帝拓跋宏从邺返回。冬季，十月，丙辰日（二十一日），到达洛阳。

壬戌日（二十七日），北魏下诏："各州认真考核属官的好坏，考核划分三等禀报上级。"又下诏："徐、兖、光、南青、荆、洛六州，高度戒备，准备随时应付突发事变。"

十一月，丁卯，诏罢世宗东田，毁兴光楼。

己卯，纳太子妃褚氏，大赦。妃，澄之女也。

庚午，魏主如委粟山，定圜丘。己卯，帝引诸儒议圜丘礼。秘书令李彪建言："鲁人将有事于上帝，必先有事于泮宫。请前一日告庙。"从之。甲申，魏主祀圜丘；丙戌，大赦。

【译文】冬季，十一月，丁卯日(初二日)，齐明帝萧鸾下诏将文惠太子世宗萧长懋的东田废除，兴光楼摧毁。

己卯日(十四日)，齐国太子萧宝卷娶了褚氏为妃，大赦天下。太子妃是褚澄的女儿。

庚午日(初五日)，北魏孝文帝拓跋宏到达委粟山，确定了圜丘(祭天之坛的地方)。己卯日(十四日)，孝文帝拓跋宏接见儒者商量圜丘的礼制。秘书令李彪上谏："鲁人祭祀天地以前，必定在泮宫进行祭天演练。请皇上在前一天去太庙拜祭先祖。"孝文帝拓跋宏顺从他的说法。甲申日(十九日)，孝文帝在圜丘祭祀，大赦天下。

十二月，乙未朔，魏主见群臣于光极堂，宣下品令，为大选之始。光禄勋于烈子登引例求迁官，烈上表曰："方今圣明之朝，理应廉让，而臣子登引人求进；是臣素无教训，乞行黜落！"魏主曰："此乃有识之言，不谓烈能办此！"乃引见登，谓曰："朕将流化天下，以卿父有谦逊之美、直士之风，故进卿为太子翊军校尉。"又加烈散骑常侍，封聊城县子。

魏主谓群臣曰："国家从来有一事可叹：臣下莫肯公言得失是也。夫人君患不能纳谏，人臣患不能尽忠。自今朕举一人，如有不可，卿等直言其失；若有才能而朕所不识，卿等亦当举之。如是，得人者有赏，不言者有罪，卿等当知之。"

【译文】冬季，十二月，乙未朔日(初一日)，孝文帝拓跋宏在光极堂引见众臣，颁布九品诏令，成为按九品挑选士人的开始。光禄勋于烈的儿子于登引见事例请求加官，于烈奉上奏表说："如今圣明的君主执政，理应谦让清廉，但臣的儿子于登借鉴别人的例子请求升官；是臣没有好好训导教育，请皇上罚我降职罢官。"孝文帝拓跋宏说："这是有远见的话，没有想到于烈能做到这个程度！"于是接见于登，向他说："朕将在天下布施教化，因为你父亲有谦逊的美德、直士的风范，因此升你做太子翊军校尉。"又加于烈散骑常侍，封任聊城县子。

孝文帝拓跋宏对众臣说："国家一直有一件可叹的事：就是下臣没人愿意公开谈论政治的好坏。做君主的怕的是不能接受进谏，做下臣的怕的是不能尽忠。今后，朕任用一个人，假使有不行的，你们直接将他的缺点说出；有人有才能朕不了解，你们也应该举荐。推荐有才干之人有奖赏，明明不行却不肯进言说出的人就责罚，你们应该明白！"

丁酉，诏修晋帝诸陵，增置守卫。

甲子，魏主引见群臣于光极堂，颁赐冠服。

先是，魏人未尝用钱，魏主始命铸太和五铢。是岁，鼓铸粗备，诏公私用之。

魏以光城蛮帅田益光为南司州刺史，所统守宰，听其铨置。后更于新蔡立东豫州，以益光为刺史。

氐王杨炅卒。

【译文】丁酉日（初三日），齐明帝萧鸾下诏修复晋朝皇帝的陵墓，增设守卫士兵。

冬季，甲子日（三十日），北魏孝文帝拓跋宏在光极堂接见众臣，颁发礼冠礼服。

从前，北魏没有用过钱币，孝文帝拓跋宏下令制造太和五铢钱。这一年，大多数制造完了，下诏公私都使用太和五铢钱。

北魏孝文帝任命光城的夷族首领田益光为南司州刺史，他所管辖的官员邑宰，全都让他挑选安排。又在新蔡安设东豫州，任命田益光为刺史。

氐王杨炅去世。

三年（丙子，公元四九六年）春，正月，丁卯，以杨炅子崇祖为沙州刺史，封阴平王。

魏主下诏，以为："北人谓土为拓，后为跋。魏之先出于黄帝，以土德王，故为拓跋氏。夫土者，黄中之色，万物之元也；宜改姓元氏。诸功臣旧族自代来者，姓或重复，皆改之。"于是，始改拔拔氏为长孙氏，达奚氏为奚氏，乙旃氏为叔孙氏，丘穆陵氏为穆氏，步六孤氏为陆氏，贺赖氏为贺氏，独孤氏为刘氏，贺楼氏为楼氏，勿忸于氏为于氏，尉迟氏为尉氏；其馀所改，不可胜纪。

【译文】三年（丙子，公元496年）春季，一月，丁卯日（初三日），齐明帝萧鸾任命杨炅的儿子杨崇祖为沙州刺史，册封阴平王。

北魏孝文帝拓跋宏下令，以为："北方人说土称'拓'，说君称'跋'，北魏的先祖源于黄帝，称土德为王天下，因此称为拓跋氏。土，黄中的色泽，万物的根本，理应将拓跋氏改为元氏。各旧族功臣从代搬迁来的，姓氏有重的，都将它更改了。"于是更改拔拔氏为长孙氏，达奚氏为奚氏，乙旃氏为叔孙氏，丘穆陵氏为穆氏，步六孤氏为陆氏，贺赖氏成贺氏，独孤氏为刘氏，贺楼氏为楼氏，勿忸于氏为于氏，尉迟氏成尉氏，其他所更改的，记也记不清。

魏主雅重门族，以范阳卢敏、清河崔宗伯、荥阳郑羲、太原王琼四姓，衣冠所推，咸纳其女以充后宫。陇西李冲以才识见任，当朝贵重，所结姻娅，莫非清望；帝亦以其女为夫人。诏黄门郎、司徒左长史宋弁定诸州士族，多所升降。又诏以"代人先无姓族，虽功贤之胤，无异寒贱；故宦达者位极公卿，其功、衰之亲仍居猥任。其穆、陆、贺、刘、楼、于、嵇、尉八姓，自太祖已降，勋著当世，位尽王公，灼然可知者，且下司州、吏部，勿充猥宫，一同四姓。自此以外，应班士流者，寻续别敕。其旧为部落大人，而皇始已来三世官在给事已上及品登王公者为姓；若本非大人，而皇始已来三世官在尚书已上及品登王公者亦为姓。其大人之后而官不显亦为族；若本非大人而官显者说为族。凡此姓族，皆应审核，勿容伪冒。令司空穆亮、尚书陆琇等详定，务令平允。"琇，馛之子也。

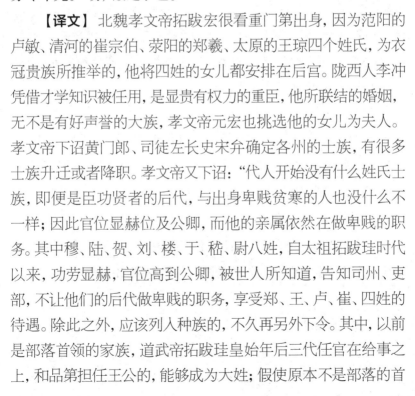

【译文】 北魏孝文帝拓跋宏很看重门第出身，因为范阳的卢敏、清河的崔宗伯、荥阳的郑羲、太原的王琼四个姓氏，为衣冠贵族所推举的，他将四姓的女儿都安排在后宫。陇西人李冲凭借才学知识被任用，是显贵有权力的重臣，他所联结的婚姻，无不是有好声誉的大族，孝文帝元宏也挑选他的女儿为夫人。孝文帝下诏黄门郎、司徒左长史宋弁确定各州的士族，有很多士族升迁或者降职。孝文帝又下诏："代人开始没有什么姓氏士族，即便是臣功贤者的后代，与出身卑贱贫寒的人也没什么不一样；因此官位显赫位及公卿，而他的亲属依然在做卑贱的职务。其中穆、陆、贺、刘、楼、于、嵇、尉八姓，自太祖拓跋珪时代以来，功劳显赫，官位高到公卿，被世人所知道，告知司州、吏部，不让他们的后代做卑贱的职务，享受郑、王、卢、崔、四姓的待遇。除此之外，应该列入种族的，不久再另外下令。其中，以前是部落首领的家族，道武帝拓跋珪皇始年后三代任官在给事之上，和品第担任王公的，能够成为大姓；假使原本不是部落的首领，但皇始之后三代任官在尚书之上，和品第担任王公的，也能够成为大姓。那些部落首领的后代，但官职不高的，称为大族；原本不是部落首领，但官职很高的，也称为大族。大多数姓族，都应当仔细考察，不允许冒认作假。下令司空穆亮、尚书陆琇等人拟定详尽方法，一定让它公正。"陆琇是陆馛的儿子。

资治通鉴

【乾隆御批】魏孝文断北语而改姓元，是亡其祖也。不惟失德，实非吉兆。其意必以为法二帝三王之治也。夫二帝三王之治，岂在语言、姓氏、衣服乎？孝文变其祖宗之法，而循南朝尚名门族之覆辙。不德孰甚焉？

【译文】北魏孝文帝断绝北语而改姓元，是丢掉他祖先的传统。不仅仅是失德，实际上也不是吉兆。他的意思必定是要效法唐尧、虞舜、夏禹、商汤、周武王的治理。然而二帝三王的治理难道只在语言、姓氏、衣服上吗？孝文帝改变他的祖宗的法度，却遵循南朝崇尚名门望族的覆辙。还有比这更没有德行的吗？

魏旧制：王国舍人皆应娶八族及清修之门。咸阳王禧娶隶户为之，帝深责之，因下诏为六弟聘室："前都所纳，可为妾媵。咸阳王禧，可聘故颍川太守陇西李辅女；河南王幹，可聘故中散〔大夫〕代郡穆明乐女；广陵王羽，可聘骠骑谘议参军荥阳郑平城女；颍川王雍，可聘故中书博士范阳卢神宝女；始平王勰，可聘廷尉卿陇西李冲女；北海王详，可聘吏部郎中荥阳郑懿女。"懿，羲之子也。

【译文】北魏旧有的制度：皇室都应娶八族及清修门第的女儿做王妃。咸阳王元禧迎娶没人要的奴隶门户的女子做妃嫔，孝文帝元宏对他深深地责备；下令为六个弟弟选聘妻子：

“之前所娶的，可作为妾室。咸阳王元禧，选聘前颍川太守陇西人李辅的女儿；河南王元幹，选聘前中散大夫代郡人穆明乐的女儿；广陵王元羽，选聘骠骑谘议参军荥阳人郑平城的女儿；颍川王元雍，选聘前中书博士范阳人卢神宝的女儿；始平王元勰，选聘廷尉卿陇西人李冲的女儿；北海王元详，选聘吏部郎中荥阳人郑懿的女儿。”郑懿为郑羲的儿子。

【申涵煜评】魏文推重门族，学华人太过，令四姓勿充猥官，已失立贤无方之义。至于诸王改配降妻为妾，尤属悖理伤化。聪明主亦有不可任性处。

【译文】魏孝文帝推崇和重视门族，学习华人太过分了，命令四个姓氏不要充任低级的官员，已经丧失推举贤人不拘一格的意义。以至于各个诸侯王改为迎娶投降人的妻子为妾，尤其违背伦理和有害风化。天资聪明的君主也有不能任性的地方。

时赵郡诸李，人物尤多，各盛家风，故世之言高华者，以五姓为首。

众议以薛氏为河东茂族。帝曰：“薛氏，蜀也，岂可入郡姓！”直阁薛宗起执戟在殿下，出次对曰：“臣之先人，汉末仕蜀，二世复归河东，今六世相袭，非蜀人也。伏以陛下黄帝之胤，受封北土，岂可亦谓之胡邪！今不预郡姓，何以生为！”乃碎戟于地。帝徐曰：“然则朕甲、卿乙乎？”乃入郡姓，仍曰：“卿非‘宗起’，乃‘起宗’也！”

【译文】当时赵郡李姓诸族，人才尤其多，都有好的家教，因此那时说风华清高的，都以卢、王、李、崔、郑五姓为首。

人们都讨论认为薛氏是河东兴旺的士族。孝文帝元宏说：

"薛氏，是四川人，怎么能算州郡里的大姓？"直阁薛宗起在大殿手持长枪，出来回应说："臣的祖先，东汉末期在蜀地当官，两代之后又返回河东，现在六代传承，不是四川人了。皇上是黄帝后代，在北方受封，难道特称作胡人吗？现在不能用州郡大姓，生活还有何意义？"于是将长枪在地上摔断。孝文帝元宏慢慢地说："这样一说，朕排在甲，你排在乙了？"于是将薛姓作为州郡大姓，而且笑着说："卿不为'宗起'，竟然是'起宗'了。"

帝与群臣论选调曰："近世高卑出身，各有常分；此果如何？"李冲对曰："未审上古已来，张官列位，为膏粱子弟乎，为致治乎？"帝曰："欲为治耳。"冲曰："然则陛下今日何为专取门品，不拔才能乎？"帝曰："苟有过人之才，不患不知。然君子之门，借使无当世之用，要自德行纯笃，朕故用之。"冲曰："傅说、吕望，岂可以门地得之！"帝曰："非常之人，旷世乃有一二耳。"秘书令李彪曰："陛下若专取门地，不审鲁之三卿，孰若四科？"著作佐郎韩显宗曰："陛下岂可以贵袭贵，以贱袭贱！"帝曰："必有高明卓然、出类拔萃者，朕亦不拘此制。"顷之，刘昶入朝，帝谓昶曰："或言唯能是寄，不必拘门；朕以为不尔。何者？清浊同流，混齐一等，君子小人，名品无别，此殊为不可。我今八族以上士人，品第有九，九品之外，小人之官复有七等。若有其人，可起家为三公。正恐贤才难得，不可止为一人浑我典制也。"

【译文】孝文帝元宏与众臣谈论挑选调任的事情，说："近代以来根据出身的高低，都有一定职位，这种方法究竟怎样？"李冲回应说："不知上古以来，设置官位名号，究竟是为了富贵人家的人呢，还是为将政务处理好呢？"孝文帝说："想要将政务治理好罢了！"李冲回答说："那么皇上为何特地挑选显贵人家的人，不挑选真正有才华的人呢？"孝文帝说："只要有好的才能，不怕上面人不清楚。但君子的门第，即便没有现在适合的大才，德行自然笃厚纯粹，因此朕挑选显贵人家的人。"李冲回答说："傅说、吕望，怎能用门第来挑选他们呢？"孝文帝说："奇特非常的人，自古至今仅有一两个罢了。"秘书令李彪说："皇上按照门第来挑选官员，不晓得孔门四门的子弟，和鲁国的三卿（三桓），谁更好些？"著作佐郎韩显宗说："皇上怎能让出身高贵的人继承显贵的官位，让出生低贱的人承袭低贱的地位！"孝文帝说："假使有特别高明、非常优秀的人，朕也不遵守这个法制。"不久之后，刘昶进朝。孝文帝对刘昶说："有的人说，有才华的人就委以大任，不需要遵守门第；朕以为不应这样。为何？清浊一起流淌，混合在一起，庶族与士人，官位与车服无分别，这确实不行。如今鲜卑八族和与之相等的汉族，分为九种品阶，九品之外，庶族的官职又有七等。假使有独特人才，也能从底层一直做到三公。害怕贤才难求，不能只为一个人扰乱了朕的法制啊！"

◆臣光曰："选举之法，先门地而后贤才，此魏、晋之深弊，而历代相因，莫之能改也。夫君子、小人，不在于世禄与侧微，以今日视之，愚智所同知也；当是之时，虽魏孝文之贤，犹不免斯蔽。故夫明辨是非而不惑于世俗者诚鲜矣。◆

壬辰，魏徙始平王勰为彭城王，复定襄县王鸾为城阳王。

【译文】◆臣司马光说：选举的办法，先论门第，之后再说才能贤德，这是魏、晋一直以来的缺点，代代互相循环，无人能更改。所说君子、小人的分别，不在世代俸禄和低微贫贱，如今看来，是智者愚者都明白的；而在现在，即便像北魏孝文帝那样

贤德，还免除不了有这种缺点。因此能明确地分辨对错，不受世俗思想诱惑的，的确是很少的。◆

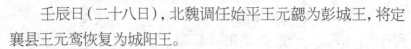

壬辰日（二十八日），北魏调任始平王元勰为彭城王，将定襄县王元鸾恢复为城阳王。

二月，壬寅，魏诏："群臣自非金革，听终三年丧。"

丙午，魏诏："畿内七十已上，暮春赴京师行养老之礼。"三月，丙寅，宴群臣及国老、庶老于华林园。诏："国老，黄耇已上，假中散大夫、郡守；耆年已上，假给事中、县令。庶老，直假郡、县，各赐鸠杖、衣裳。"

丁丑，魏诏："诸州中正各举其乡之民望，年五十已上守素衡门者，授以令、长。"

【译文】春季，二月，壬寅日（初九日），北魏下诏："众臣除了战事，允许把三年丧期服完。"

丙午日（十三日），北魏下诏："都城接近郊区范围内七十岁以上的人，三月到达京都，参与养老仪式。"三月，丙寅日（初三日），孝文帝元宏在华林园摆宴招待众臣和告老还乡的卿大夫和一般的年老士人。孝文帝下诏："国老年七十以上的，赐给中散大夫、郡守的荣耀；六十以上的，赐给给事中、县令的荣耀；庶老直接赏赐郡县的荣誉；各自赏赐装饰鸠鸟的衣服和拐杖。"

丁丑日（十四日），北魏下诏各州评选人才的中正官名，各自举荐乡里百姓所尊敬年纪五十岁之上、简素清寒又修身守德、没有做过官的人，赏赐他令长的官职。

壬午，诏："乘舆有金银饰校者，皆剔除之。"

上志慕节俭。太官尝进裹蒸，上曰："我食此不尽，可四破之，馀充晚食。"又尝用皂荚，以馀渖授左右曰："此可更用。"太官元日上寿，有银酒铃，上欲坏之；王晏等咸称盛德，卫尉萧颖胄曰："朝廷盛礼，莫若三元。此一器既是旧物，不足为侈。"上不悦。后预曲宴，银器满席。颖胄曰："陛下前欲坏酒铃，恐宜移在此器。"上甚惭。

【译文】 壬午日（十九日），齐明帝萧鸾下诏车轿栏杆有金银装饰的都去除掉。

齐明帝向往节俭。太官（主管皇上膳食的官）曾进贡裹蒸，齐明帝说："我吃不完，可以分为四份，剩下的留到晚上。"又曾用皂荚，将剩下的泡沫给两边的人，说："这个还能再用。"太官正月初一用银制的温酒器祝贺，齐明帝萧鸾想要将它毁坏，王晏等人都赞扬齐明帝好的德行。卫尉萧颖胄说："朝廷盛大的典礼，没有比正月初一更重要的了。这个器皿是以前的东西，算不上奢华。"齐明帝很不开心。后来萧颖胄参加宫中设置的内宴，桌上全为银制的杯器。萧颖胄说："皇上之前要损坏温酒器，恐怕应当将销毁令用到这些杯器上。"齐明帝萧鸾听后很羞愧。

上躬亲细务，纲目亦密，于是郡县及六署、九府常行职事，莫不启闻，取决诏敕。文武勋旧，皆不归选部，亲近凭势，户相通进，人君之务过繁密。南康王侍郎颖川钟嵘上书言："古者，明君搜才颁政，量能授职，三公坐而论道，九卿作而成务，天子唯恭己南面而已。"书奏，上不怿，谓太中大夫顾暠曰："钟嵘何人，欲断朕机务！卿识之不？"对曰："嵘虽位末名卑，而所言或有可采。且繁碎职事，各有司存；今人主总而亲之，是人主愈劳而人臣愈逸，所谓'代疱人宰而为大匠斫'也。"上不顾而言他。

【译文】齐明帝萧鸾亲自管理琐细的政务，纲目也很仔细；郡县和尚书左右仆射、左右丞管治的贬黜、八议、疑谳、除署、封爵、功论等六案，卫尉、廷尉、大司农、光禄勋、太常、大鸿胪、少府、将作大匠、太仆等九卿府的平常应办的政事，没有不向齐明帝上奏的，听齐明帝下诏裁决。以前有功的文武大臣，都不归属吏部，依赖亲戚，相互通情待机进取，君王的政务细密繁多。南康王侍郎颍川人钟嵘进言说："古时候，贤明的君王选择人才颁施政令，权量才能任命官职，三公坐着讨论缘由，九卿将政务做完，皇上只是向着南方、谦虚律己罢了。"奏书献上，齐明帝萧鸾不开心，对太中大夫顾暠说："钟嵘是何人，想代朕处理重要事务，你认识他吗？"顾暠回应说："钟嵘官位低名气小，但上奏的也有值得接纳的地方。琐碎繁多的政务，各自有官员管理；现在皇上亲自管理，君王更加辛苦而大臣更加安逸，正是'替厨子分割，替大匠砍伐'啊！"齐明帝不听他的，谈论另外的事。

【乾隆御批】齐主所亲者细务，非政务，钟嵘之论不为无见。

【译文】齐明帝萧鸾亲近关心的是一些细小的事务，而不是政务。钟嵘的议论不是没有见地的。

夏，四月，甲辰，魏广州刺史薛法护来降。

魏寇司州，栎城戍主魏僧珉拒破之。

五月，丙戌，魏营方泽于河阴。又诏汉、魏、晋诸帝陵，百步内禁樵苏。丁亥，魏主有事于方泽。

秋，七月，魏废皇后冯氏。初，文明太后欲其家贵重，简冯熙二女入掖庭，其一早卒，其一得幸于魏主，未几，有疾，还家为尼。及太后殂，帝立熙少女为皇后。既而其姊疾愈，帝思之，复迎入宫，拜左昭仪；后宠浸衰。昭仪自以年长，且先入宫，不率妾礼。后颇愧恨，昭仪因谮而废之。后素有德操，遂居瑶光寺为练行尼。

【译文】夏季，四月，甲辰日（十一日），北魏广州刺史薛法护归顺齐国。

北魏入侵司州，栎城城主魏僧珉带兵抗击，打败敌军。

夏季，五月，丙戌日（二十四日），北魏在河阴建造方泽（祭地的坛）。孝文帝又下诏严禁在东汉、曹魏、西晋各帝的陵墓百步之内伐木取草。丁亥日（二十五日），孝文帝元宏在方泽拜祭。

秋季，七月，孝文帝元宏将皇后冯氏废了。起初，文明太后冯氏想要她的娘家显贵，选派冯熙的两个女儿进宫：其中一个早死，另一个受到孝文帝元宏的宠爱，没多长时间得病，就返回娘家当尼姑。太后冯氏逝世后，孝文帝册封冯熙的小女儿为皇后。不久，皇后姐姐的病好了，孝文帝思念她，又接她入宫，封为左昭仪，皇后所受的宠爱慢慢少了。昭仪自认年纪较大，而且比皇后先入宫，不遵守妾室的礼制。皇后很愤恨也很惭愧，于是昭仪诽谤她，孝文帝元宏将她废了。皇后一直有好的德行，于是在瑶光寺做了修炼戒行的尼姑。

魏主以久旱，自癸未不食至于乙酉，群臣皆诣中书省请见。帝在崇虎楼，遣舍人辞焉，且问来故。豫州刺史王肃对曰："今四效雨已沾洽，独京城微少。庶民未乏一餐而陛下辍膳三日，臣下惶惶，无复情地。"帝使舍人应之曰："朕不食数日，犹无所感。比来中外贵贱，皆言四郊有雨，朕疑其欲相宽勉，未必有实。方将遣使视之，果如所言，即当进膳；如其不然，朕何以生为！当以身为万民塞咎耳！"是夕，大雨。

【译文】孝文帝元宏因为久旱无雨，在癸未日（二十一日）开始不吃饭，一直到乙酉日（二十四日），众臣都去中书省请求面见。孝文帝在崇虚楼，令中书舍人推辞，问众臣为何请求进见。豫州刺史王肃回应说："现在四方的雨水已经将土地湿润遍了，仅京都雨水少。老百姓没有缺一顿饭，而皇上已经三天没有进食了，臣心里害怕担心，简直没有容身的地方了。"孝文帝嘱咐中书舍人回答说："朕几天不进食，还没有不舒服的感觉。最近朝廷内外，不分上下，都说四方有雨，朕觉得他们是刻意安慰我，不一定是实情。我正要派使者去观察，如他们所说，朕就该吃饭了；假使不是真的有雨，朕还活着干什么？当用朕的性命代百姓弥补灾祸。"这天夜里，下了一场大雨。

魏太子恂不好学，体素肥大，苦河南地热，常思北归。魏主赐之衣冠，恂常私著胡服。中庶子辽东高道悦数切谏，恂恶之。八月，戊戌，帝如嵩高，恂与左右密谋，召牧马轻骑奔平城，手刃道悦于禁中。领军元俨勒门防遏，入夜乃定。诘旦，尚书陆琇驰以启帝，帝大骇，秘其事，仍至汴口而还。甲寅，入宫，引见恂，数其罪，亲与咸阳王禧等更代杖之百馀下，扶曳出外，囚于城西；月馀乃能起。

丁巳，魏相州刺史南安惠王桢卒。

九月，戊辰，魏主讲武于小平津；癸酉，还宫。

冬，十月，戊戌，魏诏："军士自代来者，皆以为羽林、虎贲。司州民十二夫调一，吏以供公私力役。

【译文】北魏太子元恂不爱学习，身体壮大肥胖，河南之地天气炎热，经常想返回北地去。孝文帝元宏将衣帽赐给他，元恂暗地经常穿着胡服。中庶子辽东人高道悦多次直言进谏，元恂厌恶他。夏季，八月，戊戌日（初七日），孝文帝元宏去了嵩高，元恂与旁边的人秘密计划，召人骑快马奔驰到平城，在宫中亲手杀了高道悦。中领军元俨严格约束守卫，防止叛变，在夜里才平静了下来。第二天早晨，尚书陆琇快马向孝文帝奏报，孝文帝非常惊讶，将此事保密，到了汴口才返回洛阳。甲寅日（二十三日），孝文帝回宫，见元恂，指责他的罪行，亲自和成阳王元禧替换着用棍子将太子打了一百多下，让旁边的人架着太子拖拉出去，关押在城西，元恂一个多月后才能起来。

丁巳日（二十六日），北魏相州刺史南安惠王元桢逝世。

秋季，九月，戊辰日（初八日），北魏孝文帝元宏在小平津谈论武事；癸酉日（十三日），孝文帝返回皇宫。

冬季，十月，戊戌日（初八日），孝文帝下诏：“士兵从代地来的，都做羽林、虎贲。司州百姓中十二个男丁调派一个，让官员调遣，做公私署廨的劳力。

魏吐京胡反，诏朔州刺史元彬行汾州事，帅并、肆之众以讨之。彬，桢之子也。彬遣统军奚康生击叛胡，破之，追至车突谷，又破之，俘杂畜以万数。诏以彬为汾州刺史。胡去居等六百馀人保险不服，彬请兵二万以讨之，有司奏许之，魏主大怒曰：“小寇何有发兵之理？可随宜讨治。若不能克，必须大兵者，则先斩刺史，然后发兵！”彬大惧，督帅州兵，身先将士，讨去居，平之。

【译文】北魏居住在吐京的胡人叛乱，孝文帝下诏朔州刺史元彬管理汾州政事，带领并州、肆州的军队去征讨他们。元彬为元桢的儿子。元彬调派统军奚康生进攻作乱的胡人，打败了他们，追赶到车突谷，再次大胜，俘虏了各类牲畜数万。孝文帝下诏任命元彬为汾州刺史。胡去居等六百多人退守险要之地，不愿投降，元彬请求调派两万军队去征讨，有司上奏请求答应，孝文帝元宏很生气，说："应对小小的敌人，哪有派兵的理由，刺史按事制定策略平定叛乱。假使不能平定，一定要依靠大军，那么先将刺史杀了，然后派兵！"元彬非常害怕，督导汾州的士兵，身先士卒，征讨胡去居，将叛军平定了。

资治通鉴

　　魏主引见群臣于清徽堂，议废太子恂。太子太傅穆亮、少保李冲免冠顿首谢。帝曰："卿所谢者私也，我所议者国也！'大义灭亲'，古人所贵。今恂欲违父逃叛，跨据恒、朔，天下之恶孰大焉！若不去之，乃社稷之忧也。"闰月，丙寅，废恂为庶人，置于河阳无鼻城，以兵守之，服食所供，粗免饥寒而已。

　　戊辰，魏置常平仓。

　　戊寅，太子宝卷冠。

　　【译文】孝文帝元宏在清徽堂接见众臣，商量废除太子元恂。太子太傅穆亮、少保李冲脱了礼帽磕头谢罪。孝文帝说："你们因私引咎自责，朕所谈论的是为国。'大义灭亲'，是前人所注重的。如今元恂违反父志逃跑叛乱，占领恒州、朔州，天下间的罪恶还有比这更大的吗？如果不废除他，将给国家带来忧患啊！"闰月，丙寅日（初八日），孝文帝元宏将元恂贬为平民，安排在河阳无鼻城，调派士兵看守他，所提供的，仅仅能使他不受饥寒。

　　戊辰日（初十日），北魏安设常平仓。

　　戊寅日（二十日），齐国太子萧宝卷举行二十岁加冠礼节。

初，魏文明太后欲废魏主，穆泰切谏而止，由是有宠。及帝南迁洛阳，所亲任者多中州儒士，宗室及代人往往不乐。泰自尚书右仆射出为定州刺史，自陈久病，土温则甚，乞为恒州；帝为之徙恒州刺史陆叡为定州，以泰代之。泰至，叡未发，遂相与谋作乱，阴结镇北大将军乐陵王思誉、安乐侯隆、抚冥镇将鲁郡侯业、骁骑将军超等，共推朔州刺史阳平王颐为主。思誉，天赐之子；业，丕之弟；隆、超，皆丕之子也。叡以为洛阳休明，劝泰缓之，泰由是未发。

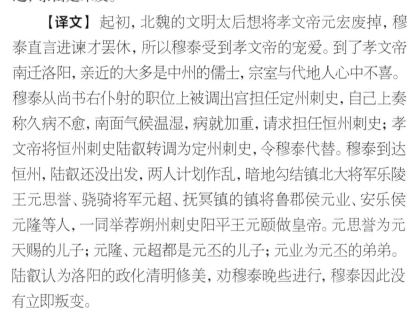

【译文】起初，北魏的文明太后想将孝文帝元宏废掉，穆泰直言进谏才罢休，所以穆泰受到孝文帝的宠爱。到了孝文帝南迁洛阳，亲近的大多是中州的儒士，宗室与代地人心中不喜。穆泰从尚书右仆射的职位上被调出宫担任定州刺史，自己上奏称久病不愈，南面气候温湿，病就加重，请求担任恒州刺史；孝文帝将恒州刺史陆叡转调为定州刺史，令穆泰代替。穆泰到达恒州，陆叡还没出发，两人计划作乱，暗地勾结镇北大将军乐陵王元思誉、骁骑将军元超、抚冥镇的镇将鲁郡侯元业、安乐侯元隆等人，一同举荐朔州刺史阳平王元颐做皇帝。元思誉为元天赐的儿子；元隆、元超都是元丕的儿子；元业为元丕的弟弟。陆叡认为洛阳的政化清明修美，劝穆泰晚些进行，穆泰因此没有立即叛变。

颐伪许泰等以安其意，而密以状闻。行吏部尚书任城王澄有疾，帝召见于凝闲堂，谓之曰："穆泰谋为不轨，扇诱宗室。脱或必然，今迁都甫尔，北人恋旧，南北纷扰，朕洛阳不立也。此国家大事，非卿不能办。卿虽疾，强为我北行，审观其势。傥其微弱，直往擒之；若已强盛，可承制发并、肆兵击之。"对曰："秦等愚惑，正由恋旧，为此计耳，非有深谋远虑；臣虽驽怯，足以制之，愿陛下勿忧。虽有犬马之疾，何敢辞也！"帝笑曰："任城肯行，朕复何忧！"遂授澄节、铜虎、竹使符、御仗左右，仍行恒州事。

【译文】 元颐故意答应穆泰等人的举荐，来安抚他们的心，但私下将情况向孝文帝元宏上奏。行吏部尚书职务的任城王元澄得病，孝文帝在凝闲堂接见他，向他说："穆泰计划叛乱，蛊惑宗室。假使真的反叛，现在刚刚搬迁，北地人留恋故乡，南北扰乱，朕在洛阳就不稳妥了。国家事务，不是你谁也不可以做好。你虽然得病，尽力代我走一趟，认真观看他们的情形。他们权势小，直接去逮捕他们；他们已经兴盛，可以颁布我的圣旨调派并州、肆州的军队进攻他们。"元澄回应说："穆泰等人愚蠢被诱惑，正是因为留恋故乡，才执行这个计划，不会有深谋远虑；臣即使胆小害怕，也足够克制他们，希望皇上不要担心。我虽然身体有病，怎能敢推脱呢？"孝文帝笑着说："任城王愿去走一遭，朕还担心什么？"于是将符节、铜虎符、竹使符颁布给元澄，命他率领皇上左右带御仗的士兵。依然管理恒州的一切政务。

行至雁门，雁门太守夜告云："泰已引兵西就阳平。"澄遽令进发。右丞孟斌曰："事未可量，宜依敕召并、肆兵，然后徐进。"澄曰："泰既谋乱，应据坚城；而更迎阳平，度其所为，当似势弱。泰既不相拒，无故发兵，非宜也。但速往镇之，民心自定。"遂倍道兼行。先遣治书侍御史李焕单骑入代，出其不意，晓谕泰党，示以祸福，皆莫为之用。泰计无所出，帅麾下数百人攻焕，不克，走出城西；追擒之。澄亦寻至，穷治党与，收陆叡等百馀人，皆系狱，民间帖然。澄具状表闻，帝喜，召公卿，以表示之曰："任城可谓社稷臣也。观其狱辞，正复皋陶何以过之！”顾谓咸阳王禧等曰：“汝曹当此，不能办也。”

【译文】 元澄来到雁门，雁门太守夜晚来禀报说："穆泰已率领军队西去投奔阳平王了。"元澄就下令进发。右丞孟斌说："事情还没权衡，应按照皇令集结并州、肆州军队，之后慢慢进发。"元澄说："穆泰已计划反叛，应当占领坚固的城池；但他却投奔阳平王，猜测他的行为，该是势力很小。穆泰没有抵抗我，平白调派军队，是不合适的。只要赶快押解他，民心自然稳定。"于是加速兼程。先调派治书侍御史李焕单人匹马进了代都，趁其不备，了解穆泰的同党，告诉他们祸福好坏，没有人被穆泰任用。穆泰无计可行，率领属下几百人进攻李焕，没成功，逃跑到城西；李焕追击捉住了他。元澄也跟着来了，彻底追查他的同党，将陆叡等一百余人收押，关押到监牢，天下安稳下来。元澄将一切向孝文帝元宏上奏，孝文帝很高兴，接见大臣，将奏折给他们看，说："任城王可以说是朝廷重臣。看他上奏的言语，皋陶都不如他优秀！"孝文帝转头对咸阳王元禧等人说："你们遇到这种情势，就不能处理了。"

　　魏主谋入寇，引见公卿于清徽堂，曰："朕卜宅土中，纲条粗举；唯南冠未平，安能效近世天子下（惟）〔帷〕于深宫之中乎！朕今南征决矣，但未知早晚之期。比来术者皆云，今往必克，此国之大事，宜君臣各尽所见，勿以朕先言而依违于前，同异于后也。"李冲对曰："凡用兵之法，宜先论人事，后察天道。今卜筮虽吉而人事未备，迁都尚新，秋谷不稔，未可以兴师旅。如臣所见，宜俟来秋。"帝曰："去十七年，朕拥兵二十万，此人事之盛也，而天时不利。今天时既从，复去人事未备，如仆射之言，是终无征伐之期也。寇戎咫尺，异日将为社稷之忧，朕何敢自安! 若秋行不捷，诸君当尽付司寇，不可不尽怀也。"

资治通鉴

【译文】 孝文帝元宏谋划向南进攻，于清徽堂接见众臣，说："朕在中土建都，政事条目大概具备，只有南边还没平定，怎能仿效近代的皇帝在深宫放下帘子，不问政事呢? 朕如今要南征，是确定的了，但还不确定早晚出兵的日期。最近多位术家预言说：'如今去肯定能胜利。'这是国家大事，理应君臣陈述各自的想法，不要因朕之前有言论就犹豫不决，事情决断以后，又有很多不一样的建议。"李冲回应说："用兵的规则，应该先论述人的事，而后再勘察天道。占卜虽为好现象，而人事并未全部准备好，迁都还不长时间，秋季的粮食还没丰收，还不能发起战事。按照臣的想法，应当等到明年秋季。"孝文帝说："太和十七年，朕拥有军队二十万，人事繁盛，但天时不好。如今天时既然合人意，又讲人事没有充分；按照仆射所说，最终没有征讨之期啊! 敌人近在眼前，将会成为天下的祸患，朕怎能自己安闲? 如果秋季的事情不成功，各位应都交给司寇处置，你们不能不尽力啊! "

　　魏主以有罪徙边者多逋亡，乃制一人逋亡，阖门充役。光州刺史博陵崔挺上书谏曰："天下善人少，恶人多。若一人有罪，延及阖门，则司马牛受桓魋之罚，柳下惠婴盗跖之诛，岂不哀哉!"帝善之，遂除其制。

【译文】 孝文帝元宏因发配到边疆的人大多逃跑，于是制定"一人逃亡，全家充当劳役"的法律。光州刺史博陵人崔挺上言劝谏说："天下的坏人多，好人少。一个人有罪，牵连到全家人，则司马牛要受桓魋的牵连受罚，柳下惠要受盗跖的牵连获罪，这不是很悲伤之事吗？"孝文帝元宏认为他说得有道理，将那条律令废除了。

资治通鉴卷第一百四十一　齐纪七

起强圉赤奋若，尽著雍摄提格，凡二年。

【译文】起丁丑（公元497年），止戊寅（公元498年），共二年。

【题解】本卷记录了公元497年至498年，即齐明帝萧鸾建武四年与永泰元年两年间南齐与北魏两国的大事。主要记录了北魏孝文帝处死拥有免死之诏的叛党穆泰、陆叡等人；魏国李彪、李冲相争，魏主将李彪除名，李冲因盛怒中风，死于精神错乱；魏孝文帝发兵进攻南齐南阳、义阳的战事，魏主闻萧鸾死，撤军北还；齐明帝萧鸾诛杀亲信萧谌，又杀王晏、萧毅、刘明达等人；老将王敬则因萧鸾猜忌起兵，兵败被杀；齐明帝萧鸾死，太子萧宝卷即位，恶习种种。此外还记录了魏将李崇率兵战胜氐族头领杨灵珍，重新平定仇池；江夏王元继讨平内附的高车人叛乱等内容。

高宗明皇帝下

建武四年（丁丑，公元四九七年）春，正月，大赦。

丙申，魏立皇子恪为太子。魏主宴于清徽堂，语及太子恂，李冲谢曰："臣忝师傅，不能辅导。"帝曰："朕尚不能化其恶，师傅何谢也！"

乙巳，魏主北巡。

【译文】 建武四年（丁丑，公元497年）春季，正月，齐国大赦天下。

丙申日（初八日），北魏册封皇子元恪为太子。孝文帝元宏在清徽堂摆宴，谈到前太子元恂，李冲说："臣是他的师傅，没能很好教导他。"孝文帝说："朕还不能去除他的罪行，师傅有什么好自责的呢？"

乙巳日（十七日），孝文帝元宏去北边视察。

初，尚书令王晏为世祖所宠任，及上谋废郁林王，晏即欣然推奉。郁林王已废，上与晏宴于东府，语及时事，晏抵掌曰："公常言晏怯，今定何如？"上即位，晏自谓佐命新朝，常非薄世祖故事。既居朝端，事多专决，内外要职，并用所亲，每与上争用人。上虽以事际须晏，而心恶之。尝料简世祖中诏，得与晏手敕三百馀纸，皆论国家事，又得晏启谏世祖以上领选事，以此愈猜薄之。始安王遥光劝上诛晏，上曰："晏于我有功；且未有罪。"遥光曰："晏尚不能为武帝，安能为陛下乎！"上默然。上遣心腹左右陈世范等出涂巷，采听异言。晏轻浅无防，意望开府，数呼相工自视，云当大贵；与宾客语，好屏人清闲。上闻之，疑晏欲反，遂有诛晏之意。

【译文】 以前，尚书令王晏，受齐世祖武帝萧赜的宠爱；齐明帝萧鸾策划废除郁林王萧昭业，王晏举荐尊奉他。郁林王被废，齐明帝萧鸾和王晏在东府饮宴，谈论时事，王晏鼓掌说："您经常说我胆小，我那天的表现怎样呢？"齐明帝萧鸾登基，王晏以为帮助大任，对新朝有功，经常评论非议齐武帝萧赜以前之事。王晏担任尚书令，位极人臣，事情大多裁决专断，内外重要职务，都用自己身旁之人，经常与齐明帝萧鸾在用人方面争吵。齐明帝在反叛之际任用王晏，但心里厌恶他。曾挑选整理齐武帝萧赜的诏令，取得给王晏的诏令三百多张纸，都讨论国家大事，又得到王晏上奏进谏齐武帝萧赜不让萧鸾担任管理挑选的事，因此明帝萧鸾更鄙薄猜疑他。始安王萧遥光劝谏齐明帝萧鸾杀掉王晏，齐明帝说："王晏对朕有功，而且没犯过罪。"萧遥光回答说："王晏不能为齐武帝萧赜效忠，怎能为皇上尽心呢？"齐明帝沉默不说话。齐明帝派心腹陈世范等人出入里巷，采访听闻的传言。王晏浅薄轻浮，没有防守，希望担任开府仪同三司，好多次给自己相面，都说王晏应该显贵；王晏和宾客交谈，也喜欢让旁人退下，独自密谈。齐明帝听后，怀疑王晏要谋反，于是有斩杀王晏的想法。

　　奉朝请鲜于文粲密探上旨，告晏有异志。世范又启上云："晏谋因四年南郊，与世祖故主帅于道中窃发。"会虎犯郊坛，上愈惧。未郊一日，有敕停行，先报晏及徐孝嗣。孝嗣奉旨，而晏陈"郊祀事大，必宜自力。"上益信世范之言。丙辰，召晏于华林省，诛之，并北中郎司马萧毅、台队主刘明达，及晏子德元、德和。下诏云："晏与毅、明达以河东王铉识用微弱，谋奉以为主，使守虚器。"晏弟诩为广州刺史，上遣南中郎司马萧季敞袭杀之。季敞，上之从祖弟也。萧毅奢豪，好弓马，为上所忌，故因事陷之。河东王铉先以年少才弱，故未为上所杀。铉朝见，常鞠躬俯偻，不敢平行直视。至是，年稍长，遂坐晏事免官，禁不得与外人交通。

　　【译文】齐国奉朝请鲜于文粲秘密窥探到皇帝的圣旨，上告王晏有不好的心思。陈世范又上奏齐明帝萧鸾说："王晏密谋今年皇上在南郊祭天时，和齐武帝萧赜旧日的主帅在路途中私下反叛。"恰巧老虎触犯祭祀的祭坛，齐明帝更害怕了。郊祀的前一天，下令停下举行祭天典礼，首先通知了王晏和徐孝嗣。徐孝嗣接受圣旨，而王晏上奏说："郊祀是一件大事，陛下一定要坚持前去。"齐明帝更加相信陈世范的言语。丙辰日（二十八日），齐明帝萧鸾在华林省召见王晏，将他杀害。一同被斩杀的还有北中郎司马萧毅、台队主刘明达和王晏的儿子王德元、王德和。齐明帝下诏说："王晏与萧毅、刘明达因河东王萧铉知识浅显，不能选用贤才，计划尊奉他做傀儡君王。"王晏的弟弟王诩担任广州刺史，齐明帝萧鸾派南中郎司马萧季敞袭击杀害了他。萧季敞是齐明帝同一个曾祖的弟弟。萧毅豪迈奢侈，爱好马匹弓箭，被齐明帝厌烦，所以故意诬陷他。河东王萧铉因为年少才能羸弱，没被齐明帝斩杀。萧铉面见齐明帝，常俯身弯腰鞠躬，不敢平行对看。这时，萧铉年纪大了，因王晏之事被罢黜官职，不准与外人交流。

【申涵煜评】晏处富贵中，如釜鱼幂，伏一杀机而不能悟。王思远劝以死，阮孝绪覆其酱，皆壁上观者也。史称其好屏人请间，致动上疑，尤得小人暧昧情状。

【译文】王晏身处富贵之中，就像在釜中盖着蒸煮的鱼，潜伏着杀机却不能醒悟。王思远劝谏王晏应该借死亡逃避灾难，阮孝绪盖上王晏送来的酱油，都是坐在一旁观看成败的人。史书上认为王晏喜欢屏退左右和人秘密交谈，引起君主的猜疑，实在是一个暧昧的小人。

郁林王之将废也，晏从弟御史中丞思远谓晏曰："兄荷世祖厚恩，今一旦赞人如此事；彼或可以权计相须，未知兄将来何以自立！若及此引决，犹可保全门户，不失后名。"晏曰："方啖粥，未暇此事。"及拜骠骑将军，集会子弟，谓思远兄思徵曰："隆昌之末，阿戎劝吾自裁；若从其语，岂有今日！"思远遽应曰："如阿戎所见，今犹未晚也。"思远知上外待晏厚而内已疑异，乘间谓晏曰："时事稍异，兄亦觉不？凡人多拙于自谋而巧于谋人。"晏不应。思远退，晏方叹曰："世乃有劝人死者！"旬日而晏败。上闻思远言，故不之罪，仍迁侍中。

【译文】郁林王萧昭业将被罢黜时，王晏的堂弟御史中丞王思远向王晏说："哥哥承蒙齐武帝萧赜隆厚的恩德，如今帮助别人这样的事，他人也许因权宜之计需要你，不知将来哥哥怎么立足？因此自杀，还能保全全家，不损毁死后名声。"王晏说："我正在吃粥，没时间想这事。"等王晏官拜骠骑将军，召集子弟聚集，对王思远的哥哥王思徵说："隆昌末年，堂弟王思远规劝我自尽；假使我听他的话，哪能有现在的地位？"王思远突然回应他说："真的按照我所说的去做，如今还不晚哪！"王思远明白齐明帝萧鸾表面对王晏恩宠，但内心已经猜忌怀疑，趁机对王晏说："时事稍微有点不一样，哥哥也察觉出来了吗？平常人大多拙于为自己筹谋，而精于替别人计划。"王晏不回应。王思远撤退，王晏才感叹说："这世间竟然有人劝人自杀的！"十天以后王晏就被杀了。齐明帝萧鸾得知王思远曾说那些话，因此不加罪惩罚他，仍然调派他为侍中。

晏外弟尉氏阮孝绪亦知晏必败，晏屡至其门，逃匿不见。尝食酱美，问知得于晏家，吐而覆之。乃晏败，人为之惧，孝绪曰："亲而不党，何惧之有！"卒免于罪。

【译文】王晏的表弟尉氏人阮孝绪也明白王晏必定要败，王晏每次进他的家门，他就躲起来不见面。以前吃肉酱，味道很美,咨询家人,明白是王晏送来的,就将它送出来,把剩余的倒掉了。王晏死后,家人感到害怕,阮孝绪说:"亲人却不是一党,有什么害怕的!"最终没有受到王晏的牵连。

二月,壬戌,魏主至太原。

甲子,以左仆射徐孝嗣为尚书令,征虏将军萧季敞为广州刺史。

癸酉,魏主至平城,引见穆泰、陆叡之党问之,无一人称枉者;时人皆服任城王澄之明。穆泰及其亲党皆伏诛;赐陆叡死于狱,宥其妻子,徙辽西为民。

【译文】春季,二月,壬戌日(初五日),北魏孝文帝元宏到达太原。

甲子日(初七日),齐明帝萧鸾任命左仆射徐孝嗣为尚书令,征虏将军萧季敞为广州刺史。

癸酉日(十六日),孝文帝元宏去平城,接见穆泰、陆叡的同党询问,无一个人喊冤,当时的人都敬佩任城王元澄的廉明。穆泰与他的亲人、同党被杀,令陆叡在监狱中自杀,宽恕他的妻子、儿女,贬到辽西做平民。

初,魏主迁都,变易旧俗,并州刺史新兴公丕皆所不乐;帝以其宗室耆旧,亦不之逼,但诱示大理,令其不生同异而已。及朝臣皆变衣冠,朱衣满坐,而丕独胡服于其间,晚乃稍加冠带,而不能修饰容仪,帝亦不强也。

太子恂自平城将迁洛阳,元隆与穆泰等密谋留恂,因举兵断关,规据陉北。丕在并州,隆等以其谋告之。丕外虑不成,口虽折难,心颇然之。及事觉,丕从帝至平城,帝每推问秦等,常令丕坐观。有司奏元业、元隆、元超罪当族,丕应从坐。帝以丕(当)〔尝〕受诏许以不死,听免死为民,留其后妻、二子,与居于太原,杀隆、超、同产乙升,馀子徙燉煌。

【译文】起初,孝文帝元宏迁都,更改以前的风俗,并州刺史新兴公元丕等人都不开心,孝文帝顾念他是宗室耆旧,也不强迫他,用大道理劝导他,使他不发表相反的意见。等大臣都更换衣帽,座位上都是红衣裳,而独元丕中穿胡服,后来才稍稍增加衣带和帽子,但没能休整外貌仪表,孝文帝元宏也不强迫他。

太子元恂从平城搬迁洛阳时,元隆与穆泰等人计划将元恂留住,派兵拦截雁门的东陉、西陉两边的道路,计划占领陉北。元丕在并州,元隆等人将自己的计策告知他。元丕表面担心计划会失败,嘴里责怪,心里却认为很有道理。事情被觉察后,元丕跟着孝文帝到达平城,孝文帝每次审问穆泰等人,都让元丕陪同观看。有司上奏元业、元隆、元超获罪理应满门抄斩,元丕理应跟着被判罪。孝文帝因元丕以前接到免死诏书,免除死罪贬为平民,留下他的后妻与两个儿子和他居住太原,将元隆、元超以及元丕的同母的兄弟元乙升杀了,元丕其余的儿子流放到敦煌。

初,丕、叡与仆射李冲、领军于烈俱受不死之诏。叡既诛,帝赐冲、烈诏曰:"叡反逆之志,自负幽冥;违誓在彼,不关朕也。反逆既异馀犯,虽欲矜恕,如何可得? 然犹不忘前言,听自死别府,免其孥戮。元丕二子、一弟,首为贼端,连坐应死,特恕为民。朕本期始终而徙自弃绝,违心乖念,一何可悲! 故此别示,想无致怪。谋反之外,皎如白日耳。"冲、烈皆上表谢。

【译文】起初，元丕、陆叡和仆射李冲、领军于烈都接到孝文帝元宏的免死诏书，陆叡被杀之后，孝文帝赏赐李冲、于烈下诏说："陆叡有反叛的心思，违背了对鬼神的誓言，违反誓言全因他自己，与朕无关。叛逆谋反是很重的罪状，剩余罪犯即便朕想矜怜原谅，又怎么可以呢？但朕还没忘记以前的誓言，听由他在别院自尽，将他的妻子、儿女赦免死罪。元丕的一个弟弟，两个儿子，最先为叛贼，应连坐处死，朕特别原谅了他们，使他们做平民。朕希望有始有终，但他们与我决裂，违反的心思，乖张的念头，何等悲哀！所以另外表示，想着你们不会奇怪。除谋反外，我们君臣之间的清白就像白天的太阳啊！"李冲、于烈都奉上奏表感谢。

◆**臣光曰**：夫爵禄废置，杀生予夺，人君所以驭臣之大柄也。是故先王之制，虽有亲、故、贤、能、功、贵、勤、宾，苟有其罪，不直赦也，必议于槐棘之下，可赦则赦，可宥则宥，可刑则刑，可杀则杀。轻重视情，宽猛随时。故君得以施恩而不失其威，臣得以免罪而不敢自恃。及魏则不然，勋贵之臣，往往豫许之以不死；使彼骄而触罪，又从而杀之。是以不信之令诱之使陷于死地也。刑政之失，无此为大焉！◆

【译文】臣司马光说：说到官位俸禄、废设、杀戮、夺取给予，是君王用来统御众臣的权力。先王的体制，既有亲戚、旧友、贤德的人、有才能的人、有功勋的人、显贵、忧勤的人、宾客，假使他们犯罪，不直接特赦；必定要在象征公卿的三槐九棘中间讨论他们的罪行，可赦免就免罪，可宽恕就原谅，该责罚就刑罚，该杀就杀，轻重看情势决断，严宽随时势决断。君王所以能施恩德而不丢失威严，大臣免罪刑而不敢自我依恃。到北魏就

不会这样,有功劳的显贵大臣,经常事先答应他们不死;他们骄奢犯罪,又按照法律杀他们。所以没有信用,引诱臣子陷入死地啊!罪行的缺点,没有比这更大了。

【乾隆御批】夏收殷冔,本不相袭。元魏变衣冠,不再传而失。辽、金、元亦然。向作礼器图序会详论之。观此可为炯鉴。

【译文】夏朝戴的帽子是"收",殷朝戴的帽子是"冔",本来不相承袭。元魏改变衣服、帽子,不再流传就失传了。辽、金、元也是这样。过去作礼器图序曾经详细地论述过。看这些可以作为明显的警戒。

是时,代乡旧族,多与泰等连谋,唯于烈一族无所染涉,帝由是益重之。帝以北方酋长及侍子畏暑,听秋朝洛阳,春还部落,时人谓之"雁臣"。

三月,己酉,魏主南至离石。叛胡请降,诏宥之。夏,四月,庚申,至龙门,遣使祀夏禹。癸亥,至蒲阪,祀虞舜。辛未,至长安。

魏太子恂既废,颇自悔过。御史中尉李彪密表恂复与左右谋逆,魏主使中书侍郎邢(蛮)〔峦〕与咸阳王禧,奉诏赍椒酒诣河阳,赐恂死,敛以粗棺、常服,瘗于河阳。

癸未,魏大将军宋明王刘昶卒于彭城,追加九锡,葬以殊礼。

【译文】 当时,代地以前的士族,大多与穆泰等人合伙,仅仅于烈没有牵连到,孝文帝元宏所以更重视他。孝文帝因为北方的酋长与进京侍候的酋长之子害怕夏季炎热,听任他们秋季到洛阳觐见,春季返回部落,当时人说他们是"雁臣"。

三月,己酉日(二十二日),孝文帝元宏南行到达离石,反叛的胡人请求归降,孝文帝下诏宽恕他们。夏季,四月,庚申日(初四日），孝文帝到达龙门，派使者祭祀大禹。癸亥日（初七日），到达蒲坂，拜祭虞舜。辛未日（十五日），到达长安。

北魏太子恂被废之后，后悔自己犯的错误。御史中尉李彪暗地奉上奏表，说是元恂又与身边的人策划叛乱，孝文帝元宏派中书侍郎邢峦和咸阳王元禧遵奉诏命，带着椒酒去河阳，将元恂赐死，用粗陋的棺材、平常衣服下葬，埋在河阳。

夏季，癸未日（十七日），北魏大将军宋明王刘昶在彭城逝世，用独特丰厚的礼节安葬他。

五月，己丑，魏主东还，汎渭入河。壬辰，遣使祀周文王于丰，武王于镐。六月，庚申，还洛阳。

壬戌，魏发冀、定、瀛、相、济五州兵二十万，将入寇。

魏穆泰之反也，中书监魏郡公穆罴与之通谋，赦后事发，削官爵为民。罴弟司空亮以府事付司马慕容契，上表自劾，魏主优诏不许；亮固请不已，癸亥，听亮逊位。

【译文】夏季，五月，己丑日（初三日），北魏孝文帝元宏返回东方，坐船从渭水进黄河。壬辰日（初六日），孝文帝派使者去丰地拜祭周文王，去镐地拜祭武王。夏季，六月，庚申日（初五日），孝文帝返回洛阳。

壬戌日（初七日），北魏派出冀、相、济、瀛、定五州士兵二十万，向南入侵。

北魏穆泰谋反时，中书监北魏郡公穆罴与他密谋，大赦以后，事情暴露，穆罴被贬为平民。穆罴的弟弟司空穆亮将官职派给司马慕容契，奉上奏表自我弹劾，孝文帝元宏下令原谅他，不应允他辞官；穆亮坚持上求，癸亥日（初八日），孝文帝让穆亮辞去司空一职。

丁卯，魏分六师以定行留。

秋，七月，甲午，魏立昭仪冯氏为皇后。后欲母养太子恪；恪母高氏自代如洛阳，暴卒于共县。

戊辰，魏以穆亮为征北大将军、开府仪同三司、冀州刺史。

【译文】丁卯日（十二日），北魏的部队划分为六师，来判定停留或前进。

秋季，七月，北魏册封昭仪冯氏为皇后。冯皇后想抚养太子元恪；元恪的生母高氏从代都到达洛阳，于共县暴病而亡。

戊辰日（七月无此日），北魏任命穆亮为征北大将军、开府仪同三司、冀州刺史。

八月，丙辰，魏诏中外戒严。

壬戌，魏立皇子愉为京兆王，怿为清河王，怀为广平王。

追尊景皇所生王氏为恭太后。

甲戌，魏讲武于华林园；庚辰，军发洛阳。使吏部尚书任城王澄居守；以御史中丞李彪兼度支尚书，与仆射李冲参治留台事。假彭城王勰中军大将军，勰辞曰："亲疏并用，古之道也。臣独何人，频烦宠授！昔陈思求而不允，愚臣不请而得，何否泰之相远也！"魏主大笑，执勰手曰："二曹以才名相忌，吾与汝以道德相亲。"

【译文】秋季，八月，丙辰日（初一日），北魏下诏内外戒严。

壬戌日（初七日），北魏册立皇子元愉为京兆王，元怿为清河王，元怀为广平王。

齐明帝萧鸾追封景皇（始安贞王）萧道生的生母王氏为恭

太后。

甲戌日（十九日），北魏在华林园谈论武事。庚辰日（二十五日），大军从洛阳进发。嘱咐吏部尚书任城王元澄镇守；令御史中丞李彪兼度支尚书，和仆射李冲参加办理留守各机构之事；任命彭城王元勰为中军大将军。元勰推脱，说："关系疏远的人和关系亲近的人一起任用，是以前人的道理，臣是何人，几次受皇上宠信而交付事情？以前陈思王曹植请求参军，而魏文帝曹丕不答应，臣没请求却应允，命运的差距怎么这么不同呢？"孝文帝元宏大笑，将元勰的手握住说："魏文帝曹丕和陈思王曹植因为名利相互嫉妒，我和你因为德行相互友爱。"

上遣军主、直阁将军胡松助北襄城太守成公期戍赭阳，军主鲍举助西汝南、北义阳二郡太守黄瑶起戍舞阴。

魏以氐帅杨灵珍为南梁州刺史。灵珍举州来降，送其母及子于南郑以为质，遣其弟婆罗阿卜珍将步骑万馀袭魏武兴王杨集始，杀其二弟集同、集众；集始窘急，请降。九月，丁酉，魏主以河南尹李崇为都督陇右诸军事，将兵数万讨之。

【译文】齐明帝萧鸾派军主鲍举帮助西汝南、北义阳两郡的太守黄瑶起镇守舞阴，军主、直阁将军胡松帮助北襄太守成公期镇守赭阳。

北魏任命氐族统帅杨灵珍为南梁州刺史。杨灵珍进献南梁州来归降齐国，将他的母亲与儿子送到南郑做人质，调派他的弟弟婆罗阿卜珍率领步兵和骑兵一万余人偷袭北魏始兴王杨集始，将杨集始的两个弟弟杨集同、杨集众杀了；杨集始害怕焦虑，请求归降齐国。秋季，九月，丁酉日（十三日），北魏孝文帝元宏令河南尹李崇都督陇右诸军事，率领几万士兵去征讨杨灵珍。

初，魏迁洛阳，荆州刺史薛真度劝魏主先取樊、邓。真度引兵寇南阳，太守房伯玉击败之。魏主怒，以南阳小郡，志必灭之，遂引兵向襄阳；彭城王勰等三十六军前后相继，众号百万，吹唇沸地。辛丑，魏主留诸将攻赭阳，自引兵南下；癸卯，至宛，夜袭其郛，克之。房伯玉婴内城拒守。魏主遣中书舍人孙延景谓伯玉曰："我今荡壹六合，非如向时冬来春去，不有所克，终不还北。卿此城当我六龙之首，无容不先攻取；远期一年，近止一月。封侯、枭首，事在俯仰，宜善图之！且卿有三罪，今令卿知：卿先事武帝，蒙殊常之宠，不能建忠致命而尽节于其仇，罪一也；顷年薛真度来，卿伤我偏师，罪二也。今鸾辂亲临，不面缚麾下，罪三也。"伯玉遣军副乐稚柔对曰："承欲攻围，期于必克。卑微常人，得抗大威，真可谓获其死所！外臣蒙武帝采拔，岂敢忘恩！但嗣君失德，主上光绍大宗，非哺副亿兆之深望，抑亦兼武皇之遗敕；是以区区尽节，不敢失坠。往者北师深入，寇扰边民，辄厉将士以修职业。返己而言，不应垂责。"

【译文】起初，北魏迁都到洛阳，荆州刺史薛真度劝谏孝文帝元宏先夺取樊、邓。薛真度率军进攻南阳，南阳太守房伯玉把他打败。孝文帝元宏很生气，认为南阳是小郡，下定决心消灭它，于是带领大军返向襄阳；彭城王元勰等三十六支军队先后相继，号称一百万军队，用牙齿咬唇吹气，能让尘土飞扬。辛丑日（十七日），孝文帝元宏将诸将留下进攻赭阳，亲自率领军队向南；癸卯日（十九日），到达宛城，在夜里进攻攻取了外郭。房伯玉绕着内城抵挡防御，孝文帝元宏调派中书舍人孙延景向房伯玉说："朕如今一统天下，不像之前冬季来春季走，攻不下城池,不会返回北边去。你这个小城池正挡在朕的大军前进的路上,我不得不先攻陷,最长一年,最短一个月,一定要攻下。要封侯享受荣华,要斩首示众,事情只在你仰首低头做决定罢了,你该认真计划!你有三个罪行,如今说给你听:你以前事奉齐武帝萧赜,深受宠信,不能效命尽忠却为他的敌人尽忠,这为第一个罪行。以前薛真度来到时,你损害我一部分士兵,这是第二项罪行。现在我御驾亲征,你还不自我捆绑来到我的旗下,这是第三个罪行。”房伯玉派军副乐雅柔回应说:“本地遭受您的围困进攻,您志在必得。我是个微小卑贱的平常人物,能抗击魏国君主的大威,可真是死得其所了!我承蒙齐武帝萧赜的提拔选任,怎能忘记恩德?但是登位的君王萧昭业德行有损,齐明帝萧鸾继承光大伟业,是高帝萧道成的第三个儿子,不仅符合百姓深切的期望,也是照顾了齐武帝萧赜的圣旨;因此我仅仅尽忠守卫,不敢忽视了人臣的礼节。以前北边军队侵入我国边境,骚扰边境百姓,我严厉命令士兵抵抗,恪尽职守。我自省,不该被指责。”

宛城东南隅沟上有桥,魏主引兵过之。伯玉使勇士数人,衣斑衣,戴虎头帽,伏于窦下,突出击之,魏主人马俱惊;召善射者原灵度射之,应弦而毙,乃得免。

李崇槎山分道,出氐不意,表里袭之;群氐皆弃杨灵珍散归。灵珍之众减太半,崇进据赤土。灵珍遣从弟建帅五千人屯龙门,自帅精勇一万屯鹫硖;龙门之北数十里中,伐树塞路;鹫硖之口,积大木,聚礌石,临崖下之,以拒魏兵。崇命统军慕容拒帅众五千从它路夜袭龙门,破之。崇自攻鹫硖,灵珍连战败走;俘其妻子,遂克武兴。梁州刺史阴广宗、参军郑猷等将兵救灵珍;

崇进击，大破之，斩杨婆罗阿卜珍，生擒猷等；灵珍奔还汉中。魏主闻之，喜曰："使朕无西顾之忧者，李崇也。"以崇为都督梁、秦二州诸军事、梁州刺史，以安集其地。

【译文】 宛城的南角护城河上有座桥，孝文帝元宏带士兵过去。房伯玉派了几个士兵，穿着斑点衣服，戴着虎头帽子，蹲在桥墩下，突然冲出进攻他，孝文帝连人带马都被吓到；召善射的原灵度射那些士兵，齐国士兵都应声死了，孝文帝才安全躲开了。

李崇将林木砍了开路，出乎氏人意料，内外夹击偷袭氏人，许多氏人都抛弃杨灵珍四散逃跑，杨灵珍的士兵削减了大部分，李崇向前占领了赤土。杨灵珍派堂弟杨建率领五千士兵镇守龙门，亲率一万精锐士兵驻守鹫硖；杨建从龙门北边几十里路上，砍伐林木阻塞道路；杨灵在鹫硖入口集聚大木、巨石，依靠悬崖将大石头推下，来抵抗北魏军队。李崇下令统帅慕容拒带领五千士兵从其他的路进入，在夜晚，偷袭龙门，将其攻取。李崇亲自进攻鹫硖，杨灵珍作战接连失败逃跑，李崇将他的妻子、儿子俘虏了，将武兴平定。梁州刺史阴广宗、参军郑猷等人率军救援杨灵珍。李崇进军攻击，将其打败，将杨婆罗、阿卜珍杀了，活捉郑猷等人，杨灵珍逃向汉中。孝文帝元宏听到打了胜仗，开心地说："免除朕对西顾担忧的，是李崇啊！"任命李崇担任都督梁秦二州诸军事、梁州刺史，聚集安抚当地百姓。

【申涵煜评】 兵不厌奇，古今如火牛、假狮之类，尝闻之矣。独伯玉使勇士斑衣虎帽，从桥下突出，使魏之人马皆惊，何异三家村儿童戏具。

【译文】 用兵不厌奇特，从古至今像火烧牛尾巴、假装狮子的类型，都听说过。唯独房伯玉让勇猛的战士穿上有斑点的衣服和戴上有

资治通鉴

老虎形的帽子，从桥底下突然冲出来，使得魏孝文帝的人马都非常惊诧。这方法和三家村儿童嬉戏的玩具有什么不同？

丁未，魏主发南阳，留太尉咸阳王禧等攻之。己酉，魏主至新野，新野太守刘思忌拒守。冬，十月，丁巳，魏军攻之，不克，筑长围守之，遣人谓城中曰："房伯玉已降，汝何为独取靡碎！"思忌遣人对曰："城中兵食犹多，未暇从汝小虏语也！"魏右军府长史韩显宗将别军屯赭阳，成公期遣胡松引蛮兵攻其营，显宗力战破之，斩其裨将高法援。显宗至新野，魏主谓曰："卿破贼斩将，殊益军势。朕方攻坚城，何为不作露布？"对曰："顷闻镇南将军王肃获贼二、三人，驴马数匹，皆为露布；臣在东观，私常哂之。近虽仰凭威灵，得摧丑虏，兵寡力弱，擒斩不多。脱复高曳长缣，虚张功烈，尤而效之，其罪弥大。臣所以不敢为之，解上而已。"魏主益贤之。

【译文】 丁未日（二十三日），孝文帝元宏从南阳进发，将太尉咸阳王元禧等人留下进攻宛城。己酉日（二十五日），孝文帝元宏到达新野，新野太守刘思忌率军抵抗。冬季，十月，丁巳日（初三日），北魏军进攻新野，久攻不下，刘思忌修筑了很长的防守工事来抵抗。北魏派人对城里人说："房伯玉已归降，你为什么独自据守，被粉身碎骨呢？"刘思忌派人回应说："城里士兵和米粮还有很多，没时间和你们这些蛮人说话。"北魏右军将军府的长史韩显宗率领另一支军队在赭阳驻守，成公期调派胡松率领军队进攻他的营地，韩显宗全力作战，打败敌军，将他们偏将高法援杀了。韩显宗到达新野，孝文帝元宏对他说："你打败贼人，斩杀将领，助长军中气势。朕现在进攻坚硬的大城，为何不公开宣传呢？"韩显宗回应说："以前我得知镇南将军王肃俘虏敌军两三个，几匹驴马，全都写露布，我当时在东观，常暗地笑他。虽依靠陛下威灵，打败丑陋的敌军，但士兵少，力量小，虏获斩杀的敌人不多。假使也将丝帛长长地拖着，虚报自己的功劳，仿效王肃的行为，臣的罪行就更加大了。所以臣不敢写露布，仅仅向皇上禀报。"孝文帝元宏更加礼遇他。

上诏徐州刺史裴叔业引兵救雍州。叔业启称："北人不乐远行，唯乐钞掠。若侵虏境，则司、雍之寇自然分矣。"上从之。叔业引兵攻虹城，获男女四千馀人。

甲戌，遣太子中庶子萧衍、右军司马张稷救雍州。十一月，甲午，前军将军韩秀方等十五将降于魏。丁酉，魏败齐兵于沔北，将军王伏保等为魏所获。

【译文】　齐明帝萧鸾下诏徐州刺史裴叔业率兵去救援雍州，裴叔业上奏说："北方人不喜远行，只喜爱掳掠入侵，入侵敌人的边境，则司州、雍州的敌军自然就溃散了。"齐明帝听从了他的建议。裴叔业带领士兵进攻虹城，俘虏男女四千余人。

甲戌日（二十日），齐明帝萧鸾调派太子中庶子萧衍、右军司马张稷去救援雍州。冬季，十一月，甲午日（十一日），前军将军韩秀方等十五位将领归降北魏。丁酉日（十四日），北魏在沔北打败齐兵，将军王伏保等人被北魏俘获。

丙辰，以杨灵珍为北秦州刺史、仇池公、武都王。

新野人张腊帅万馀家据栅拒魏。十二月，庚申，魏人攻拔〔之〕。雍州刺史曹虎与房伯玉不协，故缓救之，顿军樊城。

丁丑，诏遣度支尚书崔慧景救雍州，假慧景节，帅众二万、骑千匹向襄阳，雍州众军并受节度。

庚午，魏主南临沔水；戊寅，还新野。

【译文】丙辰日（十一月无此日），齐国朝廷任命杨灵珍为北秦州刺史、仇池公、武都王。

新野人张腜带领一万余人，镇守栅栏，反抗北魏。冬季，十二月，庚申日（初七日），北魏将它攻了。雍州刺史曹虎和房伯玉有隔阂，缓慢救援新野与南阳，他的大军在樊城驻扎。

丁丑日（二十四日），齐明帝萧鸾下诏调派度支尚书崔慧景救援雍州，将符节授予崔慧景，带领两万士兵，四千骑兵，进发襄阳，雍州大军都受他的指挥调度。

庚午日（十七日），孝文帝元宏南来走近沔水，戊寅日（二十五日），返回新野。

将军王昙纷以万馀人攻魏南青州黄郭戍，魏戍主崔僧渊破之，举军皆没。将军鲁康祚、赵公政将兵万人侵魏太仓口，魏豫州刺史王肃使长史清河傅永将甲士三千击之。康祚等军于淮南，永军于淮北，相去十馀里。永曰："南人好夜斫营，必于渡淮之所置火以记浅处。"乃夜分兵为二部，伏于营外；又以瓠贮火，密使人过淮南岸，于深处置之，戒曰："见火起，则亦然之。"是夜，康祚等果引兵斫永营；伏兵夹击之。康祚等走趣淮水，火既竞起，不知所从，溺死及斩首数千级，生擒公政，获康祚之尸以归。豫州刺史裴叔业侵魏楚王戍，肃复令永击之。永将心腹一人驰诣楚王戍，令填外堑，夜伏战士千人于城外。晓而叔业等至城东，部分将置长围。永伏兵击其后军，破之。叔业留将佐守营，自将精兵数千救之。永登门楼，望叔业南行数里，即开门奋击，大破之，获叔业伞扇、鼓幕、甲仗万馀。叔业进退失据，遂走。左右欲追之，永曰："吾弱卒不满三千，彼精甲犹盛，非力屈而败，自坠吾计中耳。既不测我之虚实，足使丧胆，俘此足矣，何更追之!"魏主遣谒者就拜永安远将军、汝南太守，封贝丘县男。永有勇力，好学能文。魏主常叹曰："上马能击贼，下马作露版，唯傅修期耳!"

资治通鉴

【译文】 将军王昙纷率领一万多人进攻北魏南青州的黄郭戍，北魏城主崔僧渊打败他们，全军被灭。将军鲁康祚、赵公政率领士兵一万人入侵北魏太仓口，北魏豫州刺史王肃下令长史清河人傅永率领装备好的军队三千人反击。鲁康祚等人在淮水南边驻守，傅永在淮水之北驻扎，距离有十几里。傅永说："齐人爱好在夜里袭击营地，一定在淮水水浅之地放置火种为记号。"于是在夜晚把士兵划分为两部分，潜伏在营地外面；又用葫芦存放燃料，私下派人过淮水南岸放置在水最深的地方，警告他们说："一见到火把，就将它点燃了。"晚上，鲁康祚等人果真率领士兵来袭击营地，潜伏的士兵进攻他们，鲁康祚等战败跑了，跑到淮水边，大火四处点燃，不知该跑向哪儿，被杀与溺死的人有好几千，活捉了赵公政，得到鲁康祚的尸首。豫州刺史裴叔业入侵北魏楚王戍，王肃又下令傅永去进攻他。傅永带着一个亲信快马到达楚王戍，下令将外面的深壕填平，夜晚在城外潜伏了一千个士兵。天将亮时裴叔业等人到达城东地区，正想安设长的防卫工事。傅永潜伏的士兵偷袭裴叔业后面的队伍，打败了。裴叔业将将佐留下守卫阵地，亲率几千个精兵去救援。傅永攀上门楼，远望裴叔业向南进军几里，就将城门打开全力攻击，大败裴叔业军，虏获裴叔业的铠甲、伞扇、战鼓、帐幕和兵器一万余件。裴叔业无法进退，被打败。傅永身边的人想追击，傅永说："我们弱残的士兵不足三千人，他们精锐的士兵气势还很盛，并非力量不如我们才战败，只是落入我们的陷阱而已。既不能探测我们的真假，足以让他们害怕了，获取这些就已经很够了，不用再追击！"孝文帝元宏派使者到前线任命傅永为安远将军、汝南太守，赐他做贝丘县男。傅永有勇猛，爱好学习文章。孝文帝元宏常感慨说："上马能攻打敌军，下马能书写捷报的，只有傅修期了！"

曲江公遥欣好武事，上以诸子尚幼，内亲则仗遥欣兄弟，外亲则倚后弟西中郎长史彭城刘暄、内弟太子詹事江祏。故以始安王遥光为扬州刺史，居中用事；遥欣为都督荆、雍等七州诸军事、荆州刺史，镇据西面。而遥欣在江陵，多招才勇，厚自封殖，上甚恶之。遥欣侮南郡太守刘季连，季连密表遥欣有异迹；上乃以季连为益州刺史，使据遥欣上流以制之。季连，思考之子也。

【译文】曲江公萧遥欣爱好军事，齐明帝萧鸾几个皇子还年小，内亲就依仗萧遥欣兄弟，外亲就依仗皇后的弟弟西中郎长史彭城人刘暄、内弟太子詹事江祏，因此任命始安王萧遥光为扬州刺史，居中管理；萧遥欣为都督荆、雍等七州诸军事兼荆州刺史，镇压四方。但萧遥欣在江陵多方征调有勇有才之人，培植自己的势力，齐明帝萧鸾很厌恶他。萧遥欣羞辱南郡太守刘季连，刘季连暗地上奏萧遥欣有谋反迹象，齐明帝任命刘季连为益州刺史，使他占据长江上游制衡萧遥欣。刘季连是刘思考的儿子。

是岁，高昌王马儒遣司马王体玄入贡于魏，请兵迎接，求举国内徙；魏主遣明威将军韩安保迎之，割伊吾之地五百里以居儒众。儒遣左长史顾礼、右长史金城麴嘉将步骑一千五百迎安保，而安保不至；礼、嘉还高昌，安保亦还伊吾。安保遣其属朝兴安等使高昌，儒复遣顾礼将世子义舒迎安保，至白棘城，去高昌百六十里。高昌旧人恋土，不愿东迁，相与杀儒，立麹(喜)〔嘉〕为王，复臣于柔然。安保独与顾礼、马义舒还洛阳。

【译文】当年，高昌国王马儒调派司马王体玄去北魏进贡，请求领兵前去接应，好全民向北魏搬迁。孝文帝元宏调派明威将军韩安保前去接应，划分伊吾之地五百里安置马儒的下属。马儒调派左长史顾礼、右长史金城人麹嘉率领一千五百步兵和骑兵前去接应韩安保，韩安保却没来；顾礼、麹嘉返回高昌，韩安保也返回伊吾。韩安保调派部属朝兴安等人去高昌，马儒又派顾礼率领世子马义舒前去接应韩安保，到达白棘城，距离高昌一百六十里。高昌旧人留恋家乡，不想向东搬迁，一起将马儒杀了，让麹嘉做国王，向柔然称臣。韩安保独自与顾礼、马义舒返回洛阳。

永泰元年(戊寅，公元四九八年）春，正月，癸未朔，大赦。

加中军大将军徐孝嗣开府仪同三司，孝嗣固辞。

魏军李佐攻新野，丁亥，拔之，缚刘思忌，问之曰：“今欲降未？”思忌曰：“宁为南鬼，不为北臣！”乃杀之。于是沔北大震。戊子，湖阳戍主蔡道福，辛卯，赭阳戍主成公期，壬辰，舞阴戍主黄瑶起、南乡太守席谦，相继南遁。瑶起为魏所获，魏主以赐王肃，肃脔而食之。乙巳，命太尉陈显达救雍州。

【译文】永泰元年（戊寅，公元498年，是年四月始改年号为永泰）。春季，一月，癸未朔日（初一日），大赦天下。

齐明帝萧鸾进封中军大将军徐孝嗣开府仪同三司，徐孝嗣坚定推辞。

资治通鉴

北魏将领李佐进攻新野，丁亥日（初五日），攻取了，将刘思忌绑起，问他说："如今是否归降？"刘思忌回应说："宁为南鬼，不为北臣！"于是李佐斩杀了他。沔水北边的人非常惊讶。戊子日（初六日），湖阳城主蔡道福；辛卯日（初九日），赭阳城主成公期；壬辰日（初十日），舞阴戍主黄瑶起、南乡太守席谦，相继弃城向南逃跑。黄瑶起被北魏俘虏，孝文帝元宏将他赏赐给王肃，王肃将他切成了肉块吃（以报杀父之仇）。乙巳日（二十三日），齐明帝萧鸾下令太尉陈显达援救雍州。

上有疾，以近亲寡弱，忌高、武子孙。时高、武子孙犹有十王，每朔望入朝，上还后宫，辄叹息曰："我及司徒诸子皆不长，高、武子孙日益长大！"上欲尽除高、武之族，以微言问陈显达，对曰："此等岂足介虑！"以问扬州刺史始安王遥光，遥光以为当以次施行。遥光有足疾，上常令乘舆自望贤门入，每与上屏人久语毕，上索香火，呜咽流涕，明日必有所诛。会上疾暴甚，绝而复苏，遥光遂行其策。丁未，杀河东王铉、临贺王子岳、西阳王子文、永阳王子峻、南康王子琳、衡阳王子珉、湘东王子建、南郡王子夏、桂阳王昭粲、巴陵王昭秀，于是太祖、世祖及世宗诸子皆尽矣。铉等已死，乃使公卿奏其罪状，请诛之，下诏不许；再奏，然后许之。南康侍读济阳江泌哭子琳，泪尽，继之以血；亲视殡葬毕，乃去。

【译文】齐明帝萧鸾得病，因为自己的亲人少而羸弱，很忌讳齐高帝萧道成、齐武帝萧赜的后代。那时高帝、武帝的后代还有十个封王，每次初一、十五进朝，齐明帝萧鸾返回后宫，就感叹说："朕与司徒（弟弟萧缅）的儿子年龄都不大，高帝、武帝的后代都慢慢长大！"齐明帝萧鸾欲将高帝、武帝的族人全部铲除，用试探的语气问陈显达，陈显达回应说："这件事有什么好担心的？"问扬州刺史始安王萧遥光，萧遥光认为能依次实施。萧遥光得脚病，齐明帝萧鸾下令他坐了轿子从望贤门入宫，常让闲人退下和他久久交谈，谈完话，齐明帝拿了香火，流泪哽咽，第二天一定有人被杀。适逢齐明帝得病，病情来得很猛烈，昏厥后又醒来，萧遥光就实施斩杀的计划。丁未日（二十五日），将高帝的十九子河东王萧铉和武帝的儿子临贺王萧子岳、西阳王萧子文、永阳王萧子峻、南康王萧子琳、衡阳王萧子珉、湘东王萧子建、南郡王萧子夏，以及文惠太子萧长懋的儿子桂阳王萧昭粲、巴陵王萧昭秀杀了。至此，高帝萧道成、武帝萧赜和文帝萧长懋的儿子都被斩杀了。萧铉等人被灭，才嘱咐大臣上奏他们的罪状，请求斩杀，齐明帝萧鸾下诏不允；再次上奏，才恩准。南康王萧子琳的侍读济阳人江泌拜祭萧子琳，眼泪流完了，接着又流血，亲眼看南康王出殡下葬完后，才离开。

庚戌，魏主如南阳。二月，癸丑，诏左卫将军萧惠休等救寿阳。甲子，魏人拔宛北城，房伯玉面缚出降。伯玉从父弟思安为魏中统军，数为伯玉泣请，魏主乃赦之。庚午，魏主如新野。辛巳，以彭城王勰为使持节、都督南征诸军事、中军大将军、开府仪同三司。

【译文】庚戌日（二十八日），北魏孝文帝元宏到达南阳。春季，二月，癸丑日（初一日），齐明帝萧鸾下诏左卫将军萧惠休等人救援寿阳。甲子日（十二日），北魏攻取宛北城，房伯玉反绑双手出城归降。房伯玉的同祖弟弟房思安担任北魏中统军，好多次为房伯玉流泪请求，孝文帝元宏才特赦他。庚午日（十八日），孝文帝元宏到达新野。辛巳日（二十九日），孝文帝任命彭城王元勰为使持节、都督南征诸军事、中军大将军、开府仪同三司。

三月，壬午朔，崔慧景、萧衍大败于邓城。时慧景至襄阳，五郡已没，慧景与衍及军主刘山阳、傅法宪等帅五千馀人进行邓城，魏数万骑奄至，诸军登城拒守。时将士蓐食轻行，皆有饥惧之色。衍欲出战，慧景曰："虏不夜围人城，待日暮自当去。"既而魏众转至。慧景于南门拔军去，诸军不相知，相继皆遁。魏兵自北门入，刘山阳与部曲数百人断后死战，且战且却行。慧景过闹沟，军人相蹈藉，桥皆断坏。魏兵夹路射之，杀傅法宪，士卒赴沟死者相枕，(岳)〔山〕阳取袄仗填沟乘之，得免。魏主将大兵追之，晡时至沔。山阳据城苦战，至暮，魏兵乃退。诸军恐惧，是夕，皆下船还襄阳。庚寅，魏主将十万众，羽仪华盖，以围樊城，曹虎闭门自守。魏主临沔水，望襄阳岸，乃去，如湖阳；辛亥，如悬瓠。

【译文】春季，三月，壬午朔日（初一日），崔慧景、萧衍在邓城大败。当时崔慧景到达襄阳，沔北五郡已沦陷，军主刘山阳、傅法宪与崔慧景和萧衍等人带领五千多人向邓城进发，北魏几万骑兵突然从后面追来，齐国军队登城防守抵抗。当时齐国士兵早晨赶忙吃饭，轻装快跑，到现在都有害怕饥饿的脸色。萧衍欲出城应战，崔慧景说："敌军不会在夜晚将城池围困，到了黄昏自然离去。"过一些时候，北魏的军队越来越多。崔慧景从南门带着将士开拔跑了，各军互不熟悉，相继都逃跑了。北魏士兵从北门入城，刘山阳与下属几百人断后，拼命应战，一边撤退一边打。崔慧景路过闹沟，士兵相互踩踏，桥梁都毁坏折断。北魏士兵从道路两边射击，杀了傅法宪，士兵投闹沟死的相互靠在一起。刘山阳拿甲仗与武器填塞闹沟，才能逃跑。孝文帝元宏率领军队追击，午后申时，到达沔水。刘山阳镇守城池作战，到了黄昏，北魏士兵才撤退。齐国各军害怕，当晚，都下船返回襄阳。庚寅日（初九日），北魏孝文帝元宏率领军队十万，旌旗翠羽，伞盖华丽，包围樊城，曹虎关闭城门镇守。孝文帝元宏临近沔水，眺望襄阳岸边，然后离开，到达湖阳；辛亥日（三十日），到达悬瓠。

魏镇南将军王肃攻义阳，裴叔业将兵五万围涡阳以救义阳。魏南兖州刺史济北孟表守涡阳，粮尽，食草木皮叶。叔业积所杀魏人高五丈以示城内；别遣军主萧璝等攻龙亢，魏广陵王羽救之。叔业引兵击羽，大破之，追获其节。魏主使安远将军傅永、征虏将军刘藻、假辅国将军高聪等救涡阳，并受王肃节度。叔业进击，大破之，聪奔悬瓠，永收散卒徐还。叔业再战，凡斩首万级，俘三千馀人，获器械杂畜财物以千万计。魏主命锁三将诣悬瓠。刘藻、高聪免死，徙平州；傅永夺官爵；黜王肃为平南将军。肃表请更遣军救涡阳，魏主报曰："观卿意，必以藻等新败，故难于更往。朕今少分兵则不足制敌，多分兵则禁旅有阙，卿审图之！义阳当止则止，当下则下；若失涡阳，卿之过也！"肃乃解义阳之围，与统军杨大眼、奚康生等步骑十馀万救涡阳。叔业见魏兵盛，夜，引军退；明日，士众奔溃，魏人追之，杀伤不可胜数。叔业还保涡口。

【译文】北魏镇南将军王肃进攻义阳，裴叔业率领军士五万包围涡阳，以救援义阳。北魏南兖州刺史济北人孟表镇守涡阳，粮食吃完，吃青草树叶树皮。裴叔业将所杀的北魏士兵堆起了五丈高，给涡阳城里的人看；并调派统帅萧璝等人进攻龙亢，北魏广陵王元羽去援救，裴叔业率兵进攻元羽，大败元羽的军队，追赶虏获了他的符节。北魏孝文帝元宏令安远将军傅永、征虏将军刘藻、摄理辅国将军高聪去救援涡阳,听王肃的调遣分配。裴叔业回击,大败北魏军,高聪逃向悬瓠,傅永将溃散的士兵收编了慢慢返回。裴叔业两次与魏军战斗,一共斩杀一万个头颅,虏获了三千余人,获取的兵器、牲畜、财产数以万计。孝文帝元宏下令傅永、刘藻、高聪三个将领戴上枷锁押到悬瓠;刘藻、高聪被赦免,流放平州;傅永被剥夺了官爵;将王肃贬黜为平南将军。王肃奉上奏表请求再调遣军队去救援涡阳,孝文帝元宏回应说:"看你的意见,必定认为刘藻等刚刚战败,很难再去救援涡阳。朕现在少分出一些士兵,就不够抵抗敌人;多划分出兵力,则禁卫行旅就有缺点,你详细考虑考虑!义阳的包围应停就停,能攻取就攻取;假使丢失了涡阳,那就是你的过错了。"于是王肃放弃包围义阳,与统帅杨大眼、奚康生等人率领十多万步兵和骑兵去救援涡阳。裴叔业见到北魏士兵众多,就率领军队夜晚撤离。第二天,齐军士卒溃散逃跑,北魏士兵追杀,杀伤的人多得数不完。裴叔业返回涡口镇守。

初,魏中尉李彪,家世孤微,朝无亲援;初游代都,以清渊文穆公李冲好士,倾心附之。冲亦重其材学,礼遇甚厚,荐于魏主,且为之延誉于朝,公私汲引。及为中尉,弹劾不避贵戚,魏主贤之,以比汲黯。彪自以结知人主,不复藉冲,稍稍疏之,唯公坐敛袵而已,无复宗敬之意,冲浸衔之。

【译文】起初,北魏中尉李彪,家境寒微贫贱,朝堂没亲人可以帮助他;李彪开始在代都游学,因为清渊人文穆公李冲喜爱志士,便全心归附于他。李冲也重视他的才华,礼遇于他,把他推荐给孝文帝元宏,代他在朝堂散播好名声,处理公务和私下交往,都推荐提携他。李彪担任中尉后,弹劾错误,不畏权贵，孝文帝元宏以为他有德，将他与汉代汲黯相提并论。李彪自认为已经结识了君主，不用再借助李冲，就慢慢疏远他，仅仅在公共场合见到李冲拱一拱手，不再有尊敬奉承之意，李冲渐渐厌恶他。

及魏主南伐，彪与冲及任城王澄共掌留务。彪性刚豪，意议多所乖异，数与冲争辨，形于声色；自以身为法官，它人莫能纠劾，事多专恣。冲不胜忿，乃积其前作过恶，禁彪于尚书省，上表劾彪"违傲高亢，公行僭逸，坐舆禁省，私取官材，辄驾乘黄，无所惮慑。臣辄集尚书已下、令史已上于尚书都座，以彪所犯罪状告彪，讯其虚实，彪皆伏罪。请以见事免彪所居职，付廷尉治罪。"冲又表称："臣与彪相识以来，垂二十载。见其才优学博，议论刚正，愚意诚谓拔萃公清之人。后稍察其为人酷急，犹谓益多损少。自大驾南行以来，彪兼尚书，日夕共事，始知其专恣无忌，尊身忽物；听其言如振古忠恕之贤，校其行实天下佞暴之贼。臣与任城卑躬曲己，若顺弟之奉暴兄，其所欲者，事虽非理，无不屈从。依事求实，悉有成验。如臣列得实，宜殛彪于北荒，以除乱政之奸；所引无证，宜投臣于四裔，以息青蝇之谮。"冲手自作表，家人不知。

【译文】 等到北魏孝文帝元宏向南征讨，李彪和李冲与任城王元澄一同管理留守的政务。李彪个性豪爽刚烈，议论、建议有很多与李冲不一样的地方，多次与李冲争论，彰显在神色、声音上；自认作为执法官员，无人能弹劾纠察，做事大多专权放纵。李冲非常憎恨，于是将李彪前后所犯错误罪行积累起来，在尚书省关押李彪，奉上奏表弹劾李彪："李彪傲慢犯法，公然僭越偷懒，趾高气扬，坐着轿子进出禁省，私自拿官家的东西，经常骑马，没什么顾忌。臣集聚尚书之下、令史之上的官吏，在尚书省首长坐的地方，当着众人的面把李彪所犯罪行状告他，审核罪行真假，李彪都承认了罪行。请就李彪所犯之事，罢黜李彪官职，交给廷尉判罪。"李冲又奉上奏表说："臣和李彪相识，快二十年了。见他有才华、学识广博，刚毅正直，认为他是清高公正之人。后来慢慢觉察他急躁严酷，但还认为他对国家害处少好处多。皇上大驾南行之后，李彪担任度支尚书，我和他早晚一起做事，才知道他放任独断，没有忌惮，重视自己，疏忽他人，听到他的话，就像自古以来是难得的忠己恕人的贤人，考察他的作为，却是天下残暴奸佞之人。臣和任城王元澄谦虚结交他，委屈自己，好像依顺的弟弟尊奉凶残的哥哥，他所想要的，事情即使不成理由，也无不顺从受屈。按照事情寻求真实，都有具体的验证。假使臣选举的事都为实，理应在北荒将李彪斩杀，以奸灭纷扰政务的奸佞；假使所讲述的并无证实，理应将臣下放在四方边远地区，来将谗人的诬陷平息。"李冲亲自书写奏表，家人都不知道。

帝览表，叹怅久之，曰："不意留台乃至于此！"既而曰："道固可谓溢矣，而仆射亦为满也。"黄门侍郎宋弁素怨冲，而与彪同州相善，阴左右之。有司处彪大辟，帝宥之，除名而已。

冲雅性温厚，〔及〕收彪之际，亲数彪前后过失，瞋目大呼，投折几案，御史皆泥首面缚。冲詈辱肆口，遂发病，荒悸，言语错缪，时扼腕大骂，称"李彪小人"，医药皆不能疗，或以为肝裂，旬馀而卒。帝哭之，悲不自胜，赠司空。

【译文】孝文帝元宏批改表奏，感叹惆怅很久，说："留守机构没想到竟会到这种地步。"过了一会儿说："道固（李彪字道固)可算是自满得没边了,仆射李冲也自满得够呛。"黄门侍郎宋弁向来怨恨李冲,跟李彪是同乡,感情很好,私下干预这事。司法机构判李彪为杀头大罪,孝文帝原谅了他,只是去除官职。

李冲性行厚重谦虚,关押李彪时,亲自数落李彪前后的缺失,睁着眼大声叫,将案几拿起砸人,都摔断裂了,御史吓得把泥涂在脸上,自缚双手向李冲请罪。李冲侮辱骂人,说话没忌讳,一下子发病,疯乱恐惧,言辞混杂,常一只手抓住另一只手大骂"李彪是个小人",请医服药都无法治好,有人以为李冲是怒火伤肝,十多天就死了。孝文帝元宏痛哭不止,悲哀得不能控制,追封李冲为司空。

冲勤敏强力,久处要剧,文案盈积,终日视事,未尝厌倦,职业修举,才四十而发白。兄弟六人,凡四母,少时颇多忿竞。及冲贵,禄赐皆与共之,更成敦睦。然多授引族姻,私以官爵,一家岁禄万匹有馀,时人以此少之。

魏主以彭城王勰为宗师,诏使督察宗室,有不帅教者以闻。

夏,四月,甲寅,改元。

【译文】李冲精力旺盛,敏捷勤勉,长时间处理机要繁重的政务,案件堆积满桌,整日看案件,没有疲怠过,政务处理得都很好,仅仅四十岁就白了头发。兄弟六个,是四个母亲所生,年小时经常和兄弟们憎恨竞争。李冲得势之后,赏赐与俸禄都和兄弟一起享用,兄弟相处和睦敦厚。但他多方引荐同族和姻亲,暗地授予官位,一家人一年的俸禄超越万匹布帛,因此当时的人都批评他。

北魏孝文帝元宏任命彭城王元勰为宗师,下诏嘱咐他监察宗室，有不接受教育的，就向皇帝上奏。

夏季，四月，甲寅日（初三日），齐国将年号改为永泰。

【申涵煜评】冲兄弟六人，少每忿竞。及贵，禄赐与共，更成敦睦。天性骨肉之间亦少势利，不得可为叹息。

【译文】李冲兄弟六人，少年时常常因为忿恨而互为争斗。等到富贵的时候，俸禄和赏赐一起使用，变得亲善和睦。骨肉之间没有势利，不能不让人感叹。

大司马会稽太守王敬则，自以高、武旧将，必不自安。上虽外礼甚厚，而内相疑备，数访问敬则饮食，体干堪宜。闻其衰老，且以居内地，故得少宽。前二岁，上遣领军将军萧坦之将斋仗五百人行武进陵，敬则诸子在都，忧怖无计。上知之，遣敬则世子仲雄入东安尉之。

仲雄善琴，上以蔡邕焦尾琴借之。仲雄于御前鼓琴作《懊憹歌》，曰："常叹负情侬，郎今果行许。"又曰："君行不净心，那得晋人题！"上愈猜愧。

【译文】　齐国大司马会稽太守王敬则，自认是高帝萧道成、武帝萧赜时的将领，心里不安。齐明帝萧鸾表面对他礼遇优厚，但心里对他怀疑防备，多次询问王敬则饮食情况，能否担任兵事；得知他年老，并且住的是内地的会稽郡，才稍微放心。前两年，齐明帝萧鸾调派领军将军萧坦之率领皇帝斋内的五百武装精锐的勇士去武进巡视齐高帝萧道成、齐武帝萧赜等皇上的坟墓。王敬则的几个儿子在都城，担心害怕，不知怎么办。齐明帝知道后，令王敬则的大儿子王仲雄从建康去会稽安慰王敬则。

王仲雄擅长弹琴，齐明帝将蔡邕的焦尾琴借给他用。王仲雄在齐明帝面前弹琴，创作了一首《懊恼歌》，其中有两句歌词是："经常感慨天下有负心的人，郎如今果然是这样子。"又接着唱道："你的作为居心叵测，怎能嫌恶别人的评价呢？"齐明帝更加对自己的猜忌感到惭愧。

上疾屡危，乃以光禄大夫张瑰为平东将军、吴郡太守，置兵佐以密防敬则。中外传言，当有异处分。敬则闻之，窃曰："东今有谁，只是欲平我耳；东亦何易可平！吾终不受金罂！"金罂，谓鸩也。

敬则女为徐州行事谢朓妻，敬则子太子洗马幼隆遣正员将军徐岳以情告朓："为计若同者，当往报敬则。"朓执岳，驰启以闻。敬则城局参军徐庶，家在京口，其子密以报庶，庶以告敬则五官〔掾〕王公林。公林，敬则族子也，常所委信。公林劝敬则急送启赐儿死，单舟星夜还都。敬则令司马张思祖草启，既而曰："若尔，诸郎在都，要应有信，且忍一夕。"

【译文】 齐明帝多次病危，于是任命光禄大夫张瑰为平东将军、吴郡太守，安排兵将来私下防御王敬则。朝廷上下传说，朝廷应该有大变动。王敬则听后，暗地说："建康的东边如今还有谁？只是要降服我而已；东边哪里是容易降服的？我最终不接受皇上的金罂！"金罂，是指鸩酒。

徐州行事谢朓的妻子是王敬则的女儿，王敬则的儿子太子洗马谢幼隆调派正员将军徐岳将情况以及准备造反的计划告知谢朓，并说"你同意我的计划，能向我的父亲王敬则告知"。谢朓捉住徐岳，快马向齐明帝上奏。王敬则的城局参军徐庶，家住京口，他的儿子暗地将事情告知徐庶，徐庶又告诉了王敬则的五官掾（官名）王公林。王公林是王敬则的同宗之人，王敬则视他为心腹。王公林劝王敬则赶快写奏章送去，请求齐明帝赐死他的儿子，连夜坐船独自返回都城。王敬则下令司马张思祖写奏折上诉，过些时候，王敬则说："假使是这样的情况，我在京都的几个儿子，应有信来到，暂且再等一夜看吧！"

　　其夜，呼僚佐文武樗蒲，谓众曰："卿诸人欲令我作何计？"莫敢先答。防阁丁兴怀曰："官祇应作尔！"敬则不应。明旦，召山阴令王询、台传御史钟离祖愿，敬则横刀跂坐，问询等："发丁可得几人？库见有几钱物？"询称"县丁猝不可集"；祖愿称"库物多未输入"。敬则怒，将出斩之，王公林又谏曰："凡事皆可悔，唯此事不可悔；官讵不更思！"敬则唾其面曰："我作事，何关汝小子！"丁卯，敬则举兵反，招集，配衣，二三日便发。

【译文】当晚，王敬则召集僚佐文武人员玩樗蒲，对他们说："你们大家想要我有什么计划？"无人敢先应答。防阁丁（官名）兴怀回应说："您只能造反了！"王敬则不回答。第二日，王敬则召集台传御史钟离人祖愿、山阴令王询，王敬则拿着刀，脚跟不着地坐着，询问王询等人："如今能征发多少士兵？仓库有多少钱？粮食有多少？"王询说："县里的兵力顷刻之间不能集结。"祖愿说："仓库的东西大多还没运送进来。"王敬则很生气，要将他们斩首，王公林又劝勉说："事情都能悔恨，只是这事不能懊悔；您怎能不再考虑一下？"王敬则将口水往他脸上吐，说："我行事，跟你小子有什么关系？"王敬则起兵谋反，招集兵马，发配兵服，两三天便发兵。

　　前中书令何胤，弃官隐居若邪山，敬则欲劫以为尚书令。长史王弄璋等谏曰："何令高蹈，必不从；不从，便应杀之。举大事先杀名贤，事必不济。"敬则乃止。胤，尚之之孙也。

庚午，魏发州郡兵二十万人，期八月中旬集悬瓠。

魏赵郡灵王干卒。

【译文】 前任中书令何胤，辞官归隐在若邪山，王敬则想将他挟持来担任自己的尚书令。长史王弄璋等人规劝说："何胤清廉归隐，必定不会顺从；不顺从，就杀了他。起大事先杀有名的贤臣，大事必定不会成。"王敬则于是罢休。何胤是何尚之的孙子。

庚午日（十九日），北魏调派州郡二十万士兵，约定八月中旬在悬瓠集聚。

北魏赵郡灵王元干逝世。

上闻王敬则反，收王幼隆及其兄员外郎世雄、记室参军季哲、其弟太子舍人少安等，皆杀之。长子黄门郎元迁将千人在徐州击魏，敕徐州刺史徐玄庆杀之。前吴郡太守南康候子恪，嶷之子也，敬则起兵，以奉子恪为名；子恪亡走，未知所在。始安王遥光劝上尽诛高、武子孙，于是悉召诸王侯入宫。晋安王宝义江陵公宝览等处中书省，高、武诸孙处西省，敕人各从左右两人，过此依军法；孩幼者与乳母俱入。其夜，令太医煮椒二斛，都水办棺材数十具，须三更，当尽杀之。子恪徒跣自归，二更达建阳门，刺启。时刻已至，而上眠不起，中书舍人沈徽孚与上所亲左右单景隽共谋少留其事。须臾，上觉，景隽启子恪已至。上惊问曰："未邪？未邪？"景隽具以事对。上抚床曰："遥光几误人事！"乃赐王侯供馔，明日，悉遣还第。以子恪为太子中庶子。宝览，缅之子也。

【译文】 齐明帝萧鸾得知王敬则反叛，将王幼隆和他的哥哥员外郎王世雄（"世"应作"仲"）、记室参军王季哲、王幼隆的弟弟太子舍人王少安等人收押斩杀。王敬则的长子黄门郎王元迁率领一千人在徐州抵抗北魏军队，齐明帝下令徐州刺史徐玄庆将他斩杀。前任吴郡太守南康侯萧子恪为萧嶷的儿子。王敬则谋反，以尊称萧子恪做皇帝为名号，萧子恪逃跑，下落不明。始安王萧遥光劝齐明帝萧鸾将高帝萧道成、武帝萧赜的后代都斩杀，于是齐明帝将各王侯都召集入宫。晋安王萧宝义、江陵公萧宝览等人住中书省，高帝萧道成、武帝萧赜的后代住西省，下令每人只带两个侍卫，超越这个人数就按军法处置，年龄小的和奶娘一同进入。当晚，齐明帝萧鸾下令太医煮二斛花椒水，嘱咐都水（官名）打造几十具棺木，在三更天，将这些人全部杀了。南康侯萧子恪光脚跑回来，二更之时到了建阳门，投名片上奏。时间到了，齐明帝萧鸾还没起床，中书舍人沈徽孚和皇帝所亲近的侍从单景隽一同商议将事情稍微后置。不久，齐明帝醒来，单景隽上奏萧子恪到了。齐明帝吃惊地询问："还没斩杀吗？还没斩杀吗？"单景隽将情况仔细上奏。齐明帝靠着床说："萧遥光差点耽误了事。"于是奖赏各王侯供给酒菜，第二日，将他们打发回府邸。令萧子恪担任太子中庶子。萧宝览是萧缅的儿子。

敬则帅实甲万人过浙江。张瑰遣兵三千拒敬则于松江，闻敬则军鼓声，一时散走，瑰弃郡，逃民间。敬则以旧将举事，百姓担篙荷锸，随之者十馀万众；至晋陵，南沙人范修化杀县令公上延孙以应之。敬则至武进陵口，恸哭而过。乌程丘仲孚为曲阿令，敬则前锋奄至，仲孚谓吏民曰："贼乘胜虽锐，而乌合易离。今若收船舰，凿长冈埭，泻渎水以阻其路，得留数日，台军必至，如此，则大事济矣。"敬则军至，值渎涸，果顿兵不得进。

【译文】王敬则带领一万武装军队渡过钱塘江。张瑰调派三千士兵在松江抗击王敬则，张瑰的军队听见王敬则大军的击鼓之音，一时混乱败走，张瑰将吴郡丢弃逃向民间。王敬则以高帝萧道成、武帝萧赜以前将领的名义反叛，十几万百姓拿着竹篙，拿着铁锹跟着他；到达晋陵，南沙人范修化暗杀县令上延孙回应他。王敬则路过武进入齐高帝、齐武帝的陵墓时，大声哭着通过。乌程人丘仲孚担任曲阿令，王敬则的前锋军队突然进攻，丘仲孚对众官和百姓说："敌军乘胜而来，气势虽盛，但都是乌合之众，容易分散。如今若能将船舰藏起，将长冈埭凿破，使河水泻下来阻止他们的路；只要能拖延几天，援军就会来到，这样，事情就会成功。"王敬则的大军到来，河水干涸，军队停下无法前进。

五月，壬午，诏前军司马左兴盛、后军将军崔恭祖、辅国将军刘山阳、龙骧将军、马军主胡松筑垒于曲阿长冈；右仆射沈文季为持节都督，屯湖头，备京口路。恭祖，慧景之旅也。敬则急攻兴盛、山阳二垒，台军不能敌，欲退，而围不开，各死战。胡松引骑兵突其后，白丁无器仗，皆惊散。敬则军大败，索马再上，不能得，崔恭祖刺之仆地，兴盛军客袁文旷斩之。乙酉，传首建康。

【译文】夏季，五月，壬午日（初二日），齐明帝萧鸾下诏前军司马左兴盛、后军将军崔恭祖、辅国将军刘山阳、龙骧将军、马军主胡松在曲阿长冈修筑堡垒；右仆射沈文季担任持节都督，在湖头驻守，预防京口方向的叛乱。崔恭祖是崔慧景的同

资治通鉴

族。王敬则急切地进攻兴盛、山阳两个城堡，朝廷军队抵抗不了，想撤回，可是却解不了围，各自拼命应战。胡松率领骑兵从王敬则军队的后面袭击，跟随的百姓没有武器，都害怕逃散。王敬则的军队败了，王敬则想找马匹再迎上去，没能找到。崔恭祖把王敬则刺倒在地，兴盛军官（应依《南齐书》作军容，军官的称号）袁文旷将他的头颅砍了。夏季，乙酉日（初五日），将王敬则的头颅送到建康。

是时上疾已笃，敬则仓猝东起，朝廷震惧。太子宝卷使人上屋，望见征虏亭失火，谓敬则至，急装欲走。敬则闻之，喜曰："檀公三十六策，走为上策，计汝父子唯有走耳！"盖时人讥檀道济避魏之语也。敬则之来，声势甚盛，裁少日而败。

【译文】此时齐明帝萧鸾的病情很严重，王敬则突然于东方叛乱，朝廷害怕震惊。太子宝卷让人上屋顶，远望征虏亭着火，认为王敬则进攻到了，穿着兵服想逃跑。王敬则得知此事，开心地说："檀公（檀道济）三十六个计策，逃跑算是好策了，我料定你们父子只有逃跑一条路而已！"那是当时人讥笑檀道济畏惧魏军逃跑的话。王敬则叛乱，声势浩大，不过几天就被打败了。

台军讨贼党，晋陵民以附敬则应死者甚众。太守王瞻上言："愚民易动，不足穷法。"上许之，所全活以万数。瞻，弘之从孙也。

上赏谢朓之功，迁尚书吏部郎。朓上表三让，上不许。中书疑朓官未及让，国子祭酒沈约曰："近世小官不让，遂成恒俗。谢吏部今授超阶，让别有意。夫让出人情，岂关官之大小邪！"朓妻常怀刃欲杀朓，朓不敢相见。

【译文】军队讨伐叛贼，晋陵的百姓因为跟随王敬则，按法判死刑的很多。太守王瞻上表说："百姓易被鼓动，不值当完全依法判罪。"齐明帝萧鸾答应了，保全了好几万人的性命。王瞻是王弘之的后代侄孙。

齐明帝萧鸾赏赐谢朓告密的功勋，升调他为尚书吏部郎。谢朓上表三次推辞，齐明帝不答应。中书怀疑谢朓所享有的官阶低下，没什么好推辞的。国子祭祀沈约说："现在做小官不推辞，已经成为风俗。吏部郎谢朓现在破格提升，他推辞另有一番想法。谈到推辞，也为人情之常，那和官位大小有何关联呢？"谢朓的妻子常常藏着刀，想要杀谢朓，谢朓不敢见她。

秋，七月，魏彭城王勰表以一岁国秩、职俸、亲恤裨军国之用。魏主诏曰："割身存国，理为远矣。职俸便停，亲、国听三分受一。"壬午，又诏损皇后私府之半，六宫嫔御、五服男女供恤亦减半，在军者三分省一，以给军赏。

癸卯，以太子中庶子萧衍为雍州刺史。

【译文】秋季，七月，北魏彭城王元勰奉上奏表请求将自己一年的郡王俸禄、官职的职俸和朝廷赏赐亲属的抚慰费用作为财政费用。孝文帝元宏下诏说："割舍自己的俸禄维护国家，道德是非常高远。官职的职俸就停止发放，亲属安慰费和彭城国秩任由你享受三分之一。"壬午日（初三日），又下诏削减皇后一半的府库，六宫妃嫔婢女、五服亲戚在内的男女供给抚恤费也削减一半，在军队服役的五服亲戚，抚恤费削减三分之一，以提供军队的赏赐。

夏季，癸卯日（二十四日），太子中庶子萧衍任雍州的刺史。

己酉，上殂于正福殿。遗诏："徐令可重申前命。沈文季可左仆射，江祏可右仆射，江祀可侍中，刘暄可卫尉。军政可委陈太尉；内外众事，无大小委徐孝嗣、遥光、坦之、江祏，其大事与沈文季、江祀、刘暄参怀。心膂之任可委刘悛、萧惠休、崔慧景。"

上性猜多虑，简于出入，竟不郊天。又深信巫觋，每出先占利害。东出云西，南出云北。初有疾，甚秘之，听览不辍。久之，敕台省文簿中求白鱼以为药，外始知之。太子即位。

【译文】己酉日（三十日），齐明帝萧鸾在正福殿逝世。留下遗诏说："徐令（尚书令徐孝嗣）可以再次封加为开府仪同三司。沈文季可担任左仆射，江祏担任右仆射，江祀能做侍中，刘暄能做卫尉。军事能交给陈太尉（陈显达）；朝廷政事，无论大小都交付徐孝嗣、江柘、萧坦之、萧遥光，大事和沈文季、刘暄、江祀商量讨论。重要的政务能托付给刘悛、萧惠休、崔慧景。"

齐明帝萧鸾性格猜忌，顾虑很多，很少出皇宫，从来不在南郊奉圭币祭祀上天。又很相信男女巫人，每次出去都要先卜测好坏。他去东就对外说去西，向南去就对外说往北。齐明帝开始得病，对外严格保密，听政看奏折，从不歇息。时间长了，下令让各机构从文簿中寻找白色的蠹书鱼为药，皇宫外的人才明白皇帝生病了。太子萧宝卷登位。

八月，辛亥，魏太子自洛阳朝于悬瓠。

壬子，奉朝请邓学以齐兴郡降魏。

魏主之入寇也，遣使发高车兵。高车惮远役，奉袁纥树者

为主，相帅北叛。魏主遣征北将军宇文福讨之，大败而还，福坐
黜官。更命平北将军江阳王继都督北讨诸军事以讨之，自怀朔已
东悉禀节度，仍摄镇平城。继，熙之曾孙也。

资治通鉴

【译文】秋季，八月，辛亥日（初二日），北魏太子元恪从洛
阳到达悬瓠面见孝文帝元宏。

壬子日（初三日），齐国奉朝请邓学进奉齐兴郡归降北魏。

孝文帝元宏犯境入侵齐国时，派使者调派高车国的军队协
助。高车人害怕远走，尊立袁纥树者为君王，叛变向北逃跑。孝
文帝元宏调派征北将军宇文福征讨高车，被打败回来，宇文福
获罪除去官爵。孝文帝又下令平北将军江阳王元继监督北伐诸
军事，去征讨叛军，怀朔之东都在他的约束管辖之下，依旧守卫
平城。元继是拓跋熙的曾孙子。

八月，葬明皇帝于兴安陵，庙号高宗。东昏侯恶灵在太极
殿，欲速葬，徐孝嗣固争，得逾月。帝每当哭，辄云喉痛。太中
大夫羊阐入临，无发，号恸俯仰，帻遂脱地，帝辍哭大笑，谓左
右曰："秃鹙啼来乎！"

九月，己亥，魏主闻高宗殂，下诏称"礼不伐丧"，引兵还。
庚子，诏北伐高车。

【译文】秋季，八月，在兴安陵将明皇帝萧鸾下葬，庙号
为高宗。东昏侯萧宝卷厌恶棺木摆在太极殿，想赶快入葬，徐
孝嗣坚定抗争，才能安置一个多月。东昏侯萧宝卷每次到该哭
丧时，都说咽喉痛。太中大夫羊阐入宫吊丧，他无头发，悲痛大
哭，抬头俯首，方巾就掉在地上，东昏侯萧宝卷停下哭泣，大声
笑出来，对旁边人说："秃鹙叫着来啦！"

秋季，九月，己亥日（二十一日），北魏孝文帝元宏得知高宗

萧鸾逝世，下诏声称：按礼不征讨有丧事的国家。率领军队返回洛阳。庚子日（二十二日），下诏向北讨伐高车。

魏主得疾甚笃，旬日不见侍臣，左右唯彭城王勰等数人而已。勰内侍医药，外总军国之务，远近肃然，人无异议。右军将军丹阳徐謇善医，时在洛阳，急召之。既至，勰涕泣执手谓曰："君能已至尊之疾，当获意外之赏；不然，有不测之诛。非但荣辱，乃系存亡。"勰又密为坛于汝水之滨，依周公故事，告天地及显祖，乞以身代魏主。魏主疾有间，丙午，发悬瓠，舍于汝滨，集百官，坐徐謇于上席，称扬其功，除鸿胪卿，封金乡县伯，赐钱万缗；诸王别饷赉，各不减千匹。冬，十一月，辛巳，魏主如邺。

【译文】孝文帝元宏得病，很严重，十天不见朝臣，在旁边的仅有彭城王元勰等几个人罢了。元勰在里面侍奉汤药，在外面管理政务，远近的人对他非常恭敬，没人有其他的说法。右军将军丹阳人徐謇对医术有研究，他当时在洛阳，元勰赶快召他进见。他到了之后，元勰落泪握住他的手向他说："你能治好皇上的病，会得到额外的封赏；不然，会有难以预料的罪行；这不但是你自己的荣辱，也关联你个人的生死。"元勰又私下在汝水岸边建高坛，按照周公的惯例，祭拜天地和先祖，请求让自己代替孝文帝元宏死。孝文帝的病况稍稍有好转，丙午日（二十八日），从悬瓠进发，驻扎在汝水边，召集众官，让徐謇在上座入座，赞扬他的功勋，从鸿胪卿改封他为金乡县伯，奖赏他一万贯金钱，各王爷的额外封赏，都没少于千匹布帛。冬季，十一月，辛巳日（初四日），北魏孝文帝元宏到达邺城。

戊子，立妃褚氏为皇后。

魏江阳王继上言："高车顽昧，避役遁逃，若悉追戮，恐遂扰乱。请遣使，镇别推检，斩魁首一人，自馀加以慰抚。若悔悟从役者，即令赴军。"诏从之。于是，叛者往往自归。继先遣人慰谕树者。树者亡入柔然，寻自悔，相帅出降。魏主善之；曰："江阳可大任也。"十二月，甲寅，魏主自邺班师。

林邑王诸农入朝，海中值风，溺死，以其子文款为林邑王。

【译文】秋季，戊子日（十一日），萧宝卷册封妃子褚氏做皇后。

北魏江阳王元继进言："高车国愚昧顽固，逃避军役逃跑，假使要去追杀，怕因这件事扰乱安宁。请派使者，分别到六镇中高车人的军镇，检举逃跑的罪魁首领，将逃跑的首领斩杀，安抚其他人。假使高车人知错而参军，就让他们参加南伐的大军。"孝文帝下诏按他的提议去做。于是叛逃的人都自己返回了。元继先命人去安抚告诫袁纥树者。袁纥树者逃跑到柔然的边境，没多久自己知错，率领军队出来归降。孝文帝元宏称赞他，说："江阳王元继能承担重大的事情。"冬季，十二月，甲寅日（初七日），孝文帝元宏从邺班师返回。

林邑王范诸农入朝，在海中遇见大风浪，淹死了，追封他的儿子范文款为林邑王。

资治通鉴卷第一百四十二　齐纪八

屠维单阏，一年。

【译文】起止己卯（公元499年），共一年。

【题解】本卷记录了公元499年，即小皇帝萧宝卷永元元年一年间南齐与北魏两国的大事。主要记录了北魏孝文帝作罢起用李彪之事；记录了冯氏家族衰落；魏军大胜齐军，缴获军资无数；魏主元宏病死军中；萧遥光发动叛乱，因东府失陷被杀；还记录了小皇帝萧宝卷的种种劣迹；萧宝卷杀萧坦之父子、刘暄、曹虎、许孝嗣、沈文季等重臣；老将陈显达起兵江州，在建康城下作战被杀；此外还记录了谢朓举报岳父王敬则叛乱，被萧宝卷下狱，死于狱中以及儒臣王肃仿照南朝为北魏制定官品、百司等等。

东昏侯上

永元元年（己卯，公元四九九年）春，正月，戊寅朔，大赦，改元。

太尉陈显达督平北将军崔慧景等军四万击魏，欲复雍州诸郡；癸未，魏遣前将军元英拒之。

乙酉，魏主发邺。

辛卯，帝祀南郊。

【译文】永元元年（己卯，公元499年）春季，一月，戊寅朔日

（初一），齐国大赦天下，改年号为永元。

太尉陈显达率领平北将军崔慧景的四万大军去进攻北魏，想将雍州五郡收复。癸未日（初六日），北魏调派将军元英抗击陈显达的大军。

乙酉日（初八日），孝文帝元宏从邺出发返回洛阳。

辛卯日（十四日），齐国皇帝东昏侯萧宝卷在南郊祭祀上天。

戊戌，魏主至洛阳，过李冲家。时卧疾，望之而泣；见留守官，语及冲，辄流涕。

魏主谓任城王澄曰："朕离京以来，旧俗少变不？"对曰："圣化日新。"帝曰："朕入城，见车上妇人犹戴帽、著小袄，何谓日新！"对曰："著者少，不著者多。"帝曰："任城，此何言也！必欲使满城尽著邪？"澄与留守官皆免冠谢。

【译文】冬季，戊戌日（二十一日），孝文帝元宏到达洛阳，途经李冲的墓地。当时他正得病，远远看见墓地就哭；召见留在京城的官吏，提到李冲，就流下泪水。

孝文帝元宏向任城王元澄说："朕离京城后，以前的风俗有更改没有？"元澄回应说："圣贤的教育每天都在更新。"孝文帝说："朕入城，见车上的民妇还穿小夹袄，戴帽子，怎能说是每天更新？"元澄回应说："不穿代北衣服的多，穿代北衣服的少。"皇上说："任城王，你说的什么话？必定让全城的人都穿华服！"元澄与留下的官吏都脱下帽子请罪。

甲辰，魏大赦。魏主之幸邺也，李彪迎拜于邺南，且谢罪。帝曰："朕欲用卿，思李仆射而止。"慰而遣之。会御史台令史龙文观告:"太子恂被收之日,有手书自理,彪不以闻。"尚书表收彪赴洛阳。帝以为彪必不然;以牛车散载诣洛阳,会赦,得免。

魏太保齐郡灵王简卒。

【译文】甲辰日(二十七日),北魏大赦天下。孝文帝元宏到达邺城时,李彪在邺城的南边前去接应叩拜请罪。孝文帝说:"朕想起用你,想到李仆射,只有作罢。"安抚他,将他打发了。恰巧御史台令史龙文观进言:"太子恂被关押时,曾亲手写所犯罪行,李彪不将它上传。"尚书上奏将李彪关押到洛阳。孝文帝认为李彪不会这样做,嘱咐不用绑着,用牛车拉他去洛阳,遇到大赦,李彪才得免罪。

北魏太保齐郡灵王元简逝世。

二月,辛亥,魏以咸阳王禧为太尉。

魏主连年在外,冯后私于宦官高菩萨。及帝在悬瓠病笃,后益肆意无所惮,中常侍双蒙等为之心腹。

彭城公主为宋王刘昶之妇,寡居。后为其母弟北平公冯夙求婚,帝许之;公主不愿,后强之。公主密与家僮冒雨诣悬瓠,诉于帝,且具道后所为。帝疑而秘之。后闻之,始惧。阴与母常氏使女巫厌祷,曰:"帝疾若不起,一旦得如文明太后辅少主称制者,当赏报不赀。"

【译文】春季,二月,辛亥日(初五日),北魏令咸阳王元禧担任太尉。

北魏孝文帝元宏多年在外面,冯后与内官高菩萨私通。等孝文帝在悬瓠病重,冯后更加放肆,中常侍双蒙等人都是她的亲信。

宋王刘昶的儿媳是彭城公主,守寡独居,冯后请求自己的同母弟北平公冯夙迎娶她，孝文帝应允了；彭城公主不想，冯后强迫她。彭城公主私下和家仆冒着雨跑到悬瓠，向孝文帝诉苦，并将冯后的作为都说出来，孝文帝怀疑，暂且不说破。冯后得知彭城公主将秘密讲出，开始害怕，私下与母亲常氏找到女巫施法祈祷诅咒，说："假如皇上得病而死，我能如文明皇后那样辅佐年幼的君王临朝听政，就给你数不尽的财物报答。"

资治通鉴

帝还洛，收高菩萨、双蒙等，案问，具伏。帝在含温室，夜引后入，赐坐东楹，去御榻二丈馀，命菩萨等陈状。既而召彭城王勰、北海王详入坐，曰："昔为汝嫂，今是路人，但入勿避！"又曰："此妪欲手刃吾胁！吾以文明太后家女，不能废，但虚置宫中，有心庶能自死；汝等勿谓吾犹有情也。"二王出，赐后辞诀；后再拜，稽首涕泣。入居后宫。诸嫔御奉之犹如后礼，唯命太子不复朝谒而已。

【译文】孝文帝返回洛阳，将高菩萨、双蒙等人收押，他们都认罪。孝文帝在含温室，夜晚劝冯后进入，赐她坐在东边楹柱旁边，下令高菩萨、双蒙等人说冯后淫秽的罪行。一会儿又召见彭城王元勰、北海王元详进入坐着，说："以前她是你们的嫂子，如今她是路人，只管进来，不要躲避。"又说："这个女人想用刀亲手穿破朕的肋胁！我因为她是文明太后家里面的人，不能废除她，只将她放在宫殿。她若有心，希望她知羞自尽，你们不用认为朕对她还有心意。"两个王爷走出，孝文帝下令冯后和他们辞别，冯后再拜，磕头于地，哭着流泪。她回后宫住着，那些妃子女婢依然用皇后的礼节对待她，只是孝文帝下令太子元恪不再拜见她。

初，冯熙以文明太后之兄尚恭宗女博陵长公主。熙有三女，二为皇后，一为左昭仪，由是冯氏贵宠冠群臣，赏赐累巨万。公主生二子："诞、修。熙为太保，诞为司徒，修为侍中、尚书，庶子聿为黄门郎。黄门侍郎崔光与聿同直，谓聿曰："君家富贵太盛，终必衰败。"聿曰："我家何所负，而君无谅诅我！"光曰："不然。物盛必衰，此天地之常理。若以古事推之，不可不慎。"后岁馀而修败。修性浮竞，诞屡戒之，不悛，乃白于太后及帝而杖之。修由是恨诞，求药，使诞左右毒之。事觉，帝欲诛之，诞自引咎，恳乞其生。帝亦以其父老，杖修百馀，黜为平城民。及诞、熙继卒，幽后寻废，聿亦摈弃，冯氏遂衰。

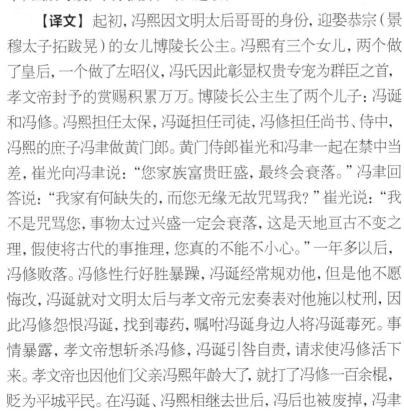

【译文】起初，冯熙因文明太后哥哥的身份，迎娶恭宗（景穆太子拓跋晃）的女儿博陵长公主。冯熙有三个女儿，两个做了皇后，一个做了左昭仪，冯氏因此彰显权贵专宠为群臣之首，孝文帝封予的赏赐积累万万。博陵长公主生了两个儿子：冯诞和冯修。冯熙担任太保，冯诞担任司徒，冯修担任尚书、侍中，冯熙的庶子冯聿做黄门郎。黄门侍郎崔光和冯聿一起在禁中当差，崔光向冯聿说："您家族富贵旺盛，最终会衰落。"冯聿回答说："我家有何缺失的，而您无缘无故咒骂我？"崔光说："我不是咒骂您，事物太过兴盛一定会衰落，这是天地亘古不变之理，假使将古代的事推理，您真的不能不小心。"一年多以后，冯修败落。冯修性行好胜暴躁，冯诞经常规劝他，但是他不愿悔改，冯诞就对文明太后与孝文帝元宏奏表对他施以杖刑，因此冯修怨恨冯诞，找到毒药，嘱咐冯诞身边人将冯诞毒死。事情暴露，孝文帝想斩杀冯修，冯诞引咎自责，请求使冯修活下来。孝文帝也因他们父亲冯熙年龄大了，就打了冯修一百余棍，贬为平城平民。在冯诞、冯熙相继去世后，冯后也被废掉，冯聿也被弃用，于是冯氏衰落。

癸亥，魏以彭城王勰为司徒。

陈显达与魏元英战，屡破之。攻马圈城四十日，城中食尽，啖死人肉及树皮。癸酉，魏人突围走，斩获千计。显达入城，将士竞取城中绢，遂不穷追。显达又遣军主庄丘黑进击南乡，拔之。

【译文】北魏任命彭城王元勰为司徒。

陈显达和北魏元英战斗，多次打败北魏军队。陈显达围攻马圈城四十天，城里米粮都吃完了，就吃死人肉和树皮。癸酉日（二十七日），北魏军队突然冲破包围逃跑，斩杀了好几千人。陈显达入城，士兵都抢夺城里的丝绢，就不再追击。陈显达又调遣军主庄丘黑进军攻打南乡，攻取了南乡。

魏主谓任城王澄曰："显达侵扰，朕不亲行，无以制之。"三月，庚辰，魏主发洛阳，命于烈居守，以右卫将军宋弁兼祠部尚书，摄七兵事以佐之。弁精勤吏治，恩遇亚于李冲。

癸未，魏主至梁城。崔慧景攻魏顺阳，顺阳太守清河张烈固守；甲申，魏主遣振威将军慕容平城将骑五千救之。

自魏主有疾，彭城王勰常居中侍医药，昼夜不离左右，饮食必先尝而后进，蓬首垢面，衣不解带。帝久疾多忿，近侍失指，动欲诛斩；勰承颜伺间，多所匡救。丙戌，以勰为使持节、都督中外诸军事。勰辞曰："臣侍疾无暇，安能治军！愿更请一王，使总军要，臣得专心医药。"帝曰："侍疾、治军，皆凭于汝。吾病如此，深虑不济；安六军、保社稷者，舍汝而谁！何容方更请人以违心寄乎！"

【译文】 孝文帝元宏向任城王元澄说:"陈显达入侵,朕不亲自去一回,不能压制他。"春季,三月,庚辰日(初四日),孝文帝元宏从洛阳出发,下令于烈镇守京城,任命右卫将军宋弁为祠部尚书,管理七兵曹事来帮助他。宋弁熟悉官场勤勉执政,所蒙受的厚遇恩宠仅小于李冲。

癸未日(初七日),北魏孝文帝元宏到达梁城。崔慧景进攻北魏的顺阳,顺阳太守清河人张烈坚决抵抗。甲申日(初八日),孝文帝元宏调派振威将军慕容平城率领骑兵五千去援救。

孝文帝元宏生病之后,彭城王元勰经常住在宫中侍候汤药,日夜不离身旁,吃喝必定先尝试了再进奉。衣不解带,蓬头垢面。孝文帝得病时间长了,性格暴躁,容易生气,近侍不对心意,动辄就要斩杀;元勰察言观色,见机行事,多次纠正孝文帝的错误,挽救很多人的性命。丙戌日(初十日),孝文帝元宏任命元勰为使持节、都督中外诸军事。元勰推脱说:"臣侍候皇上的疾病没有时间,怎能管理军务?想另外让一个王爷来掌握军权,臣可以一心伺候汤药。"孝文帝说:"管理军务和伺候汤药,都依靠你了。我病到这种地步,担心不能好;平定六军、包围天下的,除你以外还有谁?怎能再另外托人,违反我推心置腹嘱咐的心思呢?"

丁酉,魏主至马圈,命荆州刺史广阳王嘉断均口,邀齐兵归路。嘉,建之子也。

陈显达引兵渡水西,据鹰子山筑城;人情沮恐,与魏战,屡败。魏武卫将军元嵩免胄陷陈,将士随之,齐兵大败。嵩,澄之弟也。戊戌,夜,军主崔恭祖、胡松以乌布幔盛显达,数人担之,间道自分碛山出均水口南走。己亥,魏收显达军资亿计,班赐将士, 追奔至汉水而还。左军将军张千战死, 士卒死者三万馀人。

【译文】 丁酉日（二十一日），孝文帝元宏到达马圈城，下令荆州刺史广阳王元嘉截断均口，阻挡齐兵返回。元嘉是拓跋建的儿子。

陈显达率领大军渡过均水到达西岸，攻占了鹰子山，将士们心情惶恐沮丧，与北魏士兵战斗，多次战败。北魏武卫将军元嵩脱掉头盔，冲锋上阵，将士追随他杀敌，齐兵被打败。元嵩是元澄的弟弟。戊戌日（二十二日），将领崔恭祖、胡松以黑色帘幕将陈显达包裹，几个人扛着他，从小路由分碛山走出均水口去南面。己亥日（二十三日），北魏接收了陈显达军队好几亿的物资，奖赏给将士，追击到汉水边才返回。齐国左军将军张千被杀，死了三万多士兵。

显达之北伐，军入沔均口。广平冯道根说显达曰：“沔均水迅急，易进难退；魏若守隘，则首尾俱急。不如悉弃船于郢城，陆道步进，列营相次，鼓行而前，破之必矣。”显达不从。道根以私属从军，及显达夜走，军人不知山路，道根每及险要，辄停马指示之，众赖以全。诏以道根为沔均口戍副。显达素有威名，至是大损。御史中丞范岫奏免显达官，显达亦自表解职；皆不许，更以显达为江州刺史。崔慧景亦弃顺阳走还。

【译文】 陈显达北征时，大军进沔均口，广平人冯道根规劝陈显达说：“沔均口水浪湍急，易行进，难撤退；北魏军队将险阻的隘口守住，那就到进退两难之境。不然就在郢城丢弃船只，从陆路行进，一营一营的士兵依次连接，敲鼓行进，攻打北魏一定能成功！”陈显达不听从他的提议。冯道根率领自己家的仆人、亲戚来参军，陈显达夜里被打败后，军队不认识山路，冯道根每遇到险峻之地，就将马停下指路，将士们靠他才能保全。齐国皇帝东昏侯萧宝卷下诏冯道根担任汋均口的戍副。陈显达一直有声名，在此时也受到很大损伤。御史中丞范岫上奏请求罢免陈显达的职位，陈显达自己也奉上奏表请求罢黜职务，齐国皇帝东昏侯萧宝卷都没应允，下令陈显达任江州刺史。崔慧景也丢弃顺阳返回。

　　庚子，魏主疾甚，北还，至谷塘原，谓司徒勰曰："後宫久乖阴德，吾死之後，可赐自尽，葬以后礼，庶免冯门之丑。"又曰："吾病益恶，殆必不起。虽摧破显达，而天下未平，嗣子幼弱，社稷所倚，唯在于汝。霍子孟、诸葛孔明以异姓受顾托，况汝亲贤，可不勉之！"勰泣曰："布衣之士，犹为知己毕命；况臣托灵先帝，依陛下之末光乎！但臣以至亲，久参机要，宠灵辉赫，海内莫及；所以敢受而不辞，正恃陛下日月之明，恕臣忘退之过耳。今复任以元宰，总握机政；震主之声，取罪必矣。昔周公大圣，成王至明，犹不免疑，而况臣乎！如此，则陛下爱臣，更为未尽始终之美。"帝默然久之，曰："详思汝言，理实难夺。"乃手诏太子曰："汝叔父勰，清规懋赏，与白云俱洁；厌荣舍绂，以松竹为心。吾少与绸缪，未忍暌离。百年之后，其听勰辞蝉舍冕，遂其冲挹之性。"以侍中、护军将军北海王详为司空，镇南将军王肃为尚书令，镇南大将军广阳王嘉为左仆射，尚书宋弁为吏部尚书，与侍中、太尉禧、尚书右仆射澄等六人辅政。

　　【译文】庚子日（二十四日），孝文帝元跋宏病得很重，向北返回，到达谷塘原，向司徒元勰说："冯后长时间违反女德，我死之后，可赐她自尽，用皇后礼节安葬她，也许能避免将冯氏的丑事泄露出去。"又说，"我的病更严重了，也许不能好。虽然战败了陈显达，但还没平定天下。后嗣幼小羸弱，社稷所能依靠的，只有你了。霍光、诸葛孔明凭借异姓臣子之身受命托孤，况且你为亲近贤臣，能不勉励吗？"元勰哭着说："一介平民，还能为知己献出生命；况且臣是先帝之子，皇上的亲弟弟呢？臣凭借亲人的身份，长时间参加朝廷大事，威望和恩宠显赫光辉，四海无人能及；所以臣敢于承接而不推脱，正仰仗着皇上像日月一样的光明，原谅臣遗忘引退的错失而已！如今又委托我任元宰，将朝廷政权总揽，有震撼君主的名声，自取罪行是必定的了！以前周公是圣人，成王是最贤明的君王，还不免被猜疑，况且是臣呢？皇上恩宠臣，最终恐怕不能实现臣善始善终的好名声。"孝文帝沉默了许久，说："仔细想想你说的话，我也很难反驳。"于是孝文帝元宏亲自写下诏命告知太子元恪说："你叔父元勰，高雅清逸，不接纳好的奖赏，和白云一般高洁；厌恶荣华，丢掉印绶，用清高的松竹存心。我年少时与他友谊固结深厚，不忍心与他分开。等我死之后，你要听从他辞去显贵的官职，了解他谦抑冲淡的想法。"任命侍中、护军将军北海王元详任司空，镇南将军王肃为尚书令，镇南大将军广阳王元嘉为左仆射，尚书宋弁为吏部尚书，和侍中兼太尉元禧、尚书右仆射元澄等六个人帮治理政务。

夏，四月，丙午朔，殂于谷塘原。

高祖友爱诸弟，始终无间。尝从容谓咸阳王禧等曰："我后子孙傥逅不肖，汝等观望，可辅则辅之，不可辅则取之，勿为它人有也。"亲任贤能，从善如流，精勤庶务，朝夕不倦。常曰："人主患不能处心公平，推诚于物。能是二者，则胡、越之人皆可使如兄弟矣。"用法虽严, 于大臣无所容贷, 然人有小过, 常多阔略。尝于食中得虫, 又左右进羹误伤帝手, 皆笑而赦之。天地五郊、宗庙二分之祭, 未尝不身亲其礼。每出巡游及用兵, 有司奏修道路, 帝辄曰: "粗修桥梁, 通车马而已, 勿去草铲令平也。"在淮南行兵, 如在境, 内禁士卒无得践伤粟稻; 或伐民树以供军用, 皆留绢偿之。宫室非不得已不修, 衣弊, 浣濯而服之, 鞍勒用铁木而已。幼多力善射, 能以指弹碎羊骨, 射禽兽无不命中; 及年十五, 遂不复畋猎。常谓史官曰: "时事不可以不直书。人君威福在己, 无能制之者; 若史策复不书其恶, 将何所畏忌邪!"

【译文】夏季, 四月, 丙午朔日(初一日), 孝文帝元宏在谷塘原逝世。

高祖孝文帝元宏很疼爱几个弟弟, 一直不变。孝文帝以前淡定地对咸阳王元禧等人说: "我的后代子孙, 如果不肖, 你们看情况, 能帮忙就帮忙, 不能帮忙就夺取政权, 不要被他人抢占去。"孝文帝元宏依靠贤能之人, 敢于听从善意的劝谏, 治理事务勤勉精通, 早晚不怠慢。他经常说: "为君王怕的是在心里不能公正, 诚心对待事物。能做到这两件事的, 即便是北胡南越之人, 都能使他们像兄弟一样。"孝文帝执法严格, 对于大臣无宽假包庇, 但是犯了小错误, 经常忽略不计。曾经在食物中发现虫子, 左右侍从捧送羹汤将孝文帝的手误伤, 孝文帝都笑着原谅了。祭祀天地, 迎五行的神仙, 祭祀宗庙以及春分秋分祭祀太阳、月亮, 孝文帝没有不亲自主持的。每次外出巡行用兵和游玩, 有司上奏修路, 孝文帝就说: "大概修整, 方便车马畅通就行, 不要将青草除了, 将草地铲没了。"在淮水南岸进军, 就如在境内一般。严禁士兵践踏毁坏谷物、稻作; 有时砍了百姓的树木来供给军队, 都留有丝绢补偿。宫室不到万不得已不修整, 衣服破烂了，洗干净再穿着，马勒口和马鞍仅仅是铁木制作。孝文帝年小时力气大，擅长射箭，能用手指弹碎羊的肩胛骨，射击禽兽无不中的。十五岁之后，就不再打猎。经常对史官说："今时之事不能不按照事实写。为君王的威福全部在自己手中，无人能掌控他；假使史书再不写他的缺点，还有何害怕忌讳的呢？"

彭城王勰与任城王澄谋，以陈显达去尚未远，恐其覆相掩逼，乃秘不发丧，徙御卧舆，唯二王与左右数人知之。勰出入神色无异，奉膳，进药，可决外奏，一如平日。数日，至宛城，夜，进卧舆于郡听事，得加棺敛，还载卧舆，内外莫有知者。遣中书舍人张儒奉诏徵太子；密以凶问告留守于烈。烈处分行留，举止无变。太子至鲁阳，遇梓宫，乃发丧；丁巳，即位，大赦。

【译文】彭城王元勰和任城王元澄谋划，以为陈显达离开还不远，怕他知道孝文帝驾崩，全军出动，追掩威胁，于是密不报丧，搬用孝文帝的卧车，只有两王与旁边几个人明白孝文帝已死。元勰进出脸色没什么两样，送进饮食，侍奉医药，上奏请求孝文帝决定判断，跟平常一样。几天之后，到达宛城，夜晚将卧车推进郡城的办事听讼之处，增加棺材收敛，仍然一路拉着卧车，里外无人知情。调派中书舍人张儒奉命下诏召见太子元恪，暗地将事情告知京城留任的于烈。于烈安置应做和应保留的，举动没有什么更改。太子元恪到达鲁阳，看见孝文帝元宏的棺木，才公布丧事。丁巳日（十二日），太子元恪登位，大赦天下。

彭城王勰跪授遗敕数纸。东宫官属多疑勰有异志，密防之，而勰推诚尽礼，卒无间隙。咸阳王禧至鲁阳，留城外以察其变，久之，乃入，谓勰曰："汝此行不唯勤劳，亦实危险。"勰曰："兄年长识高，故知有夷险；彦和握蛇骑虎，不觉艰难。"禧曰："汝恨吾后至耳。"

【译文】 彭城王元勰跪在嗣君元恪的面前呈上孝文帝元宏的遗诏。东宫官属大多怀疑元勰有谋反之心，私下防备他，但元勰对他们推心置腹，全依人臣礼仪尊奉新主，最终不再出嫌隙。咸阳王元禧到达鲁阳，驻扎城外勘察，害怕有叛乱，好久之后才进城，元禧向元勰说："你这一路上，辛苦勤勉，的确危险。"元勰回答说："兄长年龄大些，见识渊博，所以明白有安全也有危险；彦和身骑着虎，手拿着蛇，倒也不感觉困难。"元禧说："你恨我来晚了而已！"

勰等以高祖遗诏赐冯后死。北海王详使长秋卿白整入授后药，后走呼，不肯饮，曰："官岂有此，是诸王辈杀我耳！"整执持强之，乃饮药而卒。丧至洛城南，咸阳王禧等知后审死，相视曰："设无遗诏，我兄弟亦当决策去之；岂可令失行妇人宰制天下，杀我辈也！"谥曰幽皇后。

【译文】 元勰等人因为高祖孝文帝元宏遗诏下令赐死冯后，北海王元详嘱咐长秋卿白整进宫给冯后吃毒药，冯后呼喊逃跑，不愿喝药，她说："皇帝怎会有这种心思，是那些王爷想杀我而已！"白整抓住她，逼迫她，她喝毒药死了。发丧到达洛阳之南，咸阳王元禧等人听到冯后死了，相互看着，说："假使无遗诏，我们兄弟也应该做主将她除掉；怎能使一个品德有损的妇人主宰天下，杀害我们呢？"赐她谥号为幽皇后。

五月，癸亥，加抚军大将军始安王遥光开府仪同三司。

丙申，魏葬孝文帝于长陵，庙号高祖。

魏世宗欲以彭城王勰为相；勰屡陈遗旨，请遂素怀，帝对之悲恸。勰恳请不已，乃以勰为使持节、侍中、都督冀、定等七州诸军事、骠骑大将军、开府仪同三司、定州刺史。勰犹固辞，帝不许，乃之官。

魏任城王澄以王肃羁旅，位加己上，意颇不平。会齐人降者严叔懋告肃谋逃还江南，澄辄禁止肃，表称谋叛；案验无实。咸阳王禧等奏澄擅禁宰辅，免官还第，寻出为雍州刺史。

【译文】 夏季，五月，癸亥日（五月无此日），齐国皇帝东昏侯萧宝卷加封抚军大将军始安王萧遥光为开府仪同三司。

丙申日（二十一日），北魏在长陵下葬孝文帝，庙号为高祖。

北魏世宗宣武帝元恪想起用彭城王元勰为宰相，元勰好多次上奏孝文帝元宏遗意，请求听从自己一直以来的理想，宣武帝元恪对着他悲伤痛苦。元勰不停请求，于是任命元勰为使持节、侍中、都督冀、定等七州诸军事、骠骑大将军、开府仪同三司、定州刺史。元勰还是坚决辞官；宣武帝元恪不应允，他只得赴任。

北魏任城王元澄因为王肃是寄居的江南人，权力却在自己之上，很不服气。适逢齐国归降之人严叔懋揭发王肃策划逃返江南，元澄就严禁王肃去尚书省。任城王元澄入朝，呈奉上奏表说王肃谋划叛乱，主事的官员审核之后，却无证据。咸阳王元禧等人禀报元澄专横囚禁宰辅，宣武帝元恪罢黜元澄的官职，让他返回自己的府邸，不久派他出任雍州刺史。

六月，戊辰，魏追尊皇妣高氏为文昭皇后，配飨高祖，增修旧冢，号终宁陵。追赐后父飏爵勃海公，谥曰敬，以其嫡孙猛袭爵；封后兄肇为平原公，肇弟显为澄城公；三人同日受封。魏主素未识诸舅，始赐衣帻引见，皆惶惧失措；数日之间，富贵赫奕。

秋，八月，戊申，魏用高祖遗诏，三夫人以下皆遣还家。

帝自在东宫，不好学，唯嬉戏无度；性重涩少言。及即位，不与朝士相接，专亲信宦官及左右御刀、应敕等。

【译文】夏季，六月，戊辰日（二十四日），宣武帝元恪追封生母高氏为文昭皇后，和高祖孝文帝元宏一同接受拜祭，将以前的坟墓增饰修整，称为终宁陵。追封文昭皇后的父亲高飏为渤海公，谥号为敬，使他的嫡孙高猛继承官位；册封皇后的哥哥高肇为平原公；高肇的弟弟高显为澄城公；三人在一天接到封号。宣武帝元恪一直不认识各位舅舅，此时赏赐头巾、衣服，才召见他们，他们都害怕得不知该做何；几天以内，他们的地位变得显赫。

秋季，八月，戊申日（初五日），北魏引用高祖孝文帝元宏的诏书，三夫人之下的妃嫔，都打发返回原本的家。

齐国皇帝东昏侯萧宝卷在东宫做太子时，就不爱学习，无节制地嬉闹；他性格内敛，很少说话。萧宝卷登位之后，不与朝堂官员接触，信任宦官和旁边执刀的护卫、接受命令的应敕。

是时，扬州刺史始安王遥光、尚书令徐孝嗣、右仆射江祏、右将军萧坦之、侍中江祀，卫尉刘暄更直内省，分日帖敕。雍州刺史萧衍闻之，谓从舅录事参军范阳张弘策曰："一国三公犹不堪，况六贵同朝，势必相图，乱将作矣。避祸图福，无如此州，但诸弟在都，恐罹世患，当更与益州图之耳。"乃密与弘策修武备，它人皆不得预谋。招聚骁勇以万数，多伐材竹，沉之檀溪，积茅如冈阜，皆不之用。中兵参军东平吕僧珍觉其意，亦私具橹数百张。先是，僧珍为羽林监，徐孝嗣欲引置其府，僧珍知孝嗣不能久，固求从衍。是时，衍兄懿罢益州刺史还，仍行郢州事，衍使弘策说懿曰：“今六贵比肩，人自画敕，争权睚眦，理相图灭。主上自东宫素无令誉，媟近左右，慓轻忍虐，安肯委政诸公，虚坐主诺！嫌忌积久，必大行诛戮。始安欲为赵王伦，形迹已见；然性猜量狭，徒为祸阶。萧坦之忌克陵人，徐孝嗣听人穿鼻，江祏无断，刘暄暗弱；一朝祸发，中外土崩，吾兄弟幸守外藩，宜为身计；及今猜防未生，当悉召诸弟，恐异时拔足无路矣。郢州控带荆、湘，雍州士马精强，世治则竭诚本朝，世乱则足以匡济；与时进退，此万全之策也。若不早图，后悔无及。”弘策又自说懿曰：“以卿兄弟英武，天下无敌，据郢、雍二州，为百姓请命，废昏立明，易于反掌，此桓、文之业也。勿为竖子所欺，取笑身后。雍州揣之已熟，愿善图之！”懿不从。衍乃迎其弟票骑外兵参军伟及西中郎外兵参军憺至襄阳。

【译文】当时，扬州刺史始安王萧遥光、尚书令徐孝嗣、右仆射江祏、右将军萧坦之、侍中江祀、卫尉刘暄轮流在内省当差，分派日子在群臣奏章后面签署意见。雍州刺史萧衍得知这个法制，向堂舅录事参军范阳人张弘策说：“一国有三个公，还不能承受，况且六个贵人在一朝，权势一定相互计算，将要发生乱事了。躲避灾祸，寻求福利，没有比雍州更好的地方。我的几个弟弟都在京都，只怕遭受灾患，应再与管理益州的兄长萧懿商量商量。”于是私下和张弘策探讨兵备，别人都没有参与；集合了一万勇武的士兵，砍伐很多大竹木材，沉到檀溪底，将割下的茅草聚集得像山丘一样，但都不应用。中兵参军东平人吕僧珍察觉到他们的意思，也暗下准备几百张船上使用的大盾牌。以前，吕僧珍担任羽林监，徐孝嗣想安插引进他到尚书省任职，

资治通鉴

吕僧珍明白徐孝嗣不会长久，坚持请求追随萧衍。此时，萧衍的哥哥萧懿放弃益州刺史的官职返回建康，依旧管理郢州政务。萧衍调派张弘策劝导萧懿说："如今六个贵人一起做事，各自下令，争夺权势，瞪眼怒视，将计划消灭对方。主上萧宝卷做东宫太子时，一直没有好名声，亲近旁边的一些小人，残忍、肆虐、疾猛、轻躁，怎能将政权交付给六个显贵，皇帝只有虚位，怎能完成诺言？忌惮已经积压很久，必定会大肆杀戮。始安王萧遥光想象西晋赵王司马伦一样起兵夺权，他的事情显露；但他性格猜忌，度量很小，只有获得灾祸而已。萧坦之刻薄猜疑，又喜在别人之上；徐孝嗣听从指挥，受限于人；江祏没有决断；刘暄懦弱昏庸；一旦灾祸发生，朝廷上下，一定土崩解散。我们兄弟幸运地守卫京外的城镇，应替自己筹划，趁如今皇帝东昏侯萧宝卷还没有起防备猜疑之心，应将几个弟弟都召回，我害怕情势危急之时要拔腿逃跑都无路可逃了！郢州衔接荆州、湘水，雍州兵强马壮，时局安定，就全力尽忠朝廷，情势乱了，就扶正救济，跟随大势决定进退，这是万全的计划。不尽早图谋，到时反悔都来不及了。"张弘策又表明了自己的见解，规劝萧懿说："凭借你们兄弟的勇敢神武，天下第一，攻占郢州、雍州，为百姓请愿，罢除昏君，册立明君，易如反掌，这是像齐桓公、晋文公一样的伟业啊！不要为那些软弱无能的小子骗了，死后被人讥笑！雍州刺史萧衍揣想着时机已成熟，请你能认真筹划一下。"萧懿不听从。于是萧衍将他的弟弟骠骑外兵参军萧伟与西中郎外兵参军萧憺接应到襄阳。

初，高宗虽顾命群公，而多寄腹心在江祏兄弟。二江更直殿内，动止关之。帝稍欲行意，徐孝嗣不能夺，萧坦之时有异同，而祐执制坚确，帝深忿之。帝左右会稽茹法珍、吴兴梅虫儿等，为帝所委任，祐常裁折之，法珍等切齿。徐都嗣谓祐曰："主上稍有异同，讵可尽相乖反！"祐曰："但以见付，必无所忧。"

【译文】起初，齐高宗武帝萧鸾临死嘱托几位王公，但大多将心腹大事托付江祐、江祀兄弟，江祐、江祀挨着在殿内当班，连皇帝东昏侯萧宝卷的行为举动都要干涉。东昏侯萧宝卷稍微要按照自己心思行动，徐孝嗣不敢反对，萧坦之经常有不同的见解，而江祐遵照高宗武帝萧鸾的遗令，相当坚定，东昏侯萧宝卷很恨他。萧宝卷旁边会稽人茹法珍、吴兴人梅虫儿等被萧宝卷托付信任，江祐经常裁断制约他们，茹法珍等人咬牙痛恨。徐孝嗣向江祐说："皇上一有不一样的地方，你怎能全部违背他的意思驳回？"江祐说："我仅按照先帝遗留下来的嘱咐，不会使各位担心。"

资治通鉴

　　帝失德浸彰，祐议废帝，立江夏王宝玄。刘暄尝为宝玄郢州行事，执事过刻。有人献马，宝玄欲观之，暄曰："马何用观！"妃索煮肫，帐下诣暄，暄曰："且已煮鹅，不烦复此。"宝玄恚曰："舅殊无渭阳情。"暄由是忌宝玄，不同祐议，更欲立建安王宝寅。祐密谋于始安王遥光，遥光自以年长，意欲自取，以微旨动祐。祐弟祀亦以少主难保，劝祐立遥光。祐意回惑，以问萧坦之。坦之时居母丧，起复为领军将军，谓祐曰："明帝立，已非次，天下至今不服。若复为此，恐四主瓦解，我期不敢言耳。"遂还宅行丧。

【译文】东昏侯萧宝卷德行缺失的事渐渐显露，江祐提议废除他，册立江夏王萧宝玄。刘暄以前为萧宝玄处理郢州事务，做事情非常严苛。有人进献马匹，萧宝玄想要去看，刘暄说："何必看马？"王妃请求吃炖猪肉，下面的人请求刘暄，刘暄说："鹅早上已经煮了，不用劳烦再煮这个。"萧宝玄生气地说："舅舅果真没有怜爱外甥的情谊。"因此刘暄忌惮萧宝玄，不同意江祏的提议，想册立建安王萧宝寅。江祏暗地寻找始安王萧遥光商议，萧遥光自认为年纪较大，想要夺取大位，用巧妙的暗示劝动江祏。江祏的弟弟江祀也以为年小的君王很难辅佐，劝导江祏立萧遥光为皇上。江祏徘徊不定，去咨询萧坦之。萧坦之那时正为母亲守丧，朝廷让他担任领军将军，他对江祏说："册立明帝，已不按照程序，天下人到如今还不服；假使再这样做，只怕天下民心散失，我不敢说什么！"于是返回自己家宅依旧服丧。

祏、祀密谓吏部郎谢朓曰："江夏年少，脱不堪负荷，岂可复行废立！始安年长，入纂不乖物望。非以此要富贵，政是求安国家耳。"遥光又遣所亲丹阳丞南阳刘沨密致意于祏，欲引以为党，朓不答。顷之，遥光以朓兼知卫尉事，朓惧，即以祏谋告太子右卫率左兴盛，兴盛不敢发。朓又说刘暄曰："始安一旦南面，则刘沨、刘晏居卿今地，但以卿为反覆人耳。"晏者，遥光城局参军也。暄阳惊，驰告遥光及祏。遥光欲出朓为东阳郡，朓常轻祏，祏尉议除之。遥光乃收朓付廷尉，与孝嗣、祏、暄等连名启"朓扇动内外，妄贬乘舆，窃论宫禁，间谤亲贤，轻议朝宰。"朓遂死狱中。

【译文】江祏、江祀私下对吏部郎谢朓说："江夏王萧宝玄年纪小，假使不能承担社稷大任，怎可再次改立新君？始安王萧遥光年龄虽大，进宫继承帝统，不会违反百姓的期望。并不是用这来换富贵，正是为求得国家安定而已！"萧遥光又派他信任的丹阳丞南阳人刘沨私下向谢朓说明意愿，想拉他做党羽，谢朓不回复。不久，萧遥光下令谢朓管理卫尉的政务，谢朓很害怕，就将江祏的计划告知太子右卫率左兴盛，左兴盛不敢揭发。谢朓又劝说刘暄说："始安王萧遥光只要在南面为皇，则刘沨、刘晏就是您如今的地位，将您看成是反复无常的人！"刘晏，是萧遥光的城局参军。刘暄装作很吃惊，快马禀报萧遥光和江祏。萧遥光将谢朓调任到东阳郡，谢朓看不起江祏，江祏坚定地请求斩除他。萧遥光关押谢朓，交给廷尉，和徐孝嗣、江祏、刘暄等一起上书："谢朓鼓动里外之人，随意贬低皇上，暗地讨论宫中的禁令，诽谤皇亲贤臣，随意讨论朝廷的宰辅。"因此谢朓死在监牢里。

资治通鉴

暄以遥光若立，己失元舅之尊，不肯同祏议；故祏迟疑久不决。遥光大怒，遣左右黄昙庆刺暄于青溪桥。昙庆见暄部伍多，不敢发；暄觉之，遂发祏谋，帝命收祏兄弟。时祀直内殿，疑有异，遣信报祏曰："刘暄似有异谋。今作何计？"祏曰："政当静以镇之。"俄有诏召祏入见，停中书省。初，袁文旷以斩王敬则功当封，祏执不与；帝使文旷取祏，文旷以刀环筑其心曰："复能夺我封不！"并弟祀皆死。刘暄闻祏等死，眠中大惊，投出户外，问左右："收至未？"良久，意定，还坐，大悲曰："不念江，行自痛也！"

【译文】刘暄想到萧遥光做了皇帝，自己就丧失了天子舅父的显贵，不同意江祏的提议；因此江祏考虑很久都没有决定。萧遥光很生气，派身边的人黄昙庆去青溪桥暗杀刘暄。黄昙庆见到刘暄带了很多属下，不敢做事，刘暄觉察到，于是揭发江祏的计划。皇帝东昏侯萧宝卷下令关押江祏、江祀兄弟。当时江祀在内殿当班，怀疑有变化，派人对江祏说："刘暄好像要谋反，如今作何打算？"江祏回答说："正应安坐来镇住他们。"不久皇帝东昏侯萧宝卷下诏令召见江祏，除去他中书省的官职。

起初，袁文旷斩杀王敬则，按照功劳应赏赐，江祏坚决不赏；皇帝东昏侯萧宝卷嘱咐袁文旷斩杀江祏，袁文旷把刀环捣着江祏的胸口，说："你还能夺取我的赏赐不能？"江祏与弟弟江祀都被杀死。刘暄得知江祏等人死，在梦中惊醒，跑到房子外面，问旁边人："关押我的命令到达没有？"许久之后，心神平静下来，坐回房中，大为悲痛，说："不是思念江氏兄弟，是自己替自己悲伤啊！"

帝自是无所忌惮，益得自恣，日夜与近习于后堂鼓叫戏马。常以五更就寝，至晡乃起。群臣节、朔朝见，晡后方前，或际暗遣出。台阁案奏，月数十日乃报，或不知所在；宦者以裹鱼肉还家，并是五省黄案。帝常习骑致适，顾谓左右曰："江祏常禁吾乘马；小子若在，吾岂能得此！"因问："祏亲戚馀谁？"对曰："江祥今在冶。"帝于马上作敕，赐祥死。

【译文】从此皇帝东昏侯萧宝卷没什么害怕的了，更加放任自我，日夜与旁边的嬖幸在后堂敲鼓大叫、骑马寻乐，经常在五更睡，到下午申时才起床。众臣节日和朔日上午朝见他，要在申时之后才去，有时等到日暮时分，皇帝东昏侯萧宝卷也不出来。各机构的政务奏折，几十天后才有回复，有的就下落不明；宦官们包着鱼肉携带回家，都用的是尚书五省黄色的奏折。皇帝东昏侯萧宝卷以前学骑马，极为畅快，转头对旁边的人说："江祏严禁我骑马，这小子假使还活着，我哪会这般？"于是问："江祏的亲人还有谁留下？"旁边人回应说："江祥如今在东冶。"皇帝东昏侯萧宝卷在马背上写命令，赐死江祥。

始安王遥光素有异志，与其弟荆州刺史遥欣密谋举兵据东府，使遥欣自江陵引兵急下，刻期将发，而遥欣病卒。江祏被诛，帝召遥光入殿，告以祏罪，遥光惧，还省，即阳狂号哭，遂称疾不复入台。先是，遥光弟豫州刺史遥昌卒，其部曲皆归遥光。及遥欣丧还，停东府前渚，荆州众力送者甚盛。帝既诛二江，虑遥光不自安，欲迁为司徒，使还第，召入谕旨。遥光恐见杀，乙卯晡时，收集二州部曲于东府东门，召刘沨、刘晏等谋举兵，以讨刘暄为名。夜，遣数百人破东冶，出囚，于尚方取仗。又召骁骑将军垣历生，历生随信而至。萧坦之宅在东府城东，遥光遣人掩取之，坦之露祖逾墙走向台。道逢游逻主颜端，执之，坦之告以遥光反，不信；自往诇问，知实，乃以马与坦之，相随入台。遥光又掩取尚书左仆射沈文季于其宅，欲以为都督，会文季已入台。垣历生说遥光帅城内兵夜攻台，辇获烧城门，曰："公但乘舆随后，反掌可克！"遥光狐疑不敢出。天稍晓，遥光戎服出听事，命上仗登城行赏赐。历生复劝出军，遥光不肯，冀台中自有变。及日出，台军稍至。台中始闻乱，众情惶惑；向晓，有诏召徐孝嗣，孝嗣入，人心乃安。左将军沈约闻变，驰入西掖门。或劝戎服，约曰："台中方扰攘，见我戎服，或者谓同遥光。"乃朱衣而入。

【译文】始安王萧遥光一直有谋反之心，与他的弟弟荆州刺史萧遥欣私下计划起兵占领东府，他嘱咐萧遥欣率领大军从江陵顺流而下，约定好日期进发，但萧遥欣得病死了。江祏被害，皇帝东昏侯萧宝卷召见萧遥光进殿，告知他江祏的罪，萧遥光害怕，返回中书省，装作发疯大喊大哭，说有病不再入宫。以前，萧遥光的弟弟豫州刺史萧遥昌逝世，他的私人武装都被萧遥光管理。等到萧遥欣的棺木返京，在东府秦淮水渚停留，很多荆州士兵送丧。皇帝东昏侯萧宝卷斩杀江祏、江祀之后，考虑萧遥光心里不会平静，想任命他为司徒，嘱托他返回始安王宅第养病，召见他进宫当面传谕。萧遥光害怕被杀，乙卯日（十二日）申时，他在东府东门集聚豫州、荆州两州下属，召来刘沨、刘晏等借用讨伐刘暄的名号谋划起兵。晚上，萧遥光派遣几百人攻陷东冶，释放囚犯，在管理御刀剑的尚方得到武器。又召来骁骑将军垣历生，垣历生跟随信使来到。萧坦之的府邸在东府城之东，萧遥光派人趁其不备抓他，萧坦之还没穿衣服就爬墙逃跑，向皇宫跑去，在路上遇见游逻主颜端，颜端抓住萧坦之。萧坦之告诉他萧遥光谋反，颜端不信，自己前去观看，了解真相后，给萧坦之马，两人一同入宫。萧遥光又到尚书左仆射沈文季的府邸偷袭沈文季，想让他担任都督，但沈文季已入宫。垣历生规劝萧遥光带领城里的士兵晚上进入皇宫，用车子装着荻草去烧毁城门，说："主公只管乘车跟在我后面，很易攻取皇宫。"萧遥光犹豫不决。天渐渐亮了，萧遥光穿着官服去外面听取政事，下令士兵准备好武器攀爬城墙，颁布赏赐。垣历生又规劝他进军，萧遥光不想，盼望皇宫内自己有变。太阳升起之后，有一部分军队来到。皇宫里的人得知有人叛乱，大家心里都担心迷惑，快天亮时，皇帝东昏侯萧宝卷又下诏召见徐孝嗣，徐孝嗣进宫，人心才安定下来。左卫将军沈约得知有叛乱，奔跑到西掖门；有人劝勉他穿兵服，沈约说："皇宫正吵嚷不安，见我穿着军服，也许认为我和萧遥光是一起的。"于是穿着朱红礼服入宫。

丙辰，诏曲赦建康，中外戒严，徐孝嗣以下屯卫宫城，萧坦之帅台军讨遥光。孝嗣内自疑惧，与沈文季戎服共坐南掖门上，欲与之共论世事，文季辄引以佗辞，终不得及。萧坦之屯湘宫寺，左兴盛屯东篱门，镇军司马曹虎屯青溪大桥。众军围东城三面，烧司徒府。遥光遣垣历生从西门出战，台军屡败，杀军主桑天爱。遥光之起兵也，问谘议参军萧畅，畅正色不从。戊午，畅与抚军长史沈昭略潜自南门出，诣台自归，众情大沮。畅，衍之弟；昭略，文季之兄子也。己未，垣历生从南门出战，因弃矟降曹虎，虎命斩之。遥光大怒，于床上自踊，使杀历生子。其晚，台军以火箭烧东北角楼。至夜，城溃，遥光还小斋帐中，著衣帢坐，秉烛自照，令人反拒，斋閤皆重关，左右并逾屋散出。台军主刘国宝等先入，遥光闻外兵至，灭烛扶匐床下。军人排閤入，于暗中牵出，斩之。台军入城，焚烧室屋且尽。刘沨走还家，为人所杀。荆州将藩绍闻遥光作乱，谋欲应之。西部郎司马夏侯详呼绍议事，因斩之，州府以安。

【译文】丙辰日（十三日），皇帝东昏侯萧宝卷下诏，因特殊情况赦免建康的囚徒，朝廷内外戒严。徐孝嗣之下的人镇守皇宫，萧坦之带领军队征讨萧遥光。徐孝嗣心里怀疑害怕，和沈文季穿着兵服一同坐在南掖门上，想与沈文季一起商量此时的情形，沈文季就用别话引开，最终没能谈论。镇军司马曹虎驻扎在青溪大桥，左兴盛驻扎在东篱门，萧坦之镇守在湘宫寺。众军包围萧遥光所在的东城，从三面烧毁司徒府。萧遥光调派垣历生由西门外出迎战，朝廷军队多次被打败，军主桑天爱被斩杀。萧遥光叛乱时，询问谘议参军萧畅的建议，萧畅严厉回绝表示反对。戊午日（十五日），萧畅和抚军长史沈昭略私下从南门逃出去，逃到皇宫投降，萧遥光士兵的士气低落。沈昭略是沈文季哥哥的儿子；萧畅是萧衍的弟弟。己未日（十六日），垣历生由南门出去应战，借机丢掉丈八尺的长矛归降曹虎，曹虎令人斩杀他。萧遥光很生气，从床上跳了起来，嘱咐斩杀垣历生的儿子。晚上，朝廷军队用火箭烧毁东北角楼，在夜里，东府城被攻陷，萧遥光返回小书斋帐幕里面，穿着衣服戴着帢帽，坐着，拿烛火为自己照明，下令属下反抗，书斋、房间都一层层加了好多枷锁，旁边的人都跳过屋子四处逃跑了。台军主刘国宝等率先进入，萧遥光听见外面大军到达，将蜡烛吹灭趴在床下。军人将房门撞破进来，在黑暗里将他拉出来，砍杀了。军队进入东府城，差不多将房屋烧光。刘沨返回家，被人杀害。荆州将领潘绍得知萧遥光叛乱，想要响应他。担任西中郎司马的夏季侯详召见潘绍讨论事情，乘机杀了他，荆州府城安定下来。

己巳，以徐孝嗣为司空；加沈文季镇军将军，侍中、仆射如故；萧坦之为尚书右仆射、丹阳尹，右将军如故；刘暄为领军将军；曹虎为散骑常侍、右卫将军。皆赏平始安之功也。

魏南徐州刺史沈陵来降。陵，文季之族子也。时魏徐州刺史京兆王愉年少，军府事皆决于兼长史卢渊。渊知陵将叛，敕诸城潜为之备；屡以闻于魏朝，魏朝不听。陵遂杀将佐，帅宿预之众来奔，滨淮诸戍以有备得全。陵在边历年，阴结边州豪杰。陵既叛，郡县多捕送陵党，渊皆抚而赦之，唯归罪于陵，众心乃安。

【译文】己巳日（二十六日），皇帝东昏侯萧宝卷任命徐孝嗣为司空，萧坦之为尚书右仆射、丹杨尹，右将军的职位保留不变；加封沈文季镇军将军，依旧为侍中、仆射；刘暄为领军将军，曹虎为散骑常侍、右卫将军。这都是奖赏平定始安王萧遥光的功勋。

北魏南徐州刺史沈陵来归降。沈陵是沈文季一族的子嗣。当时北魏徐州刺史京兆王元愉年小，官府政务都让长史卢渊裁决。卢渊了解到沈陵要叛乱，下令各城私下防备；卢渊多次向北魏朝廷禀报，北魏朝廷没有做出反应。沈陵于是斩杀将佐，带领宿预的士兵归降齐国，临淮水的各个把守据点因为提前防备才能保全。沈陵多年在边境，私下结识边境数州的人士。沈陵反叛之后，郡县抓捕押送的沈陵的党羽送到卢渊那里，卢渊安慰他们，特赦他们，只是将罪行归咎于沈陵一个人，大家心里才安定下来。

闰月，丙子，立东陵公宝览为始安王，奉靖王后。

以沈陵为北徐州刺史。

江祐等既败，帝左右捉刀、应敕之徒皆恣横用事，时人谓之"刀敕"。萧坦之刚很而专，嬖幸畏而憎之；遥光死二十馀日，帝遣延明主帅黄齐济将兵围坦之宅，杀之，并其子秘书郎赏。坦之从兄翼宗为海陵太守，未发，坦之谓文济曰："从兄海陵宅故应无它。"文济曰："海陵宅在何处？"坦之以告。文济白帝，帝仍遣收之。检其家，至贫，唯有质钱贴数百，还以启帝，原其死，系尚方。

【译文】闰月，丙子日（初三日），齐国皇帝东昏侯萧宝卷册封江陵公萧宝览为始安王，奉祀始安靖王，做始安靖王萧凤的后代。

齐国皇帝东昏侯萧宝卷任命沈陵为北徐州刺史。

江祐事情败露后，皇帝东昏侯萧宝卷旁边捉刀、应敕之类的人都专横蛮纵，综览大权，被当时人称为"刀敕"。萧坦之残暴刚猛并专意顽固，嬖幸之人都惧怕厌恶他。萧遥光死后二十几天，皇帝东昏侯萧宝卷派延明殿主帅黄齐济率领军队包围萧坦之的府邸，斩杀他，还杀害了他的子嗣秘书郎萧赏。萧坦之的堂哥萧翼宗担任海陵太守，还没赴任，萧坦之向黄齐济说："我的堂哥海陵太守萧翼宗的家里不应受到牵连。"黄齐济说："海陵太守的宅第在何处?"萧坦之告知了他。黄齐济对皇帝东昏侯萧宝卷禀报,皇帝萧宝卷派黄齐济关押萧翼宗;搜索他的家,非常穷,只有几百张当东西的当票,黄齐济返回向皇帝东昏侯萧宝卷禀报,皇上特赦他不死,将他关押在尚方省做苦工。

【申涵煜评】翼宗家有质钱贴数百,因检得免死。曹虎有钱五千万,利其财被杀。贫富祸福,倚伏如此,真不可测,人又何必怨尤为?

【译文】萧翼宗家里有数百张典当东西换钱的帖子,因为查核财产时得到这些而被赦免死罪。曹虎拥有钱财五千万,爱惜他的财物反而被诛杀。贫穷富贵和灾祸福气,互相依存隐藏到这种地步,真是不可能预测,人又有什么要一定怨恨责怪上天呢?

茹法珍等谮刘暄有异志,帝曰:"暄是我舅,岂应有此?"直阁新蔡徐世标曰:"明帝乃武帝同堂,恩遇如此,犹灭武帝之后;舅焉可信邪!"遂杀之。

【译文】茹法珍等人诋毁刘暄有反叛的心思,皇帝东昏侯萧宝卷说:"刘暄是朕的舅舅,怎会有这种心思?"直阁新蔡人徐世标回答说:"齐明帝萧鸾是齐武帝萧赜的堂兄弟,齐武帝萧赜对待他那样礼遇,他还是斩杀了齐武帝萧赜的后代;舅舅又怎么相信呢?"东昏侯萧宝卷于是斩杀刘暄。

曹虎善于诱纳,日食荒客常数百人。晚节吝啬,罢雍州,有钱五千万,它物称是。帝疑虎旧将,且利其财,遂杀之。坦之、暄、虎所新除官,皆未及拜而死。

初,高宗临殂,以降昌事戒帝曰:"作事不可在人后。"故帝数与近习谋诛大臣，皆发于仓猝，决意无疑。于是，大臣人人莫能自保。

【译文】曹虎擅长招降纳叛，每日常常有几百从中州来吃饭的人。曹虎年老小气，辞去雍州官职时，家里有五千万钱币，别的东西也价值五千万。皇帝东昏侯萧宝卷怀疑曹虎是高帝萧道成、武帝萧赜以前的将领，并想要他的财产，于是斩杀他。萧坦之、刘暄、曹虎新任官职，都来不及赴任就死了。

起初，高宗明帝萧鸾临终时，用郁林王萧昭业的事警告皇帝东昏侯萧宝卷说："该做大惩罚时，不能犹豫不断，落于人后。"皇帝萧宝卷多次和亲信密谋斩杀大臣，都是在短时间里进行，决定的事就不迟疑地做；大臣人人自危，不能自保。

九月，丁未，以豫州刺史裴叔业为南兖州刺史，征房长史张冲为豫州刺史。

壬戌，以频诛大臣，大赦。

丙戌，魏主谒长陵，欲引白衣左右吴人茹皓同车。皓奋衣将登，给事黄门侍郎元匡进谏，帝推之使下，皓失色而退。匡，新城之子也。

益州刺史刘季连闻帝失德，遂自骄恣，用刑严酷，蜀人怨之。是月，遣兵袭中水，不克。于是，蜀人赵续伯等皆起兵作乱，季连不能制。

【译文】秋季，九月，丁未日（初五日），齐国皇帝东昏侯萧宝卷任命征房长史张冲为豫州刺史，豫州刺史裴叔业为南兖州刺史。

壬戌日（二十日），东昏侯萧宝卷因为多次斩杀大臣，大赦天下。

丙戌日（九月无此日），北魏宣武帝元恪拜祭长陵，想让旁边侍候的布衣人士吴人茹皓一起坐车。茹皓振衣即将登上车，给事黄门侍郎元匡上前劝谏，宣武帝元恪将茹皓推下车，茹皓吓得变了面色，退在旁边。元匡是元新城的儿子。

益州刺史刘季连得知皇帝东昏侯萧宝卷德行有损，于是放纵傲慢，刑法严酷，蜀人愤恨他。当月，刘季连率领军队偷袭中水，攻克不下。蜀人赵续伯等人兴兵叛乱，刘季连无法控制。

枝江文忠公徐孝嗣，以文士不显同异，故名位虽重，犹得久存。虎贲中郎将许准为孝嗣陈说事机，劝行废立。孝嗣迟疑久之，谓必无用干戈之理；须帝出游，闭城门，召百僚集议废之。虽有此怀，终不能决。诸嬖幸亦稍憎之。西丰忠宪侯沈文季自托老疾，不豫朝权，侍中沈昭略谓文季曰："叔父行年六十，为员外仆射，欲求自免，岂可得乎！"文季笑而不应。冬，十月，乙未，帝召孝嗣、文季、昭略入华林省。文季登车，顾曰："此行恐往而不反。"帝使外监茹法珍赐以药酒，昭略怒，骂孝嗣曰："废昏立明，古今令典；宰相无才，致有今日！"以瓯掷其面曰："使作破面鬼！"孝嗣饮药酒至斗馀，乃卒。孝嗣子演尚武康公主，况尚山阴公主，皆坐诛。昭略弟昭光闻收至，家人劝之逃。昭光不忍舍其母，入，执母手悲泣，收者杀之。昭光兄子昙亮逃，已得免，闻昭光死，叹曰："家门屠灭，何以生为！"绝吭而死。

【译文】枝江文忠公徐孝嗣，凭借文人的地位，按诏听从，不表明不一样的建议，所以名位很高，还能保持很久。虎贲中郎将许准对徐孝嗣说明起事的机会，规劝他罢黜昏君另外册立贤主。徐孝嗣犹豫不决，以为没有用武之理；必须等皇上外出游览，紧闭城门，集聚百官集会商量将皇上废了。即使有这种心思，最终也不能下定决心。皇帝东昏侯萧宝卷身边嬖幸也慢慢厌恶徐孝嗣。西丰忠宪侯沈文季说自己年老多病，不参加朝堂的决断，侍中沈昭略向沈文季说："叔父年纪近六十岁，担任员外仆射，想用这种方法免除灾祸，哪能够实现愿望？"沈文季笑了笑没回应。冬季，十月，乙未日（二十三日），皇帝东昏侯萧宝卷召徐孝嗣、沈文季、沈昭略进华林省。沈文季登上车，转头说："这一去就怕回不来了。"皇帝东昏侯萧宝卷嘱咐外监茹法珍赏赐他们药酒，沈昭略很生气，责骂徐孝嗣说："罢黜昏君，册立贤主，是古今的好制度；宰相无才华，才会有今天的下场！"用酒杯投徐孝嗣的脸，说："让你成破相的鬼！"徐孝嗣喝下药酒，喝了一斗才死。徐孝嗣之子徐演娶了武康公主，徐况迎娶山阴公主，都被连坐。沈昭略的弟弟沈昭光得知抄家之人将来，家人规劝他逃跑，沈昭光不想丢下母亲，进屋，拉着母亲的手痛哭流泪，抄家的人斩杀了他。沈昭光哥哥的儿子沈昙亮逃跑了，免除祸患，得知沈昭光死后，感慨地说："一家人都被杀了，我活着有何意义！"自己割喉而死。

初，太尉陈显达自以高、武旧将，当高宗之世，内怀危惧，深自贬损，常乘朽弊车，道从卤簿止用羸小者十数人。尝侍宴，酒酣，启高宗借枕，高宗令与之。显达抚枕曰："臣年衰老，富贵已足，唯欠枕枕死，特就陛下乞之。"高宗失色曰："公醉矣。"显达以年礼告退，高宗不许。及王敬则反，时显达将兵拒魏，始安王遥光疑之，启高宗欲追军还；会敬则平，乃止。及帝即位，显达弥不乐在建康，得江州。甚喜。尝有疾，不令治，既而自愈，意甚不悦。闻帝屡诛大臣，传云当遣兵袭江州，十一月，丙辰，显达举兵于寻阳，令长史庾弘远等与朝贵书，数帝罪恶，云"欲奉建安王为主，须京尘一静，西迎大驾。"

乙丑，以护军将军崔慧景为平南将军，督众军击显达；后军将军胡松、骁骑将军李叔献帅水军据梁山；左卫将军左兴盛督前锋军屯杜姥宅。

【译文】 起初，太尉陈显达认为自己是高帝萧道成、武帝萧赜以前的首领，高宗明帝萧鸾时，心里害怕恐惧，深深压制自己，经常坐在破烂的车子里，在道路上随从护卫的仪仗，仅用十几个矮小瘦弱的人。曾伺候明帝萧鸾宴饮，酒喝得畅快，喝醉了上奏明帝萧鸾借用枕头。高宗萧鸾下令让下属给他，陈显达摸着枕头说："臣年纪大了，富贵已足够，只差个枕头睡着死了，特地向皇上求取它。"高宗萧鸾变了脸色，说："陈公喝醉了！"陈显达引用古礼七十致仕的旧例，想辞官归乡，高宗不答应。王敬则谋反时，陈显达率领军队反抗北魏，始安王萧遥光担心他有反叛的心思，上奏高宗想将军队调回；适逢王敬则乱事平定，于是作罢。等到皇帝东昏侯萧宝卷登位，陈显达更加不想在建康，非常开心能够外派去江州。以前得病，不让大夫诊治，不久就好了，面色上很不高兴。得知皇帝东昏侯萧宝卷多次斩杀大臣，还有传言皇帝萧宝卷要率兵袭击江州。冬季，十一月，丙辰日（十五日），陈显达在寻阳叛乱，嘱咐长史庾弘远等人向朝堂达官写信，数说皇帝东昏侯萧宝卷的罪行，说："要奉建安王萧宝寅为君主，等京城战争平定后，到西边前去接应大驾。"

乙丑日（二十四日），东昏侯萧宝卷任命护军将军崔慧景为平南将军，率领各路大军进攻陈显达；骁骑将军李叔献、后军将军胡松带领水军攻占梁山；左卫将军左兴盛率领前锋军队在杜姥宅驻扎。

十二月，癸未，以前辅国将军杨集始为秦州刺史。

陈显达发寻阳，败胡松于采石，建康震恐。甲申，军于新林，左兴盛帅诸军拒之。显达多置屯火于岸侧，潜军夜渡，袭宫城。乙酉，显达以数千人登落星冈，新亭诸军闻之，奔还，宫城大骇，闭门设守。显达执马矟，从步兵数百，于西州前与台军战，再合，显达大胜，手杀数人，矟折；台军继至，显达不能抗，退走，至西州后，骑官赵潭注刺显达坠马，斩之，诸子皆伏诛。长史庾弘远，炳之之子也，斩于朱雀航。将刑，索帽著之，曰："子路结缨，吾不可以不冠而死。"谓观者曰："吾非贼，乃是义兵，为诸军请命耳。陈公太轻事；若用吾言，天下将免涂炭。"弘远子子曜，抱父乞代命，并杀之。

【译文】冬季，十二月，癸未日（十二日），齐国朝廷任命辅国将军杨集始为秦州刺史。

陈显达从寻阳进发，在采石打败胡松，建康震动慌乱，百姓害怕。甲申日（十三日），陈显达在新林驻军，左兴盛带领各路军队抗击。陈显达在岸边安排很多营火，私下率军队趁夜色渡江，袭击宫城。乙酉日（十四日），陈显达带领几千人登上了落星冈，新亭的各路大军听见都逃跑了，守宫城的军队非常吃惊，紧闭城门，安排守备。陈显达骑马持着长矛，后面跟随着几百个步兵，在西州前与朝廷军队战斗，作战两回合，陈显达胜出，亲自斩杀几个人，长矛被折断。朝廷军队相继赶到，陈显达不能抗击，撤退，到达西州后面，骑官赵潭倾尽全力刺向陈显达，陈显达掉下马来，赵潭斩杀了他，陈显达的几个儿子都认罪被杀。长史庾弘远是庾炳之的儿子，在朱雀航被害。将用刑时，要戴上帽子，他说："子路临行时将巴帽缨系好，我不能不戴着帽子死。"对周围看的人说："我不是反贼，我是起义的兵，替诸军请愿而已! 陈公太草率举事; 假使他愿接受我的建议, 天下将能免除涂炭之苦。" 庾弘远的儿子庾子曜, 搂着父亲请求为父亲受刑, 执刑的将他一同杀了。

帝既诛显达, 益自骄恣, 渐出游走, 又不欲人见之; 每出, 先驱斥所过人家, 唯置空宅。尉司击鼓蹑围, 鼓声所闻, 便应奔走, 不暇衣履, 犯禁者应手格杀。一月凡二十馀出, 出辄不言定所, 东西南北, 无处不驱。常以三四更中, 鼓声四出, 火光照天, 幡戟横路。士民喧走相随, 老小震惊, 啼号塞道, 处处禁断, 不知所过。四民废业, 樵苏路断, 吉凶失时, 乳妇寄产, 或舆病弃尸, 不得殡葬。巷陌悬幔为高郭, 置仗人防守, 谓之"屏除", 亦谓之"长围"。尝至沈公城, 有一妇人临产, 不去, 因剖腹视其男女。又尝至定林寺, 有沙门老病不能去, 藏草间; 命左右射之, 百箭俱发。帝有膂力, 牵弓至三斛五斗。又好担幢, 白虎幢高七丈五尺, 于齿上担之, 折齿不倦。自制担幢校具, 伎衣饰以金玉, 侍卫满侧, 逞诸变态, 曾无愧色。学乘马于东冶营兵俞灵韵, 常著织成袴褶, 金薄帽, 执七宝稍, 急装缚袴, 凌冒雨雪, 不避坑穿。驰骋渴乏, 辄下马, 解取腰边蠡器, 酌水饮之, 复上马驰去。又选无赖小人善走者为逐马左右五百人, 常以自随。或于市侧过亲幸家, 环回宛转, 周遍城邑。或出郊射雉, 置射雉场二百九十六处, 奔走往来, 略不暇息。

【译文】皇帝东昏侯萧宝卷斩杀陈显达, 更加放纵蛮横, 慢慢出去游玩走动, 又不想让人见到; 每次外出, 先派人驱赶喝退所经过的百姓, 只能将空房子留着。尉司敲着鼓为他清路, 听见击鼓声的百姓, 就要逃跑, 来不及穿鞋穿衣, 触犯法令的百姓随手就被杀。一个月一共外出二十几次, 出去的时候也不说要去的地方，东西南北，没地方不去的。经常在三四更时，鼓声响起，火把的光满天通红，旗幡、兵戟横躺在路上，士民相继喧哗奔跑，老人小孩害怕惊恐，大叫号哭，堵塞路途，道路上禁止通行，不知该从何处出去。士、农、工、商荒废本业，取草砍柴的无路可走，吉庆凶丧之事不能按时举办。待产的妇人只有寄住远地去生孩子。有的车上拉着病人奔跑躲避，病人死在路上，只能把他丢弃，不能入殓下葬。巷路高悬很高的帐幔，安排带刀剑的士兵守卫，叫作"屏除"，也称为"长围"。东昏侯萧宝卷有一次到达沈公城，有个妇人生孩子没离开，于是剖开她的肚子，看小孩是男是女。萧宝卷又到过定林寺，有个年龄大的和尚得病，不能躲开，就藏在草丛里；皇上下令旁边的人射他，射出了一百支箭。皇帝东昏侯萧宝卷体力很好，能够拉到一斛五斗的硬弓。又爱好扛旗幡，白虎幡高七丈五尺，放置在牙齿上扛着，将牙齿弄断了也不疲劳。自己制造扛幡的用具，用金玉来装饰扛幡穿的伎衣，守卫在两旁占满，表现各种各样奇怪的姿态，一点也没有惭愧的面色。向东冶的营兵俞灵韵学习骑马，经常穿着彩织的罩甲，黄金薄片造成的帽子，持着七宝长矛，穿着劲装，迎着雨雪，不避陷阱深坑。奔驰得口渴劳累，就下马将腰间的马杓解开，舀水去喝，喝完后又上马奔跑走了。他又选择善跑的小人无赖为他逐马，旁边五百个人常常跟着自己。有时在集市经过忽然到亲近的人家探访，绕路来回走，走遍大城小巷；有时到郊外去射击野鸡，安排两百九十六处射击野鸡的地方，来回奔走，几乎没有时间休息。

王肃为魏制官品百司，皆如江南之制，凡九品，品各有二。侍中郭祚兼吏部尚书。祚清谨，重惜官位，每有铨授，虽得其人，必徘徊久之，然后下笔，曰："此人便已贵矣。"人以是多怨之；然所用者无不称职。

【译文】 王肃为北魏制定官位阶级，全部按照江南的调制。一共九品，每品分别有正、从二等，侍中郭祚担任吏部尚书。郭祚谨慎清廉，珍惜官位，每次挑选授予，虽为选拔人才，一定要考虑很久才下笔，说："这个人就有贵气了！"因此人们大多愤恨他，但他所选任的人没有一个不合格的。

资治通鉴卷第一百四十三　齐纪九

上章执徐，一年。

【译文】起止庚辰（公元500年），共一年。

【题解】　本卷记录了公元500年，即东昏侯萧宝卷永元二年一年间南齐与北魏两国的大事。主要记录了南齐豫州刺史裴叔业向北魏请降，北魏夺得军事要地寿阳、建安；崔慧景反叛攻打建康，围攻宫城，萧懿领兵回救，崔慧景败亡，死于渔人之手。魏军击败齐军，占领淮南郡；萧宝卷宠信小人徐世标、茹法珍、梅虫儿、王咺之等，极力挥霍；萧宝卷杀了功臣萧懿与其弟萧畅，萧衍在雍州起兵；萧颖胄、萧衍假传"宣德太后"诏令，废黜萧宝卷，改立萧宝融，齐国西北的地方长官大多率州郡归附萧衍等等。

东昏侯下

永元二年（庚辰，公元五〇〇年）春，正月，元会，帝食后方出；朝贺裁竟，即还殿西序寝。自巳至申，百僚陪位，皆僵仆饥甚。比起就会，匆遽而罢。

乙巳，魏大赦，改元景明。

豫州刺史裴叔业闻帝数诛大臣，心不自安；登寿阳城，北望肥水，谓部下曰："卿等欲富贵乎? 我能办之!"及除南兖州，意不乐内徙。会陈显达反。叔业遣司马辽东李元护将兵救建康，实持两端；显达败而还。朝廷疑叔业有异志，叔业亦遣使参察建康消息，众论益疑之。叔业兄子植、飏、粲皆为直閤，在殿中，惧，弃母奔寿阳，说叔业以朝廷必相掩袭，宜早为计。徐世檦等以叔业在边，急则引魏自助，力未能制，白帝遣叔业宗人中书舍人长穆宣旨，许停本任。叔业犹忧畏，而植等说之不已。

【译文】永元二年（庚辰，公元500年）春季，正月，初一皇帝接受群臣朝贺上朝，齐国皇帝东昏侯萧宝卷吃了早饭才出来，众臣才朝贺完，东昏侯萧宝卷就返回殿西的房间就寝。从巳时到了申时，百官在旁陪伴，都冷得仆倒，非常饥饿。东昏侯萧宝卷睡醒后，才出去与众臣见面，仓促间就见完了。

乙巳日（初五日），北魏大赦天下；改年号称景明。

豫州刺史裴叔业得知皇帝东昏侯萧宝卷多次斩杀大臣，心中不安，登上寿阳城，向北眺望肥水，对属下说："你们要富贵吗？我办得到！"后来他改任南兖州刺史，心中不喜欢向内搬迁。适逢陈显达反叛，裴叔业调派司马辽东人李元护带领军队去救援建康，实际是去看看胜败，有意跟风转行，陈显达兵败，他的大军也被调回。朝堂猜疑裴叔业有谋反之意，裴叔业也让使者到建康观察情况，众人更加猜忌他。裴叔业哥哥的儿子裴粲、裴飏都在担任直閤，在殿中任职，非常害怕，丢弃母亲逃向寿阳，规劝裴叔业，认为朝廷必定会趁其不备偷袭，理应尽早打算。徐世檦等人以为裴叔业守卫边地，一旦感到威胁就勾结魏国派大军来帮自己，不容易掌控，向皇帝东昏侯萧宝卷禀报，调派裴叔业同宗的中书舍人裴长穆去传达旨意，特准裴叔业留在兖州刺史任上。裴叔业还担心害怕，而裴植等人不住地规劝他。

叔业遣亲人马文范至襄阳，问萧衍以自安之计，曰："天下大势可知，恐无复自存之理。不若回面向北，不失作河南公。"衍报曰："群小用事，岂能及远！计虑回惑，自无所成，唯应送家还都以安慰之。若意外相逼，当勒马步二万直出横江，以断其后，则天下之事，一举可定。若欲北向，彼必遣人相代，以河北一州相处，河南公宁可复得邪！如此，则南归之望绝矣。"叔业沉疑未决，乃遣其子芬之入建康为质，亦遣信诣魏豫州刺史薛真度，问以入魏可不之宜。真度劝其早降，曰："若事迫而来，则功微赏薄矣。"数遣密信，往来相应和。建康人传叔业叛者不已，芬之惧，复奔寿阳。叔业遂遣芬之及兄女婿杜陵韦伯昕奉表降魏。丁未，魏遣票骑大将军彭城王勰、东骑将军王肃帅步骑十万赴之；以叔业为使持节、都督豫、雍等五州诸军事、征南将军、豫州刺史，封兰陵郡公。

【译文】裴叔业调派亲信马文范去襄阳，咨询萧衍保全自我的计划，说："天下局势是能了解的，怕不再有保全自我的方法。不如转脸向北投降魏国，还不失河南公的官位。"萧衍回应说："一群小人掌权，怎么会长久？计划迷茫，自然不会成功，只应将家人遣回京都来劝慰皇上。假使朝廷胁迫，就安置两万骑兵步兵，直接走出横江，斩断建康的救援，天下之事，就能一举奠定。假使要对北魏投降，北魏必定安排人来代替你，让你担任黄河以北一州的刺史，河南公还可再复得吗？这样一来，南归就无望了。"裴叔业犹豫沉默，不能决断，于是调派儿子裴芬之到建康做人质，也派人将信送给北魏的豫州刺史薛真度，咨询能否投降北魏。薛真度劝他尽早归降，说："假使情形急切才来，功勋很小赏赐就很少了！"薛真度多次暗地送信来往相应和。裴叔业要谋反的传言一直没中断过，裴芬之恐惧，又逃向寿阳。裴叔业就调派裴芬之和哥哥的女婿杜陵人韦伯奉命尽早归降北魏。丁未日（初七日），北魏调派车骑将军王肃、骠骑将军彭城王元勰率领十万步兵骑兵接应裴叔业，任命裴叔业为都督豫、雍等五州诸军事、使持节、征南将军、豫州刺史，赐封为兰陵郡公。

庚午，下诏讨叔业。二月，丙戌，以卫尉萧懿为豫州刺史。戊戌，魏以彭城王勰为司徒，领扬州刺史，镇寿阳。魏人遣大将军李丑、杨大眼将二千骑入寿阳，又遣奚康生将羽林一千驰赴之。大眼，难当之孙也。

【译文】 庚午日（三十日），东昏侯萧宝卷下令征讨裴叔业。春季，二月，丙戌日（十六日），东昏侯萧宝卷任命卫尉萧懿为豫州刺史。戊戌日（二十八日），北魏任命彭城王元勰为司徒，兼扬州刺史，守卫寿阳。北魏宣武帝元恪调派大将军李丑、杨大眼率领骑兵两千进入寿阳；又调派奚康生率领一千羽林军赶往。杨大眼为杨难当的孙子。

魏兵未渡淮，己亥，裴叔业病卒，僚佐多欲推司马李元护监州，一二日谋不定。前建安戍主安定席法友等以元护非其乡曲，恐有异志，共推裴植监州，秘叔业丧问，教命处分，皆出于植。奚康生至，植乃开门纳魏兵，城库管籥，悉付康生。康生集城内耆旧，宣诏抚赉之。魏以植为兖州刺史，李元护为齐州刺史，席法友为豫州刺史，军主京兆王世弼为南徐州刺史。

【译文】 北魏军队还没过淮河，己亥日（二十九日），裴叔业就病死了。佐使官吏大多想推荐司马李元护管理州事，一两天议论没有结果，前任建安戍主安定人席法友等人以为李元护不是他们家乡的人，怕他有不一样的心思，就一同推举裴植管理州事，私下压下裴叔业死的消息，下达命令，处理政务，都是裴植所为。奚康生来到，裴植就开门迎接，仓库和城市的锁钥都交给奚康生。奚康生集聚城内有资历的老人，宣读魏国皇帝的诏书，给他们安慰赏赐。北魏任命裴植为兖州刺史，李元护为齐州刺史，席法友为豫州刺史，军主京兆人王世弼为南徐州刺史。

巴西民雍道晞聚众万馀逼郡城，巴西太守鲁休烈婴城自守。三月，刘季连遣中兵参军李奉伯帅众五千救之，与郡兵合击道晞，斩之。奉伯欲进讨郡东馀贼，涪令李膺止之曰："卒惰将骄，乘胜履险，非完策也；不如少缓，更思后计。"奉伯不从，悉众入山，大败而还。

乙卯，遣平西将军崔慧景将水军讨寿阳，帝屏除，出琅邪城送之。帝戎服坐楼上，召慧景单骑进围内，无一人自随者。裁交数言，拜辞而去。慧景既得出，甚喜。

【译文】巴西郡百姓雍道晞聚集一万余人进逼郡城，巴西太守鲁休烈在城四周设防，亲自防御。春季，三月，刘季连调派中兵参军李奉伯带领军队五千人去援救，与巴西郡兵一起进攻雍道晞，斩杀他。李奉伯想发军征讨郡东的其余敌人，涪县县令李膺规劝说："将士懒惰，将领骄慢，乘胜追击到险要之地，不是完美的计策；不如稍微缓一缓，再想之后的计划。"李奉伯不听，将全部士兵都带进山，大败返回。

乙卯日（十五日），齐国朝廷调派平西将军崔慧景率领水军征讨寿阳，皇帝东昏侯萧宝卷在清道之后，亲自到琅琊城为他践行。皇帝东昏侯萧宝卷穿着军服在城楼上坐着，召见崔慧景单人骑马进入屏除围幔之内，没有一个人跟着他，才讲几句话，就告辞离去。崔慧景走出之后，很开心。

豫州刺史萧懿将步军三万屯小岘，交州刺史李叔献屯合肥。懿遣裨将胡松、李导士帅众万馀屯死虎。票骑司马陈伯之将水军溯淮而上，以逼寿阳，军于硖石。寿阳士民多谋应齐者。

魏奚康生防御内外，闭城一月，援军乃至。丙申，彭城王勰、王肃击松、伯之等，大破之，进攻合肥，生擒叔献。统军宇文福言于勰曰："建安，淮南重镇，彼此要冲，得之，则义阳易图；不得，则寿阳难保。"勰然之，使福攻建安，建安戍主胡景略面缚出降。

【译文】豫州刺史萧懿率领步兵驻守小岘，交州刺史李叔献驻扎在合肥。萧懿调派偏将胡松、李导士带领一万多士兵到达死虎。骠骑司马陈伯之率领水军沿淮水逆流而上，进发寿阳，在硖石驻扎。寿阳百姓大多谋划响应齐军。

北魏奚康生里外防守抵抗，关闭城门一个月，援军才来到。丙申日（三月无此日），彭城王元勰、王肃进攻胡松、陈伯之，大败齐兵，攻击合肥，活捉李叔献。统军宇文福向元勰说："建安为淮南重要守卫的据点，北魏、齐南北进攻的要道，能攻占它，则义阳就能筹划攻取，不能攻占它，很难保全性命。"元勰以为很有道理，宇文福去进攻建安，建安戍主胡景略自我捆绑出城归降。

己亥，魏皇弟悦卒。

崔慧景之发建康也，其子觉为直阁将军，密与之约，慧景至广陵，觉走从之。慧景过广陵数十里，召会诸军主曰："吾荷三帝厚恩，当顾托之重。幼主昏狂，朝廷坏乱；危而不扶，责在今日。

欲与诸君共建大功以安社稷，何如？”众皆响应，于是还军向广陵。司马崔恭祖守广陵城，开门纳之。帝闻变，壬子，假右卫将军左兴盛节，督建康水陆诸军以讨之。慧景停广陵二日，即收众济江。

【译文】己亥日（三月无此日），北魏皇弟元怿逝世。

崔慧景从建康进发时，他的儿子崔觉担任直阁将军，私下与他约定，崔慧景到达广陵，崔觉逃跑去跟着他。崔慧景走出广陵几十里，集聚各军主说：“我承蒙高帝萧道成、武帝萧赜、明帝萧鸾三位皇帝厚重的恩惠，担受明帝萧鸾临终托孤大任。皇帝东昏侯萧宝卷愚昧狂妄，朝堂纪律混乱败坏，国家危在旦夕却不帮扶，责任全在今日。我想与你们一起创建伟业平定天下，如何？”大家都应允他，于是调派军队进军广陵。司马崔恭祖镇守广陵城，打开城门迎接他们。皇帝东昏侯萧宝卷听到变乱的消息，壬子日（十二日），东昏侯萧宝卷授予右卫将军左兴盛符节，监督建康水陆各军征讨崔慧景。崔慧景在广陵停留两天，聚集士兵渡过长江。

初，南徐、兖二州刺史江夏王宝玄娶徐孝嗣女为妃，孝嗣诛，诏令离婚，宝玄恨望。慧景遣使奉宝玄为主，宝玄斩其使，因发将吏守城，帝遣马军主戚平、外监黄林夫助镇京口。慧景将渡江，宝玄密与相应，杀司马孔矜、典签吕承绪及平、林夫，开门纳慧景，使长史沈佚之、谘议柳憕分部军众。宝玄乘八掆舆，手执绛麾，随慧景向建康。台遣骁骑将军张佛护、直阁将军徐元称等六将据竹里，为数城以拒之。宝玄遣信谓佛护曰：“身自还朝，君何意苦相断遏？”佛护对曰：“小人荷国重恩，使于此创立小戍。殿下还朝，但自直过，岂敢断遏！”遂射慧景军，因合战。

崔觉、崔恭祖将前锋，皆荒伧善战，又轻行不爨食，以数舫缘江载酒贪为军粮，每见台军城中烟火起，辄尽力攻之。台军不复得食，以此饥困。元称等议欲降，佛护不可。恭祖等进攻城，拔之，斩佛护；徐元称降，馀四军主皆死。

【译文】起初，南徐州、南兖州刺史江夏王萧宝玄迎娶徐孝嗣的女儿为王妃，徐孝嗣被杀害，东昏侯萧宝卷下诏江夏王解婚，萧宝玄愤恨萧宝卷。崔慧景令使者出使萧宝玄表示愿立萧宝玄做皇帝，萧宝玄斩杀他的使者，派人把守在京口城，皇帝东昏侯萧宝卷调派外监黄林夫、马军主戚平帮助把守京口。崔慧景将过江，萧宝玄私下与他相应，斩杀司马孔矜、典签吕承绪和戚平、黄林夫，打开城门迎接崔慧景，令长史沈佚之、咨议柳憕分别部署将士。萧宝玄坐着八人抬的平肩轿子，手持绛色的旗子，跟随崔慧景向建康进发。皇帝东昏侯萧宝卷派骁骑将军张佛护、直阁将军徐元称等六个将领把守竹里，修筑几个城来抵御。萧宝玄令人给张佛护送信说："我要自己返回朝廷，你为何要这么苦苦阻挡拦断我呢？"张佛护回应说："小人受朝廷的恩典很重，调派到这里建立小小的镇守据点，殿下回朝，尽管通过，哪能阻拦断路？"说着就向崔慧景的军队射箭，于是两边开始作战。崔觉、崔恭祖带领的前锋军队，都是贫穷浅薄之人，骁勇善战，又轻装进军，不烧火做饭，用几条船沿着长江载着酒食为军粮，每回见到军队在城中升起炊烟，就竭力进攻。官军无法做饭，因此受饥被困。徐元称等人商量归降，张佛护不同意。崔恭祖等进攻城池，攻陷了，斩杀张佛护，徐元称归降，其他四个首领都死了。

乙卯，遣中领军王莹都督众军，据湖头筑垒，上带蒋山西岩实甲数万。莹，诞之从曾孙也。慧景至查硎，竹塘人万副儿说慧景曰："今平路皆为台军所断，不可议进；唯宜从蒋山龙尾上，出其不意耳。"慧景从之，分遣千馀人，鱼贯缘山自西岩夜下，鼓叫临城中。台军惊恐，即时奔散。帝又遣右卫将军左兴盛帅台内三万人拒慧景于北篱门，兴盛望风退走。

【译文】乙卯日（十五日），齐国朝廷调派中领军王莹率领各军，占领湖头修筑堡垒，上面与蒋山西麓相连，手下有几万武装精良的部队。王莹是王诞一个曾祖的孙子。崔慧景到达查硎，竹塘人万副儿规劝崔慧景说："如今道路平地都被官军截断，不能想着从平地前进；只适合由蒋山慢慢开道，像龙尾拉地一样登上去，在他们意料之外而已！"崔慧景听从他，划分一千多人，连夜沿蒋山从西岩鱼贯下来，吵闹着到湖头堡垒中。朝廷军队害怕，即刻四处逃跑。皇帝东昏侯萧宝卷派右卫将军左兴盛带领皇宫内三万人在北篱门抵抗崔慧景，左兴盛听见消息就撤回了。

甲子，慧景入乐游苑，崔恭祖帅轻骑十馀突入北掖门，乃复出。宫门皆闭，慧景引众围之。于是，东府、石头、白下、新亭诸城皆溃。左兴盛走，不得入宫，逃淮渚获舫中，慧景擒杀之。宫中遣兵出荡，不克。慧景烧兰台府署为战场。守卫尉萧畅屯南掖门，处分城内，随方应拒，众心稍安。慧景称宣德太后令，废帝为吴王。

【译文】甲子日（二十四日），崔慧景走进乐游苑，崔恭祖带领十几个轻装骑兵突袭进了北掖门，又撤退出来，宫门紧紧关闭，崔慧景率领军队将龚成包围。东府、石头、白下、新亭各城都大败，左兴盛逃跑，进不了皇宫，逃进秦淮沙洲采获的小船里面，崔慧景捉住他，将他杀了。皇帝东昏侯萧宝卷派人率兵出来闯阵，没有成功。崔慧景烧毁了御史台处事的地方，变成战场。守卫尉萧畅驻守在南掖门，管理城内事情，随时抵抗应付，大家的心才稍稍安定下来。崔慧景假传宣德太后的旨令，废除萧宝卷为吴王。

陈显达之反也，帝复召诸王侯入宫。巴陵王昭胄惩永泰之难，与弟永新侯昭颖诈为沙门，逃于江西。昭胄，子良之子也。及慧景举兵，昭胄兄弟出赴之。慧景意更向昭胄，犹豫未知所立。

竹里之捷，崔觉与崔恭祖争功，慧景不能决。恭祖劝慧景以火箭烧北掖楼。慧景以大事垂定，后若更造，费用功多，不从。慧景性好谈义，兼解佛理，顿法轮寺，对客高谈，恭祖深怀怨望。

【译文】陈显达作乱时，皇帝东昏侯萧宝卷召见各王爷入宫。巴陵王萧昭胄因永泰元年被召入宫差点被杀而心生警惕，与弟弟永新侯萧昭颖假装出家为僧，逃向横江之西。萧昭胄为萧子良的儿子。崔慧景起义后，萧昭胄兄弟一同投奔他，崔慧景更立萧昭胄为皇，犹豫不决，不知怎样是好。

攻打竹里获胜，崔觉和崔恭祖抢功劳，崔慧景不能判决。崔恭祖规劝崔慧景以火箭烧毁北掖楼。崔慧景因为大事已经奠定，以后要再次建造，浪费很多工夫，不听他的建议。崔慧景喜说义理，也了解佛理，在法轮寺停下，跟客人高谈阔论，崔恭祖非常憎恨他。

时豫州刺史萧懿将兵在小岘，帝遣密使告之。懿方食，投箸而起，帅军主胡松、李居士等数千人自采石济江，顿越城，举火，台城中鼓叫称庆。恭祖先劝慧景遣二千人断西岸兵，令不得渡。慧景以城旦夕降，外救自然应散，不从。至是，恭祖请击懿军，又不许；独遣崔觉将精手数千人渡南岸。懿军昧旦进战，数合，士皆致死，觉大败，赴淮死者二千余人。觉单马退，开桁阻淮。恭祖掠得东宫女伎，觉逼夺之。恭祖积忿恨，其夜，与慧景骁将刘灵运诣城降，众心离坏。

【译文】 当时豫州刺史萧懿在小岘驻兵，皇帝东昏侯萧宝卷派密使去告知他。萧懿正在吃饭，将筷子一扔站起来，带领军主胡松、李居士等几千人，从采石过长江，驻扎在越城，他们举起火把示意，台城中敲鼓大叫，庆幸援军来到。崔恭祖规劝崔慧景率领两千人拦截西岸救兵，使他们不能渡江。崔慧景认为皇宫不久要投降，外来的救援自然就会散开，不听。这时，崔恭祖请求进攻萧懿大军，崔慧景又不应允，只令崔觉率领几千精锐士兵过了秦淮南岸。萧懿大军在天渐亮时进攻战斗，战斗几个回合，萧懿的士兵都拼死作战，崔觉败了，有两千下属在秦淮战死。崔觉单马撤回北岸，凿了浮桥阻断萧懿大军，利用秦淮水阻止追兵。崔恭祖俘虏东宫女伎，崔觉逼迫他将女伎带走。崔恭祖积累愤恨，晚上，与崔慧景的手下勇将刘灵运一起到皇宫归降，崔慧景军心溃散，士气低落。

夏，四月，癸酉，慧景将腹心数人潜去，欲北渡江；城北诸军不知，犹为拒战。城中出荡，杀数百人。懿军渡北岸，慧景余众皆走。慧景围城凡十二日而败，从者于道稍散，单骑至蟹浦，为渔人所斩，以头内鳅篮，担送建康。恭祖（击）〔系〕尚方，少时杀之。觉亡命为道人，捕获，伏诛。

宝玄初至建康，军于东城，士民多往投集。慧景败，收得朝野投宝玄及慧景人名，帝令烧之，曰："江夏尚尔，岂可复罪余人!"宝玄逃亡数日乃出。帝召入后堂，以步障裹之，令左右数十人鸣鼓角驰绕其外，遣人谓宝玄曰："汝近围我亦如此耳。"

【译文】夏季，四月，癸酉日（初四日），崔慧景率领几个亲信离开大营，向北过了长江，城北各路大军不知情，还在为崔慧景抗御敌军。台城中的将士出城，右冲左突，斩杀几百人。萧懿大军渡过秦淮北岸，崔慧景剩余的部队都逃跑了。崔慧景包围皇宫，十二天就失败了，追随的人在路途中慢慢逃散，他独自骑马到达蟹浦，被渔人斩杀，将头放在鳅鱼篮里，挑着送到建康。崔恭祖被关押在尚方，没多久被杀。崔觉逃跑去做和尚，被抓到，认罪被杀。

萧宝玄刚到建康的时候，在东府城驻守，百姓大多去投奔聚集。崔慧景大败，找到朝堂内外投靠萧宝玄与崔慧景的名单，皇帝东昏侯萧宝卷下令将它烧毁，说："江夏王萧宝玄尚且如此，怎可再惩罚别人？"萧宝玄逃跑了几天才露面，皇帝东昏侯萧宝卷在后堂召见他，用步障（贵人出行屏蔽风寒尘土的行幕）将他包起来，命旁边几十个人在步障外面绕圈奔跑，吹号角，让人对萧宝玄说："你逼迫包围我时也是如此。"

初，慧景欲交处士何点，点不顾。及围建康，逼召点。点往赴其军，终日谈佛义，不及军事。慧景败，帝欲杀点。萧畅谓茹法珍曰："点若不诱贼共讲，未易可量。以此言之，乃应得封！"帝乃止。点，胤之兄也。

萧懿既去小岘，魏王肃亦还洛阳。荒人往来者妄云肃复谋归国；五月，乙巳，诏以肃为都督豫、徐、司三州诸军事、豫州刺史、西丰公。

己酉，江夏王宝玄伏诛。

壬子,大赦。

【译文】起初,崔慧景想与处士何点做朋友,何点不搭理他。包围建康时崔慧景胁迫召见何点,何点在他驻扎的地方,与他整天谈论义理,不干涉军政。崔慧景大败,皇帝东昏侯萧宝卷想要斩杀何点,萧畅向茹法珍说:"何点不引诱敌军,和他一起谈论义理,那后果不堪设想。照这样说,他还该赏赐!"皇帝萧宝卷才放弃。何点是何胤的哥哥。

萧懿走出小砚后,王肃也返回洛阳。边远地方往来的人胡乱传言说王肃要筹谋返回齐国;夏季,五月,乙巳日(初六日),齐国皇帝东昏侯萧宝卷下诏任命王肃为豫州刺史、督豫徐司三州诸军事、西丰公。

己酉日(初十日),江夏王萧宝玄认罪被杀。

壬子日(十三日),齐国大赦天下。

六月,丙子,魏彭城王勰进位大司马,领司徒;王肃加开府仪同三司。

太阳蛮田育丘等二万八千户附于魏,魏置四郡十八县。

乙丑,曲赦建康、南徐、兖二州。先是,崔慧景既平,诏赦其党。而嬖幸用事,不依诏书,无罪而家富者,皆诬为贼党,杀而籍其赀;实附贼而贫者皆不问。或谓中书舍人王咺之云:"赦书无信,人情大恶。"咺之曰:"正当复有赦耳。"由是再赦。既而嬖幸诛纵亦如初。

【译文】夏季,六月,丙子日(初八日),北魏彭城王元勰进封为大司马,兼领司徒;王肃被封为开府仪同三司。

居住在太阳山的蛮人田育丘等两万八千户归顺北魏,北魏安设四个郡十八个县。

314

　　乙丑日（六月无此日），齐国朝廷赦免了建康和南徐、兖两州投靠崔慧景的百姓。此前，崔慧景的叛乱平定后，东昏侯萧宝卷下诏免除他党羽的罪行，但嬖幸做事，不按照诏书，无罪但家产富裕的都污蔑成叛贼，斩杀他们，将他们的财产没收；真正依附贼人但家境贫困的都不追究。有人向中书舍人王咺之说："赦令无信，人们愤恨。"王咺之说："应该再次颁布赦令。"因此才有三地百姓被赦免。不久嬖幸任意斩杀又和从前一样。

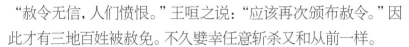

　　是时，帝所宠左右凡三十一人，黄门十人。直阁、骁骑将军徐世檦素为帝所委任，凡有杀戮，皆在其手。及陈显达事起，加辅国将军；虽用护军崔慧景为都督，而兵权实在世檦。世檦亦知帝昏纵，密谓其党茹法珍、梅虫儿曰："何世天子无要人，但依货主恶耳！"法珍等与之争权，以白帝。帝稍恶其凶强，遣禁兵杀之，世檦拒战而死。自是法珍、虫儿用事，并为外监，口称诏敕；王咺之专掌文翰，与相唇齿。

　　帝呼所幸潘贵妃父宝庆及茹法珍为阿丈，梅虫儿及俞灵韵为阿兄。帝与法珍等俱诣宝庆家，躬身汲水，助厨人作膳。宝庆恃势作奸，富人悉诬以罪，田宅赀财，莫不启乞，一家被陷，祸及亲邻；又虑后患，尽杀其男口。

　　【译文】 此时，皇帝东昏侯萧宝卷身边被宠信的一共三十一人，黄门十人。直阁、骁骑将军徐世檦被皇帝萧宝卷委以信任，平常有所斩杀，都经由他的手。陈显达之事发生后，加封他为辅国将军；虽然崔慧景担任护军都督，但大权事实上在徐世檦手中。徐世檦也明白皇帝萧宝卷肆意无能，私下对他的同党茹法珍、梅虫儿说："哪一代没有坏皇帝，但我们的君主够坏的了！"茹法珍等人与他夺权，将这话告知皇帝萧宝卷，皇帝萧宝卷慢慢厌恶他的强悍凶猛，调派禁卫斩杀他，徐世檦抵抗死了。此后茹法珍、梅虫儿擅权做事，都担任外监，口述诏令；王咺之专门管理文书，和他们唇齿相依。

皇帝东昏侯萧宝卷叫所宠爱的潘贵妃父亲潘宝庆和茹法珍为阿丈，叫梅虫儿、俞灵韵为阿兄。皇帝萧宝卷与茹法珍等人到达潘宝庆家中，亲自拿水帮助厨夫做饭菜。潘宝庆依仗权势犯罪作奸，诬赖富人，他们的住宅、田地、财物，没有一样不是向皇帝禀奏，请求皇帝赏赐给自己的。一家都被诬陷，殃及亲戚邻居；潘宝庆又担心以后的祸患，将他们的男子都杀害了。

帝数往诸刀敕家游宴，有吉凶辄往庆吊。

奄人王宝孙，年十三四，号长"伥子"，最有宠，参预朝政，虽王咺之、梅虫儿之徒亦下之；控制大臣，移易诏敕，乃至骑马入殿，诋诃天子；公卿见之，莫不慑息焉。

吐谷浑王伏连筹事魏尽礼，而居其国，置百官，皆如天子之制，称制于其邻国。魏主遣使责而宥之。

【译文】皇帝东昏侯萧宝卷几次到应敕之徒、左右御刀的家里宴饮寻乐，有吉庆凶祸，就去祝贺拜祭。

阉官王宝孙年龄十三四岁，外号称"伥子"，最为得宠，参加朝堂政事，即便王咺之、梅虫儿一类也对他低声下气。他掌控大臣，更改诏令，并且骑马进入皇宫，呵斥苛责皇帝，大臣看了，没有不屏气害怕的。

吐谷浑王伏连筹进献北魏，竭尽人臣礼仪，但在他管辖的境内，安设众官一如皇帝的制度，将邻国看成藩属。宣武帝元恪派遣使者责怪他，原谅了他。

冠军将军、票骑司马陈伯之再引兵攻寿阳，魏彭城王勰拒之。援军未至，汝阴太守傅永将郡兵三千救寿阳。伯之防淮口甚固，永去淮口二十馀里，牵船上汝水南岸，以水牛挽之，直南趣淮，下船即渡；适上南岸，齐兵亦至。会夜，永潜进入城，勰喜甚，曰："吾北望已久，恐洛阳难可复见，不意卿能至也。"勰令永引兵入城，永曰："永之此来，欲以却敌；若如教旨，乃是与殿下同受功围，岂救援之意！"遂军于城外。

秋，八月，乙酉，勰部分将士，与永并势击伯之于肥口，大破之，斩首九千，俘获一万。伯之脱身遁还，淮南遂入于魏。

【译文】冠军将军、骠骑司马陈伯之再次率领大军去进攻寿阳，北魏彭城王元勰抵抗他。魏国援军还没到，汝阴太守傅永带郡里的三千士兵去救援寿阳。陈伯之镇守的淮口很坚固，傅永远离淮口二十几里，就将船拉到汝水南岸，用水牛来拉船，直向南方走到淮河，下了船渡河，刚刚登陆南岸，齐兵也到达。正好是晚上，傅永私下进城，元勰开心极了，说："我向北观望已经很长时间，害怕洛阳难以见到，没料到你能到达啊！"元勰令傅永带领大军进城，傅永说："傅永此次来，想要击退敌人，就像王爷的命令，将与殿下一样遭受敌人的进攻，哪里是援救之意？"于是就驻扎在城外。

秋季，八月，乙酉日（十八日），元勰的将士一部分，与傅永一起在肥口进攻陈伯之，大败敌军，斩杀九千个头颅，虏获一万人，陈伯之脱身逃跑，淮南划入北魏的版图。

魏遣镇南将军元英将兵救淮南，未至，伯之已败，魏主召勰还洛阳。勰累表辞大司马、领司徒，乞还中山；魏主不许。以元英行扬州事，寻以王肃为都督淮南诸军事、扬州刺史，持节代之。

甲辰，夜，后宫火。时帝出未还，宫内人不得出，外人不敢辄开；比及开，死者相枕，烧三〔千〕〔十〕馀间。

【译文】北魏派遣镇南将军元英带兵救援淮南，还没走到淮南，陈伯之已被打败，宣武帝元恪召元勰返回洛阳。元勰多次奉上奏表辞去大司马和司徒的职务，请求返回中山。宣武帝元恪不答应。下令元英管理扬州政务，不久任命王肃为都督淮南诸军事、扬州刺史，持符节去代替元英。

甲辰日（十七日），晚上，皇宫着火了。当时皇帝东昏侯萧宝卷出游还没返回，皇宫里的人出不来，外面的人不敢就打开后宫的门，等开了门，死的人互相依靠着，三十多间屋子被烧毁。

时嬖幸之徒皆号为鬼。有赵鬼者，能读《西京赋》，言于帝曰："柏梁既灾，建章是营。"帝乃大起芳乐、玉寿等诸殿，以麝香涂壁，刻画装饰，穷极绮丽。役者自夜达晓，犹不副速。

后宫服御，极选珍奇，府库旧物，不复周用。贵市民间金宝，价皆数倍。建康酒租皆折使输金，犹不能足。凿金为莲华以帖地，令潘妃行其上，曰："此步步生莲华也。"又订出雉头、鹤氅、白鹭缞。嬖幸因缘为奸利，课一输十。又各就州县求人为输，准取见直，不为输送，守宰皆不敢言，重更科敛。如此相仍，前后不息，百姓困尽，号泣道路。

【译文】当时皇帝东昏侯萧宝卷恩宠的人，都称为鬼。有个赵姓鬼能诵读《西京赋》，向皇帝东昏侯萧宝卷说："柏梁殿火灾以后，于是建造了建章宫。"皇帝东昏侯萧宝卷于是就建造芳乐、玉寿等多个宫殿，用麝香涂墙壁，绘画雕刻装潢修饰，尽力追求华丽。营建之人从晚上一直忙到天亮，还不合皇帝东昏侯萧宝卷赶快盖成的心思。

后宫妃嫔的饰品，尽可能挑选珍贵奇特的，府库里原有的物品，供不应求。珠宝市场和民间的黄金珠宝，价格都提高了好多倍，建康酒税，让百姓折合黄金上缴，还嫌不够。将黄金雕刻成莲花贴于地，使潘妃在上面踏步，说："这真是步步生花呀！"又下令百姓上缴雉头红裘、鹤氅、白鹭缡。东昏侯萧宝卷旁边恩宠的人借机作奸求利，征课上缴十倍。又各自到州县请求代人收敛，折收现钱，不去缴纳州县，守宰都不敢讲出，再重新上缴。这样一直不断，前后不停，百姓财尽困苦，在路上大哭流泪。

军主吴子阳等出三关侵魏，九月，与魏东豫州刺史田益宗战于长风城，子阳等败还。

萧懿之入援也，萧衍驰使所亲虞安福说懿曰："诛贼之后，则有不赏之功。当明君贤主，尚或难立；况于乱朝，何以自免！若贼灭之后，仍勒兵入宫，行伊、霍故事，此万世一时。若不欲尔，便放表还历阳，托以外拒为事，则威振内外，谁敢不从！一朝放兵，受其厚爵，高而无民，必生后悔。"长史徐曜甫亦苦劝之，懿并不从。

【译文】 军主吴子阳等走出义阳三关入侵北魏，春季，九月，在长风城和北魏东豫州刺史田益宗战斗，吴子阳等人战败返回。

萧懿进宫救援时，萧衍令亲信虞安福跑去劝说萧懿："斩杀贼人后，就有很难奖赏的盖世伟公。君王贤明时，还很难立足；况且朝廷混乱，怎可自己免除祸患？反贼灭除之后，仍安排军队进宫，做伊尹、霍光废昏庸君王之事，这是成就万世伟业的时机。不想这么做，就留下奏折返回历阳，说要抵抗外侮来拥兵自重，那么你的威势震动内外，天下有谁不从？解除兵权，接受很高的爵位，地位再高，没有兵权，你必定会悔恨。"长史徐曜甫也多加劝阻，萧懿都没听。

崔慧景死，懿为尚书令。有弟九人：敷、衍、畅、融、宏、伟、秀、憺、恢。懿以元勋居朝右，畅为卫尉，掌管籥。时帝出入无度，或劝懿因其出门，举兵废之；懿不听。嬖臣茹法珍、王咺之等惮懿威权，说帝曰："懿将行隆昌故事，陛下命在晷刻。"帝然之。徐曜甫知之，密具舟江渚，劝懿西奔襄阳。懿曰："自古皆有死，岂有叛走尚书令邪！"懿弟侄咸为之备。冬，十月，己卯，帝赐懿药于省中。懿且死，曰："家弟在雍，深为朝廷忧之。"懿弟侄皆亡匿于里巷，无人发之者；唯融捕得，诛之。

【译文】崔慧景死后，萧懿任尚书令。他有九个弟弟：萧敷、萧衍、萧畅、萧融、萧宏、萧伟、萧秀、萧憺、萧恢。萧懿因功劳担任宰辅，萧畅担任卫尉，掌管皇宫的锁钥。那时皇帝东昏侯萧宝卷进出没有节制，有人规劝萧懿趁他外出游走时，起兵废黜他，萧懿没听。皇帝东昏侯萧宝卷的嬖幸臣子茹法珍、王咺之等人害怕萧懿的权威，劝萧宝卷说："萧懿要做隆昌年间郁林王萧昭业被废的事，皇上的命只在旦夕之间。"皇帝东昏侯萧宝卷以为有道理。徐曜甫知晓这件事，私下在长江沙洲上准备小船，规劝萧懿向西逃向襄阳。萧懿说："自古人都有一死，哪有叛乱逃跑的尚书令呢？"萧懿的弟弟和侄儿都私下加以准备。冬季，十月，己卯日（十三日），皇帝东昏侯萧宝卷在尚书省赐毒药给萧懿。萧懿临死时，说："我的弟弟萧衍在雍州，我很为朝廷担心。"萧懿的弟弟、侄儿都逃到巷里，无人揭发他们，仅萧融被捉到杀了。

【申涵煜评】懿功高被害，死不负齐。其殆更始之刘縯、段业之男成欤？东昏自翦羽翼，使雍州得以借口，其何能免？

【译文】萧懿功劳太高反被杀害，到死没有辜负萧齐。大概和更始帝刘玄对待刘縯、段业对待沮渠男成一样？东昏侯萧宝卷自行剪灭辅助他的羽翼，让驻守雍州的萧衍能够有了假托的理由，他怎么能够避免灾难呢？

丁亥，魏以彭城王勰为司徒，录尚书事；勰固辞，不免。勰雅好恬素，不乐势利。高祖重其事干，故委以权任，虽有遗诏，复为世宗所留。勰每乖情愿，常凄然叹息。为人美风仪，端严若神，折旋合度，出入言笑，观者忘疲。敦尚文史，物务之暇，披览不辍。小心谨慎，初无过失；虽闲居独处，亦无惰容。爱敬儒雅，倾心礼待。清正俭素，门无私谒。

【译文】丁亥日（二十一日），北魏下令彭城王元勰为司徒、录尚书事，元勰坚定推辞，没被批准。元勰一直喜欢朴素恬静，不喜地位利益。高祖孝文帝元宏重视他遇事有才干，所以让他掌权，虽然有遗诏，但被世宗宣武帝元恪劝留。元勰每次违背性情当官，就悲哀叹气。他外表俊美，威严端庄得像神一样，和人交往都合乎规矩，进出言行说笑，观看之人都会忘记疲劳。看重崇尚文史，管理政务一有余闲，就不停批阅，谨慎小心，一直不犯过失；虽是自己一个人，也无怠惰的姿态。尊敬儒雅之士，全心以礼相待。勤俭朴素清高严正，家里没有因私事拜访的人。

十一月，己亥，魏东荆州刺史桓晖入寇，拔下筶戍，归之者二千馀户。晖，诞之子也。

初，帝疑雍州刺史萧衍有异志。直后荥阳郑植弟绍叔为衍宁蛮长史，帝使植以候绍叔为名，往刺衍。绍叔知之，密以白衍，衍置酒绍叔家，戏植曰："朝廷遣卿见图，今日闲宴，是可取良会也。"宾主大笑。又令植历观城隍、府库、士马、器械、舟舰，植退，谓绍叔曰："雍州实力，未易图也。"绍叔曰："兄还，具为天子言之：若取雍州，绍叔请以此众一战！"送植于南岘，相持恸哭而别。

【译文】冬季，十一月，己亥日（初三日），北魏东荆州刺史桓晖进犯边境，攻取筶戍，齐国两千多户归顺。桓晖是桓诞的儿子。

起初，皇帝东昏侯萧宝卷怀疑雍州刺史萧衍图谋不轨。后来荥阳人郑植的弟弟郑绍叔，担任萧衍治下宁蛮府的长史，皇帝东昏侯萧宝卷命令郑植用探望郑绍叔的名义，去杀萧衍。郑绍叔知晓后，私下禀报萧衍，萧衍在郑绍叔家中设宴，对郑植开玩笑说："朝廷派你来暗杀我，现在大家清闲饮宴，正是夺取我性命的好时机呀！"主客听到都笑了。萧衍又下令郑植四处观看城池、府库、士兵、器械、舟舰。郑植出去了，向郑绍叔说："雍州的兵力，不易攻取啊。"郑绍叔说："哥哥返回，将事情仔细告知皇上：假使要进攻雍州，郑绍叔请求凭借这些士兵决一死战。"将郑植送到南岘，两人拉着手悲痛分别。

及懿死，衍闻之，夜召张弘策、吕僧珍、长史王茂、别驾柳庆远、功曹吉士瞻等入宅定议。茂，天生之子；庆远，元景之弟子也。乙巳，衍集僚佐谓曰："昏主暴虐，恶逾于纣，当与卿等共除之！"是日，建牙集众，得甲士万馀人，马千馀匹，船三千艘。出檀溪竹木装舰，葺之以茅，事皆立办。诸将争橹，吕僧珍出先所具者，每船付二张，争者乃息。

【译文】 萧懿被杀后，萧衍得到消息，夜晚，召见张弘策、吕僧珍、长史王茂、功曹吉士瞻、别驾柳庆远等人进府商量计策。王茂是王天生的儿子，柳庆远是柳元景弟弟的儿子。乙巳日（初九日），萧衍集聚僚属，对他们说："昏庸的君主肆虐残暴，罪行大过商纣，我应与你们一起除去他。"当天，竖起大旗，征召士兵，得到一万多武装的军士，一千多匹马，三千艘船，捞起檀溪的竹子、木头打造军舰，用茅草搭篷顶，事情立即办成。诸将争夺大盾牌，吕僧珍将准备的拿出，每条船给了两张，争夺才平息下来。

是时，南康王宝融为荆州刺史，西中郎长史萧颖胄行府州事，帝遣辅国将军、巴西梓潼二郡太守刘山阳将兵三千之官，就颖胄兵使袭襄阳。衍知其谋，遣参军王天虎诣江陵，遍与州府书，声云："山阳西上，并袭荆、雍。"衍因谓诸将佐曰："荆州素畏襄阳人，加以唇亡齿寒，宁不暗同邪！我合荆、雍之兵，鼓行而东，虽使韩、白复生，不能为建康计；况以昏主役刀敕之徒哉！"颖胄等得书，疑未能决。山阳至巴陵，衍复令天虎赍书与颖胄及其弟南康王龙颖达。天虎既行，衍谓张弘策曰："用兵之道，攻心为上。近遣天虎往荆州，人皆有书。今段乘驿甚急，止有两函与行事兄弟，云'天虎口具'；及问天虎而口无所说，天虎是行事心膂，彼间必谓行事与天虎共隐其事，则人人生疑。山阳惑于众口，判相嫌贰，则行事进退无以自明，必入吾谋内。是驰两空函定一州矣。"

【译文】 此时，南康王萧宝融担任荆州刺史，西中郎长史萧颖胄代替他管理府州事务，皇帝东昏侯萧宝卷调派兼巴西、梓潼两郡太守、辅国将军刘山阳率领军士三千去赴任，途经江陵，和萧颖胄大军袭击襄阳。萧衍知晓此计划，调派参军王天虎到达江陵，向荆州官员和西中郎府官员四处送信，声称说："刘山阳逆流西上，想要夺取荆州和雍州。"萧衍向各将领僚佐说："荆州人一直都害怕襄阳人，再加上唇亡齿寒，怎会不私下和我们同心？我们聚集荆州、雍州两州大军，敲鼓向东进军，即便韩信、白起复活，也不能为建康仔细谋划；况且凭他一个无能的君王役使那些御刀、应敕之类的人呢？"萧颖胄收到信，犹豫不决。刘山阳到达巴陵，萧衍又下令王天虎送信给萧颖胄与其弟南康王属下萧颖达。王天虎走后，萧衍向张弘策说："用兵之道，攻心为上。近期调派王天虎到荆州去，人人都接到信。如今驿站马车走得很急切，仅有两封信给萧颖胄兄弟，信中写着'王天虎当面向你们陈说'；萧颖胄兄弟咨询王天虎，王天虎却说不出，王天虎是萧颖胄的亲信，荆州和西中郎府的官员必定以为萧颖胄和王天虎背后有阴谋，人们都会对他产生疑惑。刘山阳受众人的迷惑，必定会迟疑不决，萧颖胄无论前进后退，都很难自己表达自己的清白，一定会掉进我们的陷阱。这是用两张空信就安定了一个州啊。"

山阳至江安，迟回十馀日，不上。颖胄大惧，计无所出，夜遣呼西中郎城局参军安定席阐文、谘议参军柳忱，闭斋定议。阐文曰："萧雍州蓄养士马，非复一日。江陵素畏襄阳人，又众寡不敌，取之必不可制；就能制之，岁寒复不为朝廷所容。今若杀山阳，与雍州举事，立天子以令诸侯，则霸业成矣。山阳持疑不进，是不信我。今斩送天虎，则彼疑可释。至而图之，罔不济矣。"忱曰："朝廷狂悖日滋，京师贵人莫不重足累息。今幸在远，得假日自安。雍州之事，且藉以相毙耳。独不见萧令君乎？以精兵数千，竟为群邪所陷，祸酷相寻。'前事之不忘，后事之师也。'且雍州士锐粮多，萧使君雄姿冠世，必非山阳所能敌。若破山阳，荆州复受失律之责，进退无可，宜深虑之。"萧颖达亦劝颖胄从阐文等计。诘旦，颖胄谓天虎曰："卿与刘辅国相识，今不得不借卿头！"乃斩天虎送示山阳，发民车牛，声云起步军征襄阳。山阳大喜。甲寅，山阳至江津，单车白服，从左右数十人诣颖胄。颖胄使前汶阳太守刘孝庆等伏兵城内，山阳入门，即于车中斩之。副军主李元履收馀众请降。

【译文】刘山阳到达江安，犹豫了十几天，不前行。萧颖胄非常害怕，不知该怎么办，夜晚，召见西中郎城局参军平定人席阐文、咨议参军柳忱，关闭书房商量。席阐文说："萧衍饲养军士马匹，不是一时之事。江陵人一直害怕襄阳人，江陵士兵和襄阳士兵相比又寡不敌众，要进攻雍州，一定不可控制，就算能掌控，现在就像岁暮天寒，最终不会被朝廷所接纳。杀了刘山阳，和雍州一同起事，拥立皇帝来调令诸侯，则霸业可成。刘山阳徘徊不前，那是不相信我们。如今斩杀王天虎，将他的头颅寄去，就能以之消除他的担心。到那时谋算他，没有不成功的。"柳忱说："朝廷悖理狂妄，越来越厉害，京师的显贵朝臣无人不是交叠着脚，屏息不出气。幸亏我们在远地，才能够拖延时间保全自己。雍州送信之事，是要让我们和刘山阳相互斩杀罢了。没见到萧令君萧懿的下场吗？率领几千精兵，打败崔氏将士十万，却被那些邪恶之人所害，灾祸相续。'以前的教训没有忘记，便是以后做事的榜样'。雍州士兵精锐，粮草很多，萧衍神武的雄姿举世无双，一定不是刘山阳所能抵抗。萧衍打败了刘山阳，荆州又得承担违反命令使刘山阳失败的责任，我们已经进退两难，理应好好考虑。"萧颖达规劝萧颖胄听从席阐文等人的计谋。

天亮时，萧颖胄向王天虎说："你与刘辅国相识，如今不得不借你头颅。"于是斩杀王天虎，将头给刘山阳看，调动百姓、牛只、车辆，声称："要调派步兵征讨襄阳。"刘山阳很开心。甲寅日（十八日），刘山阳到达江津，白服单车，率几十个侍卫去拜见萧颖胄，萧颖胄令以前的汶阳太守刘孝庆等人在城内设伏士兵，刘山阳进入江陵城门，将他杀害在车上。副军主李元履收整余下的军队请求归顺。

柳忱，世隆之子也。颖胄虑西中郎司马夏侯详不同，以告忱，忱曰："易耳！近详求婚，未之许也。"乃以女嫁详子夔，而告之谋，详从之。乙卯，以南康王宝融教纂严，又教赦囚徒，施惠泽，颁赏格。丙辰，以萧衍为使持节都督前锋诸军事。丁巳，以萧颖胄为都督行留诸军事。颖胄有器局，既举大事，虚心委己，众情归之。以别驾南阳宗夬及同郡中兵参军刘坦、谘议参军乐蔼为州人所推信，军府经略，每事谘焉。颖胄、夬各献私钱谷及换借富赀以助军。长法寺僧素富，铸黄金为龙数千两埋土中。颖胄取之，以充军费。

【译文】柳忱是柳世隆之子。萧颖胄担心担任西中郎司马的夏侯详不同意，告知柳忱，柳忱说："简单。近期夏侯详来联姻，我还没答应他。"于是将女儿嫁给夏侯详的儿子夏侯夔，将这个计划告诉了他，夏侯详听从了。乙卯日（十九日），用南康王萧宝融的教导戒严治装，又下谕赦免囚犯，布施恩德，颁布赏赐。丙辰日（二十日），以南康王萧宝融的名义任命萧衍为都督前锋诸军事、使持节。丁巳日（二十一日），以南康王萧宝融的名义任命萧颖胄为都督行留诸军事。萧颖胄有度量才华，起事之后，非常虚心，军心都归顺他。因为谘议参军乐蔼、同郡中兵参军刘坦和别驾南阳人宗夬是州人推荐信任的，所以军府的计划筹谋，每件事都咨询他们的建议。萧颖胄、宗夬将自己的财产米谷奉献出和换借富人的财资来帮助军需。长法寺的和尚一直很富贵，用黄金铸造金龙，一共几千两，埋进土中，萧颖胄取来供给军费。

颖胄遣使送刘山阳首于萧衍，且言年月未利，当须明年二月进兵。衍曰：“举事之初，所藉者一时骁锐之心。事事相接，犹恐疑怠；若顿兵十旬，必生悔吝。且坐甲十万，粮用自竭；若童子立异，则大事不成。况处分已定，安可中息哉！昔武王伐纣，行逆太岁，岂复待年月乎？”

【译文】萧颖胄让使者将刘山阳的头送给萧衍，而且说这两个月不利于军事行动，应到明年二月发兵。萧衍说：“开始起事，所依靠的是一时猛锐骁勇的心思，一件接一件，还怕怠慢怀疑，一百天不发兵，必定产生怨恨之心。十万军队不动，粮食用品自会用完；像孩子标榜不一的想法，大事就不能成功。行事已安排好，怎能半路放弃呢？以前武王伐纣，做事和太岁相反，难道还要等待时间吗？”

戊午，衍上表劝南康王宝融称尊号；不许。十二月，颖胄与夏侯详移檄建康百官及州郡牧守，数帝及梅虫儿、茹法珍罪恶。颖胄遣冠军将军天水杨公则向湘州，西中郎参军南郡邓元起向夏口。军主王法度坐不进军免官。乙亥，荆州将佐复劝宝融称尊号；不许。夏侯详之子骁骑将军亶为殿中主帅，详密召之，亶自建康亡归。壬辰，至江陵，称奉宣德皇太后令：“南康王宜纂承皇祚，方俟清宫，未即大号；可封十郡为宣城王、相国、荆州牧，加黄钺，选百官，西中郎府、南康国如故。须军次近路，主者备法驾奉迎。”

【译文】 戊午日（二十二日），萧衍奉上奏表规劝南康王萧宝融称帝，南康王不答应。十二月，萧颖胄和夏侯详转交檄文给建康的众官和各州郡牧守等官员，数落皇帝东昏侯萧宝卷和梅虫儿、茹法珍的罪行。萧颖胄调派西中郎参军南郡人邓元起进攻夏口，冠军将军天水人杨公进攻湘州，军主王法度因不愿派兵被罢黜官职。乙亥日（初十日），荆州将领僚佐规劝萧宝融称帝，萧宝融仍不答应。夏侯详之子骁骑将军夏侯亶担任殿中主帅，夏侯详私下召见他，夏侯亶从建康逃跑到荆州。壬辰日（二十七日），夏侯亶到达江陵，说奉宣德太后谕令：“南康王萧宝融理应继承皇位，正等候肃清皇宫，还没称大号；现可赏赐十郡，封为宣城王、相国、荆州牧，赐黄钺，挑选众官，西中郎府职权、南康王爵位依然保留。大军到达台城近前，主事就预备法驾迎接。”

竟陵太守新野曹景宗遣亲人说萧衍，迎南康王都襄阳，先正尊号，然后（将）〔进〕军；衍不从。王茂私谓张弘策曰：“今以南康置人手中，彼（扶）〔挟〕天子以令诸侯，节下前进为人所使，此岂它日之长计乎！”弘策以告衍，衍曰：“若前涂大事不捷，故自兰艾同焚；若其克捷，则威振四海，谁敢不从，岂碌碌受人处分者邪！”

【译文】 竟陵太守新野人曹景宗派亲信规劝萧衍前去接应南康王萧宝融，在襄阳建都，定下尊号，后发兵，萧衍不听。王茂暗地对张弘策说：“如今将南康王萧宝融放于他人萧颖胄手中，他们挟天子以令诸侯，使持节（萧衍）发兵向前，任人差遣，这哪里是长久之计呢?"张弘策将这些话告知萧衍,萧衍说:"假使前方大事没成,不论贵贱都是死路一条;能打胜,则威震四海,哪会平庸地受人处分呢?"

初,陈显达、崔慧景之乱,人心不安。或问时事于上庸太守杜陵韦叡,叡曰:陈虽旧将,非命世才;崔颇更事,懦而不武;其赤族宜矣。定天下者,殆必在吾州将乎?"乃遣二子自结于萧衍。及衍起兵,叡帅郡兵二千倍道赴之。华山太守蓝田康绚帅郡兵三千赴衍。冯道根居母丧,闻衍起兵,帅乡人子弟胜兵者悉往赴之。梁、南秦二州刺史柳惔亦起兵应衍。惔,忱之兄也。

【译文】起初,陈显达、崔慧景叛乱,人心不安,有人对上庸太守杜陵人韦叡咨询当时时事,韦叡说:"陈显达虽然是以前的将领,并不是现代有名的奇才;崔慧景经历不少事,但是懦弱不威武,他们被诛灭全族也是自然。以后平定天下的,大约就是我们雍州的将领吧!"于是命令两个儿子主动与萧衍认识。萧衍起事时,韦叡带领郡兵两千人倍道兼程去投奔他。华山太守蓝田人康绚带领三千郡兵投奔萧衍。那时冯道根正为母亲守丧,带领能胜任军事的乡人子弟都去投靠萧衍。梁、南秦两州刺史柳惔也起事回应萧衍。柳惔是柳忱的哥哥。

帝闻刘山阳死,发诏讨荆、雍。戊寅,以冠军长史刘浍为雍州刺史;遣骁骑将军薛元嗣、制局监暨荣伯将兵及运粮百四十馀船送郢州刺史张冲,使拒西师。元嗣等惩刘山阳之死,疑冲,不敢进,停夏口浦;闻西师将至,乃相帅入郢城。前竟陵太守房僧寄将还建康,至郢,帝敕僧寄留守鲁山,除骁骑将军。张冲与之结盟,遣军主孙乐祖将数千人助僧寄守鲁山。

【译文】皇帝东昏侯萧宝卷得知刘山阳死了，颁发诏书征讨荆州、雍州。戊寅日（十三日），东昏侯萧宝卷下令冠军长史刘浍担任雍州刺史；调派骁骑将军薛元嗣、制局监暨荣伯率领士兵与一百四十多艘运输粮食的船，移交郢州刺史张冲，让他抵抗西边大军。薛元嗣等人因为刘山阳死亡的警醒，疑惑张冲，不敢向前，在夏口浦停留；得知西边大军即将来，于是想一起进入郢城。前任竟陵太守房僧卸任返回建康，到达郢城，皇帝东昏侯萧宝卷下令房僧寄镇守鲁山，另任骁骑将军。张冲与他结盟调派军主孙乐祖率领几千人帮助房僧寄镇守鲁山。

萧颖胄与武宁太守邓元起书，招之。张冲待元起素厚，众皆劝其还郢，元起大言于众曰："朝廷暴虐，诛戮宰辅，群小用事，衣冠道尽。荆、雍二州同举大事，何患不克！且我老母在西，若事不成，正受戮昏朝，幸免不孝之罪。"即日治严上道，至江陵，为西中郎中兵参军。

【译文】萧颖胄给武宁太守邓元起写信，安抚他。张冲对邓元起一直很好，大家都规劝他回郢州，邓元起向众人大喊说："朝廷肆虐无能，斩杀宰辅大臣，小人揽权，在路上也不见衣冠人士。荆州、雍州两州一起揭竿而起，还害怕大事不成？我的母亲现在在西边乡下，假使大事失败，我被无能朝廷斩杀，我也庆幸除去了不孝的罪行。"当天就收拾好行装上路，到达江陵，担任西中郎中兵参军。

湘州行事张宝积发兵自守，未知所附。杨公则克巴陵，进军白沙，宝积惧，请降，公则入长沙，抚纳之。

是岁，北秦州刺史杨集始将众万馀自汉中北出，规复旧地。

魏梁州刺史杨椿将步骑五千出顿下辩，遗集始书，开以利害，集始遂复将其部曲千馀人降魏。魏人还其爵位，使归守武兴。

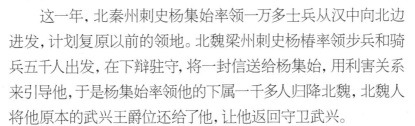

【译文】湘州行事张宝积调动大军镇守，不知应归顺哪方。杨公则攻陷巴陵，进攻白沙，张宝积害怕，请求归降，杨公则走进长沙，安慰接受他。

这一年，北秦州刺史杨集始率领一万多士兵从汉中向北边进发，计划复原以前的领地。北魏梁州刺史杨椿率领步兵和骑兵五千人出发，在下辩驻守，将一封信送给杨集始，用利害关系来引导他，于是杨集始率领他的下属一千多人归降北魏，北魏人将他原本的武兴王爵位还给了他，让他返回守卫武兴。

资治通鉴卷第一百四十四　齐纪十

重光大荒落，一年。

【译文】起止辛巳（公元501年），共一年。

【题解】本卷记录了公元501年，即齐和帝萧宝融中兴元年一年间南齐与北魏两国的大事。记录了咸阳王元喜叛乱失败被杀；魏主宣武帝元恪宠信茹皓、赵修与外戚高肇，北魏开始衰弱；张欣泰、鸿选、胡松等人和萧子良的儿子萧昭胄、萧昭颖先后图诛萧宝卷，都失败被杀；萧衍势如破竹，建康危在旦夕，王珍国、张稷等联合侍卫杀死萧宝卷；萧衍废除萧宝卷弊政，颁行新条令；此外还记录了魏主未能乘机伐齐，错失良机；以及崔慧景之子崔偃为萧宝玄和崔慧景平反，萧衍把崔偃下狱致死，等等。

和皇帝

中兴元年（辛巳，公元五〇一年）春，正月，丁酉，东昏侯以晋安王宝义为司徒，建安王宝寅为车骑将军、开府仪同三司。

乙巳，南康王宝融始称相国，大赦；以萧颖胄为左长史，萧衍为征东将军，杨公则为湘州刺史。戊申，萧衍发襄阳，留弟伟总府州事，憺守垒城，府司马庄丘黑守樊城。衍既行，州中兵及储偫皆虚。魏兴太守裴师仁、齐兴太守颜僧都并不受衍命，举兵欲袭襄阳，伟、憺遣兵邀击于（治）〔始〕平，大破之，雍州乃安。

【译文】 中兴元年（辛巳，公元501年）春季，一月，丁酉日（初二日），齐国皇帝东昏侯萧宝卷任命建安王萧宝寅为车骑将军、开府仪同三司，晋安王萧宝义为司徒。

乙巳日（初十日），南康王萧宝融正式担任相国，大赦。萧宝融任命萧衍为征东将军，杨公则为湘州刺史，萧颖胄为左长史。戊申日（十三日），萧衍从襄阳出发，留下弟弟萧伟管理府州政务，萧憺镇守防卫襄阳城的据点，府司马庄丘黑守卫樊城。萧衍走后，州中的士兵和仓储备用物品全部空虚。齐兴太守颜僧都、魏兴太守裴师仁都不承认萧衍的命令，发兵攻取襄阳，萧伟、萧憺率兵在始平拦截，将他们打败，雍州才平定下来。

魏咸阳王禧为上相，不亲政务，骄奢贪淫，多为不法，魏主颇恶之。禧遣奴就领军于烈求旧羽林虎贲，执仗出入。烈曰："天子谅闇，事归宰辅。领军但知典掌宿卫，非有诏不敢违理从私。"禧奴悯然而返。禧复遣谓烈曰："我，天子之子，天子叔父，身为元辅，有所求须，与诏何异！"烈厉色曰："烈非不知王之贵也，奈何使私奴索天子羽林！烈头可得，羽林不可得！"禧怒，以烈为恒州刺史。烈不愿出外，固辞，不许；遂称疾不出。

【译文】 北魏咸阳王元禧官任众臣之上的辅政太尉，不理政事，骄傲贪婪，淫荡奢侈，多做违法之事，北魏宣武帝元恪很厌恶他。元禧调派仆人找领军于烈讨要皇上的禁军，使他们带着兵器保护自己出入宫廷。于烈说："皇上服丧之时，事务让宰辅大臣决定。领军仅知晓管理宿卫的事，皇上没有下诏，不敢违反规定徇私。"元禧的仆人惆怅返回。元禧又命人对于烈说："我是皇上的叔父，官任宰辅，我的要求，和诏命有何不同？"于烈严厉地说："于烈不是不明白王爷的权贵，怎奈王爷派自己人讨要皇上的羽林！于烈的头可得，羽林不可得！"元禧很生气，下令让于烈担任恒州刺史。于烈不肯外派，坚定推辞，元禧不答应；于烈就说得病不愿出来。

烈子左中郎将忠领直阁，常在魏主左右。烈使忠言于魏主曰："诸王专恣，意不可测，宜早罢之，自揽权纲。"北海王详亦密以禧过恶白帝，且言彭城王勰大得人情，不宜久辅政。帝然之。

时将祔祭，王公并斋于庙东坊。帝夜使于忠语烈："明旦入见，当有处分。"质明，烈至。

【译文】于烈之子左中郎将于忠官任直阁，经常在宣武帝元恪旁边侍候。于烈嘱咐于忠告诉宣武帝元恪说："各王爷专横独揽，居心叵测，理应尽早罢黜，自己总揽大权。"北海王元详也私下将元禧的罪行向宣武帝元恪禀报，而且说彭城王元勰非常得人心，长时间辅政不合适。宣武帝元恪认为他们的话很有理。

当时要举行宗庙春季的祔祭，王公众臣都在宗庙东边的别屋集聚。宣武帝元恪晚上命于忠向于烈说："明早见到皇上，该有计划。"天刚亮，于烈到达朝堂。

帝命烈将直阁等六十馀人，宣旨召禧、勰、详，卫送至帝所。禧等入见于光极殿，帝曰："恪虽寡昧，忝承宝历。比缠尪疹，实凭诸父，苟延视息，奄涉三龄。诸父归逊殷勤，今便亲摄百揆。且还府司，当别处分。"又谓勰曰："顷来南北务殷，不容仰遂冲操，恪是何人，而敢久违先敕，今遂叔父高蹈之意。"勰谢曰："陛下孝恭，仰遵先诏，上成睿明之美，下遂微臣之志，感今惟往，悲喜交深。"庚戌，诏勰以王归第；禧进位太保；详为大将军、录尚书事。尚书清河张彝、邢峦闻处分非常，亡走，出洛阳城，为御史中尉中山甄琛所弹。诏书切责之。复以于烈为领军，仍加车骑大将军，自是长直禁中，军国大事，皆得参焉。

【译文】宣武帝元恪下令于烈率领直阁六十几个人，颁布圣旨面见咸阳王元禧、彭城王元勰、北海王元详，卫士保护着他们送到宣武帝元恪所在之地。元禧等人在光极殿觐见宣武帝，宣武帝元恪说："恪昧理寡德，继承皇位。最近染病身体孱弱，仰仗各位叔父，我能延续生命，历经三年，各位叔父勤勤恳恳，如今要归隐辞官，我就亲自管理百官，各位暂时返回公府办事之地，我将另外有安排。"宣武帝元恪又向元勰说："最近南北政务繁多，不应允我顺从您谦逊的操守。恪是怎样人，胆敢长时间违反先帝的遗令？如今就成全叔父高远的志向。"元勰叩谢恩德说："皇上谦恭孝顺，遵循先帝的诏令，对上完成圣明之德，对下顺遂微臣心愿，感谢皇上的恩德，想念先帝之情，禁不住又悲又喜。"庚戌日（十五日），宣武帝元恪下诏元勰凭借王爵返回府第，元禧升调为太保；元详担任大将军、录尚书事。尚书清河人张彝、邢峦得知宣武帝元恪的计划不同往常，便逃跑了，跑出洛阳城，被御史中尉中山人甄琛弹劾，宣武帝元恪下诏书严正地责罚他们。又下令于烈担任领军，加封车骑大将军，在禁中长久当值，军国大事，都可以参加。

魏主时年十六，不能亲决庶务，委之左右。于是，幸臣茹皓、赵郡王仲兴、上谷寇猛、赵郡赵修、南阳赵邕及外戚高肇等始用事，魏政浸衰。赵修尤亲幸，旬月间，累迁至光禄卿；每迁官，帝亲至其宅设宴，王公百官皆从。

【译文】北魏宣武帝元恪那时才十六岁，不能亲自决定各项事务，就交给旁边的人。他宠爱的臣子茹皓、上谷人寇猛、赵郡人赵修、赵郡人王仲兴、外戚高肇和南阳人赵邕等开始专揽大权，北魏的政治慢慢衰退。最宠爱赵修，一月之内，多次升迁直到光禄卿；每次升调，宣武帝元恪都到他的住宅亲自设宴，王公百官都跟着道喜。

资治通鉴

【乾隆御批】于烈拒禧，可谓侃然不挠。以刚正自守者，及参预大事后，幸戚纵横，不能救过，初终异若霄壤。盖利无可图则舍身殉名。易名已上达，则独立弃利。出此辙者多矣。

【译文】于烈拒绝元禧，可以称得上是刚直不屈。以一个刚正自守者，到参与国家大事之后，在宠臣和外戚纵横捭阖共同干预朝政的情况下，却不能加以挽救补过，开头和结尾天壤之别。利无可图就舍身殉名。既然死后要立的谥号已上报皇帝批准，就表明他能保守名节而抛弃私利。很多人都难逃此路。

辛亥，东昏侯祀南郊，大赦。

丁巳，魏主引见群臣于太极前殿，告以亲政之意。壬戌，以咸阳王禧领太尉，广陵王羽为司徒。魏主引羽入内，面授之。羽固辞曰："彦和本自不愿，而陛下强与之。今新去此官而以臣代之，必招物议。"乃以为司空。

二月，乙丑，南康王以冠军长史王茂为江州刺史，竟陵太守曹景宗为郢州刺史，邵陵王宝攸为荆州刺史。

甲戌，魏大赦。

壬午，东昏侯遣羽林兵击雍州，中外纂严。

【译文】辛亥日（十六日），齐国皇帝东昏侯萧宝卷在南郊祭天，大赦天下。

丁巳日（二十二日），宣武帝元恪在太极前殿接见众臣，告知他们自己亲自管理的心境。壬戌日（二十七日），宣武帝元恪任命咸阳王元禧为太尉，广陵王元羽为司徒。宣武帝元恪带领元羽到内殿，亲自赐给他职位，元羽坚定推却，说："彭城王元彦和原本不想接受司徒的官职但皇上勉强授给他，如今他刚被罢黜皇上就将它给我，必定招来众人的讥议。"司徒于是任命元羽为司空。

春季，二月，乙丑日（初一日），南康王萧宝融任命竟陵太守曹景宗为郢州刺史，邵陵王萧宝修为荆州刺史，冠军长史王茂为江州刺史。

甲戌日（初十日），北魏大赦天下。

壬午日（十八日），齐国皇帝东昏侯萧宝卷调派羽林军进攻雍州，朝廷内外进行戒严。

甲申，萧衍至竟陵，命王茂、曹景宗为前军，以中兵参国张法安守竟陵城。茂等至汉口，诸将议欲并兵围郢，分兵袭西阳、武昌。衍曰："汉口不阔一里，箭道交至，房僧寄以重兵固守，与郢城为掎角；若悉众前进，僧寄必绝我军后，悔无所及。不若遣王、曹诸军济江，与荆州军合，以逼郢城；吾自围鲁山以通沔、汉，使郧城、竟陵之粟方舟而下，江陵、湘中之兵相继而至，兵多食足，何忧两城之不拔！天下之事，可以卧取之耳。"乃使茂等帅众济江，顿九里。张冲遣中兵参军陈光静开门迎战，茂等击破之。光静死，冲婴城自守。景宗遂据石桥浦，连军相续，下至加湖。

【译文】甲申日（二十日），萧衍到达竟陵，下令王茂、曹景宗为前锋，派中兵参军张法安镇守竟陵城。王茂等人到达汉口，各将领商量一起派兵包围郢州城，分出兵力进攻西阳、武昌。

萧衍说："汉水注进长江的地方，宽度不达一里，假使船从水中进发，两岸敌人将箭密集射来，房僧寄一定率领大军坚定地防守鲁山城和郢城相互响应；假使率领军队前进，房僧寄必定阻断我军的退路，返回都来不及。不如调派王茂、曹景宗率军渡过长江和荆州的大军汇集，进逼郢城；我自己包围鲁山城，保证沔水、汉水的通畅，让郢城、竟陵的运粮船并排下来，江陵、湘中大军陆续到来，士兵众多，食粮充足，还担心不能攻破两个城池？天下大事，不费心力就能成了。"于是想萧衍使王茂等人带领大军过长江，在九里停留。张冲调派中兵参军陈光静打开城门应战，王茂等人大胜，陈光静被杀，张冲绕城抵抗。曹景宗顺势占领石桥浦，江陵和荆州的大军相继顺流而下，直到加湖。

资治通鉴

　　荆州遣冠军将军邓元起、军主王世兴、田安之将数千人会雍州兵于夏首。衍筑汉口城以守鲁山，命水军主义阳张惠绍等游遏江中，绝郢、鲁二城信使。杨公则举湘州之众会于夏口。萧颖胄命荆州诸军皆受公则节度，虽萧颖达亦隶焉。

　　【译文】荆州调派军主王世兴、冠军将军邓元起、田安之率领几千人在夏首和雍州士兵会合。萧衍在汉口兴建堡垒来镇守鲁山的军队，萧衍下令水军主义阳人张惠绍等人在长江中巡视阻断，斩断郢州、鲁山两城的书信来往。杨公则率湘州大军到夏口汇集。萧颖胄下令荆州各军接受杨公则的调度节制，萧颖达也归属他管。

　　府朝仪欲遣人行湘州事而难其人，西中郎中兵参军刘坦谓众曰："湘土人情，易扰难信，用武士则浸渔百姓，用文士则威略不振；必欲镇静一州，军民足食，无逾老夫。"乃以坦为辅国长史、长沙太守,行湘州事。坦先尝在湘州,多旧恩,迎者属路。下车,选堪事吏分诣十郡,发民运租米三十馀万斛以助荆、雍之军,由是资粮不乏。

三月,萧衍使邓元起进据南堂西渚,田安之顿城北,王世兴顿曲水故城。丁酉,张冲病卒,骁骑将军薛元嗣与冲子孜及征虏长史江夏内史程茂共守郢城。

【译文】南康王相国府商量派人管理湘州的政务,很难决定人选。西中郎中兵参军刘坦向众人说:"湘州之地的风土人心,很易滋扰叛乱,很难让他们信服。启用武官管理,就容易肆虐侵扰百姓;启用文士策略威望就不能施展,要安定湘州,使军民不缺乏饮食,没人比我更好了。"于是南康王任命刘坦为辅国长史、长沙太守,管理湘州政务。刘坦以前在湘州,很多人接受过他的恩德,前去接应他的人在路上络绎不绝。他下了车,挑选可承担事务的官员划分到十个郡,调动民丁输送上交的三十余万斛米粮,救援荆州、雍州的军队,军需就不再缺少粮食。

春季,三月,萧衍调派邓元起进攻占领了南堂西边的沙洲,王世兴驻扎在曲水的旧城,田安之在城北驻守。丁酉日(初三日),张冲得病死去,张冲的儿子张孜和骁骑将军薛元嗣、征虏长史、江夏内史程茂一起镇守郢城。

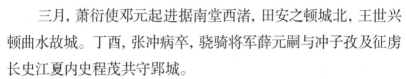

乙巳,南康王即皇帝位于江陵,改元,大赦,立宗庙、南北郊,州府城门悉依建康宫,置尚书五省,以南郡太守为尹,以萧颖胄为尚书令,萧衍为左仆射,晋安王宝义为司空,庐陵王宝源为车骑将军、开府仪同三司,建安王宝寅为徐州刺史,散骑常侍夏侯详为中领军,冠军将军萧伟为雍州刺史。丙午,诏封庶人宝卷为涪陵王。乙酉,以尚书令萧颖胄行荆州刺史,加萧衍征东大将军、都督征讨诸军事，假黄钺。时衍次杨口，和帝遣御史中丞宗央劳军。宁朔将军新野庾域讽央曰："黄钺未加，非所以总帅侯伯。"央返西台，遂有是命。薛元嗣遣军主沈难当帅轻舸数千乱流来战，张惠绍等击擒之。

资治通鉴

【译文】乙巳日（十一日），南康王萧宝融在江陵登基，改年号为中兴，实行大赦。兴建宗庙和南北郊的方泽、圜丘，州府城门都按照建康皇宫的规划，安设尚书五省，把南郡太守改称南郡尹，任命萧衍为左仆射，南郡太守为京畿尹，晋安王萧宝义为司空、萧颖胄为尚书令，建安王萧宝寅为徐州刺史，冠军将军萧伟为雍州刺史，散骑常侍夏侯详为中领军，庐陵王萧宝源为车骑将军、开府仪同三司。丙午日（十二日），南康王萧宝融下诏封庶人萧宝卷为涪陵王。乙酉日（三月无此日），下令加封萧衍为征东大将军、都督征讨诸军事，赐给黄钺。尚书令萧颖胄兼行荆州刺史事。当时萧衍的大军驻守在杨口，和帝萧宝融调派御史中丞宗央来抚慰军队。宁朔将军、新野人庾域婉言对宗央说："黄钺还没赏赐，不能统率诸王侯。"宗央返回西边台城，就有了这个命令。薛元嗣调派军主沈难当带领几千艘轻快的小船，阻断水流渡江来应战，张惠绍等进攻俘虏他们。

癸丑，东昏侯以豫州刺史陈伯之为江州刺史、假节、都督前锋诸军事，西击荆、雍。

夏，四月，萧衍出沔，命王茂、萧颖达等进军逼郢城，薛元嗣不敢出。诸将欲攻之，衍不许。

魏广陵惠王羽通于员外郎冯俊兴妻，夜往，为俊兴所击而匿之；五月，壬子，卒。

【译文】癸丑日（十九日），东昏侯萧宝卷任命豫州刺史陈伯之为都督前锋诸军事、江州刺史、假节,向西进攻荆州、雍州。

夏季,四月,萧衍走出沔水,下令王茂、萧颖达等人发兵进逼郢城;薛元嗣不敢出来应战。诸位将领想进攻郢城,萧衍没答应。

北魏广陵惠王元羽和员外郎冯俊兴的妻子有奸情,晚上元羽到冯俊兴家,被冯俊兴捉住殴打,元羽忍住没有声张;夏季,五月,壬子日(十九日),元羽逝世。

魏主既亲政事,嬖幸擅权,王公希得进见。咸阳王禧意不自安,斋帅刘小苟屡言于禧云,闻天子左右人言欲诛禧。禧益惧,乃与妃兄兼给事黄门侍郎李伯尚、氐王杨集始、杨灵祐、乞伏马居等谋反。会帝出猎北邙,禧与其党会城西小宅,欲发兵袭帝,使长子通窃入河内举兵相应。乞伏马居说禧:"还入洛城,勒门闭门,天子必北走桑乾,殿下可断河桥,为河南天子。"众情前却不壹,禧心更缓,自旦至晡,犹豫不决,遂约不泄而散。杨集始既出,即驰至北邙告之。

【译文】北魏宣武帝元恪亲政之后,他所亲近宠爱的人专权揽势,王公很难见到皇上。咸阳王元禧心中不安,斋帅刘小苟经常对元禧说,听皇上旁边人说要杀咸阳王。元禧更加害怕,于是与氐王杨集始、杨灵祐、乞伏马居、王妃的哥哥给事黄门侍郎李伯尚等人策划谋反。适逢宣武帝元恪去北邙打猎,元禧与他的同党在城西小屋见面,想调动军队进攻皇上,元禧派长子元通暗地进入河内举兵响应。乞伏马居规劝元禧:"返回洛城,安排大军紧闭城门,皇上必定向北返回桑乾,殿下可斩断黄河的桥,在黄河南边做皇帝。"众人对前进后退建议不一,元禧心里更加不平，从天亮到了申时，犹豫不决，于是约定不外泄秘密，就散开了。杨集始出来后，跑到北邙告密。

直寝苻承祖、薛魏孙与禧通谋，是日，帝寝于浮图之阴，魏孙欲弑帝，承祖曰："吾闻杀天子者身当病癞。"魏孙乃止。俄而帝寤，集始亦至。帝左右皆四出逐禽，直卫无几，仓猝不知所出。左中郎将于忠曰："臣父领军留守京城，计防遏有备，必无所虑。"帝遣忠驰骑观之，于烈已分兵严备，使忠还奏曰："臣虽老，心力犹可用。此属猖狂，不足为虑，愿陛下清跸徐还，以安物望。"帝甚悦，自华林园还宫，抚于忠之背曰："卿差强人意！"

【译文】 在宣武帝元恪寝宫执勤的苻承祖、薛魏孙与元禧谋划，当天，宣武帝元恪在佛塔的遮阴下睡着，薛魏孙想谋杀皇上，苻承祖说："我得知杀皇上的人，会身患麻风疾病。"于是薛魏孙放弃了。不久宣武帝元恪醒来，杨集始也到达。宣武帝元恪旁边之人都出外追逐走兽飞禽，当班保护皇帝的人没有几个，忙乱之间不知怎么是好。左中郎将于忠说："臣的父亲率军留在京城，想来已有准备防止叛乱，不会有什么担心的。"宣武帝元恪调派于忠骑马去观察，于烈已经分派士兵严密防御，使于忠返回北邙上奏："臣虽年老，还能运用心力，这些人狂妄，不值得担心。希望皇上禁止行人，开辟道路，慢慢转回，来安抚民心。"宣武帝元恪很高兴，从华林园返回皇宫，摸着于忠的背说："卿大概符合我的心意！"

禧不知事露，与姬妾及左右宿洪池别墅，遣刘小苟奉启，云检行田收。小苟至北邙，已逢军人，怪小苟赤衣，欲杀之。小苟困迫，言欲告反，乃缓之。或谓禧曰："殿下集众图事，见意而停，恐必漏泄，今夕何宜自宽！”禧曰：“吾有此身，应知自惜，岂待人言！”又曰：“殿下长子已济河，两不相知，岂不可虑！”禧曰：“吾已遣人追之，计今应还。”时通已入河内，列兵仗，放囚徒矣。于烈遣直阁叔孙侯将虎贲三百人收禧。禧闻之，自洪池东南走，僮仆不过数人，济洛，至柏谷坞，追兵至，擒之，送华林都亭。帝面诘其反状，壬戌，赐死于私第。同谋伏诛者十馀人，诸子皆绝属籍，微给赀产、奴婢，自馀家财悉分赐高肇及赵修之家，其馀赐内外百官，逮于流外，多者百馀匹，下至十匹。禧诸子乏衣食，独彭城王勰屡赈给之。河内太守陆琇闻禧败，斩送禧子通首。魏朝以琇于禧未败之前不收捕通，责其通情，徵诣廷尉，死狱中。帝以禧无故而反，由是益疏忌宗室。

【译文】元禧不知道事已泄露，和姬妾及左右侍从到洪池别墅留宿，让刘小苟拿着奏折，说是巡查田亩检查收成情况。刘小苟到达北邙，遇见军人，他们责怪刘小苟穿红衣，想斩杀他。刘小苟急切困窘，就说要告发叛乱之事，军人这才暂时不杀他。有人向元禧说：“殿下集聚众人商量起事，意思都已表明了却不做，必定会泄露，今晚怎能自我宽解？”元禧说：“我自己的身体，理应明白自我珍惜，哪还等别人提醒！”那人又进言：“殿下长子已过了黄河，两边都不知情，岂不是值得担心？”元禧说：“我已派人追他，大约今天应会回了。”当时元通已进入河内，摆设武器仪仗，将囚犯释放了。于烈调派直阁叔孙侯率领三百虎贲关押元禧。元禧听后，从洪池东南逃走，只带着几个僮仆，渡过洛水，到达柏谷坞，追兵追到，逮捕了他，押送华林都亭。宣武帝元恪在他面前责问他反叛的情况。壬戌日（二十九日），宣武帝将他在私宅赐死，十几个同党认罪被杀，几个儿子都被革除宗籍，稍稍分了点财产、奴婢给他们，多余的家产，都分别奖赏高肇和赵修的家眷，其他的赐给内外众官，其中包含一些杂色补官，多的赏赐一百多匹布，少的也十匹。元禧几个儿子缺少衣食，仅有彭城王元勰经常接济他们。河内太守陆琇得知元禧之事败露，将元禧的儿子元通杀了，将头颅送入京城。朝廷因为陆琇在元禧没败露以前不捕捉元通，指责他和叛贼勾结，召见他，押送廷尉，死在监牢里。宣武帝元恪因为元禧无缘无故谋反，之后更忌讳远离宗室。

巴西太守鲁休烈、巴东太守萧惠训不从萧颖胄之命；惠训遣子璝将兵击颖胄，颖胄遣汶阳太守刘孝庆屯峡口，与巴东太守任漾之等拒之。

东昏侯遣军主吴子阳、陈虎牙等十三军救郢州，进屯巴口。虎牙，伯之之子也。

【译文】巴东太守萧惠训、巴西太守鲁休烈不听从萧颖胄的命令；萧惠训调派儿子萧璝带领大军进攻萧颖胄，萧颖胄调派汶阳太守刘孝庆在峡口驻守，和巴东太守任漾之等人抵御他。

东昏侯萧宝卷调派军主陈虎牙、吴子阳等十三军援救郢州，大军在巴口驻扎。陈虎牙，是陈伯之的儿子。

六月，西台遣卫尉席阐文劳萧衍军，赍萧颖胄等议谓衍曰：“今顿兵两岸，不并军围郢，定西阳、武阳，取江州，此机已失；莫若请救于魏，与北连和，犹为上策。”衍曰：“汉口路通荆、雍，控引秦、梁，粮运资储，仰引气息；所以兵压汉口，连结数州。今若并军围郢，又分兵前进，鲁山必阻沔路，扼吾咽喉；若粮运不通，自然离散，何谓持久？邓元起近欲以三千兵往取寻阳，彼若欢然知机，一说士足矣；脱距王师，固非三千兵所能下也。进退无据，未见其可。西阳、武昌，取之即得；然既得之后，即应镇守。欲守两城，不减万人，粮储称是，卒无所出。脱东军有上者，以万人攻一城，两城势不得相救，若我分军应援，则首尾俱弱；如其不遣，孤城必陷，一城既没，诸城相次土崩，天下大事去矣。若郢州既拔，席卷沿流，西阳、武昌自然风靡。何遽分兵散众，自贻忧患乎！且丈夫举事欲清天步，况拥数州之兵以诛群小，悬河注火，奚有不灭！岂容北面请救戎狄，以示弱于天下！彼未必能信，徒取丑声，此乃下计，何谓上策！卿为我辈白镇军："前途攻取，但以见付，事在目中，无患不捷，但借镇军靖镇之耳。"

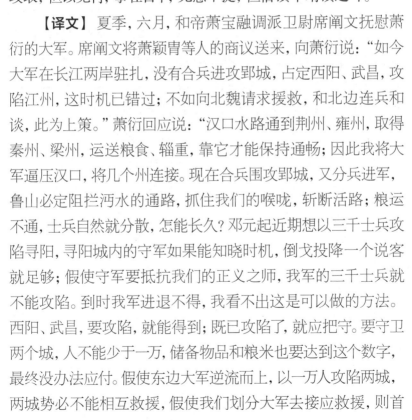

【译文】夏季，六月，和帝萧宝融调派卫尉席阐文抚慰萧衍的大军。席阐文将萧颖胄等人的商议送来，向萧衍说："如今大军在长江两岸驻扎，没有合兵进攻郢城，占定西阳、武昌，攻陷江州，这时机已错过；不如向北魏请求援救，和北边连兵和谈，此为上策。"萧衍回应说："汉口水路通到荆州、雍州，取得秦州、梁州，运送粮食、辎重，靠它才能保持通畅；因此我将大军逼压汉口，将几个州连接。现在合兵围攻郢城，又分兵进军，鲁山必定阻拦沔水的通路，抓住我们的喉咙，斩断活路；粮运不通，士兵自然就分散，怎能长久？邓元起近期想以三千士兵攻陷寻阳，寻阳城内的守军如果能知晓时机，倒戈投降一个说客就足够；假使守军要抵抗我们的正义之师，我军的三千士兵就不能攻陷。到时我军进退不得，我看不出这是可以做的方法。西阳、武昌，要攻陷，就能得到；既已攻陷了，就应把守。要守卫两个城，人不能少于一万，储备物品和粮米也要达到这个数字，最终没办法应付。假使东边大军逆流而上，以一万人攻陷两城，两城势必不能相互救援，假使我们划分大军去接应救援，则首尾的军队都变得弱小；假使不派兵救援，孤立的城必被攻陷，一城攻陷之后，各城会如尘土一般崩溃，天下大事就无望了。假使郢州被我们攻取，乘势攻打长江沿岸的城池，西阳、武昌自然见风投降。何必将士兵分散，自己招来灾患！况且大丈夫行事，是想清理天路，振兴国运，而且我们拥有几州的大军，去歼灭一群小人，倾下不住的河水浇灌在火上头，哪里有不扑灭的？哪允许面朝北去向戎狄请求援救，来向天下人示弱？戎狄未必可信，只是平白得到恶名，这为下策，怎可说是上计？你代我告知镇军（指萧颖胄），前途进攻的政事，尽管交托给我，事情就在眼前，不怕不取胜，只是借重镇军将军的威名镇守。"

吴子阳等进军武口。衍命军主梁天惠等屯渔湖城，唐修期等屯白阳垒，夹岸待之。子阳进军加湖，去郢三十里，傍山带水，筑垒自固。子阳举烽，城内亦举火应之；而内外各自保，不能相救。会房僧寄病卒，众复推助防张乐祖代守鲁山。

【译文】吴子阳等进军武口。萧衍下令军主梁天惠等驻守渔湖城，唐修期等人在白阳垒驻守，两军夹岸等待敌人进攻。吴子阳进军加湖，距离郢城三十里，依山傍水，修筑堡垒固守。吴子阳举着烽火，城内人也举烽火响应；但都各自坚守自己的营地，不能相互援救。恰巧房僧寄病死，众人又推荐助防张乐祖代为管理鲁山。

萧颖胄之初起也，弟颖孚自建康出亡，庐陵民修灵祐为之聚兵，得二千人，袭房陵，克之，内史谢篡奔豫章。颖胄遣宁朔将军范僧简自湘州赴之，僧简拔安成，颖胄以僧简为安成太守，以颖孚为庐陵内史。东昏侯遣军主刘希祖将三千人击之，南康太守王丹以郡应希祖。颖孚败，奔长沙，寻病卒；谢篡复还郡。希祖攻拔安成，杀范僧简，东昏侯以希祖为安成内史。修灵祐复合馀众攻谢篡，篡败走。

【译文】萧颖胄当初起事时，弟弟萧颖孚从建康逃跑，庐陵百姓修灵祐为他集聚士兵，获得两千人，萧颖孚去攻取庐陵，攻陷了，内史谢篡逃跑到豫章。萧颖胄调派宁朔将军范僧简从湘州赶到，范僧简攻取安成，萧颖胄任命范僧简为安成太守，下令萧颖孚为庐陵内史。东昏侯萧宝卷派军主刘希祖率领三千人进攻他们，南康太守王丹凭借郡兵接应刘希祖，萧颖孚失败，逃向长沙，不久后病死，谢篡返回庐陵郡。刘希祖攻取安成，斩杀范僧简，东昏侯萧宝卷任命刘希祖为安成内史。庐陵百姓修灵祐又聚集萧颖孚剩下的将士进攻谢篡，谢篡失败逃跑。

东昏侯作芳乐苑，山石皆涂以五采。望民家有好树、美竹，则毁墙撤屋而徙之，时方盛暑，随即枯萎，朝暮相继。又于苑中立市，使宫人、宦者共为裨贩，以潘贵妃为市令，东昏侯自为市录事，小有得失，妃则与杖；乃敕虎贲不得进大荆、实中获。又开渠立埭，身自引船，或坐而屠肉。又好巫觋，左右朱光尚诈云见鬼。东昏入乐游苑，人马忽惊，以问光尚，对曰："向见先帝大嗔，不许数出。"东昏大怒，拔刀与光尚寻之。既不见，乃缚菰为高宗形，北向斩之，县首苑门。

【译文】东昏侯萧宝卷建造芳乐苑，将五彩颜色涂在山石上，远远看到百姓家有好树、美竹，就将墙壁房子毁坏将它迁走；那时正是盛夏，植物离开土地，立即死了，而早晚移植的人却络绎不绝。又在芳乐苑里安设市场，使宫人、宦官一同装作小贩，令潘贵妃为市令，东昏侯为市录事，萧宝卷稍稍有错，潘妃就会杖责；因此萧宝卷下令虎贲不允许送大荆，实心的荻草。萧宝卷又将水渠开凿安设收费站，亲自给人拉船，有时又坐在市场里屠宰牲畜。又喜爱与男女巫人做巫术施法，亲信朱光尚欺骗他说是看见鬼，东昏侯萧宝卷进入芳乐苑，马和人突然受惊，他咨询朱光尚，朱光尚回应说："刚刚见到先帝大怒，不允许皇上经常出游。"东昏侯萧宝卷很气愤，将刀拔出与朱光尚四下找齐明帝萧鸾的鬼魂。没找到，就用茭草缚成高宗齐明帝萧鸾的样子，让他面向北，砍下头，挂在芳乐苑门前。

崔慧景之败也，巴陵王昭胄、永新侯昭颖出投台军，各以王侯还第，心不自安。竟陵王子良故防阁桑偃为梅虫儿军副，与前巴西太守萧寅谋立昭胄，昭胄许事克用寅为尚书左仆射、护军。时军主胡松将兵屯新亭，寅遣人说之曰："须昏人出，寅等将兵奉昭胄入台，闭城号令，昏人必还就将军；但闭垒不出则三公不足得也。"松许诺。会东昏新作芳乐苑，经月不出游。偃等议募健儿百馀人，从万春门入，突取之，昭胄以为不可。偃同党王山沙虑事久无成，以事告御刀徐僧重。寅遣人杀山沙于路，吏于麝膌得其事。昭胄兄弟与偃等皆伏诛。

【译文】崔慧景事败后，巴陵王萧昭胄、永新侯萧昭颖从崔慧景军队中跑出来投靠朝廷军队，各自凭借王侯身份返回府第，心里不安。曾经担任竟陵王萧子良防阁的桑偃是梅虫儿的军副，和上任巴西太守萧寅计划拥护萧昭胄，萧昭胄答应事成之后启用萧寅做护军将军、尚书左仆射。当时军主胡松率领大军驻守新亭，萧寅派人规劝他说："等昏狂的人（东昏侯）外出，萧寅等率领大军奉萧昭胄进宫，关紧城门，号召天下，东昏侯萧宝卷必定返回投降将军，将军只要关紧堡垒不理睬他，要做到三公是没问题了。"胡松答应了。恰逢东昏侯建造芳乐苑,一整个月不外出。桑偃等人商量招收一百多个身手敏捷的将士,由万春门冲入,突击东昏侯,萧昭胄认为不可行。桑偃的党羽王山沙想到事情不会成功,将事情告知御刀徐僧重。萧寅命人在路上斩杀王山沙,以为官员在王山沙身上盛麝香的香袋里,知道了废立谋划,萧昭胄兄弟和桑偃等人都认罪被杀。

雍州刺史张欣泰与弟前始安内史欣时,密谋结胡松及前南谯太守王灵秀、直阁将军鸿选等诛诸嬖幸,废东昏。东昏遣中书舍人冯元嗣监军救郢;秋,七月,甲午,茹法珍、梅虫儿及太子右率李居士、制局监杨明泰送之于中兴堂,欣泰等使人怀刀于座斫元嗣,头坠果柈中,又斫明泰,破其腹;虫儿伤数疮,手指皆堕;居士、法珍等散走还台。灵秀诣石头迎建康王宝寅,帅城中将吏见力,去车轮,载宝寅,文武数百唱警跸,向台城,百姓数千人皆空手随之。欣泰闻事作,驰马入宫,冀法珍等在外,东昏尽以城中处分见委,表里相应。既而法珍得返,处分闭门上仗,不配欣泰兵,鸿选在殿内亦不敢发。宝寅去杜姥宅,日已瞑,城门闭。城上人射外人,外人弃宝寅溃去。宝寅亦逃,三日,乃戎服诣草市尉,尉驰以启东昏。东昏召宝寅入宫问之,宝寅涕泣称:"尔日不知何人逼使上车,仍将去,制不自由。"东昏笑,复其爵位。张欣泰等事觉,与胡松皆伏诛。

【译文】雍州刺史张欣泰和弟弟前任始安内史张欣时,私下计划勾结胡松和直阁将军鸿选、上任南谯太守王灵秀等人斩杀各嬖幸,废东昏侯萧宝卷。东昏侯调派中书舍人冯元嗣监督援救郢城的大军。秋季,七月,甲午日(初二日),太子右率李居士、制局监杨明泰和茹法珍、梅虫儿送冯元嗣去中兴堂,张欣泰等令人拿着刀子在位上斩杀冯元嗣，冯元嗣的头颅掉到果盘里；又斩杀杨明泰，划开他的肚子；梅虫儿有好多处划伤，手指都被砍掉了；李居士、茹法珍等四下逃回皇宫。王灵秀去石头城前去接应建安王萧宝寅，带领城中所有兵力，拆除车轮，制成肩舆，载着萧宝寅，文武数百人跟随萧宝寅，呵斥清除路人，走向皇宫，几千老百姓空手跟着他们。张欣泰得知事情开始，骑马奔向皇宫，希望茹法珍在宫外，东昏侯萧宝卷将宫城里管事权力交给他，能够里外响应。没多长时间茹法珍逃，东昏侯萧宝卷下令关紧宫门，配上兵器，不派发士兵给张欣泰，鸿选在殿内也不敢发起行动。萧宝寅到达杜姥宅，天已经很黑了，宫城门关着。城上的人用箭射外面的人，外面人丢掉萧宝寅溃败逃跑。萧宝寅也逃走了，过了三天，萧宝寅才穿着兵服到了草市尉那，草市尉跑着去上奏东昏侯萧宝卷。东昏侯召萧宝卷入宫指责他，萧宝寅哭着说："那天不知是谁逼迫我上车，我将离开，被掌控不由自己做主。"东昏侯萧宝卷笑后，恢复他的官位。张欣泰等人叛乱的事被发现，和胡松都认罪被杀。

萧衍使征虏将军王茂、军主曹仲宗等乘水涨以舟师袭加湖，鼓噪攻之。丁酉，加湖溃，吴子阳等走免，将士杀溺死者万计，俘其馀众而还。于是，郢、鲁二城相视夺气。

乙巳，柔然犯魏边。

鲁山乏粮，军人于矶头捕细鱼供食，密治轻船，将奔夏口，萧衍遣偏军断其走路。丁巳，孙乐祖窘迫，以城降。

【译文】萧衍令军主曹仲宗、征虏将军王茂等趁水涨时用水军攻取加湖，大军喧闹叫嚷着进攻。丁酉日（初五日），加湖守军溃败，吴子阳等人逃跑免去一死，好几万士兵被杀死溺死，曹仲宗、王茂虏获了剩余的士兵回来。于是郢城、鲁山的士兵士气衰落。

乙巳日(十三日),柔然入侵北魏的边疆。

鲁山缺少粮食,大军在石矶头捉小鱼提供膳食,私下将小船轻便整理,投向夏口,萧衍调派偏师斩断他们的道路。丁巳日(二十五日),孙乐祖陷入窘境,献出城池归降萧衍。

己未,东昏侯以程茂为郢州刺史,薛元嗣为雍州刺史。是日,茂、元嗣以郢城降。郢城之初围也,士民男女近十万口;闭门二百馀日,疾疫流肿,死者什七八,积尸床下而寝其上,比屋皆满。茂、元嗣等议出降,使张孜为书与衍。张冲故吏青州治中房长瑜谓孜曰:"前使君忠贯昊天,郎君但当坐守画一以荷析薪,若天运不与,当幅巾待命,下从使君。今从诸人之计,非唯郢州士女失高山之望,亦恐彼所不取也。"孜不能用。萧衍以韦叡为江夏太守,行郢府事,收瘗死者而抚其生者,郢人遂安。

【译文】己未日(二十七日),东昏侯萧宝卷任命程茂为郢州刺史,薛元嗣为雍州刺史。这天,程茂、薛元嗣献出郢城归降。郢城开始被包围时,有将近十万士民男女,关紧城门两百多天,瘟疫肆行,人们身体浮肿,死去的人有十分之七八,床下堆尸体而床上入睡,相连的房间都堆满尸体。程茂、薛元嗣等商量出城归降,派张冲的儿子张孜给萧衍写信。张冲以前的官员青州治中房长瑜向张孜说:"张冲一直忠心,郎君你就该坚守主张,继承前人已有的伟业。假若上天不帮助我们,我也应该头束幅巾,等待被杀,到地下追随你的父亲。如今顺从众人的计划,不但郢州士女失去期望,也怕我们的敌人也要看清你!"张孜没有采纳。萧衍任命韦叡为江太守,管理郢城府衙政务,处理死人，安慰生者，郢城之人才安定下来。

诸将欲顿军夏口；衍以为宜乘胜直指建康，车骑谘议能军张弘策、宁远将军庾域亦以为然。衍命众军即日上道。缘江至建康，凡矶、浦、村落，军行宿次、立顿处所，弘策逆为图画，如在目中。

辛酉，魏大赦。

【译文】 各将领欲停军夏口；萧衍认为应乘胜直指建康，车骑谘议参军张弘策、宁远将军庾域也认为很有理。萧衍下令各军当天出发，顺着长江到达建康，但凡村落、石矶、水滨等军行夜里驻扎之地、暂时停留之地，张弘策都事先为各将领描绘出来，就像在面前一般。

辛酉日（二十九日），北魏大赦天下。

魏安国宣简侯王肃卒于寿阳，赠侍中、司空。初，肃以父死非命，四年不除丧。高祖曰："三年之丧，贤者不敢过。"命肃以祥禫之礼除丧。然肃犹素服、不听乐终身。

汝南民胡文超起兵于瀔阳以应萧衍，求取义阳、安陆等郡以自效；衍又遣军主唐修期攻随郡，皆克之。司州刺史王僧景遣子贞孙为质于衍，司部悉平。

【译文】 北魏安国宣简侯王肃在寿阳逝世，被追封为侍中、司空。起初，王肃因父亲王奂被齐武帝萧赜杀害，立誓四年不去除丧服。高祖孝文帝元宏说："三年丧期，贤者不能服丧过期。"下令王肃在祥、禫之礼后去除丧服。但王肃还是穿着素服，一生不听音乐。

汝南人胡文超在瀔阳起义，响应萧衍，想取得义阳、安陆等郡来投靠；萧衍又令将领唐修期攻打随郡，义阳、安陆、随郡都攻陷了。司州刺史王僧景令儿子去萧衍那里做人质，司州所管辖的各郡都被萧衍统一。

崔慧景之死也，其少子偃为始安内史，逃潜得免。及西台建，以偃为宁朔将军。偃诣公车门上书曰："臣窃惟高宗之孝子忠臣而昏主之乱臣贼子者，江夏王与陛下，先臣与镇军是也；虽成败异术而所由同方。陛下初登至尊，与天合符；天下纤介之屈，尚望陛下申之，况先帝之子陛下之兄，所行之道，即陛下所由哉！此尚弗恤，其馀何冀！今不可幸小民之无识而罔之；若使晓然知其情节，相帅而逃，陛下将何以应之哉！"事寝，不报。偃又上疏曰："近冒陈江夏之冤，非敢以父子之亲而伤至公之义，诚不晓圣朝所以然之意。若以狂主虽狂，而实是天子，江夏虽贤，实是人臣，先臣奉人臣逆人君为不可，未审今之严兵劲卒方指象魏者，其故何哉！臣所以不死，苟存视息，非有它故，所以待皇运之开泰，申忠魂之枉屈。今皇运已开泰矣，而死社稷者返为贼臣，臣何用此生于陛下之世矣！臣谨案镇军将军臣颖胄、中领军臣详，皆社稷之臣也，同知先臣股肱江夏，匡济王室，天命未遂，主亡与亡；而不为陛下瞥然一言。知而不言，不忠；不知而不言，不智也。如以先臣遣使，江夏斩之；则征东之驿使，何为见戮？陛下斩征东之使，实诈山阳；江夏违先臣之请，实谋孔矜。天命有归，故事业不遂耳。臣所言毕矣，乞就汤镬！然臣虽万没，犹愿陛下必申先臣。何则？恻怆而申之，则天下伏；不恻怆而申之，则天下叛。先臣之忠，有识所知，南、董之笔，千载可期，亦何待陛下屈申而为褒贬！然小臣惓惓之愚，为陛下计耳。"诏报曰：

"其知卿悁切之怀，今当显加赠谥。"偃寻下狱死。

【译文】 崔慧景死时，他的小儿子崔偃担任始安内史，逃跑了得以幸免；南康王萧宝融的西台安设后，任命崔偃为宁朔将军。崔偃在公车门上谏说："臣暗地以为，高宗萧鸾的孝子忠臣，和昏君萧宝卷的奸佞臣子，就是皇上和江夏王，先父崔慧景和镇军将军萧颖胄。虽成败方法不同，但所遵守的礼制是相同的。皇上刚登上至尊高位，符合天道，天下有小的冤屈侮辱，希望皇上能为他申辩，况且先帝的儿子、皇上的兄长江夏王所走的路，就是皇上今天所走的路呢！这个还不能怜悯，别的有何希望？如今不能庆幸百姓无知无识就欺骗他们，假使让他们知道其中的情况，一起逃散，皇上将怎么做呢？"事情被压住没有上报。崔偃又上奏说："近来冒昧上奏江夏王的冤屈，不是大胆用父子之情去损伤至公之义，的确是不了解圣朝要如此做（压着奏书不报）的用意。如果认为东昏侯萧宝卷虽狂乱，却是天子；江夏王萧宝玄虽然贤德，却是臣子，我的父亲拥戴江夏王萧宝玄反对狂乱的东昏侯萧宝卷是不可以的，不知如今陛下率领强劲的士兵直指建康朝廷，又是何缘由呢？臣之所以不死，在世间活着，并没有别的缘由，只是为等着皇运畅通，能申彻忠魂的冤枉。如今皇运已经通畅了，而替天下而死的，反而变成反贼，臣在皇上之世存活还有何意义呢？臣仔细想过，镇军将军萧颖胄，中领军侯夏侯详，都是社稷之臣，一样明白我的父亲帮助江夏王，挽救匡扶王室，最后天命没到，江夏王死了，我的父亲也跟着死了；但他们不在皇上面前说一句。明知却不说，是为不忠；不知而不说，是为不智。如果根据我的父亲派出使者到江夏王那里，江夏王斩杀使者，就认为我的父亲不忠，则征东将军的驿使王天虎为什么被害？皇上斩杀征东将军的使者，目的是

资治通鉴

欺骗刘山阳；江夏王不听从我的父亲的建议，事实为谋划司马孔矜。天命自然有定数，事业所以不顺遂而已！臣要说的都讲完了，请让我接受惩罚吧！但是臣死万次，还想要皇上为我的父亲申屈，为何？怜悯他的忠诚并申明他的冤枉，则天下的百姓都因皇上的仁义而俯首称臣；不为我父亲的忠诚悲伤并申理他的冤情，则天下的百姓因皇上的寡恩一起反叛。我父亲的忠诚，有见识的人士都知道，南史、董狐的史笔，千年之后，仍可流传青史，又何必因皇上屈抑、申明而褒奖、贬抑？我忠诚，有一片真心，替皇上打算罢了！"萧宝融下诏回复说："完全明白卿的痛彻之心，如今理应显赫他（给崔慧景）追封谥号。"不久崔偃被关押在监牢中死了。

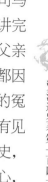

八月，丁卯，东昏侯以辅国将军申胄监豫州事；辛未，以光禄大夫张瑰镇石头。

【译文】秋季，八月，丁卯日（初五日），东昏侯萧宝卷任命辅国将军申胄管理豫州政务；辛未日（初九日），派光禄大夫张瑰守卫石头城。

初，东昏侯遣陈伯之镇江州，以为吴子阳等声授。子阳等既败，萧衍谓诸将曰："用兵未必须实力，所听威声耳。今陈虎牙狼狈奔归，寻阳人情理当恟惧，可传檄而定也。"乃命搜俘囚，得伯之幢主苏隆之，厚加赐与，使说伯之，计即用为安东将军、江州刺史。伯之遣隆之返命，虽许归附，而云"大军未须遽下"。衍曰："伯之此言，意怀首鼠。及其犹豫，急往逼之，计无所出，势不得不降。"乃命邓元起引兵先下，杨公则径掩柴桑，衍与诸将以次进路。元起将至寻阳，伯之收兵退保湖口，留陈虎牙守溢城。

选曹郎吴兴沈瑀说伯之迎衍。伯之泣曰："余子在都,不能不爱。"瑀曰："不然。人情匈匈,皆思改计;若不早图,众散难合。"丙子,衍至寻阳,伯之束甲请罪。初,新蔡太守席谦,父恭穆为镇西司马,为鱼复侯子响所杀。谦从伯之镇寻阳,闻衍东下,曰:"我家世忠贞,有殒不二。"伯之杀之。乙卯,以伯之为江州刺史,虎牙为徐州刺史。

【译文】 起初,东昏侯派陈伯之把守江州,为吴子阳接应救援。吴子阳战败以后,萧衍向各将领说:"用兵不一定要用军事实力,所见的仅仅是威势罢了!如今陈虎牙狼狈逃跑,寻阳人心里,按理应是恐惧害怕,只要能传达檄文寻阳城就会安定。"萧衍于是下令搜寻俘虏,寻找到陈伯之的幢主苏隆之,优厚奖赏他,让他劝说陈伯之,应允他担任江州刺史、安东将军。陈伯之令苏隆之返回复命,虽应允归降,却说军队不必立刻东下。萧衍说:"陈伯之此话,其意还是前后观看,犹豫不决。趁其摇摆不定,快去逼迫他,他无法可用,情势上不能不归降。"萧衍下令邓元起率兵进发,杨公则直接偷袭柴桑,萧衍和各将领依次进发上路。邓元起将到寻阳,陈伯之集合军队,撤回镇守湖口,留下陈虎牙守卫湓城。选派曹郎吴兴人沈瑀规劝陈伯之前去接应萧衍。陈伯之哭着说:"我的儿子在京都,不能不怜爱他。"沈瑀说:"话不是这样说,如今人心扰攘不定,都想更改计划,不尽早谋划,士兵溃散就难再积聚了。"丙子日(十四日),萧衍到达寻阳,陈伯之将盔甲捆束请求赐罪。起初,新蔡太守席谦的父亲席恭穆担任镇西司马,被鱼复侯萧子响害了,席谦跟着陈伯之把守寻阳,得知萧衍东下,说:"我家世世忠贞,没有贰心,只有一死。"陈伯之斩杀了他。乙卯日(八月无此日),萧衍任命陈虎牙为徐州刺史,陈伯之为江州刺史。

鲁休烈、萧瓛破刘孝庆等于峡口，任漾之战死。休烈等进至上明，江陵大震。萧颖胄恐，驰告萧衍，令遣杨公则还援根本。衍曰："公则今溯流上江陵，虽至，何能及事！休烈等乌合之众，寻自退散，政须少时持重耳。良须兵力，两弟在雍，指遣往徵，不为难至。"颖胄乃遣军主蔡道恭假节屯上明以拒萧瓛。

辛巳，东昏侯以太子左率李居士总督西讨诸军事，屯新亭。

【译文】鲁休烈、萧瓛在峡口打败刘孝庆的军队，任漾之被杀。鲁休烈等进军到上明，江陵非常震惊。萧颖胄害怕，骑马赶快告知萧衍，让萧衍派杨公则大军救援江陵。萧衍说："杨公则如今溯流直上江陵，假使来到，对事情怎会有益？鲁休烈等一群乌合之众，不久就会自己撤走，须等待片刻，有稳重态度！果真要大军救援江陵，我的两个弟弟都在雍州，你指派他们前去征调兵力，不是难以办到之事。"于是萧颖胄调派蔡道恭拿着符节驻扎在上明方便抵抗萧瓛。

辛巳日（十九日），东昏侯萧宝卷下令太子左卫率李居士总管向西征讨各项军务，在新亭驻守。

九月，乙未，诏萧衍若定京邑，得以便宜从事。衍留骁骑将军郑绍叔守寻阳，与陈伯之引兵东下，谓绍叔曰："卿，吾之萧何、寇恂也。前涂不捷，我当其咎；粮运不继，卿任其责。"绍叔流涕拜辞。比克建康，绍叔督江、湘粮运，未尝乏绝。

魏司州牧广阳王嘉请筑洛阳三百二十三坊，各方三百步，曰："虽有暂劳，奸盗永息。"丁酉，诏发畿内夫五万人筑之，四旬而罢。

【译文】秋季，九月，乙未日（初四日），和帝萧宝融下诏萧衍如果安定京城，可以方便权衡情形处理事务。萧衍留下骁骑将军郑绍叔把守寻阳，与陈伯之一同带兵东下，向郑绍叔说："你，是我的寇恂、萧何啊！进攻建康假使不胜利，我担当罪行；假使粮食不能运到，你必须负责。"郑绍叔落泪告辞。一直到攻取建康，郑绍叔监督长江、湘水的粮草押运，从无中断匮乏过。

北魏司州牧广阳王元嘉请求修筑洛阳三百二十三个"坊"，每"坊"为三百步见方，说："虽为暂时的劳苦，但奸邪和盗窃永久没有了。"丁酉日（初六日），下令调动京城附近五万百姓前去修筑，四十天修完。

己亥，魏立皇后于氏。后，征虏将军劲之女；劲，烈之弟也。自祖父栗磾以来，累世贵盛，一皇后，四赠公，三领军，二尚书令，三开国公。

甲申，东昏侯以李居士为江州刺史，冠军将军王珍国为雍州刺史，建安王宝寅为荆州刺史，辅国将军申胄监郢州，龙骧将军扶风马仙琕监豫州，骁骑将军徐元称监徐州军事。珍国，广之子也。

【译文】己亥日（初八日），北魏册封皇后于氏。皇后是征虏将军于劲的女儿，于劲是于烈的哥哥。在祖父于栗磾之后，于家几代繁盛显贵，两个尚书令，三个领军，四个赠公，三个开国公，一个皇后。

甲申日（十三日），东昏侯萧宝卷任命李居士为江州刺史，建安王萧宝寅为荆州刺史，冠军将军王珍国为雍州刺史，龙骧将军扶风人马仙琕监理豫州，骁骑将军徐元称管理徐州的军务，辅国将军申胄监理郢州。王珍国为王广之的儿子。

是日，萧衍前军至芜湖；申胄军二万人弃姑孰走，衍进军，据之。戊申，东昏侯以后军参军萧瓛为司州刺史，前辅国将军鲁休烈为益州刺史。

萧衍之克江、郢也，东昏侯游骋如旧，谓茹法珍曰："须来至白门前，当一决。"衍至近道，乃聚兵为固守之计，简二尚方、二冶囚徒以配军；其不可活者，于朱雀门内日斩百馀人。

【译文】当天，萧衍的前锋军队到芜湖，申胄两万大军舍弃姑孰撤退，萧衍将大军进发姑孰，占领了它。戊申日（十七日），东昏侯萧宝卷任命前任辅国将军鲁休烈为益州刺史，后军参军萧瓛为司州刺史。

萧衍攻陷江州、郢城时，东昏侯萧宝卷玩乐骑马，一如从前，他对茹法珍说："他们到白门前，应与他们决一胜负。"萧衍到达离京城不远的地方，东昏侯萧宝卷才召集士兵，做防御的计划，把左、右尚方，东、西二冶的囚犯，派到军中，其中是死刑的，每天在朱雀门斩杀了一百多人。

衍遣曹景宗等进顿江宁。丙辰，李居士自新亭选精骑一千至江宁。景宗始至，营垒未立，且师行日久，器甲穿弊。居士望而轻之，鼓噪（直）前薄之；景宗奋击，破之，因乘胜而前，径至皂荚桥。于是，王茂、邓元（超）〔起〕、吕僧珍进据赤鼻逻，新亭城主江道林引兵出战，众军擒之于陈。衍至新林，命王茂进据越城，邓元起据道士墩，陈伯之据篱门，（中）僧珍据白板桥。李居士觇（之）〔知〕僧珍众少，帅锐卒万人直来薄垒。僧珍曰："吾众少，不可逆战，可勿遥射，须至堑里，当并力破之。"俄而皆越堑拔栅。僧珍分人上城，矢石俱发，自帅马步三百人出其后，城上人复逾城而下，内外奋击，居士败走，获取器甲不可胜计。居士请于东昏侯，烧南岸邑屋以开战场，自大航以西、新亭以北皆尽。衍诸弟皆自建康自拔赴军。

【译文】萧衍调派曹景宗等进发驻守江宁。丙辰日（二十五日），李居士在新亭挑选一千精锐骑兵到达江宁。曹景宗刚到，军营堡垒都还没立起，军队行军时间太长，铠甲和武器都破旧钝滞。李居士远远望见就小瞧他，叫嚷喧闹直接进逼；曹景宗全力反击，打败他们，于是乘胜追击，一直追到皂荚桥，王茂、邓元起、吕僧珍于是进发攻占赤鼻逻，新亭城主江道林率领大军出来作战，众军在阵前活捉了他。萧衍到达新林，下令王茂发军占领越城，吕僧珍占据白板桥，陈伯之占据篱门，邓元起占领道士墩。李居士勘察知晓吕僧珍的士兵少，便率领一万精锐士卒前来进逼堡垒。吕僧珍说：“我们士兵少，不能作战，不在远处射击，等他们到达深壕，再一起打败他们。”不久李居士大军走过深壕，拔除栅栏；吕僧珍分别派人登城，碎石与弓箭一齐射出，亲率三百骑兵从后面作战，城上之人又翻城下来，里外全力反击，李居士兵败撤退，吕僧珍获得他们的武器铠甲数不清。李居士向东昏侯萧宝卷请求将南岸市镇房子烧毁开辟战场，将大航之西，新亭之北，全部烧光。萧衍的几个弟弟都从建康出发投奔到军队。

冬，十月，甲戌，东昏侯遣征虏将军王珍国、军主胡虎牙将精兵十万馀人陈于朱雀航南，宦官王宝孙持白虎幡督战，开航背水，以绝归路。衍军小却，王茂下马，单刀直前，其甥韦欣庆执铁缠稍以翼之，冲击东军，应时而陷。曹景宗纵兵乘之，吕僧珍纵火焚其营,将士皆殊死战,鼓噪震天地。珍国等众军不能抗,王宝孙切骂诸将帅,直阁将军席豪发愤突陈而死。豪,骁将也,既死,士卒土崩,赴淮死者无数,积尸与航等,后至者乘以之以济。于是,东昏侯诸军望之皆溃。衍军长驱至宣阳门,诸将移营稍前。

【译文】 冬季,十月,甲戌日(十三日),东昏侯萧宝卷调派征虏将军王珍国、军主胡虎牙率领十万精兵在朱雀航南摆好阵势,宦官王宝孙持着白虎旗幡督促战斗,将浮桥拉开,背水作战,斩断归路。萧衍大军稍微后退,王茂拿了单刀下了马直接向前走,他的外甥韦欣庆拿着铁线缠柄的长矛做他的两翼,进攻东面的大军,很快就攻取了。曹景宗命令士兵乘胜追击,吕僧珍放火烧毁军营,士兵都拼命作战,吵闹喊叫之声震动天地,王珍国等军队不再抵抗,王宝孙责骂各将帅,直阁将军席豪愤怒,奋力进攻在阵中死了。席豪是骁勇的将军,他死后,士兵如土崩一般溃散,掉进秦淮河死的数不胜数,尸体堆得和浮桥一样高,后到的士兵踩着尸体过河,东昏侯萧宝卷的各个军队见后自己就溃散了。萧衍长驱直入宣阳门,各将领搬动营帐,稍微前进。

陈伯之屯西明门,每城中有降人出,伯之辄呼与耳语。衍恐其复怀翻覆,密语伯之曰:"闻城中甚忿卿举江州降,欲遣刺客中卿,宜以为虑"。伯之未之信。会东昏侯将郑伯伦来降,衍使伯伦过伯之,谓曰:"城中甚忿卿,欲遣信诱卿以封赏,须卿复降,当生割卿手足;卿若不降,复欲遣刺客杀卿。宜深为备。"伯之惧,自是始无异志。

【译文】 陈伯之驻守西明门,每当城中有人出来投降,陈伯之就召来附耳讲话。萧衍怕他有反叛之心，私下向陈伯之说：
"得知宫城内对你献出江州投降很生气，要派刺客杀害你，你
应提防小心。"陈伯之不信。恰逢东昏侯萧宝卷的将领郑伯伦
来归降，萧衍使郑伯伦去拜见陈伯之，对他说："城里人对你很
生气，派遣亲信拿封赏来诱惑你，等你再次投降，就活割你的
手脚；你如果不投降，就派遣刺客杀你，你理应做好防备。"陈
伯之害怕，才不再有背叛的心思。

戊寅，东昏宁朔将军徐元瑜以东府城降。青、冀二州刺史桓
和入援，屯东宫。己卯，和诈东昏，云出战，因以其众来降。光
禄大夫张瑰弃石头还宫。李居士以新亭降于衍，琅邪城主张木
亦降。壬午，衍镇石头，命诸军攻六门。东昏烧门内营署、官府，
驱逼士民，悉入宫城，闭门自守。衍命诸军筑长围守之。

【译文】 戊寅日（十七日），东昏侯萧宝卷的宁朔将军徐元
瑜贡献东府城归降。青、冀二州刺史桓和进京援救，驻守在东
宫。己卯日（十八日），桓和欺骗东昏侯萧宝卷说要出城迎战，
率领大军归降。光禄大夫张瑰舍弃石头城返回皇宫。李居士奉
献新亭归降了萧衍，琅邪城主张木也归降萧衍。壬午日（二十一
日），萧衍把守石头城，下令军队攻打六个城门。东昏侯萧宝卷
将门内营地、官府烧毁，驱赶民兵，都进了皇城，关闭城门自己
镇守。萧衍下令各军修筑长长的预防工事监视镇守。

杨公则屯领军府垒北楼，与南掖门相对，尝登楼望战。城中
遥见麾盖，以神锋弩射之，矢贯胡床，左右失色。公则曰："几中
吾脚！"谈笑如初。东昏夜选勇士攻公则栅，军中惊扰；公则坚卧
不起，徐命击之，东昏兵乃退。公则所领皆湘州人，素号怯懦，

城中轻之，每出荡，辄先犯公则垒；公则奖厉军士，克获更多。

先是，东昏遣军主左僧庆屯京口，常僧景屯广陵，李叔献屯瓜步；及申胄自姑孰奔归，使屯破墩，以为东北声援。至是，衍遣使晓谕，皆帅其众来降。衍遣弟辅国将军秀镇京口，辅国将军恢镇破墩，从弟宁朔将军景镇广陵。

【译文】杨公则在领军府垒的北楼驻守，和南掖门相望，以前杨公则登楼眺望战况。城中远望旌旗伞盖，用神锋箭射击他，箭将胡床射穿，旁边的人吓得变了脸色。杨公则说："差一点将我的脚射中！"谈笑说话和以前一样。东昏侯萧宝卷在夜晚选派勇士进攻杨公则的防御栅栏，大军害怕扰乱；杨公则依然躺着没动，慢慢下令进攻来袭的士兵，东昏侯萧宝卷的士兵才撤退。杨公则所率领的士兵都为湘州人，一直以来以胆小懦弱出名，宫城里的人轻视他们，每次出城进攻，就先入侵杨公则的堡垒；杨公则表扬鼓舞士兵，胜利虏获的很多。

起初，东昏侯调派常僧景驻守广陵；军主左僧庆驻守京口；李叔献驻守瓜步；申胄从姑孰逃跑返回后，让他驻守破墩，方便救援东北方的大军。此时，萧衍令使者去告知，他们都带领军队来投降。萧衍命令弟弟辅国将军萧秀守卫京口，辅国将军萧恢守卫破墩，堂弟宁朔将军萧景守卫广陵。

十一月，丙申，魏以票骑大将军穆亮为司空；丁酉，以北海王详为太傅，领司徒，初，详欲夺彭城王勰司徒，故谮而黜之；既而畏人议己，故但为大将军，至是乃居之。详贵盛翕赫，将作大匠王遇多随详所欲，私以官物给之。司空长史于忠责遇于详前曰："殿下，国之周公，阿衡王室，所须材用，自应关旨；何至阿谀附势，损公惠私也！"遇既蹙踏，详亦惭谢。忠每以鲠直为详所忿，尝骂忠曰："我忧在前见尔死，不忧尔见我死时也！"忠曰："人生于世，自有定分；若应死于王手，避亦不免；若其不尔，王不能杀！"忠以讨咸阳王禧功，封魏郡公，迁散骑常侍，兼武卫将军。详因忠表让之际，密劝魏主以忠为列卿，令解左右，听其让爵，于是诏停其封，优进太府卿。

【译文】冬季，十一月，丙申日（初六日），北魏任命骠骑大将军穆亮为司空；丁酉日（初七），任命北海王元详为太傅和司徒。起初，元详想从彭城王元勰手中夺得司徒的职位，所以诋毁贬低他；不久怕人议论自己，因此仅任大将军，到此时才担任司徒。元详隆盛煊赫，将作大匠王遇多数听任元详的命令，暗地拿朝廷的物品送给他。司徒长史于忠在元详面前指责王遇说："殿下是我国的周公，如伊尹一样是皇上依靠之人，他所要的东西，自该按照皇上旨意办理，怎至于要你这样阿谀奉承，攀附势力，损害公家来做人情呢？"王遇听后恭敬不安，元详也愧疚得一直向他谢罪。于忠因耿直，令元详怨恨，元详曾经骂于忠说："我担心的是先看到你死，不担心会有你看见我死的时候！"于忠回答说："人生在世，有自己固定的名分，假使我该死在王爷手里，即便躲避也免不了；假使命运并不是这样，王爷就不会杀我！"于忠因为征讨咸阳王元禧的功勋，被封赐为魏郡公，升调为散骑常侍和武卫将军。元详借于忠奉上奏表谦让之时，私下劝宣武帝元恪任命于忠为列卿，让宣武帝元恪罢黜他，免去他的散骑常侍和武卫将军，听由他推辞爵位。于是宣武帝元恪下诏免除元详的封号，特为太府卿。

巴东献武公萧颖胄以萧璝与蔡道恭相持不决，忧愤成疾；壬午，卒。夏侯详秘之，使似其书者假为教命，密报萧衍，衍亦秘之。详徵兵雍州，萧伟遣萧憺将兵赴之。瓛等闻建康已危，众惧而溃，瓛及鲁休烈皆降。乃发颖胄丧，赠侍中、丞相；于是众望尽归于衍。夏侯详请与萧憺共参军国，诏以详为侍中、尚书右仆射，寻除使持节、抚军将军、荆州刺史。详固让于憺，乃以憺行荆州府州事。

魏改筑圜丘于伊水之阳；乙卯，始祀于其上。

【译文】巴东献武公萧颖胄因为萧瓛的军队与部将蔡道恭僵持不下，担心愤恨，累积得病，壬午日（十二日），逝世。夏侯详密不发丧，让字迹和萧颖胄相似的人，假装教谕，暗地告知萧衍，萧衍也暂时不公布这个噩耗。夏侯详在雍州征用士兵，萧伟调派萧憺率兵赶去。萧瓛等人得知建康危在旦夕，士兵害怕混乱，萧瓛与鲁休烈都归降。于是公布萧颖胄丧事，追封侍中、丞相。到此时，众人的盼望都归结到萧衍一人。夏侯详请求和萧瓛一起参加军国大事，和帝萧宝融下诏夏侯详担任尚书右仆射、侍中，不久又调派为使持节、荆州刺史、抚军将军。夏侯详坚决推让给萧憺。于是下令萧憺管理荆州府州政务。

北魏在伊水的北边建造圜丘；乙卯日（二十五日），开始在此祭祀。

魏镇南将军元英上书曰："萧宝卷骄纵日甚，虐害无辜。其雍州刺史萧衍东伐秣陵，扫土兴兵，顺流而下；唯有孤城，更无重卫，乃皇天授我之日，旷载一逢之秋；此而不乘，将欲何待！臣乞躬帅步骑三万，直指泃阴，据襄阳之城，断黑水之路。昏虐君臣，自相鱼肉；我居上流，威震遐迩，长驱南出，进拔江陵，则三楚之地一朝可收，岷、蜀之道自成断绝。又命扬、徐二州声言俱举，建业穷蹙，鱼游釜中，可以齐文轨而大同，混天地而为一。伏惟陛下独决圣心，无取疑议；此期脱爽，并吞无日。"事寝不报。

【译文】北魏镇南将军元英上奏说："萧宝卷放纵淫乱，越来越严重，残害无辜百姓。齐国雍州刺史萧衍向东讨伐秣陵，清扫尘土，调派军队，顺流直下；只有建康一座没有援兵的城池，再无严密的守卫，这是上天给我们的好时机，千载难逢的机会；如今不把握，更待何时呢？臣请求亲率三万步兵和骑兵直指沔水南边，占领襄阳城池，拦截黑水之路。肆虐昏庸的君臣，自己相互屠杀，我们扼制上流，声势威慑远近之地。向南长驱直下，大军攻陷江陵，则三楚（西楚、东楚、南楚）之地一天就能接收；岷、蜀通往建康路自然阻断。再下令扬州、徐州两州反叛，建康窘蹙穷迫，就像鱼在锅底游走，我们就能统一文字车轨，能到大同盛世，混合天地一体。希望皇上圣明心智独自判决，不要犹豫；这个机会错过了，要吞并南方将再无时机了。"奏折被压着没有上报。

车骑大将军源怀上言："萧衍内侮，宝卷孤危，广陵、淮阴等戍皆观望得失。斯实天启上期，并吞之会；宜东西齐举，以成席卷之势。若使萧衍克济，上下同心，岂惟后图之难，亦恐扬州危逼。何则？寿春之去建康才七百里，山川水陆，皆彼所谙。彼若内外无虞，君臣分定，乘舟藉水，倏忽而至，未易当也。今宝卷都邑有土崩之忧，边城无继授之望，廓清江表，正在今日。"魏主乃以任城王澄为都督淮南诸军事、镇南大将军、开府仪同三司、扬州刺史，使为经略；既而不果。怀，贺之子也。

【译文】车骑大将军源怀对宣武帝元恪上奏："萧衍出兵作乱，萧宝卷孤立无援，广陵、淮阴等镇守据点都观看胜败。这确实是上天提供给我们的机会；应东西一同起兵，变成席卷一切之势。假使萧衍能成功,齐国上下齐心协力,不仅以后图谋南方有很大困难,扬州恐怕也很危险。为何呢?寿春离建康七百里,水上陆地,山岳河流,全是他们所了解的。假使齐国内外没有担忧,君臣名分确定,乘船顺流,一下子就到达寿春,我们不易抵挡啊!现在萧宝卷的都城有散乱的担忧,边境的城池没有救援的希望,要想清理江南之地,如今正是时候。"于是宣武帝元恪任命任城王元澄为都督淮南诸军事、扬州刺史、开府仪同三司、镇南大将军,让他做全盘计划。南伐却没有结果。源怀是源贺的儿子。

东豫州刺史田益宗上表曰:"萧氏乱常,君臣交争,江外州镇,中分为两,东西抗峙,已淹岁时。民庶穷于转输,甲兵疲于战斗,事救于目前,力尽于麾下,无暇外维州镇,纲纪庶方,藩城棋立,孤存而已。不乘机电扫,廓彼蛮疆,恐后之经略,未易于此。且寿春虽平,三面仍梗,镇守之宜,实须豫设。义阳差近淮源,利涉津要,朝廷行师,必由此道。若江南一平,有事淮外,须乘夏水汎长,列舟长淮;师赴寿春,须从义阳之北,便是居我喉要,在虑弥深。义阳之灭,今实时矣。度彼不过须精卒一万二千;然行师之法,贵张形势。请使两荆之众西拟随、雍,扬州之卒顿于建安,得捍三关之援;然后二豫之军直据南关,对抗延头,遣一都督总诸军节度,季冬进师,迄于春末,不过十旬,克之必矣。"元英又奏称:"今宝卷骨肉相残,藩镇鼎立。义阳孤绝,密迩王土,内无兵储之固,外无粮援之期,此乃欲焚之鸟,不可去薪,授首之寇,岂容缓斧!若失此不取,岂惟后举难图,亦恐更为深患。今豫州刺史司马悦已戒严垂发,东豫州刺史田

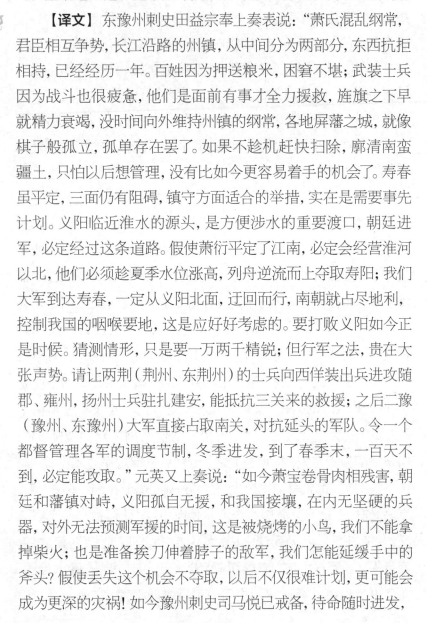

益宗兵守三关，请遣军司为之节度。"魏主乃遣直寝羊灵引为军司。益宗遂入寇。建宁太守黄天赐与益宗战于赤亭，天赐败绩。

【译文】东豫州刺史田益宗奉上奏表说："萧氏混乱纲常，君臣相互争势，长江沿路的州镇，从中间分为两部分，东西抗拒相持，已经经历一年。百姓因为押送粮米，困窘不堪；武装士兵因为战斗也很疲惫，他们是面前有事才全力援救，旌旗之下早就精力衰竭，没时间向外维持州镇的纲常，各地屏藩之城，就像棋子般孤立，孤单存在罢了。如果不趁机赶快扫除，廓清南蛮疆土，只怕以后想管理，没有比如今更容易着手的机会了。寿春虽平定，三面仍有阻碍，镇守方面适合的举措，实在是需要事先计划。义阳临近淮水的源头，是方便涉水的重要渡口，朝廷进军，必定经过这条道路。假使萧衍平定了江南，必定会经营淮河以北，他们必须趁夏季水位涨高，列舟逆流而上夺取寿阳；我们大军到达寿春，一定从义阳北面，迂回而行，南朝就占尽地利，控制我国的咽喉要地，这是应好好考虑的。要打败义阳如今正是时候。猜测情形，只是要一万两千精锐；但行军之法，贵在大张声势。请让两荆（荆州、东荆州）的士兵向西佯装出兵进攻随郡、雍州，扬州士兵驻扎建安，能抵抗三关来的救援；之后二豫（豫州、东豫州）大军直接占取南关，对抗延头的军队。令一个都督管理各军的调度节制，冬季进发，到了春季末，一百天不到，必定能攻取。"元英又上奏说："如今萧宝卷骨肉相残害，朝廷和藩镇对峙，义阳孤自无援，和我国接壤，在内无坚硬的兵器，对外无法预测军援的时间，这是被烧烤的小鸟，我们不能拿掉柴火；也是准备挨刀伸着脖子的敌军，我们怎能延缓手中的斧头？假使丢失这个机会不夺取，以后不仅很难计划，更可能会成为更深的灾祸！如今豫州刺史司马悦已戒备，待命随时进发，

资治通鉴

东豫州刺史田益宗的大军守卫三关,请派遣军司去为他们调度节制吧!"宣武帝元恪于是调派直寝羊灵为军司,田益宗开始侵略齐国。齐国建宁太守黄天赐和田益宗在赤亭战斗,黄天赐被打败。

崔慧景之逼建康也,东昏候拜蒋子文为伸假黄钺、使持节、相国、太宰、大将军、录尚书事、扬州牧、钟山王;及衍至,又尊子文为灵帝,迎神像入后堂,使巫祷祀求福。及城闭,城中军事悉委王珍国;兖州刺史张稷入卫京师,以稷为珍国之副。稷,瑰之弟也。

时城中实甲犹七万人,东昏素好军陈,与黄门、刀敕及宫人于华光殿前习战斗,诈作被创势,使人以板抭去,用为厌胜。常于殿中戎服、骑马出入,以金银为铠胄,具装饰以孔翠。昼眠夜起,一如平常。闻外鼓叫声,被大红袍,登景阳楼屋上望之,弩几中之。

【译文】崔慧景进逼建康时,东昏侯萧宝卷拜蒋子文为假黄钺、录尚书事、扬州牧、使持节、大将军、钟山王、相国、太宰,等到萧衍来到,又尊奉蒋子文做灵验的神帝,接应蒋子文神像走进后堂,使巫人祭祀祈祷求福。后来关闭城门,宫城中政务都交给王珍国。兖州刺史张稷进京师保卫,就调派张稷为王珍国的副手。张稷是张瑰的弟弟。

当时宫城中还有武装的士兵七万人,东昏侯萧宝卷一直喜爱战阵,和黄门、刀敕及宫里人在华光殿前上演战争,装作被杀伤的样子,使人用担架抬走,以便求吉驱凶。经常在殿里穿军服,骑马进出,铠甲头盔用金银打造,装饰都是用孔雀、翠鸟的羽毛。白天睡晚上起,与往常一般。听外面击鼓呼叫之声,披着大红衣袍，爬上景阳楼房屋上眺望，差点被箭射中。

始，东昏与左右谋，以为陈显达一战即败，崔慧景围城寻走，谓衍兵亦然，敕太官办樵、米为百日调而已。及大桁之败，众情凶惧。茹法珍等恐士民逃溃，故闭城不复出兵。既而长围已立，堑栅严固；然后出荡，屡战不捷。

东昏尤惜金钱，不肯赏赐；法珍叩头请之，东昏曰："贼来独取我邪！何为就我求物！"后堂储数百具榜，启为城防；东昏欲留作殿，竟不与。又督御府作三百人精伏，待围解以拟屏除，金银雕镂杂物，倍急于常。众皆怨怼，不为致力。外围既久，城中皆思早亡，莫敢先发。

【译文】 开始，东昏侯萧宝卷与左右侍从计划，认为陈显达打一次就败，崔慧景包围宫城不久就走了，他认为萧衍大军也会如此，下令太官准备柴火米粮，也仅仅是一百天调度罢了。等在大桁败了后，众人心里害怕惊慌。茹法珍等人怕士兵逃跑溃散，所以关闭城门不再派兵。不久，长围已修好，严密巩固深堑栅栏；之后再派兵进攻，多次作战都没取胜。

东昏侯萧宝卷非常喜欢金钱，不愿赏赐有功之人。茹法珍磕头请求，东昏侯说："贼人来就为抓我吗？为何找我要东西？"后堂有几百具木材，上奏充当守城的防御之物；东昏侯萧宝卷想要留来造宫殿，不给。又监督御府制造三百人的精良装备，在长围解除之后，游玩时屏除用，金银雕镂各种事物，比平日逼迫得还急。众人都懈怠埋怨，不肯替他尽力。外面包围久了，城里的人都想尽早逃跑，但无人敢先动。

茹法珍、梅虫儿说东昏曰："大臣不留意，使围不解，宜悉诛之。"王珍国、张稷惧祸，珍国密遣所亲献明镜于萧衍，衍断金以报之。兖州中兵参军冯翊张齐，稷之腹心也，珍国因齐密与稷谋同弑东昏。齐夜引珍国就稷，造膝定计，齐自执烛；又以计告后阁舍人钱强。十二月，丙寅夜，强密令人开云龙门，珍国、稷引兵入殿，御刀丰勇之为内应。东昏在含德殿作笙歌，寝未熟，闻兵入，趋出北户，欲还后宫，门已闭。宦者黄泰平刀伤其膝，仆地，张齐斩之。稷召尚书右仆射王亮等列坐殿前西钟下，令百僚署笺，以黄油裹东昏首，遣国子博士范云等送诣石头。右卫将军王志叹曰："冠虽弊，何可加足！"取庭中树叶挼服之，伪闷，不署名。衍览笺无志名，心嘉之。亮，莹之从弟；志，僧虔之子也。衍与范云有旧，即留参帷幄。王亮在东昏朝，以依违取容。萧衍至新林，百僚皆间道送款，亮独不遣。东昏败，亮出见衍，衍曰："颠而不扶，安用彼相！"亮曰："若其可扶，明公岂有今日之举！"城中出者，或被劫剥。杨公则亲帅麾下陈于东掖门，卫送公卿士民，故出者多由公则营焉。衍使张弘策先入清宫，封府库及图籍，于时城内珍宝委积，弘策禁勒部曲，秋毫无犯。收潘妃及嬖臣茹法珍、梅虫儿、王咺之等四十一人皆属吏。

【译文】茹法珍、梅虫儿规劝东昏侯萧宝卷说："臣子不用心，不能使包围解除，理应将他们都杀了。"王珍国、张稷害怕祸患，王珍国暗地让亲信将明镜进献给萧衍，萧衍将黄金切断回报他。兖州中兵参军张齐，是张稷的亲信，王珍国凭借张齐私下和张稷计划，一起斩杀东昏侯。张齐夜晚劝导王珍国到张稷那里，促膝私谈敲定计划，张齐亲自拿火烛；又将计划告知后阁舍人钱强。冬季，十二月，丙寅日(初六日)，夜晚，钱强暗地派人打开云龙门，王珍国、张稷率领大军进入皇宫，御刀丰勇之为内应。东昏侯萧宝卷在含德殿吹箫唱歌取乐，还没睡着，听见士兵进殿，急忙走出北门，返回后宫，门已关上。宦官黄泰平把他的膝盖砍伤，东昏侯倒在地上，张齐斩杀了他。张稷召集尚书右仆射王亮等排成排坐在殿前西边的钟架下，下令群官在笺札签字，用沾油渍的黄绢包着东昏侯的头，调派国子博士范云等人遣送到石头城。右卫将军王志感慨着说："帽子虽破，怎能穿在脚上？"拿着院中的树叶搓揉吃了，装作昏迷，不签字。萧衍看见笺札上无王志之名，心里赞扬他。王志是王僧虔的儿子；王亮，是王莹的堂弟。萧衍和范云有很深的友谊，就留范云在营区做参军。王亮在东昏侯萧宝卷朝中任职，凭借模棱两可求得包容。萧衍到达新林，百官都在小路巴结送钱，唯独王亮不送。东昏侯败后，王亮出城见到萧衍，萧衍说："朝廷危急，你却不帮扶，又何必要辅相？"王亮回答说："假使萧宝卷能帮扶，你哪会有如今行为？"城里人出来，有的被剥削抢掠，杨公则亲率下属在东掖门列队，护送保护公卿百姓，因此出宫城的大多从杨公则的阵地路过。萧衍调派张弘策先清理皇宫，查封府库与图画、书籍。那时皇宫中的珍宝累计很多，张弘策管理属下，一点也没犯错。捉到潘妃和梅虫儿、王咺之、嬖幸臣子茹法珍等四十一个人，都交付给官员。

初，海陵王之废也，王太后出居鄱阳王故第，号宣德宫。己巳，萧衍以宣德太后令追废涪陵王为东昏侯，褚后及太子诵并为庶人。以衍为中书监、大司马、录尚书事、骠骑大将军、扬州刺史，封建安郡公，依晋武陵王遵承制故事，百僚致敬；以王亮为长史。壬申，更封建安王宝寅为鄱阳王。癸酉，以司徒、扬州刺史晋安王宝义为太尉，领司徒。

【译文】 当初,海陵王萧昭文被明帝萧鸾废除时,王太后外出在鄱阳王以前的府宅,人们称那里为宣德宫。己巳日(初九日),萧衍用宣德太后的命令追封涪陵王萧宝卷为东昏侯,皇褚与太子萧诵被贬为百姓。任命萧衍为录尚书事、中书监、大司马、扬州刺史、骠骑大将军,册封为建安郡公,按照晋朝武陵王司马遵接受诏命的惯例,众官对他致敬;任命王亮任长史。壬申日(十二日),封赐建安王萧宝寅为鄱阳王。癸酉日(十三日),任命司徒、扬州刺史晋安王萧宝义为太尉,兼领司徒。

己卯,衍入屯阅武堂,下令大赦。又下令:"凡昏制谬赋、淫刑滥役外,可详检前原,悉皆除荡;其主守散失诸所损耗,精立科条,咸从原例。"又下令:"通检尚书众曹,东昏时诸诤讼失理及主者淹停不时施行者,精加讯辨,依事议奏。"又下令:"收葬义师,掩瘗逆徒之死亡者。"潘妃有国色,衍欲留之,以问侍中、领军将军王茂,茂曰:"亡齐者此物,留之恐贻外议。"乃缢杀于狱,并诛嬖臣茹法珍等。以宫女二千分赉将士。乙酉,以辅国将军萧宏为中护军。

【译文】 己卯日(十九日),萧衍进宫观看阅武堂,下令大赦。又下令:"但凡愚昧的制度、妄议的谣说、滥用的罪罚、过分的徭役,能仔细检具以前事起的原因,全部消灭抵平。其中主事之人已逃散,多方损失耗费,精确地定下条例,都依照宽赦的事例。"又广泛命令尚书检查各个部门,东昏侯萧宝融时诉讼不合理和主事者拖着不及时做的事,仔细讯问,分辨是非,照事实研究上奏。又下令埋葬起义军队和替萧宝卷抵抗义师死亡的人。潘妃有倾国之容,萧衍想要将她留下,咨询侍中、领军将军王茂,王茂回答说:"灭亡齐国的就是此人,留她只怕要留给外面争论的把柄。"于是将她在监牢中缢死，并斩杀嬖幸臣子茹法珍等人。将两千个宫女赠送给将士。乙酉日（二十五日），萧衍任命辅国将军萧宏为中护军。

【乾隆御批】王志既不署名，则当殉难。即不殉难，亦宜弃官远去。捋叶伪闷，适见其贪生取巧耳。此与晏婴之盟崔氏同一窠臼，非真刚正也。

【译文】王志既然不署名，就应当殉难。即使不殉难，也应该弃官远走。然而他却捋下树叶吞进肚里假装胸闷，这正好可以看出他的贪生取巧罢了。这与晏婴与崔氏盟誓共同出自一个窠臼，并不是真正的刚正啊。

衍之东下也，豫州刺史马仙琕拥兵不附衍，衍使其故人姚仲宾说之，仙琕先为设酒，乃斩于军门以徇。衍又遣其族叔怀远说之，仙琕曰："大义灭亲。"又欲斩之；军中为请，乃得免。衍至新林，仙琕犹于江西日抄运船。衍围宫城，州郡皆遣使请降，吴兴太守袁昂独拒境不受命。昂，颢之子也。

衍使驾部郎考城江革为书与昂曰："根本既倾，枝叶安附？今竭力昏主，未足为忠；家门屠灭，非所谓孝。岂若翻然改图，自招多福！"昂复书曰："三吴内地，非用兵之所；况以偏隅一郡，何能为役！自承麾旆届止，莫不膝袒军门。惟仆一人敢后至者，政以内揆庸素，文武无施，虽欲献心，不增大师之勇；置其愚默，宁沮众军之威。幸藉将军含弘之大，可得从容以礼。窃以一餐微施，尚复投殒；况食人之禄而顿忘一旦，非惟物议不可，亦恐明公鄙之，所以踌躇，未遑荐璧。"昂问时事于武康令北地傅映，映曰："昔元嘉之末，开辟未有，故太尉杀身以明节。司徒当寄托之重，理无苟全，所以不顾夷险以徇名义。今嗣主昏虐，曾无悛改；荆、雍协举，乘据上流，天人之意可知。愿明府深虑，无取后悔。"及建康平，衍使豫州刺史李元履巡抚东土，敕元履曰："袁昂道素之门，世有忠节，天下须共容之，勿以兵威陵辱。"元履至吴兴，宣衍旨；昂亦不请降，开门撤备而已。仙琕闻台城不守，号泣谓将士曰："我受人任寄，义不容降，君等皆有父母，我为忠臣，君为孝子，不亦可乎！"乃悉遣城内兵出降，馀壮士数十，闭门独守。俄而兵入，围之数十重。仙琕令士皆持满，兵不敢近。日暮，仙琕乃投弓曰："诸君但来见取，我义不降。"乃槛送石间。衍释之，使待袁昂至俱入，曰："令天下见二义士。"衍谓仙琕曰："射钩、斩袪、昔人所美。卿勿以杀使断运自嫌。"仙琕谢曰："小人如失主犬，后主饲之，则复为用矣。"衍笑，皆厚遇之。丙戌，萧衍入镇殿中。

【译文】 萧衍向东顺流而下时，豫州刺史马仙琕手握兵权，不愿归顺萧衍，萧衍令他的朋友姚仲宾去劝说他，马仙琕为姚仲宾摆设宴席，在营垒门前将他斩了。萧衍又令他的族叔马怀远去说服他，马仙琕说："为成全大义，只有斩杀亲人。"也要杀害他；军中有人为他求情，才免除一死。萧衍到达新林，马仙琕还在长江西边每天包抄略萧衍的送输船。萧衍进攻皇宫，州郡都令使者请求归顺，唯独吴兴太守袁昂抵抗，不准进入，不接纳任命。袁昂是袁颛的儿子。

萧衍令驾部郎考城人江革给袁昂写信说："根源已灭亡，枝叶要在哪里依存？现在竭力为暴君效忠，不是忠心；家门因此被斩尽，不是孝顺。哪里比得上更改意见，自己求得更多好处？"袁昂回复说："三吴之内，并不是好的用兵之地，况且凭借偏远角落的一郡，怎可打仗？我自己认为：但凡您军旗所到之地，没有不袒肉屈膝，在营垒门前归降的；只有我一人，敢于在后面，正因为朝内宰辅一直平庸，在文武方面没有贡献，我即使想奉献心力，也不会增加军队的勇气，您让我这样愚蠢的人保持沉默，也不见得会打击众军的气势！幸而仰赖将军宽宏大量，能容许我从容尽礼。私下认为一顿饭这样小小的施与，还要舍身报恩；况且拿人俸禄，可在一天就忘恩？不仅外面人议论不行，也恐怕贤明人会轻视我，我因此一直犹豫不决，没及时献出璧玉请求归降！"袁昂对武康令北地人傅映咨询当时的事，傅映说："以前宋文帝刘义隆元嘉末年，遇见开天辟地没有的太子弑父的事，太尉（您的叔父）所以牺牲生命来保住节操；司徒（您的父亲）蒙受先皇托付的重任，无苟全之理，所以忘记安危，为了名节死了。现在继承的君王昏庸暴虐，无丝毫悔改之意，荆州、雍州一起兵变，占据长江上游地，人心和天意都能猜测出来，希望明府仔细考虑，不要以后后悔。"建康平定后，萧衍下令豫州刺史李元履安抚巡查东边的边境，嘱咐李元履说："袁昂出身在道德高尚、门第清白之家，世代守节尽忠，天下人都应包容他，不要凭兵力欺辱他。"李元履到达吴兴，宣布萧衍的意思；袁昂也不表示投降，只是将城门打开，将武备撤出。马仙琕得知皇宫守不住了，大哭流泪对将士说："我被委以重任，道义上不应许我归降。你们都是有父母的，我为忠臣，你们为孝子，不是也能吗？"于是将城里的士兵都派出去归降了，留下几十个壮士，紧闭城门自己镇守。不久萧衍的士兵进入城池，将他们包围了好几十层，马仙琕下令壮士们都将弓弦拉满，士兵不敢靠近。直到黄昏，马仙琕才丢弃弓说："你们尽管捉我，我在道义上是不投降的。"于是戴着枷锁，被押送到石头城。萧衍将他放了，让他等袁昂来到一起进去，说："让天下之人见见两位义士。"萧衍向马仙琕说："管仲射了齐桓公的带钩，寺人披斩断晋文公衣服，这是被前人称赞的，你不要因杀了使者、斩断输送而自嫌。"马仙琕感激说："小人就像丢失主人的狗，后来的主人喂养他，就能为他所用了。"萧衍笑了，都对他们礼遇优厚。丙戌日（二十六日），萧衍在殿中镇守。

【乾隆御批】马、袁初为齐守，后腼颜为梁臣，已非袁粲辈可比。况自以不去为忠，而遣兵出降，谓为全其孝。语尤支谬。梁主以二义士目之，史家复为称、美。岂足扶翼世教？

【译文】马、袁二人起初为齐国太守，后来厚颜做了梁国的大臣，已经不是袁粲等人可比。况且自以为不离开就是忠心，却派兵出去投降，还说是为了保全他们的孝心，这话尤其荒谬又不明理。梁主萧衍竟把他们二位看成义士，史家也对他们加以称颂、赞美。这怎么能对世风教化有帮助呢？

【申涵煜评】仙琕杀使断运，义不肯降。及见梁武，乃自比为失主之犬，是何前倨而后恭也？犹失节之妇厉色加人，究其末路，直与倚门等耳。

【译文】马仙琕杀死敌方派来的使者和斩断敌方运输粮草的道路，坚守道义不愿意投降。等到看见梁武帝萧衍，居然将自己比作失去主人的家犬，这是怎样的先前傲慢而后来谦卑的情态？就像失节的妇人用严厉的脸色对待别人，不过是穷途末路，和倚门卖笑有什么不同？

　　刘希祖既克安成，移檄湘部，始兴内史王僧粲应之。僧粲自称湘州刺史，引兵袭长沙。去城百馀里，于是湘州郡县兵皆蜂起以应僧粲，唯临湘、湘阴、浏阳、罗四县尚全。长沙人皆欲泛舟走，行事刘坦悉聚其舟焚之，遣军主尹法略拒僧粲，战数不利。前湘州镇军钟玄绍潜结士民数百人，刻日翻城应僧粲。坦闻其谋，阳为不知，因理讼至夜，而城门遂不闭，以疑之。玄绍未发，明旦，诣坦问其故。坦久留与语，密遣亲兵收其家书。玄绍在坐，而收兵已报，具得其文书本末。玄绍即首伏，于坐斩之；焚其文书，馀党悉无所问。众愧且服，州郡遂安。法略与僧粲相持累月，建康城平，杨公则还州，僧粲等散走。王丹为郡人所杀，刘希祖亦举郡降。公则克己廉慎，轻刑薄赋，顷之，湘州户口几复其旧。

【译文】 刘希祖克复安成之后，移交檄文去湘州各郡县，始兴内史王僧粲起兵响应他。王僧粲说自己是湘州刺史，率领大军偷袭长沙。王僧粲的军队距离长沙城一百多里，湘州郡县的士兵群起响应王僧粲，仅仅临湘县、湘阴县、浏阳县、罗县四个县还掌握在萧衍手中。长沙人都欲乘船逃跑，行事刘坦将船聚集烧毁掉，命军主尹法略去抵挡王僧粲，多次战斗不利。前任湘州镇军钟玄绍私下集聚几百民兵，商定日子翻城墙去接应王僧粲。刘坦得知他们的计划，装作不知，受理上诉直到深夜，但城门没有关闭，特意使人怀疑。钟玄绍没有成事，第二天，钟玄绍去拜见刘坦咨询缘由。刘坦将他留下很长时间，和他谈话，暗地派亲信士兵去搜寻他的书信。钟玄绍还坐着等着，而搜索的士兵已经返回，他的文书最终都被搜索到了。钟玄绍俯首认罪，刘坦在位上将他杀了，烧毁文书，没有再追究其他党羽，大家心里愧疚，州郡平定了下来。尹法略和王僧粲相互僵持好几个月。建康城安定了，杨公则返回湘州，王僧粲等四处逃跑，王丹被郡里人杀害，刘希祖也献郡归降。杨公则廉洁克己，减轻刑罚，减少赋税，没多长时间，湘州的人家大多都恢复原貌。

资治通鉴卷第一百四十五　梁纪一

起玄黓敦牂，尽阏逢涒滩，凡三年。

【译文】 起壬午（公元502年），止甲申（公元504年），共三年。

【题解】 本卷记录了公元502年至504年，即梁武帝萧衍天监元年至天监三年共三年间南朝梁与北魏两国的大事。主要记录了萧衍即位，尽诛萧鸾诸子，萧宝寅投降北魏；记录了萧宝卷爪牙孙文明等人进宫作乱被诛；陈伯之起兵造反，兵败投降魏国；谢朏奉诏入朝，被任以重任，却不理政务，腐儒气十足；魏国与梁国发生战争，任城王元澄的母亲孟氏率寿阳军民抵抗梁军，与萧宝寅合力破敌，魏军占领义阳，魏将元英因功授爵中山王；魏国外戚高肇跋扈专权，与魏主身边的奸邪宠臣争权，罗织罪名迫害魏国王室；此外还记录了魏国名臣源怀视察巡视，秉公办事，惩治犯罪，上奏整修北部边防，劝农积粮，魏主接受他的建议，等等。

高祖武皇帝一

天监元年(壬午，公元五〇二年）春，正月，齐和帝遣兼侍中席阐文等慰劳建康。

大司马衍下令：“凡东昏时浮费，自非可以习礼乐之容、缮甲兵之务者，馀皆禁绝。”

379

戊戌，迎宣德太后入宫，临朝称制，衍解承制。

己亥，以宁朔将军萧昺监南兖州诸军事。昺，衍之从父弟也。

【译文】天监元年（壬午，公元502年）三月以前，犹是齐和帝萧宝融中兴二年。春季，正月，齐和帝萧宝融派遣兼侍中席阐文等人到建康慰劳。

大司马萧衍下令：东昏侯萧宝卷在位时的一切浮华浪费，除了练习礼乐的仪节及修治甲兵的战备以外，其余的一概禁绝。

戊戌日（初九日），萧衍迎接宣德太后入宫，让宣德太后垂帘听政临朝代行君事，萧衍以宣德太后的名义直接向百官发布命令。

己亥日（初十日），宣德太后任用宁朔将军萧昺掌管南兖州诸军事。萧昺是萧衍的叔伯兄弟。

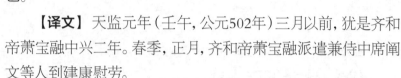

壬寅，进大司马衍都督中外诸军事，剑履上殿，赞拜不名。

己酉，以大司马长史王亮为中书监，兼尚书令。

初，大司马与黄门侍郎范云、南清河太守沈约、司徒右长史任昉同在竟陵王西邸，意好敦密，至是，引云为大司马谘议参军、领录事，约为骠骑司马，昉为记室参军，与参谋议。前吴兴太守谢朓、国子祭酒何胤，先皆弃官家居，衍奏徵为军谘祭酒，朓、胤皆不至。

【译文】壬寅日（十三日），宣德太后擢升大司马萧衍统领中外诸军事，特许萧衍上殿时佩剑穿鞋，上朝参拜时可以不自呼姓名。

己酉日（二十日），宣德太后任命大司马长史王亮为中书监、尚书令。

　　起初，大司马萧衍与黄门侍郎范云、南清河太守沈约、司徒右长史任昉一同在竟陵王萧子良的西府邸，彼此情深意厚，关系非常密切，他此时就引荐任用范云为大司马谘议参事、领录事，沈约为骠骑参军，任昉为记室参军，遇事和他们一起谋划计议。前吴兴太守谢朏及国子祭酒何胤早些时都弃官归隐，萧衍上奏征用他们为军谘祭酒，谢朏及何胤两人都没有前来就职。

　　大司马内有受禅之志。沈约微扣其端，大司马不应；它日，又进曰：“今与古异，不可以淳风期物。士大夫攀龙附凤者，皆望有尺寸之功。今童儿牧竖皆知齐祚已终，明公当承其运；天文谶记又复炳然。天心不可违，人情不可失。苟历数所在，虽欲谦光，亦不可得已。”大司马曰：“吾方思之。”约曰：“公初建牙樊、沔，此时应思；今王业已成，何所复思！若不早定大业，脱有一人立异，即损威德。且人非金玉，时事难保，岂可以建安之封遗之子孙！若天子还都，公卿在位，则君臣分定，无复异心。君明于上，臣忠于下，岂复有人方更同公作贼！”大司马然之。约出，大司马召范云告之，云对略同约旨。”大司马曰：“智者乃尔暗同。卿明早将休文更来！”云出，语约，约曰：“卿必待我！”云许诺，而约先期入。大司马命草具其事，约乃出怀中诏书并诸选置，大司马初无所改。俄而云自外来，至殿门，不得入，徘徊寿光阁外，但云“咄咄！”约出，问曰：“何以见处？”约举手向左，云笑曰：“不乖所望。”有顷，大司马召云人，叹约才智纵横，且曰：“我起兵于今三年矣，功臣诸将实有其劳，然成帝业者，卿二人也！”

　　【译文】大司马萧衍内心有受禅登基的意思，沈约用言语向他暗示，大司马萧衍并没有回答。过了几天，沈约又向萧衍进言说："现今的社会和古时不同，无法拿淳朴的风范约束他人。士大夫趋炎附势，都希望能或大或小地建立功业。目前连牧童小孩都知道齐国的国运已经到了终点，明公是大运所归，天文谶记也表现得很清楚。天意是不可违背的，人心是不可丧失的。天道如此，即使明公你谦逊礼让，也是没有办法的。"大司马萧衍说："我正在考虑这个问题。"沈约接着说："明公在樊、沔二地兴兵举事时，才真需要考虑；现今王业已成定局，还要考虑什么呢？如果不早些决定大计，假使有人心怀叵测，就损害了明公的威德。再说人不比金石永固，时事也反复无常，哪能把建安的封爵遗留给后世子孙呢？如果天子还都，公卿各居其位，君臣的名分已定，臣子就不再有异心，天子在上，明察秋毫，群臣在下，尽忠国事，哪还会有人和明公你叛乱呢？"大司马萧衍认为他说得很对。沈约出去以后，大司马萧衍就把范云找来，询问他的意见，范云的回答与沈约的意思约略相同，大司马萧衍说："智者的考虑居然如此不谋而合，卿明早与沈休文（沈约字休文）再来。"范云出来后将此事告诉沈约，沈约说："您明早一定等着我！"范云也答应了。到了第二天早晨，沈约先行入见，大司马萧衍就叫沈约草拟受诏登基的文书，沈约于是从怀中把事先准备好的诏书以及各种官职的人事安排计划取出献上，大司马萧衍看过后，丝毫没有更改。不久，范云从外面进来，到了殿门，守卫不放他进去，他只好在寿光阁外边徘徊，口中连说："唉！唉！"等沈约出来，范云问他说："对我怎样安排？"约举手向左边一指（意思是委任范云做尚书左仆射），范云笑着说："和我想的差不多。"过了一会儿，大司马萧衍把范云找进去，赞美沈约才智纵横，并且说："我起兵到现在已经三年了，手下的功臣和诸将都为我立了许多功劳，但是帮助我成就帝业的，只有你们两个人。"

甲寅，诏进大司马位相国，总百揆，扬州牧，封十郡为梁公，备九锡之礼，置梁百司，去录尚书之号，骠骑大将军如故。二月，辛酉，梁公始受命。

齐湘东王宝晊，安陆〔昭〕王缅之子也，颇好文学。东昏侯死，宝晊望物情归己，坐待法驾。既而王珍国等送首梁公，梁公以宝晊为太常，宝晊心不自安。壬戌，梁公称宝晊谋反，并其弟江陵公宝览、汝南公宝宏皆杀之。

【译文】甲寅日（二十五日），宣德太后下诏进封大司马萧衍为相国，总百揆，扬州牧，用十郡进封大司马萧衍为梁公，加九锡，梁公之下设立百官，除去他录尚书事的职位，骠骑大将军的封号照旧。二月，辛酉日（初二日），梁公萧衍才受命就封。

齐湘东王萧宝晊，是安陆昭王萧缅的儿子，喜好文学。东昏侯萧宝卷死时，萧宝晊希望大家拥护自己，在那儿坐等即位。后来王珍国等人把东昏侯萧宝卷的首级送到梁公萧衍那儿，梁公任命萧宝晊为太常，萧宝晊内心不安。壬戌日（初三日），梁公萧衍宣称萧宝晊意图谋反，把他与他的弟弟江陵公萧宝览、汝南公萧宝宏一起处死。

丙寅，诏梁国选诸要职，悉依天朝之制。于是，以沈约为吏部尚书兼右仆射，范云为侍中。

梁公纳东昏余妃，颇妨政事，范云以为言，梁公未之从。云与侍中、领军将军王茂同入见，云曰："昔沛公入关，妇女无所幸，此范增所以畏其志大也。今明公始定建康，海内想望风声，奈何袭乱亡之迹，以女德为累乎！"王茂起拜曰："范云言是也。
公必以天下为念，无宜留此。"梁公默然。云即请以余氏赉王茂，
梁公贤其意而许之。明日，赐云、茂钱各百万。

【译文】丙寅日（初七日），宣德太后下诏梁国选拔设置各
重要官职，完全依照朝廷的制度。于是萧衍任命沈约为吏部尚
书兼右仆射，任命范云为侍中。

梁公萧衍把东昏侯萧宝卷的余姓妃子纳入后宫，与她嬉戏
玩乐，非常耽误政事，范云为此劝说梁公萧衍，梁公没有听从。
于是范云邀约侍中、领军将军王茂一同进见，范云进言说："从
前沛公刘邦进入关中时，对妇女无所宠幸，这是范增判断他志
向远大的缘故。现在明公您刚刚平定建康，天下人都仰慕明公
的声望，为何要重蹈淫乱王国的覆辙，让女色牵累自己呢？"王
茂随即站起来下拜说道："范云说得很对。如果明公您志在天
下，就不该将此人（指余妃）留在身边。"梁公萧衍无言以对。范
云就奏请把余氏送给王茂，梁公认为范云的考虑十分明智，答
应了。第二天，赏赐范云、王茂各百万钱。

丙戌，诏梁公增封十郡，进爵为王。癸巳，受命，赦国内及
府州所统殊死以下。

辛丑，杀齐邵陵王宝攸、晋熙王宝嵩、桂阳王宝贞。

【译文】丙戌日（二十七日），宣德太后下诏增封梁公萧衍
十郡封地，并且进封王爵。癸巳日（初五日），梁公萧衍接受诏
命，赦免梁国及萧衍所管辖府州除死刑以外的罪犯。

辛丑日（十三日），梁王萧衍处死齐邵陵王萧宝攸、晋熙王
萧宝嵩、桂阳王萧宝贞。

【乾隆御批】云、约同赞逆谋，罪恶相等。而约之负云先入，其卖友全险似更甚于云。然若辈身事两朝，丧心无耻，臣节且不知守，尚何友谊之足云！

【译文】范云、沈约一同赞同叛逆的阴谋，罪恶相等。然而沈约背叛了范云，抢先入殿，他出卖朋友，奸邪险恶比范云更甚。然而这些人一身事奉两朝，丧失良心，没有廉耻，连臣子的节操尚且不知坚守，还何谈友谊呢！

梁王将杀齐诸王，防守犹未急。鄱阳王宝寅家阉人颜文智与左右麻拱等密谋，穿墙夜出宝寅，具小船于江岸，著乌布襦，腰系千馀钱，潜赴江侧。蹑屩徒步，足无完肤。防守者至明追之，宝寅诈为钓者，随流上下十馀里，追者不疑。待散，乃渡西岸投民华文荣家，文荣与其族人天龙、惠连弃家将宝寅遁匿山涧，赁驴乘之，昼伏宵行，抵寿阳之东城。魏戍主杜元伦驰告扬州刺史任城王澄，以车马侍卫迎之。宝寅时年十六，徒步憔悴，见者以为掠卖生口。澄待以客礼，宝寅请丧君斩衰之服，澄遣人晓示情礼，以丧兄齐衰之服给之。澄帅官僚赴吊，宝寅居处有礼，一同极哀之节。寿阳多其义故，皆受慰唁；唯不见夏侯一族，以夏侯详从梁王故也。澄深器重之。

【译文】梁王萧衍准备杀齐国诸王的时候，对于诸王的防守还不十分严密。鄱阳王萧宝寅家的阉人颜文智，和侍从麻拱密谋，将墙垣凿出大洞，趁着夜间把萧宝寅救出去，又在江岸准备好小船，萧宝寅身穿黑布短衣，腰间系着千余钱，偷偷地来到江边，他穿着草鞋步行，两只脚全都磨破了。防守的人天亮时发觉此事，连忙循线索追赶，萧宝寅伪装成钓鱼的人，和追赶他的人一起在江中行了十几里，追赶他的人一点也没有怀疑萧宝寅的身份。等到追赶的人散去，萧宝寅就渡到西岸，投奔到百姓华文荣家，华文荣和他的族人华天龙、华惠连一起抛弃家当，带着萧宝寅逃匿到山涧，租了一头驴子给萧宝寅乘坐，白天躲藏起来，夜晚才出来赶路，来到寿阳的东城。北魏的戍主杜元伦急忙派人赶去向扬州刺史任城王元澄报告，元澄派车马和侍卫去迎接萧宝寅。萧宝寅当时十六岁，因为徒步而行，颜色憔悴，路上看见他的人还以为他是被掠卖的人口。元澄以宾客之礼款待萧宝寅，萧宝寅向元澄请求为齐国皇帝萧宝卷守丧而穿生麻制作的丧服，元澄派人向他说明当时的形势及彼此的处境，只送给他为兄长萧宝卷守丧而穿的熟麻布制成的丧服。元澄率领自己的属官向萧宝寅吊唁，萧宝寅居丧很有礼节，和为君父守丧完全一样，许多受过南齐旧恩的寿阳故旧都称赞他重义，都来萧宝寅处吊唁，独独不见夏侯一族，这是夏侯详跟随梁王萧衍的缘故。元澄非常器重萧宝寅。

齐和帝东归，以萧憺为都督荆、湘等六州诸军事、荆州刺史。荆州军旅之后，公私空乏，憺厉精为治，广屯田，省力役，存问兵死之家，供其乏困。自以少年居重任，谓佐吏曰："政之不臧，士君子所宜共惜。吾今开怀，卿其无隐！"于是，人人得尽意，民有讼者皆立前待符教，决于俄顷，曹无留事，荆人大悦。

齐和帝至姑孰，丙辰，下诏禅位于梁。

【译文】齐和帝萧道融东归建康，任命萧憺为都督荆、湘等六州诸军事、荆州刺史。荆州在经历战乱后，公家与私人都很贫困穷苦，萧憺励精图治，推广屯田制度，减省百姓劳役，派人慰问死于战乱者的家庭，缓解他们的困乏。萧憺觉得年纪轻轻就担当重任，所以特别用心，他对手下的官吏说："政治不上轨道，是君子们所共同惋惜的。我现在开诚布公，希望你们也敞开心扉，不要有隐情。"于是人人都能够把自己的意思上陈，百姓有打官司的，都站在旁边等待判决，不一会儿就得到了结果，官署里从来不留置案件。荆州人民非常高兴。

南齐和帝到达姑孰，丙辰日（二十八日），下诏禅让君位给梁王萧衍。

丁巳，庐陵王宝源卒。

鲁阳蛮鲁北燕等起兵攻魏颍州。

夏，四月，辛酉，宣德太后令曰："西诏至，帝宪章前代，敬禅神器于梁，明可临轩，遣使恭授玺绂，未亡人归于别宫。"壬戌，发策，遣兼太保，尚书令亮等奉皇帝玺绂诣梁宫。丙寅，梁王即皇帝位于南郊，大赦，改元。是日，追（增）〔赠〕兄懿为丞相，封长沙王，谥曰宣武，葬礼依晋安平献王故事。

【译文】丁巳日（二十九日），庐陵王萧宝源去世。

鲁阳的蛮人鲁北燕等起兵攻打北魏的颍州。

夏季，四月，辛酉日（初三日），宣德太后下令说："西边的诏书已经到达（当时齐和帝萧宝融在姑孰，其地在建康的西边，所以称西诏），皇帝萧宝融效法前朝，恭敬地把神器禅让给梁王萧衍，明天早晨我要亲临平台，派遣使者恭敬地把印玺交授给梁王，之后我即回到别宫居住。"壬戌日（初四日），宣德太后发布策书，派遣兼任太保、尚书令的王亮等人奉着皇帝印玺前往梁宫。丙寅日（初八日），梁王萧衍在南郊即皇帝位，大赦天下，改年号为天监。同一天，萧衍追赠皇兄萧懿为宰相，封长沙王，谥号宣武，所有葬礼仪节，完全按照晋朝安平献王司马孚的旧例。

丁卯，奉和帝为巴陵王，宫于姑孰，优崇之礼，皆仿齐初。奉宣德太后为齐文帝妃，王皇后为巴陵王妃。齐世王、侯封爵，悉从降省，唯宋汝阴王不在除例。

追尊皇考为文皇帝，庙号太祖；皇妣为献皇后。追谥妃郗氏为德皇后。封文武功臣车骑将军夏侯详等十五人为公、侯。立皇弟中护军宏为临川王，南徐州刺史秀为安成王，雍州刺史伟为建安王，左卫将军恢为鄱阳王，荆州刺史憺为始兴王，以宏为扬州刺史。

【译文】 丁卯日（初九日），萧衍下诏，尊奉齐和帝为巴陵王，王宫设立在姑孰，优待的礼节，都仿效南齐开国之初尊奉汝阴王刘准的旧例。尊奉宣德太后为齐文帝妃，王皇后为巴陵王妃。又对南齐时的王、侯全部降一级爵位，除去封国，只有宋汝阴王刘准不在撤销之例。

梁武帝萧衍追尊皇考（梁武帝萧衍的父亲）萧顺之为文皇帝，庙号太祖；皇妣（梁武帝萧衍的母亲）为献皇后。追谥妃子郗氏为德皇后。封文武功臣车骑将军夏侯详等十五人为公、侯。立弟弟中护军萧宏为临川王，南徐州刺史萧秀为安成王，雍州刺史萧伟为建安王，左卫将军萧恢为鄱阳王，荆州刺史萧憺为始兴王；同时让萧宏担任扬州刺史。

丁卯，以中书监王亮为尚书令，相国左长史王莹为中书监，吏部尚书沈约为尚书仆射，长兼侍中范云为散骑常侍、吏部尚书。

诏凡后宫、乐府、西解、暴室诸妇女一皆放遣。

戊辰，巴陵王卒。时上欲以南海郡为巴陵国，徙王居之。沈约曰："古今殊事，魏武所云'不可慕虚名而受实祸'。"上颔之，乃遣所亲郑伯禽诣姑孰，以生金进王。王曰："我死不须金，醇酒足矣。"乃饮沉醉；伯禽就折杀之。

【译文】丁卯日（上文已有丁卯，此处当为衍文），梁武帝萧衍任命中书监王亮为尚书令，相国左长史王莹为中书监，吏部尚书沈约为尚书仆射，长兼侍中范云为散骑常侍、吏部尚书。

梁武帝萧衍下诏所有后宫、乐府、西解及暴室里的妇女一概遣放回家。

戊辰日（初十日），巴陵王萧宝融去世。当时梁武帝萧衍想以南海郡为巴陵国，将巴陵王萧宝融迁移到那儿居住。沈约说："古代和今日情势不同，魏武帝曹操曾经说过'不可慕虚名而受实祸。'"梁武帝萧衍点头，派遣亲信郑伯禽到姑孰去，拿生金子给巴陵王萧宝融吃，巴陵王说："我死不须用生金，只要用醇酒就够了。"于是喝酒喝得烂醉，郑伯禽上去把他杀了。

王之镇荆州也，琅邪颜见远为录事参军，及即帝位，为治书侍御史兼中丞，既禅位，见远不食数日而卒。上闻之，曰："我自应天从人，何预天下士大夫事，而颜见远乃至于此！"

庚午，诏："有司依周、汉故事，议赎刑条格，凡在官身犯鞭杖之罪，悉入赎停罚，其台省令史、士卒欲赎者听之。"

以谢沐县公宝义为巴陵王，奉齐祀。宝义幼有废疾，不能言，故独得全。

【译文】巴陵王萧宝融早先镇守荆州的时候，琅邪人颜见远做录事参军，等到萧宝融即皇帝位，颜见远被任命为治书侍御史兼中丞。巴陵王让位后，颜见远接连几天不进食，绝食而死。梁武帝萧衍听了此事后说："我登基称帝是顺应天命，依从人意，这和天下的士大夫有什么相干，颜见远竟然要这样做！"

庚午日（十二日），梁武帝萧衍下诏说："有司依照周朝及汉朝的旧例，商议以钱赎刑的各种条文。凡是做官之人犯罪须受鞭杖的，全部停止刑罚，改用金钱赎罪。其他台省令史及士卒犯罪而希望用金钱赎罪的，也听任其便。"

齐武帝萧衍任命谢沐县公萧宝义为巴陵王，让他祭祀齐朝的祖先。萧宝义自幼身体残废，不能讲话，所以才能够保全性命。

齐南康侯子恪及弟祁阳侯子范尝因事入见，上从容谓曰："天下公器，非可力取，苟无期运，虽项籍之力终亦败亡。宋孝武性猜忌，兄弟粗有令名者皆鸩之，朝臣以疑似枉死者相继。然或疑而不能去，或不疑而卒为患，如卿祖以材略见疑，而无如之何，湘东以庸愚不疑，而子孙皆死其手。我于时已生，彼岂知我应有今日！固知有天命者非人所害。我初平建康，人皆劝我除去卿辈以壹物心，我于时依而行之，谁谓不可！正以江左以来，代谢之际，必相屠灭，感伤和气，所以国祚不长。又，齐、梁虽云革命，事异前世，我与卿兄弟虽复绝服，宗属未远，齐业之初亦共甘苦，情同一家，岂可遽如行路之人！卿兄弟果有天命，非我所杀；若无天命，何忽行此！适足示无度量耳。且建武涂炭卿门，我起义兵，非惟自雪门耻，亦为卿兄弟报仇。卿若能在建武、永元之世拨乱反正，我岂得不释戈推奉邪！我自取天下于明帝家，非取之于卿家也。昔刘子舆自称成帝子，光武言：'假使成帝更生，天下亦不复可得，况子舆乎！'曹志，魏武帝之孙，为晋忠臣。况卿今日犹是宗室，我方坦然相期，卿无复情外之意！小待，自当知我寸心。"子恪兄弟凡十六人，皆仕梁，子恪、子范、子质、子显、子云、子晖并以才能知名，历官清显，各以寿终。

【译文】南齐南康侯萧子恪和他的弟弟祁阳侯萧子范曾经有事入朝晋见梁武帝萧衍，梁武帝从容地对他们说："天下名位爵禄，不是凭武力就能夺取的，如果不是天命所归，就算有西楚霸王项羽那样的勇力，最后也还是要败亡的。宋孝武帝刘骏性情猜忌，兄弟里面稍微有好声名的都被他毒杀，朝臣中因被怀疑谋反而枉死的人相继不绝。有些人虽被怀疑，却终究无法把他们除去；有些人不被怀疑，最后却成为祸患。就像你们的祖父齐高帝萧道成因为才略远大而被怀疑猜忌，可是宋孝武帝刘骏却对他无可奈何。湘东王刘彧因为平庸愚昧不被疑忌，可是宋孝武帝刘骏的子孙最后都死在他手上。我当时已经出生，他哪知我会有今天呢？由此可知凡是有天命的人，别人是无法加害的。我刚平定建康的时候，有人劝我把你们除去来统一人心，我当时如果照着去做，谁会说不行呢？正因为偏安江左以来，改朝换代之际，一定要残暴地屠杀，伤害了天地的和气，所以各朝享国都不长久。再说梁朝代替齐朝，虽说是改制，和前代情况又有不同，我和你们兄弟虽然已出了五服，究竟宗属关系不太疏远，齐建国之初也曾同甘共苦，情感如同一家人，怎么可以忽然就像对待行路之人那样互不相识呢！你们兄弟如果有天命，那就不是我所能加害的；如果没有天命，我又何必要杀害你们呢？那样做只会显得没有度量罢了。况且齐明帝萧鸾建武年间诛杀高帝萧道成、武帝萧赜的子孙，你们家族遭受不幸。我发动义兵，不但是替我家雪耻，也是替你们兄弟报仇。你们如果能在齐明帝萧鸾建武年间、东昏侯萧宝卷永元年间代拨乱反正，我哪能不解除武器推奉你们为帝呢？我是从明帝萧鸾家取得的天下，不是从你们家取得的天下。从前刘子舆自称是汉成帝刘骜的儿子，光武帝刘秀说：'即使汉成帝刘骜复活，也不能够再得天下，何况是你刘子舆呢？'曹植的儿子曹志是魏武帝曹操的孙子，成为晋朝的忠臣。何况你们今天仍然是宗室之亲，我希望我们彼此能坦诚相待，不要再怀有见外之心！过一阵子，你们自然就会明白我的真心。"萧子恪兄弟共十六人，都在梁朝做官。萧子恪、萧子范、萧子质、萧子显、萧子云、萧子晖等都因为有才能而闻名于世，担任清闲的官职，每人都享尽天年善终。

诏徵谢朏为左光禄大夫、开府仪同三司，何胤为右光禄大夫，何点为侍中。胤、点终不就。

癸酉，诏："公车府谤木、肺石傍各置一函，若肉食莫言，欲有横议，投谤木函；若有功劳才器冤沉莫达，投肺石函。"

【译文】梁武帝萧衍下诏征辟谢朏为左光禄大夫、开府仪同三司，何胤为右光禄大夫，何点为侍中；何胤和何点最终没有就职。

癸酉日（十五日），梁武帝萧衍下诏说："在公车府的谤木和肺石旁各放置一个信箱，如果布衣对朝政有意见要发表而做官的人不代为传达，就可投书在谤木旁的信箱；如果谁有功劳有才器而冤沉下僚，无由上达，可将申诉书投在肺石旁的信箱。"

【乾隆御批】朏等被征不至。无识者予之卒之，皆不能自固其节。是其一时矫语高尚，亦诈而已矣。宜李延寿谓为虚胜之风江东所尚也。

【译文】谢朏等被证召却不到任。给予那些没有见识的人官职或让他们去死，他们都不能固守节操。这是他们一时假称高尚，也是欺诈罢了。正如李延寿所说，江东崇尚虚胜之风啊。

上身服浣濯之衣，常膳唯以菜蔬。每简长吏，务选廉平，皆召见于前，勖以政道。擢尚书殿中郎到溉为建安内史，左户侍郎刘霭为晋安太守，二人皆以廉洁著称。溉，彦之曾孙也。又著令："小县令有能，迁大县，大县有能，迁二千石。"以山阴令丘仲孚为长沙内史，武康令东海何远为宣城太守。由是廉能莫不知劝。

鲁阳蛮围魏湖阳，抚军将军李崇将兵击破之，斩鲁北燕；徙万馀户于幽、并诸州及六镇，寻叛南走，所在追讨，比及河，杀之皆尽。

【译文】梁武帝萧衍身穿洗濯过的旧衣服，平常用餐只用菜蔬，每次选拔长吏，都选用廉洁而公平的人，选出后都予以召见，用为政的道理勉励他们。他拔擢尚书殿中郎到溉为建安内史，左户侍郎刘霭为晋安太守，这两个人都因廉洁而被人所称道。到溉是到彦之的曾孙。梁武帝萧衍又明定法令："小县的县令如果有才能、表现好，可升为大县的县令；大县的县令如果有才能、表现好，可升为郡守。"同时任命山阴县令丘仲孚为长沙内史，武康县令东海人何远为宣城太守。因此廉洁而有才干的人都互相劝勉。

鲁阳的蛮人围攻魏朝的湖阳，抚军将军李崇率领军队把他们打败了，将他们的首领鲁北燕斩首，迁移一万多户蛮人到幽、并诸州以及六镇。不久，这些人又背叛向南逃走，所到之处都派兵沿路追杀，快到黄河边上的时候，将这些人都杀光了。

【乾隆御批】木函肺石，虽仍明目达聪之意。然徒鹜名失实，无论为告密者售奸。且梁武身为篡逆，恶迹种种，其罪不可擢发数。以开言路、宜言者，更有大于此者乎？

【译文】在谤木与肺石旁放匣子，虽然仍有使眼睛明亮、耳朵聪灵的意思，然而也只是为图虚名而失去了实际意义，更不用说告密者会用这种方法施展阴谋诡计了。况且梁武帝身为篡逆者，有着种种恶迹，他的罪行就像抓起来的头发一样无法数清。用广开言路、让人讲话的名义换取虚名的，还有比这更大的吗？

闰月，丁巳，魏顿丘匡公穆亮卒。

齐东昏侯嬖臣孙文明等，虽经赦令，犹不自安，五月，乙亥夜，帅其徒数百人，因运荻炬，束仗入南、北掖门作乱。烧神虎门、总章观，入卫尉府，杀卫尉洮阳愍侯张弘策。前军司马吕僧珍直殿内，以宿卫兵拒之，不能却。上戎服御前殿，曰："贼夜来，是其众少，晓则走矣。"命击五鼓。领军将军王茂、骁骑将军张惠绍闻难，引兵赴救，盗乃散走；讨捕，悉诛之。

【译文】闰月，丁巳日（闰月无此日），北魏顿丘匡公穆亮去世。

南齐东昏侯的宠臣孙文明等人，虽然已被赦免，可他们还是感到不安，五月，乙亥日（五月无此日）的夜晚，他们率领徒众数百人，利用运送芦苇火把的机会，将兵器暗藏在柴草中，进入南掖门和北掖门暴动作乱，放火烧了神虎门和总章观，闯入卫尉府，杀了卫尉洮阳愍侯张弘策。前军司马吕僧珍在殿中值班，率领宿卫士兵抵抗，无法将他们击退。梁武帝萧衍身穿戎服来到前殿，说："反贼利用晚间来攻，可见他们人不多，天一亮他们就会逃走。"于是下令击五鼓，领军将军王茂及骁骑将军张惠绍听说有人叛乱，领兵赶来救援，乱党就四散逃走了，朝廷派人到处追捕，最后全部诛杀了他们。

江州刺史陈伯之，目不识书，得文牒辞讼，惟作大诺而已，有事，典签传口语，与夺决于主者。豫章人邓缮、永兴人戴永忠有旧恩于伯之，伯之以缮为别驾，永忠为记室参军。河南褚緭居建康，素薄行，仕宦不得志，频造尚书范云，云不礼之。緭怒，私谓所亲曰：“建武以后，草泽下族悉化成贵人，吾何罪而见弃！今天下草创，饥馑不已，丧乱未可知。陈全之拥强兵在江州，非主上旧臣，有自疑之意；且荧惑守南斗，讵非为我出邪！今者一行事若无成，入魏不失作河南郡守。”遂投伯之，大见亲狎。伯之又以乡人朱龙符为长流参军，并乘伯之愚暗，恣为奸利。

【译文】 江州刺史陈伯之目不识丁，每当得到文书及讼状，只会在后面画个押表示同意，有事的时候，由典签传达他的口语，究竟怎么办都掌握在主办之人手中。豫章人邓缮及永兴人戴永忠对陈伯之有旧恩，陈伯之就任用邓缮为别驾，戴永忠为记室参军。河南人褚緭居住在建康，一向品行不端，在宦途上不得志，屡次去拜访吏部尚书范云，范云不以礼相待。褚緭很生气，私底下对亲近的人说：“自从齐明帝萧鸾建武年间以来，寻常百姓及身份低贱的人都变成了贵人，我有何罪过，竟被弃之不用？目前天下正值草创之时，饥荒接连发生，也许发生乱事也未可知。陈伯之拥有强大的军队，驻防江州，他不是梁武帝萧衍的旧部属，有自疑的意思；况且火星运行到南斗六星的位置，难道不是为我而出现的吗？我现在去投奔陈伯之，如果不能成事，那么就到北魏去，至少也可以做个河南郡守。”褚緭于是前往投奔陈伯之，被陈伯之亲近。陈伯之又任用同乡的人朱龙符当长流参军，两个人利用陈伯之的昏昧不明，恣意妄为，恶行不断。

上闻之，使陈虎牙私戒伯之，又遣人代邓缮为别驾。伯之并不受命，表云："龙符骁勇，邓缮有绩效；台所遣别驾，请以为治中。"缮于是日夜说伯之云："台家府藏空竭，复无器仗，三仓无米，东境饥流，此万世一时也，机不可失！"缙、永忠等共赞成之。伯之谓缮："今启卿，若复不得，即与卿共反。"上敕伯之以部内一郡处缮，于是伯之集府州僚佐谓曰："奉齐建安王教，帅江北义勇十万，已次六合，见使以江州见力运粮速下。我荷明帝厚恩，誓死以报。"即命纂严，使缙诈为萧宝寅书以示僚佐，于听事前为坛，歃血共盟。

【译文】 梁武帝萧衍听说了这个事情，让陈虎牙私下告诫陈伯之，又派人代替邓缮做陈伯之的别驾，陈伯之对这两道命令都不接受，上表说："朱龙符勇敢异常，邓缮办事很有成效；朝廷所派下的别驾，请准许用他做治中。"邓缮于是日夜游说伯之："朝廷府藏空虚，也没有武器，三个粮仓里面都没有稻米，东边边境饥荒处处，这正是千载难逢的机会，不能让时机丧失。"褚缙和戴永忠一起在旁边附和，陈伯之对邓缮说："现在已经上表为你辩护，如果不被允许，就和你一道造反。"梁武帝萧衍敕令陈伯之在自己辖下的一郡安置邓缮，于是陈伯之召集府州的部属佐吏，对他们说："我收到齐建安王萧宝寅从北魏发来的命令，建安王率领江北的义兵十万人，已经驻扎在六合，要我利用江州现有的人员迅速运粮前往。我受到明帝萧鸾的厚恩，发誓效死来报答。"即刻下令戒严，教褚缙伪造萧宝寅的信给部属佐吏传阅，在听事厅的前面设祭坛，大伙儿一起歃血结盟。

缙说伯之曰："今举大事，宜引众望。长史程元冲，不与人同心；临川内史王观，僧虔之孙，人身不恶，可召为长史以代元冲。"伯之从之，仍以缙为寻阳太守，永忠为辅义将军，龙符为豫州刺史。观不应命。豫章太守郑伯伦起郡兵拒守。程元冲既失职，于家合帅数百人，乘伯之无备，突入至听事前；伯之自出格斗，元冲不胜，逃入庐山。伯之密遣信报虎牙兄弟，皆逃奔盱眙。

戊子，诏以领军将军王茂为征南将军、江州刺史，帅众讨之。

魏扬州小岘戍主党法宗袭大岘戍，破之，虏龙骧将军邾菩萨。

【译文】褚缙游说陈伯之说："现在发动大事，应该任用众望所归的人。长史程元冲不得人心；临川内史王观是王僧虔的孙子，人品不错，可以征召他来代替程元冲做长史。"陈伯之听从了，于是任用褚缙为寻阳太守，戴永忠为辅义将军，朱龙符为豫州刺史。王观没有受命前来。豫章太守郑伯伦发动郡兵抗拒陈伯之。程元冲已丢掉职位，赋闲在家，亲自率领着数百名徒众，趁陈伯之没有防备，突然闯入听事厅前面，陈伯之亲自出来格斗，程元冲无法获胜，逃入庐山。陈伯之秘密派遣使者将谋反的事告诉儿子陈虎牙兄弟，陈虎牙兄弟一起逃奔到盱眙。

戊子日（初一日），梁武帝萧衍下诏任命领军将军王茂为征南将军、江州刺史，率领军队讨伐陈伯之。

北魏扬州小岘戍的戍主党法宗偷袭大岘戍，将梁朝大岘戍攻破，俘虏了龙骧将军邾菩萨。

陈伯之闻王茂来，谓褚缙等曰："王观既不就命，郑伯伦又不肯从，便应空手受困。今先平豫章，开通南路，多发丁力，益运资粮，然后席卷北向，以扑饥疲之众，不忧不济。"六月，留乡人唐盖人守城，引兵趣豫章，攻伯伦，不能下。王茂军至，伯之表里受敌，遂败走，间道渡江，与虎牙等及褚緭俱奔魏。

上遣左右陈建孙送刘季连子弟三人入蜀，使谕旨慰劳。季连受命，饬还装，益州刺史邓元起始得之官。

【译文】 陈伯之听说王茂前来征讨，对褚緭等人说："王观不接受任命，郑伯伦又不肯服从，眼看就要空手被围困了。现在我们先平定豫章，打通南边的道路，发动徒众，加紧运送粮草，然后以席卷天下的气势北上，来打击王茂率领的饥饿又疲乏的军队，不怕不能取胜。"六月，陈伯之留下同乡人唐盖人守寻阳城，自己率领军队向豫章进发，攻打郑伯伦，没有攻下。王茂的军队赶到了，陈伯之腹背受敌，败走，选择荒僻的小路渡过长江，和陈虎牙及褚緭等人一同投奔北魏。

梁武帝萧衍派遣亲信陈建孙送刘季连的子弟三人进入蜀地，传达梁武帝的命令表示慰劳之意，刘季连接受了命令，回家准备行装，益州刺史邓元起这才得以前往就任。

初，季连为南郡太守，不礼于元起。都录朱道琛有罪，季连欲杀之，逃匿得免。至是，道琛为元起典签，说元起曰："益州乱离已久，公私虚耗。刘益州临归，岂办远遣迎侯！道琛请先使检校，缘路奉迎，不然，万里资粮，未易可得。"元起许之。道琛既至，言语不恭，又历造府州人士，见器物，辄夺之，有不获者，语曰："会当属人，何须苦惜！"于是军府大惧，谓元起至必诛季连，祸及党与，竞言之于季连。季连亦以为然，且惧昔之不礼于元起，乃召兵算之，有精甲十万，叹曰："据天险之地，握此强兵，进可以匡社稷，退不失作刘备，舍此安之？"遂召佐史，矫称齐宣德太后令，聚兵复反，收朱道琛，杀之。召巴西太守朱士略及涪令李膺, 并不受命。是月, 元起至巴西, 士略开门纳之。

【译文】 起初, 刘季连做南郡太守, 对邓元起不礼貌。都录朱道琛犯了罪, 刘季连想杀掉他, 朱道琛逃走躲了起来, 因而免于一死。到了这时, 朱道琛做邓元起的典签, 就游说邓元起: "益州动乱已经很久了, 无论公库还是私家都很空虚。刘益州就要离开, 哪能顾得上派遣官员欢迎您呢? 道琛请求先做使者前往稽核, 沿路奉迎您; 不然, 万里供应粮食, 那是极不容易的事情。"邓元起答应了。朱道琛到了益州, 说话很不客气, 又到处拜访府州里的人士, 看见好的东西, 就强行夺走, 如果没有如他的意, 就说: "马上就要给别人了, 何必这样珍惜!"因此军府里大为恐慌, 认为邓元起一定会诛杀刘季连, 并且牵连到刘季连的同党。大家争着把这消息告诉刘季连, 刘季连也认为他们的看法很对, 而且因为自己从前对邓元起无礼而感到恐惧, 于是把军队集合起来, 共有精兵十万。刘季连叹一口气说: "我占据天然险要的地方, 掌握着强大的军队, 进可以匡扶社稷, 退可以像刘备一样割据一方, 不如此还等什么?"于是刘季连召集部属, 假称奉齐宣德太后的诏令, 聚合军队造反。把朱道琛抓起来杀掉。又征召巴西太守朱士略及涪县县令李膺, 两人都不肯接受命令。就在这个月, 邓元起到了巴西, 朱士略打开城门, 迎接他入城。

先是, 蜀民多逃亡, 闻元起至, 争出投附, 皆称起义兵应朝廷, 军士新故三万馀人。元起在道久, 粮食乏绝, 或说之曰: "蜀土政慢, 民多诈疾, 若检巴西一郡籍注, 因而罚之, 所获必厚。"元起然之。李膺谏曰: "使君前有严敌, 后无继援, 山民始附, 于我观德。若纠以刻薄, 民必不堪; 众心一离, 虽悔无及。何必起疾可以济师! 膺请出图之, 不患资粮不足也。" 元起曰: "善。一以委卿!" 膺退, 帅富民上军资米, 得三万斛。

【译文】以前, 蜀地的百姓逃亡的很多, 听说邓元起到来, 争着出来归附, 都说是起义兵来响应朝廷, 新归附的和旧有的士兵加起来达到三万人。邓元起在道路中耽搁的时间久了, 粮食匮乏, 眼看就要断粮, 有人游说他: "蜀地的政令不严谨, 百姓大多诈称疾病, 借此来逃避赋役。如果查验巴西郡全部的簿籍, 从而对那些百姓加以处罚, 一定收获丰厚。" 邓元起认为他说得很对。李膺诤谏说: "使君您前面有强大的敌人, 后面没有支援的力量, 山民刚刚来归附, 还在小心观望我们的做法。如果现在用刻薄的法令对待他们, 百姓一定不能忍受, 民心一旦背离, 我们后悔也来不及了。何必要种下祸端来弥补军粮的不足呢? 请让我出面来解决, 不用担心粮食不足。" 邓元起说: "很好, 那就全权委托给你了!" 李膺退下来, 发动号召富有的百姓捐献军粮, 一共得到三万斛。

秋, 八月, 丁未, 命尚书删定郎济阳蔡法度损益王植之集注旧律, 为《梁律》, 仍命与尚书令王亮、侍中王莹、尚书仆射沈约、吏部尚书范云等九人同议定。

上素善钟律, 欲厘正雅乐, 乃自制四器, 名之为"通"。每通施三弦, 黄钟弦用二百七十丝, 长九尺, 应钟弦用一百四十二丝, 长四尺七寸四分差强, 中间十律, 以是为差。因以通声转推月气, 悉无差违, 而还得相中。又制十二笛, 黄钟笛长三尺八寸, 应钟笛长二尺三寸, 中间十律以是为差, 以写通声, 饮古钟玉律, 并皆不差。于是被以八音, 施以七声, 莫不和韵。先是, 宫悬止有四镈钟, 杂以编钟、编磬、衡钟凡十六虡。上始命设十二镈钟,各有编钟、编磬，凡三十六虡，而去衡钟，四隅植建鼓。

【译文】秋季，八月，丁未日（二十二日），梁武帝萧衍颐命令尚书删定郎济阳人蔡法度斟酌修改王植之所集注的旧律，定为《梁律》，同时命令蔡法度与尚书令王亮、侍中王莹、尚书仆射沈约、吏部尚书范云等九人共同商议决定。

齐武帝萧衍向来擅长音律，想要修订改正雅乐，自己制造了四种乐器，命名为"通"。每一只通上面安三条弦，黄钟弦用二百七十条丝，长是九尺；应钟弦用一百四十二条丝，长是四尺七寸四分多一点，中间的十律，按照这个差额去推算。利用这四只通演奏出的声音反推节气，一点差误都没有，彼此之间都能和谐。梁武帝萧衍又造了十二支笛子，黄钟笛长三尺八寸，应钟笛长二尺三寸，中间的十律，按照这个差额加以推算，这种笛子奏出的声音，依据古钟玉律的声音而斟酌它的清浊高下，一点儿差误没有。于是合以八音，演奏七声，没有不和韵的。此前，宫悬上只有四个镈钟，夹杂着编钟、编磬、衡钟，合起来一共十六虡。梁武帝萧衍开始下令设置十二个镈钟，各有编钟、编磬，共三十六虡，把衡钟都去掉了，四个角落竖立大鼓。

魏高祖之丧，前太傅平阳公丕自晋阳来赴，遂留洛阳。丕年八十馀，历事六世，位极公辅，而还为庶人。魏主以其宗室耆旧，矜而礼之。乙卯，以丕为三老。

魏扬州刺史任城王澄表请攻钟离，魏主使羽林监燉煌范绍诣寿阳，共量进止。澄曰："当用兵十万，往来百日，乞朝廷速办粮仗。"绍曰："今秋已向末，方欲调发，兵仗可集，粮何由致！有兵无粮，何以克敌！"澄沉思良久，曰："实如卿言。"乃止。

【译文】北魏孝文帝拓跋宏去世时，前任太傅平阳公元丕从晋阳前来奔丧，就留在洛阳。元丕八十多岁，曾事奉过六代国君，官位高到三公和辅相，最后被废为平民。宣武帝元恪因为他是宗室的元老，同情他，尊敬他。乙卯日（三十日），宣武帝元恪封元丕为三老。

北魏扬州刺史任城王元澄上表请求攻打钟离，宣武帝元恪派遣羽林监敦煌人范绍来到寿阳，和元澄一同商量如何行动。元澄说："此次行动必须动用军队十万人，来回要一百天，请求朝廷迅速准备粮食及兵器。"范绍说："现在已经是秋末，才调动兵马出征，兵器可以凑齐，粮食到哪里去筹措？有军队没有粮草，凭什么来战胜敌人呢？"元澄沉思了很久，说："你所讲的的确不错。"于是取消了原先攻打钟离的计划。

九月，丁巳，魏主如邺。冬，十月，庚子，还至怀。与宗室近侍射远，帝射三百五十馀步，群臣刻铭以美之。甲辰，还洛阳。

十一月，己未，立小庙以祭太祖之母，每祭太庙毕，以一太牢祭之。

甲子，立皇子统为太子。

魏洛阳宫室始成。

【译文】九月，丁巳日（初二日），北魏宣武帝元恪来到邺城。冬季，十月，庚子日（十六日），返回怀城，同宗室及亲近的侍臣比赛射箭，宣武帝元恪射了三百五十几步，群臣们刻记铭词来赞美这事。甲辰日（二十日），宣武帝元恪回到洛阳。

十一月，己未日（初五日），梁武帝萧衍建立一座小庙来祭祀太祖萧顺之的母亲，也就是他的祖母，每当在太庙祭祀完毕，用一副太牢的牲礼来小庙祭祀。

甲子日（初十日），梁朝立皇子萧统为太子。

北魏在洛阳建造的宫室落成。

十二月，将军张嚣之侵魏淮南，取木陵戍；魏任城王澄遣辅国将军成兴击之，甲辰，嚣之败走，魏复取木陵。

刘季连遣其将李奉伯等拒邓元起，元起与战，互有胜负。久之，奉伯等败，还成都，元起进屯西平。季连驱略居民，闭城固守。元起进屯蒋桥，去成都二十里，留辎重于郫。奉伯等间道袭郫，陷之，军备尽没。元起舍郫，径围州城；城局参军江希之谋以城降，不克而死。

魏陈留公主寡居，仆射高肇、秦州刺史张彝皆欲尚之，公主许彝而不许肇。肇怒，谮彝于魏主，彝坐沈废累年。

是岁，江东大旱，米斗五千，民多饿死。

【译文】十二月，梁朝将军张嚣之侵犯北魏的淮南，占领了木陵戍。北魏任城王元澄派遣辅国将军成兴攻击张嚣之，张嚣之战败逃跑，北魏又夺回了木陵。

刘季连派遣他的将领李奉伯等人抵抗防御邓元起，邓元起与他们交战，互有胜负。时间一久，李奉伯等人战败，逃回成都，邓元起进兵屯驻在西平。刘季连驱赶附近居民，关闭城门坚守。邓元起进兵屯驻在蒋桥，距离成都二十里，把辎重留在郫城。李奉伯等人从荒僻小路偷袭郫城，攻占郫城，夺去了全部军需物资。邓元起舍弃了郫城，直接进兵包围进攻州城成都；城局参军江希之打算开城投降，没有成功，被杀死了。

北魏的陈留公主寡居，仆射高肇和秦州刺史张彝都希望娶她为妻，公主答应了张彝，没有答应高肇。高肇十分恼怒，在宣武帝元恪面前诋毁张彝，张彝因此被罢黜，压抑长达数年。

这一年，江东发生严重的旱灾，一斗米卖到五千钱，很多百姓饿死。

天监二年(癸未, 公元五〇三年)春, 正月, 乙卯, 以尚书仆射沈约为左仆射, 吏部尚书范云为右仆射, 尚书令王亮为左光禄大夫。丙辰, 亮坐正旦诈疾不登殿, 削爵, 废为庶人。

乙亥, **魏主耕藉田。**

魏梁州氐杨会叛, 行梁州事杨椿等讨之。

【译文】天监二年(癸未, 公元503年)春季, 正月, 乙卯日(初二日), 梁武帝萧衍任命尚书仆射沈约为左仆射, 吏部尚书范云为右仆射, 尚书令王亮为左光禄大夫。丙辰日(初三日), 王亮因为在正月初一假称有病而不登殿朝贺获罪, 被削去封爵, 贬为庶人。

乙亥日(二十二日), 北魏宣武帝元恪到藉田亲自主持耕种仪式。

北魏梁州的氐人杨会叛变, 代理梁州刺史的杨椿等人前往征讨。

成都城中食尽, 升米三千, 人相食。刘季连食粥累月, 计无所出。上遣主书赵景悦宣诏受季连降, 季连肉袒请罪。邓元起迁季连于城外, 俄而造焉, 待之以礼。季连谢曰: "早知如此, 岂有前日之事!" 郫城亦降。元起诛李奉伯等, 送季连诣建康。初, 元起在道, 惧事不集, 无以为赏, 士之至者皆许以辟命, 于是受别驾、治中檄者将二千人。

季连至建康, 入东掖门, 数步一稽颡, 以至上前。上笑曰: "卿欲慕刘备, 而曾不及公孙述, 岂无卧龙之臣邪!" 赦为庶人。

【译文】成都城里的粮食吃光了, 每升米涨到三千钱, 发生人吃人的惨剧。刘季连接连几个月喝稀饭，一点办法都没有。梁武帝萧衍派遣主书赵景悦宣达皇帝的诏令，接受刘季连投降，刘季连只好光着上身请罪。邓元起将刘季连安置到城外，不久亲自去拜访他，依照礼节相待。刘季连请罪说："早知道这样，哪会有前日叛乱的事情！"郫城也投降了。邓元起把李奉伯等人杀了，将刘季连押送到建康。起初，邓元起还在半路上的时候，担心事情不能成功，又没有东西可以用来行赏，邓元起答应来投奔的人将按照朝廷征召来对待他们，因此得到别驾、治中檄命的将近两千人。

刘季连到了建康，进入东掖门，走几步路就磕一次头，一直到梁武帝萧衍面前。梁武帝萧衍笑着对他说："你想要追慕刘备，却连公孙述都比不上，是因为没有像卧龙诸葛孔明那样的臣下吧！"梁武帝萧衍赦免他的罪，将他贬为庶人。

三月，己巳，魏皇后蚕于北郊。

庚辰，魏扬州刺史任城王澄遣长风戍主奇道显入寇，取阴山、白稾二戍。

萧宝寅伏于魏阙之下，请兵伐梁，虽暴风大雨，终不暂移；会陈伯之降魏，亦请兵自效。魏主乃引八坐、门下入定议。夏，四月，癸未朔，以宝寅为都督东扬等三州诸军事、镇东将军、扬州刺史、丹杨公、齐王，礼赐甚厚，配兵一万，令屯东城；以伯之为都督淮南诸军事、平南将军、江州刺史，屯阳石，俟秋冬大举。宝寅明当拜命，自夜恸哭至晨。魏人又听宝寅募四方壮勇，得数千人，以颜文智、华文荣等六人皆为将军、军主。宝寅志性雅重，过期犹绝酒肉，惨形悴色，蔬食粗衣，未尝嬉笑。

癸卯，蔡法度上《梁律》二十卷，《令》三十卷，《科》四十卷。

诏班行之。

【译文】三月，己巳日（十七日），北魏皇后在洛阳北郊举行养蚕仪式。

庚辰日（二十八日），北魏扬州刺史任城王元澄派遣长风城的城主奇道显侵犯梁朝，占领了阴山、白槁两个城堡。

萧宝寅跪伏在北魏洛阳的宫门下，请求派给军队进攻梁朝，就算遇到暴风大雨，也匍匐在那儿一点也不动；恰好陈伯之投降北魏，也请求赐给军队以便为北魏效命。宣武帝元恪于是召集八坐及门下等官入朝商议，做出决定。夏季，四月，癸未朔日（初一日），宣武帝元恪任命萧宝寅为都督东扬等三州诸军事、镇东将军、扬州刺史、丹杨公、齐王，所受的礼遇及赏赐特别优厚，调拨给他军队一万人，命令他驻守东城。另外任命陈伯之为都督淮南诸军事、平南将军、江州刺史，驻守阳石，等待到秋冬的时候就大举出兵讨伐梁朝。萧宝寅第二天早上要拜受命令，当夜伤心哭泣一直到天亮。北魏又让萧宝寅自己招募四方的壮士，得到几千人，任用颜文智、华文荣等六人为将军及军主。萧宝寅性情持重，至性过人，为东昏侯萧宝卷服丧虽然已经满一年，还是不喝酒不吃肉，颜色憔悴，形容枯槁，吃的是糙粮，穿的是粗衣，从来不嬉笑。

癸卯日（二十一日），蔡法度向朝廷呈上《梁律》二十卷，《令》三十卷，《科》四十卷。梁武帝萧衍下诏颁布实施。

五月，丁巳，霄城文侯范云卒。

云尽心事上，知无不为，临繁处剧，精力过人。及卒，众谓沈约宜当枢管，上以约轻易，不如尚书左丞徐勉，乃以勉及右卫将军汝南周舍同参国政。舍雅量不及勉，而清简过之，两人俱称贤相，常留省内，罕得休下。勉或时还宅，群犬惊吠；每有表奏，辄焚其稿。舍预机密二十馀年，未尝离左右，国史、诏诰、仪体、法律、军旅谋谟皆掌之。与人言谑，终日不绝，而竟不漏泄机事，众尤服之。

壬申，断诸郡县献奉二宫，惟诸州及会稽许贡任士，若非地产，亦不得贡。

甲戌，魏扬椿等大破叛氐，斩首数千级。

【译文】五月，丁巳日（初六日），霄城文侯范云去世。范云竭尽全力事奉皇上，所知道的事情无不去做，处理繁重艰难的事情，精力胜过常人。他去世后，大家认为沈约会担任枢管，梁武帝萧衍认为沈约轻率不稳重，比不上尚书左丞徐勉，于是任命徐勉及右卫将军周舍共同参与国政。周舍的雅量比不上徐勉，但是清廉简约超过徐勉，两人都有贤相的美誉，二人常常留在尚书省内，很少下朝回家休息。徐勉有时回家，他家里养的群狗还以为是生人，都对着他狂叫；每当把誊写好的奏章呈上，往往即时把草稿烧毁。周舍参与机密前后二十余年，未曾离开梁武帝萧衍身边，大凡国史、诏诰、仪礼、法律、军事策略等都由他掌管；而他与别人说笑，整天不断，却能始终不泄露机密的事情，大家特别佩服他这一点。

壬申日（二十一日），梁武帝萧衍禁止各郡县为上宫及东宫上贡物品，只允许各州及会稽郡贡献当地的土特产，如果不是当地出产的物品，就不许拿来上贡。

甲戌日（二十三日），北魏杨椿等人大破叛变的氐族部落，杀了数千人。

六月，壬午朔，魏立皇弟悦为汝南王。

魏扬州刺史任城王澄表称："萧衍频断东关，欲令濠湖泛溢以灌淮南诸戍。吴、楚便水，且灌且掠，淮南之地将非国有，寿阳去江五百馀里，众庶惶惶，并惧水害，脱乘民之愿，攻敌之虚，豫勒诸州，纂集士马，首秋大集，应机经略，虽混壹不能必果，江西自是无虞矣。"丙戌，魏发冀、定、瀛、相、并、济六州二万人，马一千五百匹，令仲秋之中毕会淮南，并寿阳先兵三万，委澄经略；萧宝寅、陈伯之皆受澄节度。

【译文】六月，壬午朔日（初一日），北魏宣武帝元恪立自己的弟弟元悦为汝南王。

北魏扬州刺史、任城王元澄上表说："萧衍多次阻断东关，想要使巢湖泛滥，以便用水来灌淹淮河南岸的各个城堡。吴、楚之地多水，便于水攻，他们一面灌水一面掠夺，我们将无法保住淮水以南，寿阳距离长江五百多里，百姓们都惶惶不安，害怕水灾到来。如果顺应百姓摆脱梁朝水害的愿望，攻打敌人防守空虚之处，预先命令各州聚集兵士和战马，等到秋天时大规模地集结起来、，根据情况采取行动，虽然统一天下不一定能有结果，但是长江以北可以不用忧虑了。"丙戌日（初五日），北魏征发冀、定、瀛、相、并、济六个州的士兵二万人，战马一千五百匹，命令他们在仲秋中旬全部到淮南之地集合，加上寿阳原先驻防的军队三万人，全部交由元澄指挥，萧宝寅、陈伯之都受元澄的指挥。

谢朓轻舟出诣阙，诏以为侍中、司徒、尚书令。朓辞脚疾不堪拜谒，角巾自舆诣云龙门谢。诏见于华林园，乘小车就席。明旦，上幸朓宅，宴语尽欢。朓固陈本志，不许；因请自还东迎母，许之。临发，上复临幸，赋诗钱别；王人送迎，相望于道。及还，诏起府于旧，礼遇优异。朏素惮烦，不省职事，众颇失望。

甲午，以中书监王莹为尚书右仆射。

【译文】谢朏乘小船出门来到京师，梁武帝萧衍下诏任命他为侍中、司徒、尚书令。谢朏以脚有病不能行拜谒之礼为借口推辞，头戴方巾，自己驾车到云龙门谢恩。梁武帝萧衍下诏在华林园接见他，谢朏乘着小车赴席。第二天早上，梁武帝萧衍亲自到谢朏的住地看望他，两人一边喝酒一边谈话，特别欢洽。谢朏陈述自己坚决不愿做官的志向，梁武帝萧衍没有答应。谢朏就请求东归迎接母亲，梁武帝答应了他。谢朏临出发的时候，梁武帝萧衍又亲自来送他，赋诗饯别；受命迎接送行的王公大臣，挤满了道路。等到谢朏回到家，梁武帝萧衍下诏在谢朓的老宅建造新府第，对谢朏的礼遇极为优厚，超过常人。谢朏一向害怕烦冗，对于职分内的事情不愿过问，大家对他很失望。

甲午日（十三日），梁武帝萧衍任命中书监王莹为尚书右仆射。

秋，七月，乙卯，魏平阳平公丕卒。

魏既罢盐池之禁，而其利皆为富强所专。庚午，复收盐池利入公。

辛未，魏以彭城王勰为太师；勰固辞。魏主赐诏敦谕，又为家人书，祈请恳至；勰不得已受命。

【译文】秋季，七月，乙卯日（初五日），北魏平阳平公元丕去世。

北魏已经撤销了盐池的禁令，可是盐池的利益都被富家豪族专享。庚午日（二十日），北魏又收回盐池的利益归入国库。

辛未日（二十一日），北魏任用彭城王元勰为太师，元勰坚

决推辞。北魏宣武帝元恪下诏谆谆劝谕,又以晚辈的身份给元
勰写了家信,恳切祈请,元勰不得已,接受了任命。

八月,庚子,魏以镇南将军元英都督征义阳诸军事。司州刺
史蔡道恭闻魏军将至,遣骁骑将军杨由帅城外居民三千馀家保
贤首山,为三栅。冬,十月,元英勒诸军围贤首栅,栅民任马驹斩
由降魏。

【译文】八月,庚子日(二十日),北魏任用镇南将军元英都
督征讨义阳诸军事。梁朝司州刺史蔡道恭听说魏军将要到来,
派遣骁骑将军杨由率领州城外的居民三千多家保卫贤首山,构
筑了三个营栅。冬季,十月,元英统率诸军围住贤首栅,栅内的
百姓任马驹杀了杨由投降北魏。

任城王澄命统军党法宗、傅竖眼、太原王神念等分兵寇东
关、大岘、淮陵、九山,高祖珍将三千骑为游军,澄以大军继其
后。竖眼,灵越之子也。魏人拔关要、颍川、大岘三城,白塔、
牵城、清溪皆溃。徐州刺史司马明素将兵三千救九山,徐州长史
潘伯邻据淮陵,宁朔将军王燮保焦城。党法宗等进拔焦城,破
淮陵,十一月,壬午,擒明素,斩伯邻。

【译文】任城王元澄命令统军党法宗、傅竖眼、太原王神
念等人分别率领军队进犯东关、大岘、淮陵及九山等地。高祖
珍率领三千骑兵作为游击部队,元澄率领大军跟随在后面。傅
竖眼是傅灵越的儿子。北魏军队攻陷了关要、颍川和大岘三城,
白塔、牵城、清溪等地的军队都溃败了。梁朝徐州刺史司马明素
率领三千士兵援救九山,徐州长史潘伯邻救援淮陵。宁朔将军王
燮保卫焦城,党法宗等人进兵攻克了焦城,又攻破了淮陵。十一

月，壬午日（初四日），北魏军队生擒司马明素，杀了潘伯邻。

先是，南梁太守冯道根戍阜陵，初到，修城隍，远斥候，如敌将至，众颇笑之。道根曰："怯防勇战，此之谓也。"城未毕，党法宗等众二万奄至城下，众皆失色。道根命大开门，缓服登城，选精锐二百人出与魏兵战，破之。魏人见其意思闲暇，战又不利，遂引去。道根将百骑击高祖珍，破之。魏诸军粮运绝，引退。以道根为豫州刺史。

武兴安王杨集始卒。己未，魏立其世子绍先为武兴王。绍先幼，国事决于二叔父集起、集义。

乙亥，尚书左仆射沈约以母忧去职。

【译文】先前，梁朝太守冯道根戍守阜陵，刚到任时，他就修筑城隍，派遣斥候到远方侦查放哨，就好像敌人将要进犯一样。众人都讥笑他，冯道根说："防卫要周备，好像胆怯似的，打仗要勇敢争先，说的就是这个。"城还没有筑完，党法宗等人率领敌军两万人就突然兵临城下，大家脸上都恐惧变色。冯道根下令大开城门，穿着宽大的衣服登到城上，并挑选了精锐的士兵两百人出城与北魏士兵交战，打败了魏兵。北魏人看冯道根意态从容，初次交锋又失利，于是相引着撤走了。冯道根率领一百名骑兵出击高祖珍，打败了他。北魏的各路军队军粮运送断绝，相率撤退了。梁武帝萧衍任命冯道根为豫州刺史。

北魏武兴安王杨集始去世。己未日（十一日），北魏封他的世子杨绍先为武兴王；杨绍先年纪幼小，封国中的事情都由他的两位叔父杨集起和杨集义裁决。

乙亥日（二十七日），梁朝尚书左仆射沈约因为母亲去世而离职。

魏既迁洛阳，北边荒远，因以饥馑，百姓困弊。魏主加尚书左仆射源怀侍中、行台，使持节巡行北边六镇、恒、燕、朔三州，赈给贫乏，考论殿最，事之得失皆先决后闻。怀通济有无，饥民赖之。沃野镇将于祚，皇后之世父，与怀通婚。时于劲方用事，势倾朝野，祚颇有受纳。怀将入镇，祚郊迎道左，怀不与语，即劾奏免官。怀朔镇将元尼须与怀旧交，贪秽狼籍，置酒请怀，谓怀曰："命之长短，系卿之口，岂可不相宽贷！"怀曰："今日源怀与故人饮酒之坐，非鞫狱之所也。明日公庭始为使者检镇将罪状之处耳。"尼须挥泪无以对，竟按劾抵罪。怀又奏："边镇事少而置官猥多，沃野一镇自将以下八百馀人；请一切五分损二。"魏主从之。

【译文】 北魏迁都洛阳后，北边距离遥远，逐渐荒芜，出现饥荒，百姓生活穷困凋敝。北魏宣武帝元恪加封尚书左仆射源怀为侍中、行台，派他持符节巡行视察北边六镇以及恒、燕、朔三州，赈济贫民，考核官吏优劣，事情的得失都由他先行处置然后再上报。源怀调剂穷富，饥民全都依赖他的救济生存。沃野镇的守将于祚，是于皇后的伯父，和源怀是儿女亲家。当时于皇后的父亲于劲正掌权，权势之大朝野无人能比，于祚接受的贿赂很多。源怀将要进入沃野镇的时候，于祚到郊外的道旁迎接，源怀不和他讲话，当即上奏弹劾他，宣武帝元恪免去了他的官职。怀朔镇的守将元尼须与源怀是老朋友，贪赃不法，声名狼藉，置办酒席宴请源怀，对源怀说："我性命的长短，取决于你的一句话，哪能不对故友多多宽容呢？"源怀说："今天这里是源怀和老友饮酒的地方，不是审理案件的地方。明天，在公庭上才是使者检举镇将罪状的地方呢。"元尼须流下了眼泪，没有话可以回答；最终源怀还是查证他的罪行，弹劾他，使他受到相应的刑罚。源怀又上奏说："边镇事情少，可是设置的官吏多，沃野一镇从守将以下就有八百多人，请求把官员人数削减五分之二。"宣武帝元恪听从了他的建议。

乙酉，将军吴子阳与魏元英战于白沙，子阳败绩。

魏东荆州蛮樊素安作乱。乙酉，以左卫将军李崇为镇南将军、都督征蛮诸军事，将步骑讨之。

【译文】乙酉日（十一月无此日），梁朝将军吴子阳与北魏元英在白沙展开交战，吴子阳被打败。

北魏东荆州的蛮人樊素安作乱。乙酉日（十一月无此日），宣武帝元恪任命左卫将军李崇为镇南将军、都督征蛮诸军事，率领步兵、骑兵前往讨伐他们。

冯翊吉翂父为原乡令，为奸吏所诬，逮诣廷尉，罪当死。翂年十五，枢登闻鼓，乞代父命。上以其幼，疑人教之，使廷尉卿蔡法度严加诱胁，取其款实。法度盛陈拷讯之具，诘翂曰："尔求代父，敕已相许，审能死不？且尔童騃，若为人所教，亦听悔异。"翂曰："囚虽愚幼，岂不知死之可惮！顾不忍见父极刑，故求代之。此非细故，奈何受人教邪！明诏听代，不异登仙，岂有回贰！"法度乃更和颜诱之曰："主上知尊侯无罪，行当得释，观君足为佳童，今若转辞，幸可父子同济。"翂曰："父挂深劾，必正刑书；囚瞑目引领，唯听大戮，无言复对。"时翂备加杻械，法度愍之，命更著小者。翂弗听，曰："死罪之囚，唯宜益械，岂可减乎？"竟不脱。法度具以闻，上乃宥其父罪。

【译文】梁朝冯翊人吉翂的父亲是原乡县令，被奸臣诬告，被逮捕押送到廷尉处，依据所诬告的罪状应当判处死刑。吉翂年十五岁，捶打登闻鼓，乞求代父亲受死。梁武帝萧衍因为他年纪小，怀疑是别人教他这样做的，派遣廷尉卿蔡法度对他严加诱导胁迫，让他说出实情。蔡法度把所有拷问的刑具陈列出来，诘问吉翂说："你请求代替父亲去死，皇上已经下令准许，你真想去死吗？况且你年幼无知，如果是受到他人的教唆，现在翻供也还来得及。"吉翂说："囚犯我虽然年幼愚昧，岂能不知道死亡的可怕？只因不忍心看到父亲遭受极刑，所以乞求相代。这不是小事，怎会是受他人的教唆呢？圣明的皇上既已下诏准许我代替父亲去死的请求，那我快乐得如同登仙，怎会反悔呢？"蔡法度于是更加和颜悦色地诱导他说："皇上知道令尊没有罪，将会得到开释，我看你实在是一个好孩子，现在如果改变说辞，有希望父子一起活命。"吉翂说："家父受到他人诬陷弹劾，一定会遭受刑罚；囚犯我闭上眼睛，伸长颈子，只等一死，再也没有其他的话可以回答。"这时吉翂身上戴上了各种刑具，蔡法度同情他，下令给他换上比较小的。吉翂不听从，说："我是死刑犯，只应该加重械具，怎可以减轻呢？"竟然不肯脱下刑具。蔡法度详细地把审讯的情况上奏皇上，梁武帝萧衍于是宽恕了他父亲的罪过。

　　【申涵煜评】翂求代父罪，视死如饴，而又力辞纯孝之举。其人品、学问当在曾、闵之间，当时仅免罪而不加擢用，秉国钧者之过也。

　　【译文】吉翂请求代替父亲受罪，把赴死当作享用糖浆，而且又极力推辞"纯孝"的举荐。他的人品、学问应该在曾参、闵损两人之间，当时仅赦免他父亲的罪行却不任用吉翂，这是治国者的过错。

丹杨尹王志求其在廷尉事，并问乡里，欲于岁首举充纯孝。翂曰："异哉王尹，何量翂之薄乎！父辱子死，道固当然；若翂当此举乃是因父取名，何辱如之！"固拒而止。

魏主纳高肇兄偃之女为贵嫔。

【译文】丹杨尹王志了解了吉翂在廷尉欲代父死而使父亲脱罪的事实，并且询问了他是哪里人，想在下年初推举吉翂为纯孝之士。吉翂说："丹杨尹王志真是一个奇怪的人呀！怎么这样看轻我呢？父亲受到羞辱，做儿子的代父去死，这本是当然的道理；如果我吉翂接受了这个推举，那便是凭借父亲求取虚名，有什么样的耻辱比得上这一耻辱呢？"坚决地不接受，事情只好作罢。

北魏宣武帝元恪纳高肇的哥哥高偃的女儿为贵嫔。

【乾隆御批】吉翂力却举孝，不肯因父取名，是矣。然其狱果被诬陷，自应公家为之昭雪。岂当时未之剖正，而致翂请代乎？然哓哓诣阙，究非正道。向因缇萦事，尝以虞舜殛鲧不闻大禹请代为断，操三尺者不可不知！

【译文】吉翂极力拒绝举孝这件事，不肯依凭父亲取得名声，这是对的。然而他这个案子如果真是被诬陷的，自应由公家为他昭雪。难道是当时没有分辨正名，才导致吉翂请求代父受刑的？然而因为担惊害怕而吵闹着到朝廷去，究竟不是正道。从前因为缇萦的事情，我曾思考过虞舜杀鲧却没听说大禹请求代替他去断头，掌握大权的当政者不能不明智啊！

魏散骑常侍赵修，寒贱暴贵，恃宠骄恣，陵轹王公，为众所疾。魏主为修治第舍，拟于诸王，邻居献地者或超补大郡。修请告归葬其父，凡财役所须，并从官给。修在道淫纵，左右乘其出外，颇发其罪恶；及还，旧宠小衰。高肇密构成其罪，侍中、领御史中尉甄琛、黄门郎李凭、廷尉卿阳平王显，素皆谄附于修，至是惧相连及，争助肇攻之。帝命尚书元绍检讯，下诏暴其奸恶，免死，鞭一百，徙燉煌为兵。而修愚疏，初不之知，方在领军于劲第樗蒲，羽林数人称诏呼之，送诣领军府。甄琛、王显临罚，先具问事有力者五人，迭鞭之，欲令必死。修素肥壮，堪忍楚毒，密加鞭至三百不死。即召驿马，促之上道，出城不自胜，举缚置鞍中，急驱之，行八十里，乃死。帝闻之，责元绍不重闻，绍曰："修之佞幸，为国深蠹，臣不因衅除之，恐陛下受万世之谤。"帝以其言正，不罪也。绍出，广平王怀拜之曰："：翁之直过于汲黯。"绍曰："但恨戮之稍晚，以为愧耳。"绍，素之孙也。明日，甄琛、李凭以修党皆坐免官，左右与修连坐死黜者二十馀人。散骑常侍高聪与修素亲狎，而又以宗人谄事高肇，故独得免。

【译文】北魏散骑常侍赵修，出身贫贱，突然富贵，恃宠而骄，恣意不法，欺压凌辱王公贵人，被大家痛恨。宣武帝元恪替赵修造宅第，宏大华丽的宅第和诸王差不多，他的邻居把土地献给他，都当了官，有的被破格补任为大郡郡守。赵修请求告假回家埋葬父亲，所有的花费和人役全部由官家供应。赵修在返乡途中，淫秽放纵，宣武帝元恪身边的人趁他不在朝，大力揭发他的罪恶。等到他回朝以后，往日所受的宠爱不如从前，高肇秘密地收集他的罪状，侍中、领御史中尉甄琛、黄门郎李凭、廷尉卿阳平人王显，平素都是谄媚依附赵修的人，到这时候，他们恐惧牵连自己，都争着帮助高肇攻击赵修。宣武帝元恪下令尚书元绍调查审讯，下诏公布赵修的奸恶罪状，免去他的死罪，鞭打一百下，流放到敦煌充军。可是赵修愚蠢粗疏，事先一点也没有察觉，正在领军于劲的府第中玩樗蒲戏乐，羽林军数人宣圣旨将他叫出来，送到领军府。由甄琛、王显两人监督行刑，预先找了有力气的五个人，轮流鞭打，想要将他打死。赵修一向长得肥壮，可以禁得起毒打，偷偷增加鞭打的次数到三百下，赵修还不死。甄琛等就找来驿马，催促他上路，赵修出城后，不能自己骑马，于是由两个人抬着把他捆缚在马鞍上面，快速地向前奔驰，跑了八十里路，这才死了。宣武帝元恪听说了，责怪元绍没有把这件事上奏，元绍回答说："赵修因为佞媚得幸，是国家的大害虫，下臣如果不利用这个机会把他除掉，恐怕陛下会受到万世的指责。"宣武帝元恪因为他的言论严正，没有怪罪他。元绍出来后，广平王元怀对他下拜说："您的正直超过汉朝的汲黯。"元绍说："只是遗憾杀得太晚，为此觉得惭愧罢了。"元绍是元素的孙子。第二天，甄琛、李凭两人都因为党附赵修而连坐免官，宣武帝元恪身边的人因为赵修的案子而连坐被判死刑和贬官的共有二十多人。散骑常侍高聪和赵修一向亲近，但又凭借同宗的关系谄媚事奉高肇，因此只有他能够免罪。

天监三年（甲申，公元五〇四年）春，正月，庚戌，征虏将军赵祖悦与魏江州刺史陈伯之战于东关，祖悦败绩。

癸丑，以尚书右仆射王莹为左仆射，太子詹事柳恽为右仆射。

丙辰，魏东荆州刺史杨大眼击叛蛮樊季安等，大破之。季安，素安之弟也。

【译文】天监三年（甲申，公元504年）春季，正月，庚戌日（初三日），梁朝征虏将军赵祖悦与魏朝江州刺史陈伯之在东关展开激战，赵祖悦打了败仗。

癸丑日（初六日），梁朝任命尚书右仆射王莹为左仆射，太子詹事柳憕为右仆射。

丙辰日（初九日），北魏东荆州刺史杨大眼攻击叛乱的蛮人樊季安等，大获全胜。樊季安是樊素安的弟弟。

丙寅，魏大赦，改元正始。

萧宝寅行及汝阴，东城已为梁所取，乃屯寿阳栖贤寺。二月，戊子，将军姜庆真乘魏任城王澄在外，袭寿阳，据其外郭。长史韦缵仓猝失图；任城太妃孟氏勒兵登陴，先守要便，激厉文武，安慰新旧，劝以赏罚，将士咸有奋志。太妃亲巡城守，不避矢石。萧宝寅引兵至，与州军合击之，自四鼓战至下晡，庆真败走。韦缵坐免官。

【译文】丙寅日（十九日），北魏大赦天下，改年号为正始。

萧宝寅巡行到汝阴，东城已经被梁朝攻取，于是屯驻在寿阳栖贤寺。二月，戊子日（十一日），梁朝将军姜庆真趁着北魏任城王元澄宿师在外，偷袭寿阳，占据了寿阳的外城。长史韦缵仓促之间不知所措。任城王元澄的母亲孟氏率领军队登上城陴，先据守了地势险要方便作战的地方，她激励文武官吏，安慰新归附的寿阳兵民和旧有将士，将士们都有了奋战的勇气。太妃孟氏亲自巡视各处守城据点，冒着敌人的矢石毫不回避。萧宝寅率领军队来驰援，和城内的州兵内外夹攻，从四鼓一直激战到太阳将要落山，姜庆真这才战败逃走。韦缵因临阵失措被免去官职。

任城王澄攻钟离，上遣冠军将军张惠绍等将兵五千送粮诣钟离，澄遣平远将军刘思祖等邀之。丁酉，战于邵阳；大败梁兵，俘惠绍等十将，杀虏士卒殆尽。思祖，芳之从子也。尚书论思祖功，应封千户侯；侍中、领右卫将军元晖求二婢于思祖，不得，事遂寝。晖，素之孙也。

上遣平西将军曹景宗、后军王僧炳等帅步骑三万救义阳。僧炳将二万人据凿岘，景宗将万人为后继，元英遣冠军将军元逞等据樊城以拒之。三月，壬申，大破僧炳于樊城，俘斩四千馀人。

【译文】北魏任城王元澄攻打钟离，梁武帝萧衍派遣冠军将军张惠绍等人率领士兵五千人运送粮食到钟离，元澄派遣平远将军刘思祖等人半路阻击他们。丁酉日（二十日），两方在邵阳激战，刘思祖把梁朝的军队打败了，俘虏了张惠绍等十名将领，几乎斩杀了全部被俘的士卒。刘思祖，是刘芳的侄子。尚书考核刘思祖的功劳，应当封为千户侯；侍中、领右卫将军元晖向刘思祖索要两个婢女，没有得到，刘思祖封侯之事就停止了。元晖是元素的孙子。

梁武帝萧衍派遣平西将军曹景宗、后军将军王僧炳等人率领步兵和骑兵三万人救援义阳。王僧炳率领两万士兵据守凿岘，曹景宗率领一万士兵做后援，元英派遣冠军将军元逞等人据守樊城来抵挡他们。三月，壬申日（二十五日），北魏军队在樊城大败王僧炳，俘虏斩首四千多人。

魏诏任城王澄，以"四月淮水将涨，舟行无碍，南军得时，勿昧利以取后悔。"会大雨，淮水暴涨，澄引兵还寿阳。魏军还既狼狈，失亡四千馀人。中书侍郎刘郡贾思伯为澄军司，居后为殿，澄以其儒者，谓之必死，及至，大喜曰："'仁者必有勇'，于军司见之矣。"思伯托以失道，不伐其功。有司奏夺澄开府，仍降三阶。上以所获魏将士请易张惠绍于魏，魏人归之。

【译文】宣武帝元恪下诏书给任城王元澄，说："四月淮水将要涨水，船只可以畅行无阻，梁朝的军队占有天时，不要一味贪图利益，以免后悔。"这时恰好遇到下大雨，淮水突然涨了起来，元澄率领军队退回寿阳，北魏军队回师的时候，情况相当狼狈，将士损失了四千多人。中书侍郎齐郡人贾思伯担任元澄的军司，在大军的后面殿后。元澄因为他是一位儒者，认为他一定会死，等到贾思伯回到寿阳，元澄非常高兴地说："'仁者必有勇'，我在军司您身上看到了验证。"贾思伯托词说因为迷失道路才没有与大部队一同返回，不夸耀自己的功劳。有司上奏章请求取消元澄开府的荣衔，宣武帝元恪只把他降了三级。梁武帝萧衍用所俘虏的北魏将士向北魏请求交换张惠绍，北魏把张惠绍遣送回来了。

魏太傅、领司徒、录尚书北海王详，骄奢好声色，贪冒无厌，广营第舍，夺人居室，嬖昵左右，所在请托，中外嗟怨。魏主以其尊亲，恩礼无替，军国大事皆与参决，所奏请无不开允。魏主之初亲政也，以兵召诸叔，详与咸阳、彭城王共车而入，防方严固，高太妃大惧，乘车随而哭之。既得免，谓详曰："自念不愿富贵，但使母子相保，与汝扫市为生耳。"及详再执政，太妃不复念前事，专助详为贪虐。冠军将军茹皓，以巧思有宠于帝，常在左右，传可门下奏事，弄权纳贿，朝野惮之，详亦附焉。皓娶尚书令高肇从妹，皓妻之姊为详从父安定王燮之妃；详烝于燮妃，由是与皓益相昵狎。直阁将军刘胄，本详所引荐，殿中将军常委贤以善养马，陈扫静掌栉，皆得幸于帝，与皓相表里，卖权势。

【译文】北魏太傅、领司徒、录尚书北海王元详，骄傲奢侈，喜好声色，贪得无厌，扩建宅第，侵夺别人的住宅，宠爱身边的人，到处托人情、走门路，朝廷内外的人对他都怨恨叹息。宣武帝元恪因为他是自己的叔父，对他的礼遇恩施没有衰减，军国大事都让他参与决断，凡是他所上奏请求的事情，宣武帝元恪无不开禁允许。宣武帝元恪刚刚亲政的时候，用军队召请各位叔父，北海王元详与咸阳王元禧、彭城王元勰同乘一部车子入宫，防卫非常严密。高太妃非常恐惧，乘车跟随在后面痛哭。三人脱身以后，高太妃对元详说："从今以后不愿富贵，只希望能母子平安，哪怕和你一起在市肆中以打扫为生。"等到元详第二次执政，高太妃不再记念昔日的事情，专门帮助元详做些贪污暴虐的事情。冠军将军茹皓，凭借心思灵敏而受到宣武帝元恪的宠爱，经常陪侍在宣武帝元恪的身边，替宣武帝传达回复门下省所奏上的事情，玩弄权柄，接纳贿赂，朝野人士都害怕他，元详也依附了他。茹皓娶了尚书令高肇的堂妹，茹皓妻子的姐姐是元详叔父安定王元燮的妃子，元详与元燮的妃子私通，因此和茹皓更加亲密。直阁将军刘胄，本来是元详所引荐的人，殿中将军常季贤因为擅长养马，陈扫静为宣武帝元恪梳头，三人都被宣武帝宠幸，这些人和茹皓互相勾结，卖弄权势。

高肇本出高丽，时望轻之。帝既黜六辅，诛咸阳王禧，专委事于肇。肇以在朝亲族至少，乃邀结朋援，附之者旬月超擢，不附者陷以大罪。尤忌诸王，以详位居其上，欲去之，独执朝政，乃谮之于帝，云"详与皓、胄、季贤、扫静谋为逆乱"。夏，四月，帝夜召中尉崔亮入禁中，使弹奏详贪淫奢纵，及皓等四人怙权贪横，收皓等系南台，遣虎贲百人围守详第。又虑详惊惧逃逸，遣左右郭翼开金墉门驰出谕旨，示以中尉弹状，详曰："审如中尉所纠，何忧也！正恐更有大罪横至耳。人与我物，我实受之。"诘朝，有司奏处皓等罪，皆赐死。

【译文】高肇的祖上是高丽人，当时有身份的人都轻视他。宣武帝元恪罢黜了六位辅政大臣，诛杀了咸阳王元禧之后，把政事委任给高肇一人。高肇因为在朝廷里的亲戚同宗极少，于是招揽结交朋党，依附他的人十天半月就可破格拔升，不依附他的人就用大罪名诬陷他。尤其对诸王十分忌恨，因为元详是诸王之首，高肇想把他除去，自己一人执掌朝政，于是向宣武帝元恪说元详的坏话，说："元详与茹皓、刘胄、常季贤、陈扫静等人图谋叛乱。"夏季，四月，宣武帝元恪在夜里宣召中尉崔亮进入禁中，要他弹劾元详贪赃淫乱，生活奢侈放纵，以及茹皓等四人依恃权势，贪婪横暴。宣武帝元恪下令将茹皓等四人收捕拘系在御史台，派遣虎贲一百人包围元详的住宅。宣武帝元恪又恐怕元详惊惧逃跑，派遣身边的近臣郭翼打开金墉门骑马出去，向元详宣谕圣旨，并把中尉崔亮弹劾的奏章给元详看，元详说："果真如中尉所弹劾的那样，我又有什么担忧的呢？只恐怕有更大罪责忽然加身罢了。别人送我财物，我确实是收了。"第二天早上，有司上奏章处置茹皓等人的罪行，茹皓、刘胄、常季贤、陈扫静四人都被赐死罪。

帝引高阳王雍等五王入议详罪。详单车防卫，送华林园，母妻随入，给小奴弱婢数〔人〕，围守甚严，内外不通。五月，丁未朔，下诏宥详死，免为庶人。顷之，徙详于太府寺，围禁弥急，母妻皆还南第，五日一来视之。

【译文】宣武帝元恪找来高阳王元雍等五王入宫商议元详的罪状。元详乘坐单车，前后有卫兵防守，被送到华林园，元详的母亲及妻子被一起送入，只给了小奴及弱婢数人听他们使唤，包围防守十分严密，内外不能通消息。五月，丁未朔日（初一日），宣武帝元恪下诏书宽宥元详的死罪，把他赦免为庶人。不久，把元详迁移到太府寺，看管得更加严密；他的母亲和妻子都回到了南边的府第，每隔五天来探视元详一次。

初，详取宋王刘昶女，待之疏薄。详既被禁，高太妃乃知安定高妃事，大怒曰："汝妻妾盛多如此，安用彼高丽婢，陷罪至此！"杖之百馀，被创脓溃，旬馀乃能立。又杖刘妃数十，曰："妇人皆妒，何独不妒！"刘妃笑而受罚，卒无所言。

详家奴数人阴结党辈，欲劫出详，密书姓名，托侍婢通于详。详始得执省，而门防主司遥见，突入就详手中揽得，奏之，详恸哭数声，暴卒。诏有司以礼殡葬。

【译文】起初，元详娶了宋王刘昶的女儿，对待她十分疏远冷淡。元详被拘禁后，高太妃才知道他和安定王的高妃私通的事情，非常震怒地说："你的妻妾如此多，怎么还去找那个高丽贱人，以致闯下了如此大罪！"高太妃命人将元详杖责了一百多下，受杖刑的伤口发脓溃烂，过了十多天才能站立。高太妃又杖责了刘妃几十下，说："妇人都有妒忌之心，为何你不妒忌呢？"刘妃笑着接受惩罚，始终没有一句辩解的话。

元详的几个家奴暗中勾结党羽，想要把元详救出来，秘密地书写了姓名，请托侍婢传递给元详。元详刚得到拿着看，被门防主司远远地看见了，突然进来从元详手中把秘折抢到，将这事奏闻宣武帝元恪，元详恸哭了几声，突然死了。宣武帝元恪下诏有司依照礼节将他出殡埋葬。

先是，典事史元显献鸡雏，四翼四足，诏以问侍中崔光。光上表曰："汉元帝初元中，丞相府史家雌鸡伏子，渐化为雄，冠距鸣将。永光中，有献雄鸡生角，刘向以为'鸡者小畜，主司时起居人，小臣执事为政之象也。竟宁元年，石显伏辜，此其效也。'灵帝光和元年，南宫寺雌鸡欲化为雄，但头冠未变，诏以问议郎蔡邕，对曰：'头为元首，人君之象也。今鸡一身已变，未至于头，而上知之，是将有其事而不遂成之象也。若应之不精，政无所改，头冠或成，为患滋大。'是后黄巾破坏四方，天下遂大乱。今之鸡状虽与汉不同，而其应颇相类，诚可畏也。臣以向、邕言推之，翼足众多，亦群下相扇助之象；雏而未大，足羽差小，亦其势尚微，易制御也。臣闻灾异之见，皆所以示吉凶。明君睹之而惧，乃能致福；暗主睹之而慢，所以致祸。或者今亦有自贱而贵，关预政事，如前世石显之比者邪！愿陛下进贤黜佞，则妖弭庆集矣。"后数日，皓等伏诛，帝愈重光。

【译文】先前，典事史元显献上一只小鸡，有四个翅膀及四只脚，宣武帝元恪下诏书询问侍中崔光，崔光上表说："汉元帝刘奭初元年间，丞相府一个小吏家中的母鸡孵小鸡，这只母鸡渐渐地变成公鸡，有头冠，足距昂然，鸣叫着率领鸡群。汉元帝刘奭永光年间，有人进献了一只生角的公鸡，刘向认为：'鸡是小家禽，负责报时，唤主人起床，这是地位低下的臣子执掌政权的征兆。汉元帝刘奭竟宁元年，石显因罪被戮，这就是应验。'汉灵帝刘宏光和元年，南宫寺的母鸡要变化成公鸡，只是头冠没有变，汉灵帝下诏以这事询问议郎蔡邕，蔡邕回答说：'头是元首，是皇帝的象征。如今鸡全身都已经变化，只剩下头冠还没有变，皇上就知道了，这是将有叛乱而不能成功的兆象。倘若应付得不得当，政事没有做出改变，也许头冠就要变化成功，那祸患就更加大了。'后来黄巾贼破坏四方，天下因此大乱。现在这只鸡变化的情形虽然和汉朝不同，可是它显示的预兆颇为相似，确实可怕得很。我依据刘向和蔡邕的话来推断这件事，鸡的翅膀和脚众多，这也是奸臣互相勾结、鼓动生事的兆象；鸡还没有长大，脚和羽毛都还小，这表明奸党的势力还小，容易控制。下臣听说灾异现象出现，都是用来预示吉凶，圣明的国君见了之后有所警惧，才能够带来福祥；愚暗的国君见了之后还是抱着怠慢的心理，因此导致灾祸。也许如今也有从低贱而突然显贵的小人，参与国家的政事，好像前代石显那样的人吧！希望陛下选用贤人，黜退奸佞，如此妖气就可以消除，吉庆就可以降临了。"其后几天，茹皓等人因罪被诛，宣武帝元恪因而更加看重崔光。

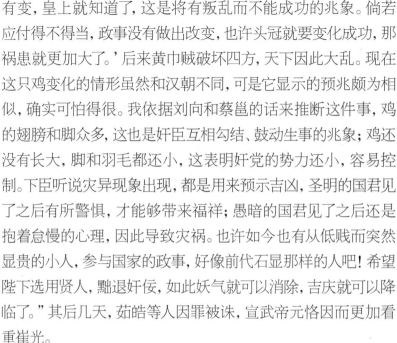

高肇说帝，使宿卫队主帅羽林虎贲守诸王第，殆同幽禁。彭城王勰切谏，不听。勰志尚高迈，不乐荣势，避事家居，而出无山水之适，处无知己之游，独对妻子，常郁郁不乐。

魏人围义阳，城中兵不满五千人，食才支半岁。魏军攻之，昼夜不息，刺史蔡道恭随方抗御，皆应手摧却，相持百馀日，前后斩获不可胜计。魏军惮之，将退。会道恭疾笃，乃呼从弟骁骑将军灵恩、兄子尚书郎僧勰及诸将佐谓曰："吾受国厚恩，不能攘灭寇贼，今所苦转笃，势不支久；汝等当以死固节，无令吾没有遗恨！"众皆流涕。道恭卒，灵恩摄行州事，代之城守。

【译文】高肇游说宣武帝元恪，派遣宿卫队的首领率领羽林虎贲军监守各位藩王的宅第，差不多和幽禁一样。彭城王元飑激切地谏诤，宣武帝元恪不听。元飑志向高远，不热衷于荣华权势，他避事居家，出门不喜欢游山玩水，居家又没有知己相交游，一个人与妻子儿女相对，经常郁郁不乐。

北魏围攻义阳，义阳城中的守兵不到五千人，粮食只能支撑半年。北魏军队攻城，昼夜不停，刺史蔡道恭随着魏军攻城的方位抵抗防御，都很轻易地将魏军打退了，相持了一百多天，前后斩获的敌人无法计算。北魏军队害怕他，将要退兵。恰好蔡道恭病重，于是蔡道恭把堂弟骁骑将军蔡灵恩、侄儿尚书郎蔡僧飑和诸将佐找来，对他们说："我受了国家的厚恩，不能够消灭寇贼，现在苦于疾病加重，看样子无法支撑很久，你们应当以死来守住名节，不要让我死有遗恨！"众人听了都流下眼泪。蔡道恭去世以后，由蔡灵恩代理刺史的职务，代替蔡道恭守城。

六月，癸未，大赦。

魏大旱，散骑常侍兼尚书邢（蛮）〔峦〕奏称："昔者明王重粟帛，轻金玉。何则？粟帛养民而安国，金玉无用而败德故也。先帝深鉴奢泰，务崇节俭，至以纸绢为帐扆，铜铁为辔勒，府藏之金，裁给而已，不复买积以费国资。逮景明之初，承升平之业，四境清晏，远迩来同，于是贡篚相继，商估交入，诸所献纳，倍多于常，金玉常有馀，国用恒不足。苟非为之分限，但恐岁计不充，自今请非要须者一切不受。"魏主纳之。

【译文】六月，癸未日（初八日），梁朝大赦天下。

北魏发生大旱灾，散骑常侍兼尚书邢峦上奏说："过去圣明的帝王都看重粮食布帛，轻视金子美玉，这是什么缘故呢？因为粟帛能养民而使国家安定，金玉无实用只会败坏道德。先帝深切以奢侈浪费为鉴戒，致力提倡节俭，甚至于用纸绢做帷帐和屏风，用铜铁做马的辔头和勒口，府库里所储藏的金子，刚刚够用而已，不再买来囤积而浪费国家的公帑。到了景明初年，您继承先世升平的大业，四方安然无事，远近的人都来归附，于是进贡的贵重物品相继不绝，商贾们交纳的赋税，以及其他种种献纳之物，比平常多一倍，金玉常常有盈余，国家的费用总是不足，假如不定个分限，只恐怕岁计会不充裕，请求自今而后四方所献如非必需之物一概不予接受。"宣武帝萧衍采纳了他的建议。

秋，七月，癸丑，角城戍主柴庆宗以城降魏，魏徐州刺史元鉴遣淮阳太守吴秦生将千馀人赴之。淮阴援军断其路，秦生屡战破之，遂取角城。

甲子，立皇子综为豫章王。

魏李崇破东荆叛蛮，生擒樊素安，进讨西荆诸蛮，悉降之。

【译文】 秋季，七月，癸丑日（初八日），梁朝角城戍主柴庆宗献出城池投降北魏，北魏徐州刺史元鉴派遣淮阳太守吴秦生率领一千多人前往角城。梁朝淮阴派出的援军阻断了吴秦生的道路，吴秦生经过多次交战，打败了梁军，占取了角城。

甲子日（十九日），梁朝册立皇子萧综为豫章王。

北魏李崇攻破东荆州叛变的蛮人，活捉了樊素安，又进兵讨伐西荆州的各部蛮人，群蛮全都投降了。

魏人闻蔡道恭卒，攻义阳益急，短兵日接。曹景宗顿凿岘不进，但耀兵游猎而已。上复遣宁朔将军马仙琕救义阳，仙琕转战而前，兵势甚锐。元英结垒于士雅山，分命诸将伏于四山，示之以弱。仙琕乘胜直抵长围，掩英营；英伪北以诱之，至平地，纵兵击之。统军傅永擐甲执槊，单骑先入，唯军主蔡三虎副之，突陈横过。梁兵射永，洞其左股，永拔箭复入。仙琕大败，一子战死，仙琕退走。英谓永曰："公伤矣，且还营。"永曰："昔汉祖扪足不欲人知。下官虽微，国家一将，奈何使贼有伤将之名！"遂与诸军追之，尽夜而返；时年七十馀矣，军中莫不壮之。仙琕复帅万馀人进击英，英又破之，杀将军陈秀之。仙琕知义阳危急，尽锐决战，一日三交，皆大败而返。蔡灵恩势穷，八月，乙酉，降于魏。三关戍将闻之，辛酉，亦弃城走。

【译文】北魏听说蔡道恭去世，攻打义阳城更加激烈，天天都短兵相接。曹景宗驻扎在凿岘按兵不动，只在那里到处打猎展耀兵力而已。梁武帝萧衍又派遣宁朔将军马仙琕驰救义阳，马仙琕辗转作战向前推进，军队来势非常凶猛。元英在上雅山修筑壁垒，命令诸将埋伏在四面的山中，故意让马仙琕看起来兵力很薄弱的样子。马仙琕乘胜利之势，直抵北魏军队的长围，偷袭元英的营地，元英假装打败仗引诱马仙琕，到了平地，发动伏兵攻击马仙琕。北魏统军傅永穿着战甲拿着长槊，单骑率先攻入梁军，只有军主蔡三虎跟随着他，突过梁军的战阵。梁朝的士兵用箭射傅永，傅永的左大腿被射穿了，傅永将箭拔去，又冲入梁军阵中。马仙琕吃了大败仗，有一个儿子战死了，马仙琕下令撤退。元英对傅永说："您已经受伤了，暂且回营休息吧！"傅永说："昔日汉高祖刘邦被射中胸部，却手抚足部，不愿意让部下知道实情，借以安定军心。下官职位低微，也是国家的一个将军，怎么可以让敌人有射伤我方将军的荣耀呢？"于是和众军士追杀梁军，直到夜尽天亮才返回营地。傅永当时已经七十多岁，军中将士都佩服他的勇壮。马仙琕又率领一万多人进击元英，元英又打败了他，杀了将军陈秀之。马仙琕知道义阳危急，出动全部精锐与魏军决战，一日之中交锋三次，都是大败而回。蔡灵恩势穷力蹙，八月，乙酉日（十一日），投降了北魏。梁朝三关的守将听到这个消息，辛酉日（八月无此日），也弃城逃走了。

英使司马陆希道为露板，嫌其不精，命傅永改之。永不增文彩，直为之陈列军事处置形要而已，英深赏之，曰："观此经算，虽有金城汤池，不能守矣。"初，南安惠王以预穆泰之谋，追夺爵邑。及英克义阳，乃复立英为中山王。

【译文】元英让司马陆希道草拟捷书，元英嫌他草拟得不够精当，命令傅永进行修改；傅永没有增加文章的文采，只是将军事处置的重要措施逐一详细说明，元英极为赏识傅永的修改，说："看到这样的谋略措施，即使有金子做的城墙和用沸水做护城河，也不能够守住了。"起初，元英的父亲南安惠王元桢因为参与穆泰谋反的事情，被削夺了爵位和封邑，等到元英攻下义阳，于是又封元英为中山王。

御史中丞任昉奏弹曹景宗，上以其功臣，寝而不治。

卫尉郑绍叔忠于事上，外所闻知，纤豪无隐。每为上言事，善则推功于上，不善则引咎归己，上以是亲之。诏于南义阳置司州，移镇关南，以绍叔为刺史。绍叔立城隍，缮器械，广田积谷，招集流散，百姓安之。

魏置郢州于义阳，以司马悦为刺史。上遣马仙琕筑竹敦、麻阳二城于三关南，司马悦遣兵攻竹敦，拔之。

【译文】梁朝御史中丞任昉上奏章弹劾曹景宗，梁武帝萧衍因为他是功臣，把奏章压下没有治他的罪。

卫尉郑绍叔忠心耿耿事奉梁武帝萧衍，凡是他在外头所听到的事情，即使事情很小，也都向梁武帝报告，无所隐瞒。每次有事向梁武帝萧衍进言，好事就推说是梁武帝萧衍的功绩，不好的事情就把罪过揽到自己的身上，梁武帝因此亲近他。梁武帝萧衍下诏在南义阳设置司州，州治移到关南，任用郑绍叔为刺史。郑绍叔修建城隍，修缮器械，拓广田地，储积谷物，招集四方流散的人，百姓都能安然过活。

北魏在义阳设置郢州，任用司马悦为刺史。梁武帝萧衍派遣马仙琕在三关之南构筑竹敦、麻阳两座城堡，司马悦派遣军队攻打竹敦，占领了竹敦。

九月，壬子，以吐谷浑王伏连筹为西秦、河二州刺史、河南王。

柔然侵魏之沃野及怀朔镇，诏车骑大将军源怀出行北边，指授规略，随须微发，皆以便宜从事。怀至云中，柔然遁去。怀以为用夏制夷，莫如城郭。还至恒、代，案视诸镇左右要害之地，可以筑城置戍之处，欲东西为九城，及储粮积仗之宜，犬牙相救之势，凡五十八条，表上之，曰：“今定鼎成周，去北遥远，代表诸国颇或外叛，仍遭旱饥，戎马甲兵十分阙八。谓宜准旧镇，东西相望，令形势相接，筑城置戍，分兵要害，劝农积粟，警急之日，随便剿讨。彼游骑之寇，终不敢攻城，亦不敢越城南出。如此，北方无忧矣。”魏主从之。

【译文】九月，壬子日（初八日），梁朝任命吐谷浑王伏连筹为西秦州和河州刺史，并封他为河南王。

柔然侵犯北魏的沃野镇及怀朔镇，宣武帝元恪下诏车骑大将军源怀出巡北方，指导抵御方略，随军征发的士兵及物力的供用，都授权他全权处理。源怀到达云中，柔然逃跑了。源怀认为中原王朝对付夷狄的办法，最好是修筑城郭。源怀返回后，到了恒镇及代镇，巡视了各镇附近要害的地点，可以修筑城郭驻守军队的处所，想要从东到西修建九座城，另外选定适宜储备粮食兵器、呈犬牙交错之势可以互相救援的据点，合起来共有五十八条建议，写成表折奏上去，说："现在国家定都洛阳，距离北边非常遥远，故都平城以北的各国多有反叛的，同时又遭遇旱灾，闹着饥荒，戎马甲兵十分中缺少八分，我认为应该利用旧有各镇，从东到西，互相守望，使形势能互相连接起来，修建城郭，屯驻守军，分派士兵把守要害之地，鼓励农民储积谷物，紧急的时候，可以随时讨伐。柔然游骑的盗寇，终不敢攻城，也不敢越过城郭南下。这样一来，北方就可以不用担心了。"宣武帝元恪听从了他的建议。

魏之和十六年，高祖诏中书监高闾与给事中公孙崇考定雅乐，久之，未就。会高祖殂，高闾卒。景明中，崇为太乐令，上所调金石及书。至是，世宗始命八座已下议之。

冬，十一月，戊午，魏诏营缮国学。时魏平宁日久，学业大盛，燕、齐、赵、魏之间，教授者不可胜数，弟子著录多者千馀人，少者犹数百，州举茂异，郡贡孝廉，每年逾众。

【译文】北魏太和十六年，高祖孝文帝元宏下诏中书监高闾和给事中公孙崇考定雅乐，经过相当长的时间，还没有完成。适逢高祖孝文帝元宏崩殂，高闾也去世了。世宗宣武帝元恪景明年间，公孙崇担任太乐令，献上整理过的乐器及书籍。这时，世宗宣武帝元恪才命令八座以下群臣共同讨论这件事情。

冬季，十一月，戊午日（十五日），北魏下诏营建修缮国学。这时北魏承平的日子久了，研讨学问的风气大为兴盛，在燕、齐、赵、魏一带，讲学授业的人无法计算，收录弟子多的甚至到千余人，少的也有几百人，各州推举茂异，各郡贡举孝廉，人数一年比一年多。

【乾隆御批】梁袭晋齐，标榜之风日事，立学聚徒，而无济实用，已为敝俗。元魏开国之初，颇见雄略，乃习于虚文，踵事浮浇，亦弗思之甚已。

【译文】梁因袭晋、齐，互相标榜的风气日甚一日，建立学校、聚集门徒，却在实用上没什么帮助，已成为不良习俗。元魏在开国之初，还能显出一些雄才大略，却学习那些浮夸的文俗，继承那些轻浮浅薄的风气，也是不可思议之极了。

甲子，除以金赎罪之科。

十二月，丙子，魏诏殿中郎陈郡袁翻等义定律令，彭城王勰等监之。

己亥，魏主幸伊阙。

上雅好儒术，以东晋、宋、齐虽开置国学，不及十年辄废之，其存亦文具而已，无讲授之实。

【译文】甲子日（二十一日），梁朝废除用金钱赎罪的法律。

十二月，丙子日（初四日），北魏下诏殿中郎陈郡人袁翻等人讨论拟定法令，由彭城王元勰等人监督进行。

己亥日（二十七日），北魏宣武帝元恪出巡，到了洛阳城南的伊阙。

梁武帝萧衍非常喜欢儒术,认为东晋、宋、齐各朝虽然设立国学,往往不到十年就废止了,即使还存在也是徒具形式罢了,没有讲授学问的实际活动。

资治通鉴卷第一百四十六　梁纪二

起阏蒙作噩，尽强圉大渊献，凡三年。

【译文】　起乙酉（公元505年），止丁亥（公元507年），共三年。

【题解】　本卷记录了公元505年至507年，即梁武帝萧衍天监四年至天监六年共三年间南梁与北魏两国的大事。主要记录了梁武帝兴儒学，建立《五经》博士；梁国夏侯道迁献汉中降魏，魏国名臣邢峦南入剑阁；魏主不听邢峦建议，王足降梁，巴西兵变，伐蜀的大好形势被断送；梁益州刺史邓元起不救梁州，又贪财骄纵，被新刺史萧渊藻诛杀；丘迟致书陈伯之，陈伯之率众降梁；萧衍弟萧宏驻守洛口，不战而逃，梁军大败；魏将元英围攻钟离，萧宝寅代替刑峦领军与元英会和；梁将韦叡、曹景宗等率兵解救钟离，取得淝水之战以来最大的胜利；此外还记录了魏臣卢昶与元晖勾结；梁国吏部尚书徐勉铁面无私、办事精练，以及梁武帝诸弟萧秀等四人重士轻财等等。

高祖武皇帝二

天监四年（乙酉，公元五〇五年）春，正月，癸卯朔，诏曰："二汉登贤，莫非经术，服膺雅道，名立行成。魏、晋浮荡，儒教沦歇，风节罔树，抑此之由。可置五经博士各一人，广开馆宇，招内后进！"于是，以贺场及平原明山宾、吴兴沈峻、建平严植之补博士，各主一馆，馆有数百生，给其饩廪，其射策通明者即除为吏，期年之间，怀经负笈者云会。场，循之玄孙也。又选学生，往会稽云门山从何胤受业，命胤选门徒中经明行修者，具以名闻。分遣博士祭酒巡州郡立学。

【译文】天监四年（乙酉，公元505年）春季，正月，癸卯朔日（初一日），梁武帝萧衍下诏："两汉时期读书人进入仕途，莫不是通过经术之业，他们奉持正道，所以能树立名节，成就大业。魏、晋以后，风气浮华放荡，儒教衰落，风骨节操无所树立，即是这个缘故。可以设置五经博士各一人，广开馆舍，来招收容纳后进学子！"于是将贺场以及平原人明山宾、吴兴人沈峻、建平人严植之补为博士，让他们各自主持一个馆，每个馆有数百名学生，由国家给予他们月俸，其中应对策问见解明通的人就任用为官吏。不到一年，抱着经书背着书笈来到京师的学子如云之会合。贺场，是贺循的玄孙。朝廷又选拔学生，前往会稽云门山跟从何胤学习，命令何胤从门徒中挑选经术明通品行卓越的，把他们的名字上奏朝廷，朝廷分别派出博士祭酒巡视州郡开立学馆的情况。

初，谯国夏侯道迁以辅国将军从裴叔业镇寿阳，为南谯太守，与叔业有隙，单骑奔魏。魏以道迁为骁骑将军，从王肃镇寿阳，使道迁守合肥。肃卒，道迁弃戍来奔，从梁、秦二州刺史庄丘黑镇南郑；以道迁为长史，领汉中太守。黑卒，诏以都官尚书王珍国为刺史，未至，道迁阴与军主考城江忱之等谋降魏。

【译文】起初，谯国人夏侯道迁凭借辅国将军的职衔跟从裴叔业镇守寿阳，担任南谯太守，与裴叔业有仇隙后，自己投奔北魏。北魏任命夏侯道迁为骁骑将军，随从王肃镇守寿阳，王肃让夏侯道迁驻守合肥。王肃去世后，夏侯道迁丢下戍所投奔南朝，跟从梁、秦二州的刺史庄丘黑镇守南郑，庄丘黑任命夏侯道迁为长史，领汉中太守衔。庄丘黑去世以后，朝廷诏令都官尚书王珍国为刺史，没到任，夏侯道迁暗中和军主考城人江悆之等密谋投降北魏。

先是，魏仇池镇将杨灵珍叛魏来奔，朝廷以为征虏将军、假武都王，助戍汉中，有部曲六百馀人，道迁惮之。上遣左右吴公之等使南郑。道迁遂杀使者，发兵击灵珍父子、斩之，并使者首送于魏。白马戍主君天宝闻之，引兵击道迁，败其将庞树，遂围南郑。道迁求救于氐王杨绍先、杨集起、杨集义，皆不应，集义弟集郎独引兵救道迁，击天宝，杀之。魏以道迁为平南将军、豫州刺史、丰县侯。又尚书刑峦为镇西将军、都督征梁、汉诸军事，将兵赴之。道迁受平南，辞豫州，且求公爵，魏主不许。

辛亥，上祀南郊，大赦。

乙丑，魏以票骑大将军高阳王雍为司空，加尚书令广阳王嘉仪同三司。

【译文】此前，北魏仇池的镇将杨灵珍背叛魏朝前来投奔梁国，朝廷任命他为征虏将军、假武都王，协助戍守汉中，有部属六百人，夏侯道迁害怕他。梁武帝萧衍派遣心腹吴公之等人出使南郑，夏侯道迁就杀掉使者，发兵攻击杨灵珍父子，将他们斩首，连同使者的首级一起送给北魏。白马戍主尹天宝听说了这件事，率领军队攻打夏侯道迁，打败了夏侯道迁的部将庞树，于是进兵围困南郑。

夏侯道迁向氐王杨绍先、杨集起、杨集义求救，他们都不予理睬。杨集义的弟弟杨集郎率领军队救援夏侯道迁，攻打尹天宝，杀死了他。北魏任用夏侯道迁为平南将军、豫州刺史、丰县侯。又任命尚书邢峦为镇西将军、都督征梁、汉诸军事，率领军队前往赴任。夏侯道迁接受平南将军的职衔，推辞豫州刺史的职位，并且请求封为公爵，宣武帝元恪没有答应。

辛亥日（初九日），梁武帝萧衍到南郊祭祀，大赦天下。

乙丑日（二十三日），北魏任命骠骑大将军高阳王元雍为司空，加封尚书令广阳王元嘉仪同三司。

二月，丙子，魏以宕昌世子梁弥博为宕昌王。

上谋伐魏，壬午，遣卫尉卿杨公则将宿卫兵塞洛口。

壬辰，交州刺史李凯据州反，长史李畟讨平之。

魏邢峦至汉中，击诸城戍，所向摧破。晋寿太守王景胤据石亭，峦遣统军李义珍击走之。魏以峦为梁、秦二州刺史。巴西太守庞景民据郡不下，郡民严玄思聚众自称巴州刺史，附于魏，攻景民，斩之。杨集起、集义闻魏克汉中而惧，闰月，帅群氐叛魏，断汉中粮道，峦屡遣军击破之。

【译文】二月，丙子日（初五日），北魏封宕昌世子梁弥博为宕昌王。

梁武帝萧衍商议讨伐北魏，壬午日（十一日），派遣卫尉卿杨公则率领宿卫军堵住洛口。

壬辰日（二十一日），交州刺史李凯据州反叛，交州长史李畟讨伐并且平定李凯的叛乱。

北魏邢峦到了汉中，攻打各个城堡，所到之处，都被他攻陷。晋寿太守王景胤据守石亭，邢峦派遣统军李义珍打跑了他。北魏任用邢峦为梁、秦二州刺史。巴西太守庞景民据守郡城，拒不投降，郡民严玄思聚集一群人自称是巴州刺史，归附北魏，进攻庞景民，杀了他。杨集起、杨集义听说北魏攻克汉中，因而恐惧，闰三月，率领氏族部落背叛北魏，截断了汉中的粮道，邢峦多次派遣军队进攻他们，将他们打败。

夏，四月，丁巳，以行宕昌王梁弥博为河、凉二州刺史、宕昌王。

冠军将军孔陵等将兵二万戍深（阬）〔杭〕，鲁方达戍南安，任僧褒等戍石同，以拒魏。刑峦遣统军王足将兵击之，所至皆捷，遂入剑阁。陵等退保梓潼，足又进击破之。梁州十四郡地，东西七百里，南北千里，皆入于魏。

【译文】夏季，四月，丁巳日（十七日），梁朝任命兼宕昌王梁弥博为河、凉二州刺史、宕昌王。

梁朝冠军将军孔陵等人率军两万人戍守深杭，鲁方达戍守南安，任僧褒等人戍守石同，共同来抗拒北魏军队。邢峦派遣统军王足率领军队攻打他们，所到之处，都打了胜仗。于是进入剑阁。孔陵等人撤退保守梓潼，王足又进兵攻击，攻破了梓潼。梁州十四郡的土地，从东到西有七百里，从南到北有一千里，都归入北魏版图。

初，益州刺史当阳侯邓元起以母老乞归，诏徵为右卫将军，以西昌侯渊藻代之。渊藻，懿之子也。夏侯道迁之叛也，尹天宝驰使报元起。及魏寇晋寿，王景胤等并遣告急，众劝元起急救之，元起曰："朝廷万里，军不猝至，若寇贼侵淫，方须扑讨，董督之任，非我而谁，何事匆匆救之！"诏假元起都督征讨诸军事，救汉中，而晋寿已陷。萧渊藻将至，元起营还装，粮储器械，取之无遗。渊藻入城，恨之；又求其良马，元起曰："年少郎子，何用马为!"渊藻恚,因醉,杀之,元起麾下围城,哭,且问故,渊藻曰:"天子有诏。"众乃散。遂诬以反,上疑焉。元起故吏广汉罗研诣阙讼之,上曰:"果如我所量也!"使让渊藻曰:"元起为汝报仇,汝为仇报仇,忠孝之道如何!"乃贬渊藻号为冠军将军;赠元起征西将军,谥曰忠侯。

◆李延寿论曰:元起勤乃胥附,功惟辟土,劳之不图,祸机先陷。冠军之贬,于罚已轻。梁之政刑,于斯为失。私戚之端,自斯而启。年之不永,不亦宜乎!◆

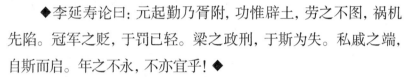

【译文】起初,益州刺史邓元起因为母亲年老请求返回故里,朝廷下诏征调他为右卫将军,派遣西昌侯萧渊藻去接替他。萧渊藻是萧懿的儿子。夏侯道迁背叛的时候,尹天宝派遣使者迅速向邓元起报告。等到魏兵侵犯晋寿,王景胤等人都派人前来求救,众人劝邓元起赶快前往救援,邓元起说:"朝廷与这里相隔万里,军队无法马上来到,如果敌人一再深入侵犯,才需要加以扑灭,而且都督征讨的职位,不是我还有谁,何必匆匆忙忙地去援救他们呢!"朝廷诏令邓元起兼摄都督征讨诸军事,援救汉中,但是晋寿已经陷落了。萧渊藻将要到任,邓元起准备回家的行装,城中的粮食储备和各种器械,全部取走,一点儿都没有剩下。萧渊藻入城后,看到这种情况,对邓元起心怀怨恨;萧渊藻又要邓元起的好马,邓元起说:"你一个年轻小伙子,用马干什么呢?"萧渊藻十分恼怒,趁着邓元起酒醉,杀掉了他。邓元起的部下听说他被杀,把城池包围起来,一面痛哭,一面询问杀邓元起的缘故,萧渊藻说:"天子有令。"众人这才散去。于是萧渊藻上书诬告邓元起造反,梁武帝萧衍对此感到怀疑。邓元起的旧吏广汉人罗研来到京师为邓元起雪冤,梁武帝萧衍说:"果然和我想的一样。"派遣使者责备萧渊藻说:"邓元起为你报了父仇，你却为仇人报仇，忠孝之道在哪里呢？"于是把萧渊藻贬为冠军将军，追赠邓元起为征西将军，谥号为忠侯。

◆唐代李延寿评论说：元起勤勉王事，体贴下属，奉事朝廷，有开疆拓土的大功，勋劳还没奖赏，却已经遭遇了横祸。贬萧渊藻为冠军将军，在刑罚上实在太轻了，梁朝的政令、刑律，在这一点上是为缺失。祖护宗室的弊端，自这件事开启，国运不能长久，不是应该的？◆

益州民焦僧护聚众数万作乱，萧渊藻年未弱冠，集僚佐议自击之；或陈不可，渊藻大怒，斩于阶侧。乃乘平肩舆巡行贼垒。贼弓乱射，矢下如雨，从者举楯御矢，渊藻命去之。由是人心大安，击僧护等，皆平之。

【译文】益州百姓焦僧护聚集徒众叛乱，萧渊藻年纪不满二十，集合僚佐商讨亲自前往攻击；有人说不可，萧渊藻大怒，将他在台阶旁边斩首。于是乘着平肩舆到乱贼的营垒前巡视，贼寇的弓箭乱射，箭下如雨，跟随的人举起盾牌来抵挡乱箭，萧渊藻下令将盾牌拿开。因此人心大为安定，进攻焦僧护等乱党，把他们平定了。

六月，庚戌，初立孔子庙。

豫州刺史王超宗将兵围魏小岘。丁卯，魏扬州刺史薛真度遣兼统军李叔仁等击之，超宗兵大败。

冠军将军王景胤、李畎、辅国将军鲁方达等与魏王足战，屡败。秋，七月，足进逼涪城。

【译文】六月，庚戌日（十一日），梁朝开始建立孔子庙。

豫州刺史王超宗率领军队围攻北魏的小岘。丁卯日

（二十八日），北魏扬州刺史薛真度派遣统军李叔仁等攻击王超宗，王超宗的军队大败。

梁朝冠军将军王景胤、李畋、辅国将军鲁方达等人与北魏王足交战，屡次被打败。秋季，七月，王足进兵逼近涪城。

八月，壬寅，魏中山王英寇雍州。

庚戌，秦、梁二州刺史鲁方达与魏王足统军纪洪雅、卢祖迁战，败，方达等十五将皆死。壬子，王景胤等又与祖迁城，败，景胤等二十四将皆死。

杨公则至洛口，与魏豫州长史石荣战，斩之。甲寅，将军姜庆真与魏战于羊石，不利，公则退屯马头。

雍州蛮沔东太守田青喜叛降魏。

【译文】八月，壬寅日（初四日），北魏中山王元英入侵雍州。

庚戌日（十二日），梁朝秦、梁二州刺史鲁方达和北魏王足的统军纪洪雅、卢祖迁交战，战败，鲁方达等十五名将领全部战死。壬子日（十四日），王景胤等人又和卢祖迁交战，战败，王景胤等二十四名将领也都战死。

杨公则到达洛口，和北魏豫州长史石荣交战，杀了他。甲寅日（十六日），梁朝将军姜庆真与北魏军队在羊石交战，没有取胜。杨公则退兵屯驻在马头。

雍州的蛮人沔东太守田青喜反叛梁朝投降了北魏。

魏有芝生于太极殿之西序，魏主以示侍中崔光。光上表，以为："此《庄子》所谓'气蒸成菌'者也。柔脆之物，生于墟落秽温之地，不当生于殿堂高华之处；今忽有之，厥状扶疏，诚足异也。

夫野木生朝，野鸟入庙，古人皆以为败亡之象，故太戊、中宗惧灾修德，殷道以昌，所谓'家利而怪先，国兴而妖豫'者也。今西南二方，兵革未息，郊甸之内，大旱逾时，民劳物悴，莫此之甚，承天育民者所宜矜恤。伏愿陛下侧躬耸意，惟新圣道，节夜饮之乐，养方富之年，则魏祚可以永隆，皇寿等于山岳矣。"于（是）〔时〕魏主好宴乐，故光言及之。

资治通鉴

　　【译文】　北魏太极殿的西庑长了灵芝，北魏宣武帝元恪将它拿给侍中崔光看，崔光上奏章，认为："这就是《庄子》书里所讲的'气蒸成菌'（地气上升，化而为地蕈）罢了。这种柔脆之物，生长在废墟角落污秽潮湿的地方，不应当生长在殿堂宽敞亮丽的处所；现在忽然有这种东西，它的形状又长得扶疏，实在是奇怪呀！那本应当生长在荒野的树木却生长在朝廷，野鸟飞入宗庙，古人都认为是败亡的兆象，因此商朝太戊、中宗对于灾异心怀恐惧，勤于修德，殷朝的帝业因此昌盛起来，这就是所谓'家道将要大利，怪异会先发生；国家将要兴盛，妖物会先出现'的原因了。现在西方、南方，战事没有停息，京郊周围，大旱灾持续很久，百姓劳苦，物力消歇，已经到了十分严重的地步，这是承受天命抚育百姓的人所当怜悯救助的。伏愿陛下躬亲政事，留意民情，弘扬圣道，节制晚上饮宴的欢乐，保养年轻的身体，那么魏朝的国运就可以长久兴隆，皇上的寿命就可以等同山岳了。"这时宣武帝萧衍喜好宴饮欢乐，所以崔光的话提到这一点。

　　九月，己巳，杨公则等与魏扬州刺史元嵩战，公则败绩。

　　冬，十月，丙午，上大举伐魏，以扬州刺史临川王宏都督北讨诸军事，尚书右仆射柳忱为副，王公以下各上国租及田谷以

442

助军。宏军于洛口。

杨集起、集义立杨绍先为帝，自皆称王。十一月，戊辰朔，魏遣光禄大夫杨椿将兵讨之。

【译文】九月，己巳日（初一日），杨公则等人和北魏扬州刺史元嵩交战，杨公则大败。

冬季，十月，丙午日（初五日），梁武帝萧衍大举讨伐北魏，任命扬州刺史临川王萧宏都督北讨诸军事，尚书右仆射柳惔担任副手，王公以下各献上封国收入的租税和田地收入的稻谷来资助军队。萧宏驻军在洛口。

杨集起、杨集义拥立杨绍先为皇帝，他们自己都称王。十一月，戊辰朔日（初一日），北魏派遣光禄大夫杨椿率领军队讨伐他们。

魏王足围涪城，蜀人震恐，益州城戍降魏者什二三，民自上名籍者五万馀户。刑峦表于魏主，请乘胜取蜀，以为："建康、成都，相去万里，陆行既绝，惟资水路，水军西上，非周年不达，益州外无军援，一可图也。顷经刘季连反，邓元起攻围，资储空竭，吏民无复固守之志，二可图也。萧渊藻裙屐少年，未洽治务，宿昔名将，多见囚戮，今之所任，皆左右少年，三可图也。蜀之所恃，唯在剑阁，今既克南安，已夺其险，据彼竟内，三分已一；自南安向涪，方轨无碍，前军累败，后众丧魄，四可图也。渊藻是萧衍骨肉至亲，必无处理，若克涪城，渊藻安青城中坐而受困，必将望风逃去；若其出斗，庸、蜀士卒弩怯，弓矢寡弱，五可图也。臣内省文吏，不习军旅，赖将士竭力，频有薄捷。既克重阻，民心怀服，瞻望涪、益，旦夕可屠，正以兵少粮匮，未宜前出，今若不取，后图便难。况益州殷实，户口十万，比寿春、义阳，其利三倍。朝廷若欲进取，时不可失；若欲保境宁民，则臣居此无事，乞归侍养。"魏主诏以"平蜀之举，当更听后敕。寇难未夷，何得以养亲为辞！"峦又表称："昔邓艾、钟会帅十八万众，倾中国资储，仅能平蜀，所以然者，斗实力也。况臣才非古人，何宜以二万之众而希平蜀！所以敢者，正以据得要险，士民慕义，此往则易，彼来则难，任力而行，理有可克。今王足已逼涪城，脱得涪，则益州乃成擒之物，但得之有早晚耳。且梓潼已附民户数万，朝廷岂可不守！又，剑阁天险，得而弃之，良可惜矣。臣诚知战伐危事，未易可为。自军度剑阁以来，鬓发中白，日夜战惧，何可为心！所以勉强者，既得此地而自退不守，恐负陛下之爵禄故也。且臣之意算，正欲先取部城，以渐而进。若得涪城，则中分益州之地，断水陆之冲，彼外无援军，孤城自守，何能复持久哉！臣今欲使军军相次，声势连接，先为万全之计，然后图功；得之则大利，不得则自全。又，巴西、南郑，相距千四百里，去州迢遰，恒多扰动。昔在南之日，以其统绾势难，曾立巴州，镇静夷、獠，梁州藉利，因而表罢。彼土民望，严、蒲、何、杨，非唯一族，虽率居山谷，而豪右甚多，文学风流，亦为不少，但以去州既远，不获仕进，至于州纲，无由厕迹，是以郁快，多生异图。比道迁建义之始，严玄思自号巴州刺史，克城以来，仍使行事。巴西广袤千里，户馀四万，若于彼立州，镇摄华、獠，则大贴民情，从垫江已还，不劳征伐，自为国有。"魏主不从。

【译文】北魏王足围攻涪城，蜀人非常恐惧，益州城的守兵投降北魏的有十分之二三，百姓自己呈上名籍投降北魏的有五万多户。邢峦上表给宣武帝元恪，请求乘胜进兵攻取蜀地，认为："建康与成都，相隔万里，陆路已经断绝，交通只靠水路，水军由东到西，没有一年不可能到达，益州周围没有援军，这是可以进兵的第一点理由。益州不久前经历了刘季连的叛乱，邓元起的围剿进攻，储备的物资已经空虚耗尽，官吏百姓都不再有坚决防守的心意，这是可以进兵的第二点理由。萧渊藻是个年轻人，不熟习治理的事务，旧日的名将，很多被囚禁或杀戮，现在所任用的人，都是他亲近的年轻人，这是可以进兵的第三点理由。蜀地所仗恃的，只有剑阁天险，现在已经攻克南安，夺取了它的天险，已经占据它全境的三分之一；从南安到涪城，道路宽阔，两部车可以并行无阻，他们的前方军队多次打败仗，后方的民众已经胆寒，这是可以进兵的第四点理由。萧渊藻是萧衍的骨肉至亲，一定不会死守，如果攻克了涪城，萧渊藻怎肯在城中坐等而受困，一定会望风逃走；假如他出来战斗，庸、蜀两地的士兵驽钝而胆怯，弓箭又少又弱，这是可以进兵的第五点理由。我是朝内的文官，不熟习军旅事务，依赖将士们竭尽全力，多次打了胜仗。既然已经攻克重要的险阻，民心都有归顺的意思，瞻望涪城和成都，且夕之间可以攻取，只是因为军队不够，粮食缺乏，不宜发兵前往。假如现在不攻取，以后再要图谋便困难了。何况益州是殷实的地方，户口有十万户，和寿春及义阳相比，它的利益有三倍。朝廷如果想要攻取益州，时机不可失去；假如只想保住已经夺取的土地，安抚民心，那么我在此地无事可做，请求回去奉养父母。"宣武帝元恪下诏说："平定蜀地的行动，应该再等待进一步的指示。寇难没有弭平，怎么可以拿奉养父母做借口呢？"邢峦又上表说："从前邓艾、钟会率领十八万军队，用尽中国所储备的物资，才能平定蜀地，之所以这样，是用实力相搏斗的缘故。况且我的才能比不上古人，怎么能凭借两万的军队就平定蜀地呢？之所以敢如此，正是因为占据了要害险阻，士民都有归附的心意，凭此去讨伐蜀地容易，他们前来防守则很困难，假如我们尽力去攻取，按照道理来说应该是可以成功的。现在王足已经逼近涪城，如果得到涪城，那么益州是待擒的东西，只是得到它有早晚的分别罢了。而且梓潼已经归附的百姓有数万户，朝廷怎能弃去而不守呢？再说剑阁是天险，已经得到而又放弃，确实太可惜了。我当然知道战争是危险的事情，不可以轻易进行。自从军队越过剑阁以来，我的鬓发已经斑白，日夜都焦虑不安，心里紧张得无法承受！所以勉强支持，是因为既然已经得到了此地，又不驻守而径自撤退，深恐辜负陛下的爵位俸禄啊！而且我的打算，正是想先攻取涪城，然后逐次推进。假如夺得涪城，就可以把益州的土地切成两半，阻断了水路及陆路的要冲，他们外面没有援军，独守一座孤城，怎么能长久呢？我目前想要让各支军队靠近屯驻，使声势相连接，先做到万无一失，然后再图谋进取的大功。能够攻下益州自是大利，不能够攻下益州也可以保全自己。再者，巴西与南郑，相隔一千四百里，离州城十分遥远，常常有骚乱的事情。从前在齐朝的时候，因为这个地方在形势上管理起来很困难，曾经设立巴州，来镇抚夷人和獠人，梁州的官员贪图该地的利益，因此上表奏请罢去。该地的大族，有严、蒲、何、杨等，不只一姓，虽然聚居在山谷之中，但是豪门很多，文章风流之士，也为数不少，只是因为离开州城太远，不能得到仕进的机会，甚至连州府的上层僚佐，都无法跻身其中。因此他们愤愤不平，往往生出异心。到了夏侯道迁起义来归的初期，严玄思自封为巴州刺史，攻克州城后，照旧让他担任刺史之职。巴西地方有千里之广，户口有四万多户，假如在那儿设立州府，镇抚华人和獠族，那么就可

资治通鉴

以大大地安定民心，垫江以西的地方，不需要征伐的辛劳，自然会为我国所拥有。"宣武帝元恪没有听从。

先是，魏主以王足行益州刺史。上遣天门太守张齐将兵救益州，未至，魏主更以梁州军司泰山羊祉为益州刺史。王足闻之，不悦，辄引兵还，遂不能定蜀。久之，足自魏来奔。邢峦在梁州，接豪右以礼，抚小民以惠，州人悦之。峦之克巴西也，使军主李仲迁守之。仲迁溺于酒色，费散兵储，公事谘承，无能见者。峦忿之切齿，仲迁惧，谋叛，城人斩其首，以城来降。

【译文】早先，宣武帝元恪任命王足代理益州刺史。梁武帝萧衍派遣天门太守张齐率领军队救援益州，还没有到达，宣武帝元恪改派梁州军司泰山人羊祉为益州刺史。王足听说了这件事，十分不高兴，就率领军队回去，因此不能平定蜀地。过了一段时间，王足从北魏来投奔梁朝。邢峦在梁州，依照礼节接待当地豪族，用恩惠安抚当地小民，州人对他心悦诚服。邢峦攻克巴西以后，派军主李仲迁驻守。李仲迁沉溺酒色，将军用物资都耗费散尽，所有公事的咨询及上禀，都无法找到他。邢峦非常愤怒，咬牙切齿，李仲迁恐惧，密谋反叛，城中人将李仲迁的头砍了，献出城池投降梁朝。

十二月，庚申，魏遣票骑大将军源怀讨武兴氐，邢峦等并受节度。

司徒、尚书令谢朏以母忧去职。

是岁，大穰，米斛三十钱。

【译文】十二月，庚申日（二十四日），宣武帝元恪派遣骠骑大将军源怀讨伐武兴的氐族，邢峦等人都接受源怀的指挥调遣。

梁朝司徒、尚书令谢朏因为母亲去世去职。

这一年，农作物大丰收，米价每斛三十钱。

天监五年（丙戌，公元五〇六年）春，正月，丁卯朔，魏于后生子昌，大赦。

杨集义围魏关城，刑峦使建武将军傅竖眼讨之，集义逆战，竖眼击破之。乘胜逐北，壬申，克武兴，执杨绍先，送洛阳。杨集起、杨集义亡走。遂灭其国，以为武兴镇，又改为东益州。

【译文】天监五年（丙戌，公元506年）春季，正月，丁卯朔日（初一日），北魏的于皇后生了一个儿子，取名为元昌，大赦天下。

杨集义围攻北魏的关城，邢峦派遣建武将军傅竖眼前往征讨，杨集义发兵迎战，傅竖眼把他击破。傅竖眼乘着胜利的余威，追赶败逃的军队，壬申日（初六日），傅竖眼攻克了武兴，俘虏了杨绍先，送到洛阳。杨集起、杨集义相继逃走，傅竖眼于是灭掉他们的国家，设立武兴镇，后来又改为东益州。

乙亥，以前司徒谢朏为中书监、司徒。

冀州刺史桓和击魏南青州，不克。

魏秦州屠各王法智聚众二千，推秦州主簿吕苟儿为主，改元建明，置百官，攻逼州郡。泾州民陈瞻亦聚众称王，改元圣明。

己卯，杨集起兄弟相帅降魏。

甲申，封皇子纲为晋安王。

【译文】乙亥日（初九日），梁朝任命前司徒谢朏为中书监、司徒。

梁朝冀州刺史桓和攻打北魏的南青州，没有攻克。

北魏秦州屠各王法智聚集党羽两千人，拥戴秦州主簿吕苟儿为首领，改年号为建明，设置百官，攻打州郡。泾州的百姓陈瞻也聚集群众，自封为王，改年号为圣明。

己卯日（十三日），杨集起兄弟相继投降北魏。

甲申日（十八日），梁朝封皇子萧纲为晋安王。

二月，丙辰，魏主诏王公以上直言忠谏。治书侍御史阳固上表，以为："当今之务，宜亲宗室，勤庶政，贵农桑，贱工贾，绝谈虚穷微之论，简桑门无用之费，以救饥寒之苦。"时魏主委任高肇，疏薄宗室，好桑门之法，不亲政事，故固言及之。

戊午，魏遣右卫将军元丽都督诸军讨吕苟儿。丽，小新成之子也。

乙丑，徐州刺史历阳昌义之与魏平南将军陈伯之战于梁城，义之败绩。

将军萧昞将兵击魏徐州，围淮阳。

【译文】二月，丙辰日（二十一日），宣武帝元恪下诏令王公以下官员直言忠谏，治书侍御史阳固上表，认为："目前的要务，应该亲近宗室，勤于庶政，重视农桑，抑制工商，杜绝一切谈论虚妄穷究幽微的议论，减省佛门无用的经费，用来救济饥寒痛苦的百姓。"这时宣武帝元恪信任高肇，疏远宗室，喜好佛门法术，不亲自处理政事，所以阳固说了这些。

戊午日（二十三日），北魏派遣右卫将军元丽督率各路军队讨伐吕苟儿。元丽，是小新成的儿子。

乙丑日（三十日），梁朝徐州刺史历阳人昌义之同北魏平南将军陈伯之在梁城交战，昌义之大败。

梁朝将军萧眣率兵攻击北魏的徐州，包围淮阳。

三月，丙寅朔，日有食之。

己卯，魏荆州刺史赵怡、平南将军奚康生救淮阳。

魏咸阳王禧之子翼，遇赦求葬其父，屡泣请于魏主，魏主不许。癸未，翼与其弟昌、晔来奔。上以翼为咸阳王，翼以晔嫡母李妃之子也，请以爵让之，上不许。

辅国将军刘思效败魏青州刺史元系于胶水。

【译文】三月，丙寅朔日（初一日），发生日食。

己卯日（十四日），北魏荆州刺史赵怡、平南将军奚康生救援淮阳。

北魏咸阳王元禧的儿子元翼，遇赦后请求安葬他的父亲，多次在宣武帝元恪面前流着泪请求，宣武帝元恪不答应。癸未日（十八日），元翼和他的弟弟元昌、元晔投奔梁朝。梁武帝萧衍封元翼为咸阳王，元翼因为元晔是他的嫡母李妃的儿子，请求将爵位让给元晔，梁武帝萧衍不准许。

梁朝辅国将军刘思效在胶水打败北魏青州刺史元系。

临川王宏使记室吴兴丘迟为书遗陈伯之曰："寻君去就之际，非有它故，直以不能内审诸己，外受流言，沈迷猖蹶，以至于此。主上屈法申恩，吞舟是漏，将军松柏不翦，亲戚安居，高台未倾，爱妾尚在。而将军鱼游于沸鼎之中，燕巢于飞幕之上，不亦惑乎！想早励良图，自求多福。"庚寅，伯之自寿阳梁城拥众八千来降，魏人杀其子虎牙。诏复以伯之为西豫州刺史；未之任，复以为通直散骑常侍。久之，卒于家。

【译文】临川王萧宏派遣记室吴兴人丘迟写信给陈伯之

说："探究你离开我朝，投奔魏朝，并没有别的原因，只是因为自己不能自省，又受到外面流言的蛊惑，所以思想迷乱，行为乖张，以至于到了今天的地步。皇上枉曲法律，以申恩泽，即使您犯了再大的罪，皇上也能宽恕。将军先人的坟墓没有受到毁坏，亲戚都安居乐业，您的宅第不曾被摧毁，爱妾还守在家中，而将军像鱼一在沸鼎里游泳；又像燕子在动荡的帐幕上筑巢，不是太不聪明了吗？希望你勉励，早一点儿想好主意，自己谋求未来的幸福。"庚寅日（二十五日），陈伯之从寿阳梁城率领八千士兵前来归降，北魏杀了他的儿子陈虎牙。梁武帝萧衍下诏再任命陈伯之为西豫州刺史，还没有到任，又改任他为通直散骑常侍。很久之后，陈伯之在家中去世。

初，魏御史中尉甄琛表称："《周礼》，山林川泽有虞、衡之官，为之厉禁，盖取之以时，不使戕贼而已，故虽置有司，实为民守之也。夫一家之长，必惠养子孙，天下之君，必惠养兆民，未有为人父母而吝其醯醢，富有群生而榷其一物者也。今县官郭护河东盐池而收其利，是专奉口腹而不及四体也。盖天子富有四海，何患于贫！乞弛盐禁，与民共之。"录尚书事缌、尚书邢峦奏，以为："琛之所陈，坐谈则理高，行之则事阙。窃惟古之善治民者，必污隆随时，丰俭称事，役养消息以成其性命。若任其自生，随其饮啄，乃是刍狗万物，何以君为！是故圣人敛山泽之货以宽田畴之赋；收关市之税以助什一之储，取此与彼，皆非为身，所谓资天地之产，惠天地之民也。今盐池之禁，为日已久，积而散之，以济军国，非专为供太官之膳羞，给后宫之服玩。既利不在己，则彼我一也。然自禁盐以来，有司多慢，出纳之间，或不如法。是使细民嗟怨，负贩轻议，此乃用之者无方，非作之者有失也。一旦罢之，恐乖本旨。一行一改，法若弈棋，参论理要，宜如旧式。"魏主卒从琛议。夏，四月，乙未，罢盐池禁。

【译文】起初，北魏御史中尉甄琛上表说："《周礼》一书里，管理山林川泽有虞、衡的官吏，为山林川泽定下严厉的禁令，这是为了让百姓在适合的时节取用，不让山林川泽受到伤害罢了！所以虽然设置了官吏，实际上是为百姓守卫啊！一家的家长，一定要抚养子孙；天下的君主，一定要惠养万民，从来没有为人父母的却吝啬他的醯醢，富有天下万物的君主却独占一物。现今朝廷独霸河东盐池专收其利，这等于是单单奉养口腹而不顾及四肢啊！天子富有四海，何必担心贫穷呢？请求皇上放开盐禁，和百姓共享。"录尚书事元勰、尚书邢峦上奏章，认为："甄琛上陈的，只就口头上谈论，高明合理；实施起来，却难以推行。我们私底下推想古时善于治理百姓的人，必定升降依时，丰俭随事，管理他们，抚育他们，调节有无来成就他们的性命。假如听任他们自生自长，随便他们任意取食，那是把百姓当作刍狗，是不仁德的行为，还要君主干什么呢？所以圣人获取山林川泽里面的物资，用以放宽田亩的赋税；收取关市的捐税，用以补助十分取一的田赋的不足，这两项资税的开征，都不是为了皇上本人，这就是所谓利用天地间所出产的物资，来加惠天地间的百姓呀！况且现在盐池的禁令，已经很长时间了，将盐收聚起来再分散出去，用来维持国家军事及其他方面的开支，并不是专门用来供给皇宫的饮食和后宫的服饰玩物。既然不是为了皇帝您自己的享乐，那么百姓获利同国家获利应该是没有分别的。可是自从禁盐以来，负责的官吏往往怠于职守，出入之间，常有不符合法令的情形。所以使得百姓叹息怨恨，招致商人们许多的批评，这是执行法令的人做得不好，不是制定法令的人的失

资治通鉴

误。一旦突然将法令改变，恐会与当初制定法令的本意相违背。一会儿实行，一会儿改掉，政令就像下棋那样没有定规。参照各方面的道理来考虑，应该遵行旧法。"宣武帝元恪最终还是听从了甄琛的建议。夏季，四月，乙未日（初一日），宣武帝元恪撤销了盐池的禁令。

【康熙御批】盐之产利甚厚，不操之自上，则豪强互相渔夺，闾阎之间必纷嚣多事矣。况取山泽之资以薄田畴之赋，使民力宽然有余，其为益不已多乎？若不审时度势，辄弛其禁，则南亩之农夫不获沾毫末之利，而国用既绌，税敛渐加，亦必至之势也，凡为政者，只求实惠于民而已，何必以美名自诧哉？

【译文】盐的生产利润十分丰厚，不由国家来控制，那么豪强就会互相掠夺，里巷之间一定会纷嚣多事。何况取山泽之资来填补薄田的赋税，使民力宽裕有余，好处不是很多吗？如果不审时度势，总是放松禁令，那么田里的农民就得不到丝毫的利益，而国家用度也会缺乏，税收逐渐增加，也是必然的趋势。凡治理政事的人，只追求实惠于百姓而已，为什么一定要追求美名自托呢？

庚戌，魏以中山王英为征南将军、都督扬、徐二州诸军事，帅众十馀万以拒梁军，指授诸节度，所至以便宜从事。

江州刺史王茂将兵数万侵魏荆州，诱魏边民及诸蛮更立宛州，遣其所署宛州刺史雷豹狼等袭取魏河南城。魏遣平南将军杨大眼都督诸军击茂，辛酉，茂战败，失亡二千馀人。大眼进攻河南城，茂逃还；大眼追至汉水，攻拔五城。

魏征虏将军宇文福寇司州，俘千馀口而去。

【译文】庚戌日（十六日），北魏任命中山王元英为征南将军，都督扬、徐二州诸军事，率领军队十几万人抵抗梁朝军队，指挥各州郡的人马，所到之处由他便宜行事。

梁朝江州刺史王茂率兵数万人侵犯北魏的荆州，引诱北魏边境上的百姓以及各蛮族部落另外设立宛州，派遣他所管辖的宛州刺史雷豹狼等人袭取北魏的河南城。北魏派遣平南将军杨大眼都督各路军队攻击王茂。辛酉日（二十七日），王茂打了败仗，损失军士两千多人。杨大眼进攻河南城，王茂逃回梁国；杨大眼追到了汉水边上，沿路攻占了五座城池。

北魏征虏将军宇文福进犯司州，俘虏一千余人后离去。

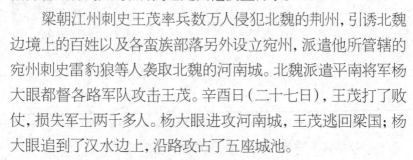

五月，辛未，太子右卫率张惠绍等侵魏徐州，拔宿预，执城主马成龙。乙亥，北徐州刺史昌义之拔梁城。

豫州刺史韦叡遣长史王超等攻小岘，未拔。叡行围栅，魏出数百人陈于门外，叡欲击之，诸将皆曰："向者轻来，未有战备，徐还授甲，乃可进耳。"叡曰："不然。魏城中二千余人，足以固守，今无故出人于外，必其骁勇者也，苟能挫之，其城自拔。"众犹迟疑，叡指其节曰："朝廷授此，非以为饰，韦叡法不可犯也！"遂进击之，士皆殊死战，魏兵败走，因急攻之，中宿而拔，遂至合肥。

【译文】五月，辛未日（初七日），梁朝太子右卫率张惠绍等人入侵北魏的徐州，攻占宿预，俘虏城主马成龙。乙亥日（十一日），梁朝北徐州刺史昌义之攻占梁城。

豫州刺史韦叡派遣长史王超等人去攻打小岘，没有攻克，韦叡出来巡视围栅，魏军派出数百人在城门外列阵，韦叡想要攻击他们，诸将都说："我们刚才是轻装简从来到这里，没有作战的准备，慢慢回去调动军队，才可以进攻。"韦叡说："不是这样。北魏城中有两千多人，有足够力量固守，现在无缘无故派出一些人到外面来，这些人一定是他们勇敢善战的军士。假如能够把他们打败，那城池就一定能攻占了。"众人还在犹豫迟疑，韦叡指着他的旄节说："朝廷把这个旄节颁授给我，不是用来当作装饰的，我韦叡的法令不可以违抗！"于是前进发动攻击，士兵都拼死作战，魏兵战败逃走，韦叡趁机积极攻城，隔了一夜就把小岘攻陷，于是率军抵达合肥。

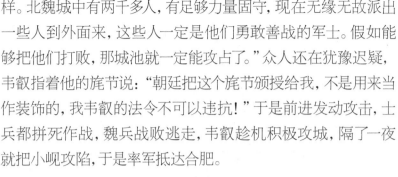

先是，右军司马胡景略等攻合肥，久未下，叡按山川，夜，帅众堰肥水，顷之，堰成水通，舟舰继至。魏筑东、西小城夹合肥，叡先攻二城，魏将杨灵胤帅众五万奄至。众惧不敌，请奏益兵，叡笑曰："贼至城下，方求益兵，将何所及！且吾求益兵，彼亦益兵；兵贵用奇，岂在众也！"遂击灵胤，破之。叡使军主王怀静筑城于岸以守堰，魏攻拔之，城中千馀人皆没。魏人乘胜至堤下，兵势甚盛，诸将欲退还巢湖，或欲保三叉，叡怒曰："宁有此邪！"命取伞扇麾幢，树之堤下，示无动志。魏人来凿堤，叡亲与之争，魏兵却，因筑垒于堤以自固。叡起斗舰，高与合肥城等，四面临之，城中人皆哭，守将社元伦登城督战，中弩死。辛巳，城溃，俘斩万馀级，获牛马以万数。

【译文】 此前，梁朝右军司马胡景略等人围攻合肥，很长时间没有攻下，韦叡到达后，巡视山川形势，夜晚率领部队筑堤截住肥水，不久，堤堰筑成，水路打通，船舰相继到达，魏军构筑东西两个小城保护合肥，韦叡先攻打这两座小城，北魏的将领杨灵胤率领五万军队突然来到，大家害怕无法取胜，请求上奏梁武帝萧衍增加军队，韦叡笑着说："敌人已经到了城下，才要求增兵，怎么来得及呢？况且我们请求增兵，他们也会增兵，用兵之道，贵在出奇制胜，哪里在人数众多呢？"于是攻击杨灵胤，打败了他。韦叡派遣军主王怀静在岸边筑城来守护堤堰，魏军把它攻占，城中的一千多个梁兵全都被杀死。魏人乘胜来到堤堰之下，兵势非常强大，诸将想要退回巢湖，有的提出保守三叉，韦叡发怒说："哪有这样的事？"命令取来伞扇及麾幢，竖立在堤堰之下，表示没有撤退的决心。魏人来凿堤堰，韦叡亲自和他们打斗，魏兵退去，韦叡于是率军在堤坝上构筑营垒来巩固己方。韦叡发动战舰，高度和合肥城等齐，四面把城包围，城里的人都哭起来。守将杜元伦登城监督作战，被弓箭射中死了。辛巳日（十七日），合肥城被韦叡攻陷，俘虏斩首一万多人，虏获的牛羊数以万计。

叡体素羸，未尝跨马，每战，常乘板舆督厉将士，勇气无敌；昼接宾旅，夜半起，算军书，张灯达曙。抚扞其众，常如不及，故投募之士争归之。所至顿舍，馆宇藩墙，皆应准绳。

诸军进至东陵，有诏班师。去魏城既近，诸将恐其追蹑，叡悉遣辎重居前，身乘小舆殿后，魏人服叡威名，望之不敢逼，全军而还。于是，迁豫州治合肥。

壬午，魏遣尚书元遥南拒梁兵。

癸未，魏遣征西将军于劲节度秦、陇诸军。

丁亥，庐江太守闻喜裴邃克魏羊石城，庚寅，又克霍丘城。

【译文】韦叡的身体一向羸弱，没有骑过马。每当作战时，都乘坐在板舆上监督、激励将士，勇气无人相比；白天接待宾客和来访者，夜半起床，计算军书，点着灯火一直到天亮。安抚他的部属，常常担心不周到，因此投身军旅的将士争着归附他。他驻扎的地方，营舍及围墙都合乎法度。

各路军马前进到东陵，梁武帝萧衍下诏书命令班师返回，东陵距离北魏城池已经很近，诸将非常担心魏军追击，韦叡将辎重部队全部派遣在前头先走，自己乘着小车殿后，魏人畏服韦叡的威名，远远望着他却不敢逼近，最终全师而退。从此梁朝把豫州治所迁到合肥。

壬午日（十八日），北魏派遣尚书元遥南下抗击梁朝军队。

癸未日（十九日），北魏派遣征西将军于劲指挥、调遣秦、陇诸军。

丁亥日（二十三日），庐江太守闻喜人裴邃攻克北魏的羊石城；庚寅日（二十六日），又攻克霍丘城。

六月，庚子，青、冀二州刺史桓和克朐山城。

乙巳，魏安西将军元丽击王法智，破之，斩首六千级。

张惠绍与假徐州刺史宋黑水陆俱进，趣彭城，围高冢戍，魏武卫将军奚康生将兵救之，丁未，惠绍兵不利，黑战死。

太子统生五岁，能遍诵《五经》；庚戌，始自禁中出居东宫。

【译文】六月，庚子日（初七日），青、冀二州刺史桓和攻占北魏朐山城。

乙巳日（十二日），北魏的安西将军元丽攻击王法智，打败了他，斩杀六千人。

张惠绍和代理徐州刺史的宋黑分别从水路及陆路一起进兵，直逼彭城，围攻高冢戍。北魏武卫将军奚康生率领军队前来救援，丁未日（十四日），张惠绍战事不利，宋黑战死。

太子萧统年方五岁，能够完整背诵《五经》全文；庚戌日（十七日），太子萧统开始从禁中搬出居住在东宫。

丁巳，魏以度支尚书邢峦都督东讨诸军事。

魏票骑大将军冯翊惠公源怀卒。怀性宽简，不喜烦碎，常曰："为贵人当举纲维，何必事事详细！譬如为屋，但外望高显，楹栋平正，基壁完牢，足矣；斧斤不平，斫削不密，非屋之病也。"

【译文】 丁巳日（二十四日），北魏任命度支尚书邢峦都督东讨诸军事。

北魏骠骑将军冯翊惠公源怀去世。源怀性情宽厚直率，不喜欢烦琐之事，经常说："做贵人应当把握要点，何必每一件事都仔细呢？就像盖房子，只要外表看起来高达宽敞，楹柱及栋梁平正，地基和墙壁完好牢固，足够了，斧斤劈得不平，切削得不细密，不是房屋的毛病。"

秋，七月，丙寅，桓和击魏兖州，拔固城。

吕苟儿率众十馀万屯孤山，围逼秦州，元丽进击，大破之。行秦州事李韶掩击孤山，获其父母妻子，庚辰，苟儿帅其徒诣丽降。

【译文】 秋季，七月，丙寅日（初三日），桓和攻打北魏的兖州，攻占固城。

梁朝吕苟儿率领部众十几万人屯驻在孤山，围逼秦州，元丽进兵发动攻击，打败吕苟儿。代理秦州刺史李韶偷袭孤山，俘虏了吕苟儿的父母妻子儿女，庚辰日（十七日），吕苟儿率领他的部下向元丽投降。

兼太仆卿杨椿别讨陈瞻，瞻据险拒守。诸将或请伏兵山蹊，断其出入，待粮尽而攻之，或欲斩木焚山，然后进讨。椿曰："皆非计也。自官军之至，所向辄克，贼所以深窜，正避死耳。今约勒诸军，勿更侵掠，贼必谓我见险不前；待其无备，然后奋击，可

资治通鉴

一举平也。”乃止屯不进。贼果出抄掠，椿复以马畜饵之，不加讨逐。久之，阴简精卒，衔枚夜袭之，斩瞻，传首。秦、泾二州皆平。

【译文】北魏兼太仆的卿杨椿另外发兵讨伐陈瞻，陈瞻据守险要抗拒。诸将中有的请求在山路上设伏兵，断绝陈瞻的出入，等他粮食耗尽再发动进攻；有的想要砍伐树林，放火烧山，然后进兵讨伐。杨椿说：“这都不是好办法。自从官军来到，所到之处都打胜仗，敌人之所以逃入深山，正是为了逃避死亡。现在约束所有的军队，不要再行侵犯，敌人一定认为我军见到险阻不敢前进；等到他们没有戒备，然后我军奋力攻击，可以一下子将他们平定！”于是停军屯驻而不进攻。贼兵果然出来掠夺，杨椿又用马畜作为诱饵，不追讨他们。经过一段时间，杨椿暗中挑选精兵，趁黑夜衔枚发动偷袭，将陈瞻杀了，把他的首级传送到各地，于是秦、泾两州都被平定。

戊子，徐州刺史王伯敖与魏中山王英战于阴陵，伯敖兵败，失亡五千馀人。

己丑，魏发定、冀、瀛、相、并、肆六州十万人以益南行之兵。上遣将军角念将兵一万屯蒙山，招纳兖州之民，降者甚众。是时，将军萧及屯固城，桓和屯孤山。魏邢峦遣统军樊鲁攻和，别将元恒攻及，统军毕祖朽攻念。壬寅，鲁大破和于孤山，恒拔固城，祖朽击念，走之。

【译文】戊子日（二十五日），徐州刺史王伯敖和北魏中山王元英在阴陵交战，王伯敖的军队打了败仗，损失了五千多人。

己丑日（二十六日），北魏征发定、冀、瀛、相、并、肆六州的士兵十万人增援南征的军队。梁武帝萧衍派遣将军角念率兵一万人驻扎在蒙山，招收接纳兖州的百姓，前来投降的百姓很多。这时，将军萧及驻扎在固城，桓和驻扎在孤山。北魏邢峦调遣统军樊鲁攻打桓和，别将元恒攻打萧及，统军毕祖朽攻打角念。壬寅日（初十日），樊鲁在孤山大败桓和，元恒攻克固城，毕祖朽攻击角念，角念逃跑。

己酉，魏诏平南将军安乐王诠督后发诸军赴淮南。诠，长乐之子也。

将军蓝怀恭与魏邢蛮战于睢口，怀恭败绩，峦进围宿预。怀恭复于清南筑城，峦与平南将军杨大眼合攻之，九月，癸酉，拔之，斩怀恭，杀获万计。张惠绍弃宿预，萧昺弃淮阳，遁还。

【译文】己酉日（十七日），宣武帝元恪下诏令平南将军安乐王元诠督率后发的各路军队赶赴淮南。元诠是元长乐的儿子。

梁朝将军蓝怀恭和北魏将军邢峦在睢口交战，蓝怀恭打了败仗，邢峦进兵包围宿预。蓝怀恭又在清水南边修筑城池，邢峦和平南将军杨大眼合力攻城，九月，癸酉日（十一日），攻陷城池，杀了蓝怀恭，斩杀、俘获梁兵数以万计。张惠绍放弃宿预，萧爵放弃淮阳，都逃回梁国。

临川王宏以帝弟将兵，器械精新，军容甚盛，北人以为百数十年所未之有。军次洛口，前军克梁城，诸将欲乘胜深入，宏性懦怯，部分乖方。魏诏邢峦引兵渡淮，与中山王英合攻梁城。宏闻之，惧，召诸将议旋师。吕僧珍曰："知难而退，不亦善乎！"宏曰："我亦以为然。"柳恢曰："自我大众所临，何城不服，何谓难乎？"裴邃曰："是行也，固敌是求，何难之避！"马仙琕曰："王安得亡国之言! 天子扫境内以属王, 有前死一尺, 无却生一寸!"昌义之怒, 须发尽磔, 曰:"吕僧珍可斩也! 岂有百万之师出未逢敌, 望风遽退! 何而目得见圣主乎!"朱僧勇、胡辛生拔剑而退, 曰:"欲退自退, 下官当前向取死。"议者罢出, 僧珍谢诸将曰:"殿下昨来风动, 意不在军, 深恐大致沮丧, 故欲全师而返耳。"宏不敢遽违群议, 停军不前。魏人知其不武, 遗以巾帼, 且歌之曰:"不畏萧娘与吕姥, 但畏合肥有韦虎。"虎, 谓韦叡也。僧珍叹曰:"使始兴、吴平为帅而佐之, 岂有为敌人所侮如是乎!"欲遣裴邃分军取寿阳, 大众停洛口, 宏固执不听, 令军中曰:"人马有前行者斩!"于是, 将士人怀愤怒。魏奚康生驰遣杨大眼谓中山王英曰:"梁人自克梁城已后, 久不进军, 其势可见, 必畏我也。王若进据洛水, 彼自奔败。"英曰:"萧临川虽駑, 其下有良将韦、裴之属, 未可轻也。宜且观形势, 勿与交锋。

【译文】临川王萧宏凭借皇帝弟弟的身份率领军队, 武器装备精良, 军容非常盛大, 北方人认为是百十来年所不曾见过的。军队屯驻在洛口, 前锋军队攻克梁城, 诸将想要乘胜深入进击, 但是萧宏生性懦弱胆怯, 处置事情不合正道。北魏诏令邢峦率领军队渡过淮水, 和中山王元英合力攻击梁城。萧宏听到了这个消息, 害怕起来, 召集将领商议要回师。吕僧珍说:"知道困难而退军, 不是很好吗? "萧宏说:"我也认为这样很好。"柳惔说:"自从我们大军来到, 哪个城池不被攻破, 什么叫作困难呢? "裴邃说:"这一次行动, 本来就是要找到敌人和他激战一番, 什么困难可以让我们躲避呢? "马仙琕说:"大王怎么可以说出亡国的泄气话! 梁武帝萧衍把全国的军队交托给大王, 只有拼死而前进一尺, 绝不能苟活而后退一寸! "昌义之大怒, 须发全都张开, 说:"吕僧珍应该斩首! 哪里有百万雄师出征尚未遇到敌人，就突然望风撤退，这样，有什么脸面见圣明的主上呢？"朱僧勇、胡辛生拔出宝剑从座位上一跃而起，说："要撤退的自己撤退吧！下官愿意向前与敌人交锋，决一死战。"参与商议的人讨论完毕退出来以后，吕僧珍向诸将道歉说："殿下昨日风疾发作，心意不在军事，我深切担心大军失气而战败，所以想要全师返回罢了。"萧宏不敢立即违背大家的意见，就按兵不动。魏人知道他胆怯，送给他女人的巾帼，并且编一首歌传唱，说："不害怕萧娘（指萧宏）和吕姥（指吕僧珍），只害怕合肥有韦虎。"韦虎，是指韦叡。吕僧珍叹息说："假如是始兴王萧憺或吴平侯萧昺当统帅而我辅佐他们，难道会像这样被敌人羞辱吗？"吕僧珍想派遣裴邃另外率领一部分军队攻打寿阳，其余的大军停驻在洛口，萧宏固执不听，下令军中说："人马有前进的就斩首！"于是将士人人都心怀愤怒。北魏的奚康生派遣杨大眼骑着快马前往中山王元英处说："梁人自从攻陷梁城后，军队长久不再推进，他们的情势可以看得出来，一定是害怕我们。大王如果进兵占据洛水，他们一定会溃败逃走。"元英说："临川王萧宏虽然呆傻，但是他的部下有韦叡、裴邃等良将，不可以轻视，应该暂且观察形势，不要和他们作战。"

张惠绍号令严明，所至独克，军于下邳，下邳人多欲降者，惠绍谕之曰："我若得城，诸卿皆是国人，若不能克，徒使诸卿失乡里，非朝廷吊民之意也。今且安堵复业，勿妄自辛苦。"降人咸悦。

【译文】张惠绍号令严明，所到之处，无不克敌制胜，军队驻扎在下邳，下邳很多人要向他投降，张惠绍晓谕他们说："我如果攻破城池，各位就是本国的人；如果不能把城池攻下，徒然让各位失去乡里，无家可归，这不是朝廷抚慰百姓的本意。现在你们暂且安居，返回你们的旧业，不要胡乱辛苦了。"投降的人都很高兴。

己丑，夜，洛口暴风雨，军中惊，临川王宏与数骑逃去。将士求宏不得，皆散归，弃甲投戈，填满水陆，捐弃病者及羸老，死者近五万人。宏乘小船济江，夜至白石垒，叩城门求入。临汝侯渊猷登城谓曰："百万之师，一朝鸟散，国之存亡，未可知也。恐奸人乘间为变，城不可夜开。"宏无以对，乃缒食馈之。渊猷，渊藻之弟。时昌义之军梁城，闻洛口败，与张惠绍皆引兵退。

【译文】己丑日（二十七日），晚上，洛口有暴风雨，军中受了惊动，临川王萧宏和另外几个人骑着马逃走。将士们寻不着萧宏，都四散归来，丢弃的盔甲和兵器，填满了水中和陆地，抛弃了生病的和老弱的士兵，死者将近五万人。萧宏乘着小船渡过长江，在夜间来到白石垒，叩打城门请求进城。临汝侯萧渊猷登上城楼对他说："你统率百万军队，一朝做鸟兽散，国家存亡，无法预料。我担心奸邪的人利用这个机会叛变，城门不能够在夜晚开启。"萧宏无言以对，于是萧渊猷下令把食物从城上缒下来给他果腹。萧渊猷是萧渊藻的弟弟。这时昌义之驻扎在梁城，听说洛口兵败，和张惠绍都率领军队撤退。

魏主诏中山王英乘胜平荡东南，遂北至马头，攻拔之，城中粮储，魏悉迁之归北。议者咸曰："魏运米北归，当不复南向。"上曰："不然，此必欲进兵，为诈计耳。"乃命修钟离城，敕昌义之为战守之备。

【译文】宣武帝元恪诏令中山王元英乘胜平定东南，元英追逐逃亡的梁军直到马头，攻陷马头，城里面所储备的粮食，魏人全都搬移到北方。人们都议论说："魏军把米粮运回北方，应当不会再向南进兵。"梁武帝萧衍说："不对，这一定是想向南进兵，故意伪装的一种策略。"于是命令修筑钟离城，同时下令昌义之做好防守的准备。

　　冬，十月，英进围钟离，魏主诏邢峦引兵会之。峦上表，以为："南军虽野战非敌，而城守有馀，今尽锐攻钟离，得之则所利无几，不得则亏损甚大。且介在淮外，借使束手归顺，犹恐无粮难守，况杀士卒以攻之乎！又，征南士卒从戎二时，疲弊死伤，不问可知。虽有乘胜之资，惧无可用之力。若臣愚见，谓宜修复旧戍，抚循诸州，以俟后举，江东之衅，不患其无。"诏曰："济淮掎角，事如前敕，何容犹尔盘桓，方有此请！可速进军！"峦又表，以为："今中山进军钟离，实所未解。若为得失之计，不顾万全，直袭广陵，出其不备，或未可知。若正欲以八十日粮取钟离城者，臣未之前闻也。彼坚城自守，不与人战，城堑水深，非可填塞，空坐至春，士卒自弊。若遣臣赴彼，从何致粮！夏来之兵，不赍冬服，脱遇冰雪，何方取济！臣宁荷怯懦不进之责，不受败损空行之罪。钟离天险，朝贵所具，若有内应，则所不知；如其无也，必无克状。若信臣言，愿赐臣停，若谓臣惮行求还，臣所领兵乞尽付中山，任其处分，臣止以单骑随之东西。臣屡更为将，颇知可否，臣既谓难，何容强遣！"乃召峦还，更命镇东将军萧宝寅与英同围钟离。

　　【译文】冬季，十月，元英进兵围攻钟离城，宣武帝萧衍诏令邢峦率领军队前来会合。邢峦上表说："南方的部队虽然在野战方面不是我们的对手，可是在守城方面却有余力，现在调

动所有的精锐部队攻打钟离，得了它没有多少好处，得不到它
亏损可就大了。况且钟离城隔在淮水南面，假使它不抗拒而归
顺我们，还担心没有粮食难以守住，何况损折士兵来进攻它呢？
再说征南的士兵从军已经有两年，疲惫死伤的情形，不问也可
以推想得知。虽然有乘势进攻的资粮，恐怕没有可以使用的兵
力。依下臣的愚见，应该修复旧的城池，安抚各州，等待以后再
进一步行动，江东的可乘之机，不担心以后找不到。"宣武帝元
恪下诏书说："你渡过淮水和中山王元英形成掎角之势，这事已
如前敕所令，怎能允许你还在那儿徘徊不前，提出这样的请求
呢？你应该急速进军！"邢峦又上表，认为："现在中山王元英进
兵钟离城，我实在不明白他的意思。假如做冒险的打算，不做万
全的考虑，直接偷袭广陵，出其不备，或许侥幸成功也说不定，
假如想要凭借八十天的粮食攻取钟离城，下臣没听说过有这种
事情。梁军牢牢地守住城池，不出来和我们交战，钟离城壕的水
很深，不是能够填塞的。结果是在城下徒然耗到春天，士兵自然
疲惫。如派遣下臣赶赴那里，从何处得到粮食呢？夏天出动的
军队，没有准备冬天的服装，如果遇到冰雪，从哪里找来衣物御
寒？下臣宁可受到怯懦不敢进兵的责罚，也不愿接受损兵折将
空跑一趟的罪名。钟离城是天然险要的地方，这是朝廷贵臣全
都知晓的。假如城内有内应，那成败就不可知；假如没有内应，
一定无法攻克。假如皇上听信我的话，希望能够允许臣停军在
这儿；假如皇上认为下臣害怕前往，那就请求收还我所率领的
军队，将他们全部交给中山王元英，听凭他去处置，我只是以个
人的身份跟随他行动。我多次担任将帅，非常清楚何事可行何
事不可行，我既然认为是困难的事，何必还要勉强派遣呢？"于
是宣武帝元恪将邢峦召还朝廷，改命镇东将军萧宝寅和中山王

元英共同围攻钟离。

侍中卢昶素恶峦，与侍中、领右卫将军元晖共谮之，使御史中尉崔亮弹峦在汉中掠人为奴婢。峦以汉中所得美女赂晖，晖言于魏主曰："峦新有大功，不当以赦前小事案之。"魏主以为然，遂不问。

晖与卢昶皆有宠于魏主，而贪纵，时人谓之"饿虎将军"、"饥鹰侍中"。晖寻迁吏部尚书，用官皆有定价，大郡二千匹，次郡、下郡递减其半，馀官各有等差，选者谓之"市曹"。

【译文】侍中卢昶一向厌恶邢峦，和侍中、领右卫将军元晖共同说邢峦的坏话，并指使御史中尉崔亮弹劾邢峦在汉中掳掠百姓当作奴婢。邢峦用在汉中得到的美女贿赂元晖，元晖对宣武帝元恪说："邢峦刚立过大功，不应该用大赦前的一件小事来追究他的罪。"宣武帝元恪认为不错，于是不再过问。

元晖与卢昶都受到宣武帝元恪的宠爱，因而贪污放纵，当时人称呼他们为"饿虎将军""饥鹰侍中"。元晖不久升迁为吏部尚书，任用官吏都有一定的价钱，大郡的太守要交纳两千匹绸缎，次郡太守和下郡太守依次递减一半的绸缎，其余的官位各有等差，选官的人称他为"市曹"。

丁酉，梁兵围义阳者夜遁，魏郢州刺史娄悦追击，破之。

柔然库者可汗卒，子伏图立，号佗汗可汗，改元始平。戊申，佗汗遣使者纥奚勿六跋如魏请和。魏主不报其使，谓勿六跋曰："蠕蠕远祖社仑，乃魏之叛臣，往者包容，暂听通使。今蠕蠕衰微，不及畴昔，大魏之德，方隆周、汉，正以江南未平，少宽北略，通和之事，未容相许。若修藩礼，款诚昭著者，当不尔孤也。"

【译文】 丁酉日（初六日），围攻义阳的梁朝军队趁夜晚逃走，北魏郢州刺史娄悦从后面追击，把梁军打败。

柔然库者可汗去世，他的儿子伏图继承汗位，号佗汗可汗，改年号为始平。戊申日（十七日），佗汗可汗派遣使者纥奚勿六跋到北魏请和，宣武帝元恪不派使者回报，对勿六跋说："蠕蠕人的远祖社仑，是北魏的叛臣，过去我们包容他，暂且听任彼此通使往来，现在蠕蠕已经衰落，比不上往日强盛；而大魏的德业，正兴隆得可以和周、汉相比，正是因为江南还没有平定，所以向北方征讨的事情稍为宽缓，关于两国讲和的事，不能够答应。假如柔然修藩臣的礼节，诚心诚意的话，我一定不会辜负你们。"

魏京兆王愉、广平王怀国臣多骄纵，公行属请，魏主诏中尉崔亮究治之，坐死者三十馀人，其不死者悉除名为民。惟广平右常侍杨昱、文学崔楷以忠谏获免。昱，椿之子也。

十一月，乙丑，大赦。诏右卫将军曹景宗都督诸军二十万救钟离。上敕景宗顿道人洲，俟众军齐集俱进。景宗固启求先据邵阳洲尾，上不许。景宗欲专其功，违诏而进，值暴风猝起，颇有溺者，复还守先顿。上闻之，曰："景宗不进，盖天意也。若孤军独往，城不时立，必致狼狈。今破贼必矣。"

【译文】 北魏京兆王元愉及广平王元怀藩国中的大臣大多骄奢放纵，公然营私舞弊，横行不法，宣武帝元恪下诏让中尉崔亮彻底追究，因此被判罪处死的有三十多人，没被处死的全部除去名籍成为平民。只有广平王右常侍杨昱、文学崔楷两人因为忠谏而得以免罪。杨昱是杨椿的儿子。

十一月，乙丑日（初四日），梁朝大赦天下。梁武帝萧衍下诏派右卫将军曹景宗都督二十万军队救援钟离。梁武帝命令曹景宗停顿在道人洲，等待各路军马汇集以后一起进兵。曹景宗再三请求先占领邵阳洲尾，梁武帝萧衍不答应。曹景宗希望专得功劳，违反诏命进兵，恰好遇到暴风突然刮起，溺死很多人，曹景宗只好退回屯守道人洲。梁武帝萧衍听说了这件事，说："曹景宗不能够前进，这是天意。假如孤军前进，城池不能及时建立，一定会狼狈不堪。现在打败敌人是一定的了。"

初，汉归义侯势之末，群獠始出，北自汉中，南至邛、笮，布满山谷。势既亡。蜀民多东徙，山谷空地皆为獠所据。其近郡县与华民杂居者，颇输租赋，远在深山者，郡县不能制。梁、益二州岁伐獠以自润，公私利之。及邢峦为梁州，獠近者皆安堵乐业，远者不敢为寇。峦既罢去，魏以羊祉为梁州刺史，傅竖眼为益州刺史。祉性酷虐，不得物情。獠王赵清荆引梁兵入州境为寇，祉遣兵击破之。竖眼施恩布信，大得獠和。

十二月，癸卯，都亭靖侯谢朏卒。

魏人议乐，久不决。

【译文】起初，成汉归义侯刘势到末年，被称为獠人的少数民族才开始从山中出来活动，北从汉中，南到邛、笮，布满在山谷之间。刘势去世以后，蜀民大多向东边迁徙，山谷中的空地都被群獠所占据。那些靠近郡县和华族杂居的獠人，往往还向官府交纳租税；远居在深山里的群獠，郡县就无法控制了。梁、益两州每年都要讨伐獠族来获取利益，于公于私都得到好处。等到邢峦做梁州刺史，靠近郡县的獠族都安居乐业，远在山中的也不敢出来抢掠。邢峦被调走之后，北魏任命羊祉为梁州刺史，傅竖眼为益州刺史。羊祉的性格残酷暴虐，不得人心。獠王赵清荆引导梁兵进入州境抢掠，羊祉派兵将他们打败。傅竖眼施行恩惠，讲求信用，深得獠族的拥护。

十二月，癸卯日（十二日），梁朝都亭靖侯谢朏去世。

魏人讨论乐律的事情，很久都没有结果。

天监六年（丁亥，公元五〇七年）春，正月，公孙崇请委卫军将军、尚书右仆射高肇监其事；魏主知肇不学，诏太常卿刘芳佐之。

魏中山王英与平东将军杨大眼等众数十万攻钟离。钟离城北阻淮水，魏人于邵阳洲两岸为桥，树栅数百步，跨淮通道。英据南岸攻城，大眼据北岸立城，以通粮运。城中众才三千人，昌义之督帅将士，随方抗御。魏人以车载土填堑，使其众负土随之，严骑蹙其后，人有未及回者，因以土迮之。俄而堑满，冲车所撞，城土辄颓，义之用泥补之，冲车虽入而不能坏。魏人昼夜苦攻，分番相代，坠而复升，莫有通者。一日战数十合，前后杀伤万计，魏人死者与城平。

【译文】 天监六年（丁亥，公元507年）春季，正月，北魏公孙崇请求委任卫军将军、尚书右仆射高肇监督这件事情（指议乐事），宣武帝元恪知道高肇不学无术，下诏让太常卿刘芳辅佐他。

北魏中山王元英与平东将军杨大眼等人的部队数十万人围攻钟离。钟离城的北面隔着淮水，魏人在邵阳洲的两岸建造桥梁，竖立木栅数百步，跨过淮水，作为通道。元英据守南岸攻城，杨大眼据守北岸建立城池，以便转运粮食。城里的守兵只有三千人，昌义之指挥着将士，随机应变地抵御。魏人利用车子装载泥土填护城沟，并派遣士兵背负泥土跟在后面，同时命令严厉的骑兵随后催促，有人行动太慢，来不及回转，就被土埋进去了。不久，护城沟填满了。魏人就开始用冲车撞击城墙，撞得城墙上的土纷纷掉下来，昌义之赶紧用土再把它补好，所以魏人的冲车虽撞入城墙但不能撞坏城墙。魏人艰苦地攻城，日夜不停，分班轮流接替，从云梯上坠了下去又爬上来，没有退却的。一日之内，接连交战数十回合，前后被杀伤的数以万计，魏人的尸体与城墙齐平。

二月，魏主召英使还，英表称："臣志殄逋寇，而月初已来，霖雨不止，若三月晴霁，城必可克，愿少赐宽假！"魏主复赐诏曰："彼土蒸湿，无宜久淹。势虽必取，乃将军之深计，兵久力殆，亦朝廷之所忧也。"英犹表称必克，魏主遣步兵校尉范绍诣英议攻取形势。绍见钟离城坚，劝英引还，英不从。

【译文】二月，宣武帝元恪诏令元英回兵，元英上表说："下臣的心意是计划将敌人歼灭，但自从月初以来，雨下个不停，倘若三月时天放晴，必定可以将城池攻下来，希望主上多给我一些时间。"宣武帝元恪又下诏说："那里的土地潮湿，不适合长久停留，依照形势来看虽然一定可以攻克，这是将军的深远计谋；但是军队在外太久，力量将会耗尽，这也是朝廷所担忧的。"元英还是上表说一定可以攻克，宣武帝派遣步兵校尉范绍来到元英处商讨攻取的情势。范绍看到钟离城池坚固，劝元英率领军队回朝，元英不听。

上命豫州刺史韦叡将兵救钟离，受曹景宗节度。叡自合肥取直道，由阴陵大泽行，值涧谷，辄飞桥以济师。人畏魏兵盛，多劝叡缓行。叡曰："钟离今凿穴而处，负户而汲，车驰卒奔，犹恐其后，而况缓乎！魏人已堕吾腹中，卿曹勿忧也。"旬日至邵阳。上豫敕曹景宗曰："韦叡，卿之乡望，宜善敬之！"景宗见叡，礼甚谨。上闻之，曰："二将和，师必济矣。"

【译文】 梁武帝萧衍命令豫州刺史韦叡率军援救钟离，接受曹景宗的指挥。韦叡从合肥取直道，从阴陵经大泽前进，遇到涧谷，就在两山之间搭上飞桥走过去。军士害怕魏兵人多势众，多劝韦叡慢走，韦叡说："钟离城的守军现在开凿地洞作为居住之所，背着门板去打水，情况是这样危急，我们车驰卒奔，火速前往救援，恐怕时间还来不及，何况慢慢行走呢？魏人我自有办法对付，你们不必担心。"赶了十几天的路，军队已经来到邵阳。梁武帝萧衍预先告诫曹景宗说："韦叡是你同乡的望族，你应该好好礼遇他。"曹景宗见了韦叡，对他很恭敬，梁武帝赜听说后说："两位将军和谐，军队一定可以打胜仗了！"

　　景宗与叡进顿邵阳洲，叡于景宗营前二十里夜掘长堑，树鹿角，截洲为城，去魏城百馀步。南梁太守冯道根，能走马步地，计马足以赋功，比晓而营立。魏中山王英大惊，以杖击地曰："是何神也！"景宗等器甲精新，军容甚盛，魏人望之夺气。景宗虑城中危惧，募军士言文达等潜行水底，赍敕入城，城中始知有外援，勇气百倍。

【译文】 曹景宗与韦叡进兵驻扎在邵阳洲，韦叡在离曹景宗营前二十里的地方趁夜晚开掘了一条长沟，竖起鹿角，把水洲分开成为两半，构筑了一座城池，距离魏城仅有一百多步。南梁太守冯道根能够走马量地，计算马的步数，分配每个人筑城时的工作量，到了天明，城垒已经构筑起来，魏中山王元英看了大为震惊，用杖击地说："这是哪位神灵啊！"曹景宗等人的兵器盔甲，不但好而且新，军容非常盛大，魏人看了，勇气都丧失了。曹景宗担心城里危险恐慌，招募军士言文达等人从水底潜行，携带圣旨进城，城里的人方才知道有了外援，勇气倍增。

杨大眼勇冠军中，将万馀骑来战，所向皆靡。叡结车为陈，大眼聚骑围之，叡以强弩二千一时俱发，洞甲穿中，杀伤甚众。矢贯大眼右臂，大眼退走。明旦，英自帅众来战，叡乘素木舆，执白角如意以麾军。一日数合，英乃退。魏师复夜来攻城，飞矢雨集。叡子黯请下城以避箭，叡不许；军中惊，叡于城上厉声呵之，乃定。牧人过淮北伐刍藁者，皆为杨大眼所略，曹景宗募勇敢士千馀人，于大眼城南数里筑垒，大眼来攻，景宗击却之。垒成，使别将赵草守之，有抄掠者，皆为草所获，是后始得纵刍牧。

【译文】杨大眼的勇敢，在全军中数第一，率领了一万多骑兵前来交战，所到之处敌军都望风披靡。韦叡把车子靠在一起列成阵势，杨大眼聚集骑兵前来围攻，韦叡将强弩两千枚一起发射，弩箭贯彻战甲射入心脏，杀伤的人很多。有一支箭射穿了杨大眼的右臂，杨大眼这才退走。第二天早上，元英亲自率领军队前来交战，韦叡乘着白色的木舆，手拿着白角如意来指挥军队，一天里面交战了好几回，元英才退走。魏军又趁晚上前来攻城，射来的箭像下雨那样密集。韦叡的儿子韦黯请韦叡下城躲避弓箭，韦叡不肯；军中惊慌，韦叡在城上大声地呵责，军心这才安定下来。前往淮水北岸割取牧草的牧人都被杨大眼劫夺而去，曹景宗招募了勇敢的士兵一千多人，在杨大眼的城南数里之处修建营垒，杨大眼前来进攻，曹景宗把他击退。营垒筑成以后，曹景宗派遣别将赵草前往戍守，有来劫掠的魏兵，都被赵草俘虏。从此以后，牧民们才可以任意在淮河以北割草放牧。

上命景宗等豫装高舰，使与魏桥等，为火攻之计，令景宗与叡各攻一桥，叡攻其南，景宗攻其北。三月，淮水暴涨六七尺。叡使冯道根与庐江太守裴邃、秦郡太守李文钊等乘斗舰竞发，击魏洲上军尽殪。别以小船载草，灌之以膏，从而焚其桥，风怒火盛，烟尘晦冥，敢死之士，拔栅斫桥，水又漂疾，倏忽之间，桥栅俱尽。道根等皆身自搏战，军人奋勇，呼声动天地，无不一当百，魏军大溃。英见桥绝，脱身弃城走，大眼亦烧营去，诸垒相次土崩，悉弃其器甲争投水，死者十馀万，斩首亦如之。叡遣报昌义之，义之悲喜，不暇答语，但叫曰："更生，更生！"诸军逐北至濊水上，英单骑入梁城，缘淮百馀里，尸相枕藉，生擒五万人，收其资粮、器械山积，牛马驴骡不可胜计。

【译文】梁武帝萧衍命令曹景宗等人预先装备高舰，让舰的高度和魏军的城桥等齐，实施火攻计划。梁武帝命令曹景宗和韦叡各自进攻一座城桥，韦叡攻打南面的桥，曹景宗攻打北面的桥。三月，淮水突然高涨了六七尺，韦叡让冯道根与庐江太守裴邃、秦郡太守李文钊等人乘着战舰一起出发，攻击在水洲上的魏军，将他们都歼灭。另外用小船载着干草，灌上油脂，焚烧魏军的城桥，大风助长火势，烟尘弥漫，天昏地暗。敢死的军士拔起木栅，砍断城桥，水势又迅急，一会儿，城桥与木栅都破坏光了。冯道根等人都亲自参加战斗，士兵们奋勇争先，喊叫之声震动天地，无不以一当百。魏军大败，元英看到桥断，弃城逃走，杨大眼也焚烧军营跟着离开。各城垒相继土崩瓦解，全都丢弃武器盔甲，争先投水逃命，淹死在水中的有十几万人，被斩首的也差不多有这个数目。韦叡派使者向昌义之报告，昌义之悲喜交加，来不及答话，只是大叫道："得救了！得救了！"各路军队追逐败退的魏军一直到水边，元英一个人骑着马冲入梁城。沿着淮水的一百余里，尸体相互枕藉，被生擒的有五万人，把魏军的辎重、器械收聚在一起，像山丘一样，缴获的牛马驴骡不可胜数。

义之德景宗及叡，请二人共会，设钱二十万，官赌之。景宗掷得雉；叡徐掷得卢，遽取一子反之，曰："异事！"遂作塞。景宗与群帅争先告捷，叡独居后，世尤以此贤之。诏增景宗、叡爵邑，义之等受赏各有差。

【译文】昌义之感激曹景宗及韦叡，请两人一起聚会，筹了二十万钱，在官廨里赌博。曹景宗掷采得了雉，韦叡慢慢掷下去得到的是卢，马上把其中一子扳成反面，说："怪事啊！"于是成为塞。曹景宗和群帅争先向朝廷报告战胜的消息，唯独韦叡最后上捷书，世人因为此事认为韦叡有德行。梁武帝萧衍下诏增加曹景宗和韦叡的爵邑，昌义之等人也都受到不同等级的赏赐。

夏，四月，己酉，以江州刺史王茂为尚书右仆射，安成王秀为江州刺史。秀将发，主者求坚船以为斋舫，秀曰："吾岂爱财而不爱士乎！"乃以坚者给参佐，下者载斋物。既而遭风，斋舫遂破。

丁巳，以临川王宏为骠骑将军、开府仪同三司，建安王伟为扬州刺史，右光禄大夫沈约为尚书左仆射，左仆射王莹为中军将军。

【译文】夏季，四月，己酉日（二十日），梁朝任命江州刺史王茂为尚书右仆射，安成王萧秀为江州刺史。萧秀将要出发赴任的时候，主事的人要求用坚固的船只装载府中财物，萧秀说："我难道会爱惜钱财却不爱惜人才吗？"于是将坚固的船只给幕僚人员乘坐，下等的船才用来负载物资。后来遇到大风，运载物资的船沉没。

丁巳日（二十八日），梁朝任命临川王萧宏为骠骑将军、开府仪同三司，建安王萧伟为扬州刺史，右光禄大夫沈约为尚书左仆射，左仆射王莹为中军将军。

六月，丙午，冯翊等七郡叛，降魏。

秋，七月，丁亥，以尚书右仆射王茂为中军将军。

八月，戊子，大赦。

魏有司奏："中山王英经算失图，齐王萧宝寅等守桥不固，皆处以极法。"己亥，诏英、宝寅免死，除名为民，杨大眼徙营州为兵。以中护军李崇为征南将军、扬州刺史。崇多事产业。征南长史狄道辛琛屡谏不从，遂相纠举。诏并不问。崇因置酒谓琛曰："长史后必为刺史，但不知得上佐何如人耳。"琛曰："若万一叨忝，得一方正长史，朝夕闻过，是所愿也。"崇有惭色。

【译文】六月，丙午日（十八日），冯翊等七个郡背叛梁朝投降北魏。

秋季，七月，丁亥日（三十日），梁朝任命尚书右仆射王茂为中军将军。

八月，戊子日（初一日），梁朝大赦天下。

北魏有司上奏说："中山王元英谋划失策，齐王萧宝寅等人没有守住大桥，都应判处死刑。"己亥日（十二日），宣武帝元恪下诏元英、萧宝寅免去死刑，除去名籍成为庶民，杨大眼发配到营州去当士兵。朝廷任命中护军李崇为征南将军、扬州刺史。李崇多经营产业，征南长史狄道人辛琛多次劝谏他，李崇都不接受，于是互相上书揭发弹劾，宣武帝元恪下诏对两人都不予追究。李崇于是设酒席对辛琛说:"长史以后一定会成为刺史,只是不知道担任你上佐的会是什么样的人!"辛琛说:"万一托福能忝为刺史,得到一位方正的长史,让我早晚可以听到自己的过错,这是我的愿望。"李崇听了,满面愧色。

九月,己亥,魏以司空高阳王雍为太尉,尚书令广阳王嘉为司空。

甲子,魏开斜谷旧道。

冬,十月,壬寅,以五兵尚书徐勉为吏部尚书。勉精力过人,虽文案填积,坐客充满,应对如流,手不停笔。又该综百氏,皆为避讳。尝与门人夜集,客虞暠求詹事五官,勉正色曰:"今夕止可谈风月,不可及公事。"时人咸服其无私。

【译文】九月,己亥日(九月无此日),北魏任命司空高阳王元雍为太尉,尚书令广阳王元嘉为司空。

甲子日(初八日),北魏开辟斜谷旧道。

冬季,十月,壬寅日(十六日),梁朝任命五兵尚书徐勉为吏部尚书。徐勉精力过人,虽然文案上堆满了要处理的公文,宾客满座,徐勉应对如流,手中的笔还不停地批阅公文。他又熟悉各个家族的情况,对于各家的短处都予以讳避。他曾经与门人晚上聚会,门客虞暠向他请求詹事五官的职位,徐勉正色说:"今晚只可以谈论风月,不可以涉及公事。"当时的人都佩服他的公正无私。

闰月,乙丑,以临川王宏为司徒、行太子太傅,尚书左仆射沈约为尚书令、行太子少傅,吏部尚书袁昂为右仆射。

丁卯,魏皇后于氏殂。是时高贵嫔有宠而妒,高肇势倾中外，后暴疾而殂，人皆归咎高氏。宫禁事秘，莫能详也。

甲申，以光禄大夫夏侯详为尚书左仆射。

乙酉，魏葬顺皇后于永泰陵。

十二月，丙辰，丰城景公夏侯详卒。

乙丑，魏淮阳镇都军主常邕和以城来降。

【译文】闰月，乙丑日（初十日），梁朝任命临川王萧宏为司徒、代理太子太傅，尚书左仆射沈约为尚书令、代理太子少傅，吏部尚书袁昂为右仆射。

丁卯日（十二日），北魏皇后于氏过世。这时高贵嫔受到宣武帝元恪的宠爱但善妒，高肇权倾朝廷内外。皇后忽然得急病去世，人们都归咎于高氏，宫禁里面的事情神秘莫测，究竟如何不得而知。

甲申日（二十九日），梁朝任命光禄大夫夏侯详为尚书左仆射。

乙酉日（三十日），北魏在永泰陵安葬顺皇后于氏。

十二月，丙辰日（初二），梁朝丰城景公夏侯详过世。

乙丑日（十一日），北魏淮阳镇都军主常邕和献出城池投降梁朝。

资治通鉴卷第一百四十七　梁纪三

起著雍困敦，尽阏逢敦牂，凡七年。

【译文】 起戊子（公元508年），止甲午（公元514年），共七年。

【题解】 本卷记录了公元508年至514年，即梁武帝萧衍天监七年至天监十三年共七年间南梁与北魏两国的大事。主要记录了魏国外戚高肇杀害皇子元昌、皇叔彭城王元勰、皇弟元愉；邢峦攻克悬瓠，平定豫州；高车归服魏国，大胜柔然，派使入贡。魏主反对梁主交换战俘，停战讲和的建议；魏将卢昶在胊山被梁将马仙琕打败，损失惨重；梁武帝对亲贵、士族礼敬，对百姓严厉，社会严重动荡；北魏扬州刺史李崇管理寿阳的坚贞表现；高肇率领大军伐蜀；梁武帝在钟离修建大坝，企图水灌寿阳；此外还记录了魏主取消立太子而杀太后的制度，以及魏主元恪崇信佛法，洛阳佛寺众多，远近承风，等等。

高祖武皇帝三

天监七年（戊子，公元五〇八年）春，正月，魏颍川太守王神念来奔。

壬子，以卫尉吴平侯昺兼领军将军。

诏吏部尚书徐勉定百官九品为十八班，以班多者为贵。二月，乙丑，增置镇、卫将军以下为十品，凡二十四班；不登十品，别有八班。又置施外国将军二十四班，凡一百九号。

庚午，诏置州望、郡宗、乡豪各一人，专掌搜荐。

【译文】天监七年（戊子，公元508年）春季，正月，北魏颍川太守王神念前来投奔。

壬子日（二十八日），梁朝任命卫尉吴平侯萧昺兼任领军将军。

齐武帝萧赜下诏让吏部尚书徐勉厘定百官九品划分为十八个等级，以等级多者为尊贵。二月，乙丑日（十一日），增置镇军将军、卫军将军以下的为十品，一共二十四个等级；不在十品以内的，另外分成八个等级，又为少数民族归附的以及外国前来投降的将军设置二十四个等级，一共一百〇九个名号。

庚午日（十六日），梁武帝萧衍下诏设置州望、郡宗、乡豪各一人，专管搜求才能之士向上荐举。

乙亥，以南兖州刺史吕僧珍为领军将军。领军掌中外兵要，宋孝建以来，制局用事，与领军分兵权，典事以上皆得呈奏，领军拱手而已。及吴平侯昺在职峻切，官曹肃然；制局监皆近幸，颇不堪命，以是不得久留中，丙子，出为雍州刺史。

三月，戊子，魏皇子昌卒，侍御师王显失于疗治，时人皆以为承高肇之意也。

【译文】乙亥日（二十一日），梁朝任命南兖州刺史吕僧珍为领军将军。领军掌管内外的军事要务，宋朝孝武帝刘骏孝建年间以来，制局监用事，与领军分掌兵权，从典事以上的职位都可以上奏建议，领军却没事可干。等到吴平侯萧昺任领军将军，认真负责，执法严厉，官府里一片肃然。制局监里的人都是皇上的亲近宠幸，对于他的做法很是受不了，所以萧昺无法长久留在禁中，丙子日（二十二日），萧昺被外放为雍州刺史。

三月，戊子日（初五日），北魏皇子元昌去世，是由于侍御医师王显治疗失误，当时人们都认为他是秉承高肇的意旨行事。

夏，四月，乙卯，皇太子纳妃，大赦。

五月，己亥，诏复置宗正、太仆、大匠、鸿胪，又增太府、太舟，仍先为十二卿。

癸卯，以安成王秀为荆州刺史。先是，巴陵马营蛮缘江为寇，州郡不能讨。秀遣防阁文炽帅众燔其林木，蛮失其险，州境无寇。

【译文】夏季，四月，乙卯日（初二日），梁朝皇太子萧统娶妃子，大赦天下。

五月，己亥日（十七日），梁武帝萧衍下诏重新设置宗正、太仆、大匠、鸿胪等官职，又增加了太府与太舟，和前朝一样成为十二卿。

癸卯日（二十一日），梁朝任命安成王萧秀为荆州刺史。先前，巴陵马营蛮沿着长江为寇，州郡不能讨平，萧秀派遣防阁文炽率领部队烧掉了江边的树林，蛮人失去险阻，州境之内再也没有盗寇。

秋，七月，甲午，魏立高贵嫔为皇后。尚书令高肇益贵重用事。肇多变更先朝旧制，减削封秩，抑黜勋人，由是怨声盈路。群臣宗室皆卑下之，唯度支尚书元匡与肇抗衡，先自造棺置听事，欲舆棺诣阙论肇罪恶，自杀以切谏；肇闻而恶之。会匡与太常刘芳议权量事，肇主芳议，匡遂与肇喧竞，表肇指鹿为马。御史中尉王显奏弹匡诬毁宰相，有司处匡死刑。诏恕死，降为光禄大夫。

【译文】秋季，七月，甲午日（十三日），北魏册立高贵嫔为皇后。尚书令高肇更加尊贵专权。高肇经常改变先朝旧制，减削他人封秩，压制有功勋的人，因此怨声载道。群臣和宗室都谄媚他，唯有度支尚书元匡和高肇相抗衡，先自己造了一口棺材放在中庭，想要抬着棺材前往宫中讲论高肇的罪恶，用自杀的办法来劝谏宣武帝元恪；高肇听了此事十分憎恶元匡。恰逢元匡与太常刘芳讨论度量衡的事情，高肇赞成刘芳的意见，元匡于是与高肇大声吵了起来，元匡上表说高肇指鹿为马，蒙蔽国君。御史中尉王显上奏章弹劾元匡诬告毁谤宰相，有司将元匡判处死刑，宣武帝元恪下诏免除元匡死罪，降职为光禄大夫。

八月，癸丑，竟陵壮公曹景宗卒。

初，魏主为京兆王愉纳于后之妹为妃，愉不爱，爱妾李氏，生子宝月。于后召李氏入宫，捶之。愉骄奢贪纵，所为多不法。帝召愉入禁中推案，杖愉五十，出为冀州刺史。愉自以年长，而势位不及二弟，潜怀愧恨；又，身与妾屡被顿辱，高肇数谮愉兄弟，愉不胜忿；癸亥，杀长史羊灵引、司马李遵，诈称得清河王怿密疏，云"高肇弑逆"。遂为坛于信都之南，即皇帝位，大赦，改元建平，立李氏为皇后。法曹参军崔伯骥不从，愉杀之。在北州镇皆疑魏朝有变，定州刺史安乐王诠具以状告之，州镇乃安。乙丑，魏以尚书李平为都督北讨诸军、行冀州事，以讨愉。平，崇之从父弟也。

【译文】八月，癸丑日（初二日），梁朝竟陵壮公曹景宗去世。

起初，宣武帝元恪为京兆王元愉娶了于皇后的妹妹为妃，元愉不喜欢她，喜欢小妾李氏，李氏生了一个儿子叫宝月。于皇后宣召李氏入宫，予以鞭打。元愉骄矜奢侈，贪婪放纵，所做的事情大多不符合法律。宣武帝元恪宣召元愉入宫加以追究，将元愉杖责了五十下，外放为冀州刺史。元愉觉得自己年纪较大，可是权势地位都比不上他的两位弟弟，暗怀愧恨之心。加上自己与小妾李氏多次被鞭打羞辱，高肇又常常毁谤元愉的兄弟们，元愉气不过；癸亥日（十二日），元愉杀死了长史羊灵引、司马李遵，假称得到了清河王元怿的密函，说"高肇弑君叛逆"。于是在信都的南面修筑了一座坛，登上皇帝位，大赦天下，改元建平，册立李氏为皇后。法曹参军崔伯骥不顺从，元愉杀了他。北方的州镇都怀疑魏国的朝廷有了变故，定州刺史安乐王元诠将事情的来龙去脉详细地告诉他们，州镇这才安定下来。乙丑日（十四日），北魏任命尚书李平为都督北讨诸军、行冀州事出兵讨伐元愉。李平是李崇的堂弟。

资治通鉴

丁卯，魏大赦，改元永平。

魏京兆王愉遣使说平原太守清河房亮，亮斩其使；愉遣其将张灵和击之，为亮所败。李平军至经县，诸军大集，夜，有蛮兵数千斫平营，矢及平账，平坚卧不动，俄而自定。九月，辛巳朔，愉逆战于城南草桥，平奋击，大破之。愉脱身走入城，平进围之。壬辰，安乐王诠破愉兵于城北。

癸巳，立皇子绩为南康王。

【译文】丁卯日（十六日），北魏实行大赦，改年号为永平。

元愉派遣使者游说平原太守清河人房亮，房亮斩杀了元愉的使者；元愉派遣他手下的将领张灵和攻打房亮，被房亮打败。李平的军队到达了经县，各路军队会师。夜晚，有数千蛮兵侵犯李平的营垒，箭射到李平的帐中，李平一直躺着没有动，不久事情就自己平定下来。九月，辛巳朔日（初一日），元愉在城南草桥迎战，李平奋力攻击，大破元愉的军队，元愉脱身逃入城中，李平进兵包围信都城。壬辰日（十二日），安乐王元诠又在城北大败元愉的军队。

癸巳日（十三日），梁朝册立皇子萧绩为南康王。

魏高后之立也，彭城武宣王勰固谏，魏主不听。高肇由是怨之，数谮勰于魏主，魏主不之信。勰荐其舅潘僧固为长乐太守，京兆王愉之反，胁僧固与之同，肇固诬勰北与愉通，南招蛮贼。彭城郎中令魏偃、前防阁高祖珍希肇提擢，构成其事。肇令侍中元晖以闻，晖不从，又令左卫元珍言之。帝以问晖，晖明勰不然；又以问肇，肇引魏偃、高祖珍为证，帝乃信之。戊戌，召勰及高阳王雍、广阳王嘉、清河王怿、广平王怀、高肇俱入宴。勰妃李氏方产，固辞不赴。中使相继召之，不得已，与妃诀而登车，入东掖门，度小桥，牛不肯进，击之良久，更有使者责勰来迟，乃去牛，人挽而进。宴于禁中，至夜，皆醉，各就别所消息。俄而元珍引武士赍毒酒而至，勰曰：“吾无罪，愿一见至尊，死无恨！”元珍曰：“至尊何可复见！”勰曰：“至尊圣明，不应无事杀我，乞与告者一对曲直！”武士以刀镮筑之，勰大言曰：“冤哉，皇天！忠而见杀！”武士又筑之，勰乃饮毒酒，武士就杀之，向晨，以褥裹尸载归其第，云王因醉而薨。李妃号哭大言曰：“高肇枉理杀人，天道有灵，汝安得良死！”魏主举哀于东堂，赠官、葬礼皆优厚加等。在朝贵贱，莫不丧气，行路士女皆流涕曰：“高令公枉杀贤王！”由是中外恶之益甚。

【译文】北魏宣武帝元恪在册立高皇后时，彭城武宣王元勰一再谏诤，宣武帝元恪不听。高肇因此怨恨元勰，好多次在宣武帝元恪面前说元勰的坏话，宣武帝不相信。元勰推荐自己的舅舅潘僧固为长乐太守，京兆王元愉造反时，胁迫潘僧固和他一起行动，高肇趁机诬告元勰和北方的元愉勾结，招募南方的蛮贼。元勰手下的彭城郎中令魏偃、前防阁高祖珍两人希望得到高肇的提拔，共同构陷元勰。高肇命令侍中元晖将此事上奏宣武帝元恪，元晖没有听从，高肇又命令左卫元珍进言。宣武帝元恪向元晖询问虚实，元晖说明元勰不会如此；宣武帝元恪又向高肇询问，高肇叫来魏偃、高祖珍两人做证，宣武帝于是相信了他。戊戌日（十八日），宣武帝元恪下诏请元勰与高阳王元雍、广阳王元嘉、清河王元怿、广平王元怀、高肇一起到宫中赴宴。元勰的妃子李氏正要生产，元勰坚决推辞不肯赴宴。中使一个接一个来宣召他，元勰不得已，和李妃诀别登车而去，进入东掖门，过小桥时，牛不肯前进，鞭打它一段时间，又有使者来责备元勰到得太迟，元勰于是舍弃了牛，叫人挽着车前进。在宫中宴饮，到了晚上，大家都醉了，各自在别院休息，不久，元珍率领武士送来毒酒。元勰说："我无罪，希望和皇上见一面，死了也没有遗憾！"元珍说："皇上哪可能再见到呢？"元勰说："皇上圣明，不应无故杀我，请求和告我的人对质来辨明曲直！"武士用刀镮刺他，元勰大声喊道："冤枉啊，苍天！对国家尽忠却被杀害。"武士又刺他，元勰于是喝下毒酒，武士上前把他杀了。到了早晨，用被褥裹着元勰的尸体，用车子载回到他的宅第，说大王酒醉死去。李妃号啕大哭，高声喊道："高肇伤天害理，冤杀好人，老天爷有灵，你怎能够得到好死！"宣武帝元恪在东堂为元勰举哀，赠官和葬礼都很优厚，超越了等级。朝廷上的大小官员，没有不垂头丧气的。道路上行走的人，无论男女都流着眼泪说："高令公冤杀了贤王。"从此以后，朝内朝外对高肇更加憎恨。

【申涵煜评】勰为有魏贤王，承寄托之重，淡怀荣禄，思避祸患，卒不免于高肇之手，以至举朝丧气，行路流涕。反覆孝文遗诏，魏主其有人心乎哉。

【译文】元勰为魏贤王，被认为能承受寄托社稷的重任，他对功名利禄清心寡欲，对祸害忧患思忖逃避，最终也没有避开高肇的毒害，以至于全朝廷上下因此情绪低落，行路人都在流泪。反复读魏孝文帝的遗诏，他真是一个有心的人吗？

京兆王愉不能守信都，癸卯，烧门，携李氏及其四子从百馀骑突走。李平入信都，斩愉所置冀州牧韦超等，遣统军叔孙头追执愉，置信都，以闻。群臣请诛愉，魏主弗许，命锁送洛阳，申以家人之训。行至野王，高肇密使人杀之。诸子至洛，魏主皆赦之。

魏主将屠李氏，中书令崔光谏曰："李氏方妊，刑至刳胎，乃桀、纣所为，酷而非法。请俟产毕然后行刑。"从之。

【译文】京兆王元愉无法守住信都，癸卯日（二十三日），放火烧了城门，携带着李氏和他的四个儿子在一百多名骑兵的护卫下突围逃走。李平进入信都城，杀元愉所安排的冀州牧韦超等人，派遣统军叔孙头追捕元愉，抓住了他，将他看押在信都，向宣武帝元恪奏闻。群臣请求将元愉杀了，宣武帝元恪不答应，命令将他戴上枷锁解送洛阳，用家法来训责他。押送元愉到野王，高肇秘密地派人将他杀了。他的几个儿子到了洛阳，宣武帝元恪赦免了他们。

宣武帝元恪要杀掉元愉的小妾李氏，中书令崔光进谏说：

"李氏怀孕,对李氏用刑就会伤及她腹中的胎儿,这是桀、纣的暴行,残酷而不符合法度。请求等待她生产以后,再对她行刑。"宣武帝元恪听从了他的建议。

李平捕愉馀党千馀人,将尽杀之,录事参军高颢曰:"此皆胁从,前既许之原免矣,宜为表陈。"平从之,皆得免死。颢,祐之孙也。

济州刺史高植帅州军击愉有功,当封,植不受,曰:"家荷重恩,为国致效,乃其常节,何敢求赏!"植,肇之子也。

加李平散骑常侍。高肇及中尉王显素恶平,显弹平在冀州隐截官口,肇奏除平名。

【译文】李平拘捕元愉的残余党羽共一千多人,计划要将他们全部杀了,录事参军高颢说:"这些人都是受到胁迫才随从元愉造反的,前些时已经答应免去他们的罪,应该上表将他们的情形向皇上报告并替他们求情。"李平听从,因此这些人都能够免死。高颢是高祐的孙子。

济州刺史高植率领州军攻击元愉,有功劳应当受到封赏,高植不接受,说:"我家受到国家的重恩,现在为国家舍身报效,这是普通的节操,哪里敢要求封赏呢?"高植是高肇的儿子。

宣武帝元恪加封李平散骑常侍的官职。高肇及中尉王显一向忌恨李平,王显弹劾李平在冀州的时候把应该抄没入宫的叛党家属据为己有,高肇上奏从出入宫门的名册中除去李平的名字。

初,显祖之世,柔然万馀户降魏,置之高平、薄骨律二镇,及太和之末,叛走略尽,唯千馀户在。太中大夫王通请徙置淮北，以绝其叛，诏太仆卿杨椿持节往徙之。椿上言："先朝处之边徼，所以招附殊俗，且别异华、戎也。今新附之户甚众，若旧者见徙，新者必不自安，是驱之使叛也。且此属衣毛食肉，乐冬便寒；南土湿热，往必歼尽。进失归附之心，退无藩卫之益，置之中夏，或生后患，非良策也。"不从。遂徙于济州，缘河处之。及京兆王愉之乱，皆浮河赴愉，所在钞掠，如椿之言。

【译文】起初，在显祖献文帝拓跋弘时期，柔然有一万多口投降北魏，北魏把他们安置在高平与薄骨律两个镇。到了高祖孝文帝元宏太和末年，大部分都叛逃走了，只剩下一千多户。太中大夫王通请求把他们迁徙安置到淮水北边，以杜绝他们背叛，宣武帝元恪下诏让太仆卿杨椿持节前往迁移他们。杨椿进言说："先朝把他们安置在边境上，这是为了招纳不同风俗的人前来归附，用来区分华族和戎族。现在新来归附的人很多，倘若原先归附的人被迁移，新近归附的人一定不自安，这等于是驱迫他们背叛。再说这些人穿的是皮毛，食的是肉类，喜欢冬天，能耐寒冷。南方闷热，湿气又重，他们到那边将会全部生病而死，这件事如果施行，进一步说将失去归附的心意，退一步说也失去了藩卫的好处，将他们安置在中夏，或许要产生后患，这不是好的计策。"宣武帝元恪不听从。于是将柔然人迁移到济州，沿着黄河边居住。等到京兆王元愉叛乱时，这些人都渡过黄河投奔元愉，到处劫掠，正如杨椿所说的那样。

庚子，魏郢州司马彭珍等叛魏，潜引梁兵趋义阳，三关戍主侯登等以城来降。郢州刺史娄悦婴城自守，魏以中山王英都督南征诸军事，将步骑三万出汝南以救之。

冬，十月，魏悬瓠军主白早生杀豫州刺史司马悦，自号平北将军，求援于司州刺史马仙琕。时荆州刺史安成王秀为都督，仙琕签求应赴。参佐咸谓宜待台报，秀曰："彼待我以自存，援之宜速，待敕虽旧，非应急也。"即遣兵赴之。上亦诏仙琕救早生。仙琕进顿楚王城，遣副将齐苟儿以兵二千助守悬瓠。诏以早生为司州刺史。

【译文】庚子日（二十日），北魏郢州司马彭珍等人背叛北魏，暗中引导梁兵前往义阳，三关戍的主将侯登等人献出城池投降梁朝。郢州刺史娄悦绕城守备，北魏派中山王元英都督南征诸军事，统率步兵和骑兵三万人从汝南出发赶来救援。

冬季，十月，北魏悬瓠军主白早生杀死了豫州刺史司马悦，自号平北将军，向梁朝司州马仙琕求救，当时荆州刺史安成王萧秀为都督，马仙琕将情况写在木简上送给萧秀，请求荆州派遣军队前去接应，诸僚属都认为应该奏报朝廷等待回复，萧秀说："他等待我军前往接应来自求生存，援救行动应该迅捷，按照旧例应当是等待朝廷命令，但这不是应对急事的办法。"萧秀立即派遣军队前往。梁武帝萧衍也下诏马仙琕援救白早生。马仙琕进军驻扎楚王城，派遣副将齐苟儿率领两千名士兵帮助守卫悬瓠。梁武帝萧衍下诏任命白早生为司州刺史。

丙寅，以吴兴太守张稷为尚书左仆射。

魏以尚书邢峦行豫州事，将兵击白早生。魏主问之曰："卿言早生走也？守也？何时可平？"对曰："早生非有深谋大智，正以司马悦暴虐，乘众怒而作乱，民迫于凶威，不得已而从之。纵使梁兵入城，水路不通，粮运不继，亦成禽耳。早生得梁之援，溺于利欲，必守而不走。若临以王师，士民必翻然归顺，不出今年，当传首京师。"魏主悦，命峦先发，使中山王英继之。

【译文】丙寅日（十六日），梁朝任命吴兴太守张稷为尚书左仆射。

北魏任命尚书邢峦代理豫州刺史，率领军队攻打白早生。宣武帝元恪问他说："卿说白早生是会逃走，还是会防守？什么时候可以平定？"邢峦回答说："白早生并没有深谋大智，只是因为司马悦残暴凶虐，白早生于是利用众怒起来作乱，百姓被他的凶威所胁迫，不得已跟随他。就算梁兵进了城，水路不通，粮食运输无法持续，也只会被我军擒获。白早生得了梁兵的援助，沉溺在利欲之中，一定会防守而不会逃走。假如朝廷派遣军队前去讨伐，士民一定会幡然悔悟归顺我们，不超过今年，应当可以把敌将的首级传送到京师。"宣武帝元恪听了很高兴，命令邢峦先出发，派遣中山王元英随后前往。

峦帅骑八百，倍道兼行，五日至鲍口。丙子，早生遣其大将胡孝智将兵七千，离城二百里逆战。峦奋击，大破之，乘胜长驱至悬瓠。早生出城逆战，又破之，因渡汝水，围其城。诏加峦都督南讨诸军事。

丁丑，魏镇东参军成景隽杀宿豫戍主严仲贤，以城来降。时魏郢、豫二州，自悬瓠以南至于安陆诸城皆没，唯义阳一城为魏坚守。蛮帅田益宗帅群蛮以附魏，魏以为东豫州刺史；上以车骑大将军、开府仪同三司、五千户郡公招之，益宗不从。

【译文】邢峦率领骑兵八百人，加快速度赶路，五天就到了鲍口。丙子日（二十六日），白早生派遣他属下的大将胡孝智率兵七千人，在离悬瓠城二百里的地方前来迎战，邢峦奋力进攻，大破胡孝智的军队，趁着胜利长驱直入到达悬瓠。白早生出城迎战，邢峦又打败了他，乘胜渡过淮水，包围了悬瓠城。宣武帝元恪诏令加封邢峦都督南征诸军事。

丁丑日（二十七日），北魏镇东参军成景隽杀了宿豫的戍主严仲贤，献城投降梁朝。这时北魏郢、豫两州，从悬瓠以南一直到安陆的城池都沦陷了，只有义阳一城还在被魏军坚守。蛮人的统帅田益宗率领群蛮归附北魏，北魏封他为东豫州刺史，梁武帝萧衍用车骑大将军、开府仪同三司、五千户郡公等职衔招降他，田益宗不接受。

十一月，庚寅，魏遣安东将军杨椿将兵四万攻宿豫。

魏主闻邢峦屡捷，命中山王英趣义阳，英以众少，累表请兵，弗许。英至悬瓠，辄与峦共攻之。十二月，己未，齐苟儿等开门出降，斩白早生及其党数十人。英乃引兵前趋义阳。宁朔将军张道凝先屯楚王城，癸亥，弃城走；英追击，斩之。

魏义阳太守狄道辛祥与娄悦共守义阳，将军胡武城、陶平虏攻之，祥夜出袭其营，擒平虏，斩武城，由是州境获全。论功当赏，娄悦耻功出其下，间之于执政，赏遂不行。

【译文】十一月，庚寅日（十一日），北魏派遣安东将军杨椿率军四万人攻打宿豫。

宣武帝元恪听说邢峦多次打胜，命令中山王元英赶往义阳，元英因为兵少，多次上表请求增加军队，宣武帝元恪不准许。元英到达悬瓠，就和邢峦一同攻城。十二月，己未日（初十日），齐苟儿等人打开城门出来投降，斩杀白早生及他的同党几十人。元英于是率兵赶往义阳，宁朔将军张道凝原先驻扎在楚王城，癸亥日（十四日），张道凝弃城逃走，元英从后追击，斩杀张道凝。

北魏义阳太守狄道人辛祥与娄悦一同防守义阳，梁国将军胡武城、陶平虏两人攻打义阳，辛祥在夜晚出城偷袭他们的营地，活捉陶平虏，杀死胡武城，因此郢州境内获得保全。论功劳辛祥应当受赏，娄悦因为自己功劳比辛祥小感到羞耻，就向当权的高肇诋毁他，封赏之事因此没有实行。

壬申，魏东荆州表"桓晖之弟叔兴前后招抚太阳蛮，归附者万馀户，请置郡十六，县五十。"诏前镇东府长史郦道元案行置之。道元，范之子也。

是岁，柔然佗汗可汗复遣纥奚勿六跋献貂裘于魏，魏主弗受，报之如前。

【译文】壬申日（二十三日），北魏东荆州官员上表说："桓晖的弟弟桓叔兴前后招抚太阳蛮，前来归附的有一万余户，请求设置十六个郡，五十个县。"朝廷诏令前镇东府长史郦道元前往考察情况具体实施。郦道元是郦范的儿子。

这一年，柔然佗汗可汗再次派遣纥奚勿六跋向北魏进献貂鼠皮裘，宣武帝元恪不接受，回复他的话跟上回一样。

初，高车侯倍穷奇为嚈哒所杀，执其子弥俄突而出，其众分散，或奔魏，或奔柔然。魏主遣羽林监河南孟威抚纳降户，置于高平镇。高车王阿伏（王）〔至〕罗残暴，国人杀之，立其宗人跋利延。嚈哒奉弥俄突以伐高车，国人杀跋利延，迎弥俄突而立之。弥俄突与佗汗可汗战于蒲类海，不胜，西走三百馀里。佗汗军于伊吾北山。会高昌王麹嘉求内徙于魏，时孟威为龙骧将军，魏主遣威发凉州兵三千人迎之，至伊吾，佗汗见威军，怖而遁去。弥俄突闻其离骇，追击，大破之，杀佗汗于蒲类海北，割其发送于威，且遣使入贡于魏。魏主使东城子于亮报之，赐遗甚厚。高昌王嘉失期不至，威引兵还。

【译文】起初，高车太子穷奇被嚈哒所杀，嚈哒将他的儿子弥俄突虏走了，他的部属分散，有的投奔北魏，有的投奔柔然。宣武帝元恪派遣羽林监河南人孟威安抚接纳归降的人，将他们安置在高平镇。高车王阿伏至罗残暴无道，国人将他杀死，拥立与他同宗的跋利延为王。嚈哒带着弥俄突来讨伐高车，高车国人杀掉跋利延，迎接弥俄突回去立为王。弥俄突和佗汗可汗在蒲类海交战，没有战胜，向西逃走三百多里。佗汗可汗将军队驻扎在伊吾北山。恰逢高昌王麴嘉请求迁移到魏国境内，当时孟威是龙骧将军，宣武帝元恪派遣孟威率领凉州的士兵三千人前往迎接，到达伊吾，柔然佗汗可汗看见了孟威的军队，惊慌地逃走。弥俄突听说他惊慌离去，从后追击，大败佗汗可汗，在蒲类海的北边杀死他，将他的头发割下来送给孟威，并且派遣使者向北魏进贡。宣武帝元恪派遣东城子于亮回复他，赐赠了很多东西。高昌王麴嘉没有在约定的时间前来，孟威率兵回来。

佗汗可汗子丑奴立，号豆罗伏跋豆伐可汗，改元建昌。

宋、齐旧仪，祀天皆服衮冕，兼著作郎高阳许懋请造大裘，从之。

上将有事太庙，诏以"斋日不乐。自今舆驾始出，鼓吹从而不作；还宫，如常仪。"

【译文】佗汗可汗的儿子丑奴即位，号为豆罗伏跋豆伐可汗，改年号为建昌。

宋、齐两朝的旧仪，祭祀天时皇帝都穿着衮冕，兼著作郎的高阳人许懋请求制作大裘，梁武帝萧衍听从了。

梁武帝萧衍将要前往太庙祭祀，下诏说："斋敬的日子禁止音乐，从现在开始，舆驾出宫时，乐队跟随在后面不吹奏；回宫时，遵照平日的礼节奏乐。"

天监八年(己丑，公元五〇九年)春，正月，辛巳，上祀南郊，大赦。时有请封会稽、禅国山者，上命诸儒草封禅仪，欲行之。许懋建议，以为："舜柴岱宗，是为巡狩。而郑引《孝经钩命决》云：'封于太山，考绩柴燎；禅乎梁甫，刻石纪号。'此纬书之曲说，非正经之通义也。舜五载一巡狩，春夏秋冬周遍四岳，若为封禅，何其数也！又如管夷吾所说七十二君，燧人之前，世质民淳，安得泥金检玉！结绳而治，安得镂文告成！夷吾又云：'惟受命之君然后得封禅。'周成王非受命之君，云何得封太山、禅社首！神农即炎帝也，而夷吾分为二人，妄亦甚矣。若圣主，不须封禅；若凡主，不应封禅。盖齐桓公欲行此事，夷吾知其不可，故举怪物以屈之。秦始皇尝封太山，孙皓尝遣兼司空董朝至阳羡封禅国山，皆非盛德之事，不足为法。然则封禅之礼，皆道听所说，失其本文，由主好名于上，而臣阿旨于下也。古者祀天祭地，礼有常数，诚敬之道，尽此而备。至于封禅，非所敢闻。"上嘉纳之，因推演懋议，称制旨以答请者，由是遂止。

【译文】天监八年（己丑，公元509年）春季，正月，辛巳日（初三日），梁武帝萧衍到南郊祭祀，大赦天下。这时有人请求在会稽、国山封禅，梁武帝萧衍命令群儒起草封禅礼仪，想要实行。许懋建议，认为："大舜在泰山焚柴祭天，这是为了巡狩。可是郑玄引《孝经钩命诀》说：'在封太山时，考核诸侯的成绩，烧柴祭天；在禅梁甫时，刻字于石，以纪帝号。'这是纬书的曲说，不是正式经书的本意。大舜五年巡狩一次，春夏秋冬四季巡遍四岳，倘若是为了封禅，为什么次数这样频繁呢？又如管夷吾所说的七十二位君王，在燧人氏以前，世风质朴，百姓淳厚，怎么能够用金屑涂饰用玉版书写呢？用绳索打结，来记数目，又怎么能够镌刻文字来报告成功呢？管夷吾又说：'只有受有天命的国君才可以封禅。'周成王不是受有天命的国君，为何能够封于泰山禅于社首呢？神农就是炎帝，而管夷吾分成两人，实在是太荒唐了。倘若是圣明的皇帝，不需要封禅；假如是平凡的君主，不应该封禅。因为齐桓公想要实行封禅的事，管夷吾知道那是不可以的，因此列举种种怪异的事物来使他打消念头。后来秦始皇封禅泰山，孙皓曾经派遣兼司空的董朝到阳羡封禅国山，这都不是有盛德的人所做的事，不值得效法。如此说来，所谓封禅的礼节，全都是道听途说，失掉了它原来的用意，原因是在上的国君喜好虚名，在下的臣子逢迎皇帝的意旨啊！古时候祭祀天地，有一定的礼数，表示恭敬的意思，这些礼数就已经完备了。至于封禅，那是下臣所不敢乱说的。"梁武帝萧衍赞许并采纳了他的意见，扩展了许懋的议论，作为皇上的旨意来回答请求封禅的人，封禅之事因此没有实行。

魏中山王英至义阳，将取三关，先策之曰："三关相须如左右手，若克一关，两关不待攻而破；攻难不如攻易，宜先攻东关。"又恐其并力于东，乃使长史李华帅五统向西关，以分其兵势，自督诸军向东关。

【译文】北魏中山王元英到达义阳，将要攻取三关，事先商讨计策说："三关互相依赖，就像左右手一样，倘若攻克一关，其他两关不需要攻打自然得手。攻打困难的不如攻打容易的，应当首先攻打东关。"又担心三关的兵力集中在东关，就派遣长史李华率领五统军的士兵攻击西关，来分散三关的兵力，元英自己率领各路军队攻打东关。

先是，马仙琕使云骑将军马广屯长薄，军主胡文超屯松岘。丙申，英至长薄。戊戌，长薄溃，马广遁入武阳，英进围之。上遣冠军将军彭瓮生、骠骑将军徐元季将兵援武阳。英故纵之使入城，曰："吾观此城形势易取。"瓮生等既入，英促兵攻之，六日而拔，虏三将及士卒七千馀人。进攻广岘，太子左卫率李元履弃城走；又攻西关，马仙琕亦弃城走。

上使南郡太守韦叡将兵救仙琕，叡至安陆，增筑城二丈馀，更开大堑，起高楼。众颇讥其怯，叡曰："不然，为将当有怯时，不可专勇。"中山王英急追马仙琕，将复邵阳之耻，闻叡至，乃退。上亦有诏罢兵。

【译文】早先，马仙琕派遣云骑将军马广驻扎在长薄，军主胡文超驻扎在松岘。丙申日（十八日），元英到达长薄，戊戌日（二十日），长薄兵败，马广逃入武阳，元英进兵包围武阳。梁武帝萧衍派遣冠军将军彭瓮生、骠骑将军徐元季率领军队救援武阳，元英故意放他们入城，说："我观察这座城的形势容易被攻克。"彭瓮生等人进入城池后，元英催促士兵攻城，经过六天将城攻破，俘虏了三名将领和七千多名士兵。然后元英进兵攻打广岘，太子左卫率李元履弃城逃跑；元英又进攻西关，马仙琕也弃城逃跑。

梁武帝萧衍派遣南郡太守韦叡率兵救援马仙琕，韦叡到了安陆，增筑城墙达两丈多高，重新开凿深广的护城壕，修建高大的城楼。大家讥笑他显出胆怯的样子，韦叡说："话不是这样说，当将帅的应该有胆怯的时候，不可以一味逞勇敢。"中山王元英急追马仙琕，准备要洗雪邵阳的耻辱，听说韦叡来到，这才退走。梁武帝萧衍也有诏书下令罢兵。

初，魏主遣中书舍人铜阳董绍慰劳叛城，白早生袭而囚之，送于建康。魏主既克悬瓠，命于齐苟儿等四将之中分遣二人，敕扬州为移，以易绍及司马悦首。移书未至，领军将军吕僧珍与绍言，爱其文义，言于上，上遣主书霍灵超谓绍曰："今听卿还，令卿通两家之好，彼此息民，岂不善也！"因召见，赐衣物，令舍人周舍慰劳之，且曰："战争多年，民物涂炭，吾是以不耻先言与魏朝通好，比亦有书全无报者，卿宜备申此意。今遣传诏霍灵秀送卿至国，迟有嘉问。"又谓绍曰："卿知所以得不死不？今者获卿，乃天意也。夫立君以为民也，凡在民上，岂可不思此乎！若欲通好，今以宿豫还彼，彼当以汉中见归。"绍还魏，言之魏主，不从。

【译文】起初，北魏派遣中书舍人铜阳人董绍慰劳叛城，白早生偷袭他，将他俘虏，送到建康。宣武帝元恪攻陷悬瓠后，命令在齐苟儿等四位将领中分出两人，要扬州做行文用他们来交换董绍和司马悦的首级。行文还没有到达，领军将军吕僧珍和董绍谈话，喜欢他说话有文采有深度，向梁武帝萧衍报告，梁武帝派遣主书霍灵超对董绍说："现在放你回去，让你充当桥梁来沟通两国的友谊，使彼此的百姓得到休息，那不是很好吗？"于是召见董绍，赏赐给他衣服等，命令舍人周舍慰问他，并且说："战争持续多年，生灵涂炭，我因此先倡议和魏朝通好，不将此看作羞耻，最近也曾经有书信送给魏朝，魏朝全无回复，你应当详细地讲明我这个意思。现在派遣传达诏命的霍（据严校，"霍"改"周"）灵秀送你到国境，等待你的好消息。"

又对董绍说："你知道为何能够不死吗？现在得到你，实在是天意。国家立君是为了百姓，所有在百姓上面的人，难道可以不考虑百姓吗？倘若魏朝有意通好，现在就把宿豫还给你们，你们也应该把汉中归还我们。"董绍回国以后传达了这个意思，宣武帝元恪不答应。

三月，魏荆州刺史元志将兵七万寇澧沟，驱迫群蛮，群蛮悉渡汉水来降，雍州刺史吴平侯暠纳之。纲纪皆以蛮累为边患，不如因此除之，暠曰："穷来归我，诛之不祥。且魏人来侵，吾得蛮以为屏蔽，不亦善乎！"乃开樊城受其降，命司马朱思远等击志于澧沟，大破之，斩首万馀级。志，齐之孙也。

夏，四月，戊申，以临川王宏为司空，加车骑将军王茂开府仪同三司。

丁卯，魏楚王城主李国兴以城降。

【译文】三月，北魏荆州刺史元志率兵七万进犯澧沟，驱逐逼迫那里的少数民族，他们全部渡过汉水前来归降梁朝，雍州刺史吴平侯萧暠接纳了他们。刺史府内地位较高的官员都认为蛮族多次侵犯边境，是大的祸患，不如利用这个时机除掉他们，萧暠说："人家走投无路前来归降，我杀了他们不吉祥。而且魏人来进犯时，我可以利用蛮族作为屏障，不是很好吗？"于是打开樊城接受他们投降，命令司马朱思远等人在澧沟对元志展开攻击，将他打得大败，斩敌一万多人。元志是元齐的孙子。

夏季，四月，戊申日（初一日），梁武帝萧衍任命临川王萧宏为司空，加封车骑将军王茂开府仪同三司。

丁卯日（二十日），北魏楚王城的城主李国兴献城来归降梁朝。

秋，七月，癸巳，巴陵王萧宝义卒。

九月，辛巳，魏封故北海王详子颢为北海王。

魏公孙崇造乐尺，以十二黍为寸；刘芳非之，更以十黍为寸。尚书令高肇等奏："崇所造八音之器及度量皆与经传不同，诘其所以然，云'必依经文，声则不协。'请更令芳依《周礼》造乐器，俟成，集议并呈，从其善者。"诏从之。

冬，十月，癸丑，魏以司空广阳王嘉为司徒。

【译文】秋季，七月，癸巳日（十七日），巴陵王萧宝义去世。

九月，辛巳日（初六日），北魏封故北海王元详的儿子元颢为北海王。

北魏公孙崇造乐尺，把十二黍作为一寸；刘芳认为不对，改用十黍为一寸。尚书令高肇等人上奏说："公孙崇所造的八音乐器及度量都和经传所载不同，追问他为何这样，他说：'如果依照经文，声音就不和谐。'请求改令刘芳依据《周礼》制造乐器，等到造成后集合大家的意见一起呈上，然后择善而从。"宣武帝元恪下诏听从这个建议。

冬季，十月，癸丑日（初九日），北魏任命司空广阳王元嘉为司徒。

十一月，己丑，魏主于式乾殿为诸僧及朝臣讲《维摩诘经》。时魏主专尚释氏，不事经籍，中书侍郎河东裴延隽上疏，以为："汉光武、魏武帝，虽在戎马之间，未尝废书；先帝迁都行师，手不释卷，良以学问多益，不可暂辍故也。陛下升法座，亲讲大觉，凡在瞻听。尘蔽俱开。然《五经》治世之模楷，应务之所先，伏愿经书互览，孔、释兼存，则内外俱周，真俗斯畅矣。"

【译文】 十一月，己丑日（十五日），宣武帝元恪在式乾殿为群僧和朝臣讲解《维摩诘经》。此时宣武帝元恪一心侍奉佛法，不读儒家经籍，中书侍郎河东人裴延儁上奏疏，认为："汉光武帝刘秀及魏武帝曹操，即使在战争的时候，也不曾废书不读。先帝孝文帝元宏无论迁都或者行军，也都手不释卷，实在是因为学问有很多好处，不可以一刻中断。陛下升上法座，亲自讲解佛经，凡是参加听讲的人，尘俗的障蔽都被您扫净。但是五经是治世的楷模，应对事务以此为首要，下臣衷心希望皇上把佛经和儒书一起览读，孔、释两家并存其说，那就治心治世全都顾到，真谛与俗谛都畅通无阻了。"

时佛教盛于洛阳，中国沙门之外，自西域来者三千馀人，魏主别为之立永明寺千馀间以处之。处士南阳冯亮有巧思，魏主使与河南尹甄琛、沙门统僧暹择嵩山形胜之地立闲居寺，极岩壑土木之美。由是远近承风，无不事佛，比及延昌，州郡共有一万三千馀寺。

是岁，魏宗正卿元树来奔，赐爵邺王。树，翼之弟也。时翼为青、冀二州刺史，镇郁游，久之，翼谋举州降魏，事泄而死。

【译文】 此时在洛阳佛教非常盛行，沙门以外，从西域远来的有三千多人，宣武帝萧衍另外建立永明寺用一千多间房屋来安置他们。处士南阳人冯亮有巧思，宣武帝元恪派遣他和河南尹甄琛、沙门统领僧暹选择嵩山风景优胜的所在修建闲居寺，极尽岩壑土木之美。因此远近各地受到影响，没有不事奉佛法的，到了宣武帝元恪延昌年间，州郡共有一万三千多个佛寺。

这一年，北魏宗正卿元树前来投奔梁朝，梁武帝萧衍赐他爵位为邺王。元树是元翼的弟弟。这时元翼在梁朝做青、冀二州刺史，镇守郁洲。过了一段时间，元翼密谋举州投降北魏，因消息泄露被杀。

天监九年（庚寅，公元五一〇年）春，正月，乙亥，以尚书令沈约为左光禄大夫，右光禄大夫王莹为尚书令。约文学高一时，而贪冒荣利，用事十馀年，政之得失，唯唯而已。自以久居端揆，有志台司，论者亦以为宜，而上终不用；乃求外出，又不许。徐勉为之请三司之仪，上不许。

庚寅，新作缘淮塘，北岸起石头迄东冶，南岸起后渚篱门迄三桥。

【译文】天监九年（庚寅，公元510年）春季，正月，乙亥日（初二日），梁武帝萧衍任命尚书令沈约为左光禄大夫，右光禄大夫王莹为尚书令。沈约的文学名气在当时最高，但是贪图荣华富贵，他执政十多年，在政治方面的措施，只是听从众人的议论罢了，没有主见。沈约久为尚书令，有志于三公的位置，议事的人也认为他合适，然而梁武帝萧衍始终没有任用他；沈约请求外放，又不获准许。徐勉替他请求开府同三司的礼仪，梁武帝萧衍没有答应。

庚寅日（十七日），梁朝在秦淮河两岸修建第二条大堤坝，北岸从石头城起到东冶止，南岸从后渚篱门起到三桥止。

三月，丙戌，魏皇子诩生，大赦。诩母胡充华，临泾人，父国珍，袭武始伯。充华初选入掖庭，同列以故事祝之曰："愿生诸王、公主，勿生太子。"充华曰："妾之志异于诸人，奈何畏一身之死而使国家无嗣乎！"及有娠，同列劝去之，充华不可，私自誓曰："若幸而生男，次第当长，男生身死，所不憾也。"既而生诩。

先是，魏主频丧皇子，年渐长，深加慎护，择良家宜子者以为乳保，养于别宫，皇后、充华皆不得近。

【译文】三月，丙戌日（十四日），北魏皇子元诩诞生。元诩的母亲胡充华是临泾人，父亲胡国珍袭封为武始伯。胡充华刚刚被选入宫廷的时候，与胡充华身份相同的妃嫔按照惯例祝福她说："希望您生诸王、公主，不要生太子。"胡充华说："我的心思与大家不一样，怎么可以害怕自身的死亡而使得国家没有储君呢？"等到她怀孕，众妃嫔劝告她拿掉，胡充华不答应，私自发誓说："倘若侥幸生个男孩，按照顺序当长子，就算男孩生下而妾身死亡，我也不感到遗憾。"胡充华不久就生了元诩。

在此之前，宣武帝元恪一再地失去皇子，元诩渐渐长大，宣武帝元恪对他特别小心保护，挑选良家适宜生子的女子当保姆，养在别宫，皇后、胡充华都不可以亲近。

己丑，上幸国子学，亲临讲肆。乙未，诏皇太子以下及王侯之子年可从师者皆入学。

旧制：尚书五都令史皆用寒流。夏，四月，丁巳，诏曰："尚书五都，职参政要，非但总领众局，亦乃方轨二丞；可革用士流，秉此群目。"于是，以都令史视奉朝请，用太学博士刘纳兼殿中都，司空法曹参军刘显兼吏（都）〔部〕都，太学博士孔虔孙兼金部都，司空法曹参军萧轨兼左右户都，宣毅墨曹参军王颙兼中兵都；并以才地兼美，首膺其选。

【译文】己丑日（十七日），梁武帝萧衍驾临国子学，亲自到讲堂视察。乙未日（二十三日），下诏皇太子萧统以下以及王侯的儿子年纪可以从师的全都入学。

按照旧日的规矩：尚书五都令史都任用寒门。夏季，四月，丁巳日（十六日），梁武帝萧衍下诏说："尚书五都的职位，是参与朝政的重要职务，不仅总领众局，而且和左右丞并驾，可改用士族出身的人担任，来操持全局。"于是将都令史比照奉朝请用人的规矩，任命太学博士刘纳兼殿中都，司空法曹参军刘显兼吏部都，太学博士孔虔孙兼金部都，司空法曹参军萧轨兼左右户都，宣毅墨曹参军王颛兼中兵都。这些人都是才能和出身兼美，因此被优先选用。

六月，宣城郡吏吴承伯挟妖术聚众，癸丑，攻郡，杀太守朱僧勇，转屠旁县。闰月，己丑，承伯逾山，奄至吴兴。东土人素不习兵，吏民恇扰奔散，或劝太守蔡撙避之，撙不可，募勇敢闭门拒守。承伯尽锐攻之，撙帅众出战，大破之，临陈斩承伯。撙，兴宗之子也。承伯馀党入新安，攻陷黟、歙诸县，太守谢览遣兵拒之，不胜，逃奔会稽，台军讨贼，平之。览，瀹之子也。

【译文】六月，宣城郡吏吴承伯凭借妖术聚众造反，癸丑日（十三日），攻击郡城，杀死了宣城太守朱僧勇，转而屠杀旁县。闰月，己丑日（十九日），吴承伯翻过山岭突然到了吴兴。东边的人一向不熟习军事，官吏和百姓惊慌逃散。有人劝太守蔡撙躲避离开，蔡撙不同意，招募勇敢之士关闭城门拒守。吴承伯竭尽全力进攻，蔡撙率领大家出城交战，大败乱党，并在阵前将吴承伯斩首。蔡撙是蔡兴宗的儿子。吴承伯的余党逃入新安，攻陷了黟、歙等几个县。太守谢览派遣军队抵抗他们，没有获胜，逃奔到会稽，朝廷的军队出动讨贼，将他们平定了。谢览是谢瀹的儿子。

冬，十月，魏中山献武王英卒。

上即位之三年，诏定新历。员外散骑侍郎祖暅奏其父冲之考古法为正，历不可改。至八年，诏太史课新旧二历，新历密，旧历疏，是岁，始行冲之《大明历》。

魏刘芳等奏："所造乐器及教文、武二舞、登歌、鼓吹曲等已成，乞如前敕集公卿群儒义定，与旧乐参呈。若臣等所造，形制合古，出拊会节，请于来年元会用之。"诏："舞可用新，馀且仍旧。"

【译文】冬季，十月，北魏中山献武王元英去世。

梁武帝萧衍即位的第三年，下诏制定新的历法。员外散骑侍郎祖暅上奏说他父亲祖冲之考订古法是正确的，不可以改变。到了梁武帝萧衍即位的第八年，梁武帝又下诏太史研究新旧两种历法的得失，新历严密，旧历粗疏，这一年，开始实行祖冲之的《大明历》。

北魏刘芳上奏说："所造的乐器及教的文武二舞、登歌、鼓吹曲等已经完成，请求依照从前的命令召集公卿群儒讨论决定，和旧乐一起进呈。倘若下臣等所造的乐器形制符合古法，击拊符合节奏，请求在来年元旦朝会时采用。"宣武帝元恪下诏说："舞蹈可以采用新的，其余暂且仍用旧的。"

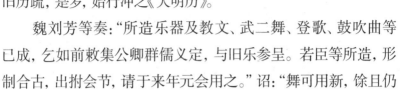

天监十年（辛卯，公元五一一年）春，正月，辛丑，上祀南郊，大赦。

尚书左仆射张稷，自谓功大赏薄，尝侍宴乐寿殿，酒酣，怨望形于辞色。上曰："卿兄杀郡守，弟杀其君，有何名称！"稷曰："臣乃无名称，至于陛下，不得言无勋。东昏暴虐，义师亦来伐之，岂在而已！"上捋其须曰："张公可畏人！"稷既惧且恨，乃求出外；癸卯，以稷为青、冀二州刺史。

【译文】天监十年（辛卯，公元511年）春季，正月，辛丑日（初四日），梁武帝萧衍到南郊祭祀，大赦天下。

尚书左仆射张稷认为自己功劳大而赏赐少，曾经在乐寿殿侍宴，酒酣之时，怨恨表现到面色言语上来，梁武帝萧衍说："你的哥哥杀了郡守，你的弟弟杀了他的国君，有什么值得夸耀的呢？"张稷说："臣是没有值得夸耀的，但是对于陛下来说，不能说没有功劳。东昏侯萧宝卷暴虐无道，起义的军队也来讨伐他，岂止是臣下而已。"梁武帝萧衍捋他的胡须说："张公真是吓人！"张稷既恐惧又怨恨，于是请求外放；癸卯日（十六日），梁武帝萧衍任命张稷为青、冀两州刺史。

王珍国亦怨望，罢梁、秦二州刺史还，酒后于坐启云："臣近入梁山便哭。"上大惊曰："卿若哭东昏，则已晚；若哭我，我复未死！"珍国起拜谢，竟不答，坐即散，因此疏退，久之，除都官尚书。

丁巳，魏汾州山胡刘龙驹聚众反，侵扰夏州，诏谏议大夫薛和发东秦、汾、华、夏四州之众以讨之。

辛酉，上祀明堂。

【译文】王珍国也心怀怨恨，被罢免梁、秦二州刺史回朝，酒后在座上启禀梁武帝说："下臣前不久进入梁山便忍不住哭泣。"梁武帝萧衍大惊说："卿倘若是哭东昏侯萧宝卷，那么为时已晚；倘若是哭我，我还没死。"王珍国起来下拜谢罪，梁武帝萧衍始终不理他，酒宴就散了。因此梁武帝疏远王珍国而不用，过了很久，梁武帝萧衍任命他为都官尚书。

丁巳日（二十日），北魏汾州的山胡刘龙驹聚众反叛，侵扰夏州，宣武帝元恪诏令谏议大夫薛和调动东秦、汾、华、夏四州的兵力讨伐刘龙驹。

辛酉日（二十四日），梁武帝萧衍到明堂祭祀。

三月，琅邪民王万寿杀东莞、琅邪二郡太守刘晰，据朐山，召魏军。

壬戌，魏广阳懿烈王嘉卒。

魏徐州刺史卢昶遣郯城戍副张天惠、琅邪戍主傅文骥相继赴朐山，青、冀二州刺史张稷遣兵拒之，不胜。夏，四月，文骥等据朐山，诏振远将军马仙琕击之。魏又遣假安南将军萧宝寅、假平东将军天水赵遐将兵据朐山，受卢昶节度。

甲戌，魏薛和破刘龙驹，悉平其党，表置东夏州。

【译文】三月，琅邪百姓王万寿杀了东莞、琅邪二郡的太守刘晰，占据了朐山，召请魏军前来。

壬戌日（二十六日），北魏广阳懿烈王元嘉去世。

北魏徐州刺史卢昶派遣郯城戍副张天惠、琅邪戍主傅文骥相继前往朐山，青、冀二州刺史张稷派遣军队抗拒他们，没有取胜。夏季，四月，傅文骥等人占据朐山，梁武帝萧衍下诏振远将军马仙琕攻打他们。北魏又派遣假安南将军萧宝寅、假平东将军天水人赵遐率兵据守朐山，接受卢昶的指挥调遣。

甲戌日（初九日），北魏的薛和打败刘龙驹，消灭他的全部党羽，并上表设置东夏州。

五月，丙辰，魏禁天文学。

以国子祭酒张充为尚书左仆射。充，绪之子也。

马仙琕围朐山，张稷权顿六里以督馈运，上数发兵助之。秋，魏卢昶上表请益兵六千，米十万石，魏主以兵四千给之。冬，十一月，己亥，魏主诏扬州刺史李崇等治兵寿阳，以分朐山之势。卢昶本儒生，不习军旅。朐山城中粮樵俱竭，傅文骥以城降；十二月，庚辰，昶引兵先遁，诸军相继皆溃。会大雪，军士冻死及堕手足者三分之二，仙琕追击，大破之。二百里间，僵尸相属，魏兵免者什一二，收其粮畜器械，不可胜数。昶单骑而走，弃其节传、仪卫俱尽；至郯城，借赵遐节以为军威。魏主命黄门侍郎甄琛驰驲锁昶，穷其败状，及赵遐皆免官。唯萧宝寅全军而归。

【译文】五月，丙辰日（二十一日），北魏禁止天文学。

梁朝任命国子祭酒张充为尚书左仆射。张充是张绪的儿子。

马仙琕围攻朐山，张稷临时驻扎在六里外监督粮食的运输，梁武帝萧衍多次发兵协助他。秋季，北魏的卢昶上表请求增兵六千人，调拨米十万石，宣武帝元恪给了他士兵四千人。冬季，十一月，己亥日（初七日），宣武帝元恪下诏扬州刺史李崇等人从寿阳出兵，用来分散朐山的兵力。卢昶本来是个儒生，不熟悉军旅的事情。朐山城里的粮米和薪柴都用完，傅文骥献城投降。十二月，庚辰日（十九日），卢昶率军先行逃跑，各军相继溃散，恰好遇到大雪，军士被冻死以及跌断手足的有三分之二，马仙琕加以追击，大获全胜。方圆两百里之内，冻僵的死尸相连接，魏兵逃过这一劫的只有十分之一二，缴获的粮米、牲畜及器械，多得无法计算。卢昶单骑逃走，丢弃自己的符节、传信、仪仗。到了郯城，借用赵遐的符节作为军威。宣武帝元恪命令黄门侍郎甄琛乘快马赶来锁拿卢昶，盘问他战败的情状，卢昶和赵遐都被免除官职，只有萧宝寅保全军队回去。

卢昶之在朐山也，御史中尉游肇言于魏主曰："朐山蕞尔，僻在海滨，卑湿难居，于我非急，于贼为利。为利，故必致死而争之；非急，故不得已而战。以不得已之众击必死之师，恐稽延岁月，所费甚大。假令得朐山，徒致交争，终难全守，所谓无用之田也。闻贼屡以宿豫求易朐山，若必如此，持此无用之地，复彼旧有之疆，民役时解，其利为大。"魏主将从之，会昶败，迁肇侍中。肇，明根之子也。

马仙琕为将，能与士卒同劳逸，所衣不过布帛，所居无帏幕衾屏，饮食与厮养最下者同。其在边境，常单身潜入敌境，伺知壁垒村落险要处，所攻战多捷，士卒亦乐为之用。

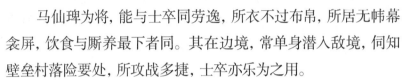

【译文】卢昶在朐山的时候，御史中尉游肇向宣武帝元恪进言说："朐山地方很小，又在偏僻的海边，地势低下，湿气又重，难以居住，对我们来说不是紧要之地，对敌人却是有利之地。是有利之地，因此一定拼死命地争夺；不是紧要之地，因此不得已而作战。凭借不得已而作战的军队，攻击拼命作战的军队，恐怕要拖延岁月，耗费很大。即使我们得到朐山，徒然招致彼此的争夺战，最终还是很难保有，这就是所谓的无用之地。听说敌人多次请求要用宿豫来交换朐山，倘若真能如此，用这块无用的土地，换回旧有的疆土，兵役及时解除，是比较有利的。"宣武帝元恪将要听从他的建议，恰好卢昶打了败仗，于是将游肇升迁为侍中。游肇是游明根的儿子。

马仙琕做将帅，能够与士兵同甘苦，所穿的衣服不过是布帛一类，所住的地方没有帏幕衾屏，饮食和柴薪炊烹与最低等的人相同。他在边境上的时候，经常一个人偷偷潜入敌境，察看敌人的壁垒村落及险要之处，打仗往往取胜，士兵们也都乐意替他效命。

魏以甄琛为河南尹，琛表曰："国家居代，患多盗窃，世祖发愤，广置主司、里宰，皆以下代令长及五等散男有经略者乃得为之。又多置吏士为其羽翼，崇而重之，始得禁止。今迁都已来，天下转广，四远赴会，事过代都，五方杂沓，寇盗公行，里正职轻任碎，多是下才，人怀苟且，不能督察。请取武官八品将军已下干用贞济者，以本官俸恤领里尉之任，高者领六部尉，中者领经途尉，下者领里正。不尔，请少高里尉之品，选下品中应迁者进而为之。督责有所，辇毂可清。"诏曰："里正可进至勋品，经途从九品，六部尉正九品；诸职中简取，不必武人。"琛又奏以羽林为游军，于诸坊巷司察盗贼，于是，洛城清静，后常蹑焉。

【译文】北魏任命甄琛为河南尹，甄琛上表说："我国在代地建都的时候，盗贼很多，以此为患。世祖皇帝拓跋焘发愤，广泛地设置主司、里宰，全都选用有智谋才略的人代替卸任的县令、县长以及五等散男，并且多设置吏士作为他们的羽翼，尊敬他们重用他们，盗窃才能够禁止。迁都以来，国家的土地更为广大，四方的远人赶来聚会，事情超过代都，五方之人众多杂乱，寇盗公然行事，里正职位轻，事务琐碎，他们又多半才能低下，人人抱着得过且过的心理，无法起到督察的作用。请求选派武官八品将军以下坚贞干练能办事的人，带着本官俸恤兼任里尉的责任，高等的兼任六部尉，中等的兼任经途尉，下等的兼任里正。不然，请求稍稍提高里尉的品级，挑选下品中应该升官的人晋升担任，让督察的责任有所专属，那么京师盗窃的风气有望好转。"宣武帝元恪下诏说："里正的品级可升为勋官初品，经途尉升为从九品，六部尉升为正九品。这些职位的选任，不一定需要武人。"甄琛又上奏请求将羽林军作为游军，在各个坊巷中巡逻查访盗贼，于是洛阳城变得清净无事。后来常沿用这个办法。

是岁，梁之境内有州二十三，郡三百五十，县千二十二。是后州名浸多，废置离合，不可胜记。魏朝亦然。

上敦睦九族，优借朝士，有犯罪者，皆屈法申之。百姓有罪，则案之如法，其缘坐则老幼不免，一人逃亡，举家质作，民既穷窘，奸宄益深。尝因郊祀，有秣陵老人遮车驾言曰："陛下为法，急于庶民，缓于权贵，非长久之道。诚能反是，天下幸甚。"上于是思有以宽之。

【译文】这一年，梁朝境内有二十三个州，三百五十个郡，一千〇二十二个县。这以后州名逐渐增多，有时废止有时设立，时离时合，没有办法详细记载。北魏的情况也相同。

梁武帝萧衍敦睦九族宗亲，优容朝廷群臣，有犯罪的人，都绕开法律为他们开脱。可是百姓有罪，就依照法律办理；株连犯罪，连老人和小孩都不免于刑戮。一个人逃亡，全家人当人质，罚他们服劳役。百姓已经穷困不堪，作奸犯科的情形更加严重。有一次梁武帝萧衍举行郊祀典礼，有一位秣陵地方的老人拦住梁武帝萧衍的车驾进言说："陛下执行法律，对于百姓过于严厉，对于权贵则太宽容，这不是长久的办法。倘若能够反过来做，那天下百姓真是有福了。"梁武帝萧衍于是考虑将法律放宽。

天监十一年（壬辰，公元五一二年）春，正月，壬辰，诏："自今逋谪之家及罪应质作，若年有老小，可停将送。"

以临川王宏为太尉，骠骑将军王茂为司空、尚书令。

丙辰，魏以车骑大将军、尚书令高肇为司徒，清河王怿为司空，广平王怀进号骠骑大将军，加仪同三司。肇虽登三司，犹自以去要任，怏怏形于言色，见者嗤之。尚书右丞高绰、国子博士封轨，素以方直自业，及肇为司徒，绰送迎往来，轨竟不诣肇。绰顾不见轨，乃遽归，叹曰："吾平生自谓不失规矩，今日举措，不如封生远矣。"绰，允之孙；轨，懿之族孙也。

【译文】天监十一年（壬辰，公元512年）春季，正月，壬辰日（初一日），梁武帝萧衍下诏："从今以后，逃犯的家属及有罪应留为人质服劳役的，假如有老人或小孩，可以停止移送。"

梁朝任命临川王萧宏为太尉，骠骑将军王茂为司空、尚书令。

丙辰日（二十五日），北魏任命车骑大将军、尚书令高肇为司徒，清河王元怿为司空，广平王元怀进号骠骑大将军、加仪同三司。高肇虽然登上了三司的职位，但认为自己离开尚书令这重要的职务，不满意的心情显现到言语和脸色上来，看到的人都嗤笑他。尚书右丞高绰、国子博士封轨，一向都以正直自勉，等到高肇做司空，高绰在那儿送往迎来，封轨竟然始终不去拜访高肇。高绰转头没有看到封轨，于是立即回家，叹息着说："我平生认为做事不违背规矩，今天的行为，比不上封先生太多了。"高绰是高允的孙子，封轨是封懿的族孙。

清河王怿有才学闻望，惩彭城之祸，因侍宴，谓肇曰："天子兄弟讵有几人，而翦之几尽！昔王莽头秃，藉渭阳之资，遂篡汉室。今君身曲，亦恐终成乱阶。"会大旱，肇擅录囚徒，欲以收众心。怿言于魏主曰："昔季氏旅于泰山，孔子疾之。诚以君臣之分，宜防微杜渐，不可渎也。减膳录囚，乃陛下之事，今司徒行之，岂人臣之义乎！明君失之于上，奸臣窃之于下，祸乱之基，于

510

此在矣。"帝笑而不应。

【译文】 清河王元怿有才学和名望。鉴于彭城王元勰的无罪被杀,他趁着侍宴的机会,对高肇说:"天子的兄弟能有多少人,被你杀得差不多了。从前王莽是秃头,凭借皇帝渭阳(舅父)的身份,篡夺了汉朝天下;现在你是个驼背,也恐怕最终会成为祸乱的根源。"恰好遇到大旱灾,高肇擅自重新审问囚犯,想要借此招揽人心。元怿对宣武帝元恪说:"从前季氏在泰山举行祭祀,孔子痛恨他,实在是因为君臣的名分,应该防微杜渐,不可以轻易冒犯。减少膳食的费用及重新审问囚犯,这是陛下的事情;现在司徒高肇去做了,这难道是当人臣的本分吗?圣明的君主失之于上,奸邪的臣子窃之于下,祸乱的根源,就在这里了。"宣武帝元恪笑了笑,没有回答。

夏,四月,魏诏尚书与群司鞫理狱讼,令饥民就谷燕、恒二州及六镇。

乙酉,魏大赦,改元延昌。

冬,十月,乙亥,魏立皇子诩为太子,始不杀其母。以尚书右仆射郭祚领太子少师。祚尝从魏主幸东宫,怀黄瓜以奉太子;时应诏左右赵桃弓深为帝所信任,祚私事之,时人谓之"桃弓仆射"、"黄瓜少师"。

十一月,乙未,以吴郡太守袁昂兼尚书右仆射。

【译文】 夏季,四月,北魏下诏命尚书及有司审理狱讼案件,让饥饿的百姓到燕、恒两州及六镇就食。

乙酉日(二十五日),北魏实行大赦,改年号为延昌。

冬季,十月,乙亥日(十八日),北魏立皇子元诩为太子,从此不杀太子的母亲。任命尚书右仆射郭祚兼任太子少师。郭祚曾经跟随宣武帝元恪驾临东宫，怀中揣着黄瓜给太子吃，此时应诏左右赵桃弓深受宣武帝元恪的信任，郭祚私底下巴结他，当时人称呼他为"桃弓仆射""黄瓟少师"。

十一月，乙未日（初九日），梁朝任命吴郡太守袁昂兼任尚书右仆射。

资治通鉴

初，齐太子步兵校尉平昌伏曼容表求制一代礼乐，世祖诏选学士十人修五礼，丹杨尹王俭总之。俭卒，以事付国子祭酒何胤。胤还东山，齐明帝敕尚书令徐孝嗣掌之。孝嗣诛，率多散逸，诏票骑将军何佟之掌之。经齐末兵火，仅有在者。帝即位，佟之启审省置之宜，敕使外详。时尚书以为庶务权舆，宜俟隆平，欲且省礼局，并还尚书仪曹。诏曰："礼坏乐缺，实宜以时修定。但顷之修撰不得其人，所以历年不就，有名无实。此既经国所先，可即撰次。"于是，尚书仆射沈约等奏："请五礼各置旧学士一人，令自举学古一人相助抄撰，其中疑者，依石渠、白虎故事，请制旨断决。"乃以右军记室参军明山宾等分掌五礼，佟之总其事。佟之卒，以镇北谘议参军伏暅代之。暅，曼容之子也。至是，《五礼》成，列上之，合八千一十九条，诏有司遵行。

【译文】起初，南齐太子步兵校尉平昌人伏曼容上表请求制作一代的礼乐，齐世祖武帝萧赜下诏选拔学士十人修定五礼，由丹杨尹王俭总领其事。王俭去世，将这件事情交托给国子祭酒何胤。何胤回东山后，齐明帝萧鸾命令尚书令徐孝嗣负责此事。徐孝嗣被东昏侯萧宝卷被诛杀后，资料大部分散失，皇帝东昏侯萧宝卷又下诏骠骑将军何佟之负责这件事。经过齐朝末年的兵火之灾，保留下来的已经很少。梁武帝萧衍即位，何佟之上奏皇帝请示此事该设置还是取消，梁武帝萧衍命令朝廷群臣详细讨论后奏闻，当时尚书认为王业初创，应该等待隆平之时，想要暂时撤销礼局，将该局的事务还给尚书仪曹。梁武帝萧衍下诏说："礼乐坏缺，确实应该及时修订。前些时候只是因为没有找到合适的修撰人选，所以经历这么多年没有成就，以致有名无实。礼乐既然是治理国家最重要的事，应该立即加以修撰整理。"于是尚书仆射沈约等人上奏："请求五礼各自设置旧学士一人，让他们自己举荐学古一人帮助誊抄撰写，其中有疑问不能解决的，依照石渠、白虎的旧例，请求皇上下诏裁决。"于是梁武帝萧衍任命右军记室明山宾等人分别掌管五礼，由何佟之全面负责。何佟之去世，任命镇北谘议参军伏暅接替他。伏暅是伏曼容的儿子。到了这时，《五礼》修撰完成，条举奏上，合起来共有八千〇一十九条，梁武帝萧衍下诏有司遵照施行。

己酉，临川王宏以公事左迁票骑大将军。

是岁，魏以桓叔兴为南荆州刺史，治安昌，隶东荆州。

【译文】己酉日（二十三日），临川王萧宏因为公事被降职为骠骑大将军。

这一年，北魏任命桓叔兴为南并州刺史，将安昌作为州府治所，隶属于东荆州。

天监十二年（癸巳，公元五一三年）春，正月，辛卯，上祀南郊，大赦。

二月，辛酉，以兼尚书右仆射袁昂为右仆射。

己卯，魏高阳王雍进位太保。

郁洲迫近魏境，其民多私与魏人交布。朐山之乱，或阴与魏通，朐山平，心不自安。青、冀二州刺史张稷不得志，政令宽弛，僚吏颇多侵渔。

【译文】天监十二年（癸巳，公元513年）春季，正月，辛卯日（初六日），梁武帝萧衍到南郊祭祀，大赦天下。

二月，辛酉日（初六日），梁朝任命兼尚书右仆射袁昂做右仆射。

己卯日（二十四日），北魏高阳王元雍进位太保。

郁洲紧邻北魏边境，当地百姓往往私下和魏人交易。朐山之乱时，有些人暗中和魏人勾结，等到朐山平定，这些人心中非常不安。青、冀二州刺史张稷仕途不得志，政令宽松，僚吏多侵犯凌辱百姓。

庚辰，郁洲民徐道角等夜袭州城，杀稷，送其首降魏，魏遣前南兖州刺史樊鲁将兵赴之。于是魏饥，民饿死者数万，侍中游肇谏，以为："朐山滨海，卑湿难居，郁洲又在海中，得之尤为无用。其地于贼要近，去此闲远，以闲远之兵攻要近之众，不可敌也。方今年饥民困，唯宜安静，而复劳以军旅，费以馈运，臣见其损，未见其益。"魏主不从，复遣平西将军奚康生将兵逆之。未发，北兖州刺史康绚遣司马霍奉伯讨平之。

辛巳，新作太极殿。

【译文】庚辰日（二十五日），郁洲百姓徐道角等人趁着夜晚袭击州城，杀死张稷，将他的首级送到北魏投降，北魏派遣前南兖州刺史樊鲁率兵前往接应。这时北魏闹饥荒，百姓饿死的有几万人，侍中游肇上表进谏，认为："朐山濒临海边，地势低洼，湿气很重，郁洲又在海中，得到它更加没有用处。该地距离敌国很近，距离我国很远，又不是军事要塞。凭借距离远的军队去攻打距离近的军队，这是没有办法获胜的。目前年岁歉收，百姓贫困，只应安静无事，朝廷却劳师远征，耗费粮饷，下臣我只看见害处，看不见好处。"宣武帝元恪不听从，又派遣平西将军奚康生率军前往接应。奚康生还没有出发，梁朝北兖州刺史康绚派遣司马霍奉伯将徐道角等人讨平。

辛巳日（二十六日），梁朝新造太极殿。

上尝与侍中、太子少傅建昌侯沈约各疏栗事，约少上三事，出，谓人曰："此公护前，不则羞死！"上闻之，怒，欲治其罪，徐勉固谏而止。上有憾于张稷，从容与约语及之，约曰："左仆射出作边州，已往之事，何足复论！"上以为约与稷昏家相为，怒曰："卿言如此，是忠臣邪！"乃辇归内殿。约惧，不觉上起，犹坐如初；及还，未至床而凭空，顿于户下，因病；梦齐和帝以剑断其舌，乃呼道士奏赤章于天，称"禅代之事，不由己出"。上遣主书黄穆之视疾，夕还，增损不即启闻，惧罪，乃白赤章事。上大怒，中使谴责者数四。约益惧，闰月，乙丑，卒。有司谥曰"文"，上曰："情怀不尽曰隐。"改谥隐侯。

【译文】梁武帝萧衍曾经与侍中、太子少傅建昌侯沈约各自写出有关栗子的典故，沈约少写了三点，出来以后对别人说："这位先生护短，倘若我不这样，他会羞死。"梁武帝萧衍听了以后大怒，想要治他的罪，徐勉一再谏诤方才作罢。梁武帝萧衍对于张稷心怀怨恨，从容地和沈约谈到这件事，沈约说："左仆射张稷已经外放当边州刺史，从前的事情，何必再计较呢？"皇上认为沈约和张稷两家有婚姻关系因而相互维护，生气地说："你这样说话，难道是忠臣吗？"于是坐上辇车回到内殿。沈约害怕，没有发觉梁武帝萧衍站起来走了，还依旧坐在那儿。等回到家里，还没到达床榻的地方，沈约一足踏空，头下脚上地跌倒在门边，因此生病。沈约梦见齐和帝萧宝融用宝剑割断他的舌头，于是请来道士向上天奏呈赤色的奏章，说"禅代的事，不是出于自己的本心"。梁武帝萧衍派遣主书黄穆之探望沈约的病，晚上才回去，对于病情的轻重没有能及时奏闻，担心皇上怪罪，于是奏陈赤章的事情。梁武帝萧衍大怒，好几次派遣中使责备沈约，沈约更加害怕，闰月，乙丑日（十一日），沈约去世。有司上谥号叫"文"，梁武帝萧衍说："心事不尽叫作'隐'。"于是改谥号为隐侯。

【申涵煜评】沈约之罪等于华歆，而古人犹被以文人之目，应为有识者所羞称。按：约，本吴人。无乃沈充之苗裔，与何其无耻似之也。

【译文】沈约的罪行和华歆相等，然而古人依旧冠以文人的名目给他，应该为有见识的人所羞耻的称号。按：沈约，本来是吴地的人。莫非是沈充的后代子孙？和他一样没有廉耻，多么相似。

夏，五月，寿阳久雨，大水入城，庐舍皆没。魏扬州刺史李崇勒兵泊于城上，水增未已，乃乘船附于女墙，城不没者二板。将佐劝崇弃寿阳保北山，崇曰："吾忝守藩岳，德薄致灾，淮南万里，系于吾身，一旦动足，百姓瓦解，扬州之地，恐非国物。吾岂爱一身，取愧王尊！但怜此士民无辜同死，可结筏随高，人规自脱，吾必与此城俱没，幸诸君勿言！"

扬州治中裴绚帅城南民数千家泛舟南走，避水高原，谓崇还北，因自称豫州刺史，与别驾郑祖起等送任子来请降。马仙琕遣兵赴之。

【译文】夏季，五月，寿阳城因为久雨成灾，大水进入城中，屋舍都淹没了。北魏扬州刺史李崇指挥军队屯驻在城上，水势上涨不停，于是乘船靠在女墙，城墙没有被水淹没的部分只剩下两个墙板。将佐们劝告李崇舍弃寿阳驻守北面的八公山，李崇说："我愧为刺史守卫南方重镇，因为德薄招致水灾，淮南万里的土地，维系在我一个人的身上，我一旦离开，百姓就崩溃四散，扬州这地方，恐怕不再是我国所有，我哪敢爱惜自己的身子，以致有愧于王尊？只是可怜士民没有罪过却和我同死，可以叫他们编结木筏前往高地，自谋生路，我决心与这座城池共存亡，希望你们不要再说了。"

扬州治中裴绚率领城南数千家百姓乘船向南边逃走，到高原地带躲避水灾，他认为李崇回到北方去了，就自称豫州刺史，与别驾郑祖起等送人质前来梁朝请求投降。马仙琕派遣军队前往接应他们。

崇闻绚叛，未测虚实，遣国侍郎韩方兴单舸召之。绚闻崇在，怅然惊恨，报曰："比因大水颠狈，为众所推。今大计已尔，势不可追，恐民非公民，吏非公吏，愿公早行，无犯将士。"崇遣从弟宁朔将军神等将水军讨之，绚战败，神追，拔其营。绚走，为村民所执，还，至尉升湖，曰："吾何面见李公乎！"乃投水死。绚，叔业之兄孙也。郑祖起等皆伏诛。崇上表以水灾救解州任，魏主不许。

【译文】李崇听闻裴绚背叛，不知道是真是假，派遣国侍郎韩方兴乘船召请他。裴绚听说李崇还在城中，又惊又悔，十分难过，回复说："先前因为大水颠沛流离，被众人所推举。现在大计已经如此，形势无法改变，深恐百姓不再是您的百姓，官吏不再是您的官吏，希望您早些离去，不要冒犯将士。"李崇派遣他的堂弟宁朔将军李神等人率领水军征讨他，裴绚战败，李神追上去攻占他的营垒。裴绚逃走时，被村民捉住，送他回来，到了尉升湖，裴绚说："我有什么脸面见李公呢？"于是投水自杀。裴绚是裴叔业兄长的孙子。郑祖起等人都被依法处死。李崇上表因为水灾请求解除扬州刺史的职位，宣武帝元恪没有答应。

崇沉深宽厚，有方略，得士众心，在寿春十年，常养壮士数千人，寇来无不摧破，邻敌谓之"卧虎"。上屡设反间以疑之，又授崇车骑大将军、开府仪同三司、万户郡公，诸子皆为县侯；而魏主素知其忠笃，委信不疑。

【译文】李崇个性深沉，待人宽厚，有谋略，得到士族百姓的拥戴，在寿春十年，曾经养有数千名壮士，外敌入侵全都被打败，邻近的敌人称他作"卧虎"。梁武帝萧衍多次利用反间计策想让宣武帝元恪对他起疑心，还封李崇车骑大将军、开府仪同三司、万户郡公，他的几个儿子都被封为县侯；但是宣武帝元恪一向知道李崇忠贞不贰，对他信任不疑。

六月，癸巳，新作太庙。

秋，八月，戊午，以临川王宏为司空。

魏恒、肆二州地震、山鸣，逾年不已，民履压死伤甚众。

魏主幸东宫，以中书监崔光为太子少傅，命太子拜之；光辞不敢当，帝不许。太子南面再拜，詹事王显启请从太子拜，于是宫臣皆拜；光北面立，不敢答，唯西面拜谢而出。

【译文】六月，癸巳日（初十日），梁朝新建成太庙。

秋季，八月，戊午日（初七日），梁武帝萧衍任命临川王萧宏为司空。

北魏的恒、肆二州发生地震及山鸣，一年多还没有停止，百姓被埋压而死伤的很多。

宣武帝元恪临幸东宫，派中书监崔光做太子少傅，命令太子元诩向他行拜礼；崔光推辞不敢接受，宣武帝元恪不准许。太子元诩面朝南拜了两拜，詹事王显上奏请求跟随太子行拜礼，于是东宫僚属都下拜；崔光面朝北站立，不敢答礼，只是面朝西拜谢然后离去。

天监十三年（甲午，公元五一四年）春，二月，丁亥，上耕藉田，大赦。宋、齐藉田皆用正月，至是始用二月，及致斋祀先农。

魏东豫州刺史田益宗衰老，与诸子孙聚敛无厌，部内苦之，咸言欲叛。魏主遣中书舍人刘桃符慰劳益宗，桃符还，启益宗侵扰之状。魏主赐诏曰：“桃符闻卿息鲁生在淮南贪暴，为尔不已，损卿诚效。可令鲁生赴阙，当加任使。”鲁生久未至，诏徙益宗为镇东将军、济州刺史；又虑其不受代，遣后将军李世哲与桃符帅众袭之，奄入广陵。鲁生与其弟鲁贤、超秀皆奔关南，招引梁兵，攻取光城已南诸戍。上以鲁生为北司州刺史，鲁贤为北豫州刺史，超秀为定州刺史。三月，魏李世哲击鲁生等，破之，复置郡戍。以益宗还洛阳，授征南将军、金紫光禄大夫。益宗上表称为桃符所谗，及言“鲁生等为桃符逼逐使叛，乞摄桃符与臣对辨虚实。”诏不许，曰：“既经大宥，不容方更为狱。”

【译文】天监十三年（甲午，公元514年）春季，二月，丁亥日（初八日），梁武帝萧衍到藉田耕作，大赦天下。宋、齐两代到藉田耕作都在正月，到这时开始改为二月，并且对神农炎帝举行斋祀礼。

北魏的东豫州刺史田益宗年老体弱，与他的一群子孙聚敛财物，贪得无厌，辖区内的吏民不胜其苦，都说想要背叛。宣武帝元恪派遣中书舍人刘桃符慰劳田益宗，刘桃符回朝，上奏田益宗侵扰吏民的情状。宣武帝元恪赐田益宗诏书说："刘桃符听说你的儿子田鲁生在淮水南面贪污残暴，如此下去而不停止，会损害你诚心报国的忠心。可叫田鲁生到京师来，当有别的任用。"田鲁生很长时间不到，宣武帝元恪下诏迁田益宗为镇东将军、济州刺史；又担心田益宗不接受他人前往接替，派遣后将军李世哲和刘桃符率军趁其没有防备时攻击他，突然地进入广陵。田鲁生和他的弟弟田鲁贤、田超秀都逃往关南，招引梁兵，攻占光城以南几个城戍。梁武帝萧衍任用田鲁生为北司州刺史，田鲁贤为北豫州刺史，田超秀为定州刺史。三月，北魏李世哲攻打田鲁生等人，打败他们，重新设置郡戍。将田益宗带回洛阳，封他为征南将军、金紫光禄大夫。田益宗上表说是被刘桃符谗害，并说："田鲁生等被刘桃符驱迫因而背叛，请求找来刘桃符与下臣对质，以便辨明虚实。"宣武帝元恪下诏不准，说："既然已经赦免了谋叛的罪，不许再兴诉讼。"

秋，七月，乙亥，立皇子纶为邵陵王，绎为湘东王，纪为武陵王。

冬，十月，庚辰，魏主遣骁骑将军马义舒慰谕柔然。

魏王足之入寇也，上命宁州刺史涪人李略御之，许事平用为益州。足退，上不用，略怨望，有异谋，上杀之。其兄子苗奔魏，步兵校尉泰山淳于诞尝为益州主簿，自汉中入魏，二人共说魏主以取蜀之策。魏主信之，辛亥，以司徒高肇为大将军、平蜀大都督，将步骑十五万寇益州；命益州刺史傅竖眼出巴北，梁州刺史羊祉出涪城，安西将军奚康生出绵竹，抚军将军甄琛出剑阁；乙

资治通鉴

卯，以中护军元遥为征南将军，都督镇遏梁、楚。游肇谏，以为："今频年水旱，百姓不宜劳役。往昔开拓，皆因城主归款，故有征无战。今之陈计者真伪难分，或有怨于彼，不可全信。蜀地险隘，镇戍无隙，岂得虚承浮说而动大军！举不慎始，悔将何及！"不从。以淳于诞为骁骑将军，假李苗龙骧将军，皆领乡导统军。

【译文】秋季，七月，乙亥日（二十九日），梁武帝萧衍立皇子萧纶为邵陵王，萧绎为湘东王，萧纪为武陵王。

冬季，十月，庚辰日（初五日），北魏宣武帝元恪派遣骁骑将军马义舒前往慰抚柔然。

北魏王足入侵益州的时候，梁武帝萧衍命令宁州刺史涪人李略抵御他，答应战乱平定以后任用他为益州刺史。等到王足退兵，梁武帝萧衍却没有任用他，李略心怀怨恨，有背叛的想法，梁武帝将他杀了。他哥哥的儿子李苗投奔北魏，步兵校尉泰山人淳于诞曾经做益州主簿，从汉中投奔北魏，二人一同拿攻取蜀地的策略游说宣武帝元恪，宣武帝元恪相信了他们。辛亥日（初六日），宣武帝元恪任命司徒高肇为大将军、平蜀大都督，率领步兵、骑兵十五万人进犯益州；同时命令益州刺史傅竖眼从巴郡以北进兵，梁州刺史羊祉从涪城进兵，安西将军奚康生从绵竹进兵，抚军将军甄琛从剑阁进兵；乙卯日（初十日），任命中护军元遥为征南将军，在梁、楚之间坐镇指挥。游肇进谏，认为："现在连年发生水灾和旱灾，不应该再劳动百姓。过去开拓边疆，都是因为城主献城归降，因而有征无战。目前献计的人真假难以分辨，也许是对梁朝有怨气，他们的话不可以完全相信。蜀地形势险要，防守严密，无隙可乘，怎么能够听信靠不住的言辞而发动大军？行动不能在开始时慎重，以后再要后悔怎么来得及呢？"宣武帝元恪不听从，任命淳于诞为骁骑将军，让李苗兼摄龙骧将军，令他们充当各路向导人员的统领。

魏降人王足陈计，求堰淮水以灌寿阳。上以为然，使水工陈承伯、材官将军祖暅视地形，咸谓“淮内沙土漂轻不坚实，功不可就”。上弗听，发徐、扬民率二十户取五丁以筑之，假太子右卫率康绚都督淮上诸军事，并护堰作于钟离。役人及战士合二十万，南起浮山，北抵巉石，依岸筑土，合脊于中流。

魏以前定州刺史杨津为华州刺史。津，椿之弟也。先是，官受调绢，尺度特长，任事因缘，共相进退，百姓苦之。津令悉依公尺，其输物尤善者，赐以杯酒；所输少劣，亦为受之，但无酒以示耻。于是人竞相劝，官调更胜旧日。

【译文】北魏的降将王足献计，请求筑堰围堵淮水来灌淹寿阳城。梁武帝萧衍同意他的看法，派遣水工陈承伯、材官将军祖暅察看地形，他们两人都认为：“淮水内的沙土松软不坚实，无法成功。”梁武帝萧衍不听，征调徐、扬两州百姓每二十户人家出五个壮丁从事筑堰，派遣太子右卫率康绚兼摄都督淮上诸军事，并且守护筑堰工作，官署设置在钟离城。工役及战士共二十万人，南面从浮山开始，北面到巉石为止，沿着两岸向中流筑堤，在中流会合。

北魏任命前定州刺史杨津为华州刺史，杨津是杨椿的弟弟。先前，官府征收调绢来抵户税，尺度特别长，任事的人趁机为奸，看纳税的人是否贿赂，来决定尺度的长短，百姓为此感到痛苦。杨津下令全部依据公尺，如果缴纳的调绢品质特别优良，赏纳税的人一杯酒喝；所缴纳的调绢品质较劣，也接受下来，只是不赏酒喝，表示羞耻。因此大家争着互相勉励，官府调赋收入更胜于昔日。

魏太子尚幼，每出入东宫，左右乳母而已，宫臣皆不之知。詹事杨昱上言："乞自今召太子必降手敕，令臣等翼从。"魏主从之，命宫臣在直者从至万岁门。

魏御史中尉王显问治书侍御史阳固曰："吾作太府卿，府库充实，卿以为何如？"固曰："公收百官之禄四分之一，州郡赃赎，悉输京师，以此充府，未足为多。且'有聚敛之臣，宁有盗臣。'可不戒哉！"显不悦，因事奏免固官。

【译文】北魏太子元诩年纪还小，每次出入东宫，身边只有乳母跟随，宫里的臣子都不知道。詹事杨昱上言说："请求从现在起召见太子一定要发下手令，让下臣等能够保护跟从。"宣武帝元恪听从，命令值班的宫臣护送到万岁门。

北魏的御史中尉王显对治书侍御史阳固说："我当太府卿，国家的府库充实，你认为怎样？"阳固说："您收取百官俸禄的四分之一，以及州郡缴纳的赃款和赎金，全部输送到京师，用这些来充实府库，不能够算多。况且'与其有专事为君聚敛财货的臣下，不如有从事窃盗国君财货的臣下'，怎能不引以为戒呢？"王显十分不高兴，假借别的事情上奏将阳固免了官职。

资治通鉴卷第一百四十八　梁纪四

起旃蒙协洽，尽著雍阉茂，凡四年。

【译文】起乙未（公元515年），止戊戌（公元518年），共四年。

【题解】本卷记录了公元515年至518年，即梁武帝萧衍天监十四年至天监十七年共四年间南梁与北魏两国的大事。主要记录了魏宣武帝元恪死，七岁的太子元诩继位；高氏党羽发动政变，被于忠剿灭，任城王元澄与高阳王元雍共同执政，朝廷内外心悦诚服；魏人杀外戚高肇，废高太后；魏臣裴植、郭祚联合元雍图谋于忠，结果被杀，元雍被免职；元诩生母胡太后与魏臣于忠、刘腾、侯刚等共同掌权，胡太后肆意妄为，杀死高太后，大修寺庙；梁、魏在陕蜀边境交战，北魏重新占领东益州；梁国劳民伤财筑坝截淮，淮坝崩塌，十余万口丧生海中，而梁武帝萧衍却信佛，假惺惺地用素食祭祀；此外还记录了魏国冀州妖僧作乱，被朝廷讨平；柔然打败高车，重新强大，等等。

高祖武皇帝四

天监十四年（乙未，公元五一五年）春，正月，乙巳朔，上冠太子于太极殿，大赦。

辛亥，上祀南郊。

【译文】天监十四年（乙未，公元515年）春季，正月，乙巳朔日（初一日），梁武帝萧衍在太极殿为太子加冠，大赦天下。

辛亥日（初七日），梁武帝萧衍到南郊祭祀。

甲寅，魏主有疾；丁巳，殂于式乾殿。侍中、中书监、太子
少傅催光，侍中、领军将军于忠，詹事王显，中庶子代人侯刚，
迎太子诩于东宫，至显阳殿。王显欲须明行即位礼崔光曰："天
位不可暂旷，何待至明！"显曰："须奏中宫。"光曰："帝崩，太子
立，国之常典，何须中宫令也！"于是光等请太子止哭，立于东序；
于忠与黄门郎元昭扶太子西面哭十馀声，止。光摄太尉，奉策进
玺绶，太子跪受，服衮冕之服，御太极殿，即皇帝位。光等与夜
直群官立庭中，北面稽首称万岁。昭，遵之曾孙也。

【译文】甲寅日（初十日），北魏宣武帝元恪生病；丁巳日
（十三日），宣武帝元恪在式乾殿病故。侍中中书监太子少傅崔
光、侍中领军将军于忠、詹事王显、中庶子代人侯刚到东宫把
太子元诩迎接出来，来到显阳殿。王显想等到天亮再行即位典
礼，崔光说："皇帝的位置不可以片刻空着，为什么要等待天明
呢？"王显说："必须奏明皇后。"崔光说："皇帝驾崩，太子即
位，这是国家正常的法度，为何必须等皇后的命令呢？"于是崔
光等人奏请太子元诩停止哭泣，站在东面；于忠和黄门郎元昭
扶着太子元诩面朝西哭了十几声后停止哭泣。崔光暂时代理太
尉，捧着策书送上玺绶，太子元诩跪着接受，穿上衮冕，进太极
殿，即皇帝位。崔光等人和值夜的群官站立在庭中，面向北行稽
首礼高呼万岁。元昭是元遵的曾孙。

高后欲杀胡贵嫔，中给事谯郡刘腾以告侯刚，刚以告于忠。
忠问计于崔光，光使置贵嫔于别所，严加守卫，由是贵嫔深德四

人。戊午，魏大赦。己未，悉召西伐、东防兵。

骠骑大将军广平王怀扶疾入临，径至太极西庑，哀恸，呼侍中、黄门、领军、二卫，云身欲上殿哭大行，又须入见主上。"众皆愕然相视，无敢对者。崔光攘衰振杖，引汉光武崩赵熹扶诸王下殿故事，声色甚厉，闻者莫不称善。怀声泪俱止，曰："侍中以古义裁我，我敢不服？"遂还，仍频遣左右致谢。

【译文】 高后想要杀掉胡贵嫔，中给事谯郡人刘腾把这件事向侯刚报告，侯刚又告诉了于忠。于忠向崔光请教计策，崔光派人将胡贵嫔安置在别的住所，严密地加以守卫，因此胡贵嫔深深地感激这四个人。戊午日（十四日），北魏实行大赦。己未日（十五日），魏国朝廷下令召回所有西征蜀地以及东面防守的军队。

骠骑大将军广平王元怀抱病入宫，直接来到太极殿的西廊，哀伤地恸哭，喊叫侍中、领军、黄门及左右卫将军说："我想要上殿哭大行皇帝，又须入见新主上。"众人都惊愕地互相看着，没有人敢回答。崔光挽着衰服举起丧杖，引用汉光武帝刘秀驾崩赵熹扶着诸王下殿的旧例，声音和脸色都很严厉地拒绝了元怀，听到的人没有不说好的。元怀哭声停了，眼泪也止了，说："侍中用古代的事例教导我，我怎敢不服呢？"于是就回去，还一再地派遣左右前来谢罪。

先是高肇擅权，尤忌宗室有时望者，太子太（保）〔傅〕任城王澄数为肇所谮，惧不自全，乃终日酣饮，所为如狂，朝廷机要无所关豫。及世宗殂，肇拥兵于外，朝野不安。于忠与门下议，以肃宗幼，未能亲政，宜使太保高阳王雍入居西柏堂省决庶政，以任城王澄为尚书令，总摄百揆，奏皇后请即敕授。王显素有宠于世宗，恃势使威，为世所疾，恐不为澄等所容，与中常侍孙伏连等密谋寝门下之奏，矫皇后令，以高肇录尚书事，以显与勃海公高猛同为侍中。于忠等闻之，托以侍疗无效，执显于禁中，下诏削爵任。显临执呼冤，直阁以刀镮撞其掖下，送右卫府，一宿而死。庚申，下诏如门下所奏，百官总己听于二王，中外悦服。

【译文】 先前，高肇专揽权柄，对有名望的宗室尤其猜忌，太子太傅任城王元澄多次被高肇进谗言，害怕不能自保，于是每天喝得烂醉，行为如发狂一样，朝廷的机密要事全都不参与。等到世宗宣武帝元恪驾崩，高肇在外面拥有重兵，朝野都感到不安。于忠与门下省商议，因为肃宗孝明帝元诩年纪幼小，不能够亲自处理政事，应该让太保高阳王元雍入居西柏堂处理裁决所有政事，任用任城王元澄为尚书令，总理百官，奏明皇后请求立即用手书授权给二王。王显一向被世宗宣武帝元恪宠幸，依仗权势，作威作福，被众人痛恨，担心不被元澄等人包容，和中常侍孙伏连等人密谋搁置门下省的奏章，伪造皇后的命令，任用高肇录尚书事，任用王显与渤海公高猛同为侍中。于忠等人听到这个消息，以医治世宗没有见效为借口，在宫中把王显逮捕，下诏削去他的爵位和官职。王显刚被拘捕时大呼冤枉，直阁用刀镮撞击他的腋下，送到右卫府，过了一夜就死了。庚申日（十六日），朝廷下诏遵照门下省所奏请的办理，百官都听命于高阳王元雍和任城王元澄，朝内朝外都心悦诚服。

二月，庚辰，尊皇后为皇太后。

魏主称名为书告哀于高肇，且召之还。肇承变忧惧，朝夕哭泣，至于羸悴，归至瀍涧，家人迎之，不与相见；辛巳，至阙下，衰服号哭，升太极殿尽哀。高阳王雍与于忠密谋，伏直寝邢豹

资治通鉴卷第一百四十八　梁纪四

等十餘人于舍人省下，肇哭毕，引入西庑，清河诸王皆窃言目之。肇入省，豹等扼杀之，下诏暴其罪恶，称肇自尽，自馀亲党悉无所问，削除职爵，葬以士礼；逮昏，于厕门出尸归其家。

【译文】二月，庚辰日（初七日），尊皇后为皇太后。

北魏孝明帝元诩写信向高肇报丧，并且召请他还朝。高肇承受这种变故，心里忧惧，早晚都在哭泣，以致身体羸弱憔悴，回到瀍涧，他的家人前来迎接他，高肇不与他们见面；辛巳日（初八日），高肇抵达京师，穿上丧服号啕大哭，登上太极殿尽哀。高阳王元雍和于忠密谋，埋伏值寝邢豹等十多人在舍人省内，高肇哭过之后，被引入太极殿的西侧房，清河诸王都看着他窃窃私语，用眼睛扫视着他。高肇进了舍人省，邢豹等人把他扼杀，下诏书表明他的罪恶，说高肇自杀，其余的亲戚党羽全部不予追究，将高肇削除职务及爵位，用士礼埋葬他。等到黄昏，从侧门把高肇的尸体送回他的家中。

魏之伐蜀也，军至晋寿，蜀人震恐。傅竖眼将步兵三万击巴北，上遣宁州刺史任太洪自阴平间道入其州，招诱氐、蜀，绝魏运路。会魏大军北还，太洪袭破魏东洛、除口二戍，声言梁兵继至，氐、蜀翕然从之。太洪进围关城，竖眼遣统军姜喜等击太洪，大破之，太洪弃关城走还。

【译文】魏人伐蜀的时候，军队抵达晋寿，蜀人震惊恐慌。傅竖眼率领步兵三万人攻击巴北，梁武帝萧衍派遣宁州刺史任太洪从阴平走小路进入益州，招诱氐人及蜀人，断绝魏军的粮道。恰好遇到北魏大军北还，任太洪进行偷袭，攻破北魏的东洛和除口两个据点，对外发布消息说梁兵将要继续到来，氐人与蜀人全都跟从他。任太洪进兵包围关城，傅竖眼派遣统军姜喜

资治通鉴

等人进攻任太洪，大败任太洪，任太洪丢弃关城逃回宁州。

癸未，魏以高阳王雍为太傅、领太尉，清河王怿为司徒，广平王怀为司空。

甲午，魏葬宣武皇帝于景陵，庙号世宗。己亥，尊胡贵嫔为皇太妃。三月，甲辰朔，以高太后为尼，徙居金墉瑶光寺，非大节庆，不得入宫。

【译文】 癸未日（初十日），北魏任命高阳王元雍为太傅，兼领太尉，清河王元怿为司徒，广平王元怀为司空。

甲午日（二十一日），北魏将宣武帝元恪安葬在景陵，庙号为世宗。己亥日（二十六日），尊封胡贵嫔为皇太妃。三月，甲辰朔日（初一日），废高太后为尼，迁居金墉瑶光寺，不是重大的节日庆典，不可以入宫。

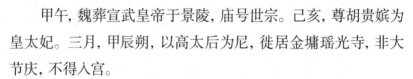

魏左仆射郭祚表称：“萧衍狂悖，谋断川渎，役苦民劳，危亡已兆；宜命将出师，长驱扑讨。”魏诏平南将军杨大眼督诸军镇荆山。

魏于忠既居门下，又总宿卫，遂专朝政，权倾一时。初，太和中，军国多事，高祖以用度不足，百官之禄四分减一，忠悉命归所减之禄。旧制：民税绢一匹别输绵八两，布一区别输麻十五斤，忠悉罢之。乙丑，诏文武群官各进位一级。

【译文】 北魏左仆射郭祚上表说：“萧衍狂乱胡为，想要截断川流，丁役劳苦，百姓劳困，败亡的迹象已经显现出来，应当命将领出兵，长驱讨伐。”北魏下诏平南将军杨大眼监督诸军，镇守荆山。

北魏的于忠已经担任侍中，又兼领军将军，于是专揽朝廷政事，权势之大一时无二。起初，孝文帝元宏太和年间，国家多事，战事频繁，高祖孝文帝因为国家用度不足，百官的俸禄削减四分之一，于忠下令将所削减的俸禄全部归还。依据旧法：百姓缴税时缴绢一匹则另外缴纳绵八两，缴布一匹时另外缴纳麻十五斤，于忠将这些规定全部废止。乙丑日（二十二日），朝廷下诏文武群臣各进爵位一级。

夏，四月，浮山堰成而复溃。或言蛟龙能乘风雨破堰，其性恶铁；乃运东、西冶铁器数千万斤沉之，亦不能合。乃伐树为井幹，填以巨石，加土其上；缘淮百里内木石无巨细皆尽，负檐者肩上皆穿，夏日疾疫，死者相枕，蝇虫昼夜声合。

魏梁州刺史薛怀吉破叛氐于沮水。怀吉，真度之子也。五月，甲寅，南秦州刺史崔暹又破叛氐，解武兴之围。

【译文】夏季，四月，浮山堰修成又垮掉。有人说蛟龙能驾着风雨撞破堤堰，蛟龙最厌恶铁，于是从东、西二冶运来几千万斤铁器沉入水中，也无法让堤堰在中流合脊。于是砍伐树木做成井栏，将大石头装在里面，外面加上泥土；沿着淮水一百里以内的树木和石头，无论大小都被取用一空，挑担的人肩膀都磨破，又碰上夏天传染病流行，死亡的人互相枕藉，苍蝇及蚊虫昼夜鸣声相继。

北魏梁州刺史薛怀吉在沮水一带打败叛乱的氐人。薛怀吉是薛真度的儿子。五月，甲寅日（十二日），南秦州刺史崔暹又将叛乱的氐人打败，解除叛军对武兴的围困。

六月，魏冀州沙门法庆以妖幻惑众，与勃海人李归伯等作乱，推法庆为主。法庆以尼惠晖为妻，以归伯为十住菩萨、平魔军司、定汉王，自号大乘。又合狂药，令人服之，父子兄弟不复相识，唯以杀害为事。刺史萧宝寅遣兼长史崔伯驎击之，伯驎败死。贼众益盛，所在毁寺舍，斩僧尼，烧经像，云"新佛出世，除去众魔。"秋，七月，丁未，诏假右光禄大夫元遥征北大将军以讨之。

【译文】六月，北魏冀州僧人法庆凭借妖术蛊惑百姓，与渤海人李归伯一同作乱，推举法庆为首领。法庆娶尼姑惠晖为妻子，任命李归伯为十住菩萨、平魔军司、定汉王，自称大乘。又配置狂药，让人服后，父子兄弟不再相识，只知道杀人。刺史萧宝寅派遣兼长史崔伯驎攻打他，崔伯驎战败而死。乱党的气焰更加嚣张，所到之处损毁寺舍，斩杀僧尼，烧毁佛经佛像，说："新佛已经出世，必须除去众魔。"秋季，七月，丁未日（初六日），朝廷下诏命右光禄大夫元遥暂时代理征北大将军前往讨伐法庆。

魏尚书裴植，自谓人门不后王肃，以朝廷处之不高，意常怏怏，表请解官隐嵩山，世宗不许，深怪之。及为尚书，志气骄满，每谓人曰："非我须尚书，尚书亦须我。"每入参议论，好面讥毁群官，又表征南将军田益宗，言："华、夷异类，不应在百世衣冠之上。"于忠、元昭见之切齿。

尚书左仆射郭祚，冒进不已，自以东宫师傅，列辞尚书，望封侯、仪同，诏以祚为都督雍、岐、华三州诸军事、征西将军、雍州刺史。

【译文】北魏尚书裴植，认为自己无论人望和门第都不比王肃差，但朝廷给他的官职不够高，心中常闷闷不乐，上表请求辞去职位，退隐嵩山，世宗宣武帝元恪没有准许，怪罪他。等裴植做了尚书，志高气傲，经常对别人说："不是我想要尚书的职位，尚书的职位也需要我。"每次进宫参与议论政事，喜好当面讥讽伤害群官，又上表诋毁征南将军田益宗说："华和夷不同族类，不应当位在百代衣冠的上面。"于忠与元昭看见奏表，对他十分痛恨。

尚书左仆射郭祚积极地钻营谋求加官晋爵，认为自己是太子的师傅，希望封侯、仪同三司，朝廷下诏任命郭祚为都督雍、岐、华三州诸军事、征西将军、雍州刺史。

祚与植皆恶于忠专横，密劝高阳王雍使出之；忠闻之，大怒，令有司诬奏其罪。尚书奏："羊祉告植姑子皇甫仲达云：'受植旨，诈称被诏，帅合部曲欲图于忠。'臣等穷治，辞不伏引；然众证明晒，准律当死。众证虽不见植，皆言'仲达为植所使，植召仲达责问而不告列'。推论情状，不同之理不可分明，不得同之常狱，有所降减，计同仲达处植死刑。植亲帅城众，附从王化，依律上议，乞赐裁处。"忠矫诏曰："凶谋既尔，罪不当恕；虽有归化之诚，无容上议，亦不须待秋分。"八月，己亥，植与郭祚及都水使者杜陵韦儁皆赐死。儁，祚之婚家也。忠又欲杀高阳王雍，崔光固执不从；乃免雍官，以王还第。朝野冤愤，莫不切齿。

【译文】郭祚与裴植都讨厌于忠专横，秘密地劝告高阳王元雍将他外放；于忠听说这个消息，非常愤怒，下令有司以不实的罪过弹劾他们。一名尚书上奏说："羊祉控告裴植的姑表兄弟皇甫仲达说：'受到裴植的指示，假称受到诏令，率领部属想要谋杀于忠。'臣等详细拷问，他一直不肯伏罪；但是众证人的证词都很明确，按照法律应该处死。众证人虽然没有看到裴植，都说：'皇甫仲达受到裴植的指使，裴植找皇甫仲达去责问而不告诉他人询问的问题。'推论情状，看不出他们有什么区别，不能等同一般案件，在刑罚上有所减轻，拟比照皇甫仲达之例判处裴植死刑。但裴植亲自率领寿阳城众归附我朝，应该依照八议之律从轻论罪，请求做出裁断。"于忠假传诏令说："凶恶的意图既然如此，罪过不应该饶恕；虽然有归附我朝的忠心，也无须依照八议之律减轻其罪，也无须等到秋后再判处死刑。"八月，己亥日（二十九日），裴植和郭祚及都水使者杜陵人韦儁全都被赐死。韦儁是郭祚的亲家。于忠又想杀高阳王元雍，崔光坚决不肯，于是免去元雍的官职，以亲王的身份家居。朝野人士都感到愤愤不平，对于忠十分痛恨。

丙子，魏尊胡太妃为皇太后，居崇训宫。于忠领崇训卫尉，刘腾为崇训太仆，加侍中，侯刚为侍中抚军将军。又以太后父国珍为光禄大夫。

庚辰，定州刺史田超秀帅众三千降魏。

戊子，魏大赦。

己丑，魏清河王怿进位太傅，领太尉，广平王情为太保，领司徒，任城王澄为司空。庚寅，魏以车骑大将军于忠为尚书令，特进崔光为车骑大将军，并加仪同三司。

【译文】 丙子日（初六日），北魏尊封胡太妃为皇太后，住在崇训宫。于忠兼领崇训卫尉；刘腾为崇训太仆，加侍中；侯刚为侍中、抚军将军。又任用太后的父亲胡国珍为光禄大夫。

庚辰日（初十日），梁朝定州刺史田超秀率领部众三千人投降北魏。

戊子日（十八日），北魏大赦天下。

己丑日（十九日），北魏清河王元怿进位太傅，兼领太尉；广平王元怀为太保，兼领司徒；任城王元澄为司空。庚寅日

（二十日），北魏任命车骑大将军于忠为尚书令，破格提拔崔光为车骑大将军，并加开府仪同三司。

魏江阳王继，熙之曾孙也，先为青州刺史，坐以良人为婢夺爵。继子乂娶胡太后妹，壬辰，诏复继本封，以乂为通直散骑侍郎，乂妻为新平郡君，仍拜女侍中。

群臣奏请皇太后临朝称制，九月，乙未，灵太后始临朝听政，犹称令以行事，群臣上书称殿下。太后聪悟，颇好读书属文，射能中针孔，政事皆手笔自决。加胡国珍侍中，封安定公。

【译文】北魏的江阳王元继，是元熙的曾孙，先前当过青州刺史，因为掠夺良家女子当作奴婢被削夺爵位。元继的儿子元乂娶胡太后的妹妹为妻，壬辰日（二十二日），朝廷下诏恢复元继的封爵，任命元乂为通直散骑侍郎，元乂的妻子为新平郡君，还任命她为女侍中。

群臣奏请胡太后临朝代行天子之事，九月，乙未日（初五日），胡太后开始临朝听政，决断政事的时候仍然称令，群臣上书的时候称殿下。胡太后聪明颖悟，喜好读书作文，射箭能够射中针孔，政事都由她亲笔决断施行。朝廷加封胡国珍为侍中，封安定公。

自郭祚等死，诏令生杀皆出于忠，王公畏之，重足胁息。太后既亲政，乃解忠侍中、领军、崇训卫尉，止为仪同三司、尚书令。后旬馀，太后引门下侍官于崇训宫，问曰：“忠在端右，声望何如？”咸曰：“不称阙任。”乃出忠为都督冀、定、瀛三州诸军事、征北大将军、冀州刺史；以司空澄领尚书令。澄奏：“安定公宜出入禁中，参谘大务。”诏从之。

【译文】郭祚等人死后，诏令和生杀大权都掌握在于忠的手中，王公大臣害怕他，为之蹑足屏气。太后已经亲政，就解除了于忠侍中、领军、崇训卫尉等职位，只剩下仪同三司、尚书令。十几天后，太后召集门下侍官到崇训宫，询问他们说："于忠位居首辅，他的声望怎么样？"大家都说："不能够胜任。"于是外放于忠为都督冀、定、瀛三州诸军事、征北大将军、冀州刺史；任用司空元澄兼领尚书令。元澄上奏说："安定公胡国珍应当出入宫中，参与商讨重大政务。"胡太后下诏采纳他的建议。

甲寅，魏元遥破大乘贼，擒法庆并渠帅百馀人，传首洛阳。

左游击将军赵祖悦袭魏西硖石，据之以逼寿阳；更筑外城，徙缘淮之民以实城内。将军田道龙等散攻诸戍，魏扬州刺史李崇分遣诸将拒之。癸亥，魏遣假镇南将军崔亮攻西硖石，又遣镇东将军萧宝寅决淮堰。

【译文】甲寅日（十四日），北魏的元遥打败自称大乘的妖僧法庆率领的贼军，逮捕了法庆及头目一百多人，将他们的首级传送到洛阳。

梁朝左游击将军赵祖悦偷袭北魏的西硖石，将它攻占，来威胁寿阳。赵祖悦又修建了外城，迁徙淮水沿岸的百姓充实城内。将军田道龙等人分别攻打各戍，北魏扬州刺史李崇分别派遣诸将抵御。癸亥日（二十三日），北魏派遣假镇南将军崔亮攻打西硖石，又派遣镇东将军萧宝寅破坏淮水堤堰。

冬，十月，乙酉，魏以胡国珍为中书监、仪同三司，侍中如故。

甲午，弘化太守杜桂举郡降魏。

初，魏于忠用事，自言世宗许其优转；太傅雍等皆不敢违，加忠车骑大将军。忠又自谓新故之际有定社稷之功，讽百僚令加己赏；雍等议封忠常山郡公。忠又难于独受，乃讽朝廷，同在门下者皆加封邑。雍等不得已复封崔光为博平县公，而尚书元昭等上诉不已。太后敕公卿再议，太傅怿等上言："先帝升遐，奉迎乘舆，侍卫省闼，乃臣子常职，不容以此为功。臣等前议授忠茅土，正以畏其威权，苟免暴戾故也。若以功过相除，悉不应赏，请皆追夺。"崔光亦奉送章绶茅土。表十馀上，太后从之。

【译文】 冬季，十月，乙酉日（十六日），北魏任命胡国珍为中书监、仪同三司，侍中的职位照旧。

甲午日（二十五日），梁朝弘化太守杜桂举郡投降北魏。

起初，北魏于忠当权，说世宗宣武帝元恪答应提升他的官职；太傅元雍等人都不敢违背，加封于忠为车骑大将军。于忠又说他在新老国君交替之际有安定社稷的功劳，暗示百官给自己加封，元雍等人商议封于忠为常山郡公。于忠又认为自己单独受封有所不便，于是暗示朝廷，在门下省任职的人都赐予封邑，元雍等人不得已又封崔光为博平县公，可是尚书元昭等人不断上诉。太后下令公卿重新商议，太傅元怿等人进言："先帝仙逝，奉迎车驾，侍卫宫禁，这是臣子的常职，不应该因此认为有功。臣等先前商议封于忠爵邑，只是畏惧他的权势，苟且免于暴戾的缘故。倘若拿功过相抵，全都不应该封赏，请求全部予以撤销。"崔光也奉上章绶茅土，上表十余通请求缴回，胡太后听从了。

高阳王雍上表自劾，称"臣初入柏堂，见诏旨之行一由门下，臣出君行，深知不可而不能禁；于忠专权，生杀自恣，而臣不能违。忠规欲杀臣，赖在事执拒；臣欲出忠于外，在心未行，返为忠废。忝官尸禄，孤负恩私，请返私门，伏听司败。"太后以忠有保护之功，不问其罪。十二月，辛丑，以雍为太师，领司州牧，寻复录尚书事，与太傅怿、太保怀、侍中胡国珍入居门下，同厘庶政。

【译文】高阳王元雍上表弹劾自己，说："臣刚入柏堂任职时，见到皇帝的圣旨颁布完全由门下省操纵，大臣提出意见由君主遵照执行，我深知道这是不可以的，却不能够加以禁止；于忠专权，生杀朝臣完全自作主张，可是下臣却不敢违背他的旨意。于忠图谋想要杀害下臣，依赖在位任事的大臣坚持而没有实行；下臣想要把于忠外放，心存此意尚未实行，反而被于忠免去官职。我空居官职，干拿薪俸，辜负国家厚恩，请求辞官家居，静候司寇的制裁。"太后因为于忠有保护她的功劳，不追究他的罪过。十二月，辛丑日（初三日），任命于忠为太师，兼领司州牧，不久又总领尚书事，和太傅元怿、太保元怀、侍中胡国珍入居门下省，共同治理国政。

己酉，魏崔亮至硖石，赵祖悦逆战而败，闭城自守；亮进围之。

乙卯，魏主及太后谒景陵。

是冬，寒甚，淮、泗尽冻，浮山堰士卒死者什七八。

魏益州刺史傅竖眼，性清素，民、獠怀之。龙骧将军元法僧代竖眼为益州刺史，素无治干，加以贪残，王、贾诸姓，本州士族，法僧皆召为兵。葭萌民任令宗因众心之患魏也，杀魏晋寿太守，以城来降，民、獠多应之；益州刺史鄱阳王恢遣巴西、梓潼二郡太守张齐将兵三万迎之。法僧，熙之曾孙也。

【译文】己酉日（十一日），北魏崔亮到达硖石，赵祖悦迎战失利,关闭城门自守,崔亮进兵包围他。

乙卯日(二十九日),北魏孝明帝元诩以及太后前往晋谒景陵。

这一年的冬天,特别寒冷,淮水和泗水全都结冰,浮山堰的士兵死了十分之七八。

北魏益州刺史傅竖眼,生性廉洁清白,汉人百姓和被称为獠族的少数民族都怀念他。龙骧将军元法僧代替傅竖眼做益州刺史,他本来没有治事才能,加上性情贪婪残暴,王、贾等姓,是本州士族,元法僧都征召他们当兵。葭萌的百姓任令宗利用大家不满北魏的心理,杀了北魏的晋寿太守,献城投降梁朝,獠民很多响应他;益州刺史鄱阳王元恢派遣巴西、梓潼两郡太守张齐率兵三万人前去迎战。元法僧是元熙的曾孙。

魏岐州刺史赵王谧,干之子也,为政暴虐。一旦,闭城门大索,执人而掠之,楚毒备至,又无故斩六人,阖城凶惧;众遂大呼,屯门,谧登楼毁梯以自固。胡太后遣游击将军王靖驰驲谕城人,城人开门谢罪,奉送管籥,乃罢谧刺史。谧妃,太后从女也。至洛,除大司农卿。

太后以魏主尚幼,未能亲祭,欲代行祭事;礼官博议,以为不可。太后以问侍中崔光,光引汉和熹邓太后祭宗庙故事,太后大悦,遂摄行祭事。

魏南荆州刺声恒叔兴表情不隶东荆州,许之。

【译文】北魏岐州刺史赵王元谧,是元干的儿子,为政暴虐。有一天早上,关闭城门大肆搜索,随意捕人加以拷打,手段极为残暴,又无故将六个人斩首,全城恐惧;众人于是大声呼喊,占据城门,元谧登楼毁梯用以保护自己。胡太后派遣游击将军王靖乘驿车劝说岐州城内暴乱的百姓，城人才开门谢罪，送上锁钥，于是胡太后罢免元谧刺史的职位。元谧的妃子，是太后的侄女。元谧到了洛阳，被任命为大司农卿。

胡太后因为魏主孝明帝元诩年纪幼小，无法亲自祭祀，想代替他行祭祀之事；礼官广泛地思考商议，认为不可以。胡太后拿这件事询问侍中崔光，崔光举出汉和熹年间邓太后祭祀宗庙的旧例，胡太后十分高兴，于是代替行祭祀之事。

北魏南荆州刺史恒叔兴上表请求不再隶属东荆州，获得准许。

天监十五年（丙申，公元五一六年）春，正月，戊辰朔，魏大赦，改元熙平。

魏崔亮攻硖石未下，与李崇约水陆并进，崇屡违期不至。胡太后以诸将不壹，乃以吏部尚书李平为使持节、镇军大将军兼尚书右仆射，将步骑二千赴寿阳，别为行台，节度诸军，如有乖异，以军法从事。萧宝寅遣轻车将军刘智文等渡淮，攻破三垒；二月，乙巳，又败将军垣孟孙等于淮北。李平至硖石，督李崇、崔亮等刻日水陆进攻，无敢乖互，战屡有功。

【译文】天监十五年（丙申，公元516年）春季，正月，戊辰朔日（初一日），北魏实行大赦，改年号为熙平。

北魏崔亮攻打硖石没能攻下，和李崇相约水陆一同进军，李崇多次违背约定没有前往会合。胡太后因为将领间不和睦，于是任命吏部尚书李平为使持节、镇军大将军兼尚书右仆射，率领步兵和骑兵两千人前往寿阳，另外设立行台，节度各军，倘若有违抗命令，按照军法处理。萧宝寅派遣轻车将军刘智文等人渡过淮水，攻克三座城垒；二月，乙巳日（初八日），又在淮水北边打败将军垣孟孙等人。李平到了硖石，监督李崇、崔亮等人水陆两路一同进攻，没有人敢违逆，作战往往有功绩。

上使左卫将军昌义之将兵救浮山，未至，康绚已击魏兵，却之。上使义之与直阁王神念溯淮救硖石。崔亮遣将军博陵崔延伯守下蔡，延伯与别将伊瓮生夹淮为营。延伯取车轮去辋，削锐共辐，两两接对，揉竹为絙，贯连相属，并十馀道，横水为桥，两头施大鹿卢，出没随意，不可烧斫。既断赵祖悦走路，又令战舰不通，义之、神念屯梁城不得进。李平部分水陆攻硖石，克其外城；乙丑，祖悦出降，斩之，尽俘其众。

【译文】梁武帝萧衍派遣左卫将军昌义之率领军队救援浮山，援军还没有到达，康绚已经对魏兵发动攻击，将他们击退。梁武帝萧衍派遣昌义之与直阁王神念沿着淮水往上救援硖石。崔亮派遣将军博陵人崔延伯防守下蔡，崔延伯和别将伊瓮生夹淮水构筑营垒，崔延伯命取来车轮拿掉车轮外框，将车辐削尖，两两对接，揉曲竹子制成大索，将它们互相连接，共十余道并排，横在水上当作桥梁，两边装上大滑轮，可以随意出没，没有办法用火烧或者用刀斫断。既阻断赵祖悦的退路，又使得战舰无法通行，昌义之、王神念驻扎在梁城无法前进。李平指挥水陆两军进攻硖石，将外城攻下；乙丑日（二十八日），赵祖悦出城投降，李平将他斩首，俘虏他的所有部属。

胡太后赐崔亮书，使乘胜深入。平部分诸将，水陆并进，攻浮山堰；亮违平节度，以疾请还，随表辄发。平奏处亮死刑，太后令曰："亮去留自擅，违我经略，虽有小捷，岂免大咎！但吾摄御万机，庶几恶杀，可特听以功补过。"魏师遂还。

【译文】 胡太后给崔亮一封书信，要求他趁着胜利的余威深入进攻。李平指挥诸将，水陆两路一同进军，攻打浮山堰；崔亮违背李平的指挥，借口生病请求还朝。李平上奏请求将崔亮处死，胡太后下令说："崔亮去留自作主张，违反我的策略，虽然有小胜，怎么能够免除大罪？只是我代理天子之事，不愿多有杀戮，特准他将功补过。"北魏的军队于是班师还朝。

魏中尉元匡奏弹于忠："幸国大灾，专擅朝命，裴、郭受冤，宰辅黜辱。又自矫旨为仪同三司、尚书令，领崇训卫尉，原其此意，欲以无上自处。既事在恩后，宜加显戮，请遣御史一人就州行决。自去岁世宗晏驾以后，皇太后未亲览以前，诸不由阶级，或发门下诏书，或由中书宣敕，擅相拜授者，已经恩宥，正可免罪，并宜追夺。"太后令曰："忠已蒙特原，无宜追罪；馀如奏。"

【译文】 北魏的中尉元匡上奏弹劾于忠："乘国家有难，专揽朝政，让裴植和郭祚受到冤杀，宰辅之臣遭到黜退的羞辱。又假称圣旨自封为仪同三司、尚书令，兼领崇训卫尉，考察他这样做的本意，是想唯我独尊，目无圣上。事情既然发生在赦恩之后，应当加以杀戮来显示罪恶。请求派遣御史一人到冀州将他处死。从去年宣武帝元恪晏驾以后，皇太后没有亲政以前，所有事情不遵循程序，有时由门下省发布诏书，有时由中书省宣布敕令，擅自相互授予官职，已经蒙受恩宥的，可以免除他们专擅的罪过，但是所拜授的官职应当一概撤销。"胡太后下令说："于忠已经受到特别宽宥，不应该再行追究他的罪过；其余的按照所奏办理。"

匡又弹侍中侯刚掠杀羽林。刚本以善烹调为尝食典御，凡三十年，以有德于太后，颇专恣用事，王公皆畏附之。廷尉处刚大辟。太后曰："刚因公事掠人，邂逅致死，于律不坐。"少卿陈郡袁翻曰："'邂逅'，谓情状已露，隐避不引，考讯以理者也。今此羽林，问则具首，刚口唱打杀，挝筑非理，安得谓之'邂逅'！"太后乃削刚户三百，解尝食典御。

【译文】元匡又弹劾侍中侯刚击杀羽林军。侯刚本来因为善于烹调被任为尚食典御，一共任职三十年，因为对太后有恩，任事非常专横放肆，王公贵人都因害怕而依附他。廷尉将侯刚处以大辟之刑，胡太后说："侯刚因为公事而拷问羽林卫士，致人死命纯属偶然，对于法律并没有冒犯。"少卿陈郡人袁翻说："所谓'邂逅'，是指情形已经明显，隐瞒罪行而不引伏，依理拷问的状况。现在这个羽林军，一问之下就招供事实的首尾，侯刚口里喊着：'打杀他！'违反情理施以酷刑而致死，怎么可以叫作'邂逅'？"胡太后于是削减侯刚食邑三百户，解除了他尝（据严校："尝"改"尚"）食典御的职务。

三月，戊戌朔，日有食之。

魏论西硖石之功。辛未，以李崇为票骑将军，加仪同三司，李平为尚书右仆射，崔亮进号镇北将军。亮与平争功于禁中，太后以亮为殿中尚书。

魏萧宝寅在淮堰，上为手书诱之，使袭彭城，许送其国庙及室家诸比还北；宝寅表上其书于魏朝。

【译文】三月，戊戌朔日（三月无此日），出现日食。

北魏讨论攻打西硖石的功劳，辛未日（初四日），任命李崇为骠骑将军，加仪同三司；李平为尚书右仆射，崔亮进号镇北将军。崔亮和李平在宫禁中争功劳，胡太后任命崔亮为殿中尚书。

北魏的萧宝寅在淮堰时，梁武帝萧衍亲自写了一封书信诱降他，请他偷袭彭城，答应将他的国庙以及家室随从送回北边；萧宝寅上表将这封书信呈给北魏朝廷。

夏，四月，淮堰成，长九里，下广一百四十丈，上广四十五丈，高二十丈，树以杞柳，军垒列居其上。

或谓康绚曰："四渎，天所以节宣其气，不可久塞，若凿渠东注，则游波宽缓，堰得不坏。"绚乃开渠东注。又纵反间于魏曰："梁人所惧开渠，不畏野战。"萧宝寅信之，凿山深五丈，开渠北注，水日夜分流犹不减，魏军竟罢归。水之所及，夹淮方数百里。李崇作浮桥于硖石戍间，又筑魏昌城于八公山东南，以备寿阳城坏。居民散就冈垄，其水清澈，俯视庐舍冢墓，了然在下。

【译文】夏季，四月，梁国的淮堰完成，长度为九里，下边宽一百四十丈，上边宽四十五丈，高度二十丈，种上了杞柳，军垒成列地构筑在堤堰上面。

有人对康绚说："四条河渎，是上天用来调节宣泄天地之气的，不可以长久地堵塞，倘若开了泄水渠让水东流，那就水流宽缓，堤堰可以不致溃坏。"康绚于是开了泄水渠让水东流。又向魏军施反间计说："梁人所害怕的是开泄水渠，不害怕野战。"萧宝寅相信了，开凿山洞深达五丈，开了泄水渠让水北流，水日夜不停地分流都不见减少，魏军终于疲敝而归。水所淹没的魏国地区，沿淮水两岸方圆数百里之广。李崇在硖石戍修建了一座浮桥，又在八公山的东南方修筑了魏昌城以为防备。寿阳城颓坏，居民四散避往山冈高丘，水流清澈，俯视水下，房舍和冢墓清晰可辨。

初，堰起于徐州境内，刺史张豹子宣言，谓己必掌其事；既而康绚以他官来监作，豹子甚惭。俄而敕豹子受绚节度，豹子遂谮绚与魏交通，上虽不纳，犹以事毕徵绚还。

魏胡太后追思于忠之功，曰："岂宜以一谬弃其馀勋！"复封忠为灵寿县公，亦封崔光为平恩县侯。

【译文】 起初，堤堰从徐州境内开始，刺史张豹子对外宣言，认为自己一定会负责修筑堤堰的事情；后来康绚凭借其他官衔前来监作，张豹子非常羞愧。不久梁武帝萧衍命令张豹子接受康绚的节度，张豹子于是进谗言说康绚和魏人相勾结，梁武帝萧衍虽然不相信他的话，还是在堤堰修筑完成以后征召康绚回朝。

北魏胡太后追念于忠的功勋，说："怎么可以因为一次犯错就将他其余的勋劳都弃置不予考虑了呢？"于是又加封于忠为灵寿县公，也加封崔光为平恩县侯。

魏元法僧遣其子景隆将兵拒张齐，齐与战于葭萌，大破之，屠十馀者，遂围武兴。法僧婴城自守，境内皆叛，法僧遣使间道告急于魏。魏驿徵镇南军司傅竖眼于淮南，以为益州刺史、西征都督，将步骑三千以赴之。竖眼入境，转战三日，行二百馀里，九遇皆捷。五月，竖眼击杀梁州刺史任太洪。民、獠闻竖眼至，皆喜，迎拜于路者相继。张齐退保白水，竖眼入州，白水以东民皆安业。

【译文】 北魏元法僧派遣他的儿子元景隆率兵抗拒张齐，张齐与他在葭萌展开交战，将他打得大败，屠杀十几个城，最后包围武兴。元法僧绕城自守，境内其他地方全都背叛，元法僧派遣使者走小路向北魏朝廷求救。北魏传驿站车马征召镇南将军傅竖眼于淮南，任命为益州刺史、西征都督，率领步兵和骑兵三千人前往救援。傅竖眼进入益州境内，转战三天，行军两百多里，九次交战都取得胜利。五月，傅竖眼击杀梁州刺史任太洪。蜀民与獠族听说傅竖眼到来，都十分欢喜，在道路上迎接行礼的人前后相连。张齐退兵保守白水，傅竖眼进入武兴，白水以东百姓都能安居乐业。

魏梓潼太守苟金龙领关城戍主，梁兵至，金龙疾病，不堪部分，其妻刘氏帅厉城民，乘城拒战百有馀日，士卒死伤过半。戍副高景谋叛，刘氏斩景及其党与数千人，自馀将士，分衣减食，劳逸必同，莫不畏而怀之。井在城外，为梁兵所据，会天大雨，刘氏命出公私布绢及衣服悬之，绞而取水，城中所有杂物悉储之。竖眼至，梁兵乃退，魏人封其子为平昌县子。

【译文】 北魏梓潼太守苟金龙兼领关城戍主，梁朝军队来到时，苟金龙生病，没有办法指挥，他的妻子刘氏激励城中百姓，带领着他们登城抗战，持续一百多天，士兵死伤大半。戍副高景密谋背叛，刘氏将高景和他的同党数千人杀了，其余的将士，平分衣服和饮食，劳逸的情况一定相同，大家莫不畏惧佩服她。井在城面，被梁兵占据，刚好遇到天下大雨，刘氏下令拿出公家和私有的布绢及衣服悬挂，绞干取水，城中所有瓶、罂、瓮、盎等杂物全部储满水。傅竖眼到后，梁兵才退走，北魏封她的儿子为平昌县子。

六月，庚子，以尚书令王莹为左光禄大夫、开府仪同三司，尚书右仆射袁昂为左仆射，吏部尚书王暕为右朴射。暕，俭之子也。

张齐数出白水侵魏葭萌，傅竖眼遣虎威将军强虬攻信义将军杨兴起，杀之，复取白水。宁朔将军王光昭又败于阳平，张齐亲帅骁勇二万馀人与傅竖眼战，秋，七月，齐军大败，走还，小剑、大剑诸戍皆弃城走，东益州复入于魏。

【译文】六月，庚子日（初五日），梁朝任命尚书令王莹为左光禄大夫、开府仪同三司，尚书右补射袁昂为左仆射，吏部尚书王暕为右仆射。王暕是王俭的儿子。

张齐多次从白水出兵，进犯北魏的葭萌，傅竖眼派遣虎威将军强虬攻打信义将军杨兴起，将他杀了，重新攻克白水。梁朝宁朔将军王光昭又在阴平打了败仗，张齐亲自率领骁勇将士二万多人和傅竖眼交战。秋季，七月，张齐的军队大败，逃了回去，小剑、大剑诸戍的守兵都弃城而逃，东益州又落入魏人手中。

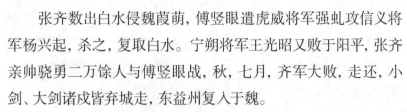

八月，乙巳，魏以胡国珍为骠骑大将军、开府仪同三司、雍州刺史。国珍年老，太后实不欲令出，止欲示以方面之荣；竟不行。

康绚既还，张豹子不复修淮堰。九月，丁丑，淮水暴涨，堰坏，其声如雷，闻三百里，缘淮城戍村落十馀万口皆漂入海。初，魏人患淮堰，以任城王澄为大将军、大都督南讨诸军事，勒众十万，将出徐州来攻堰；尚书右仆射李平以为："不假兵力，终当自坏。"及闻破，太后大喜，赏平甚厚，澄遂不行。

【译文】八月，乙巳日（十一日），北魏任命胡国珍为骠骑大将军、开府仪同三司、雍州刺史。胡国珍已经年老，胡太后实在不想将他外放，只想显示担任要职的荣耀，所以最终没有赴任。

康绚回到梁朝，张豹子不再修治淮堰。九月，丁丑日（十三日），淮水忽然高涨，堤堰崩塌，发出如雷鸣一样的声音，三百里以外都可以听到，淮水沿岸的城戍和村落十多万人都被漂流入海。起初，魏人对淮堰很感到头痛，任命任城王元澄为大将军、大都督南讨诸军事，率领军队十万人，打算从徐州出发攻打堤堰，尚书右仆射李平认为："不需要用兵力，堤堰最终会自己崩坏。"等到听了淮堰崩溃的消息，胡太后大为高兴，对李平的赏赐很优厚，元澄于是没有出发。

壬辰，大赦。

魏胡太后数幸宗戚勋贵之家，侍中崔光表谏曰："《礼》，诸侯非问疾吊丧而入诸臣之家，谓之君臣为谑。不言王后夫人，明无适臣家之义。夫人，父母在有归宁，没则使卿宁。汉上官皇后将废昌邑，霍光，外祖也，亲为宰辅，后犹御武帐以接群臣，示男女之别也。今帝族方衍，勋贵增迁，祗请遂多，将成彝式。愿陛下简息游幸，则率土属赖，含生仰悦矣。"

【译文】壬辰日（二十八日），梁朝大赦天下。

北魏胡太后多次临幸皇室宗亲和功勋显贵的家里，侍中崔光上表进谏说："《礼》上说：诸侯不是为探望疾病或者慰问丧事而进入群臣的家中，这称作君臣相戏谑。没有说到王后夫人，表明王后夫人没有到臣子家中的道理。王后夫人，当娘家父母还在的时候有亲自归宁的礼节，父母已经去世就派遣大臣代为归宁。汉朝上官皇后将要废掉昌邑王时，霍光是外祖父，当宰辅，皇后都还坐在武帐来接见群臣，这是为了表明男女有别。现在皇帝的宗族生子，或者勋贵之家增秩升官，凡有吉庆，都恭请太后临幸，恐怕会成为常例。希望太后停止游幸，那全国就仰赖多多，臣民都大为欢喜。"

任城王澄以北边镇将选举弥轻，恐贼虏窥边，山陵危迫，奏求重镇将之选，修警备之严，诏公卿议之。廷尉少卿袁翻议，以为："比缘边州郡官不择人，唯论资级。或值贪污之人，广开戍逻，多置帅领；或用其左右姻亲；或受人货财请属。皆无防寇之心，唯有聚敛之意。其勇力之兵，驱令抄掠，若值强敌，即为奴虏，如有执获，夺为己富。其羸弱老小之辈，微解金铁之工，少闲草木之作，无不搜营穷垒，苦役百端。自馀或伐木深山，或芸草平陆，贩贸往还，相望道路。此等禄既不多，赏亦有限，皆收其实绢，给其虚粟，穷其力，薄其衣，用其功，节其食，绵冬历夏，加方疾苦，死于沟渎者什常七八。是以邻敌伺间，扰我疆场，皆由边任不得其人故也。愚谓自今已后，南北边诸藩及所统郡县府佐、统军至于戍主，皆令朝臣王公已下各举所知，必选其才，不拘阶级；若称职及败官，并所举之人随事赏罚。"太后不能用。及正光之末，北边盗贼群起，遂逼旧都，犯山陵，如澄所虑。

冬，十一月，交州刺史李畟斩交州反者阮宗孝，传首建康。

【译文】任城王元澄因为北边的镇将在选用时越来越轻率，担心贼虏进犯边境，皇帝陵墓受到威胁，上奏请求对镇边将领的选用要特别慎重，部署警备要格外严密，胡太后下诏交付公卿讨论。廷尉少卿袁翻发表意见，认为："近来沿边的州郡，任用官吏往往不选择人才，只是考虑出身。有时用到贪污的人，大量增加戍守巡逻的兵士，过多设置统帅的职位，或是任用他的左右姻亲，或是接受他人的钱财请托，都没有防备敌人的打算，只是一味地聚敛财物。那些勇敢有力的士兵，驱使他们从事劫掠的勾当，假如遇到强敌，就被俘虏成为奴隶；假如有所斩获，就夺为己有以便增加自己的财富。那些羸弱老幼的人，略微懂得一点冶金炼铁的技术，或者稍微熟习一点营造建筑的方法，全都将他们从营垒里搜寻出来，使他们从事各种辛苦的劳役。其余的士兵，有的叫他们到深山中砍伐木材，有的叫他们割除杂草填平陆地，从事商贸往来的，道路上络绎不绝。这些人薪俸不多，财货也有限，但都向他们收取满额的绢，发给他们的却是不足的粟，榨尽他们的劳力，却让他们穿不暖；坐享他们的劳动果实，却让他们吃不饱，从冬天一直到夏天都是如此，再加上疾病，死在沟壑中的经常有十之七八。因此邻近的敌人趁着我们不备，骚扰我们的边疆，这都是边将的任用没有得到合适人选的缘故。愚臣认为从今而后，南北边各藩镇以及它们所统辖的郡县，自府佐、统军以至于戍主，全都命令朝臣王公以下各自举荐他们所熟悉的人，一定要从其中选拔才能之士予以任命，不管他的出身如何。倘若胜任职位或者败坏公事，连同举荐的人按照事情轻重一起接受奖赏或者予以惩罚。"胡太后没有采纳他的建议。到了孝明帝元诩正光末年，北边盗贼蜂拥而起，进逼旧都，冒犯皇帝陵墓，正如同元澄所忧虑的情形。

　　冬季，十一月，梁朝交州刺史李奛将交州地方造反的阮宗孝斩首，把他的首级传送到建康。

　　初，魏世宗作瑶光寺，未就，是岁，胡太后又作永宁寺，皆在宫侧；又作石窟寺于伊阙口，皆极土木之美。而永宁尤盛，有金像高丈八尺者一，如中人者十，玉像二。为九层浮图，掘地筑基，下及黄泉；浮图高九十丈，上刹得高十丈，每夜静，铃铎声闻十里。佛殿如太极殿，南门如端门。僧房千间，珠玉锦绣，骇人心目。自佛法入中国，塔庙之盛，未之有也。扬州刺史李崇上表，以为："高祖迁都垂三十年，明堂未修，太学荒废，城阙府寺颇亦颓坏，非所以追隆堂构，仪刑万国者也。今国子虽有学官之名，而无教授之实，何异兔丝、燕麦、南箕、北斗！事不两兴，须有进退；宜罢尚方雕靡之作，省永宁土木之功，减瑶光材瓦之力，分石窟镌琢之劳，及诸事役非急者，于三时农隙修此数条，使国容严显，礼化兴行，不亦休哉！"太后优令答之，而不用其言。

【译文】起初，北魏世宗宣武帝元恪兴建瑶光寺，还没有落成；这一年，胡太后又兴建永宁寺，这两座寺庙都在皇宫的旁边；又在伊阙口兴建石窟寺，这些寺庙在土木建筑方面可以说美到极点。永宁寺尤为壮观，有高一丈八尺的金像一座，与人一样高的金像十座，玉像两座。修建一座九层高的塔，挖掘地基，深达黄泉；塔高九十丈，塔的上柱又高十丈，每当夜深人静，塔上铃铎的声音十里以外都可以听到。佛殿建得仿佛太极殿一样堂皇，南门就如同端门一般。僧房有一千间，所陈设的珠玉锦绣，叫人看了为之心惊。自从佛法传入中国，寺庙的盛况，没有能跟它相比的。扬州刺史李崇上表，认为："高祖孝文帝元宏迁都以来将近三十年，明堂没有修建，太学也荒废了，城阙和府寺也多有颓坏的地方，这不是继承先志，成为万国表率的做法。现在国子监虽然有学官的名义，却没有教授的实质内容，这和兔丝、燕麦、南箕、北斗这些有名无实的东西有何不同呢？没有办法两件事情同时进行，必须有轻重缓急。应该停止尚方机构奢靡的器物制作，省掉永宁寺土木建筑的工作，减少瑶光寺材瓦营造的力量，减轻石窟寺雕琢佛像的辛劳，以及所有不是紧急的劳役都予以暂停，在三时农暇之际修建上举各事，使得国家的观瞻威严显盛，礼乐兴起，教化盛行，这不是很美好吗？"胡太后用嘉许的命令回答他，却没能够采纳他的建议。

太后好事佛，民多绝户为沙门，高阳王友李玚上言："三千之罪莫大于不孝，不孝之大无过于绝祀。岂得轻纵背礼之情，肆其向法之意，一身亲老，弃家绝养，缺当世之礼而求将来之益！孔子云：'未知生，焉知死？'安有弃堂堂之政而从鬼教乎！又，今南服未静，众役仍烦，百生之情，实多避役，若复听之，恐捐弃孝慈，比屋皆为沙门矣。"都统僧暹等忿玚谓之"鬼教"，以为谤佛，泣诉于太后。太后责之，玚曰："天曰神，地曰祇，人曰鬼。《传》曰：'明则有礼乐，幽则有鬼神。'然则明者为堂堂，幽者为鬼教。佛本出于人，名之为鬼，愚谓非谤。"太后虽知玚言为允，难违暹等之意，罚玚金一两。

【译文】胡太后喜好奉事佛陀，很多百姓出家当沙门因而断绝香火，高阳王元雍的僚属李玚上言："三千种罪过没有比不孝更大的，最大的不孝没有超过断绝祭祀的，怎么可以随便听任违背礼教的情感，放纵那趋向佛法的心意？自己的双亲年老，却抛弃家庭，断绝奉养，怎么可以用违背现世的礼法去求得来世的福报呢？孔子说：'对于生前的事情都还了解得不够透彻，又如何知道死后的事？'怎么能抛弃光明正大的政教而去信从鬼教呢？再说现在南部边疆不安定，各种劳役还很烦剧，百姓出家，他们的目的多数是逃避众役，倘若再听任他们这样做，恐怕都要捐弃父慈子孝的天伦之情，每家都是沙门了。"都统僧暹等人对于李玚称他们为鬼教大为不满，认为是毁谤佛陀，向胡太后流泪控诉。太后责备李玚，李玚说："天称为神，地称为祇，人称为鬼，《礼记》上说：'光明的地方有礼乐，幽微的地方有鬼神。'因此光明的是为堂堂，幽微的是为鬼教。佛陀本来是由人变成的，称他为鬼，愚臣认为不是毁谤。"太后虽然明白李玚说的话不错, 但是难以违背僧暹等人的意思, 罚李玚一两金子。

魏征南大将军田益宗求为东豫州刺史, 以招二子, 太后不许, 竟卒于洛阳。

柔然伏跋可汗, 壮健善用兵, 是岁, 西击高车, 大破之, 执其王弥俄突, 系其足于驽马, 顿曳杀之, 漆其头为饮器。邻国先羁属柔然后叛去者, 伏跋皆击灭之, 其国复强。

【译文】北魏的征南大将军田益宗请求当东豫州刺史, 以便招降他的两个儿子, 胡太后不答应, 田益宗最终死在洛阳。

柔然伏跋可汗, 身体强壮, 善于用兵。这一年, 对西边的高车发动攻击, 将高车打得大败, 俘虏高车的王弥俄突, 将他的脚绑在驽马上, 拖曳着把他杀死, 将他的头取下来上漆作为饮器。邻国中原先附庸于柔然后来背叛的小国, 伏跋都将他们攻灭, 柔然又强盛起来。

天监十六年(丁酉, 公元五一七年)春, 正月, 辛未, 上祀南郊。

魏大乘余贼复相聚突入瀛州, 刺史宇文福之子员外散骑侍郎延帅奴客拒之。贼烧斋阁, 延突火抱福出外, 肌发皆焦, 勒众苦战, 贼遂散走, 追讨, 平之。

甲戌, 魏大赦。

【译文】天监十六年 (丁酉, 公元517年) 春季, 正月, 辛未日 (初九日), 梁武帝萧衍到南郊祭祀。

北魏的大乘余党又相聚成一股, 闯入瀛州, 瀛州刺史宇文福的儿子员外散骑侍郎宇文延率领奴仆佃客抗御他们。贼党放火焚烧斋阁, 宇文延突入火中将父亲宇文福抱出来, 自己的肌肉毛发都被烧焦，他指挥部属苦战，乱党溃散逃走，宇文延率众追讨，消灭了他们。

甲戌日（十二日），北魏实行大赦。

魏初，民间皆不用钱，高祖太和十九年，始铸太和五铢钱，遣钱工在所鼓铸；民有欲铸钱者，听就官炉，铜必精练，无得殽杂。世宗永平三年，又铸五铢钱，禁天下用钱不依准式者。既而洛阳及诸州镇所用钱各不同，商货不通。尚书令任城王澄上言以为：“不行之钱，律有明式，指谓鸡眼、镮凿，更无馀禁。计河西诸州今所行者悉非制限，昔来绳禁，愚窃惑焉。又河北既无新钱，复禁旧者，专以单丝之缣、疏缕之布，狭幅促度，不中常式，裂匹为尺，以济有无，徒成杼轴之劳，不免饥寒之苦，殆非所以救恤冻馁，子育黎元之意也。钱之为用，贯繦相属，不假度量，平均简易，济世之宜，谓为深允。乞并下诸方州镇，其太和与新铸五铢及古诸钱方俗所便用者，但内外全好，虽有大小之异，并得通行，贵贱之差，自依乡价。庶货环海内，公私无壅。其鸡眼、镮凿及盗铸、毁大为小、生新巧伪不如法者，据律罪之。”诏从之。然河北少钱，民犹用物交易，钱不入市。

【译文】北魏初年，民间都不使用钱币，高祖孝文帝元宏太和十九年开始铸造太和五铢钱，派遣钱工在工场铸造，百姓有想铸钱的，准许他们利用官炉，但是必须使用精良的铜，不可以有杂质混淆。世宗宣武帝元恪永平三年，又铸造五铢钱，禁止国内使用不合标准的钱。后来洛阳以及各州镇所使用的钱币各不相同，商货无法流通。尚书令任城王元澄上书进言，认为：“不能通行的钱，法律有明确的规定，指的是鸡眼及凿边的钱币，再没有其他的禁令。估计河南各州现今所通行的钱币全都不在禁令范围，前些时予以禁止，愚臣私下里觉得疑惑。另外，河北既没有新钱，又禁止旧钱，只好用单丝的缣、疏缕的布，那缣布幅狭窄，长度又短，不符合常规，将成匹的裁剪成为尺，来救助没有的人，徒然耗费了织工的辛劳，无法使他们免于饥寒的痛苦，实在有违救济冻馁、抚育庶民的心意。钱币的使用，用绳子贯穿使之相连属，不需要度量，既公平又简便，愚臣认为是很好的有益于百姓的办法。请求同时命令各方州镇，太和钱和新铸的五铢钱以及用起来方便的各种古钱，只要内外完好无缺，即使有大小的差别，都可以通行。至于贵贱的差别，分别按乡里的物价折合。这样，货币可以流通全国，于公家于私人都畅通无碍。至于那鸡眼、凿边以及盗铸钱币、将大钱化成小钱、用各种花招造假钱，不依照规定的，便按照法律加以制裁。"胡太后下诏采纳这个建议。但是由于河北少钱，百姓还是使用物品交易，钱币没有在市场流通。

魏人多窃冒军功，尚书左丞卢同阅吏部勋书，因加检核，得窃阶者三百馀人，乃奏："乞总集吏部、中兵二局勋簿，对句奏案，更造两通，一关吏部，一留兵局。又，在军斩首成一阶以上者，即令行台军司给券，当中竖裂，一支付勋人，一支送门下，以防伪巧。"太后从之。同，玄之族孙也。中尉元匡奏请取景明元年已来，内外考簿、吏部除书、中兵勋案、并诸殿最，欲以案校窃阶盗官之人，太后许之。尚书令任城王澄表以为："法忌烦苛，治贵清约。御史之体，风闻是司，若闻有冒勋妄阶，止应摄其一簿，研检虚实，绳以典刑。岂有移一省之案，寻两纪之事，如此求过，谁谌其罪！斯实圣朝所宜重慎也。"太后乃止。又以匡所言数不从，虑其辞解，欲奖安之，乃加镇东将军。二月，丁未，立匡为东平王。

【译文】北魏假冒军功的人很多，尚书左丞卢同审阅吏部记录功勋的簿籍，从而加以审核，查到窃冒军功的有三百多人，于是上奏："请求集中吏部及中兵两局的功劳簿，对照奏案，重新编造两份，一份交付吏部，一份留在兵局。另外在军中杀敌积成一阶以上的，就叫行台军司给予票券，票券从当中竖着分开，一半交付有功勋的人，一半送到门下省，借以防备造假。"胡太后听从这个建议。卢同是卢玄的族孙。中尉元匡上奏调取宣武帝元恪景明元年以来内外考核的账簿、吏部任职文书、中兵功劳查询档案以及官府考核中所有的第一名和最后一名，想要究办窃盗官阶的人，胡太后答应了。尚书令任城王元澄上表认为："法令最怕烦扰苛刻，为政贵在清廉简约。御史的职责，是主持风闻，倘若听说有窃冒功勋盗取官阶的情况，只应当调阅这个人的簿籍，研判考核虚实，给予处罚。哪有调取尚书省全省的档案、追究将近二十年的事情的道理？像这样寻求过错，谁能够受得了这种罪刑呢？这实在是圣朝所应当特别慎重的。"胡太后于是作罢。又因为多次没有听从元匡所说的话，担心他辞去官职，想要奖励他使他安于职位，于是加封他为镇东将军。二月，丁未日（十六日），册立元匡为东平王。

三月，丙子，敕织官，文锦不得为仙人鸟善之形，为其裁剪，有乖仁恕。

丁亥，魏广平文穆王怀卒。

夏，四月，戊申，魏以中书监胡国珍为司徒。

诏以宗庙用牲牢，有累冥道，宜皆以面为之。于是，朝野喧哗，以为宗庙去牲，乃是不复血食，帝竟不从。八坐乃议以大脯代一元大武。

【译文】三月，丙子日（十五日），梁朝下令织官织锦的图形不可以做仙人鸟兽的形状，因为裁剪的时候毁坏形体，和仁恕之道相违背。

丁亥日（二十六日），北魏广平文穆王元怀去世。

夏季，四月，戊申日（十八日），北魏任命中书监胡国珍为司徒。

梁武帝萧衍下诏，宗庙中用牺牲祭祀有损亡灵的福泽，应当全部用面粉代替。于是朝野喧哗，认为宗庙去掉牺牲，意味着国家灭亡，梁武帝萧衍最后还是没有采纳大家的意见。朝中高官于是议定用大脯代替牛。

【申涵煜评】*巴陵之君可弑，浮山之民可杀。而乃面代牺牲，用绝血食，禁官织锦，恐裁人形，以帝王而作下愚之事，千古笑杀。*

【译文】梁武帝面对巴陵的君主可以杀害，浮山的人民可以杀害。然而竟然用面制食品代替血食，使得祖宗的祭祀断绝，禁止官员编织华丽的衣服，害怕裁成人的形状，作为帝王而做下愚蠢的事情，成为千古笑谈。（按：此为梁武帝因笃行佛法而为，并非没有道理。至于申涵煜论其"巴陵之君可弑，浮山之民可杀"，自另当别论。此为俗儒不懂佛理之过，此点近代印光大师议论甚详。）

秋，八月，丁未，诏魏太师高阳王雍入居门下，参决尚书奏事。

冬，十月，诏以宗庙犹用脯脩，更议代之，于是以大饼代大脯，其馀尽用蔬果。又起至敬殿、景阳台，置七庙座，每月中再设净馔。

乙卯，魏诏：北京士民未迁者，悉听留居为永业。

【译文】秋季，八月，丁未日（十八日），北魏下诏太师高阳王元雍入居门下省，参与决断尚书省的奏事。

冬季，十月，梁武帝萧衍因为宗庙祭祀还是用干肉，下诏予以制止，再行商议用他物替代，于是用大饼替代干肉，其余全部用蔬菜水果。又修建至敬殿、景阳台，设置七庙中的神位，每月两次供祭蔬果面食一类的素食。

乙卯日（二十七日），北魏下诏旧都平城还没有迁移的士民全部听任他们永久居留下来。

十一月，甲子，巴州刺史牟汉宠叛，降魏。

十二月，柔然伏跋可汗遣俟近尉比建等请和于魏，用敌国之礼。

是岁，以右卫将军冯道根为豫州刺史。道根谨厚木讷，行军能检敕士卒；诸将争功，道根独默然。为政清简，吏民怀之。上尝叹曰："道根所在，令朝廷不复忆有一州。"

魏尚书崔亮奏请于王屋等山采铜铸钱，从之。是后民多私铸，钱稍薄小，用之益轻。

【译文】十一月，甲子日（初七日），巴州刺史牟汉宠背叛梁朝，投降北魏。

十二月，柔然伏跋可汗派遣俟近尉比建等人到北魏请求议和，采用平等国家的礼节。

这一年，梁朝任用右卫将军冯道根为豫州刺史。冯道根谨慎厚道，不善言辞，带兵时能够约束士卒，士卒也愿意听从他调遣。诸将争功劳，只有冯道根默然无语。他为政清廉简约，百姓都怀念他。梁武帝萧衍曾经叹息说："冯道根在的地方不给朝廷添麻烦，朝廷不记得有这一州。"

北魏尚书崔亮上奏请求在王屋等山开采铜矿来铸造钱币，朝廷听从他的建议。从此以后百姓常常私自铸钱，钱币比较薄小，用过一段时间更显得轻了。

天监十七年（戊戌，公元五一八年）春，正月，甲子，魏以氐酋杨定为阴平王。

魏秦州羌反。

二月，癸巳，安成康王秀卒。秀虽与上布衣昆弟，及为君臣，小心畏敬过于疏贱，上益以此贤之。秀与弟始兴王憺尤相友爱，憺久为荆州刺史，常中分其禄以给秀，秀称心受之，亦不辞多也。

甲辰，大赦。

己酉，魏大赦，改元神龟。

魏东益州氐反。

【译文】天监十七年（戊戌，公元518年）春季，正月，甲子日（初八日），北魏任命氐族首领杨定为阴平王。

北魏秦州的羌人造反。

二月，癸巳日（初七日），安成康王萧秀去世。萧秀虽然和梁武帝萧衍是平民时期的亲兄弟，等后来成了君臣，小心恭敬的程度却超过疏远的宗亲低贱的臣子，梁武帝萧衍因此更加认为他了不起。萧秀和弟弟始兴王萧憺互相友爱，萧憺长久担任荆州刺史，将他的俸禄平分一半送给萧秀，萧秀愉快地接受，也不说太多推辞的话。

甲辰日（十八日），梁朝大赦天下。

己酉日（二十三日），北魏大赦天下，改年号为神龟。

北魏东益州的氐人造反。

魏主引见柔然使者，让之以藩礼不备，议依汉待匈奴故事，遣使报之。司农少卿张伦上表，以为："太祖经启帝图，日有不暇，遂令竖子游魂一方。亦由中国多虞，急诸华而缓夷狄也。高祖方事南辕，未遑北伐。世宗述遵遗志，虏使之来，受而弗答。以为大明临御，国富兵强，抗敌之礼，何惮而为之，何求而行之！今虏虽慕德而来，亦欲观我强弱；若使王人衔命虏庭，与为昆弟，恐非祖宗之意也。苟事不获已，应为制诏，示以上下之仪，命宰臣致书，谕以归顺之道，观其从违，徐以恩威进退之，则王者之体正矣。岂可以戎狄兼并，而遽亏典礼乎！"不从。伦，白泽之子也。

三月，辛未，魏灵寿武敬公于忠卒。

魏南秦州氐反。遣龙骧将军崔袭持节谕之。

【译文】北魏孝明帝元诩接见柔然使者，责备他们没有尽到藩国的礼节，议定采用汉朝对待匈奴的旧例，约为兄弟之国，派遣使者回报。司农少卿张伦上表，认为："太祖拓跋珪经略帝业，没有余暇，于是让社仑得以称雄漠北；也是中原战乱频仍，优先处理华夏之事而缓慢处理夷狄之事的缘故。高祖孝文帝元宏忙于迁都洛阳，没来得及北伐。世宗宣武帝元恪遵从先帝遗志，柔然派使者前来时，虽然接受觐见却没有派使者回报。这是因为圣明的君主在位，国富兵强，拒绝敌人的礼节，有什么畏惧的要答应他们的请求，有什么好处而要去做呢？现在柔然虽然仰慕我国的德业，派遣使臣前来求和，也是想探探我国的强弱情形，倘若大王的使者奉命出使柔然，和他们约为兄弟，恐怕不是祖宗的愿望。如果实在不得已，应当下达诏书，显示上下君臣的礼节，命令宰臣传送书信，把归顺的道理告诉他们，看他们是答应还是不答应，然后慢慢地或进而用恩或者退而用威，那么王者的态度就得其正。怎么能够因为戎狄相互兼并，从而亏损礼节呢？"朝廷没有听从他的话。张伦是张白泽的儿子。

三月，辛未日（十六日），北魏灵寿武敬公于忠去世。

北魏南秦州的氐人造反，朝廷派遣龙骧将军崔袭持节前往晓谕。

夏，四月，丁酉，魏秦文宣公胡国珍卒，赠假黄钺、相国、都督中外诸军事、太师，号曰太上秦公，加九锡，葬以殊礼，赠襚仪卫，事极优厚。又迎太后母皇甫氏之枢与国珍合葬，谓之太上秦孝穆君。谏议大夫常山张普惠以为前世后父无称"太上"者，"太上"之名不可施于人臣，诣阙上疏陈之，左右莫敢为通。会胡氏穿圹，下有磐石，乃密表，以为："天无二日，土无二王，'太上'者因'上'而生名也，皇太后称'令'以系'敕'下，盖取三从之道，远同文母列于十乱，今司徒为'太上'，恐乖系敕之意。孔子称：'必也正名乎！'比克吉定兆，而以浅改卜，亦或天地神灵所以垂至戒、启圣情也。伏愿停逼上之号，以邀廉光之福。"太后乃亲至国珍宅，召集五品以上博议。王公皆希太后意，争诘难普惠；普惠应机辨析，无能屈者。太后使元乂宣令于普惠曰："朕之所行，孝子之志，卿之所陈，忠臣之道。群公已有成议，卿不得苦夺朕怀。后有所见，勿难言也。"

太后为太上君造寺，壮丽埒于永宁。

【译文】夏季，四月，丁酉日（十二日），北魏秦文宣公胡国珍去世，朝廷赠假黄钺、相国、都督中外诸军事、太师等职，赐尊号为太上秦公，采用隆重的礼节埋葬，赠送殓服和仪卫，丧事极为优厚。又迎接太后母亲皇甫氏的灵柩与胡国珍合葬，称她为太上秦孝穆君。谏议大夫常山人张普惠认为前代皇后的父亲没有称作"太上"的，"太上"的名称不能用在臣子身上，前往宫阙上疏说明自己的看法，左右近臣不敢替他传达。恰好遇到胡氏挖掘墓穴，下面有大的石头，于是张普惠秘密上表，认为："天上没有两个太阳，地上没有两个君王，'太上'一词是因'上'字而出现的名称，皇太后称'令'系属在皇帝的'敕'字的底下，这是采取三从的道理，可以媲美周武王时期的文母列在十个善于治理的大臣之中，现在司徒胡国珍称为'太上'，恐怕和系'令'于'敕'下的贤明做法不合。孔子说：'一定先要正名！'最近挑选司徒墓穴时，已经获得吉兆决定地点，而又因为墓穴太浅改卜他地，这也许是天地神灵来宣示至深的警戒，开启圣上的心意吧！伏愿取消与帝王一样的称号，以求取谦让带来的福佑。"胡太后于是亲自到胡国珍的宅第，召集五品以上的群臣广泛讨论。王公贵人为迎合太后的意思，争着诘难张普惠，张普惠随机辩论，没有人能驳倒他。太后派遣元叉传命令给张普惠说："我所施行的，是孝子的心意；你所陈说的，是忠臣的道理。群公已经有了定议，你不可以狠心改变朕的心意。此后倘若有什么见解，也不要知而不言。"

胡太后为太上君修建寺庙，其壮丽可以媲美永宁寺。

尚书奏复徵民绵麻之税，张普惠上疏，以为："高祖废大斗，去长尺，改重称，以爱民薄赋。知军国须绵麻之用，故于绢增税绵八两，于布增税麻十五斤，民以称尺所减，不啬绵麻，故鼓舞供调。自兹以降，所税绢布，浸复长阔，百姓嗟怨，闻于朝野。

宰辅不寻其本在于幅广度长，遽罢绵麻。既而尚书以国用不足，复欲徵敛。去天下之大信，弃已行之成诏，追前之非，遂后之失不思库中大有绵麻，而群臣共窃之也，何则？所输之物，或斤羡百铢，未闻有司依律以罪州郡；或小有滥恶，则坐户主，连及三长。是以在库绢布，逾制者多，郡臣受俸，人求长阔厚重，无复准极，未闻以端幅有馀还求输官者也。今欲复调绵麻，当先正称、尺，明立严禁，无得放溢，使天下知二圣之心爱民惜法如此，则太和之政复见于神龟矣。”

【译文】 尚书奏请再向百姓征收棉麻的捐税，张普惠上疏，认为：“高祖孝文帝元宏废弃大斗，去掉长尺，改革重秤，用以爱护百姓，减轻赋税。因为国家、军队需要棉麻制品，所以在绢外加征绵八两的税，在布外加征麻十五斤的税，百姓因为校订秤尺所减少的赋税，不止棉麻两项，所以踊跃缴纳。从此以后，所征绢、布的税，渐渐加长加宽，百姓怨恨叹息的声音，朝野都可以听到。宰相不推究根本原因在于幅宽度长，突然停止征收棉麻。不久尚书因为军队国家的用度不足，又想要征收棉麻。这种做法是失掉百姓的信任，抛弃已经施行的既定诏令，想要补救过失于前，不觉间又犯了过失于后。没有考虑到国库中棉麻很多，而群臣正在共同盗取。为什么这样说呢？百姓所供输的东西，有时一斤多缴纳一百铢，从没听说有司按照律令处罚州郡官员；有时质量稍微差一点，一家之主就要被判罪，邻长、里长及党长要受到连坐。因此在国库里的绢布，逾越规定的占大部分，群臣领受俸禄，每人都要求长阔厚重，没有止境，没听说因为端幅有余而要求交还给官府的。现在又想征取棉麻的捐税，应该先行校准秤、尺的规格，明确地制定严格的禁令，不可以放滥，使得全国知道圣上和太后是如此的爱民惜法，那么太和时的政治盛况就要在陛下神龟年间再行出现。"

普惠又以魏主好游骋苑囿，不亲视朝，过崇佛法，郊庙之事多委有司，上疏切谏，以为："殖不思之冥业，损巨费于生民，减禄削力，近供无事之僧，崇饰云殿，远邀未然之报，昧爽之臣稽首于外，玄寂之众遨游于内，衍礼忤时，人灵未穆。愚谓修朝夕之因，求祗劫之果，未若收万国之欢心以事其亲，使天下和平，灾害不生也。伏愿淑慎威仪，为万邦作式，躬致郊庙之虔，亲纡朔望之礼，释奠成均，竭心千亩，量撤僧寺不急之华，还复百官久折之秩，已造者务令简约速成，未造者一切不复更为，则孝弟悌以通神明，德教可以光四海，节用爱人，法俗俱赖矣。"寻敕外议释奠之礼，又自是每月一陛见群臣，皆用普惠之言也。

普惠复表论时政得失，太后与帝引普惠于宣光殿，随事诘难。

【译文】张普惠又因为北魏孝明帝元诩喜好在苑囿中游猎玩乐，不亲临主持朝政，过分尊崇佛法，郊庙祭祀的事情大多交给有司，上疏恳切地谏诤，认为："做没有理智的死后功德，耗损百姓巨大的财物，减少大臣俸禄，剥削民力，亲自供奉无所事事的僧徒；把寺庙装修得宏伟壮丽，追求未来不可知的报答。天还没有十分亮时，群臣入朝在外面磕头；讲求玄虚的僧侣，却在里面游玩。违背礼法，不合时宜，人和神灵都不和睦。愚臣以为整天修行，来祈求不受劫难，不如收纳万国的欢心来事奉父母，使得天下和平，灾害不生。希望陛下能谨慎威仪，归于至善，做万国的表率，亲自主持郊庙祭祀来显示虔敬的诚意，同时亲自主持朔望的典礼，祭奠先圣先师，尽心于耕田的事情，斟酌裁减僧寺不急需的浮华，归还百官长久以来被削减的俸禄，已经开工建造的寺庙务必力求简约，早日完成；还没开工建造的寺庙，一律不再施工。那么圣上孝悌的精诚可以上通神明,道德的教化可以广被四海,节约用度,爱护百姓,则法律和风俗全都有所依赖。"不久北魏孝明帝元诩下令外朝讨论祭奠先师的礼节,又从此时起孝明帝每月接见群臣一次,这都是采纳张普惠的建议。

张普惠又上表议论时政得失,胡太后和孝明帝元诩在宣光殿召见张普惠,就每件事情提出质问及驳难。

临川王宏妾弟吴法寿杀人而匿于宏府中,上敕宏出之,即日伏辜。南司奏免宏官,上注曰:"爱宏者兄弟私亲,免宏者王者正法。所奏可。"五月,戊寅,司徒、骠骑大将军、扬州刺史临川王宏免。

宏自洛口之败,常怀愧愤,都下每有窃发,辄以宏为名,屡为有司所奏,上每赦之。上幸光宅寺,有盗伏于骠骑航,待上夜出;上将行,心动,乃于朱雀航过。事发,称为宏所使,上泣谓宏曰:"我人才胜汝百倍,当此犹恐不堪,汝何为者?我非不能为汉文帝,念汝愚耳!"宏顿首称无之;故因匿法寿免宏官。

【译文】临川王萧宏小妾的弟弟吴法寿杀人躲藏在萧宏的府邸里,梁武帝萧衍下令萧宏将他交出来,当天就把吴法寿正法。御史台上奏罢免萧宏的官职,梁武帝在奏折上批示说:"怜爱萧宏是因为他是朕的兄弟私亲,但是罢免萧宏却是为了维护王者的正法,所奏照准。"五月,戊寅日(二十四日),司徒、骠骑大将军、扬州刺史临川王萧宏被免去各项官职。

萧宏自从兵败洛口后,心中时常感到愤恨羞愧。京师中有窃盗发生,往往利用萧宏的名号,他多次被有司参奏,梁武帝萧衍总是赦免他。梁武帝临幸光宅寺,有盗贼埋伏在萧宏府前的骠骑航下，等待晚上梁武帝出来；梁武帝萧衍将要出发，心中感觉有异，于是改从朱雀航经过。事情被揭发，盗贼说是受到萧宏的指使。梁武帝萧衍流着泪对萧宏说："我的人才胜过你百倍，在这个位置上都担心不能胜任，你算是何等样人呢？我不是不能像汉文帝杀掉淮南王刘安那样杀掉你，只是考虑你愚昧罢了！"萧宏磕头说没有这回事。如今便借着藏匿吴法寿的事罢免萧宏的官职。

　　宏奢僭过度，殖货无厌。库屋垂百间，在内堂之后，关籥甚严，有疑是铠仗者，密以闻。上于友爱甚厚，殊不悦。佗日，送盛馔与宏爱妾江氏曰："当来就汝欢宴。"独携故人射声校尉丘佗卿往，与宏及江大饮，半醉后，谓曰："我今欲履行汝后房。"即呼舆径往堂后。宏恐上见其货贿，颜色怖惧。上意益疑之，于是屋屋检视，每钱百万为一聚，黄榜标之，千万为一库，悬一紫标，如此三十馀间。上与佗卿屈指计，见钱三亿馀万，馀屋贮布绢丝绵漆蜜紵蜡等杂货，但见满库，不知多少。上始知非仗，大悦，谓曰："阿六，汝生计大可！"乃更剧饮至夜，举烛而还。兄弟方更敦睦。

　　【译文】萧宏奢侈僭越没有限度，聚敛财物，贪得无厌。他有仓库将近一百间，在内堂的后面，锁得很严密，有人怀疑里面藏的是铠甲和兵器，秘密地向梁武帝萧衍上奏。梁武帝对于萧宏十分友爱，听说这件事以后很不高兴。后来有一天，梁武帝萧衍送丰盛的酒席给萧宏的爱妾江氏，说："我当到你那里欢宴。"便独自带着老朋友射声校尉丘佗卿前往，和萧宏及江氏痛快饮酒，半醉以后，对萧宏说："我今天想到你的后院走一走。"即刻叫来轿子直接向堂屋的后面走去。萧宏担心梁武帝萧衍看见他的财货，脸色惊怖，梁武帝的内心更加怀疑。于是每一个房间都加以查看，发现萧宏每百万钱作一堆，用黄榜标示，千万为一库，挂着一个紫色的标示，像这样的有三十多间。梁武帝萧衍和丘佗卿屈指计算，现钱有三亿多万，其余的房子贮存布、绢、丝、绵、漆、蜜、纻、蜡等杂货，只看见仓库里面堆得满满的，不知道有多少。梁武帝萧衍知道藏的不是兵器以后，十分高兴，说："老六，你的日子过得不错！"于是再次畅饮直到晚上，举着蜡烛回宫。兄弟这才重新恢复友爱。

宏都下有数十邸，出悬钱立券，每以田宅邸店悬上文契，期讫，便驱券主夺其宅。都下、东土百姓，失业非一。上后知之，制悬券不得复驱夺，自此始。

侍中、领军将军吴平侯昺，雅有风力，为上所重，军国大事皆与议决，以为安右将军，监扬州。昺自以越亲居扬州，涕泣恳让，上不许。在州尤称明断，符教严整。

【译文】萧宏在京师有几十处府邸，他出借金钱立契约，经常将人家的田宅邸店当作抵押品明载在文契上，期满以后，便驱赶券主硬夺他的房宅，京都和东土的百姓许多人因而流离失所。梁武帝萧衍后来知道这件事，下令不能再用抵押借款的文契驱夺债务人的财产，这一规定就是从这时开始的。

侍中、领军将军吴平侯萧昺，颇有风骨，受到梁武帝萧衍的推重，军国大事都与他商议决断，任他为安右将军，监守扬州。萧昺认为自己逾越同宗之亲而居守扬州不合适，涕泣恳切推辞，梁武帝萧衍不准许。萧昺在扬州尤其以贤明果断著称，政令严整。

辛巳，以宏为中军将军、中书监，六月，乙酉，又以本号行司徒。

◆臣光曰：宏为将则覆三军，为臣则涉大逆，高祖贷其死罪可矣。数旬之间，还为三公，于兄弟之恩诚厚矣，王者之法果安在哉！◆

【译文】辛巳日（二十七日），梁武帝萧衍任用萧宏为中军将军、中书监，六月，乙酉日（初一日），又派他以中军将军、中书监的本号兼领司徒。

◆臣司马光说：萧宏做将领使全军覆灭，做大臣又涉嫌犯上作乱，梁武帝萧衍赦免他的死罪是可以的。几十天后，重新让他位至三公，从兄弟情分上讲确实是深厚的，但君王的法度又在哪里呢？◆

初，洛阳有汉所立《三字石经》，虽屡经丧乱而初无损失。及魏冯熙、常伯夫相继为洛州刺史，毁取以建浮图精舍，遂大致颓落，所存者委于榛莽，道俗随意取之。侍中领国子祭酒崔光请遣官守视，命国子博士李郁等补其残缺，胡太后许之。会元叉、刘腾作乱，事遂寝。

【译文】起初，洛阳有汉代所建立的《三字石经》（古文、小篆、汉隶），虽然多次遭遇丧乱，可是一点都没有损坏。到了北魏，冯熙、常伯夫相继做洛州刺史，将石经破坏取来建造塔庙和精舍，于是石碑大都倾倒，剩下的丢弃在草丛中，僧徒和百姓随意取去。侍中兼领国子祭酒崔光奏请朝廷派遣官吏看守，命令国子博士李郁等人修补石经残缺的部分，胡太后准许。恰好遇到元叉、刘腾作乱，这件事情因而作罢。

秋，七月，魏河州羌却铁忽反，自称水池王；诏以主客郎源子恭为行台以讨之。子恭至河州，严勒州郡及诸军毋得犯民一物，亦不得轻与贼战，然后示以威恩，使知悔惧。八月，铁忽等相帅诣子恭降，首尾不及二旬。子恭，怀之子也。

魏宦者刘腾，手不解书，而多奸谋，善揣人意；胡太后以其保护之功，累迁至侍中、右光禄大夫，遂干预政事，纳赂为人求官，无不效者。河间王琛，简之子也，为定州刺史，以贪纵著名，及罢州还，太后诏曰："琛在定州，唯不将中山宫来，自馀无所不致，何可更复叙用！"遂废于家。琛乃求为腾养息，赂腾金宝巨万计。腾为之言于太后，得兼都官尚书，出为秦州刺史，会腾疾笃，太后欲及其生而贵之。九月，癸未朔，以腾为卫将军，加仪同三司。

【译文】秋季，七月，北魏河州的羌人却铁忽造反，自称水池王。魏孝明帝元诩下诏任命主客郎源子恭为行台前去讨伐。源子恭到达河州，严格约束州郡及各军，丝毫不得侵犯百姓，也不得轻易与叛党交战，然后将刑罚恩德宣示他们，让他们知道后悔恐惧。八月，却铁忽等人相继向源子恭投降，前后不到二十天。源子恭是源怀的儿子。

北魏的宦员刘腾，不会书写文字，可是内心多奸谋，善于揣摩他人的心意；胡太后因他保护自己有功，使他多次升迁，刘腾升官到侍中、右光禄大夫，干预朝政，收取财物替他人求官，没有不成功的。河间人王琛是王简的儿子，做定州刺史，因贪污放纵而著名，当他被解除定州刺史的职位回到朝廷，胡太后说："王琛在定州，只是没把中山宫搬来，此外无所不取，这样的人哪可再任用呢？"于是废黜居家。王琛就设法认刘腾为养父，向刘腾贿赂金宝，数目以巨万计。刘腾替他向胡太后求情，王琛

资治通鉴

得以兼都官尚书,外放为秦州刺史。恰好这时刘腾生了重病,太后想在他活着的时候让他更加富贵荣耀,九月,癸未朔日(初一日),任命刘腾为卫将军,加仪同三司。

魏胡太后以天文有变,欲以崇宪高太后当之。戊申夜,高太后暴卒;冬,十月,丁卯,以尼礼葬于北邙,谥曰顺皇后。百官单衣邪巾送至墓所,事讫而除。

乙亥,以临川王宏为司徒。

【译文】北魏胡太后因为天象有异常的情况发生,想让崇宪高太后来担受。戊申日(二十六日)的晚上,高太后突然去世;冬季,十月,丁卯日(十五日),依照尼姑的礼节把她埋葬在北邙山,赐谥号为顺皇后。百官穿着单衣、头上戴着驱邪的头巾送丧到墓地,葬事完毕以后立即改换服装。

乙亥日(二十三日),梁朝任命临川王萧宏为司徒。

魏胡太后遣使者宋云与比丘惠生如西域求佛经。司空任城王澄奏:"昔高祖迁都,制城内唯听置僧尼寺各一,馀皆置于城外;盖以道俗殊归,欲其净居尘外故也。正始三年,沙门统惠深,始违前禁,自是卷诏不行,私谒弥众,都城之中,寺逾五百,占夺民居,三分且一,屠沽尘秽,连比杂居。往者代北有法秀之谋,冀州有大乘之变。太和、景明之制,非徒使锱素殊途,盖亦以防微杜渐。昔如来阐教,多依山林,今此僧徒,恋著城邑,正以诱于利欲,不能自已,此乃释氏之糟糠,法王之社鼠,内戒所不容,国曲所共弃也。臣谓都城内寺未成可徙者,宜悉徙于郭外,僧不满五十者,并小从大;外州亦准此。"诏从之,然卒不能行。

【译文】 北魏胡太后派遣使者宋云和僧人惠生前往西域求取佛经，司空任城王元澄上奏："从前高祖孝文帝元宏迁都，京城内只准许设立和尚和尼姑的寺院各一座，其余的都设到城外；这是因为出家与俗世是不同的，想要让他们居住在远离尘俗的地方，不受尘俗的干扰。宣武帝元恪正始三年，沙门统惠深开始违背这项禁令，从此皇帝命令无法贯彻，偷偷拜谒的人更多，京师里面，寺院超过五百座，占夺民房将近三分之一，以致寺院和屠肆、酒坊等尘俗杂业相连接在一起。从前代郡北边有法秀的反叛，冀州有大乘的叛变。孝文帝元宏太和年间、宣武帝元恪景明年间的制度，不只是使出家人和俗人分开，同时也是为了防微杜渐。从前如来佛阐扬教义，大都在山林里面，现在这些僧徒，贪恋城邑，实在是因为受到利欲的诱惑，无法控制自己。这乃是释氏的糟粕，佛祖的社鼠，是佛教戒律所不容许、国法所共弃的。臣认为京城内的寺院还没有落成可以迁移的，应当全部迁到城外，僧徒不满五十人的小寺，合并到大寺；外边的州郡也按此办理。"但是他的建议最后还是没能实行。

是岁，魏太师雍等奏："盐池天藏，资育群生，先朝为之禁限，亦非苟与细民争利。但利起天池，取用无法，或豪贵封护，或近民吝守，贫弱远来，邈然绝望。因置主司，令其裁察，强弱相兼，务令得所。什一之税，自古有之，所务者远近齐平，公私两宜耳。及甄琛启求罢禁，乃为绕池之民尉保光等擅自固护；语其障禁，倍于官司，取与自由，贵贱任口。请依先朝禁之为便。"诏从之。

【译文】 这一年，北魏太师元雍等人上奏："盐池是天然资源，养育众生，先朝为此立下禁令，也不是为了要和小百姓争利。只是利益起于天然盐池，取用没有具体办法，或者受到富豪贵人的垄断，或者是被附近百姓吝啬地固守，贫弱的人和远道而来的人，望池兴叹，难得其利。因此设置主管官吏，命令他督察裁断，希望对强者和弱者都能兼顾，让他们各得其所。至于十分之一的税率，这是古来就有的，重要的是使远近的人都能够获得公平待遇，对公家对私人彼此两便。等到甄琛上启请求解除盐池的禁令，于是盐池被四周百姓尉保光等人擅自固护。据说他阻禁的情况，比起官司还要加倍。他们自己却自由地取用，盐价贵贱由他们随意开口。请求依照先朝予以禁止较为妥当。"孝明帝元诩下诏听从这项建议。

资治通鉴卷第一百四十九　梁纪五

　　起屠维大渊献，尽昭阳单阏，凡五年。

　　【译文】　起己亥（公元519年），止癸亥（公元523年），共五年。

　　【题解】　本卷记录了公元519年至523年，即梁武帝萧衍天监十八年至普通四年共五年间南梁与北魏两国的大事。主要记录了北魏征西将军张彝之子张仲瑀上奏打压武人，朝廷禁卫暴乱，打死张彝，张氏府第被抄；魏臣崔亮任吏部尚书，按资历选拔官员，被继任者沿用；魏国皇室与官僚贵族的奢华生活，河间王元琛与高阳王元雍斗富；魏国幸佞刘腾、元叉杀害清河王元怿，禁闭胡太后，控制小皇帝，执掌朝政；相州刺史元熙起兵讨伐刘腾、元叉，失败被杀；柔然内乱；宦官刘腾死，元继、元叉父子贪婪，公然请托，人心不定；魏人破六韩拔陵叛乱，北方诸镇混乱不堪；此外还记录了魏国到西域乾罗国取经；萧衍养子萧正德逃到魏国，不受重视返归，萧衍恢复其官职；以及高欢出世，等等。

高祖武皇帝五

　　天监十八年（己亥，公元五一九年）春，正月，甲申，以尚书左仆射袁昂为尚书令，右仆射王暕为左仆射，太子詹事徐勉为右仆射。

丁亥，魏主下诏，称："皇太后临朝践极，岁将半纪，宣称'诏'以令宇内。"

辛卯，上祀南郊。

【译文】天监十八年（己亥，公元519年）春季，正月，甲申日（初四日），梁朝任命尚书左仆射袁昂为尚令，右仆射王暕为左仆射，太子詹事徐勉为右仆射。

丁亥日（初七日），北魏孝明帝元诩下诏，说："太后临朝听政，为时已将六年，应当称'诏'来号令国内。"

辛卯日（十一日），梁武帝萧衍到南郊祭祀。

魏征西将军平陆文侯张彝之子仲瑀上封事，求铨削选格，排抑武人，不使豫清品。于是，喧谤盈路，立榜大巷，克期会集，屠害其家；彝父子晏然，不以为意。二月，庚午，羽林、虎贲近千人相帅至尚书省诟骂，求仲瑀兄左民郎中始均不获，以瓦石击省门；上下慑惧，莫敢禁讨。遂持火掠道中薪蒿，以杖石为兵器，直造其第，曳彝堂下，捶辱极意，唱呼动地，焚其第舍。始均逾垣走，复还拜贼，请其父命，贼就殴击，生投之火中。仲瑀重伤走免，彝仅有馀息，再宿而死。远近震骇。胡太后收掩羽林、虎贲凶强者八人斩之，其馀不复穷治。乙亥，大赦以安之，因令武官得依资入选。识者知魏之将乱矣。

【译文】北魏征西将军张彝的儿子张仲瑀呈上密封的奏章，请求修改选官的规定，排抑武人，不让他们参与清流。因此喧哗怒骂的声音充满道路，武人在道路中间竖立告示，约定日期会合，要杀害张彝全家。张彝父子安然自若，不将这件事放在心上。二月，庚午日（二十日），羽林军和虎贲军将近一千人，集结到尚书省诟骂，搜寻张仲瑀的兄长左民郎中张始均，没有找到，就用瓦片与石块击打尚书省的大门；朝廷上下为之惊惧，不敢禁止或讨伐。于是他们就用火点燃道旁的薪柴蒿草，用木杖和瓦石当作兵器，直接来到张彝的府第，将张彝拖到堂下，肆意加以捶打羞辱，焚烧他们的屋舍。张始均跳墙逃跑，很快又回来向乱党行礼，请求饶了他父亲的性命，乱党进而殴打他，将他丢在火中活活烧死。张仲瑀受重伤，逃开而免于一死，张彝只剩下一口气，隔两个晚上就死了。远近的人感到震惊。胡太后逮捕羽林军和虎贲军中特别凶横残暴的八个人将他们斩首，其余的不再追究。乙亥日（二十五日），用大赦来安抚他们，下令武官也能够按照资历入选清流。有远见的人知道北魏就要发生变故。

　　时官员既少，应选者多，吏部尚书李韶铨注不行，大致怨嗟；更以殿中尚书崔亮为吏部尚书。亮奏为格制，不问士之贤愚，专以停解月日为断，沉滞者皆称其能。亮甥司空谘议刘景安与亮书曰："殷、周以乡塾贡士，两汉由州郡荐才，魏、晋因循，又置中正，虽未尽美，应什收六七。而朝廷贡才，止求其文，不取其理，察孝廉唯论章句，不及治道，立中正不考才行，空辩氏姓，取士之途不博，沙汰之理未精。舅属当铨衡，宜须改张易调，如何反为停年格以限之，天下士子谁复修厉名行哉！"亮复书曰："汝所言乃有深致。吾昨为此格，有由而然。古今不同，时宜须异。昔子产铸刑书以救弊，叔向讥之以正法，何异汝以古礼难权宜哉！"洛阳令代人薛琡上书，言："黎元之命，系于长吏，若以选曹唯取年劳，不简能否，义均行雁，次若贯鱼，执簿呼名，一吏足矣，数人而用，何谓铨衡！"书奏，不报。后因请见，复奏"乞令王公贵臣荐贤以补郡县。"诏公卿议之，事亦寝。其后甄琛等继亮为吏部尚书，利其便己，踵而行之。魏之选举失人，自亮始也。

【译文】这时官吏选补的缺额很少，应选的人很多，吏部尚书李韶因为选补停顿，招致很多怨恨，朝廷改派殿中尚书崔亮做吏部尚书。崔亮上奏请求建立制度，不管士的贤良或者愚笨，专门依据待选的时间长短做决断，待选时间长的人称赞他能干。崔亮的外甥司空谘议刘景安给崔亮一封信说："殷、周的时候，由乡塾贡举人才；两汉之际，由州、郡举荐人才，魏、晋两朝因循旧制，又设立中正官来权衡人品，虽然不能说是尽善尽美，应当可以延揽人才的十分之六七。可是朝廷贡选人才，只求他的文辞好，不看文中所说的道理；察举孝廉只看他的章句通达精熟，不看治理国家的方法；设立中正官不考核才能品行，只是在那里分辨姓氏；选取人才的途径不广阔，淘汰的办法不够谨严。舅父现在负责遴选人才，应当改弦更张，为何反而设立按资历长短来选拔的制度加以限制？这样一来，天下的士子谁还会修名厉行呢？"崔亮回信说："你所说的话很有道理。但我日前立下这个制度，是有原因的。古时与现在不同，因时制宜，也应该有所改变。从前子产铸刑书来挽救时弊，叔向依照正法讥笑他，这与你用古礼来反对我的权宜办法有何不同呢？"洛阳令代人薛琡上书说："百姓的性命，维系在长吏的手中，倘若选曹候补官吏只问年资，不管他是否有能力，大家根据年资像排队飞翔的大雁一样按先后次序进用，或像串在一起的鱼由前往后，口中唱名，只要一个官吏就够了，数着人名依次进用，这算什么遴选人才呢？"奏书呈上，没有得到回音。后来他就请求晋见，又上奏说："请求下令让王公贵臣举荐贤才来补郡县官吏的空缺。"北魏下诏公卿讨论此事，也不了了之。其后甄琛等人继崔亮之后当吏部尚书，因为这个办法对自己方便有利，继续沿用。北魏选拔人才失当，从崔亮开始。

初，燕燕郡太守高湖奔魏，其子谧为侍御史，坐法徙怀朔镇，世居北边，遂习鲜卑之俗。谧孙欢，沉深有大志，家贫，执役在平城，富人娄氏女见而奇之，遂嫁焉。始有马，得给镇为函使，至洛阳，见张彝之死，还家，倾赀以结客。或问其故，欢曰："宿卫相帅焚大臣之第，朝廷惧其乱而不问，为政如此，事可知矣，财物岂可常守邪！"欢与怀朔省事云中司马子如、秀容刘贵、中山贾显智、户曹史咸阳孙腾、外兵史怀朔侯景、狱掾善无尉景、广宁蔡俊特相友善，并以任侠雄于乡里。

【译文】起初，后燕燕郡太守高湖投奔北魏，他的儿子高谧为魏国的侍御史，犯法被放逐到怀朔镇，世代居住在北边，于是习染鲜卑的风俗。高谧的孙子高欢，深沉有大志，家中贫穷，在平城操持贱役糊口，富人娄氏的女儿见了他，觉得他不同寻常，于是嫁给他。高欢这才开始有了马，能够在乡里当送信的使者。高欢到了洛阳，看到张彝死亡，回到家中，散尽家财来结交宾客，有人问他是什么缘故，高欢说："宫廷侍卫成群结队地焚烧大臣的府邸，朝廷害怕他们作乱，不敢治罪，朝政竟然到如此地步，事情可以知道，财物怎么可能长久保有呢？"高欢和怀朔省事云中人司马子如、秀容人刘贵、中山人贾显智、户曹史咸阳人孙腾、外兵史怀朔人侯景、狱掾善无人尉景、广宁人蔡俊特别亲密友善，一起因为行侠仗义称雄乡里。

夏，四月，丁巳，大赦。

五月，戊戌，魏以任城王澄为司徒，京光王继为司空。

魏累世强盛，东夷、西域贡献不绝，又立互市以致南货，至是府库盈溢。胡太后尝幸绢藏，命王公嫔主从行者百馀人各自负绢，称力取之，少者不减百馀匹。尚书令、仪同三司李崇，章武王融，负绢过重，颠仆于地，崇伤腰，融损足，太后夺其绢，使空出，时人笑之。融，太洛之子也。侍中崔光止取两匹，太后怪其少；对曰："臣两手唯堪两匹。"众皆愧之。

【译文】夏季，四月，丁巳日（初八日），梁朝大赦天下。

五月，戊戌日（二十日），北魏任命任城王元澄为司徒，京兆王元继为司空。

北魏历代强盛，东夷、西域贡献不断，又建立互市制度来取得南方物产，到这时府库充盈。胡太后曾经临幸储藏绢的仓库，下令王公嫔主随行的一百多人各自背负丝绢，尽自己的力量能取多少就取多少，拿得少的也不下百余匹。尚书令、仪同三司李崇、章武王元融因为负绢过重，跌倒在地，李崇伤了腰，元融坏了脚，太后将他们的绢夺下，请他们空手出去，当时大家都讥笑他们。元融是元太洛的儿子。侍中崔光只拿了两匹，太后奇怪他拿得少，崔光回答说："臣两只手只能拿两匹。"大家听了都觉得羞愧。

【申涵煜评】崇为尚书令，负绢过重，仆地伤腰，其居官操守可知。灵后夺使空出，严于斧钺之诛。趣绝。

【译文】李崇担任尚书令时，背负赏赐的丝绢过重，导致跌倒在地伤及腰，他为官的品格由此可知。胡太后夺走丝绢使他空手出宫，这比被斧钺斩杀更严重。这件事奇趣到了极点。

时宗室外戚权幸之臣，竞为豪侈。高阳王雍，富贵冠一国，宫室园圃，侔于禁苑，僮仆六千，伎女五百，出则仪卫塞道路，归则歌吹连日夜，一食直钱数万。李崇富埒于雍，而性俭啬，尝谓人曰："高阳一食，敌我千日。"

【译文】 当时北魏宗室和当权受宠的群臣，争着攀比奢侈豪华，高阳王元雍，富贵居全国第一，宫室以及园囿和禁苑差不多，奴仆有六千人，艺伎有五百人，出门时仪仗卫队挤满道路，回到家就日夜吹拉弹唱，一餐饭值几万钱。李崇的财富和元雍相当，可是他生性悭吝，曾经对别人说："高阳王元雍吃一餐饭，可以让我吃一千日。"

河间王琛，每欲与雍争富，骏马十馀匹，皆以银为槽，窗户之上，玉凤衔铃，金龙吐旆。尝会诸王宴饮，酒器有水精锋，马脑碗，赤玉卮，制作精巧，皆中国所无。又陈女乐、名马及诸奇宝，复引诸王历观府库，金钱、缯布，不可胜计，顾谓章武王融曰："不恨我不见石崇，恨石崇不见我。"融素以富自负，归而惭叹，卧疾三日。京光王继闻而省之，谓曰："卿之货财计不减于彼，何为愧羡乃尔？"融曰："始谓富于我者独高阳耳，不意复有河间！"继曰："卿似袁术在淮南，不知世间复有刘备耳。"融乃笑而起。

【译文】 河间王元琛多次想要跟元雍争富，他的十几匹骏马，都用银子做食槽，窗户上面，有玉凤衔铃、金龙吐旆。元琛曾经邀集诸王宴饮，酒器中有水晶锋（一本"锋"作"钟"）、玛瑙碗、赤玉卮等，制作精巧，都是中原没有的。他又陈列出艺伎、名马及各种稀奇宝物，并引导诸王参观所有府库，金钱和布帛等多得无法计算，他转头对章武王元融说："我没有见到石崇不遗憾，遗憾的是石崇没有能够见到我。"元融一向因富有而自负，参观回来，叹息了三天。京光王元继听说后去探视他，对他说："您的财物估计不比他少，为何如此羡慕惭愧呢？"元融说：

"我当初以为比我富有的只有高阳王元雍而已,没想到还有河间王元琛!"元继说:"您好比袁术在淮南,不知道世间还有刘备罢了。"元融于是笑着起床了。

太皇好佛,营建诸寺,无复穷已,令诸州各建五级浮图,民力疲弊。诸王、贵人、宦官、羽林各建寺于洛阳,相高以壮丽。太后数设斋会,施僧物动以万计,赏赐左右无节,所费不赀,而未尝施惠及民。府库渐虚,乃减削百官禄力。任城王澄上表,以为:"萧衍常蓄窥觎之志,宜及国家强盛,将士施力,早图混壹之功。比年以来,公私贫困,宜节省浮费以周急务。"太后虽不能用,常优礼之。

【译文】 胡太后喜欢佛法,修建各种寺院,没完没了,下令各州分别修建五层的塔,百姓疲于奔命。诸王、贵人、宦官和羽林军都各自在洛阳建有寺院,互相用寺庙的壮丽夸耀自己。胡太后多次举行斋会,施舍给僧人的东西一次就以万钱计算,赏赐身边的人没有节度,耗费得极多,可是未曾施恩惠在百姓身上。府库渐渐空虚,于是削减百官的俸禄及所用差役。任城王元澄上表,认为:"萧衍一直对我们有窥伺的意图,应当趁着国家强盛、兵强马壮的时候,早日图谋统一天下的功劳。近年以来,公家和私人渐趋贫困,应当节省不必要的开销,用来办理紧急的事务。"胡太后虽然没有采纳他的建议,但对他优礼有加。

魏自永平以来,营明堂、壁雍,役者多不过千人,有司复借以修寺及供它役,十馀年竟不能成。起部郎源子恭上书,以为:"废经国之务,资不急之费,宜彻减诸役,早图就功,使祖宗有严配之期,苍生睹礼乐之富。"诏从之,然亦不能成也。

【译文】北魏自从宣武帝元恪永平年间以来，营建明堂和太学，所有的工役经常不超过一千人，有司又常常借调他们去修建寺院或者做其他的事，经过十多年竟然还没有完工。起部郎源子恭上书，认为："废置治国的重要事务，供应无关紧要的花费，应当裁减其他各种劳役，早日把明堂、太学建造完成，使得祖宗有严父配天的期日，苍生有礼乐的盛大威仪。"朝廷下诏听从他的意见，但是明堂和太学仍然没有完成。

魏人陈仲儒请依京房立准以调八音。有司诘仲儒："京房律准，今虽有其器，晓之者鲜，仲儒所受何师，出何典籍？"仲儒对言："性颇爱琴，又尝读司马彪《续汉书》，见京房准术，成数晒然。遂竭愚思，钻研甚久，颇有所得。夫准者本以代律，取其分数，调校乐器。窃寻调声之体，宫、商宜浊，徵、羽用清。若依公孙崇，止以十二律声，而云还相为宫，清浊悉足。唯黄钟管最长，故以黄钟为宫，则往往相顺。若均之八音，犹须错采众音，配成其美。若以应钟为宫，蕤宾为徵，则徵浊而宫清，虽有其韵，不成音曲。若以中吕为宫，则十二律中全无所取。今依京房书，中吕为宫，乃以去灭为商，执始为徵，然后方韵。而崇乃以中吕为宫，犹用林钟为徵，何由可谐！但音声精微，史传简略，旧志准十三弦，隐间九尺，不言须柱以不。又，一寸之内有万九千六百八十三分，微细难明。仲儒私曾考验，准当施柱，但前却柱中，以约准分，则相生之韵已自应合。其中弦粗细，须与琴宫相类，施轸以调声，令与黄钟相合。中弦下依数画六十律清浊之节，其馀十二弦须施柱如筝，即于中弦案尽一周之声，度著十二弦上。然后依相生之法，以次运行，取十二律之商、徵。商、徵既定，又依琴五调调声之法以均乐器，然后错采众声以文饰之，若事有乖此，声则不和。且燧人不师资而习火，延寿不束脩以变律，故云知之者欲教而无从，心达者体知而无师，苟有一毫所得，皆关心抱，岂必要经师受然后为奇哉！"尚书萧宝寅奏仲儒学不师受，轻欲制作，不合依许，事遂寝。

【译文】北魏人陈仲儒请求根据西汉京房的办法设立律准来调和八音，有司质问陈仲儒："京房的律准，目前虽然有这种器物，但明白其中道理的人很少，陈仲儒所受教的是哪一位老师？出自哪一部典籍？"陈仲儒回答说："我生性喜好琴瑟，又曾经读过西晋司马彪的《续汉书》，看到京房设立律准的办法，所推出的数字极为清楚，于是竭尽愚臣的心力，钻研了很久，有一些收获。用音准代替音律，就是取它的分度，来调校乐器。臣私下研究调声的体式，宫、商应当低沉，徵、羽应当轻清。倘若按照公孙崇的说法，只是用十二律声划分乐音，而又说变换音调，清浊就都具备。因为黄钟管最长，所以定黄钟为宫音，就往往跑调。假如调和八音，还必须错取众音，配成其美。假如定应钟为宫音，蕤宾为徵音，那就徵浊而宫清，虽然有它的韵，不能成为乐曲。假如定中吕为宫音，那就十二律中全无所取。现在按照京房的说法，中吕为宫音，那就以减弱的音为商音，用起始的音为徵音，然后才能成韵律。可是公孙崇却以中吕为宫音，仍旧用林钟为徵音，怎么能够和谐呢？然而音声的道理很精微，史传记载太简略，过去记载定律数准用十三弦，隐间九尺，没说需不需要有柱。而且一寸音节之内有一万九千六百八十三分音，那长度太微细，不容易把握。我曾经私自考验，准应当有柱，只要向调中间的弦柱，以此来确定音准的分度，那么相生的韵自然会合适。它中弦的粗细，必须与琴宫相似，然后用参来调声，使得与黄钟合拍。中弦以下按照度数区划六十律清浊的节度，其余十二弦必须像筝一样安上柱，即用中弦按遍一周之声，依照度数标注在十二弦上面。然后按照相生的方法，按次序运行，定取十二律的商、徵两音。商、徵二音取定之后，又按照琴五调调声的办法来协调乐器，然后错采众声加以文饰，假如不这样做，声音就不和谐。况且燧人氏没有老师而发明钻木取火的方法，京房的老师焦延寿无所师承而变十二律为六十律，所以说明白的人想教别人却不知从何教起，心思敏捷的人自然明白而不需要老师。假如有一点点收获，都是用心思索的效果，哪里是必须经过老师传授才能创造大事业呢？"尚书萧宝寅上奏说陈仲儒的学问没有师承，轻率地制定音律，不敢依准；此事因而作罢。

魏中尉东平王匡以论议数为任城王澄所夺，愤恚，复治其故棺，欲奏攻澄。澄因奏匡罪状三十馀条，廷尉处以死刑。秋，八月，己未，诏免死，削除官爵，以车骑将军侯刚代领中尉。三公郎中辛雄奏理匡，以为："历奏三朝，骨鲠之迹，朝野具知，故高祖赐名曰匡。先帝已容之于前，陛下亦宜宽之于后，若终贬黜，恐杜忠臣之口。"未几，复除匡平州刺史。雄，琛之族孙也。

【译文】 北魏中尉东平王元匡因为自己的议论多次被任城王元澄驳斥，十分恼怒，重新修理他和高肇抗争时的旧棺材，打算上奏攻击元澄。元澄于是弹劾元匡，罪状有三十多条，廷尉将元匡判处死刑。秋季，八月，己未日（十二日），朝廷下令赦免他的死刑，削夺官爵，任命车骑将军侯刚代领中尉。三公郎中辛雄上奏替元匡辩护，认为元匡"历事三朝，有刚正不阿的事迹，朝野人士全都了解，所以高祖孝文帝元宏赐名为匡。先帝宣武帝元恪已在从前包容他，陛下也应该在现在宽恕他，假如永远贬黜他，我担心会堵塞忠臣的言路"。不久，孝明帝元诩又起用元匡为平州刺史。辛雄是辛琛的族孙。

　　九月，庚寅，胡太后游嵩高；癸巳，还宫。

　　太后从容谓兼中书舍人杨昱曰："亲姻在外，不称人心，卿有闻，慎勿讳隐！"昱奏扬州刺史李崇五车载货，恒州刺史杨钧造银食器，饷领军元叉。太后召叉夫妻，泣而责之。叉由是怨昱。昱叔父舒妻，武昌王和之妹也。和即叉之从祖。舒卒，元氏频请别居，昱父椿泣责不听，元氏恨之。会瀛州民刘宣明谋反，事觉，逃亡。叉使和及元氏诬告昱藏匿宣明，且云："昱父定州刺史椿，叔父华州刺史津，并送甲仗三百具，谋为不逞。"叉复构成之。遣御杖五百人夜围昱宅，收之，一无所获。太后问其状，昱具对为元氏所怨。太后解昱缚，处和及元氏死刑，既而叉营救之，和直免官，元氏竟不坐。

　　【译文】九月，庚寅朔日（十四日），胡太后巡幸嵩高山；癸巳日（十七日），回到宫中。

　　胡太后和兼中书舍人杨昱闲谈，对他说："假如我的亲戚在外任官，不受百姓欢迎，你倘若听到什么，切不可有所隐瞒。"杨昱弹劾扬州刺史李崇用五车装载财物、相州刺史杨钧打造银食器，馈赠给领军元叉。胡太后召来元叉夫妇，流着泪责备他们，元叉因此怨恨杨昱。杨昱叔父杨舒的妻子，是武昌王元和的妹妹，元和是元叉的从祖。杨舒去世，元氏多次请求分居，杨昱的父亲杨椿流着泪责备她，不答应她的请求，元氏因而怨恨他。正好瀛州百姓刘宣明密谋造反，事情被发现，逃走。元叉指使元和和元氏诬告杨昱藏匿刘宣明，并且说："杨昱的父亲定州刺史杨椿，叔父华州刺史杨津，都送了甲胄和兵器三百具，图谋造反。"元乂又从中使他们的罪名成立。派遣羽林军五百人在夜晚包围杨昱的宅第,加以搜索,结果一无所获。胡太后询问事实的真相,杨昱详细回答受到元氏怨恨的经过。胡太后解除杨昱的拘押,判处元和和元氏死刑,后来元乂加以营救,元和只是免除官职,元氏没有受到惩罚。

冬,十二月,癸丑,魏任城文宣王澄卒。

庚申,魏大赦。

是岁,高句丽王云卒,世子安立。

魏以郎选不精,大加沙汰,唯朱元旭、辛雄、羊深、源子恭及范阳祖莹等八人以才用见留,馀皆罢遣。深,祉之子也。

【译文】冬季,十二月,癸丑日(初八日),北魏任城文宣王元澄去世。

庚申日(十五日),北魏实行大赦。

这一年,高句丽王高云去世,太子高安即位。

北魏因为缴纳财物授予郎官的人有贤良有不肖,大量予以淘汰,只有朱元旭、辛雄、羊深、源子恭及范阳人祖莹等八人因为有才能而被留用,其余的都被罢职遣散。羊深是羊祉的儿子。

普通元年(庚子,公元五二〇年)春,正月,乙亥朔,改元,大赦。

丙子,日有食之。

己卯,以临川王宏为太尉、扬州刺史,金紫光禄大夫王份为尚书左仆射。份,奂之弟也。

【译文】普通元年(庚子,公元520年)春季,正月,乙亥朔日（初一日），梁朝改年号为普通，大赦天下。

丙子日（初二日），发生日食。

己卯日（初五日），梁朝任命临川王萧宏为太尉、扬州刺史，金紫光禄大夫王份为尚书左仆射。王份是王奂的弟弟。

左军将军豫宁威伯冯道根卒。是日上春，祠二庙，既出宫，有司以闻。上问中书舍人朱异曰："吉凶同日，今可行乎？"对曰："昔卫献公闻柳庄死，不释祭服而往。道根虽未为社稷之臣，亦有劳王室，临之，礼也。"上即幸其宅，哭之甚恸。

高句丽世子安遣使入贡。二月，癸丑，以安为宁东将军、高句丽王，遣使者江法盛授安衣冠剑佩。魏光州兵就海中执之，送洛阳。

【译文】左军将军豫宁威伯冯道根去世。冯道根去世的这一天正是正月，梁武帝萧衍祭祀太庙及小庙，已经出宫，有司将冯道根的死讯奏闻。梁武帝萧衍问中书舍人朱异："吉礼与凶礼同在一天，今日我可以去吊丧吗？"朱异回答说："从前卫献公听说柳庄死了，不脱下祭服就前往吊唁。冯道根虽然不算社稷之臣，对于王室也有功劳，前往哭祭，礼当如此。"梁武帝萧衍于是前往冯道根的府第吊唁，哭得很悲恸。

高句丽的太子高安派遣使者入贡。二月，癸丑日（初九日），梁武帝萧衍任命高安为宁东将军、高句丽王，派遣使者江法盛授予高安衣冠及宝剑玉佩。北魏光州的士兵从海中将江法盛俘虏，押送到洛阳。

魏太傅、侍中、清河文献王怿，美风仪，胡太后逼而幸之。然素有才能，辅政多所匡益，好文学，礼敬士人，时望甚重。侍中、领军将军元叉在门下，兼总禁兵，恃宠骄恣，志欲无极，怿每裁之以法，叉由是怨之。卫将军、仪同三司刘腾，权倾内外，吏部希腾意，奏用腾弟为郡，人资乖越，怿抑而不奏，腾亦怨之。龙骧府长史宋维，弁之子也，怿荐为通直郎，浮薄无行。又许维以富贵，使告司染都尉韩文殊父子谋作乱立怿。怿坐禁止，案验，无反状，得释，维当反坐；又言于太后曰："今诛维，后有真反者，人莫敢告。"乃黜维为昌平郡守。

【译文】北魏太傅、侍中、清河文献王元怿，风度翩翩，胡太后逼迫他私通。元怿一向有才能，辅政多能匡正补益，爱好文学，对士人恭敬有礼，在当时声望很高。侍中、领军将军元叉在门下省，兼总领禁兵，倚仗太后的宠幸骄傲放肆，贪得无厌，元怿多次用法律制裁他，元叉因此怀恨。卫将军、仪同三司刘腾，权势倾动内外，吏部迎合刘腾的意思，上奏任命刘腾的弟弟为郡守，因为刘腾弟弟的才能和资历都不合格，元怿将这件事压下来而不奏闻，刘腾也怨恨他。龙骧府长史宋维，是宋弁的儿子，元怿推荐他为通直郎，宋维轻薄无行。元叉答应给他荣华富贵，使他诬告司染都尉韩文殊父子图谋作乱拥立元怿。元怿因而被监禁，侦查的结果，没有谋反的事实，元怿得以被释放，宋维应该以诬告治罪。元叉向胡太后说："现在把宋维杀了，以后有真正谋反的人，再没有人敢上告了。"于是贬黜宋维为昌平郡守。

义恐怿终为己害，乃与刘腾密谋，使主食中黄门胡定自列云："怿货定使毒魏主，若己得为帝，许定以富贵。"帝时年十一，信之。秋，七月，丙子，太后在嘉福殿，未御前殿，又奉帝御显阳殿，腾闭永巷门，太后不得出。怿入，遇叉于含章殿后，叉厉声不听怿入，怿曰："汝欲反邪！"又曰："又不反，正欲缚反者耳！"命宗士及直斋执怿衣袂，将入含章东省，使人防守之。腾称诏集公卿议，论怿大逆。众咸畏义，无敢异者，唯仆射新泰文贞公游肇抗言以为不可，终不下署。

【译文】 元又担心元怿最后成为自己的祸害，于是和刘腾秘密商量，使负责御食的中黄门胡定自陈，说："元怿收买我，要我毒杀皇上，假如他能够成为皇帝，答应我可以长享富贵。"孝明帝元诩这时十一岁，相信了他的话。秋季，七月，丙子日（初四日），胡太后在嘉福殿，没有到前殿来，元又拥着孝明帝元诩进显阳殿，刘腾关闭永巷门，胡太后无法出来。元怿进来，在含章殿的后面遇到元又，元又厉声禁止元怿进入，元怿说："你想造反吗？"元又说："我不造反，正要捆绑造反的人罢了！"命令宗士和直斋捉住元怿的衣袂，引入含章殿的东省，派人看守他。刘腾宣布诏令召集公卿商议，定元怿大逆的罪；大家都害怕元又，没有人敢反对，只有仆射新泰文贞公游肇高声说不可以这样，始终不肯下笔署名。

又、腾持公卿议入奏，俄而得可，夜中杀怿。于是，诈为太后诏，自称有疾，还政于帝。幽太后于北宫宣光殿，宫门昼夜长闭，内外断绝，腾自执管钥，帝亦不得省见，裁听传食而已。太后服膳俱废，不免饥寒，乃叹曰："养虎得噬，我之谓矣。"又使中常侍酒泉贾粲侍帝书，密令防察动止。又遂与太师高阳王雍等同辅政，帝谓又为姨父。又与腾表里擅权，又为外御，腾为内防，常直禁省，共裁刑赏，政无巨细，决于二人，威振内外，百僚重迹。

【译文】 元又、刘腾拿着公卿的决定入见孝明帝元诩，不久就获得准许，当夜就将元怿杀了。元又、刘腾伪造太后的诏令, 自称有病, 将政权交还给孝明帝元诩。他们将胡太后囚禁在北宫宣光殿, 宫门日夜长闭, 内外断绝, 刘腾掌管钥匙, 孝明帝也无法探视, 只允许传送食物。太后的穿着饮食都不如从前, 不免受到饥寒之苦, 于是叹息说: "养虎反被虎咬, 说的就是我呀!" 元叉又派遣中常侍贾粲侍奉孝明帝元诩读书, 暗中命令他提防监视孝明帝的动静。元叉和高阳王元雍等人一同辅政, 孝明帝元诩称元叉为姨父。元叉和刘腾内外勾结, 专揽权势, 元叉抵挡朝廷之外的攻击, 刘腾负责监视朝廷内部, 他们经常在宫中当值, 共同决定刑赏, 政事无论大小, 都由他们两个人决定, 威势震动内外, 百官十分害怕, 不敢轻举妄动。

资治通鉴

朝野闻怿死, 无不丧气, 胡夷为之劈面者数百人。游肇愤邑而卒。

己卯, 江、淮、海并溢。

辛卯, 魏主加元服, 大赦, 改元正光。

魏相州刺史中山文庄王熙, 英之子也, 与弟给事黄门侍郎略、司徒祭酒纂, 皆为清河王怿所厚, 闻怿死, 起兵于邺, 上表欲诛元叉、刘腾, 纂亡奔邺。后十日, 长史柳元章等帅城人鼓噪而入, 杀其左右, 执熙、纂并诸子置于高楼。八月, 甲寅, 元叉遣尚书左丞卢同就斩熙于邺街, 并其子弟。

【译文】朝野人士听说元怿死了, 没有不痛心疾首的, 胡夷以刀割面的有数百人, 游肇气愤抑郁而死。

己卯日 (初七日), 长江、淮河和海水都高涨, 泛滥四溢。

辛卯日 (十九日), 孝明帝元诩改穿成人衣冠, 实行大赦, 改年号为正光。

北魏相州刺史中山文庄王元熙是元英的儿子, 和他的弟弟给事黄门侍郎元略、司徒祭酒元纂都受到清河王元怿的优厚礼遇，他们听说元怿死了，在郢城起兵，上表要求杀死元叉和刘腾，元纂逃到郢。过了十天，长史柳元章等人率领着城中平民鼓噪着闯进去，杀他们的左右亲近，俘虏了元熙、元纂以及他们的几个儿子，将他们安置在高楼。八月，甲寅日（十三日），元叉派遣尚书左丞卢同将元熙在郢城的街道就地斩首，同时处决他的子弟。

　　熙好文学，有风仪，名士多与之游。将死，与故知书曰："吾与弟并蒙皇太后知遇，兄据大州，弟则入侍，殷勤言色，恩同慈母。今皇太后见废北宫，太傅清河王横受屠酷，主上幼年，独在前殿。君亲如此，无以自安，故帅兵民欲建大义于天下。但智力浅短，旋见囚执，上惭朝廷，下愧相知。本以名义干心，不得不尔，流肠碎首，复何言哉！凡百君子，各敬尔仪，为国为射，善勖名节！"闻者怜之。熙首至洛阳，亲故莫敢视，前骁骑将军刁整独收其尸而藏之。整，雍之孙也。卢同希义意，穷治熙党与，锁济阴内史杨昱赴郢，考讯百日，乃得还任。又以同为黄门侍郎。

　　【译文】元熙爱好文学，有风骨，讲义气，当时名士大多与他相交往，元熙将要被杀时，给老朋友写信说："我和弟弟一起蒙受皇太后的知遇之恩，兄长镇守大州，弟弟入侍身侧，太后对我们言辞诚恳，恩惠有如慈母。现在皇太后被废置在北宫，太傅清河王元怿无端遭到残酷杀害，主上年纪幼小，在前殿任人摆布。君亲如此，我们无法保全自己，所以率领军队和百姓想要伸张大义于天下。只因为智力低微，不久就被囚禁，对上来说愧对朝廷，对下来说愧对知己。我起兵本来是要树立名节伸张正义，不得不如此，因此遭到杀害，身首异处，又有什么话说呢？所有君子，各自谨慎你们的威仪，为了国家也为了自己，好好地以名节自励吧！"听到的人都同情他。元熙的首级被送到洛阳，亲戚故旧都不敢探视，只有前骁骑将军刁整挺身出来替他收尸，将尸体藏起来。刁整是刁雍的孙子。卢同迎合元叉的意旨，彻底究办元熙的党羽，将济阴内史杨昱用枷锁了押送到邺城，审问拷打一百天，才放他回任所。元叉任命卢同为黄门侍郎。

元略亡抵故人河内司马始宾，始宾与略缚荻筏夜渡孟津，诣屯留栗法光家，转依西河太守刁双，匿之经年。时购略甚急，略惧，求送出境，双曰："会有一死，所难遇者为知己死耳，愿不以为虑。"略固求南奔，双乃使从子昌送略渡江，遂来奔，上封略为中山王。双，雍之族孙也。叉诬刁整送略，并其子弟收系之，御史王基等力为辨雪，乃得免。

甲子，侍中、车骑将军永昌严侯韦叡卒。时上方崇释氏，士民无不从风而靡，独叡自以位居大臣，不欲与俗俯仰，所行略如平日。

九月，戊戌，魏以高阳王雍为丞相，总摄内外，与元叉同决庶务。

【译文】元略逃亡到老友河内人司马始宾的家中，司马始宾和元略编荻草成筏趁夜晚渡过孟津，到达屯留人栗法光的家中，辗转投奔西河太守刁双，刁双将他藏匿一年。这时北魏悬赏通缉元略极为紧急，元略害怕，请求将他送出境外，刁双说："每人都有一死，难以遇到的是为知己而死，希望你不要忧虑。"元略坚决要求南奔，刁双于是派遣侄儿刁昌送元略渡过长江，投奔梁朝，梁武帝萧衍封元略为中山王。刁双是刁雍的族孙。元叉诬告刁整送元略南奔，连他的子弟一起逮捕下狱，御史王基等人竭力替他申辩，这才得以免罪。

甲子日（二十三日），梁朝侍中、车骑将军永昌严侯韦叡去世。当时梁武帝萧衍崇信佛教，士人和百姓全都跟着信佛，只有韦叡认为身为大臣，不愿随俗俯仰，立身行事跟从前一样。

九月，戊戌日（二十七日），北魏任命高阳王元雍为丞相，总理内外政事，和元乂共同裁决所有事情。

初，柔然伏汗可汗纳伏名敦之妻候吕陵氏，生伏跋可汗及阿那瑰等六子。伏跋既立，忽亡其幼子祖惠，求募不能得。有巫地万言祖惠今在天上，我能呼之，乃于大泽中施帐幄，祀天神。祖惠忽在帐中，自云恒在天上。伏跋大喜，号地万为圣女，纳为可贺敦。地万既挟左道，复有姿色，伏跋敬而爱之，信用其言，干乱国政。如是积岁，祖惠浸长，语其母曰："我常在地万家，未尝上天。'上天'者地万教我也。"其母具以状告伏跋，伏跋曰："地万能前知未然，勿为谮也。"既而地万惧，谮祖惠于伏跋而杀之。候吕陵氏遣其大臣具列等绞杀地万；伏跋怒，欲诛具列等。会阿至罗入寇，伏跋击之，兵败而还。候吕陵氏与大臣共杀伏跋，立其弟阿那瑰为可汗。阿那瑰立十日，其族兄示发帅众数万击之，阿那瑰战败，与其弟乙居伐轻骑奔魏。示发杀候吕陵氏及阿那瑰二弟。

【译文】起初，柔然伏汗可汗娶伏名敦的妻子候吕陵氏为夫人，生了伏跋可汗和阿那瑰等六个儿子。伏跋可汗即位以后，忽然丢失他的幼子祖惠，多方查访没有消息。有一位叫地万的巫婆说祖惠目前在天上，我能喊他下来，于是在大泽中搭起帐幄，祭祀天神，祖惠忽然出现在帐中，说自己一直在天上。伏跋可汗十分欢喜，称地万为圣女，纳为正室。地万既擅长邪术，同时又有姿色，伏跋敬爱她，信任她的话，因而干预扰乱国家的政事。过了几年，祖惠渐渐长大，对他的母亲说："我那时一直在地万家里，不曾升天，升天是地万教我说的。"他的母亲将这件事向伏跋可汗详细报告，伏跋说："地万能预知未来的事情，你不要说她的坏话。"后来地万害怕，向伏跋进祖惠的谗言，使得祖惠被杀害。候吕陵氏派遣他的大臣具列等人绞杀了地万，伏跋可汗大怒，要杀死具列等人。恰好遇到阿至罗入侵，伏跋发兵攻击阿至罗，打了败仗回来。候吕陵氏和大臣一同谋杀伏跋，拥立他的弟弟阿那瑰为可汗。阿那瑰即位十天，他的族兄示发率领部属数万人攻打他，阿那瑰战败，与他的弟弟乙居伐带着少数的骑兵投奔北魏，示发杀了候吕陵氏以及阿那瑰其余的两个弟弟。

魏清河王怿死，汝南王悦了无恨元叉之意，以桑落酒候之，尽其私佞。叉大喜，冬，十月，乙卯，以悦为侍中、大尉。悦就怿子亶求怿服玩，不时称旨，杖亶百下，几死。

【译文】北魏清河王元怿被杀，汝南王元悦全无怨恨元叉的心思，将桑落酒送给元叉，极尽个人对他的谄媚。元叉大为欢喜，冬季，十月，乙卯日（十五日），任命元悦为侍中、太尉。元悦向元怿的儿子元亶索取元怿的服饰古玩等物，元亶没有及时送上，后来送上的又不合元悦的心意，元悦将元亶杖打一百下，元亶差点儿死去。

柔然可汗阿那瑰将至魏，魏主使司空京兆王继、侍中崔光等相次迎之，赐劳甚厚。魏主引见阿那瑰于显阳殿，因置宴，置阿那瑰位于亲王之下。宴将罢，阿那瑰执启立于座后，诏引至御座前，阿那瑰再拜言曰："臣以家难，轻来诣阙，本国臣民，皆已逃散。陛下恩隆天地，乞兵送还本国，诛剪叛逆，收集亡散。臣当统帅遗民，奉事陛下。言不能尽，别有启陈。"仍以启授中书舍人常景以闻。景，爽之孙也。

【译文】柔然可汗阿那瑰将到北魏，孝明帝元诩派遣司空京兆王元继、侍中崔光等人相继前往迎接，对他的赏赐十分优厚。孝明帝在显阳殿接见阿那瑰，设下酒宴，将阿那瑰的座位安排在亲王的下面。宴会即将结束，阿那瑰拿着书信站立在座位的后面，孝明帝元诩下诏将他引导到御座的前面，阿那瑰再拜说道："臣因为家中发生变故，轻骑前来朝拜陛下，本国臣民都已经逃散。陛下恩惠比天高比地厚，请求派兵送我回国，消灭叛贼，聚合亡散，臣一定统率遗留的臣民，事奉陛下。言语未能尽意，另有书信奉陈。"立即把书信交中书舍人常景奏闻。常景是常爽的孙子。

十一月，己亥，魏立阿那瑰为朔方公、蠕蠕王，赐以衣服、轺车，禄恤仪卫，一如亲王。时魏方强盛，于洛水桥南御道东作四馆，道西立四里：有自江南来降者处之金陵馆，三年之后赐宅于归正里；自北夷降者处燕然馆，赐宅于归德里；自东夷降者处扶桑馆，赐宅于慕化里；自西夷降者处崦嵫馆，赐宅于慕义里。及阿那瑰入朝，以燕然馆处之。阿那瑰屡求返国，朝议异同不决，阿那瑰以金百斤赂元叉，遂听北归。十二月，壬子，魏敕怀朔都督简锐骑二千护送阿那瑰达境首，观机招纳。若彼迎候，宜赐缯帛车马礼钱而返；如不容受，听还阙庭。其行装资遣，付尚书量给。

辛酉，魏以京兆王继为司徒。

魏遣使者刘善明来聘，始复通好。

【译文】十一月，己亥日（二十九日），北魏立阿那瓌为朔方公、蠕蠕王，赐给他衣服及轺车，所享受的俸禄和仪卫，完全与亲王一样。这时北魏正强盛，在洛水桥南御道的东边修建四座客馆，御道的西边设四个里巷：从江南前来投降的人将他安置在金陵馆，三年以后赐给住宅在归正里；从北夷前来归顺的人将他安置在燕然馆，赐给住宅在归德里；从东夷前来投奔的人将他安置在扶桑馆，赐给住宅在慕化里；从西夷前来归顺的人将他安置在崦嵫馆，赐给住宅在慕义里。等到阿那瓌入朝，将他安置在燕然馆。阿那瓌多次请求回国，朝廷群臣有的赞成有的反对，无法决定。阿那瓌用金子一百斤贿赂元叉，于是北魏允许他北归。十二月，壬子日（十三日），北魏下令怀朔都督选拔精锐骑兵两千人护送阿那瓌到达边境，观看时机实行招纳，假如柔然人前来迎候阿那瓌，应赐给丝帛车马，按照礼节饯别然后回来；假如他们不接受阿那瓌，允许他回到朝廷。他的行装资费，交付尚书省配发。

辛酉日（二十二日），北魏任命京兆王元继为司徒。

北魏派遣使者刘善明出使梁朝，两国重新通好。

【乾隆御批】少翁帷帐至神巳荒唐不可信，地万谓能呼之天上，尤理所必无。伏跋溺惑邪言，致巫觋因缘干政。及其子自明其妄，尚不觉悟，且以谮杀之。昏狂颠倒适足以杀其躯而已。可贺敦为柔然正室之号，今蒙古汗之正室曰哈屯可贺敦，盖笔误耳。

【译文】少翁在帐中能招致神灵已经是荒唐不可信，地万说能从天上把他唤下来，从道理上讲更是不可能的。伏跋沉迷于邪说，致使巫觋借机干政。等到他的儿子自己明白这些都是虚妄，还不觉悟，竟根据他人的诬陷把儿子杀死。昏狂颠倒到足以把自己杀掉了。可贺敦为柔然国王的正室的称号，现今蒙古汗的正室称哈屯可贺敦，大概是笔误吧。

普通二年（辛丑，公元五二一年）春，正月，辛巳，上祀南郊。

置孤独园于建康，以收养穷民。

戊子，大赦。

魏南秦州氐反。

【译文】 普通二年（辛丑，公元521年）春季，正月，辛巳日（十二日），梁武帝萧衍到南郊祭祀。

梁朝在建康设置孤独园，用来收养穷困无依的百姓。

戊子日（十九日），梁朝大赦天下。

北魏南秦州的氐人造反。

魏发近郡兵万五千人，使怀朔镇将杨钧将之，送柔然可汗阿那瑰返国。尚书右丞张普惠上疏，以为："蠕蠕久为边患，今兹天降丧乱，荼毒其心，盖欲使之知有道之可乐，革面稽首以奉大魏也。陛下宜安民恭己以悦服其心。阿那瑰束身归命，抚之可也；乃更先自劳扰，兴师郊甸之内，投诸荒裔之外，救累世之勍敌，资天亡之丑虏，臣愚，未见其可也。此乃边将贪窃一时之功，不思兵为凶器，王者不得已而用之。况今旱暵方甚，圣慈降膳，乃以万五千人使杨钧为将，而欲定蠕蠕，干时而动，其可济乎！脱有颠覆之变，杨钧之肉，其足食乎！宰辅专好小名，不图安危大计，此微臣所以寒心者也。且阿那瑰之不还，负何信义，臣贱不及议，文书所过，不敢不陈。"弗听。阿那瑰辞于西堂，诏赐以军器、衣被、杂采、粮畜，事事优厚，命侍中崔光等劳遣于外郭。

【译文】 北魏征发京师洛阳附近各郡士兵一万五千人，派遣怀朔镇将杨钧率领，送柔然可汗阿那瓌归国。尚书左丞张普惠上疏，认为：“蠕蠕国长期以来是边境上的祸患，现在上天降下丧乱，荼毒他们的内心，是要使他们懂得按照天道行事才可以安乐有道，让他们悔过自新来事奉魏朝。陛下应该安抚百姓，敬慎威仪，来使他们心悦诚服。阿那瓌前来归顺，安抚就可以；却又先自劳扰，发动京师附近的军队，将他们送到荒僻之处，救援历代的强敌，帮助老天爷要使他灭亡的野蛮人，下臣愚昧认为是不可以的。这是边关将领贪求一时的功劳，却没想到出动士兵是凶器，王者在不得已的时候才使用它。况且现在旱灾严重，圣上和太后为之减膳，却发动一万五千人派遣杨钧为将领，想要平定蠕蠕国，违背时势而贸然兴兵，难道会成功吗？假如发生颠覆战败的事，杨钧的肉，吃了足以谢罪吗？宰辅只是喜好小小的声名，不考虑安危的大计，这是令微臣感到寒心的事。再说阿那瓌不能够回国，我们有什么信义可背负呢？臣因为职卑，没有参加讨论，但是文书过手，不敢不把臣的看法上奏。”阿那瓌在西堂辞行，孝明帝元诩下诏赐给他军器、衣被、杂采、粮畜等，样样都极为优厚，命令侍中崔光等人送到外城，慰劳有加。

阿那瓌之南奔也，其从父兄婆罗门帅众数万入讨示发，破之，示发奔地豆干，地豆干杀之，国人推婆罗门为弥偶可社句可汗。杨钧表称：“柔然已立君长，恐未肯以杀兄之人郊迎其弟。轻往虚返，徒损国威。自非广加兵众，无以送其入北。”二月，魏人使旧尝奉使柔然者牒云具仁往谕婆罗门，使迎阿那瓌。

【译文】阿那瓌逃到南方的时候，他同祖父的哥哥婆罗门率领部众数万人征讨示发，将他打败，示发投奔地豆干，地豆干将他杀了，柔然人推举婆罗门为弥偶可社句可汗。杨钧上表说：
"柔然已经立了君长，要杀掉哥哥的人不会到远郊迎接他的弟弟，轻率前往会徒劳而返，白白地损害国家的威信。假如不大量地增加军队，无法送他进入北国。"二月，北魏派遣从前奉命出使柔然的人牒云具仁前往晓谕婆罗门，让他迎接阿那瑰回去。

辛丑，上祀明堂。

庚戌，魏使假抚军将军邴虬讨南秦氏。

魏元叉、刘腾之幽胡太后也，右卫将军奚康生预其谋，又以康生为抚军大将军、河南尹，仍使之领左右。康生子难当娶侍中、左卫将军侯刚女，刚子，又之妹夫也，又以康生通姻，深相委托，三人率多俱宿禁中，时或迭出，以难当为千牛备身。康生性粗武，言气高下，又稍惮之，见于颜色，康生亦微惧不安。

【译文】辛丑日（初三日），梁武帝萧衍到明堂祭祀。

庚戌日（十二日），北魏派遣代抚军将军邴虬征讨南秦州背叛的氏人。

北魏元叉、刘腾幽禁胡太后的时候，右卫将军奚康生参加这项密谋，元叉任命奚康生为抚军大将军、河南尹，仍旧让他兼领御仗左右。奚康生的儿子奚难当娶了侍中、左卫将军侯刚的女儿，侯刚的儿子是元叉的妹夫，元叉因为与奚康生有通姻之谊，对他十分信任，三人经常一起在宫中过夜，有时轮流出宫，又让奚难当拿着千牛刀随侍左右。奚康生性子粗暴，言语不驯，元叉有一点害怕他，经常表现在脸色上，奚康生也有一点恐惧不安。

甲午，魏主朝太后于西林园，文武侍坐，酒酣迭舞，康生乃为力士舞，及折旋之际，每顾视太后，举手、蹈足、瞋目、颔首，为执杀之势，太后解其意而不敢言。日暮，太后欲携帝宿宣光殿，侯刚曰："至尊已朝讫，嫔御在南，何必留宿！"康生曰："至尊陛下之儿，随陛下将东西，更复访谁！"群臣莫敢应。太后自起援帝臂，下堂而去。康生大呼，唱万岁。帝前入阁，左右竞相排，阁不得闭。康生夺难当千牛刀，斫直后元思辅，乃得定。帝既升宣光殿，左右侍臣俱立西阶下。康生乘酒势将出处分，为叉所执，锁于门下。光禄勋贾粲绐太后曰："侍官怀恐不安，陛下宜亲安慰。"太后信之，适下殿，粲即扶帝出东序，前御显阳殿，还，闭太后于宣光殿。至晚，又不出，令侍中、黄门、仆射、尚书等十馀人就康生所讯其事，处康生斩刑、难当绞刑。义与刚并在内，矫诏决之："康生如奏，难当恕死从流。"难当哭辞父，康生慷慨不悲，曰："我不反死，汝何哭也！"时已昏暗，有司驱康生赴市，斩之。尚食典御奚混与康生同执刀入内，亦坐绞。难当以侯刚婿，得留百馀日，竟流安州；久之，又使行台卢同就杀之。以刘腾为司空。八坐、九卿常旦造腾宅，参其颜色，然后赴省府，亦有历日不能见者。公私属请，唯视货多少。舟车之利，山泽之饶，所在榷固，刻剥六镇，交通互市，岁入利息以巨万万计，逼夺邻舍以广其居，远近苦之。

【译文】甲午日（二月无此日），孝明帝元诩到西林园朝见太后，文武百官侍坐，酒吃到酣醉的时候，轮番跳舞，奚康生就跳力士舞，当身体回旋的时候，多次转头注视太后，举手、踏足、瞪眼、点头，做出执杀的姿势，太后领悟他的意思却不敢说话。黄昏，太后想带着孝明帝元诩在宣光殿过夜，侯刚说："皇上已经朝见完毕，嫔御在南宫，何必要留下来过夜呢？"奚康生

资治通鉴

说："皇上是太后陛下的儿子，随太后陛下的意思愿意去哪儿就去哪儿，还需要问谁呢？"群臣没有人敢回答。太后起来扶着孝明帝元诩的臂膀，下堂离开。奚康生大声呼喊高唱万岁，孝明帝元诩前头走进阁内，身边侍臣相互拥挤，阁门无法关上。奚康生夺取奚难当的千牛刀，砍杀在孝明帝身边警卫的元思辅，局势才安定下来。孝明帝元诩在宣光殿升殿，左右侍臣全都站在西阶下面。奚康生趁着酒势将要安排布置，被元叉所拘捕，锁在门下省。光禄勋贾粲欺骗胡太后说："左右侍臣心怀恐惧，太后陛下应该亲自安慰他们。"太后相信了他，刚刚下殿，贾粲就扶着皇帝元诩走出东序，前往显阳殿，将胡太后闭锁在宣光殿。到了晚上，元叉还没有出宫，命令侍中、黄门、仆射、尚书等十多人到奚康生拘禁的处所就地审讯，判处奚康生斩刑、奚难当绞刑。元叉和侯刚两人都在内宫，伪造诏书裁决这个案子。奚康生按照所奏处以斩刑，奚难当赦免死罪改为流放。奚难当哭着向父亲辞行，奚康生意气慷慨但不悲伤，说："我不是由于造反而被处死，你哭什么呢？"这时天色已经昏暗，有司将奚康生带到刑场，斩首。尚食典御奚混因为曾与奚康生一起拿着刀入宫，也被判处绞刑。奚难当因为是侯刚的女婿，得以留置一百多天，最后流放安州；过了很长时间，元叉派遣行台卢同前去杀他。刘腾被任命为司空，权倾一时。八坐、九卿经常在早晨造访刘腾的宅第，谒见他的脸色，然后前往省府，也有整天不能见到刘腾的时候。刘腾贪得无厌，公私请托，只看财货多少，没有办不通的。舟车的利益，山泽的物产，到处据为己有而予以课税，他还对六镇敲诈勒索，交通互市，一年的收入数以百亿，他又强夺邻近的屋舍来扩建他的府第，远近的人都受到他的迫害。

京兆王继自以父子权位太盛，固请以司徒让车骑大将军、仪同三司崔光。夏，四月，庚子，以继为太保，侍中如故；继固辞，不许。壬寅，以崔光为司徒，侍中、祭酒、著作如故。

魏牒云具仁至柔然，婆罗门殊骄慢，无逊避心，责具仁礼敬；具仁不屈，婆罗门乃遣大臣丘升头等将兵二千随具仁迎阿那瑰。五月，具仁还镇，具道其状，阿那瑰惧，不敢进，上表请还洛阳。

辛巳，魏南荆州刺史桓叔兴据所部来降。

【译文】京兆王元继认为自己与元义父子俩权位太高，坚决请求把司徒的职位让给车骑大将军、仪同三司崔光。夏季，四月，庚子日（初三日），朝廷任命元继为太保，侍中照旧，元继坚决推辞，未获准许。壬寅日（初五日），朝廷任命崔光为司徒，侍中、祭酒、著作等职位照旧。

北魏的牒云具仁出使柔然，婆罗门态度极为傲慢，没有谦逊礼让的心，要求牒云具仁对他行礼，牒云具仁不屈服，婆罗门于是派遣大臣丘升头等人率领两千士兵随着牒云具仁迎接阿那瑰。五月，牒云具仁回到怀朔镇，将情况详细报告，阿那瑰心怀恐惧，不敢前进，上表请求返回洛阳。

辛巳日（十四日），北魏南荆州刺史恒叔兴率领部属投降梁朝。

六月，丁卯，义州刺史文僧明、边城太守田守德拥所部降魏，皆蛮酋也。魏以僧明为西豫州刺史，守德为义州刺史。

癸卯，琬琰殿火，延烧后宫三千间。

秋，七月，丁酉，以大匠卿裴邃为信武将军，假〔节〕，督众军讨义州，破魏义州刺史封寿于檀公岘，遂围其城；寿请降，复取义州。魏以尚书左丞张普惠为行台，将兵救之，不及。

【译文】六月，丁卯日（初一日），梁朝义州刺史文僧明、边城太守田守德带着部属投降北魏，这两人都是蛮人的酋长。北魏任命文僧明为西豫州刺史，田守德为义州刺史。

癸卯日（六月无此日），梁朝琬琰殿发生火灾，火势蔓延，烧掉后宫三千间房屋。

秋季，七月，丁酉日（初一日），梁朝任命大匠卿裴邃为信武将军，持着符节，监督各军征讨义州，在檀公岘将北魏义州刺史封寿打败，包围义州城；封寿请求投降，裴邃又攻取义州。北魏任命尚书左丞张普惠为行台，率领军队援救，但已经来不及。

以裴邃为豫州刺史，镇合肥。邃欲袭寿阳，阴结寿阳民李瓜花等为内应。邃已勒兵为期日，恐魏觉之，先移魏扬州云："魏始于马头置戍，如闻复欲修白捺故城，若尔，便稍相侵逼，此亦须营欧阳，设交境之备。今板卒已集，唯听信还。"扬州刺史长孙稚谋于僚佐，皆曰："此无修白捺之意，宜以实报之。"录事参军杨侃曰："白捺小城，本非形胜；邃好狡数，今集兵遣移，恐有它意。"稚大寤，曰："录事可亟作移报之。"侃报移曰："彼之纂兵，想别有意，何为妄构白捺！佗人有心，予忖度之，勿谓秦无人也。"邃得移，以为魏人已觉，即散其兵。瓜花等以失期，遂相告发，伏诛者十馀家。稚，观之子；侃，播之子也。

【译文】梁朝任命裴邃为豫州刺史，镇守合肥。裴邃想要偷袭寿阳，暗中结交寿阳百姓李瓜花等人作为内应。裴邃已经部署好军队决定日期，担心魏人发觉，先向北魏扬州发出通告说："魏国当初在马头设置据点，听说又想修建白捺故城，假如这样，便是要发动进攻，我们这边也必须修筑欧阳城，设置边境上的警备。现在筑城的士兵已经集合，只等待你们的回复。"扬州刺史长孙稚和他的幕僚商议，大家都说："这边没有修建白捺故城的打算，应该将实情回复。"录事参军杨侃说："白捺是座小城，本来不是重要据点；裴邃喜好玩弄阴谋诡计，现在集合士兵遣送移文，恐怕有其他的企图。"长孙稚突然醒悟过来说："录事参军杨侃可快些做移文回复。"杨侃回复移文说："你们集合军队，想必另有企图，为何要胡乱拿白捺城做借口？'别人有心事，我来加以猜测'，可不要认为魏国没有人。"裴邃得了移文，认为魏人已经发觉，就解散军队。李瓜花等人因为到了日期而不能如约，就互相告发检举，因而犯法被诛杀的有十几家。长孙稚是长孙观的儿子；杨侃是杨播的儿子。

初，高车王弥俄突死，其众悉归嚈哒；后数年，嚈哒遣弥俄突弟伊匐帅馀众还国。伊匐击柔然可汗婆罗门，大破之，婆罗门帅十部落诣凉州，请降于魏，柔然馀众数万相帅迎阿那瑰，阿那瑰启称："本国大乱，姓姓别居，迭相抄掠。当今北人鹄望待拯，乞依前恩赐，给臣精兵一万，送臣碛北，抚定荒民。"诏付中书门下博议，凉州刺史袁翻以为："自国家都洛以来，蠕蠕、高车迭相吞噬。始则蠕蠕授首，既而高车被擒。今高车自奋于衰微之中，克雪仇耻，诚由种类繁多，终不能相灭。自二虎交斗，边境无尘数十年矣，此中国之利也。今蠕蠕两主相继归诚，虽戎狄禽兽，终无纯固之节，然存亡继绝，帝王本务。若弃而不受，则亏我大德；若纳而抚养，则损我资储；或全徙内地，则非直其情不愿，亦恐终为后患，刘、石是也。且蠕蠕尚存，则高车犹有内顾之忧，未暇窥窬上国；若其全灭，则高车跋扈之势，岂易可知！今蠕蠕虽乱而部落犹众，处处棋布，以望旧主，高车虽强，未能尽服也。

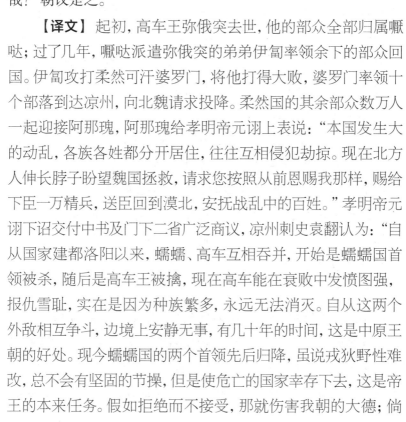

愚谓蠕蠕二主并宜存之，居阿那瑰于东，处婆罗门于西，分其降民，各有攸属。阿那瑰所居非所经见，不敢臆度；婆罗门请修西海故城以处之。西海在酒泉之北，去高车所居金山千馀里，实北虏往来之冲要，土地沃衍，大宜耕稼。宜遣一良将，配以兵仗，监护婆罗门，因令屯田，以省转输之劳。其北则临大碛，野兽所聚，使蠕蠕射猎，彼此相资，足以自固。外以辅蠕蠕之微弱，内亦防高车之畔换，此安边保塞之长计也。若婆罗门能收离聚散，复兴其国者，渐令北转，徙度流沙，则是我之外藩，高车劲敌，西北之虞，可以无虑。如其奸回返覆，不过为逋逃之寇，于我何损哉？"朝议是之。

【译文】起初，高车王弥俄突去世，他的部众全部归属嚈哒；过了几年，嚈哒派遣弥俄突的弟弟伊匐率领余下的部众回国。伊匐攻打柔然可汗婆罗门，将他打得大败，婆罗门率领十个部落到达凉州，向北魏请求投降。柔然国的其余部众数万人一起迎接阿那瑰，阿那瑰给孝明帝元诩上表说："本国发生大的动乱，各族各姓都分开居住，往往互相侵犯劫掠。现在北方人伸长脖子盼望魏国拯救，请求您按照从前恩赐我那样，赐给下臣一万精兵，送臣回到漠北，安抚战乱中的百姓。"孝明帝元诩下诏交付中书及门下二省广泛商议，凉州刺史袁翻认为："自从国家建都洛阳以来，蠕蠕、高车互相吞并，开始是蠕蠕国首领被杀，随后是高车王被擒，现在高车能在衰败中发愤图强，报仇雪耻，实在是因为种族繁多，永远无法消灭。自从这两个外敌相互争斗，边境上安静无事，有几十年的时间，这是中原王朝的好处。现今蠕蠕国的两个首领先后归降，虽说戎狄野性难改，总不会有坚固的节操，但是使危亡的国家幸存下去，这是帝王的本来任务。假如拒绝而不接受，那就伤害我朝的大德；倘若接纳而予以抚养，那就损失我朝的物资储备；假如将他们全部迁徙内地，不但他们内心不情愿，也恐怕最后他们变成祸患，晋代刘渊、石勒的乱事便是例子。况且蠕蠕国还存在，那高车国就还有内顾之忧，没有余暇窥伺我国；如果蠕蠕国灭亡，那高车国嚣张的姿态，岂是容易知道？目前蠕蠕国虽然大乱，可是部落还很多，散布在各地，盼望着过去的君主，高车国尽管强盛，无法将他们全部征服。愚臣认为蠕蠕国的两个首领应该一起并存，让阿那瓌居住在东边，婆罗门居住在西边，将归降的百姓分成两部，使他们各有所属。阿那瓌居住的地方因为我没有到过，不敢胡乱猜测；至于婆罗门，请求修筑西海旧城来安置他。西海在酒泉北面，距离高车所在的金山有一千多里，实是北虏来往的要冲，土地肥沃平坦，非常适宜耕种。应当派遣一位良将，配给他军队，让他监护婆罗门，同时命令他在当地屯田，以便省掉辗转运输的辛劳。它的北边面临大漠，是野兽聚集的地方，让蠕蠕国从事射猎，彼此相互支援，足以巩固自己。对外可以帮助微弱的蠕蠕国，对内也防范高车国的跋扈，这是安定边境及保护边塞的好策略。假如婆罗门能够收聚离散的人民，复兴他的国家，就命令他渐渐向北迁移，穿过沙漠，成为我国的外藩，高车国的劲敌，西北的边患可以不必担心。假如蠕蠕国心怀诡诈、反复无常，不过成为流亡的盗寇，对我国有什么损失呢？"群臣都认为他说得不错。

九月，柔然可汗俟匿伐诣怀朔镇请兵，且迎阿那瓌。俟匿伐，阿那瓌之兄也。冬，十月，录尚书事高阳王雍等奏："怀朔镇北吐若奚泉，原野平沃，请置阿那瓌于吐若奚泉，婆罗门于故西海郡，令各帅部落，收集离散。阿那瓌所居既在境外，宜少优遣,婆罗门不得比之。其婆罗门未降以前蠕蠕归化者,宜悉令州镇部送怀朔镇以付阿那瑰。"诏从之。

【译文】 九月,柔然可汗俟匿伐来到怀朔镇请求援兵,同时迎接阿那瑰。俟匿伐是阿那瑰的哥哥。冬季,十月,录尚书事高阳王元雍等人上奏:"怀朔镇北面的吐若奚泉,原野平坦土地肥沃,请把阿那瑰安置在吐若奚泉,把婆罗门安置在从前的西海郡,命令他们各自率领部落,收集离散的百姓。阿那瑰所住的地方既然是在境外,遣送时对他应该稍微优厚些,婆罗门不可和他相比。那些婆罗门还没投降之前归降的蠕蠕国人民,下令各州镇全部送到怀朔镇交付阿那瑰。"孝明帝元诩下诏听从。

十一月,癸丑,魏侍中、车骑大将军侯刚加仪同三司。

魏以东益、南秦氏皆反,庚辰,以秦州刺史河间王琛为行台以讨之。琛恃刘腾之势,贪暴无所畏忌,大为氏所败。中尉弹奏,会赦,除名,寻复王爵。

魏以安西将军元洪超兼尚书行台,诣燉煌安置柔然婆罗门。

【译文】 十一月,癸丑日(十九日),北魏侍中、车骑大将军侯刚加仪同三司。

北魏因为东益州及南秦州的氏人反叛,庚辰日(十一月无此日),任命秦州刺史河间王元琛为行台予以征讨。元琛仗恃刘腾的权势,贪婪残暴,无所顾忌,被氏人打得大败。中尉上奏章弹劾他,恰好遇到赦免罪犯,只除去元琛的名籍,不久又恢复了他的爵位。

北魏任命安西将军元洪超兼尚书行台,前往敦煌安置柔然国的婆罗门。

普通三年（壬寅，公元五二二年）春，正月，庚子，以尚书令袁昂为中书监，吴郡太守王暕为尚书左仆射。

辛亥，魏主耕藉田。

魏宋云与惠生自洛阳西行四千里，至赤岭，乃出魏境，又西行，再期，至乾罗国而还。二月，达洛阳，得佛经一百七十部。

高车王伊匐遣使入贡于魏。夏，四月，庚辰，魏以伊匐为镇西将军、西海郡公、高车王。久之，伊匐与柔然战，败，其弟越居杀伊匐自立。

【译文】普通三年（壬寅，公元522年）春季，正月，庚子日（初七日），梁朝任命尚书令袁昂为中书监，吴郡太守王暕为尚书左仆射。

辛亥日（十八日），孝明帝元诩举行耕种田地仪式。

北魏宋云与惠生从洛阳向西行走了四千里，到达赤岭，才出北魏的国境，又向西走，过了两年，到达乾罗国然后返回。二月，他们抵达洛阳，求得佛经一百七十部。

高车王伊匐派遣使者向魏朝进贡。夏季，四月，庚辰日（十九日），北魏任命伊匐为镇西将军、西海郡公、高车王。很久以后，伊匐和柔然交战失利，他的弟弟越居杀了伊匐自立为王。

五月，壬辰朔，日有食之，既。

癸巳，大赦。

冬，十一月，甲午，领军将军始兴忠武王憺卒。

乙巳，魏主祀圜丘。

初，魏世宗以《玄始历》浸疏，命更造新历。至是，著作郎崔光表取荡寇将军张龙祥等九家所上历，候验得失，合为一历，以壬子为元，应魏之水德，命曰《正光历》。丙午，初行《正光历》，大赦。

【译文】五月，壬辰朔日（初一日），发生日全食。

癸巳日（初二日），梁朝大赦天下。

冬季，十一月，甲午日（初六日），梁朝领军将军始兴忠武王萧憺去世。

乙巳日（十七日），孝明帝元诩到圜丘祭祀。

起初，魏世祖宣武帝元恪因为《玄始历》渐渐不准确，下命重新制定历法。到了这时，著作郎崔光上表取得荡寇将军张龙祥等九家所奏呈的新历法，予以校验得失，合并成为一部新历法，用壬子做发端，取它与北魏的水德相合，命名叫《正光历》。丙午日（十八日），开始实行《正光历》，实行大赦。

十二月，乙酉，魏以车骑大将军、尚书右仆射元钦为仪同三司，太保京兆王继为太傅，司徒崔光为太保。

初，太子统之未生也，上养临川王宏之子正德为子。正德少粗险，上即位，正德意望东宫。及太子统生，正德还本，赐爵西丰侯。正德怏怏不满意，常蓄异谋。是岁，正德自黄门侍郎为轻车将军，顷之，亡奔魏，自称废太子避祸而来。魏尚书左仆射萧宝寅上表曰："岂有伯为天子，父作扬州，弃彼密亲，远投它国！不如杀之。"由是魏人待之甚薄，正德乃杀一小儿，称为己子，远营葬地；魏人不疑，明年，复自魏逃归。上泣而诲之，复其封爵。

【译文】十二月，乙酉日（二十七日），北魏任命车骑大将军、尚书右仆射元钦为仪同三司，太保京兆王元继为太傅，司徒崔光为太保。

起初，太子萧统还没有出生的时候，梁武帝萧衍认养临川王萧宏的儿子萧正德做儿子。萧正德年幼时粗暴狡诈，梁武帝萧衍即位，萧正德希望能成为太子。等到太子萧统诞生，萧正德回宗，赐爵为西丰侯。萧正德心怀怨恨，常存有不轨的企图。这一年，萧正德从黄门侍郎调任轻车将军，不久，逃亡投奔北魏，说自己是被废太子，躲避灾祸而来。北魏尚书左仆射萧宝寅上表说："哪有伯父当天子、父亲当扬州刺史，却抛弃亲情，投奔远方异国的事情！不如将他杀了。"因此魏人对待他很冷淡，萧正德于是杀了一个小孩子，对外说是自己的儿子，到远方寻找埋葬的地方；魏人不怀疑，过了一年，他又从北魏逃回，梁武帝萧衍流着泪训斥他，恢复他的封爵。

柔然阿那瑰求粟为种，魏与之万石。

婆罗门帅部落叛魏，亡归嚈哒。魏以平西府长史代人费穆兼尚书右丞西北道行台，将兵讨之，柔然遁去。穆谓诸将曰："戎狄之性，见敌即走，乘虚复出，若不使之破胆，终恐疲于奔命。"乃简练精骑，伏于山谷，以步兵之羸者为外营，柔然果至；奋击，大破之。婆罗门为凉州军所擒，送洛阳。

【译文】柔然阿那瑰请求给他们谷子做种子，北魏给了他一万石。

婆罗门率领部落背叛北魏，逃去归附嚈哒。北魏任命平西府长史代人费穆兼任尚书右丞西北道行台，率领军队征讨他，柔然人逃走。费穆对诸将说："戎狄的一贯作风，看到敌人就跑，看到有机可乘便又会来，如果不让他们吓破胆，怕终会让我们疲于奔命。"于是选派精锐骑兵，埋伏在山谷，派瘦弱的士兵在外面扎营，柔然人果然来了，费穆尽全力发动攻击，将柔然人打得大败。婆罗门被凉州军抓获，押送到洛阳。

普通四年（癸卯，公元五二三年）春，正月，辛卯，上祀南郊，大赦。丙午，祀明堂。二月，乙亥，耕藉田。

柔然大饥，阿那瑰帅其众入魏境，表求赈给。己亥，魏以尚书左丞元孚为行台尚书，持节抚谕柔然。孚，谭之孙也。将行，表陈便宜，以为："蠕蠕久来强大，昔在代京，常为重备。今天祚大魏，使彼自乱亡，稽首请服。朝廷鸠其散亡，礼送令返，宜因此时善思远策。昔汉宣之世，呼韩款塞，汉遣董忠、韩昌领边郡士马送出朔方，因留卫助。又，光武时亦使中郎将段彬置安集掾史，随单于所在，参察动静。今宜略依旧事，借其闲地，听其田牧，粗置官属，示相慰抚。严戒边兵，因令防察，使亲不至矫诈，疏不容反叛，最策之得者也。"魏人不从。

柔然俟匿伐入朝于魏。

【译文】普通四年（癸卯，公元523年）春季，正月，辛卯日（初四日），梁武帝萧衍到南郊祭祀，大赦天下。丙午日（十九日），梁武帝萧衍到明堂祭祀。二月，乙亥日（十八日），梁武帝亲自耕种藉田。

柔然发生大饥荒，阿那瑰率领他的部下进入北魏境内，上表请求赈济。己亥日（二十二日），北魏任命尚书左丞元孚为行台尚书，拿着符节前往安抚柔然。元孚是元谭的孙子。临行前，上表陈述意见，认为："蠕蠕国长久以来就强大，从前在代京，经常对他们做严密的防备。现在上天保佑大魏，让他们自己乱亡，向我朝稽首请求归服。朝廷收集他们散亡的人，礼送他们回去，应当趁此时仔细考虑长远的计策。以前汉宣帝刘询时代，呼韩邪单于前来朝见，汉朝派遣董忠、韩昌率领边郡的兵马送他出朔方，就此留在呼韩邪单于身边保护帮助他，还有汉光武帝刘秀时也曾派遣中郎将段彬设置安集掾史，跟随单于行动，观察他们的情况。目前应当大致按照旧例，借给他们空闲的土地，让他们随意种植或放牧，大略设置官属，表示抚慰。在边境上严密部署军队，防备侦察这些柔然人，使得柔然人亲近不至于心怀狡诈，疏远却不容许他反叛，这是最可行的策略。"朝廷没有听从。

柔然可汗俟匿伐到北魏朝见孝明帝元诩。

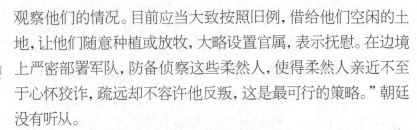

三月，魏司空刘腾卒。宦官为腾义息重服者四十馀人，衰绖送葬者以百数，朝贵送葬者塞路满野。

夏，四月，魏元孚持白虎幡劳阿那瑰于柔玄、怀荒二镇之间。阿那瑰众号三十万，阴有异志，遂拘留孚，载以辒车。每集其众，坐孚东厢，称为行台，甚加礼敬。引兵而南，所过剽掠，至平城，乃听孚还。有司奏孚辱命，抵罪。甲申，魏遣尚书令李崇、左仆射元纂帅骑十万击柔然。阿那瑰闻之，驱良民二千、公私马牛羊数十万北遁，崇追之三千馀里，不及而还。

【译文】三月，北魏司空刘腾去世，宦官中当他的义子为他穿重孝服的有四十多人，穿着衰绖替他送葬的有几百人，送葬的朝廷显贵挤满道路，遍布原野。

夏季，四月，北魏元孚拿着白虎幡到柔玄、怀荒两镇之间抚慰阿那瑰。阿那瑰的部属号称三十万，暗中有叛乱的企图，于是就将元孚扣留，用辒车载着他。阿那瑰每当召集部属，安排元孚坐在东厢，称作行台，对他十分恭敬有礼。阿那瑰领兵南下，所经过的地方都被劫掠一空，到了平城，才让元孚回来。有司上奏弹劾元孚有辱使命，须处以相当的罪刑。甲申日（二十八日），北魏派遣尚书令李崇、左仆射元纂率领骑兵十万人攻打柔然。阿那瑰听到这消息，驱赶着良家子弟两千人以及公私的马牛羊几十万只向北逃去，李崇追逐三千多里，没能追上，无功而返。

纂使铠曹参军于谨帅骑二千追柔然，至郁对原，前后十七战，屡破之。谨，忠之从曾孙也，性深沉，有识量，涉猎经史。少时，屏居间里，不求仕进，或劝之仕，谨曰："州郡之职，昔人所鄙；台鼎之位，须待时来。"纂闻其名而辟之。后帅轻骑出塞觇候，属铁勒数千骑奄至，谨以众寡不敌，退必不免，乃散其众骑，使匿丛薄之间，又遗人升山指麾，若部分军众者。铁勒望见，虽疑有伏兵，自恃其众，进军逼谨。谨以常乘骏马，一紫一骝，铁勒所识，乃使二人各乘一马突阵而出，铁勒以为谨也，争逐之；谨帅馀军击其追骑，铁勒遂走，谨因得入塞。

【译文】 元纂派遣铠曹参军于谨率领骑兵两千人追击柔然，直到郁对原，前后交战了十七次，多次将柔然打败。于谨是于忠的从曾孙，他性情深沉，有见识有气量，广泛涉猎经典史传。于谨年轻时，住在乡间，不求仕进，有人劝他入仕做官，他说："州郡的职务，前人所轻视；宰辅的位置，必须等待时机才可以获得。"元纂听了他的名气因而征召他。后来于谨率领轻骑远出塞外侦察敌情，恰好遇到几千名铁勒骑兵，他认为寡不敌众，撤退一定会被歼灭，于是将众骑分散，要他们躲藏在草丛里，又派人爬到山上指挥，仿佛在部署军队。铁勒骑兵远远看见，虽然怀疑有伏兵，但仗恃自己人多势众，进军向于谨逼近。于谨经常骑的骏马，一匹紫色一匹浅黄色，铁勒人都认得，于是他派遣两个人各骑一马突阵而出，铁勒人以为是于谨，争先追赶这两人，于谨率领其余的士兵攻打铁勒的骑兵，铁勒人于是逃走，于谨因而能回到塞内。

【乾隆御批】阿那瑰以穷蹙投附，备受魏恩，且以兵资送归图。负心反噬，执使犯边。义难稽讨。乃元孚以孤身持节安抚，被拘而还，则罪以辱君。命李崇拥众十万，不能追擒，逡巡而返，反置不问。魏之赏罚不明若此，国势安得不日衰耶？

【译文】阿那瑰因为窘迫、困厄才投奔依附魏国，备受魏国的恩泽，并且派兵、出资送他回国。他却负心反咬一口，捉住魏国使者，侵犯魏国边境。按理说要捉拿讨伐他很困难。却派元孚孤身一人持节前去安抚，被拘后返回，就按"有辱君命"给他定罪。命令李崇率领十万大军前往，未能追上擒获，犹豫徘徊后又退了回来，反而置之不问。魏国赏罚不明到如此地步，国势怎能不一天天衰败呢？

李崇长史巨鹿魏兰根说崇曰："昔缘边初置诸镇，地广人稀，或徵发中原强宗子弟，或国之肺腑，寄以爪牙。中年以来，有司号为'府户'，役同厮养，官婚班齿，致失清流，而本来族类，各居荣显，顾瞻彼此，理当愤怨。宜改镇立州，分置郡县，凡是府户，悉免为民，入仕次叙，一准其旧，文武兼用，威恩并施。此计若行，国家庶无北顾之虑矣。"崇为之奏闻，事寝，不报。

【译文】李崇的长史巨鹿人魏兰根向李崇进言说："从前沿着国境开始设置各镇的时候，土地广阔人口稀少，有时就征发中原的强宗子弟，或者皇室的宗亲，交付他们保卫边疆的职责。中期以来，有司称他们为'府户'，像对待奴隶一样役使他们，婚姻及入仕时分别等第，以致丧失了清流的地位，而他们原来的族类，各自居于荣华显要的位置，彼此观望比较，难免有怨恨不平的想法。应当改镇立州，分别设置郡县，凡是府户，全部释放成为百姓，在入仕和升迁方面，完全按照旧制，文武兼用，恩威并施。假如这个办法施行，国家可望没有北面的忧患。"李崇替他奏闻朝廷，事情不了了之，没有得到回音。

初，元乂既幽胡太后，常入直于魏主所居殿侧，曲尽佞媚，帝由是宠信之。乂出入禁中，恒令勇士持兵以自先后。时出休于千秋门外，施木栏楯，使腹心防守以备窃发，士民求见者，遥对之而已。其始执政之时，矫情自饰，以谦勤接物，时事得失，颇以关怀。既得志，遂自骄愎，嗜酒好色，贪吝宝贿，与夺任情，纪纲坏乱。父京兆王继尤贪纵，与其妻子各受赂遗，请属有司，莫敢违者。乃致郡县小吏亦不得公选，牧、守、令、长率皆贪污之人。由是百姓困穷，人人思乱。

【译文】 起初，元乂幽囚胡太后后，经常入宫在孝明帝元诩所住的殿侧值夜，极尽谄媚的能事，孝明帝因此宠信他。元乂出入皇宫，经常命令勇士手执兵器在自己的身前身后保护。有时出来到千秋门外休息，就设置木栏盾，派遣心腹守护，防备别人阴谋刺杀他，士人和百姓求见他的，只能遥遥相对而已。当他刚开始掌管朝政的时候，伪装粉饰自己，以谦虚殷勤的态度对待人，对于时事得失，颇为关心。得势以后，就傲慢起来，嗜好饮酒，又喜欢女色，贪恋宝物财货，任意夺取，纲纪破坏混乱。他的父亲京兆王元继更加贪婪无度，与他的妻子儿女各自接受贿赂，替人向有司请托，没有人敢违背他们的意思。甚至郡县的小吏也无法公开选拔，牧、守、令、长大都是贪污的人，因此弄得百姓困窘，每个人都想造反。

武卫将军于景，忠之弟也，谋废乂，乂黜为怀荒镇将。及柔然入寇，镇民请粮，景不肯给，镇民不胜忿，遂反，执景，杀之。未几，沃野镇民破六韩拔陵聚众反，杀镇将，改元真王，诸镇华、夷之民往往响应。拔陵引兵南侵，遣别帅卫可孤围武川镇，又攻怀朔镇。尖山贺拔度拔及其三子允、胜、岳皆有材勇，怀朔镇将杨钧擢度拔为统军、三子为军主以拒之。

【译文】武卫将军于景，是于忠的弟弟，图谋废黜元叉，元叉把他贬为荒僻地方的镇将。等到柔然人入侵，镇民请求赈济粮食，于景不肯发给，镇民不胜气愤，于是反叛，把于景捉住杀掉。不久，沃野镇的百姓破六韩拔陵聚集百姓造反，杀了镇将，改年号为真王，各镇华、夷的百姓纷纷响应，破六韩拔陵率兵向南进犯，派遣别将卫可孤围攻武川镇，又攻打怀朔镇。尖山人贺拔度拔和他的三个儿子贺拔允、贺拔胜、贺拔岳都有才干和勇气，怀朔镇将杨钧提拔贺拔度拔做统军，他的三个儿子做军主，用来对抗卫可孤。

魏景明之初，世宗命宦者白整为高祖及文昭高后凿二佛龛于龙门山，皆高百尺。永平中，刘腾复为世宗凿一龛，至是二十四年，凡用十八万二千余工，而未成。

秋，七月，辛亥，魏诏："见在朝官，依令七十合解者，可给本官半禄，以终其身。"

【译文】北魏宣武帝元恪景明初年，世宗宣武帝命令宦官白整替高祖孝文帝元宏和文昭高后在龙门山开凿两座佛龛，都高达一百尺。宣武帝永平年中，刘腾又替世宗宣武帝开凿了佛龛，到现在已经二十四年，共用了十八万两千多个工时还没有完工。

秋季，七月，辛亥日（二十七日），北魏下诏："现任朝廷上的官员，按照法令达七十岁应当退休的，可以支领本官一半的薪俸，直到去世为止。"

九月，魏诏侍中、太尉汝南王悦入居门下，与丞相高阳王雍参决尚书奏事。

冬，十月，庚午，以中书监、中卫将军袁昂为尚书令，即本号开府仪同三司。

魏平恩文宣公崔光疾笃，魏主亲抚视之，拜其子励为齐州刺史，为之撤乐，罢游眺。丁酉，光卒，帝临，哭之恸，为减常膳。

【译文】九月，北魏下诏侍中、太尉汝南王元悦入居门下省，和丞相高阳王元雍共同裁决尚书所奏的事情。

冬季，十月，庚午日（十七日），梁朝任命中书监、中卫将军袁昂为尚书令，就本号开府仪同三司。

北魏平恩文宣公崔光病危，孝明帝元诩亲自到他家探视慰问，任命他的儿子崔励为齐州刺史，并因为他的病取消音乐，停止游玩。丁酉日（十月无此日），崔光去世，孝明帝元诩前往吊祭，哭得很伤心，为此减少平常的膳食。

光宽和乐善，终日怡怡，未尝忿恚。于忠、元叉用事，以光旧德，皆尊敬之，事多资决，而不能救裴、郭、清河之死，时人比之张禹、胡广。

光且死，荐都官尚书贾思伯为侍讲。帝从思伯受《春秋》，思伯虽贵，倾身下士。或问思伯曰："公何以能不骄？"思伯曰："衰至便骄，何常之有！"当时以为雅谈。

【译文】崔光性情宽和，乐于行善，整日和和乐乐，不曾生过气。于忠、元叉掌权，因为崔光是前辈有德望，都尊敬他，有事情经常向他请教后裁决，但他没有办法挽救裴植、郭祚以及清河王元怿，当时的人将他比作张禹、胡广。

崔光去世时，推荐都官尚书贾思伯担任侍讲。孝明帝元诩跟随贾思伯学习《春秋》，贾思伯虽然贵显，却能够谦虚下士，有人问贾思伯："公为什么能够不骄傲自满？"贾思伯说："衰败来临便会骄矜，富贵哪能常有呢？"当时的人把他的话传为佳话。

十一月，癸未朔，日有食之。甲辰，尚书左仆射王暕卒。

梁初唯扬、荆、郢、江、湘、梁、益七州用钱，交、广用金银，馀州杂以谷帛交易。

上乃铸五铢钱，肉好周郭皆备。别铸无肉郭者，谓之"女钱"。民间私用古钱交易，禁之不能止，乃议尽罢铜钱。十二月，戊午，始铸铁钱。

魏以汝南王悦为太保。

【译文】十一月，癸未朔日（初一日），发生日食。甲辰日（二十二日），梁朝尚书左仆射王暕去世。

梁朝初年的时候，只有扬、荆、郢、江、湘、梁、益七个州使用铜钱，交州和广州使用金银，其他的州杂用稻谷布帛交易。

梁武帝萧衍于是铸五铢钱，钱体、钱眼及钱郭全都具备，另外铸造没有钱体的钱，被称作"女钱"。民间私底下用女钱交易，虽然下令禁止却无法执行，于是商议将所有铜钱都停用。十二月，戊午日（初六日），开始铸造铁钱。

北魏任命汝南王元悦为太保。